조동사의 새 이름

파워 동사

Power verb with meaning in use
and link relationship

Michael Bean Lee 지음

차 례

머리말 27

일러두기 31

개정판을 내면서 35

1장 **파워 동사 이해를 위하여** 39

2장 **CAN** 57

A. 화자 중심에서 60

  1. I can의 서술 61

    1) I can의 첫 생성과 첫 서술 61

    2) 사용하고 있는 can이 미치는 범위에서 새롭게 경험하게 되는 목적을 전한다 62

    3) 또다른 목적 능력도 갖고 있음을 처음 밝힌다 66

    4) 많은 노력을 통해 가지게 된 능력을 처음 알린다 66

  2. 일반 목적일이 가능함과 성립 요건들 68

    1) 일반적 미사용 can의 서술과 목적일이 가능함의 성립과 요건들 ... 68

    2) so-that-can 70

    3) 두 구문 비교 70

  3. can you~? – can있니? 70

    1) 순수한 목적 능력이 있는지 묻는다 71

    2) 주어의 능력 사용이 연속성에서 그 사용 범위가 화자가 제시하는 목적에까지 이르고 있는지 묻는다 72

    3) 직접 연관성이 없는 목적일의 가능함과 그 성립 요건을 묻는다 ... 72

    4) can you~? – 외부에서 받은 can이 있니? 75

    5) 직접 연관성이 없는 목적일을 포기할 수 없는 이유나 목적 의사의 포기 가능성을 묻는다 75

    6) How can you~? – how can~? 은 주어가 목적일에 어떻게 접근할 수 있는지, 즉 범위를 넘어선 목적일을 선택해 어떻게 이룰 수 있는지를 묻는 것이다 75

차 례

4. I cannot~ ··· 76

    1) cannot+낮은 난이도 실행동사. 이들은 주어 능력에 직접 연관성이 있는 동사들이다. 능력이 없거나 부족한 경우이기 때문이다 ··· 77

    2) cannot+직접 연관성이 없는 난이도 높은 목적일 ··· 78

    3) nothing와 not-anything의 의미 비교 차이 ··· 79

B. 청자 영역으로 확장 연결 ··· 79

  1. you can~ ··· 80

    1) 화자가 주어에게 외적인 can을 직접 넘겨주며 이의 사용을 허락하는 언어적 서술 행위 ······· 80

    2) 화자는 목적일에 사용할 can이 주어 내부에 있음을 알려주어 사용하라고 한다 ········· 82

    3) 화자가 주어에게 접근 가능한 실체적 정보를 주기 ··· 84

  2. can I~? – 청자에게 can을 가져도 되는지 묻기 ··· 85

    1) 허락을 요청– 파워 청자의 can을 붙잡고 가져도 되나요? ····························· 85

    2) what can I~? – 화자는 제한된 범위에서 가능한 목적일을 찾기 질문이다 ········· 87

    3) How can I~? 자신이 받은 지나친 일에 어떻게 접근할지를 정보를 묻는다 ········· 88

  3. You cannot~. 너는 can이 없다 ·· 88

    1) 청자가 목적일에 사용할 자격, 권리, 권한 등이 없다 ······································· 88

    2) 불가능한 일 정보 주기 ·· 89

    3) 가려진 내부를 자신하는 추측. 상대방의 내부를 부정 추측한다 ···················· 89

C. 제3자 영역으로 확장 연결 ··· 90

  1. 제3자에게 있는 can ·· 90

    1) 화자가 주어에게 넘겨주는 can. - 화자가 청자를 통하여 주어에게 주는 can ········· 90

    2) 화자가 청자에게 주어의 목적일 가능한 정보를 주기 ······································· 90

    3) 주어 내부에 있는 can 알려주기 ··· 91

  2. Can 주어~? 주어는 목적일이 가능한가요? ·· 91

  3. 주어 cannot~ ·· 91

    1) 주어 내부에 있는 cannot. 주어는 목적일을 할 능력이나 여건이 없다 ············· 91

    2) 주어 외부에 붙여주는 cannot. 주어에게 권리, 자격이 없다 ···························· 91

차 례

4. 주어를 잘 알고 있다고 자신 있게 추측	92
1) 미래 추측- 주어를 잘 알고 있다고 그의 미래일도 추측한다	93
2) 현재 추측 - 현재 보이지 않는 일과 잘 모르는 주어를 자신 있게 추측한다	93
3) cannot have+과거분사(동결재)-현재의 부정 결과적 존재로 추측	95
4) 추측 의문 - 추측성 의문이다	99
5. 관용적 표현들	99
1) cannot~too	99
2) cannot help- ing	100

D. 역외의 개별 고유 영역에서 100
    1. 주어의 내부에 가지고 있는 고유의 can 101

E. 사용 목적 대상으로서 주어- 제3 중심의 서술 101
    1. 물건, 시설 등은 목적 있는 주어이며 can은 가능함이며 가능함의 목적 동사는 사용, 취급, 기능 등의 다양한 사용 동사이다 102
    2. 가능함의 목적 동사는 피동태인 피동작 동사들이다 102

F. 조건절에서 103

3장 COULD 105

A. 과거에서 can, 즉 과거형 could 108
    1. 과거에 처음 can을 갖게 되었을 때 108
    2. 과거에 가지고 있었던 can과 그 능력 범위를 서술 109
    3. 과거에서 현재형 can을 말한다, 즉 과거형 could 109
    4. 과거에서 현재형 can을 직접 넘겨주기(허용) 110

B. 지나온 과거에 사용했던 could_지나온 과거에 can을 사용하여 이루어 냈던 일들을 뒤돌아본 could 110
    1. 과거에 외적인 제반 여건이 갖춰져 있을 때 목적일이 가능 111
    2. 과거에 can의 사용 범위에서 겪었던 일들을 체험적 관점에서 말한다 112

차 례

3. 과거 can을 사용하여 원하거나 원하지 않는 목적일을 이루었던 지나온 과거를 체험적 관점에서
   회상하며 뒤돌아본다 ·········· 112
4. 주어 능력의 범위에서 본능적으로 낯선 것을 탐지해 냈다 ·········· 113
5. 주어의 지적인 능력으로 목적했던 것을 알아냈던 체험을 말한다 ·········· 113
6. 과거에 사용할 수 없었던 couldn't. 원했던 일에 좌절을 체험했었다 ·········· 114
7. so-that-could not- ·········· 115
8. couldn't help~,~ing ·········· 115
9. How could~? 주어가 과거에 저질러버린 목적일에 대한 그 목적 의사 등에 대해 정당성,
   타당성 등을 구체적으로 묻는다 ·········· 116

C. 과거형 could have+동결재_현재에서 과거의 시간차를 넘어 사용된 파워의 결과적 입장 ·········· 117
   1. 과거형 could have+동결재 ·········· 119
      1) 목적 의사가 없이 원치 않는 일 저지를 수 있었다 ·········· 120
      2) 좋은 일 등을 할 목적 기회가 있었지만 놓쳐 버렸다 ·········· 120
   2. 과거형 couldn't +have+동결재 ·········· 121

D. 현재형 could ·········· 121
   1. 실제성(제반 여건 등)이 부족한 내부의 could. 즉 목적 달성을 실제로 이루기엔 부족한 could
      이다 ·········· 122
   2. 과거형 could와 현재형 could 비교, 두가지 가능한 경우 ·········· 123
   3. could you~? Could 있니? ·········· 124
   4. I couldn't~ ·········· 126
   5. You could~. 실제성이 부족한 could 주기 ·········· 127
      1) 조건 등이 필요한 청자에게 could를 넘겨주는 허용이다 ·········· 127
      2) could를 사용할 새로운 목적일 알려주기(목적일 정보 주기) ·········· 129
   6. could I~? ·········· 130
   7. 제3자 주어의 could 사용 정보를 청자에게 알려주기 ·········· 133
      1) 주어의 일 정보를 실제성이 부족하게 알려주기 ·········· 133
   8. could 3자 주어~? ·········· 134

차 례

9. couldn't- 비교급= 최상급, 최저(악)급 ········· 134
  1) couldn't ~more = 주어는 이미 최대 한계 범위에 이르렀으므로 이보다 더 이상 나아갈 수 없다 ········· 134
  2) couldn't~less(worse) = 주어는 이미 최저(악)의 한계에 이르렀으므로 조금도, 전혀~할 수 없다. ~하지 않는다 ········· 135

E. can보다 실제성이 부족한 추측 : could 추측 ········· 135
  1. You의 가려진(숨겨진) 일/사실 추측 ········· 136
  2. 현재의 잘 모르는 주어를 추측 ········· 137
  3. 현재의 일을 결과적 존재로 추측 ········· 138
  4. 과거형 could have+동결재- 과거에 보지 못한 일을 결과적으로 추측 ········· 142
  5. 추측 의문. 추측성 질문 ········· 143

F. 역외의 개별 고유의 영역에서 ········· 143

G. 목적 대상으로서 주어 ········· 144

H. 가정법에서 ········· 145
  1. 종존절(종속절)에서 ········· 145
    1) 현재 가정법에서 ········· 145
    2) 과거 가정법에서 ········· 146
  2. 가능한 가상 조건절에서(현재 가정법) ········· 147

4장 MAY ······ 149

A. 화자 중심에서 ········· 154
  1. 자신의 may을 드러내 서술 ········· 154
  2. May you~? 너는 may가 있니? ········· 157
    1) 외부에서 허락된, 허용된 may가 있는지 묻기 ········· 157
    2) 내부에 may 있니? ~할 목적 기회를 너는 내부에 가지고 있니? ········· 158
    3) 추측성 질문 ········· 158

차 례

    3. I may not~ 158

    4. 자신의 잊어버린 것과 자신도 모르게 일으킨 일을 추측 158

B. 청자 영역으로 확장 연결 159

    1. 화자가 주어에게 may을 직접 넘겨주기(허용, 허락) 159

    2. 목적일의 기회 정보를 알려준다 161

    3. may I ~? May를 (붙잡고) 제가 가져도 되나요? 161

        1) 기회를 붙잡고 허용을 요청 162

        2) 허용을 완곡히 에둘러 요청 162

        3) 관리 범위를 넘나드는 행위 163

        4) May we~? 163

    4. 기회 허용의 금지 164

    5. 숨겨진(가려진) 것의 존재를 추측 164

        1) 현재 주어의 보이지 않는 내부를 추측 165

        2) 미래 일의 추측 166

        3) 미래 완료 추측 166

        4) 추측 의문 168

C. 3자 영역으로 확장 연결 169

    1. 주어 내부에 있는 may를 드러내 알린다 169

    2. 주어에게 넘겨주는 may 170

    3. may 3자 주어~? 170

        1) 주어에게 may를 줄 수 있는지 묻는다 170

        2) 주어 내부에 may가 있는지 묻는다 170

    4. 3자 주어 may not~ 171

    5. 관리적 추측 171

        1) 현재 진행 추측 171

        2) 현재 (사실) 가능성 추측 171

        3) may-but- 172

차 례

    4) 현재 결과적 추측 ··· 173

    5) 과거의 일도 현재의 결과적 추측이 가능한 경우 ······················· 173

    6) 추측 의문 ··· 174

  6. May well ·· 175

  7. May as well ·· 175

  8. 밖에서 (남의 일) 평가해 주기 ··· 176

  9. 개인 관리의 한계 범위 속에 갇힌 모든 발버둥을 무시, 무관 ········· 176

    1) V~/S+may → 모든 행위들(발버둥)/주어 기회의 한계 범위 ········ 176

    2) 무엇이든, 어떻게 하든, 어디든 / 주어의 기회 한계 범위 ← 무시, 무관 ······ 177

  10. 상위 관리자와 하위 관리자가 부딪친 경우 ······························ 177

  11. So that - may ··· 177

D. 직접 관리권 밖에서 ··· 178

  1. 직접 관리권 밖에 may를 붙이는 경우 ·· 178

  2. 직접 관리권 밖에서 추측 ·· 179

E. 역외의 개별 고유 영역에서 ··· 180

  1. 주어가 가지는 고유의 내부 may ·· 180

  2. 주어 외부에 붙여 주는 may - 사회가 허용하는 may ··················· 181

5장 MIGHT ······ 183

A. 과거에서 may는 현재에서 본 과거형 might ··································· 187

  1. 과거에서 본 현재형 may ·· 187

    1) 과거의 직접 화법과 간접 화법 비교 ······································ 187

    2) 현재에서 본 과거형 might ··· 189

    3) 과거에서 기회(may)를 직접 넘겨 주기 ·································· 189

    4) 기회의 허락 요청에서 ··· 191

  2. So that - might ·· 191

차 례

- B. 지나온 과거에 사용했었던 might ··· 192
  - 1. 지나온 과거에 기회를 사용해서 원하는 목적일을 이루어 왔던 일들을 뒤돌아본다 ··· 192
- C. 지나온 과거에 사용 기회가 있었던 목적일들 ··· 192
  - 과거형 might have+동결재 ··· 192
  - 1. 과거에 그런 기회가 있는 줄 알았어야지(실제는 몰랐어 ··· 193
  - 2. 과거 원치 않았던 일을 낳을 뻔한 기회가 있었다 ··· 194
  - 3. 과거에 실제적 기회가 있었는데 놓쳐 버렸다 ··· 194
- D. 현재형 might ··· 195
  - 1. I might~. 현실성 부족한 불확실한 might ··· 195
    - 1) 화자의 뜻이 개입되지 않은 I might ··· 195
    - 2) 화자는 청자에게 새로운 목적일의 기회를 알려주며 동참을 제안하는 we might ··· 196
    - 3) 자신의 미래 완성적 존재를 추측 ··· 197
  - 2. I might not~ ··· 198
  - 3. You might~ ··· 198
    - 1) 화자의 뜻이 사실상 개입된 might 알려주기 ··· 198
    - 2) 주어의 내부에 숨겨진 might를 찾아주어 원하는 목적일에 사용해보라고 사실상 권고한다 ··· 200
    - 3) 주어가 가지게 될 might 알려주기 ··· 200
  - 4. Might I~? ··· 201
  - 5. You might not~ ··· 203
  - 6. might 추측 ··· 203
    - 1) 현재 추측 ··· 203
    - 2) 과거일을 결과적 추측 ··· 203
  - 7. 추측 의문 ··· 203
  - 8. 3자 주어 might~ ··· 204
    - 1) 화자의 뜻이 개입되지 않은 might ··· 204
    - 2) 화자의 뜻이 사실상 개입된 might ··· 204
  - 9. Might 3자 주어~? ··· 205

차 례

    10. 3자 주어 might not~ ··· 205

    11. 추측 ··· 206

        1) 현재 추측 ·· 206

        2) 현재 진행 추측 ··· 206

        3) 현재 보이지 않는 일을 결과적 존재로 추측 ·· 207

        4) 과거에 일어난 일을 결과적 존재로 추측 ·· 207

    12. 추측 의문 ··· 208

    13. 의식이나 판단으로 보는 불확실한 기회가 실제적 기회가 될 수도 있다고 남에게 제안, 충고,

        요청, 등의 의미로 말한다 ·· 208

    14. 현실성 없는 기회이므로 허상(착각을 일으키는 기회 ··· 210

    15. might – but– ··· 210

    16. I might say, add ··· 211

    17. Might well ··· 211

    18. Might as well ··· 211

    19. Might as wel l– as ·· 212

    20. As you might expect, image ··· 212

E. 역외의 고유의 might ··· 212

F. 가정법에서 ··· 213

6장 MUST ······ 215

A. I must~ ··· 218

    1. I must~ ·· 218

        1) 한계선 상에 다다른 주어가 내부적으로 받는 driving 압박에서 남아있는 유일한 목적길로

           내몰리고 있다 ··· 218

           ① 주어는 driving 압박의 한계에서 '억지로' 유일한 목적일로 내몰리고 있다 ············ 218

           ② 한계선상에서 발생하는 압박은 유일한 목적일이 주어에게 절대 필요하게 만들고 있다 ······ 219

차 례

③ 한계선상에서 발생하는 내부 압박이 주어를 '스스로' 유일한 목적길을 가도록 내몰고 있다 ···· **219**
④ 주어는 버티기 하다 한계상황에 있다 ··· **219**
2) 외부 압박 must ··· **220**
2. 추측 – 사실로 드러날 마지막 한계선상에 있는 유일한 가능성 있는, 즉「틀림없는」추측이 된다 ···· **220**
3. 부정형 ··· **221**
4. 의문형 Must you~? ·· **222**
1) 주어에게 목적일이 남아있는 유일한 길인지 묻는다 ······························ **222**
2) Must(압박)의 이유를 묻는 why ·· **222**

B. You must~ ·· **222**
1. 주어 내부 한계 상황에서 오는 내부 driving 압박의 must ······························ **222**
2. 화자(외부 한계 driver)가 직접 주는 압박 must ·· **223**
1) 화자와 청자는 같은 방향(동료 등 긍정적인 관계인 경우) ························ **223**
2) 청자가 화자와 다른 방향일 경우(동료가 아닌 전혀 서로 다른 목적 관계인 경우) ···· **225**
3. 조건법에서 ··· **226**
4. 의문형 ··· **227**
5. 부정형 must not ··· **227**
1) 금지 영역 ··· **227**
2) 불 필요 ··· **228**
6. 틀림없는 추측 ··· **229**
1) 가려진(숨겨진) 것들 추측 ··· **229**
2) 과거의 일 추측 ··· **230**

C. 3자 must ·· **230**
1. 내부에 받는 압박 must ·· **230**
2. 외부에서 주는 must ·· **230**
3. 하필이면 그때에 ·· **231**
4. 의문형 must ··· **231**
5. 틀림없는 추측 ··· **232**

차 례

    1) 보이지 않는 주어나 그 내부 상황 등을 추측 ·· 232

    2) 현재 결과적 추측 ·· 234

    3) 과거 모르는 일의 존재를 결과적으로 추측 ·· 234

    4) 추측의 부정 ·· 235

D. 근본적인 내부 한계에 있는 고유의 must ··· 236

E. 목적 대상으로서 주어 ·· 236

F. have to ≠ must ··· 237

7장 SHALL ····· 239

A. 〈we shall〉 우리로 결속된 뜻 ·· 241

    1. 외부 중심의 결속 관계(편)에서 여기 shall은 순응적 결속의 뜻 ············ 241

    2. 외부(남들)의 힘과 자발적으로 결속하는 뜻(다수 주도적 합의, 단합, 결의의 뜻 ·· 242

    3. 의문형 Shall we~? ··· 244

B. 〈I shall〉 외부 중심편에 결속 ·· 246

    1. 외부 중심(편)에 결속 관계에서 shall은 순응적 결속의 뜻 ······················ 246

    2. I shall~. 외부(청자) 중심(편)에 결속 관계에서, 주어가 적극 주도하는 결속의 뜻 ··· 247

    3. 의문형 Shall you~? 화자가 원하는 일에 청자가 함께 결속할 뜻이 있는지 묻는다 ··· 248

C. 〈You shall〉 화자가 청자의 결속을 직접 주도하기 ······································ 249

    1. 화자편에 결속을 주도하기 ··· 250

    2. 주어편에서 결속을 주도하기 ··· 252

    3. 자기편에 결속하기(self 결속의 뜻) ··· 254

    4. 의문형 What shall I~? ·· 254

        1) 결속을 주도하는 청자에게 무엇으로 결속해야 하는지를 묻는다 ········ 254

        2) 결속을 전적으로 주도하는 청자에게 자신의 목적일이 청자에게 올바로 결속하는 일인지를 묻는다 ··· 255

차 례

D. 3자 shall ··· 256
   1. 화자의 편에서 결속하기 ··· 256
   2. 주어의 편에서 결속하기 ··· 257
   3. 의문형 Shall he~? 등 ·· 257

E. 추측 ·· 258
   1. 미래 완성 추측 ·· 258

F. 화자와 청자 사이에 맺어진 합의 ··· 258
   1. 동일한 목표를 위한 상호간 결속의 합의(합의 내용 ··· 258
   2. 의문문- 당사자에게 합의 내용을 묻는다 ··· 259

G. 역외 개별 고유의 Shall ··· 259

H. Verses in Bible ·· 260

8장 SHOULD — 263

A. 과거형 should, 과거에서 현재형 shall ·· 267
   1. 종속절의 시제일치에서(직접 화법으로 전환되는 것만), 과거에서 현재형 shall ········ 267
   2. 두 문장 비교- 과거형과 현재형 차이 ··· 268

B. 과거에서 현재형 should이었지만 현재에는 과거형 Should ··································· 269
   1. 과거형should have+동결재 ·· 269
      1) 과거 구성원 개인의 일이 당위성이 있었던 목적일인 경우를 뒤돌아보고 했어야 했(당위성 있)
         던 일이라고 말한다 ·· 271
      2) 과거 주어에게 있었던 당위성 있는 목적일을 화자가 현재의 결과적 입장에서 말한다 ········ 271
      3) 과거 대단한 일이었던 경우를 겪어볼 가치 있었던 일로 나중에 당위성 가치를 부여한다 ······· 272
   2. 부정형 shouldn't have +동결재 ·· 273
   3. 의문형. Should(당위성) 있었니? →주어 have+동결재 ·································· 274
   4. 과거 결과적 추측- 과거형 should ··· 274
   5. 과거에서도 현재형 should이었지만 현재에는 과거형 should ······················· 274

차 례

  6. 과거 가정법에서 ·· 275
 C. 현재형 should ··· 275
  1. 사회 구성원의 일원으로서 사회적 가치 있는 일을 해야 한다 ················· 276
   1) 화자 자신이 당위서 있는 목적일을 가지고 있음을 알린다 ················ 276
   2) You should~ ·· 277
   3) 3자 주어 should~ ··· 278
  2. 의문형 should ··· 278
   1) Should I ~? ·· 278
   2) Should we~? ··· 280
   3) Should you/they/he~? ··· 280
  3. 강한 당위성 있는 명령, 의무, 지도, 권고, 충고, 당연, 훈계, 가르침 등의 뜻 ···· 281
  4. 추측 – 당위성 있는 추측 ··· 283
   1) 미래 추측 ·· 283
   2) 현재 추측 ·· 284
   3) 현재 결과적 추측 ··· 285
   4) 과거 일의 존재를 결과적 추측 ·· 286
  5. Who[what] should~but~. 존재의 당위성에서 무엇이 있어야겠는가 놀랍게도 그건 다름 아닌 ~이네 ··· 286
  6. 사회에 평범하지 않은 일, 해서는 안될 일등이 일어나서 그 당위성을 평가한다 ···· 287
   1) 당위성이 없는 일에 감정적인 평가 ·· 287
   2) 당위성 없는 일에 이성적인 평가 ··· 288
   3) 지나치게 하는 일에 대한 당위성을 놓고 너무하다[지나치다]는 이성적 평가 ···· 289
   4) 잘못돼버린 일에 대한 당위성을 놓고 예상외였다는 감정 평가 ········ 289
  7. 목적일에 대한 당위성 가치를 평가. 그 가치는 주어에게 중요, 필요, 당연 등으로 평가한다 ···· 289
  8. 주어에게 제시하는 목적일을 당위성 있는 목적일로 해야 한다고 주장, 명령, 희망, 요구, 기대, 제안, 합의, 등등 ··· 290
  9. 당위성 있는 자격을 주는 should ··· 291
  10. 미래 목적일에 대한 당위성을 만드는(이루는) 합의, 제안, 바램 ········· 291

차 례

11. 원치 않는 일을 하지 않도록 당위성을 주지 않기 ········· 292
12. A so that B(should)- 당위성 있게 밀어주기 ········· 292
13. [주어 개인적인 당위적 입장으로 볼 때]라고 한정하여 말한다 ········· 292
14. 주어의 개인적인 당위성 있는 바램을 남에게 내비침(완곡한 표현) ········· 293
15. 남에게 자신이 원하는 일을 직접 말하고 남이 해결해 준다면 감사, 기뻐, 행복할 당위성이 있게 됨을 알린다 ········· 294

D. 주어가 본래 가진 고유의 should ········· 294
E. 가정법 ········· 295
   1. 현재 가정법 ········· 296
      1) 일반적인 현재 가정법 ········· 297
         ① 현재형 should의 실현 ········· 297
         ② 입장 바꾼다면 ········· 298
      2) 서로의 마음(뜻-will) 가정 ········· 298
   2. 과거 가정법 ········· 300
   3. 미래 가정법 ········· 302
      1) 미래 존재 가정법 ········· 302
         ① were to~ ········· 303
         ② should를 사용하는 미래 가정 ········· 303

9장 WILL ······ 305

A. 화자 중심에서 ········· 308
   1. I will~. I will의 서술 ········· 308
      1) 직접 담당 의사(지)를 밝힌다 ········· 310
      2) 목적 의지- 어떤 일을 목적으로 삼고 그 일을 [나는 하겠다] ········· 311
      3) shall을 사용하다가 will로 바뀐 경우임(shall의 왜곡된 전용) ········· 313
      4) 미래 진행형 추측 ········· 314

차 례

    2. I will not (=I won't) ·· 315

    3. Will you~? ·· 316

        1) 주어 내부에 will이 있는지를 묻는다 ·· 316

        2) 청자의 뜻이 내부에 이미 있는지 묻는다 ·· 318

        3) 미래 예정일, 계획에 대해 묻는다 ·· 319

B. 청자 영역으로 확장 연결 ··· 320

    1. You will~ ·· 320

    2. 협박, 위협 등 – shall에서 전용되었다 ·· 322

    3. 주어의 미래일 정보를 알려주기 ·· 322

    4. 주어에게 자신 있게 미래 예정된 일/미래 계획을 알려주기 ················· 323

    5. You will not(=won't) ·· 324

        1) 강한 화자가 직접 지시하는 금지(will not) ··· 324

        2) 주어 내부에 있는 will not을 잘 알고 있어서 그 will not을 서술 ········ 325

    6. Will I~? ·· 325

        1) 화자의 상대방인 강한 상위자에게 묻는 경우 ·· 325

        2) 화자의 상대방인 비 상위자에게 묻는 경우 ·· 326

    7. 추측 – You will+가려진(숨기는) 내용(사실) ······································· 326

        1) 마주보는 주어를 추측한다 ·· 326

        2) 현재 일을 결과적 존재로 추측한다 ·· 327

        3) 과거의 일일지라도 현재의 결과적 존재로 추측한다 ······························ 327

C. 3자 영역으로 확장 연결 ··· 327

    1. 제3자의 will에 mission 주기 ·· 328

    2. 제3자의 내부에 있는 will을 서술로 알려주기 ···································· 328

        1) 주어의 내부 의지 서술 ·· 328

        2) 미래일 정보 알려 주기 ·· 329

        3) 미래의 예상 예측 정보(평가 정보) ·· 329

        4) will not(won't) ·· 330

차 례

   5) 내부에 고착화되어 가는 will ·· 330
  3. 추측 ·· 331
   1) 잘 모르는 주어에 대해 추측 ·· 332
   2) 현재 진행 추측 ··· 332
   3) 현재 결과적 추측 ··· 332
   4) 미래 완성(완료) 추측 ·· 334
   5) 미래 예정, 계획 알려주기 ··· 334
   6) 이치에 의한 미래에 다가올(생길) 일을 미리 알린다 ································· 336

D. 역외의 개별 고유의 will ·· 336
  1. 역외의 개별 주체들- 내부에 있는 고유의 will을 알린다 ······························ 336

E. 목적 대상으로서 주어- 제3중심 서술 ··· 337

F. 기타 비교 ·· 339

G. 조건법에서 ··· 340
  1. 조건절에서의 will ·· 341

10장 WOULD ⋯⋯ 343

A. 과거에서 will은 현재에서 본 과거형 would ··· 346
  1. 과거에서 보는 현재형 will(시제 일치에서) ·· 346
  2. Wouldn't, 과거에서 will not이다 ·· 348
  3. 과거에서 실제 사용되기도 하고 있는 will ··· 350

B. 지나온 과거에 사용했던 would ··· 351
  1. 현재에서 뒤돌아보는 실제 지나온 과거에 사용했던 would ··················· 351
  2. 과거에 will의 사용이 반복적으로 혹은 계속 고착화되어 가는 경우 ······ 353

C. 과거형 would have+동결재_과거의 미사용 파워를 현재에 사용한 결과적 입장으로 말한다 ······ 355
  1. 과거에서 would일때 ·· 355

차 례

  2. 과거에서 will일때 ·· 357

  3. would have+pp~의 부정형 ·· 357

D. 현재형 would ·· 358

  1. 실제성이 부족한 would(실제적 will에서 끊어진 would) ························ 358

  2. Would you~? ··· 360

   1) 화자가 제시하는 일을 목적일로 삼을 뜻이 있는지 묻는다 ·············· 360

   2) Would you mind~? ·· 362

   3) 청자가 가지고 있는 미래일을 실제성이 부족하게 묻는다 ················ 363

  3. Would I~? ·· 363

   1) 내게 would이 있나요? ·· 364

   2) 제가 would을 가져도 되나요? ··· 364

  4. 과거에서도 현재형 would ·· 364

  5. You would! ·· 364

  6. Say what you would~ ·· 365

  7. would like (to) ·· 365

  8. Would you like ~? 의문문 ··· 366

  9. 실제성 없는 내적 상황들 ·· 367

  10. 실제성 없는 바램을 말해본다 ··· 368

  11. 의문사+would~. 실제성 없는 의문 ·· 369

  12. Wish - would ··· 369

   1) 현재 가정법적 바램이다 ·· 369

   2) 과거 가정법적 바램이다 ·· 371

  13. would rather(실제성이 없는 다른 선택)= would prefer to ················ 371

  14. would rather+현실과 다른 조건법(현재 가정) ····································· 372

  15. would rather+실제성 없는 조건절(과거 가정법) ································· 372

E. 실제성 부족한 추측 ·· 373

  1. 가려진(숨기는) 일(내용) 추측 ··· 373

차 례

  2. 현재 추측 ·· 374

  3. 과거 추측 ·· 374

  4. 과거 결과적 추측 ··· 374

  5. 미래 추측 ·· 375

  6. 미래 완성 추측 ·· 376

F. 역외 개별 영역 고유의 would ··· 376

G. 목적 대상이 주어인 경우– 제3중심 ·· 376

H. 가정법에서 would ··· 377

  1. 가상 조건절에서의 would ··· 377

  2. 가상 종존절에서의 would ··· 378

   1) 기준 현실 [현재]에서 보는 would ··· 378

   2) 기준 현실 [과거]에서 보는 가상의 과거형 would ································· 379

  3. 미래 가정법 ··· 380

   1) 미래 가상 완성 조건법(미래 완성 가정법) ··· 380

   2) 미래 존재 가정법(미래 가상 존재(발생) 조건법) ································· 381

    ① would를 사용하는 미래 가정 ··· 382

11장 If문과 조건법에서 ····· 385

A. If문 ·· 387

  1. If문, whether문 ··· 387

   1) If는 화자의 미확인 사실에 붙는다 ·· 387

   2) 의문문이 종속절에서 If문으로 바뀌는 경우 ·· 387

   3) whether도 미 확인 사실에 붙는다 ·· 388

   4) 가정이나 조건에서도 마찬가지로 if절은 제시만 되었을 뿐, 조건은 현실에서는 아직 미 실현
    단계이므로 미 확인 사실임이 틀림이 없다 ··· 388

B. 조건의 이해 ··· 388

차 례

- 1. 조건은 왜 만들어 지는가? 388
- 2. 조건과 그 위치 389
- 3. 조건절과 종존절 세계에 대하여 391
- 4. 존재의 바탕인 조건 391
- 5. 조건 접목의 이해와 4개의 조건 영역 구분 392
- 6. 4개의 조건 영역들과 그 올바른 접목 393
    - 1) 미 존재 미래 영역 393
    - 2) 미 확인 영역 394
    - 3) 기존 현실 인식 세계 영역 394
    - 4) 가상 세계 394
- 7. 기준 현실(화자의 시각) 395
- 8. 조건법에서의 동사의 사용 396
- 9. 종존절 396

C. 미래 존재 조건법 396
- 1. 바탕형 미래 존재 조건법 397
- 2. 하이브리드형 미래 상호 목적 교환 조건 398

D. 사실 확인 조건법 399
- 1. 현재 사실 확인 조건 400
- 2. 과거 사실 확인 조건 400

E. 기존 사실 충돌 조건법 401

F. 가정법: 가상 조건법 401
- 1. 현재 가정법 403
    - 1) 일반적인 현재 가정법 405
        - ① 기준 현실인 현재에서 선 가상 조건(과거형), 후 가상 극복 실현(현재형) 405
        - ② 현재형 should(가상의 shall)의 실현 405
        - ③ 현재형 would(가상의 will)의 실현 407
        - ④ 입장 바꾼다면 408

차 례

  2) 서로(상호)의 마음(뜻-will) 가정 ··· 409
  2. 과거 가정법 ··· 410
  3. 미래 가정법 ··· 416
   1) 미래 완성 가정법(미래 가상 완성 조건법) ································· 416
   2) 미래 존재 가정법(미래 가상 존재/발생 조건법) ····························· 417
    ① were to~ ··· 418
    ② should를 사용하는 미래 가정 ·· 419
    ③ would를 사용하는 미래 가정 ··· 420

G. 전치사 등이 들어있는 조건법 ·· 421

H. 기타 다양한 조건법들 ··· 423
  1. 의문문 형식이 if를 대신하는 경우 ··· 423
  2. 현실의 반대를 뜻하는 but for, without을 이용한 가정법 ······················· 423
  3. 가정 자체가 현실 바램인 경우 ·· 424
  4. I wish에서 ·· 424

12장 Have +과거 완료 ····· 425

A. have의 이해 ·· 427
  1. 뜻 ··· 427
  2. have to 동사 ··· 427

B. 과거 분사(past participle)의 새 정의와 이해 ··· 428
  1. 정의 ··· 428
  2. S+be+pp= 피동태 ·· 429

C. Have + pp의 이해 ·· 431
  1. 기본적 이해 ··· 431
  2. 시간 전개에 따른 의미 변화 ··· 432
   ① 과거 결과 ··· 433

차 례

② 과거 완료 ·· 434

③ 과거 완료 진행 ··· 434

④ 과거 완료 계속 ··· 434

⑤ 현재 결과 ·· 434

⑥ 현재 완료 ·· 434

⑦ 현재 완료 계속 ··· 435

⑧ 현재 완료 진행 ··· 434

⑨ 미래 형성 ·· 436

⑩ 미래 완성 ·· 436

⑪ 미래 완료 ·· 436

3. 「주어 입장에서」 혹은 「화자 입장에서」, 「결과적 입장에서」 동결재를 서술 ········· 436

　1) 목적어를 중심 주어로 서술(피동태-목적어 입장에서) ····························· 436

　2) 행위자인 주어 입장에서(주어+have+동결재~) ··· 436

　3) 화자의 결과적 입장에서(화자의 입장+결과적 입장-추측, 가정법, 시간차의 결과적 입장) ······ 437

　4) 결과적 입장에서 ·· 438

4. 임의의 파워가 가지는 확률 ·· 439

D. 파워 동사 + have + 동결재 ··· 439

1. 과거형 파워 동사+have+ 동결재 – 과거의 목적일을 현재의 결과적 서술 ······ 443

　1) 과거형could have + 동결재 ·· 444

　① 목적 의사가 없이 원치 않는 일 저지를 뻔했다 ····································· 445

　② 좋은 일 등을 할 목적 기회가 있었지만 놓쳐 버렸다 ·························· 446

　③ 과거형couldn't +have+ 동결재 ··· 447

　2) 과거형might have+동결재 ··· 447

　① 과거에 그런 기회가 있는 줄 알았어야지(실제는 몰랐어) ····················· 448

　② 과거 원치 않았던 일을 낳을 뻔한 기회가 있었다 ······························· 448

　③ 과거에 그런 기회가 있었는데 놓쳐버렸다 ··· 449

　3) 과거형should have +동결재 ·· 449

차 례

① 과거 개인적 가치 있는 일이 당위성이 있었던 목적일인 경우를 뒤돌아보고 했어야 했던 일이 있었다고 말한다 ·············· 451

② 과거 주어에게 있었던 당위성 있는 목적일을 현재의 결과적 입장에서 말한다 ·············· 451

③ 과거 대단한 일이었던 경우를 겪어볼 가치 있었던 일로 나중에 당위성 가치를 부여한다 ········ 452

4) 과거형would have + 동결재 ·············· 453

① 과거에 이루고 싶은 목적일을 그 목적 결과를 이루고 싶었다고 현재의 결과적 입장으로 말한다 ·············· 453

② 과거에 이룰 수 있는 목적일을 그 목적 결과를 이루었을거라고 현재의 결과적 입장으로 말한다 ·············· 455

③ would have+pp~의 부정형 ·············· 455

2. 파워 동사+have+동결재~= 결과적 추측 ·············· 456

  1) can have+동결재, cannot have+동결재 ·············· 462

  2) 과거형could have+동결재→과거 일을 결과적 추측 ·············· 463

  3) may have+동결재 ·············· 464

  ① 미래 완료 추측 ·············· 464

  ② 현재 결과적 추측 ·············· 465

  4) might have+동결재 ·············· 465

  ① 현재 결과적 추측 ·············· 465

  ② 과거 결과적 추측 ·············· 466

  5) must have+동결재 ·············· 466

  6) shall have+동결재 ·············· 468

  ① 미래 완성 추측 ·············· 468

  7) should have+동결재 ·············· 468

  ① 현재 결과적 추측(현재형 should) ·············· 468

  ② 과거 결과적 추측(과거형 should) ·············· 469

  8) will have+동결재 ·············· 469

  ① 현재 결과적 추측 ·············· 469

  ② 과거 일을 현재 결과적 추측 ·············· 469

차 례

③ 미래 완성 추측 ·· 470

9) 과거형 would have+동결재 ··· 470

① 과거 결과적 추측 ·· 470

② 과거에서 미래 완료(완성) 추측 ·· 471

E. 가상의 파워 동사+have+동결재 -가정법 ································ 472

  1. 과거 가정법 ··· 472

  2. 미래 가정법 ··· 476

    1) 미래 가상 완성 조건법(미래 완성 가정법) ························ 476

      참고서적 ··· 479

      한글 창제 원리(부록) ··· 481

머리말

이 책은 영어의 성질을 세계 최초로 담고 있는 전혀 새로운 문법이다. 형식상으로는 가장 이상적이라는 의미 문법이며, 내용상으로는 성질 문법이다. 지금까지는 영어의 성질(본질), 의미와 일치하지 않고 그 원인과 이유를 말하여 주지 않는 기능 문법을 사용하여 왔다. (그 근거 이론이 있다 하더라도 교육 현장에서 받아들일 수 없는 것이었다) 그래서 영어를 이해하는데 큰 어려움을 겪어왔다. 기존 조동사는 문법이 아닌 의미론에 불과하다. 이름 조차도 아주 잘못된 것이어서 이해의 혼란을 더욱 가중시켜왔다.

이 책은 여러분이 영어, 특히 파워 동사를 극복하는데 가장 핵심적인 해결책이 될 것이다. 그리고 무조건 암기하고 억지로 이해하는 영어가 아닌 읽고 누구나 이해할 수 있는 영어를 만들었으니 이제 영어는 재미있고 훨씬 쉬운 학습이 될 것이다.

지금까지 영어 문법은 교육 현장에서 주로 기능 문법을 사용하여 왔다. 그 기능 문법에 대한 현실적인 이해의 예를 들면, 오래 전 아프리카 원시 생활을 하던 부족민이 출연한 영화가 흥행을 하자 영화사는 그 부족민을 미국으로 초대하여 돌아갈 때 고를 수 있는 두 가지 선물을 약속했다. 그러자 그 부족민은 수도와 전기를 달라고 요구하였다고 한다. 그 부족민 입장에서는 매우 현명하고 지혜로운 선택이었지만 그 부족민은 꼭지나 스위치를 켜면 작동했던 수도와 전기의 기능만을 이해했던 것이었다. 결국 기능 문법은 수도와 전기에 대해 잘 알고 있는 영화사 사람들과 그 주연 부족민 사이의 차이만큼 영어를 이해시키는데 큰 문제가 있었던 것이다. 그래서 많은 사람들이 영어를 본질적으로 이해하지 못하고 어려워했으며 유학 등을 가서도 영어를 다시 새롭게 공부하였던 것이다. 그러나 현지에 가서 영어를 배운다 하여도 모두가 성공하지 못하고 일부의 사람들만 배우고 돌아왔다. 그러나 그 성공하였다는 사람들에게 조차도 영어는 여전히 어려운 것이다.

오늘날 많은 사람들이 영어 교육 문제의 올바른 해법으로 다양하고 많은 방법들을 제시하는 것을 보아왔지만 제대로 정곡을 찌르는 사람은 보지 못하였다. 『제가 감히 단언하여 말하건대 오늘날 표류하는 영어 교육의 문제는 사소한 교육 방식이나 그 테크닉에 있는 것이 아니고 영어 문법에 있다고 정확히 진단한다. 따라서 그 해법도 올바른 문법에 있다.』 영어 교육의 문제는 한국만이 아닌 전 세계적인 현상이다. 그리고 현지 영국, 미국 등에서도 문제이기도 하다.

요즘 영어 교육 현장에서는 문법의 무용론이 팽배해 있다. 그러면서 치중하는 것이 독해력이다. 그러면 학생들이나 가르치는 분들이 영어를 얼마나 잘 이해하고 있을까 생각해보면 한마디로 전혀 아니올시다 이다. 적나라하게 비판한다면 지금까지 영어 교육은 영어 본래의 모습(?)을 가르치는 것이 아니고 '해석하는 방법이나 요령'을 가르치는 것이 현실이다. 그것은 그 부족민이 아프리카로 돌아가서 수도와 전기를 기능적으로 학생들에게 가르치거나 그 부족민 자신의 나름의 방식으로 이해시키는 것과 같다. 그러니 절대로 '영어 말하기'가 온전히 안 되고 교육도 표류할 수밖에 없는 것이다. 아무리 영어를 배워도 앵무새가 사람의 말을 흉내 내는 것과 같게 되는 경우이다.

영어는 매우 복잡하고 어려운 언어이며 특별히 알타이어 계통의 언어를 배우는 한국인에게는 더욱 그렇다. 왜냐하면 어떤 사실을 영어가 표현하는 방식과 한국어가 표현하는 방식은 전혀 다른 입장에서 접근하기 때문이다. 영어는 매우 논리적이고 정형적인 반면에 한국어는 매우 유연하고 다양하기는 하나 반면에 논리성이 부족한 것이 약점이다. (반대로 영어는 유연성이 부족한 것이 약점이다 - 그래서 다양한 감정 등의 표현이 부족하고 제스처를 많이 써야 한다) 그래서 한국인에게는 영어가 어려운 언어이다.

다시 말하지만 영어는 그 구조가 매우 복잡해서 쉽게 이해하기가 어렵다. 논리적이고 정형적인 영어가 이 세상에 일어나는 수많은 일들을 표현하기에는 그 구조가 몇 개의 틀로써 단순화 될 수가 없었다. 아니 논리적이고 정형적이기 때문에 다른 언어들보다 더욱 복잡해지고 더 어려워질 수밖에 없었다. 저자가 연구해본 바에 의하면 그것이 원시 사회에서 봉건사회, 현대 과학 문명사회로 발전함에 따라 영어는 표현 영역이 점점 넓어지게 되었고 더욱더 복잡해지게 되었다. 그러면서 일부(shall등)는 그 본래의 원형을 잃어가면서 왜곡되기도 하고 있는 것이다. 이렇게 영어가 확장되고 복잡해질수록 영어를 배우는 이들에게는 더욱더 객관적인 이해가 필요할 수밖에 없는 것이다. 복잡한 구조임에도 불구하고 객관적인 이해를 만들어 주는 문법 이론이 없다면 영어는 더욱 그 원형을 잃고 왜곡될 수밖에 없다. 오늘날 모국어가 아닌 곳에서 쓰는 영어는 그들 나름대로의 방식으로 더욱 그 왜곡이 가속화되어 사용되고 있고 원어민들조차 그 사회의 계층에 따라 일부는 자신들만이 쓰는 영어 표현 방식을 새롭게 형성해 가고 있다.

파워 동사는 우리 한국어에는 없는 언어 형태이다. 그래서 이 낯선 언어를 우리말로 정확하게 번역하기는 쉽지 않고 어떤 부분에서는 매우 어렵다. 그러나 이제 다행히도 우리는 이 새로운 문법을 통해서 파워 동사를 쉽게 이해할 수 있게 되었다. (쉽게 이해할 수는 있지만 우리말에 파워동사란 게 없어서 여전히 영어 그대로의 정확한 번역은 어렵다) 과거에는 의미론을 통해서, 혹은 그 번역된 의미를 통해서 파워 동사를 이해하기는 거의 불가능 했었다. 그것은 아무리 봐도 알 수 없는 오리무중의 세계이었다. 그러나 이제 영어는 영어 그대로, 영어가 접근하는 방식 그대로, 원어민들이 영어를 느끼는 관점 그대로, 한마디로 우리의 기준이 아닌 그들의 기준대로 우리는 영어를 배워야 한다는 것이다. 처음 접하는 낯설고 익숙지 않은 새로운 문법일지라도 영어의 형성 원리와 언어의 서술 원리를 그대로 적용하였으므로 조금만 노력하면 항상 일관성 있는 잣대로, 영어 본래의 모습을 알게 해줄 것이다.

이 책은 복잡한 구조를 가진 영어를 누구나 쉽게 이해할 수 있도록 객관화시키는 첫 성공 사례이다.

나는 여러분들에게 말하기를 "용기를 가져라!" 그리고 "지금까지의 교육 시스템으로는 외국어인 영어를 잘하는 것이 비정상적이지, 못하는 것이 비정상적이지는 않다"고 말하고 싶다. 원어민들처럼 배우지 않고는 어떻게 그 말도 안 되는 엉터리 해석 방식이나 요령, 이론 등으로 습득해서 영어를 잘 안다고(혹은 이해한다고) 자부해왔는지 냉철하고 객관적인 눈으로 현재의 상황들을 들여다보면 말로 표현하기조차 어렵다. 이제 영어를 싫어하지 않는다면 누구나 영어가 가능한 시대가 올 것이다.

오늘에 이 책을 내기까지 수많은 어려움이 있었다. 이 일은 내가 원해서 시작한 일도 아니고 고통과 어려움 속에서, 그리고 벼랑 끝에서 내가 선택할 수 있는 유일한 통로였다. 그리고 이러한 연구를 할 수 있는 외형적인 여건은 1퍼센트도 전혀 안되어 있었다. 그러나 이 일이 나에겐 가장 적합한 일이라는 것을 뒤늦게 깨닫게 되었다. 내적으로 나의 자질과 과거에 겪어왔던 모든 일들이 이 책을 쓰는데 아주 유용한 자산이 되어 주었고 마치 잘 준비되어 있었던 것처럼 느껴졌다. 그래도 나는 아직도 후회를 한다. 나는 평범하게 이름 없이 사는 게 나의 가장 오래된 꿈이기 때문이다.

나를 사랑해준 분들, 특별히 돌아가신 나의 어머니께 감사를 드립니다. 사랑합니다, 어머니!

2015년 1월

Michael Bean Lee 씀

일러두기

　이 책은 영어의 성질을 드러낸 최초의 영어 문법서이다. 그러므로 억지로 암기해야 하는 기존 문법과는 달리 읽고 이해하는 문법이다. 더욱이 영어 의미에 일치하는 의미 문법이므로 우선 정독하지 말고 정상적인 속도로 읽어주기 바란다. (5회 이상 읽고 나서 나중에 간과하기 쉽거나 주의해서 읽어야 할 부분은 정독하기 바란다) 그러면 이 책에서 말하고자 하는 파워 동사의 세계에 조금씩 빠져들게 될 것이다. 한두 번을 읽어도 영어(파워동사)를 극복할 수 있다는 가능성을 발견하게 될 것이다. 열 번 이상을 읽으면 어느 정도 자신감을 가지게 될 것이고 또한 반복하여 읽어 갈수록 여러분의 머릿속에는 영어의 세계가 형성될 것이고 그 관점으로 영어를 바라보고 이해하고 말하게 될 것이다. 그러나 여러분이 영어를 진정 제대로 말할 수 있기를 바란다면 수십 번이 아닌 백 번 이상을 읽어 주길 바란다. 그러면 이 책의 영어는 온전히 여러분의 것이 될 것이다. (한마디로 이 책이 닳아 헤어지도록 읽어 주기 바란다) 물론 이 책이 한두 번 개정판이 되어 나왔을 때 이 말이 더욱 분명하게 다가올 것이다.

　이 책은 영어의 성질을 세계 최초로 담고 있는 새로운 문법이다.
　형식상으로는 가장 이상적이라는 '의미 문법'이며, 내용상으로는 성질 문법이다. 한마디로 가장 완벽한 세계 최초의 문법이다.
　지금까지는 영어의 성질이나 의미에 일치하지 않고 그 원인과 이유를 말하여 주지 않는 '기능 문법'을 사용하여 왔다. 그래서 영어를 제대로 이해하는데 큰 어려움을 겪어왔고 영어 교육에 많은 혼선과 혼란을 가져왔다. 기존 조동사는 아주 심한 엉터리 문법이며 이름조차도 아주 잘못된 것이어서 이해의 혼란을 더욱 가중시켜 왔다.
　이 책은 여러분이 영어를 극복하는데 기초가 되고 지름길이 되는 가장 핵심적인 역할을 할 것이다. 그리고 무조건 암기하는 영어가 아닌 읽고 이해하는 영어를 만들어 재미있고 훨씬 쉬운 학습이 될 것이다. 그리하여 여러분을 진정한 영어의 세계로 안내해 줄 것이다.

　특별히 여러분은 『파워 동사의 서술에 대한 이해』를 제대로 해야만 이 책을 올바로 학습할 수가 있다. 처음에 낯설고 어렵다고 느낄지 모르지만 『영어의 생성 원리와 언어의 서술 원리를 그대로 적용』하였으므로 조금만 노력하면 『<u>항상 일관성 있는 기준과 논리로 영어를 더욱 이해하기 쉽게 만들어 줄 것이다</u>』. 이해가 어려운 분들을 위해선 1장을 필요에 따라 우선 반복 학습하거나 정독하여 주기 바란다. 특별히 이 책이 전개해 나가는 이론의 흐름을 유념해서 읽어주기 바란다. 기존 문법은 가는 곳마다 다른 기준 다른 잣대를 적용하여 여러분을 미궁 속에 빠뜨렸지만 이 책은 영어를 항상 일관성 있게 바라보게 해줄 것이다. (원래 땜질용 이론이 2~3회 이상 지속된다면 그 이론 전체가 옳지 않은 것으로 판단해야 한다. 왜냐하면 땜질과 부적절한 변명이 거기서 끝나지 않기 때문이다.)

여러분! 정신 차리고 이글을 읽어 보세요.

여러분이 영어 교육받을 때 '부사'를 뭐라고 하던가요? 원인, 이유, 목적, 결과, 방법, 장소, 시간, 등등을 부사라고 교육받았죠? 그러면 왜 이것들을 부사라고 하고 있죠? 그럼, 부사의 뜻이 무엇인가요? 여러분들은 아무것도 모르고 있어요. 그러니 정신 차리고 봐야 해요. 자, 지금부터 모든 것 알려드릴께요.

여기 부사라고 언급된 것들 사이에 어떤 공통점이 있나요? 없지~요! 네, 아무 것도 없어요. 전~혀 없지~요! 단지 있다면, 「정(main)」이 아닌「부」라는 것이며, '부'라는 뜻은 여기서 [outsider]라는 뜻이에요. 즉 정(main)이 아니어서 outsider라는 것이에요. 그러면 main은 무엇인가요? 주어, 목적, 동사, 보어 등을 정(main)이라 하고 그렇지 않은 위의 것들, 즉 원인, 이유, 목적, 결과 등을 부사라 가르치고 있어요. 그러면 왜 이렇게 outsider가 많은 거죠? 그것은 옳지 않은 엉터리 문법을 억지로 적용하다보니 거기에 맞지 않은 것들을 모조리 쓰레기 통에 처박고 그 쓰레기 통에 처박은 것들을 모두 부사라고 부르고 있는 것이에요. 다시 말하면 『부사는 쓰레기통이 이론』이죠! 그래서 쓰레기통에는 온갖 잡것들이 바글바글, 우글우글, 어울리지 않는 잡것들이 온통 뒤섞여 있는 꼴이죠. 그럼 왜 이런 현상들이 벌어지고 있나요? 애초에 정(main)이라는 것들을 잘못 정해 놔서 그래요. 여러분들도 알다시피 이것은 5형식이라 이미 배우셨죠? 이렇게 5형식에 어울리지 않는 것들을 쓰레기통에 처박아 놨어요. 그리고 거기에 변명들만 수없이 늘어놔요. 5형식이든 기존의 어떤 영어 교육 이론이든 외국인에게 영어를 완벽히 가르쳐 주는 책이나 이론은 이세상에 존재하지 않아요. 모두 엉터리 이론이며 올바른 이론은 이 책 외에는 어디에도 없어요, 그 이외에도 소위 대학 교수나 석사, 박사 학위도 엉터리 영어 이론에 매달려 자기들 사이에서 온갖 땜질을 2차, 3차, 4차, 헤아릴 수 없이 6~70년 동안 계속 땜질을 하고 있지요. 앞에서도 언급했듯이 땜질을 2차, 3차를 해대면 100% 엉터리 문법이에요. 이렇게 땜질을 해야 그럴듯해 보이는 문법은 조금만 영어 공부한 사람은 누구나 만들 수 있는 것이며 엉터리 가짜 문법이라는 것을 알아야 시간 낭비, 돈 낭비 않고 인생 낭비도 않는다는 것을 여러분들은 알아야 해요. (참고로 '보어'라는 것도 99%가 엉터리 이론이며 8품사들도 대부분 엉터리들이죠).

기존의 영어 조동사는 이름부터 잘못 지어진 이름이며 이는 잘못된 이론에 근거하여 붙여진 이름이다. 지금까지의 영어 이론(문법)은 올바른 문법의 연구를 위한 사전 작업 단계로서 하나의 품사나 구, 5형식중의 하나의 구성 요소가 하나의 문장에서 가지는 기능적 역할론에 불과하고 일부의 영어 표현 형식들에만 잘못 적용하였다. 그리고 이것들이 그 문장에서 가지는 의미들을 무시하거나 무관하게 적용해 왔다. 이리하여 안타깝게도 이런 의미들은 정상적인 원어민이라면 문법을 모르더라도 누구나 알 수 있는 것들이었고 그들이 느끼는 영어(언어)가 가지는 가장 큰 역할인 의미를 무시하여 결국 파워 동사의 문법은 그동안 성과 있는 연구의 출발 선상에서 한걸음도 나아가지 못하고 있었던 것이다. 오히려 기존 문법들이 잘못 가르치는 것들이 많아서 올바른 영어의 이해에 큰 혼란을 야기했다고도 할 수도 있다.

이 책의 예문 번역은 의역보다는 직역을 하였다. 영어 교육용 교재의 해석은 원문을 더욱 잘 이해하기 위해서는 한국어다운 표현에 다소 어색한 느낌이 있더라도 영어 본래의 성질, 즉 원어민이 느끼는 영어 의미에 최대한 가깝게 표현하는 것이 옳기 때문이다.

기존의 모든 영어 문법인 기능문법, 품사론 등에서 영어의 본래 모습과는 다르게 잘못 정의된 용어들을 저 나름대로 이름을 새롭게 지어놨다. 많은 조언들과 비판을 통해서 바르게 지어나갈 것이다. 예) 조동사 → 파워 동사. 그러나 아직 발표되지 않은 나머지 문법 분야에서 기존 잘못되게 이름 지어져서 사용되고 있는 용어들은 새로운 용어가 만들어져 발표될 때까지 그대로 사용하기로 한다.

연구 과정에서 본질에 가깝게 그리고 다양하게 접근하면서 자주 수정을 하였고 그 과정에서 미처 수정하지 못하였거나 매끄럽게 정리하지 못한 부분이나 실수들이 더러 있을 수 있다. 그 부분은 개정판을 통해 곧 바로 잡을 것이다.

다시 말하지만 이 책은 영어의 성질을 제대로 드러낸 최초의 영어 문법서이므로 그 성질은 대부분 하나의 단어, 혹은 몇 개의 단어나 구문, 하나의 문장, 하나의 그림 등으로 축약 되어있는 경우가 많아서 그 단어 하나, 문장 하나, 그리고 그림 등 단순하게 보이는 내용조차도 그것이 이 책에서 처음 발표되고 있거나 이전보다도 진보된 이론이라면 모두가 **저작권의 보호대상**임을 분명히 밝혀둔다.

그러므로 아주 작은 부분일지라도 인용이나 유형물, 즉 인쇄, 복사, 사진, 혹은 동영상, 전자기기에 저장 등 일부, 혹은 전체의 저작권을 침해하는 허락되지 아니한 어떠한 형태로든 **저장·사용을 하여서는 안 된다**. 그리고 저자는 앞으로도 판매 목적으로 유형물 등 어떠한 형태로든 저작권을 양도하는 일도 허락하지 않을 것이므로 다른 곳에서 발견되는 본 저작권의 내용물들은 모두 불법 사용하는 것으로 간주하여도 좋다.

그리고 특별히 당부하건대, 이 책은 기존의 책들과 비교하면 최소 100배 이상의 가치가 있습니다. 그런데도 불구하고 여러분을 사랑하는 마음으로 누구나 사서 볼 수 있도록 가격을 대폭, 엄청, 아니 눈물 나게 낮추었으니 여러분들은 불법 복제하지 말기를 부탁 드리며 양심적인 학습자가 돼 주시길 부탁합니다. 만일 이 책의 저작권을 불법 침해하는 분명한 증거물(사진이나 동영상 등)을 저희에게 보내준다면 그 벌금의 충분한 일정 부분을 제보자께 드리겠습니다.

개정판을 내면서

이 글을 쓰면서 마음이 복잡하고 여러가지 생각들이 많아졌다. 무어라 말해야 할까? 할말은 너무 많은데 독자들에게 이 짧은 지면에 영어에 대한 많은 것을 말하기가 어렵고 망설여지고 또한 함부로 말하기도 쉽지 않다. 언어라는 것은 그 민족의 역사, 문화, 지리, 그 발전사, 민족적 특성 등 광범위하고 엄청난 것들을 담고 있기 때문이다. 그것들은 겉으로 드러나지 않고 그 언어 속에 숨겨져 있다. 오늘날 언어, 특히 영어의 특성을 제대로 알고 있는 학자나 교수는 거의 없거나 전혀 없다고 해도 과언이 아니다. 그럼에도 불구하고 이 책은 거의 '완벽한 영어 문법의 완성 단계'에 와있다고 할 수 있다. 그래서 이 책을 마무리하는 입장에서 나의 마음은 많은 고통과 회한이 함께 남는다. 또한 잃어버린 것들이 너무 많다. 이 책이 만들어지기까지 수없이 많은 고통과 어려움이 있었다. 그 것은 애초에 불가능하고 나 개인으로는 감당할 수 없는 환경과 조건에 놓여 있었다. 한마디로 내가 이 책을 연구하고 완성하기까지 외적으로 갖춰져 있는 것은 아무것도 없었다. 오직 위에서 받은 내적인 것 이외에는 아무것도 없었다. 속된 말로 맨땅에 헤딩하기였다. 그리고 나는 벼랑 끝에 서서 내가 마지막으로 선택할 수밖에 없이 시작한 일이었다. 그래서 수십년간 맨발로, 맨 손으로 일구고 캐내면서 약한 머리통으로 맨땅에 수없이 헤딩을 해댄 결과는 영어를 연구한 내공은 엄청나게 강해졌지만 현재의 나는 몸은 망가지고 정신도 무너지기 시작한듯 지쳐 있다.

이 책은 완벽한 영어 교육 이론, 즉 완벽한 문법을 목표로 한다. 그래서 저자는 이 책이 지난 초판보다 Have+pp가 완성되어 새로이 추가되었고 엉성했던 부분들도 조금씩 보완되어 약 200page가 추가되었다. 이로써 70%내외의 완성도를 가졌던 초판보다 거의 95% 이상의 완성도를 갖는 영어 문법에 이르렀다고 생각한다. 이것은 세계 최초의 완벽한 영어 문법이며 영어 교육의 기초가 되는 것이다. 요즘 수많은 광고들을 보다 보면 자신들이 영어 교육의 특별한 노하우나 방법들이 있는 것처럼 말하지만 그것은 거의 사기에 가깝다고 할 수 있다. 왜냐하면 영어는 매우 특수한 구조로 이루어진 언어라서 이를 객관화시킨 완벽한 문법이 없이는 제대로 된 영어 교육이 불가능하고 오직 완벽한 문법만이 영어 교육의 『기초』를 만들고 영어를 쉽게 배우는 『지름길』 역할을 하기 때문이다. 다시 말하면 영어는 매우 지나치게 복잡한 구조로 만들어져서 완벽한 문법이 없이는 완벽한 설명이나 이해가 안되고, 이로 인해 완벽하고 제대로 된 영어 교육이 불가능하다는 것과 기존의 어떠한 영어 교육 방식으로도 불가능하다는 것을 알아야 한다(이 책이 그것을 증명한다). 이것들을 깨달아야 현실 파악을 조금이나마 하고 있는 교육자라 할 수 있지만 거의 찾아보기 어렵다. 그러나 여기서 언급하는 내용은 영어를 어려서부터 원어민처럼 배우는 경우를 포함하는 것은 아니고 외국어로 배우는 경우이다. 또한 요즘 인터넷 미디어 등의 발달로 영어를 일부는 원어민처럼, 일부는 외국인처럼 혼합 방식을 취하는 경우도 많이 생겼다. 이런 방법들도 부분적으로는 일부 성과가 있을 수 있으나 그 근본적인 이해나 원어민 같은 능력을 만들어 주기는 불가능하다고 본다. 영어는 사실 원어민일지라도 근본적 이해에서나 영어 표현력들에서나 조금만 깊게 들어가면 매우 어려운 언어이며 하층민보다 상류층으로 갈수록 영어를 좀더 깊게 이해하며 사용하는 언어이다. 그래서 하층민으로 갈수록 어려운 부분을 대체하거나 자신들 수준에 어울리는 왜곡된 영어나 비속어, 은어 등을 사용한다. 영어를 제2 공용어로 사용하는 국가나 지역들에서도 마찬가지 현상이다. 요즘 영어 강사들의 설명이나 교육용 영어책들을 들여다 보면 이론적 원리나 그 어떤 개관적 뒷받침없이 주로 자기 나름대로 생각하는 영어나 해석 방법을 가르치고 있는 게 거의 전부라고 할 수 있다. 일부에서 문법이라고 가르치는 것도 엉터리 기능 문법이거나 8품사 문법, 5형식들이다. 이런 문법들은 전체 영어 표현 형식들 중에서 절대 다수를 차지하는 관용적 표현들, 숙어와 전치사가 들어간 수없이 많은 표현들 혹은 스티브 잡스의 연설문까지도 아예 손도 못 대고 있는 엉터리 문법을 완벽하다고 믿고 집착하는 강사들이나 교육자들을 의외로 많이 봤다.

영어에서 여기 파워동사(조동사)는 파워동사를 제외한 나머지 영어 부분들과의 관계에서 '가장 독립적인 관계'에 있으며 상대적으로 가장 쉬운 부분임을 알린다. 이를 다시 바꿔 말하면 이들 나머지 부분들은 파워동사를 제외하고 관용적 표현, 숙어(idioms), 전치사, 등등으로 얽히고설켜 있고 수없이 복잡해서 따로 연구하여 성과를 내기란 하늘의 별따기만큼이나 어렵다고 본다. 즉 이들 연구는 파워동사 연구와 비교할 수 없을 정도인 상상을 초월할 만큼 어렵다. 그래서 오직 여기 파워동사만을 독립적으로 출판할 수밖에 없었다. 그러나 파워동사를 제외한 나머지 분분들의 연구는 자동차를 개발하고 만드는 자는 어려울지 언정 운전자는 매우 편리한 것과 같이 올바른 문법은 영어를 배우기 쉬운 언어로 만들어 줄 것이다. 여기 한마디 한마디가 영어를 근본적으로 가장 잘 아는 저자의 불변하는 진리와 같은 설명이어서 여러분들은 이글을 읽고 영어의 현실을 제대로 이해하고 인식하기를 바란다.

이 책을 읽다 보면 여기저기 실수들이나 어색한 표현들이 있으리라 예상한다. 누구 한사람 도움없이 연구한 일이라 혼자서 그것들을 완벽히 마무리하지 못했다. 또한 최근에 건강상의 여러 문제로 책에 제대로 집중하기가 매우 어려웠다. 그러니 독자 여러분들께 많은 이해를 부탁드려 본다. 이전에 초판이 여러 이론들이 완성되지 못하고 출판되어 관련된 부분들은 사실상 엉망이었다고 해도 과언이 아니며 많은 곳에서 설명도 매우 엉성하였다. 그 때는 사실 연구만 제대로 하면 모든 게 잘 될 줄 알았다. 나중에 깨달았지만 머리속에 연구된 수많은 이론들은 아무리 잘 만들었다 할지라도 언어라는 수단으로 잘 설명하고 잘 다듬고 잘 포장하여서 이를 객관적으로 누구나 수긍하고 이해할 수 있게 만드는 일이 연구 못지 않게 중요하다는 것을 알게 되었다. 이는 연구를 객관화하고 상품화하는 것이기도 하지만 또한 정밀하고 제대로 만든 기계가 완벽히 조립되어 작동하듯이 제대로 된 설명이 문법의 연구를 완성하는 것이기도 했다. 그래야 여기저기 이론적 충돌이 없이 완벽한 조화를 이루어 완성되어 가기 때문이다. 이런 어려움은 특히 과학자들이라면 많이 겪는 일이라고 알고 있다. 자신들이 새롭게 연구한 것, 즉 새로운 과학 현상을 동료들이나 학계나 후배들에게 이론으로, 혹은 말로써 전달하기가 쉽지 않기 때문이다. 그것은 새롭게 발견된 과학 현상과 이를 표현하기 위한 언어 사이의 용어나 수학적 이론 등 여러가지 연결 고리를 찾아야 하기 때문이기도 하다. 그러니 약간의 설명에 흠이 있더라도 너그러이 이해해 주시기를 바란다. 이는 완벽한 연구를 위해서 꼭 거쳐 가야할 필수 불가결한 과정이기 때문이다.

그리고 마지막으로 연구 중 위기에 빠져 있을 때 큰 도움을 주신 홍집사님, 신집사님께 매우 감사드립니다. 그리고 도움을 주신 ㅇㅇㅊ 형님께도 진심으로 감사드립니다.

2024년 9월

Michael Bean Lee 씀.

1장 파워동사의 이해를 위하여

조동사의 새 이름
파워 동사
Power verb with meaning in use
and link relationship

1장 파워동사의 이해를 위하여

조동사의 새 이름
파워 동사
Power verb with meaning in use and link relationship

1장
파워동사의 이해를 위하여

> **파워 동사 정의**
> - Power verb with meaning in use and link relationship
> = 연결관계와 사용 의미를 가진 파워동사

1. 동사란?

동사는 문장에서 항상 '시간적 요소'를 담고 있다. 역설적으로 다시 말해 시간의 요소를 담고 있는 말을 동사라 정의한다. 이는 동사가 가지고 있는 여러 개의 성질 요소 중 가장 중요하고 필수적인 것이다. 그리고 주어에 대해 서술하므로 동사이다. 예를 들어 화자(speaker)가 어떤 사실, 즉 어떤 주어에 대한 사실을 서술할 때 그 사실이 가지는 시간을 담게 되기 때문이다. 그러므로 여기서의 파워도 「서술에 사용하고 시간 요소를 갖고 있으므로」 동사이며 파워동사이다. 이는 이 파워동사가 가지고 있는 본질적인 속성과 성질을 나타내는 이름이며 형태는 힘(에너지)이다. 다만 원형 동사(bare verb)는 시간의 요소가 아직 결정되지 않았고 또한 서술에 사용하지 않는다.

2. 「포괄적 일」의 이해

동작을 가하여 이루어야 할 대상. 혹은 에너지를 소모하여 이루어야 하는 「동사와 목적 대상(V+O)」을 말한다. 그러므로 「원형 동사~」, 혹은 「원형동사+목적」 등으로 나타낸다. 그리고 포괄적 일이 파워 동사의 다음에 있기 때문에 파워를 사용할 대상, 즉 '파워 동사의「목적일」'이 된다. 또한 명령문이나 요청, 요구 등의 문장(v+o)도 사실상 목적일이다. 즉 목적일을 청자(listener)에게 넘겨주는 행위이다. 화자가 청자에게 명령할 수 있는 지위이면 넘겨준 목적일은 명령이 되는 것이다.

3. 서술이란?

a. 서술이란 「언어적 표현 행위」이다.

다시 말하면 이 세상에 존재하는 모든 것들 그리고 과거의 일, 현재 미래에 일어나는 일, 혹은 우리가 상상하는 것들까지 모두 언어로 표현할 수가 있다. 그러면 어떻게 표현하는가는 언어마다 조금씩 다르겠지만 영어에서는 기본적으로「있는 그대로, 존재하는 그대로 표현한다」. 이들 존재하는 그대로를 『언어의 형식을 빌어』 다양하게 표현한다. '「언어로 표현한다」는 것은 언어의 형식으로 『어떤 사실을 드러내거나 전달하는 행위』이다'. 이들 존재하는 그대로의 모든 것들은 또한 다양하게 존재하기에 그 다양한 존재의 형식과 스타일에 맞게 표현해야 모든 것들을 언어에 담아 올바르게 표현할 수 있게 된다(올바른 서술의 방식). 또한 이들 언어 표현은 사실의 전달에서 말하는 자(화자)와 듣는 자(청자)의 관계도 고려해야 할 때도 있다. 그래서 예를 들어 a bird is on the table은 a bird on the table을 있는 그대로 서술 표현한 것이고 A bird is flying high in the sky는 진행을 있는 그대로 표현한 것이고, I will do it은 보이지 않는 주어의 내부 의지(will)를 언어로 드러내 서술했으며, You can stay here은 화자가 권한을 허용 (머물 권리를 넘겨주기-can 주기) 했다. 이처럼 서술 행위는 매우 다양하고 복잡하지만 「사실과 일치해야」한다. 그러나 단문장처럼 하나의 사실을 서술하는 형식은 그리 복잡하지 않다. 위의 내용이 서술의 방식과 이해를 다루었다면 다음 두번째는 서술의 기능이다. 또한 한국어 문법에 대하여 덧붙여 말한다면 요즘 한국어 문법이 잘못된 영어문법을 흉내내는 것은 심각한 문제라고 본다. 한국어는 그 기원부터 영어와 다르므로 문법도 전혀 다른 성질을 가지고 있다. 특별히 '아름답다'를 형용사라 하는 것은 큰 문제이며 이는 서술에 사용하고 있으므로 동사이다. 저자는 한글과 한국어 문법도 연구하여 저술 중이다.

b. 서술의 기능

서술은 하나의 사실 단위, 즉 주어에 대한 어떤 단순 사실을 언어로 전달(표현)하는 것이고 이 표현이 주어에 대한 서술이다. 이 서술은 동사로 표현되어지고 이 서술동사는 한 문장, 하나의 사실이 전하려는 핵심적이고 중심 의미를 가지게 된다. 여러분도 영어이든 한국어이든 한문장의 의미를 축약하여 한단어로 만들어보면 결국 '서술동사에 핵심, 중심 의미가 있음'을 알게 될 것이다(나중에 완벽하게 증명하겠음). 그래서 서술동사를 이 책에서는 기능상으로 **중심동사**라 칭하는 것이다. 그리고 특별히 영어에서는 의미뿐만이 아니고 하나의 사실이 가지는 시간도 ~d, ~ed, did, was, were, 등을 사용하여 서술동사에 시제가 담기게 되므로 어떤 사실의 중심 시각(간)도 갖게 되어 시제상으로도 **중심동사**라 칭할 수 있다. 그리고 영어에서 서술의 가장 큰 특징은 주어 다음에 서술동사가 뒤따른다는 것이다(is, are등도 서술동사이나 불완전 동사는 아니다). 파워동사도 마찬가지이다. 그리고 파워동사를 제외한 나머지 서술 영역들은 이 책에서 모두 다 언급할 수 없으므로 우리는 여기서 파워의 서술만을 다루도록 하겠다.

4. 파워 동사란?

파워는 단지 파워로 존재한다. 그러나 이 파워가 언어 표현의 수단이나 도구로 사용될 때, 즉 언어 표현의 「서술 도구로 사용될 때」 「파워동사」라 한다. 그러나 원형 동사로는 사용되지 않는다. 이유는 파워가 현재 미래에 사용할 존재, 과거에 사용한 존재, 사용하기에 부족한 존재 등으로 사용되지만 동작 등을 나타내지 못하기 때문이다.

주어가 목적일을 이루는데 사용하는 힘의 동사이며 서술에 사용할때를 말한다. 『주어가 다양한 목적일을 이루는 데는 파워가 필요하고 이 파워를 목적일에 현재나 미래에 사용할 것인지, 혹은 과거에 사용했는지, 혹은 상대방에게 넘겨주는지(허락), 상대방이 파워를 가지고 있는지 등을 서술하며 그『주어-파워동사-목적일』의 다양한 연결 상관 관계는 시간의 요소와 결합하여 다양한 의미를 만들어 낸다』.

그러나 파워 동사를 서술적 관점보다는 그 영어에서 파워 동사가 가지는 본질적인 모습으로 말하여 파워 연결 역할 관점인, 사용상의 의미적 관점에서 파워 동사를 정의한다면『연결 관계와 사용 의미를 가진 파워 동사(Power verb with meaning in use and link relationship)』라고 정의했다. (이 정의는 좀더 논의된 후에 확정하겠음) 여기서 주의할 것은 1장에서 말하고 싶은 주요한 내용은 이 책을 학습하기전 파워 동사의 이해를 돕기 위한 것이지 파워 동사 전체를 여기에서 정의하는 목적을 두고 있지 않다.

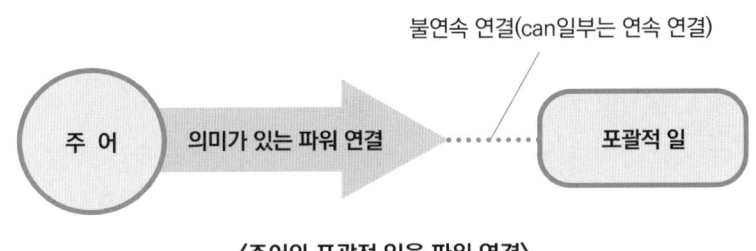

〈주어와 포괄적 일을 파워 연결〉

「주어가 파워동사를 사용하여 목적일을 이루겠다」는 것은 영어 순서적 설명이며 「주어가 목적일에 사용할 파워동사를 가지고 있다」는 것은 사용할 파워동사가 있다, 즉 파워동사의 서술적 관점이다. 좀더 구체적으로 영어형식으로 말하면『주어는 사용할 파워를 가지고 있다 → 목적일에』. 목적일을 향해 「사용할 파워가 있다」고 서술하는 것은 주어가 가진 파워는 청자에겐 보이지 않는 것이며 주어 내부에 있는 파워이며『이 내부의 파워를 언어 형식으로 드러내 알리는 것이 서술』이다. 이 경우 「I can 목적일」, 「I may 목적일」, 「I will 목적일」 등이다. 그래서 그 구체적 연결 역할과 의미는 <u>포괄적 일을 주어의 '목적 일로 삼아 드러내 연결'시키는 파워 동사의 '사용과 존재'를 알림 행위(언어 행위이며 서술)</u>이다. 이것이 서술의 모든 것을 반영시킨 의미와 역할이며 현재형 서술인 경우이다. 「I will 목적일」을 서술하는 언어적 행위는 아래 그림에서 알 수 있다. 이것이 영어 본래의 모습이다.

Will의 서술 행위를 그림으로 표현하면 아래와 같아요.

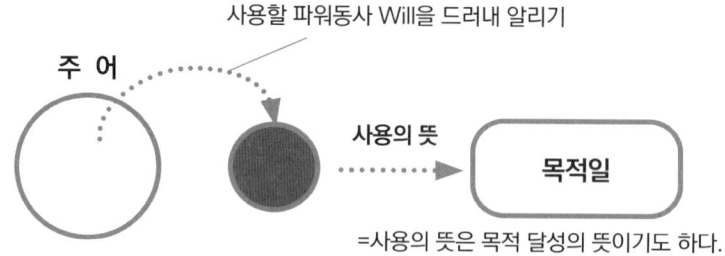

이 서술의 정의에 대하여 반드시 이해하고 기억해야 합니다.

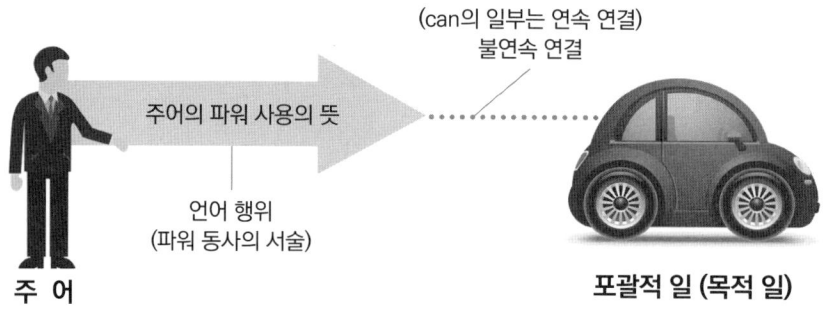

〈파워 동사 서술의 이해〉

★ 위 그림은 실제적으로는 '주어'와 '목적일'이 이미 존재하는 상태에서 주어가 자신의 『내부에 있는 파워동사』를 언어로 드러냄(서술 행위)으로써』『목적일을 향하여 사용할 파워가 있음을 알리는 것』이다. 이것이 주어 내부에 있는 파워의 일반적 서술(I can~, I may~ 등)이다. 이경우 파워동사와 목적일 사이에는 불연속 연결이다. 이들 파워를 언어적 서술하는데 사용함으로써 동사의 지위를 얻었고 목적일을 이루는데 아직 사용되지 않아서 '불연속 연결' 상태이다. 이를 정리하면

① 파워 동사를 서술하기 전에는 단지 파워로 존재하며 그 존재를 알리는 서술은 「언어 행위」이다.

② '주어의 내부 파워 동사'을 「서술하면」 '주어는 사용할 파워가 있다(사용할 파워의 존재를 드러내 알림)'와 목적 일에 사용하겠다는 '사용 방향'과 '목적 연결'이 함께 이뤄진다. (현재형)

③ 이 파워가 주어 어디에 있느냐(내부, 외부)와 이 파워를 알리는 자(화자)가 누구인가 (자신, or 남), 그리고 목적 일이 누구의 영역에 있는가 등등에 따라 그 연결 관계에 의한 다양한 의미들이 만들어진다. (그림, '파워 화자 중심의 연결 영역 구분' 참고)

5. 〈I will do it〉의 예

나는(내가) 그것(일)을 하겠다. - 목적일을 향한 주어의 의지를 서술하고 있다, 즉 주어의 의지 표현이다(즉 will은 이 말의 중심, 중요, 핵심 의미이며 중심 시제이고 핵심 표현이다).

① 주어가 말을 하기전 상황

주어는 다른 1인 이상과 함께 있다.

② 그들에게는 해야할 일이 있다. 그래서 누군가는 나서서 그 일을 해야 한다. 즉 그 일은 그들의 목적일이 된다.

③ 이때 주어가 나서서 말을 한다. 내가 그것(일)을 하겠다(I will do it)라고 말한다.
즉 주어가 목적일에 대한 담당 의사를 밝힌 것이다. 다수의 사람들 사이에서 will의 사용을 밝힌 것이다.

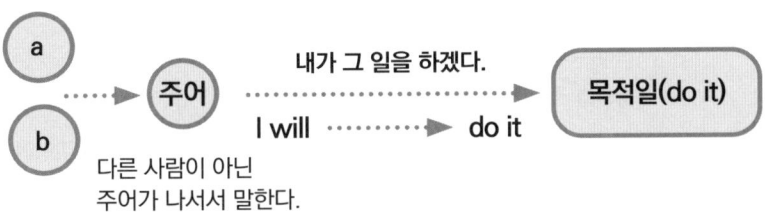

④ 하지만 주어와 목적일은 이미 존재하는 상황에서 주어가 나서서 말을 했지만 크게 달라진 표현은 없었다. 단지 주어의 의지(will)만을 추가하여 드러냈을 뿐이다. 이것이 will의 올바른 서술 형식입니다.

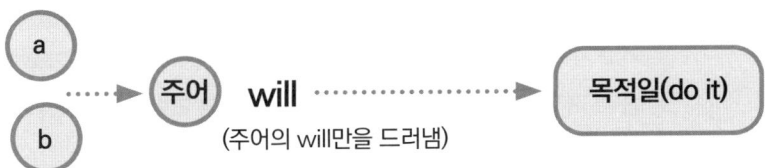

⑤ 우리가 가장 주목해야 할 것을 이 will을 드러내 알린 행위인데요.

이 행위는 주어에 대한 서술이라고 해요. 〈서술〉은 언어 행위로서 주어에 대한 사실을 언어로써 드러내서 알리는 행위라고 할수 있어요. 그래서 주어는 자신의 내부에 가지고 있는 will을 드러내는 다른 사람들에게 말하였어요. 이 will의 서술 행위를 그림으로 표현하면 아래와 같아요.

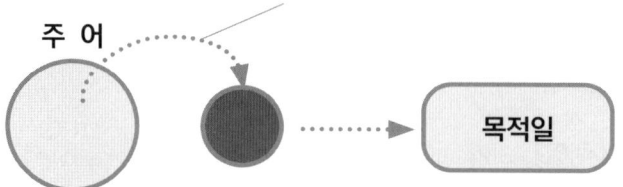

이 서술에 대한 정의에 대하여 반드시 이해하고 기억해야 해요.

⑥ 그러면 이제부터 will의 서술에 대한 의미와 역할을 살펴볼까요?

첫번째는   주어 자신이 파워 will을 가지고 있다는 뜻이에요.

두번째는   이 파워 will을 서술해 목적일을 향하여 드러냈다는 것은 이 파워 will을 목적일에 사용하겠다는 화자의 언어적 표현(의사표시)이에요.

세번째는   위 두가지 의미를 합하여 주어(화자)는 파워 will을 가지고 있고 목적일에 사용하겠다는 의미를 매끄럽게 처리하면 나는 파워 will을 가지고 목적일에 사용하겠다 혹은 나는 목적일에 사용할 파워 will이 있다가 되며, 이를 더욱 단순화하면 파워 will이 있어야 이를 사용하겠다고 표현할 수 있으므로 가지고 있다는 의미보다는 사용하겠다는 의미가 강하여 결국은 나는 그 것(일)을 하겠다는 의지의 표현이 된다.

넷째는   그러므로 이 표현에서 주어(화자)가 전하려는 중요(핵심) 의미는 주어의 의지의 표현 곧 will의 서술이다.

다섯째   이 will은 주어의 의지를 '서술'하는데 사용하였으므로 동사이며 주어가 전하려는 중심 의미 이므로 기능적 역할에서는 조동사 즉 돕는 역할이 아닌 표현의 〈중심 동사〉이다.

또한 이 will은 목적일을 하는데 사용될 힘이며 에너지 곧 파워(power)이므로 성질(본질) 상으로는 〈파워 동사〉이다.

그리고 시제상으로는 will을 현재에 가지고 있으므로 미래형이 아닌 현재형이다.

※참고 – 주어를 서술하는데 사용하는 모든 단어는 동사이다. will, have, do동사, be동사 등등... 그리고 시간의 요소를 담고 있다. 원형동사일 경우는 시간의 요소가 없다. 이는 위 예문 목적일의 do에서 처럼 문장내에서 그 역할을 따라 시제가 결정되기 때문이다.

★ 우리는 지금까지 얼마나 무식하고 무지하고 비논리적인 조동사라는 엉터리 이론으로 교육을 받아 맹신하여 왔는지 이제부터 실감하게 될 것입니다. 오늘날 가르치는 영어

교육의 이론들은 거의 대부분이 엉터리이며 영어의 본질과는 전혀 다른 이론이며 사실상 영어 해석 방법을 가르치는 것입니다. 많은 돈을 낭비하지 않고 이용당하지 않기 위해서 영어 공부도 정신차리고 해야 합니다. 영어를 원어민처럼 배우지 않고 외국어로 배우기 위해서는 반드시, 절대적으로 올바른 교육이론, 즉 올바른 문법 이론이 있어야 합니다. 왜냐하면 한국인은 한국어(모국어) 관점과 기준에서 영어를 바라보기 때문입니다. 그래서 인도 식 영어, 필리핀 식 영어, 할렘 식 영어 등등이 많이 생겨났습니다. 이유는 영어를 올바르게 배울 수 있는 길(문법)이 없었기 때문입니다. 그만큼 영어가 어렵습니다. 올바른 문법은 영어를 이론적으로 완전히 객관화시킨 것이라고 할 수 있습니다. 그래서 한국인만이 아니고 전 세계인이 영어의 본래 모습(뜻)을 완벽히 이해하고 쉽게 공부할 수 있게 해줍니다.

6. 파워 동사의 대표적 서술 종류와 전개 패턴들

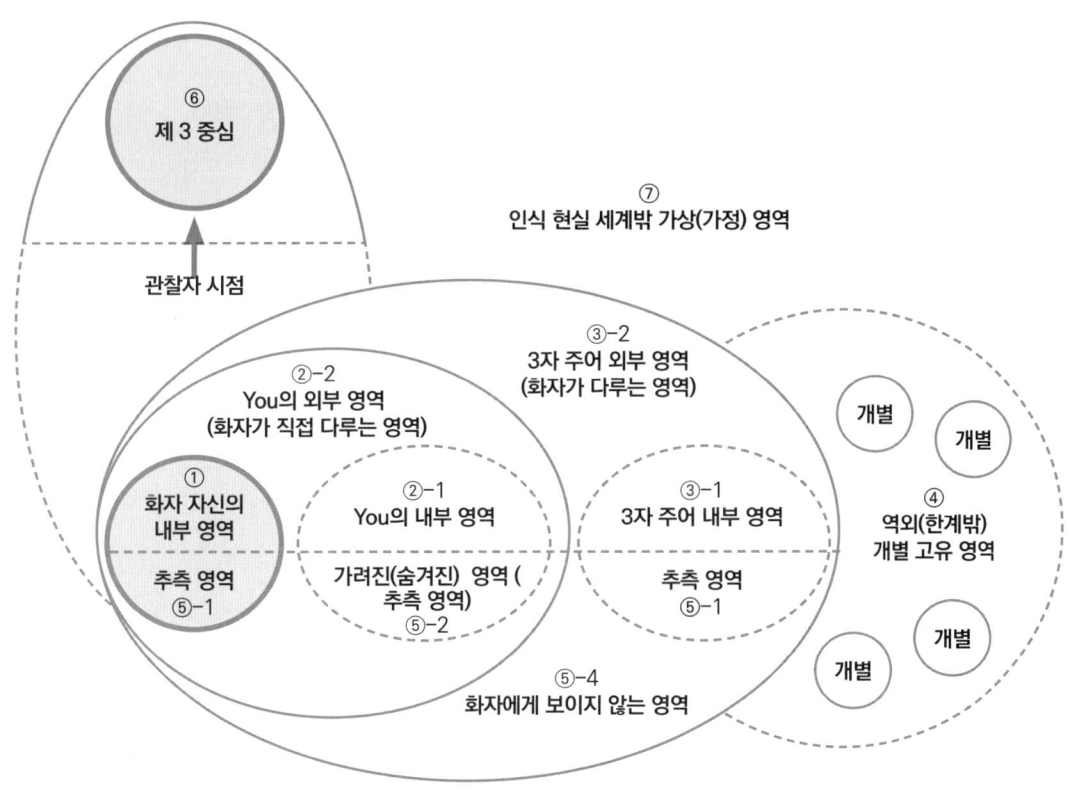

〈파워 화자 중심에서 연결 주어의 서술 영역들 구분〉

★ 이 그림은 이 책에서 설명하는 파워동사들의 대표적인 서술 패턴들을 나타내고 있다. Must와 시간의 변화에 따른 서술들을 제외하고 현재형과 긍정문을 기준해서 이 책의 거의

모든 서술 표현들이 이 패턴에 포함되어 절대 중요하므로 반드시 기억하고 이 패턴대로 구분하며 학습해야 합니다.

그리고 파워 화자 중심 영역에서 다른 영역으로 파워 영향이 확장하여 서술하는 구조이다. 다시 말하면 모든 언어 표현은 화자 중심관점에서 말하게 되며, 이 책에서 언급하는 '파워를 가진 화자'가 서술하는 모든 주어에 대하여 그 주어가 파워를 가지고 있든 아니든 영향력이 미치게 되든 영향력 밖에 있게 되든 그 대표적인 주어들의 서술을 이해하기 쉽게 그림으로 구조화한 것이다. 화자가 자신의 영역과 상대방 청자의 내/외부와 추측 영역, 3자의 내/외부와 추측 영역, 역외 개별 주어의 고유 영역, 그리고 관찰자 시점인 제3중심 (목적이 주어가 된 경우) 영역을 서술하며 그 밖은 가정과 조건 영역이다. 그리고 특히 파워동사의 서술에서는 must를 제외하고 대부분 위 구조와 같거나 비슷한 형태를 가진다.

★ **의문문**, **부정문** 등 일부는 빠졌으며, 소위 과거형은 현재형에서 파생된 것이며 「실제적 파워에서 '끊어진 동사'」가 된다. 「의문문에서는」 파워 화자가 중심이 아닌 청자중심이므로 『**파워 청자**』가 된다. (파워를 가진 자가 파워를 사용하여 연결하므로 당연히 파워 화자, 파워 청자가 된다.)

① **화자 자신에게 있는 내부의 파워를 드러내 사용의 뜻 알리기 (언어 서술 행위)**

I will의 서술 (화자 자신의 서술) - 즉 주어 자신에게 있는 내부 의지(will)를 드러내 사용을 표방함 → do it을 향하여 (즉 do it을 목적 일로 삼아 will을 사용하겠다). 실제는 주어 내부에 있어 보이지 않는 will을 언어만을 사용해 드러낸 것이다. 그렇다 하더라도 아직도 will은 주어 내부에 여전히 있어서 화자는 will의 존재를 청자에게 알리는(드러내는) 언어상의 사실 행위(서술)를 한 것이다. 그러므로 주어는 현재의 will을 드러낸 입장에서 달성할 목적일 do it(일)을 바라봄으로 will은 중심 관점이며, 미래 시제가 아닌 현재이다. 이때 바라보는 do it(목적일)의 '실행은 현재 이후 즉 미래에 이루어 지는 것' 이며, do가 미래의 시간을 담고 있어 현재형 will과 원형동사 do사이에 아직 실행(사용)의 불연속성이 존재하게 된다. 이를 다시 정리하면,

→ I will(will을 현재 드러냄) → Do it(목적 일로 삼음).

a. 나는 내 안에 사용할 의지가 있다 (파워 서술) 그 목적일에 (목적 일로 연결) - 이것이 원어민들이 실제로 느끼는 언어 인식 구조이다.

b. '나는 그것(일)을 하겠다'는 원어민들의 영어 인식 구조를 한국인의 인식 의미로 풀어 쓴 것이다. (★단언컨대 여러분은 지금까지 영어를 배운 것이 아니라 해석하는 방법이나 요령을 배운 것이다. 그래서 미국에 유학가면 다시 배워야 합니다. - 기존 영어교육을 맹신하지 말자!)

= I will(현재) → do(미래) it. - 주어는 자신의 will을 드러내어 앞(미래)에 있는 일을

자신의 목적 일로 정(연결)하여 파워(will) 사용의 뜻을 밝힌 것이다. 즉 앞에 있는 일을 자신이 맡겠다(하겠다)고 자신과 목적일을 will로서 연결시키며 현재 자신 있게 의지를 드러내 나선상황이다.

→ 힘있는 화자(speaker)가 앞에 있는 일을 자신이 하겠다고 자신의 내부 의지를 표방하여 나선 상황이다. (모든 것 처음으로 제대로 알려야 해서 짧게 설명하기 힘드네요…. 죄송! ㅠㅠ)

② You의 내부/외부 파워의 두가지 서술 예

②-1. you의 내부에 파워 존재를 알려주기 서술

화자가 you의 내부에 사용할 파워가 있음을 알려 주기 서술이다. 위에서 설명했던 I will~ 등은 「화자(I) 내부에 있는 파워동사의 존재」를 '남에게 드러내기 서술이었다. 그런데 여기서는 화자가 자신이 아닌 남(you)의 내부에 사용할 수 있는 파워가 있음을 알려 주기이다. You can do it, You may do it에서 화자가 주어에게 목적일을 이루기에 (목적일에 사용할 수 있는) 충분한 파워를 가지고 있음을 알려준다. I will~ 서술에서는 자기 자신의 파워를 남들에게 드러내는 (알리는) 서술로 자신의 파워를 가지고 사용의 뜻과 목적일을 이루겠다는 강한 목적의사를 파워 서술에 함축시켜 알렸던 반면에 여기서는 화자가 you의 내부에 목적일에 사용할 수 있는 can, may 등의 존재를 알려주기 서술이며 그전에는 청자(you)는 사용하기에 충분한 파워가 있는지를 잘 몰랐거나 파워가 충분한지 확신할 수 없는 상황이었고 목적일에 can, may 등의 사용 가능성에 대해서도 주저하거나 수동적인 입장이 될 수밖에 없었다. 그러나 화자가 충분한 can, may 등을 알려주기는 목적일에 대한 용기, 즉 목적의사를 불어넣어 주기가 되어 나중에 청자가 목적일에 대한 강한 목적의사를 갖게 된다면 can, may의 사용에 대하여 적극적인 입장으로 바뀔 수가 있게 된다. 그래서 여기서 화자의 서술은 **내부 파워의 존재 정보를 주어에게 알려주기** 서술이다.

②-2. you의 외부 영역에 파워 주기 서술

화자가 you에게 파워 주기 서술이다. 주어의 목적일은 화자의 권한, 권리, 관리 영역에 있다. 그리고 주어가 원하는 목적일은 화자의 권한 등에 있으므로 허락, 허용이 필요하다. 그래서 화자는 주어에게 (언어로) 파워를 직접 넘겨주어서 목적 일을 하도록 허용, 허락한다. 여기에서 영어는 화자를 직접 표현하지 않고 말하는 화자를 생략하여 화자의 상대방 청자이자 주어를 직접 언급하여 원하는 목적일에 대하여 「청자(주어)에게 허락 등을 주기」 서술이다. 화자의 권한, 권리 등에서 나온 허락 등은 노출된 힘이므로 「노출된 힘을 주기」는 「주어의 외부(노출 영역)에 파워(권한 등) 주기」이다. 또한 주어가 즉시 사용할 수 있는 위치이기도 하다. 이 책에서 모든 외부 영역은 화자가 그의 파워를 넘겨줘서 주어는 그 파워를 넘겨받는 노출 영역이다. You can do it(너는 그것을 해도 된다). You may do it. 화자가 목적일에 대한 허용, 허가 즉 파워 주기이다. 화자가 가진 실제적 파워를 말로써 주어에게 넘겨주어서 주어가 원하는 목적일에 사용하게(목적일을 이루게) 한다. 원래의 파워는 화자가 가지고 있었고 주어의 목적 일은 화자의 권한 등에 속해 있었다. 화자는 오직 말로써(언어 행위로) 화자의 파워를 주어에게 넘겨주어 주어가 원하는 목적 일을 할 수 있도록 허용, 허락해 주었다. 결국은 여기서 모든 게 변한 것은 없고 화자는 오직 언어 행위를 하여 '파워 동사를 넘겨 주기 서술'을 한 것뿐이 된다.

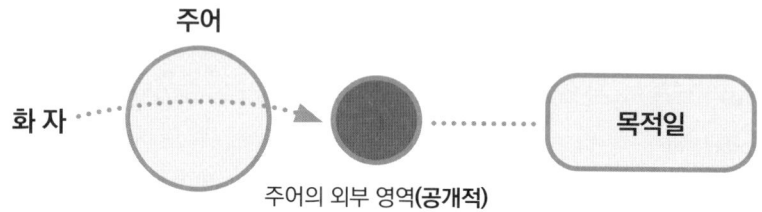

〈화자가 가진 파워 동사를 주어에 넘겨 주어서 연결-화자의 파워 동사 주기 서술〉

③-1. 3자 주어의 내부 파워의 서술

위 서술에서는 청자가 주어 You인 경우였지만 3인칭 주어인 경우는 **청자가 "화자의 파워 서술 사실을 전달하는 자이거나 알게 되는 자'**인 경우이다. 화자의 파워 서술은 You 서술의 경우와 마찬가지로 3인칭 주어 내부 파워의 서술이다. 그러므로 주어 you의 서술과는 큰 차이는 없으나 추측 영역 부분에는 내용상 많이 다르다.

③-2. 3자 주어에게 파워 넘겨 주기 서술

파워 화자가 청자를 통하여 주어에게 전해주는 파워이다. 주어에게 허가/허용의 뜻. 여기서도 청자는 화자의 파워서술(허용, 허가) 사실을 전달하거나 알게 되는 자이다.

④ 역외 개별 고유 영역 서술

파워 화자의 영향력이 미치지 않는 역외 영역이므로 화자가 보는 역외 개별 주어는 **본래 고유의 파워**를 가지고 있어서 개별 주어가 가지는 파워는 「**고유 특성과 성질**」 등을 드러내 서술하는 것이다. 여기의 개별 주어들은 일반적인 주어가 되고 고유의 파워 서술은 원론적 서술이 된다.

⑤-1. 화자가 잊어버린 일 추측

화자 자신의 일 추측은 자신이 잊어버린 일이나 자신이 인식하지 못하는 일이나 인식하지 못하고 일으킨 일 등이다.

⑤-2. You의 가려진 영역(추측 영역)

화자가 마주보는 주어의 추측은 가려진 일, 주어가 숨기는 일 등이다.

⑤-3. **3자 주어의 추측**은 모르는 일, 보이지 않는 일 등이다. 보이지 않는 일 추측은 [주어 + 파워동사 + have + pp~] 형식을 사용한다.

⑥ **제3 중심 영역 서술 (목적 대상으로서 주어)**

위 그림을 보면 좀더 이해가 잘 되겠지만 지금까지의 서술은 파워 화자 중심 관점에서 서술한 것이고 그 이외의 다른 제3 중심의 서술들도 있게 마련이다. 그렇지만 제3 중심의 **서술은 화자가 관찰자 입장**이 되어서 말하는 것이고 '이전까지 설명하여 온 주어가 직접 사용하는 파워에 대해서 서술'하는 것이 아니며 사람들이 만들어 이용하거나 사용하는 물건, 도구, 시설 등이 스스로 동작이나 행위를 일으키지 않아서 주어로 서술되기 어렵다. 그래서 그것들은 일반적 서술에서는 목적어가 되는 게 보통이었지만 물건, 도구, 시설들도 서술의 중심어(주어)로 표현할 필요가 있기 마련이다. 그러므로 이들 물건, 시설 등이 주어가 되어, 즉 『목적 대상이 주어가 되어』 그 주어를 서술하므로 『주어 (시설, 도구, 물건 등)이 가진 can과 will을 사용 관찰자 입장에서 2장과 9장에서 구체적으로 설명하고 있다.

a. 주어(사람) ⟶ 파워 동사 ⟶ 목적일
〈파워 화자 중심의 파워 동사 서술의 동작 방향〉

b. 주어(사람) ⟶ 동사 ⟶ 목적어(물건, 도구, 시설 등)
〈일반적 동작의 방향 및 순서〉

c. 주어(목적어) ⟶ 파워 동사 ⟶ 동사(or 피동태)
(물건, 도구, 시설 등) (기능적 속성) (기능적 역할, 편의, 이용 형태)

〈관찰자인 화자가 본 제3중심(목적어 중심)의 파워 동사 서술 방향〉

⑦ **인식 현실 세계의 밖 영역(가정법, 조건법에서)**

위의 모든 서술들은 우리가 경험하고 인식하고 있는 현실 세계의 일들이었다. 그러나 가끔 우리는 우리가 처한 현실 세계를 벗어나고 싶을 때가 있다. 그때는 특별히 우리가 어려움이나 문제 등에 직면해 있을 때이다. 그래서 그 대안으로 가정(가상)의 일을 언급하는 것이며 그것이 가정법이다. 또한 상대가 원하는 것을 허용해 주거나 미처 알지 못하는 일 등 자신이 받아들이기 어려운 일에는 상대적인 조건을 거는 조건법을 사용한다. 모든 가정법, 조건법 영역은 인식 현실 세계 밖에 **미확인, 미실현 상태**(가상/가정 영역 등)으로 존재한다. 그래서 여기서의 파워는 모두 내부 파워이다. 가정법에서는 would=가상의 will, should=가상의 shall이다. (구체적 설명은 11장 가정법 참고)

> 시제에 따른 파워동사의 서술 변화 – 사용 여부 등

1. 현재에 파워 동사의 첫 사용이 [can의 첫 생성]이다. The baby can walk. 아기가 (처음) 걷는다. 처음 걸을 수 있게 됐다. 여기 can은 첫 걷기 능력의 생성 서술이며 이를 처음으로 알린다.

2. 파워 동사를 사용하여 목적을 경험하는 것. I can hear the sea. 바다소리가 들려요. 주어가 can (청력)을 사용해 바다 소리를 경험 중이다. Can을 사용해서 그 can이 덧붙인 목적 범위까지 이르고 있는 일을 경험적 측면으로 강조한 서술이다. 여기서 청각 능력에 덧붙인 목적 범위는 the sea이다. Ican hear → the sea(덧붙인 목적 범위).

3. 현재형- 주어가 가진 파워 동사를 목적일을 향해 사용을 서술. [미 사용중인 will의 사용의 뜻을 표방]. I will(→) do it. I can(→) do it은 will, can을 사용하여 목적일을 이루겠다는 뜻을 알림이다.

4. 끊어진 파워 동사(현재형) – 현재 사용하고 싶으나 실제적 파워가 부족해 사용하고픈 의사만 있고 목적 실현을 당장 할 수 없다, 즉 목적 연결에 끊어져 있다. I would have Kimchi now. (실제는 김치가 없어서 '김치를 먹고 싶다' 임)

5. 과거에서 현재형- 과거에 주어가 가진 파워 동사를 목적을 향해 서술. [과거에 사용의 뜻]. I said, "I can cross the river." → I said I could cross the river.

6. 현재에서 본 과거형 – I said that it might be rain. 화자가 과거에 it may be rain라고 말을 할 때에는 비가 올 실제적인 기회의 실현 가능성이었다 할지라도 현재에는 날씨가 변했고 그 현실 즉 비가 올 것 같은 상황이 없어졌으므로 현재 그 기회는 사라져서 현재까지도 현실적이고 객관적인 기회 서술을 할 수 없으므로 Isaid that it might be rain의 might는 주관적인 기회 서술로 보일 수밖에 없다. 다시 말하면 현재에서 본 「과거형 might와 주관적인 might가 일치」할 수밖에 없다는 것이다.

7. 지나온 과거에 사용했던 could – 지나온 과거에 파워 동사를 사용해서 이루었던 목적일을 뒤돌아보며 서술. [과거에 사용했던 could] → I could swim in that fond in my childhood. 나는 어린시절 저 연못에서 수영하곤 했었다. 주어에서부터 childhood까지 연속해서 파워의 사용과 목적 달성이 이루어진 선형 동작의 서술이다.

8. 지나온 과거에 사용 기회가 있었던 파워동사(과거에 사용 못함)를 현재에 사용한 결과적 입장에서 말하기. '파워 동사 + have +pp(과거분사)'. 과거에 목적일에 사용 기회가 있었지만 결국 사용을 못해 아쉬운 마음에 과거를 되돌아보며 그 상황을 현재에 사용한 결과적 입장(화자 입장)에서 언급하는 것이다. You could have helped me. 너는 나를 도울 수도 있었어 '그때 왜 않도왔지?' 의미가 함축 생략). -- 주어가 과거 나를 도왔다면 이 말을 사용할 필요가 없지만 하지 않았기에 하는 것이고 또한 이 말을 한국인의 관점에서 본다면 이 말을 You could help me라고 하지 않고

완료형을 사용한 이유는 주어가 과거에 한 행위를 시간이 지난 현재에 보면 어떤 행위를 했다, 안 했다 로 단순하게 보는 것이 아니고 지나온 과거에 할 수 있었던 그 일은, 과거와의 시간차를 넘어 뒤돌아보는 현재에서 이룰 수 있었던 결과론적 입장에서 화자가 말해보는 것이다(12장. have + pp 참고). Have+ pp는 시간차를 뛰어 넘는 결과이며, could는 시간차를 뛰어넘어 사용한 과거형 could이다.

9. 미래형 - I will do it에서 will의 사용시기를 미래에 지정해주면 미래형이 된다. 즉 I will do it tomorrow. Tomorrow를 써주어서 미래 사용시기를 정해주었다.

**여러 화자가 주어와 여러 목적일을 파워로 다양하게 연결시킴으로써
또한 다양한 연결 의미를 만들어 내기도 한다.**

주어	≪주어와 목적일사이에 연결의 뜻≫	목적 일(V~, V + O), 등
주어	담당(나섬)-자신의 will 사용 뜻	원형동사~(일)
주어	의지-주어의 will 사용 뜻	원형동사~(일)
주어	정보-상대의 will 존재 알림	원형동사~(일)
주어	예언-남의 미래 will 알림	원형동사~(일)
주어	결속-연대관계에 shall	원형동사~(일)
주어	사용 기회-may의 사용	원형동사~(일)
주어	명령-you will 미션 주기	원형동사~(일)
주어	허가-you에게 can, may 주기	원형동사~(일)
주어	가능- 객관적 can	원형동사~(일)
주어	추측 등-보이지 않는 일 등 연결	원형동사~(일)
주어	기타 등등	원형동사~(일)

10. **불연속성 간극** - 위 그림의 주어와 원형동사 사이에 벌어진 gap(간극)은 현재에서 미래일, 현재에서 과거 일, 현재에서 보이지 않는 일, 현재에서 과거 결과, 등 시간적, 공간적, 사회적 등 여러 차이들과 그 사이를 채워 넣는 **파워동사**와 함께 다양한 「**연결 관계 의미**」와 「**사용 의미**」들이 존재한다. 그러나 파워동사와 원형 동사 사이에는 대개 불연속성이 존재할 때가 많다. 이 불연속성 상태가 연결 의미를 분명하게 만들어 준다. 그러나 예외로 can의 일부(이 책의 2장 첫 일부분) 경우인 can의 생성과 그의 목적 사이에 '불연속성이 해소'되었음을 서술한다. 일반적으로 파워동사가 새로 생성되거나 처음 사용되고 있는 경우다. 또한 과거형인 경우 과거에

연결되었다가 현재에 끊어졌거나 등이다. (여기서 유의할 것은 이 책 전체적인 관점에서 설명하고 있는 것은 아니다.) 파워동사와 원형동사(일) 사이에는 대개 불연속성이 존재하며, 이는 목적일을 이루는 여건이나 파워의 사용 전후, 파워 사용의 가능, 불가능, 또한 서로 다른 시간이나 공간 등의 차이 등 여러 요소를 담고 있으므로 두 동사 사이에는 불연속성이 존재한다(can의 일부 등은 예외). 그래서 구조적으로 파워동사는 주어 서술의 '중심동사'이며 원형동사는 '목적 일, 혹은 목적 일의 일부'에 해당한다.

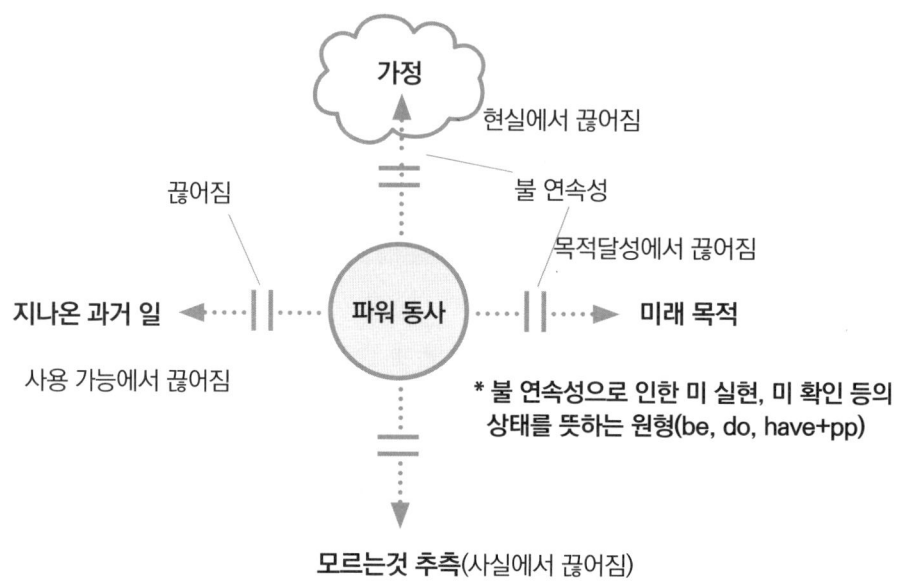

〈파워 동사와 원형 사이의 불 연속성〉

11. 〈정리〉 **파워 동사의 이름** – 기존 조동사는 기능적으로 중심동사라 새롭게 정의할 수 있다. 이는 문장에서 서술의 중심, 의미의 중심(핵심)이며, 또한 화자와 청자 사이에 관심의 중심, 시제의 중심이기도 하다. 화자와 청자 사이의 그 중심에 있는 파워에 대한 의문문에서도 마찬가지이다. 그 중에서 파워동사는 can, may, must, shall, will들과 소위 이들의 과거형들을 합하여 파워 동사라 이름한다. 이들은 중심동사들 중에서 특별히 동사의 성질(본질)을 따로 구분하여 파워 동사라 이름한 것이다. 이들은 실제 서술에서도 파워의 서술이며 '파워 형태'들로 존재한다. 이들의 '언어적 서술' 측면에서 다시 말하면 『파워를 서술함으로써 연결 관계와 사용의 의미가 만들어 지는 것』이라 간략히 할 수 있다. 영어 표현은 'Power verb with meaning in use and liking relationship'이라 하고 이를 줄여 Power verb라 부르기로 한다. 그리고 이들 문장에서 표현하려는 핵심은 파워의 존재를 알리는 것이 주목적이므로 조동사가 아니고 기능상으로는 중심(핵심) 동사이며 의미상, 본질상으로는 파워 동사이다.

★ 조동사는 매우 잘못된 이름이며 will에서 보았듯이 미래 의미, 미래 시제라고 가르치고 있지만 우리는 여기에서 언급된 동사를 파워동사라 부르기로 한다. 또한 I will do it의 이 do도 부정사라는 기존 문법이름은 매우 잘못되었으며 부적절하다고 본다. 그래서 우리는 **항상 「원형동사(bare verb)」**라 부르기로 한다. 원형 동사는 무엇과 결합하느냐에 따라 다양한 의미와 역할을 갖는다. 그래서 파워 동사와 결합할 때 파워의 목적 역할(+v+o: 목적일, 혹은 +v: 목적 행위)을 한다. 원형 동사는 그 시제가 미확정, 미확인 시간이다.

2장 CAN

조동사의 새 이름
파워 동사
Power verb with meaning in use and link relationship

2장 CAN

조동사의 새 이름
파워 동사
Power verb with meaning in use and link relationship

2장
CAN

> ## CAN의 뜻은 능력
> ### 목적 일을 실제적으로 이룰 수 있는 능력

능력의 구분

1. 처음 갖게 되는 능력은 본래 타고난 능력(선천적 능력)이며 이들 능력을 나타내는 목적 동사는 see, hear, smell, taste, feel, remember, breath 등이 있다. 그러나 이런 능력 들은 잘못되었다가 다시 갖게 되는 경우도 있다.
2. 후천적 습득 능력을 나타내는 목적 동사는 walk, run, talk, tell, say, speak(언어), understand, guess 등이 있으며 지식 혹은 지적 능력, 기술, 자격 등이 후천적으로 나중에 생기는 능력이다.
3. 외형적 능력은 재산, 권력, 권한, 권리, 등은 주어에게 직접 연관성이 있으며 '정보 능력'은 주어에 직접 연관성이 없다.

- 이들 선천적 능력은 그 목적 달성(실행)에 매우 낮은 difficult(난이도)를 갖게 되는 경우가 대부분이며 후천적 습득 능력과 함께 항상 주어의 내부에 계속 보유되고 있는 것이다. 그리고 주어와 '직접 연관성이 없는 목적 일'을 이루기 위해서 「순수 내부 능력 + 목적 의사 + 외적 제반 여건」, 이들 3요소가 모두 필요하다. 이 경우 목적 일은 높은 difficult(난이도)를 가진다.
- 외부 제반 여건이란 주어진 환경, 조건, 주어지는 기회, 시간, 장소, 위치, 기타 등 능력 사용의 장(field)에 속하며 이것들이 difficult(난이도)를 높이기도 하고 낮추기도 하고 불가능하게도 한다.

■ 파워동사의 연결 확신의 정도 순서(Close, 1977:273) - 추측의 정확도 순서

→ might be, may be, could be, can be, should be, ought to be, would be, will be, must be(단정추정). 여기서 **be**는 추측의 미 확인 상태임을 나타낸다.

적용과 전개

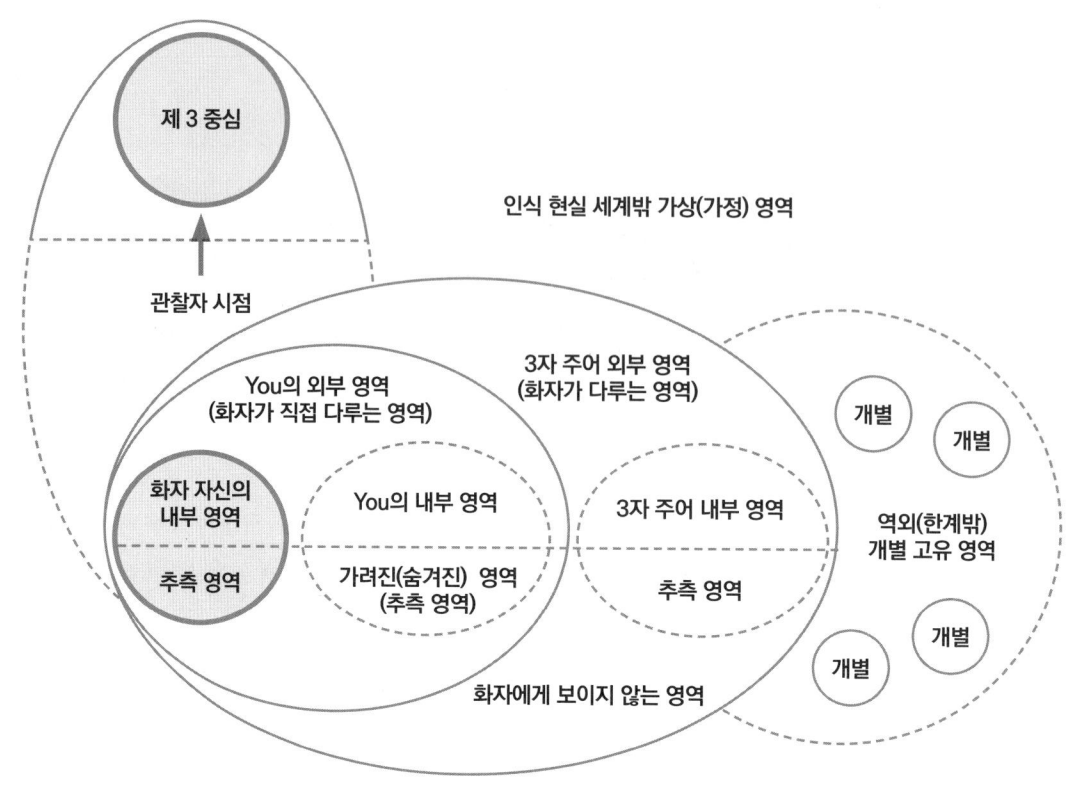

〈파워 화자 중심에서 연결 주어의 서술 영역들 구분〉

★ 이 그림을 반드시 제대로 이해해야 합니다. 2장을 읽고 소단원들의 전체적 전개 양상을 이해하면 이 그림을 제대로 이해할 수 있을 것입니다.

이 그림은 「이 책에서 언급하는 파워를 가진 화자의 중심 관점에서」 각각의 주어들을 서술하여 그 모든 영역들을 정리하여 이해하기 쉽게 그려 놓은 것이다. 그러므로 이 그림의 전개 순서대로 하나씩 열거하며 이 장 전체를 전개해 적용해 나갈 것이다.

A. 화자 중심에서

화자는 내부 능력 소유자이며 화자의 중심관점으로 말한다.

화자가 주어이므로 주어는 자신의 내부 능력을 드러내어 서술하여 그 내부에 can이 있음을 알린다. 즉 「언어 서술 행위」로서 주어 안에 있는 「can을 드러내」 목적일을 향해 사용의 뜻을 알린다. 간단히 말하면 주어의 can 서술이다.

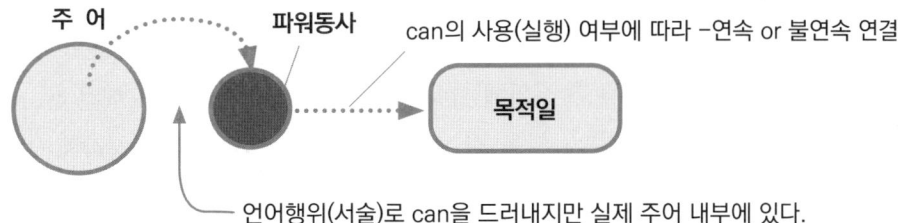

〈파워 동사와 원형 사이의 불 연속성〉

★ 위 그림은 실제적으로는 '주어'와 '목적일'이 먼저 존재하는 상태에서 주어가 자신의 '내부 파워동사'를 언어로 드러냄(서술; 언어 행위)으로써 「목적일을 향하여 사용할 파워가 주어 내부에 있음을 알리는 것」이다. 이것이 주어 내부에 있는 파워의 일반적(can, may, shall, will 등) 서술이다. 이경우 파워를 아직 사용하지 않아서 파워동사와 목적일 사이에는 불연속 연결이다. 이들 파워는 언어 서술하는데 사용함으로써 동사의 지위를 얻었다. 그리고 이들 문장에서 표현하려는 핵심은 파워의 존재를 알리는 것이 주목적이므로 조동사가 아니고 기능상으로는 (표현의) 중심(핵심) 동사이며 의미상, 본질상으로는 파워 동사이다. I will(can) do it에서 will, can을 조동사, do을 본동사, 혹은 부정사라고 하는 건 매우 어리석은 바보 같은 이론이다.

1. I can의 서술

I can의 서술 : I는 주어이자 화자이므로 화자 자신이 가진 can을 서술하는 것이다. 자신이 가진 can을 처음으로 남들에게 드러내어(알리어) 서술한다는 것은 남들이 모르는 새로운 사실을 남들에게 처음 드러내어 알리는 것이 되므로 결국은 자신의 내부에 가지고 있던 can을 처음 드러내 알리는 행위를 여기서의 I can서술이 된다.

1) can의 생성과 첫 서술

내부 능력을 처음 드러내거나 그 사실을 어떤 이에게 처음으로 알린다. 그리고 그 능력을 밖으로 뻗어 그 발휘하는 능력이 미치는 범위(목적일) 정도를 밝힌다.

can을 처음으로 드러내어 목적 동사에까지 연속 사용, 즉 파워 can을 처음 드러낼 뿐만이 아니라 목적동사에 연속 실행(사용)을 통하여 목적 동사에 대한 「능력을 처음 가지게 됐음」을 알리거나 알게 되는 동사들. 즉 can의 첫 서술 의미는 『목적(see등)에 이르는 능력이 처음 생겼다』이다. 즉 목적일에까지 처음으로 능력이 미치어서 목적일에 이를 수 없었던 '불연속성이 해소'되었음을 처음 밝힌다. 즉 능력을 처음 갖게 된다면 그 목적일 실행의 difficult(난이도)가 낮아져서 능력 사용과의 연속성을 가지는 목적 동사들이 있다.

○ I can see! (눈이) 보인다! (처음 보게 되었다, 시각 장애 등이 제거되어 처음으로 보인다 등) - can의 첫 서술. 위 그림의 can과 목적일을 연속 연결하는 can의 첫 서술이다(즉 주어 내부에 can이 있다 → 목적일에 사용하는). 여기에서 영어적 표현은 can의 첫 서술로 '나는 보는(see) 능력(시력)을 처음 갖게 되었다' 혹은 '나는 목적(see)에 이르는 능력이 처음 생겼다'이며 한국어적 표현은 '나는 눈(시력)이 (첫 사용으로) 보인다' 이다. 여기서 처음이라 함은 이 표현을 처음 시력을 갖게 되었을 때나 이를 모르는 사람에게 처음 알릴 때 사용한다. can을 사용한 목적 동사 see 실행을 통하여 그 can을 갖게 되었음을 처음 알린다. see가 can의 최종 목적지이므로 목적 동사인 시각(see)의 능력(can)이 생겼음을 처음으로 밝히는 것으로 시력 장애 등에서 처음으로 보는 경우, 즉 can을 처음 드러내 알린다. 일단 can이 처음 생기면 동사의「실행 difficult(난이도)가 매우 낮아지므로」 동사는 '연속해 실행'하게 되어서 can과 see사이의 불연속성이 해소되었음을 알리게 된다.

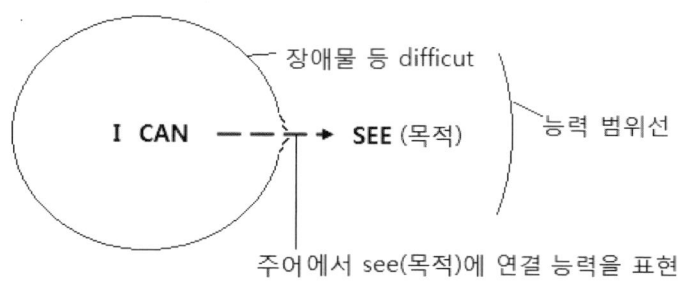

< I can see >

○ I can hear. 나는 소리(귀)가 들린다. - can의 첫 서술.(들리지 않다가 처음으로) 소리를 들을 수 있게 됐다. 영어적 표현은 '목적(see)에 이르는 능력이 처음 생겼다'. '목적(see) 능력(청력)이 처음 생겼다'이다. 처음이라 함은 이 표현을 처음 청력을 갖게 되었을 때나 이를 모르는 사람에게 처음 알릴 때 사용한다. 한국어적 표현은 '나는 귀(청력)가 들린다' 이다. - Can이 처음 생김으로써 difficult(난이도) zero인 hear을 동시에 하게 되고 can (청력)을 계속 보유하여 사용하게 된다. 그러므로 여기can은 청각 능력이다. 주어에서 hear에 이르는 능력이 처음 생겼음을 알린다.

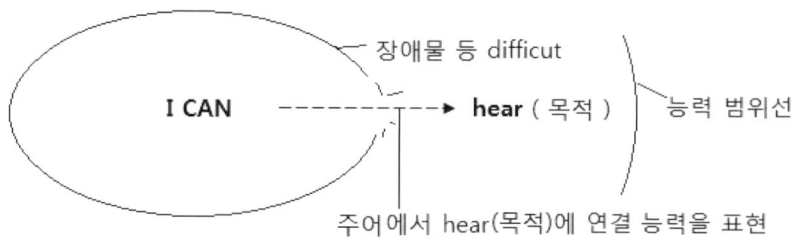

< I can hear >

○ Look! **The baby can walk!** 보아라, 저 아기가 걷는다. 걷게 되었다. (처음으로 걷는다, 생성된 can을 처음 알게 되었다). - Can의 첫 서술. Walk(보행)의 관찰자로서 주어 안에 목적 동사 walk에 처음 사용하는 can을 보게 됨을 말할 뿐만 아니라 can과 walk사이의 불연속성이 해소되어 walk 실행을 말한다. - 일단 후천적 능력(can)이 생기면 동사의 실행 difficult가 낮아지므로 동사는 「언제든 실행 가능」하다.

○ Look! **I can do it.** 보세요! 내가 그걸 할 수 있게 됐어요. 내가 (지금) 그걸 (처음) 해냈어요. - can의 첫 서술. 현재 처음 해결해낸 능력을 말한다. 한번의 성공이 계속적으로 보유하게 되는 능력이 되는 경우이며 보통 기술적 능력들이 이에 해당한다. 예로 무엇을 한번 고치면 그것을 계속 고칠수가 있으므로 한번의 성공으로 계속 갖게 되는 기술적 능력들을 일컫는다. 그리고 수학문제 풀이하는 일처럼 지적 능력들도 이에 포함된다. 여기서의 do는 낮은 difficult를 만듦으로 주어가 가진 여러 능력들에 또 하나의 목적능력(it)이 생겨서 it를 덧붙인 것이다. 즉 I can do → it. 그리고 능력이 생기지 않는 일회성의 일을 해낸 경우는 I did it라고 한다.

2) 사용하고 있는 can이 미치는 범위에서 새롭게 경험하게 되(덧붙)는 목적을 전한다

can과 실행의 연속성을 갖는 동사에 또다른 목적이 덧붙어서 그 능력이 또다른 범위(목적)에까지 미치게 됨을 알린다. 즉 확장된 목적에까지 능력이 미치어 불연속성이 해소되었음을 밝힌다. Can에서 실행의 연속성을 갖는 동사까지는 기존의 능력 범위임을 나타내고 있다.

○ **I can see it.** 나는 그게 보여요. - see다음에 it이 새롭게 덧붙음(I can see → it). 즉 주어의 능력 범위가 it에까지 미치게 됨을 표현한다. 평소 I (can) see 상태에서 생활하다가 can의 범위가 it에까지 이르게 되었다는 표현이다. 또한 화자와 목적 it 사이에 장애물이 제거되거나 방해를 일으키는 것이 해결되어 '그것이 보인다'의 경우도 있다.

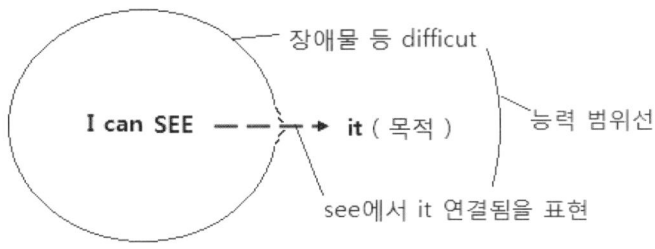

< I can see it >

○ **I can see Susan coming.** 나는 수잔이 오고 있는 게 보여요. (= 수잔이 오고 있어요.) - '보인다(see)'에 '오고 있는 수잔(Susan coming)'이 새롭게 덧붙여 화자가 전하려는 표현은 '수잔이 오고 있다' 이다. 왜냐하면 화자가 가진 순수 시각 능력은 청자가 이미 알고 있고 거기에 Susan coming이 새로이 덧붙었음을 표현했기 때문이다. 주어의 능력(can) 범위가 see에서 Susan coming에까지 미치어 이른다. I can see → Susan coming.

○ **I can hear the sea.** 나는 바다 소리가 들려요. - 남들이 이미 알고 있는 주어의 청각 능력을 알리려고 하는 것이 아니라 I can see에 새롭게 덧붙여진 the sea, 즉 '바다 소리가 들린다'을 전하는 표현이다. 만일 화자가 'I hear the sea.'라고 하자 그러면 함께 있는 청자도 똑같이 바다 소리를 듣고 알고 있으므로 꼭 이 표현을 쓸 필요가 없게 된다. 그러나 바다 소리는 「화자 자신의 청각능력이 새로이 미치어 이르는 곳」이며 그 청각 범위를 말하고 있으므로, 청자는 'Me, too. (나도 마찬가지야)'하던가 아니면 'Really? You have a keen sense of hearing!(정말? 너 참 귀가 밝다)'라고 할 수 있다.

< I can hear the sea >

○ **I can hear you easily from here.** 나는 너의 소리가 여기서도 잘(쉽게) 들려. 쉽게 들을 수 있어 (잘 들린다). - you에 easily from here가 덧붙여져 있어서 '들을 수 있다'를 전하려는 것이 아니라 you가 hear에 덧붙어 you가 주어의 청각(능력)이 미치어 이르는 범위에 있음을 전하려는 표현임.

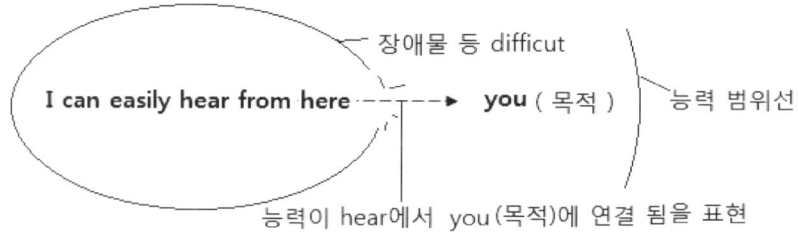

< I can hear you easily from here >

○ What did you put in the stew? **I can taste something funny.** 스튜요리에 무엇을 넣었니? 나는 조금 이상한 맛이야. - 남들이 이미 알고 있는 '나는 맛을 느낄 수 있다'을

전하려는 것이 아니라 I can taste에 something funny가 덧붙어 주어의 능력이 something funny에까지 미치어 '조금 이상한 맛이 난다'고 자신이 새롭게 경험한 능력 범위를 알리는 표현이다.

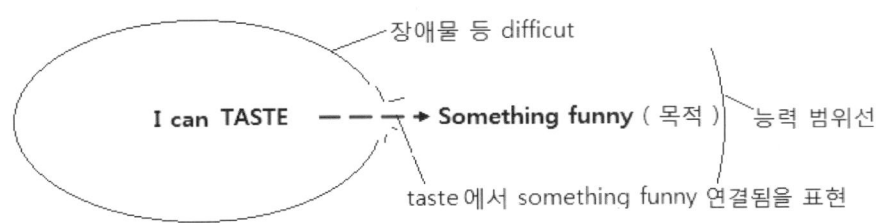

< I can taste something funny >

○ **I (can) remember your grandfather.** 나는 너희 할아버지(도) 기억이 난다. - 주어는 자신의 기억 능력이 갑자기 청자의 할아버지까지 미치어 이르고 있음을 알린다. 낮은 difficult동사이므로 I can remember → your grandfather. 목적에까지 능력이 미치어 불연속성이 해소되었음을 밝힌다.

> **동사의 '실행 difficult가 상대적으로 낮아서『can과 동사 실행의 연속성』을 갖게 되는 동사들**
> see, hear, taste, smell, breathe, remember, feel 등은 '선천적 능력'을 드러내는 목적 동사들, 그리고 '후천적 보유 능력'을 드러내는 동사들 walk, run, speak, understand, guess, do 등도 실행의 연속성을 갖게 되는 동사들이다. 그리고 동사의 '실행 difficult가 높은 동사들'은 『can과 이들 동사 사이에 불연속성』이 항상 존재하게 되며 대부분 주어의 능력에 '직접 연관성이 없는 동사들이다. 그래서 can과 이들 동사 사이는 '항상 끊겨 있다.' 그 반면에 선천적, 신체적 능력이 만드는 동사들과 can사이에는 불연속성이 해소되었음을 표현하는 것들이 있다. (참고 - 파워동사는 주어와 목적 동사를 연결시키지만 파워를 목적일에 사용하는 연속성에는 선천적, 후천적 능력을 나타내는 동사들에는 연속성이 있고 주어에 직접 연관성이 없고 높은 실행 difficult를 갖는 동사들에는 불연속성이 존재한다.)

○ 위 The baby can walk와 비교. I can walk up to the top of that mountain. (= I can → walk up to the top of that mountain.)에서 여기 walk up to the top of the mountain은 거리가 너무 멀고 힘들어서 difficult high이다. 주어의 능력을 말(서술)로서 드러내지만 동사실행에 불연속 연결이 존재한다.

○ **재검토** - Look! **I can do it.** 보세요! 내가 그걸 할 수 있게 됐어요. 내가 (지금) 그걸 (처음)

해냈어요. - 현재 처음 해결해낸 일이 능력이 됨을 말한다. 한번의 성공이 계속적으로 보유하게 되는 능력이 되는 경우이다. 여기서 do it는 첫 성공할 때까지는 높은 difficult였지만 성공한 그 이후로는 기술, 지적 능력 등을 습득하게 되어 낮은 difficult을로 변한다. 한편으로는 I can do → it. (나는 그것도 할 수 있게 됐어요 - 주어 능력의 범위에 it를 새롭게 추가) 주어가 기존에 할 수 있었던 일들에 또 다른 능력이 생겼음을 의미하기도 한다. 다시 말하면 I can→do it에서 I can do→it으로 변했다는 의미이다.

○ **위와 비교. I can → do it.** '나는 그것을 할 수 있다'라고 하면 do는 아직 실행을 하지 않은 높은 difficult을 가지며 불연속 상태이다. I can do는 주어의 순수한 능력과 제반 여건, 목적 의사 만을 알린다. (여기 5)절 참고)

3) 또다른 목적 능력도 갖고 있음을 처음 밝힌다.

노력 등을 통해서 얻게 되는 「후천적 능력」이며 기존에 이미 다른 능력이 있음을 '암시' 하기도 한다. 여기서 파워동사와 목적 일 사이에는 불연속성이 항상 존재하며 이는 이미 말하고 있는 언어 능력에 또 다른 언어(목적일)를 덧붙여 새로운 능력(언어능력)이 생겼음을 말한다. 그러나 아직 말하기를 실행하지 않았다.

○ I can speak a little Korean. 나는 한국어를(도) 조금 말할 수 있다. - 처음 언어 능력을 갖게 되었음을 말하려는 것이 아니라 여기 I can speak에 새롭게 덧붙여진 목적어 'a little Korean'을 처음으로 알린다. 즉 기존의 모국어에 약간의 한국어 능력을 덧붙여 '한국어를(도) 조금 말 할 수 있다'을 처음 알리는 표현이다.

○ I can read Italian, but I can't speak it very well. 나는 이태리어 글을 읽을 수 있지만 그것을 잘 말할 수는 없어요. - 자신의 모국어 능력에 이태리어 글 독해 능력이 덧붙었음을 처음 알린다. I can read→Italian. 여기 Read는 읽고 이해하다.

○ I can speak English. 영어로 영어 능력이 있다고 말하므로 미국인이 미국인에게 이 말을 하진 않고 외국인이 하거나 native speaker와 외국인 사이 말하거나 하여 영어 능력을 갖고 있다가 남에게 처음 드러내는 경우이다. 외국인은 can의 범위를 확장[추가]하여 처음 드러낸다(I can speak→English). 나는 영어(외국어)도 말할 수 있다. - 모국어 능력에 영어를 추가하여(덧붙여) 처음 밝힌다. I can speak(모국어 능력) + English(외국어). 혹은 자신이 영어권 native임을 처음 밝힌다.

4) 많은 노력을 통해 가지게 된 능력을 처음 알린다

동사 실행에 높은 difficult가 있어서 많은 노력을 통해 얻은 능력을 처음 서술하지만 동사 와는 불연속성이 있다.

많은 노력을 통해 얻게 된 능력(파워 동사)와 높은 difficult의 원형 동사 사이에 실행의 불연속성을 만들어서 can은 아직 실행하지 않은 목적일에 대한 능력이 있음을 말한다. 그리고 대부분 후천적 습득 능력들은 많은 노력을 통해 얻기 때문에 한번의 실행 성공으로 그 능력을 갖게 되지 않는 경우들이다.

- **후천적 습득 능력이 그 실행(사용)에 높은 난이도를 갖는 동사들**

  이런 동사들은 후천적으로 습득한 능력을 갖고 있음에도 불구하고 목적 일을 달성하는 데에 많은 power가 필요해서 높은 difficult를 갖는다. 이들은 곧 '**주어의 일상적 능력 범위에 「직접 연관성이 없는 동사들」**'이며 모두 그 실행에 높은 difficult을 갖는다. 그래서 이들 동사들은 주어와는 「can의 사용에 불연속 연결 관계」를 만든다. 그리고 위에서 보았듯이 일단 그 능력을 보유한 이후 실행의 difficult가 상대적으로 낮아지는 동사들과 실행을 통해 처음 능력을 갖게 되는 동사들은 이 경우는 '**주어에 「직접 연관성이 있는 동사」**' 들이 된다. 이들 동사들은 주어와는 「can의 사용에 연속 연결 관계」가 된다. 또한 보유할 수 있거나 보유할 수 없는 능력의 목적 동사들로 나눌 수가 있다. 여기서는 보유할 수 있는 능력의 목적 동사들이다.

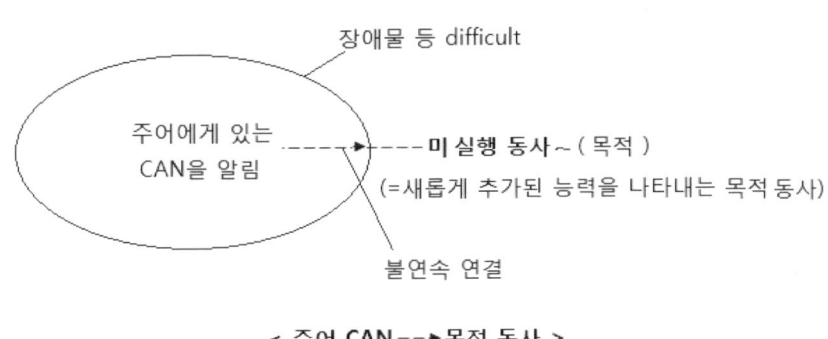

< 주어 CAN --▶ 목적 동사 >

○ **I can swim over the river.** - 화자(주어) 스스로 자신의 내부에 목적일(swim)에 사용할 수 있는 can이 있음을 처음으로 드러내 서술. 즉 주어 내부에 목적(swim) 능력이 있음을 처음 알린다(언어 표현상 can을 처음 드러냈지만 실제로는 주어 내부에 can이 있으므로 주관적 사실이다). 혹은 많은 노력을 통해 얻어서 이미 갖고 있다가 남에게 그 능력(사실)을 처음 드러내며 swim은 주어에 직접 연관성이 없는 동사이다. 그리고 현장에서 당장 수영을 배워 성공하였을 때에 I can swim! 이 표현을 쓴다. 즉 보란듯이 "나는 수영을 할 수 있게 됐어!" 의 의미다.

○ **비교 can-be able to.** 1. I can swim. 나는 헤엄칠 수 있다. - 주어는 수영을 배워서 그는 수영 능력을 가지고 있다. 화자가 자신의 내부에 can이 있음을 주관적으로 서술. 2. I am able to swim right now. 나는 지금 당장 수영이 가능하다. be+형용사 = 형용사의

객관적 서술. - 수영능력 뿐만이 아니고 현재 여건이나 장소, 환경이 수영 가능하도록 준비되어 있음을 객관적으로 드러내 말한다, 즉 객관적으로 가능함을 표현하였을 뿐만이 아니고 목적 실행이 가능하다는 의미. 차이를 반드시 기억하세요.

○ **I can fly an airplane.** 나는 비행기를 날릴 수 있다(나는 비행기를 이제 조종할 수 있게 됐다, 면허가 생겼다.) - 스스로 목적 능력이 있다고 말한다. 이 목적 능력은 일반적으로 비행기 조종 능력(비행사 자격증)가 된다. I can → fly an airplane.

2. 일반 목적일이 가능함과 성립 요건들

1) 일반적 (미사용) can의 서술과 목적일이 가능함의 성립과 요건들

• 주어는 직접 연관성이 없는 목적 일이 가능함 = 순수 능력 + 목적 의사 + 외적인 제반 여건.

여기에서는 순수 능력만을 밝히는 표현만이 아니고 목적일을 「이루겠다」는 '목적 의사의 표시'와 함께 '제반 여건'도 고려하여 목적 일이 가능함을 언급하는 것이다. 높은 difficult (난이도)를 갖는 동사들이며 can의 사용에 직접 연관성이 없는 동사들이어서 꼭 이루겠다는 목적 의사도 필요하고 can과 동사 사이에는 can을 아직 사용하지 않은 상태여서 난이도의 장벽에 가로막혀 **불연속성**이 존재한다.

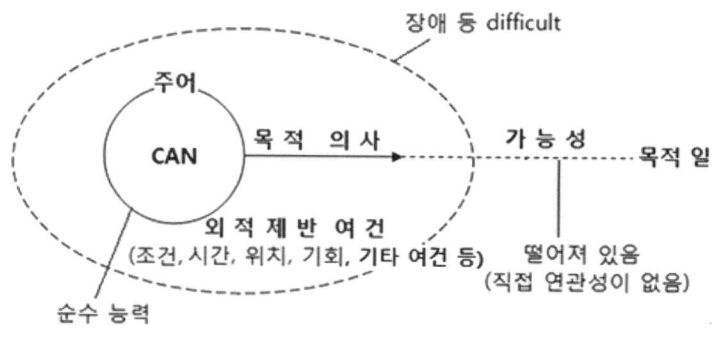

< 실제적 가능함의 성립= 순수 능력+목적 의사+제반 여건 ⟶ 목적 일 >

<목적 가능함의 성립 요건들>

> **가능한(함), 혹은 가능하다는 것과 가능성의 차이**
>
> 가능한(함), 혹은 가능하다는 것은 실제로 목적을 100% 이룰 수 있다는 것이며 못 이룰 확률은 거의 없다이다. 그러나 가능성은 불가능한 상황(가능성 0%)에서 출발하여 목적을 이룰 수 있는 긍정적 확률(대략 50%이상)에 도달함을 일컫는 것이다. 그러므로 가능성은 가능하다에 훨씬 못 미치는 확률 정도를 말하는 것이다.

○ I haven't got time today, but **I can see you tomorrow.** 나는 오늘 시간이 없었지만 내일은 너를 만날 수 있다. - 여기 see는 주어의 순수 능력(시력)을 드러내는 목적 동사가 아니고 직접 연관성이 없는 meet의 뜻이다. 그러므로 'I can → see you tomorrow'이 되어 이 직접 연관성이 없는 목적 일을 가능케 하는 요소는 주어의 '순수 능력'과 만나는 일을 이루겠다는 '목적 의사'와 시간 여유 등 '제반 여건(tomorrow)'들이 모두 필요하다. 여기서 오늘이라는 여건에서는 안되지만 내일이라는 여건에서는 만날 수 있다이다.

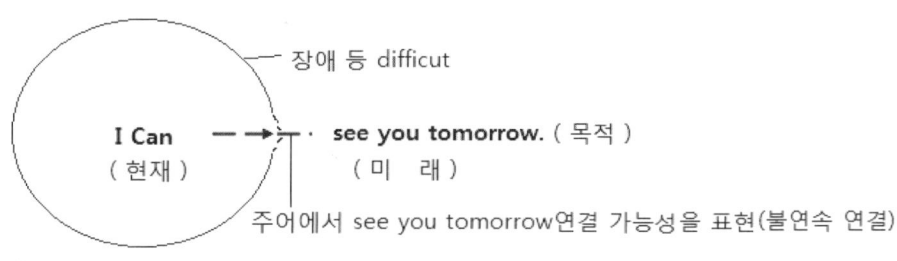

< I can see you tomorrow >

○ "**I can baby-sit for you this evening** if you like." "No, it's all right, thanks." 나는 당신이 좋아한다면 오늘 저녁 당신을 대신해서 아기를 돌볼 수 있어요. 아니요, 고맙지만 괜찮아요. - 청자를 대신해서 아기 돌보기를 할 수 있음을 처음 알린다. I can → baby-sit for you…… 화자는 목적일을 이루는 순수 능력과 목적 의사를 가지고 있지만 제반 여건은 청자의 허락(조건)이 필요하다. 여기 화살표는 can 사용의 불연속성을 나타내며 또한 높은 난이도를 갖는 목적일임에도 불구하고 할 수 있다는 도전(목적) 의사를 나타낸다.

○ Let's grapple with this problem; I think **we can solve it.** 이 문제와 씨름하자; (그러면) 우리는 그것을 풀 수 있다고 생각한다. - 문제는 주어의 능력으로 해결 가능하다고 말한다. Let's grapple with this problem은 문제에 대한 '목적 의사를 가지고 도전하자'이며 그러면 We can → solve it이다. 즉 목적 의사를 가지고 덤비면 문제를 풀 수 있다이다.

○ There are three possibilities; we **can** go to the police, we **can** talk to a lawyer, or we **can** forget all about it. 세가지 가능성이 있는데, 우리는 경찰에게 갈수도 있고,

변호사에게 말해 볼 수도 있고, 그렇지 않으면 우리는 그에 관련된 모든 것을 잊어버릴 수도 있어요. - we can → ①go to the police, we can → ② talk to a lawyer, we can forget → ③ all about it. 여기서 경찰에게 가는 일이나 변호사에게 상담하는 일이나 모두 직접 연관성이 없는 difficult high이지만 잊어버리는 일은 매일 일상적으로 하는 일이지만 단지 여기서 문제가 된 일은 잊기가 어려운 목적일(all about it)이다. 여기 화살표는 can 사용의 불연속성을 나타내며 또한 높은 난이도를 갖는 목적일과 목적임에도 불구하고 할 수 있다는 도전 의사를 나타낸다.

○ "What shall we do?" "We can try asking Lucy for help." 우리는 무엇을 할까요? (공동의 목적일을 찾음) 우리는 루시에게 도움을 요청해 볼 수 있어요. 도움을 요청해 봅시다. - We can try → asking Lucy for help. try까지는 주어에게 직접 연관성이 있고 asking부터 직접 연관성이 없다.

2) So~that ~can

so제반 여건 that 목적일이 가능하다. (제반 여건이) 너무 ~하여서 that이하가 가능하다. 가능할 정도이다.

○ I have heard that poem so many times **that** now I **can** say it by heart. 나는 그 시를 너무 많이 들어서 지금 나는 그것을 암송으로 말할 수 있을 정도다. by heart - 암기하여. 암송하여. - 여기서 주어의 can은 제반 여건이 너무 좋아서 직접 연관성이 없는 일일지라도 say it by heart이 가능할 정도이다. 제반 여건은 그 시를 너무 많이 들었다는 것이다.

3) 두 구문 비교

○ We **cannot do anything.** 우리는 아무것도 할 수 있는 게 없다. - 능력 범위에 들어 있는 것이 전혀 없다; 즉 우리 능력 범위가 너무 작아서 그 범위에 들어 있는 목적일이 없다; **무능력 상황(we cannot / do anything).**

○ We **can** do **nothing.** 무엇을 하려 해도 아무것도 할 수 있는 것(일)이 없다(아무것도 할게 없다) - **한계 상황(제한된 상황) (we can do→nothing).** 즉 한계 범위에서는 일거리가 보이지 않는다.

3. Can you~? - can 있나요?

여기 can you~?는 주어는 you이지만 질문하는 화자의 관점에서 말하고 있다. 즉 화자의 중심 관점이다. - 목적일을 이룰 수 있는 can이 있니? 혹은 화자가 제시하는 목적일을 이룰 수 있는 can을 가지고 있나요? 이는 화자의 상대방 you에게 순수 내부 능력과 목적 의사,

제반 여건 등이 있는지를 묻거나 그 능력 등을 화자가 원하는 목적일에 사용할 수 있는지 등을 묻는 것이다. 청자 내부 능력의 존재 만이 아니고 목적일을 이루어 줄 뜻이 있느냐(목적 의사 존재) 혹은 목적일을 이룰 제반 여건이 되느냐를 종합적으로 묻는 것이다. 의문문이므로 화자(1인칭)와 청자(you) 사이에 있는 중심어 can에 대한 관심을 가지고 서술의 방향으로 『can 있니?』라고 묻게 되어 can이 있는지를 청자(you)에게 묻는다. 즉 화자의 중심 관점에서 서술방향으로 묻기 때문이다.

< 화자와 청자 사이의 중심 동사에 대한 관심과 질문 - Can you~? >

> 화자가 가지는 can에 대한 관심 방향과 서술 방향은 주어에게 "can 있니?"가 된다. 이 경우 화자와 청자 사이에 나와있는 can에 대한 관심 방향과 서술 방향이 일치 하므로 화자는 주어에게 "can있니?"가 된다.

1) 순수한 목적 능력이 있는지 묻는다

목적일은 주어에게 직접 연관성이 있다. 그러므로 직접 목적일을 실행할 수 있는 순수 능력을 묻는다. 목적일은 주어의 순수 능력을 드러내기에 적합한 일이다.

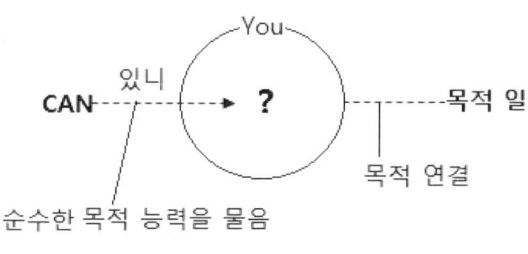

< Can you - 목적 일 ? >

○ Can you drive? 너는 운전 할 줄 아니? 할 수 있니? 운전 면허 있니? - 화자는 주어에게 drive (운전)의 순수한 목적 능력이 있는지를 묻는 것이며 곧 합법적 면허를 묻는 것이다.

○ Can you speak French? 너는 불어도 말할 줄 아니? - 순수 불어 능력이 있는지 묻는다. - 여기서 불어는 후천적 습득 능력이며 기존 모국어에 또 하나의 언어 능력이 있는지를 묻는다. Can you speak → French? 여기서 French는 모국어에 덧붙인 또다른 능력이다.

○ Can you swim? 너는 수영할 줄 아니? - 순수한 수영 능력이 있는지 묻는다.

○ Can you play the piano? 너는 피아노 칠 줄 아니? - 순수한 피아노 연주 능력이 있는지 묻는다. 즉 후천적으로 습득한 피아노 연주 능력이 있는지 묻는다.

○ Can you fix a radio up? 너는 내 라디오를 고칠 수 있니? - 주어에게 순수한 내부 능력의 존재를 묻는다. 목적일에 대한 능력이 있는지 묻는다. 만일 제반 여건까지 고려한 목적 의사까지 물었다면 '너는 내 라디오를 고쳐줄 수 있니?'가 된다. Can you fix my radio up?

2) 주어의 능력 사용의 연속성에서 그 사용 범위가 화자가 제시하는 목적에까지 이르고 있는지를 묻는다.

○ Can you hear somebody coming up the stairs? 너는 누군가가 계단을 올라오는 소리가 들리니? - '들을 수 있니?'라고 청자의 순수 능력인 청각 능력만을 묻고 있는 것이 아니라 청자의 순수 능력 범위에 화자가 알고 싶은 목적일(somebody coming up the stairs)을 덧붙여 그 목적범위에까지 능력이 미치고 있는지를 묻는다.

3) 직접 연관성이 없는 목적 일의 가능함과 그 성립 요건을 묻는다.

주어의 목적 의사 + 순수 능력 + 외적인 제반 여건 = 가능함.

① 여기에서는 순수 능력만을 밝히는 표현만이 아니고 목적일을 「이루겠다」는 의사의 표시 (목적 의사)와 함께 외적인 제반 여건도 고려하여 가능함을 언급하는 것이다. 그러므로 ★ 의문문에서는 이들 3개의 필요 요소나 2개, 혹은 1개의 요소를 묻게 되는 경우들이 있다.

○ Can you please help me? 죄송하지만 저를 도와줄 수 있으세요? Can you → please help me? - 저를 도와줄 목적 의사와 시간 여유 등 제반 여건이 있는지를 묻는다. 한마디로 청자가 도와줄 내적 능력이 당연히 있더라도 목적 의사와 외적 여건 등도 가능한지 묻는다. 왜냐하면 화자는 청자에게 있는 도울 수 있는 순수한 능력(힘이나 기술 등)만이 있는지를 물은 것이 아니라 자신을 돕는 일을 목적으로 삼는 목적 의사가 있는지 여러 가지 다른 방해요소는 없는지 등 외적인 요소(제반 여건)도 고려해서 묻는 것이다. 자세히 보면 청자의 can과 help사이에는 직접적인 연관성이 없으므로 이를 제대로 이어지게 하기 위해서는 여러 가지 여건을 고려해서 방해요소가 없어야 하고 또한 가장 중요한 돕겠다는 「청자의 목적 의사」가 반드시 있어야 한다.

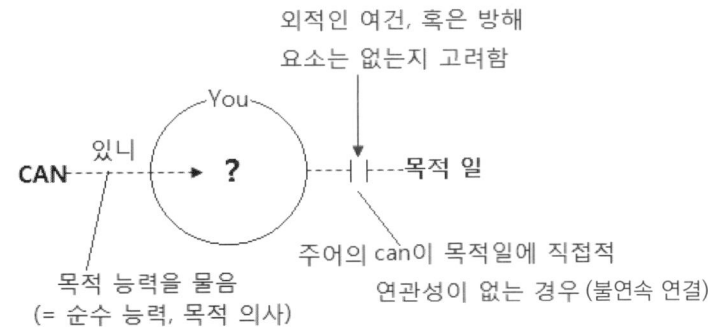

< Can you + 직접 연관성이 없는 목적일 ? >

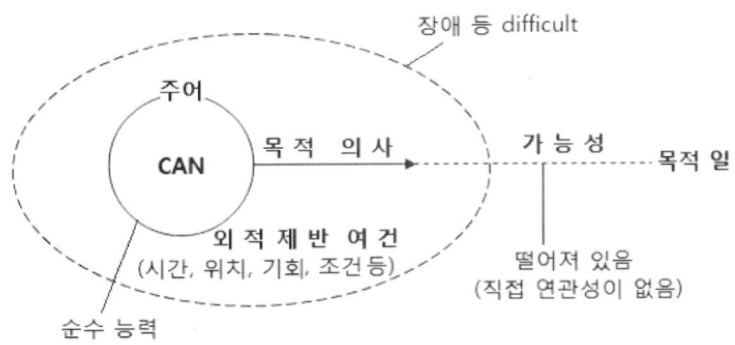

< 가능함의 성립 = 순수 능력 + 목적 의사 + 제반 여건 >

목적 의사는 직접 연관성이 없는 일을 목적으로 삼고 이루겠다는 의사 표시이다.

○ Can you help me lift this box? 너는 내가 이 상자를 들어 올리도록 도와줄 수 있니? - help me를 할 수 있는 여유 시간 등 제반 여건과 목적의사가 있는지를 묻는다. 그러나 만일 들어올리는 일에 도와줄 힘이 당연히 있다고 판단되는 청자에게 화자가 물었다면 청자의 순수 능력은 당연히 있지만 나머지 성립 요건인 도와줄 목적 의사와 제반 여건이 있는지를 묻는 것이 된다. 즉 힘이 있는 주어에게 '직접 연관성이 없는 목적일 help me lift this box'를 덧붙여서 그 덧붙인 목적일을 할 목적 의사와 제반 여건이 있는지를 묻는 것이다. Can you → help me lift this box? 순수 능력이 당연히 있으므로 목적 의사의 확인(yes)만으로 실행은 당연히 이루어진다. 제반 여건은 청자가 스스로 고려해서 말하는 것이기 때문이다.

○ "Can you give me a ride downtown?" "Sure. I'd be glad to." "너는 나를 시내로 태워다 줄 수 있니?" "그래요, (그것) 좋겠어요." - 차(순수 능력-차를 소유)가 있는 주어

에게 직접 연관성이 없는 일에 주어의 목적 의사와 제반 여건(여유 시간 등) 등이 있는지 묻는다. - a ride는 목적 행위.

○ "Can you give me a lift, Jane?" "Where to?" "To the post office." 제인아, 너는 나를 태워 줄 수 있니? 어디에 가는데? 우체국까지. - 차를 소유한 운전자를 보고 있으면서 직접 연관성이 없는 일에 주어의 목적 의사와 제반 여건(시간 등) 등이 있는지 묻는다. - a lift는 목적행위.

○ Can you do that for me? 너는 나를 위하여(나 대신) 그 일을 해줄 수 있니? - 직접 연관성이 없는 목적일이므로 목적 의사 + 제반 여건이 있는지를 묻는다. 순수 능력은 있지만 목적의사와 제반 여건이 있는지를 묻는다. 그러므로 Can you do→that for me? 가 된다.

○ Can you just lift the table for a second? 테이블을 단지 들기만 해줄 수 있나요? - 주어에게 직접 연관성이 없는 목적 일이고 테이블이 가벼우므로 목적 의사 + 제반 여건이 있는지를 묻는다.

○ Can you fill in some of the details of your career? 당신 경력의 세부 사항들 중 몇 개를 채워줄 수 있나요? - 여기서 경력 사항을 채울 능력을 묻기 보다는 단지 이력서의 비어 있는 항목을 써 달라는 것이라서 주로 화자가 원하는 요구사항(목적일)에 대한 목적 의사가 있는지를 묻는 것이다.

○ Can you come to a party on Saturday? 당신은 토요일에 파티에 올 수 있나요? - 주어에게 직접적인 연관성이 없는 일에 목적 의사와 제반 여건이 있는지를 묻는다. 즉 청자에게 종합적으로 고려하여 목적 일이 가능함을 묻는 것이다.

○ "Can you phone me this evening?" "What did you say?" "I asked if you could phone me this evening." 오늘 저녁 내게 전화해줄 수 있니? 뭐라고요? 네가 오늘 저녁 내게 전화해줄 수 있느냐고 물었어. - 주어에게 직접적인 연관성이 없는 일에 목적 의사와 제반 외적 여건이 있는지를 묻는다. 즉 청자에게 청자의 형편을 종합적으로 고려하여 목적 일이 가능함을 묻는다.

○ Can you put the children to bed? 당신은 그 아이들을 침대에 눕혀 줄 수 있어요? - 주어에게 직접적인 연관성이 없는 일에 목적 의사와 제반 외적 여건이 있는지를 묻는다. 즉 목적 일이 가능함을 묻는다. 나 바빠요라고 하면 제반 여건이 없는 것이다.

○ "Can you give me a hand?" "What?" "I asked if you could give me a hand." 너는 나를 도와줄 수 있니? "뭐라고요?" "나는 네가 나를 도와줄 수 있느냐고 물었다. - 화자가 구체적인 목적일을 밝히지 않았어도 청자는 알고 있다고 여기므로 청자에게 직접적인

연관성이 없는 일에 목적 의사와 제반 여건이 있는지를 묻는다. 즉 청자에게 청자의 형편을 고려하여 목적 일이 가능함을 묻는다.

○ Can you follow what he's saying? 너는 그의 말을 따를 수 있니? Can you follow → what he's saying? Difficult high(높은 난이도)를 갖는 목적 일인 what he's saying가 주어에게 직접 연관성이 없으므로 결국 주어에게 어려운 목적일일 수도 있어서 그에 대한 순수 능력과 이룰 목적의사와 제반 여건 등이 있는지 묻는다. 즉 청자에게 청자의 형편을 고려하여 목적 일이 가능함을 묻는다.

4) can you~? - 받은 can이 있니?

외부에서 받은 can이 있는지 묻는다. - 즉 허용, 허락을 받았는지를 묻는다.

○ Can you park on a double yellow line on Sunday? 너는 일요일에 이중 황색 선위에 주차해도 되니? - 차를 갖고 있는 운전자에게 park는 낮은 difficult이며 'Can you park → on a double yellow line on Sunday?'가 됨. - 주어에게 일요일에 황색 선위에 주차하도록 허용된 can이 있는지를 묻는 것이다. 법, 규칙 등이 허용하지 않는 일에 주어의 can(권리나 자격 등)이 있는지를 주어에게 있는지를 묻는다. 혹은 주어가 법, 규칙 제도 등을 잘 모른다 하여도 단순히 주어에게 목적일에 대한 허용, 허락을 받았는지를 묻는 것이다. 개인의 사적인 목적 일이 아니고 공공 장소에서 하는 일이므로 이 can은 외부에서 공식적으로 받는 can이다.

5) 직접 연관성이 없는 목적일을 포기할 수 없는 이유나 목적 의사의 포기 가능성을 묻는다.

Why can't you leave me alone? 너는 어째서 나를 혼자 내버려 둘 수가 없는 거니? - leave는 낮은 difficult이나 청자가 leave me alone을 목적일로 삼고 있는 것에 대해 why can't을 붙이며 'Why can't you → leave me alone?'라고 하여 주어에게 직접적인 연관성이 없는 목적 일에 그 목적 일을 포기할 수 없는 이유를 묻는다. 즉 목적일로 삼는 일에 대한 포기이므로 목적의사의 포기이다. 화자를 혼자 내버려둘 수 없는 이유나 목적 의사의 포기 가능성을 묻는다.

6) How can~? 은 주어가 목적일에 어떻게 접근할 수 있는지, 즉 주어가 범위를 넘어선 혹은 어려운 목적일을 선택해 어떻게 이룰 수 있는지를 묻는 것이다.

주어가 어떻게 범위를 넘어선 목적일에 접근할(이룰) 수 있는지는 어떤 방법으로, 어떤 능력 수준으로, 어떤 목적 의도나 이유로, 어떤 여건에서 이루었는지를 묻는 것이다. ★ How는 주어가 이룬 목적일에 대하여 평가적 성격으로 can을 묻는 것으로 결국은 how can은 주어가 어떻게 can을 사용할 수 있었는지, 즉 목적일을 어떻게 이루었는지에 대해 그 방법이나 목적일을 선택한 의도, 능력 수준, 여건 등 일반적이지 않은 부분을 묻는 것이 된다.

○ **How can** you work without six hours of sleep? 당신은 잠을 6시간도 잠자지 않고 어떻게 일할 수 있나요? - 주어에게 직접 연관성이 없는 ★「어려운 일을 선택해 이룰 수 있는 구체적 방법」이 있는지 묻는다. 즉 주어는 잠을 충분히 자지 않아서 목적 일을 하는 제반 여건이 매우 나쁜데도 그 어려운 일을 선택해 해결해가는 별다른 방법이나 남다른 능력이 있는지를 묻는다. 여기서는 어려운 일은 범위를 넘어선 목적일이고 주어가 가진 능력은 체력이며 그 체력이 어떤 수준인지도 묻는 것이 된다.

○ **How can** you complain about higher taxes? 더 높아진 세금에 대해 어떻게 하소연할 수 있겠습니까? - 하소연하는 일 자체는 그리 어려운 일이 아니지만 주어에게 직접 연관성이 없는 목적일을 하는 일은 국가 정책에 반발하는 일이어서 어떻게 그 어려운 목적일을 선택해 이룰 수 있는지 그 방법을 묻는 것이거나 남들은 가만 있는데 어찌 너만은 그 목적일을 선택해서 할 수 있는지 그 목적 의사나 이유를 묻는다.

○ **How can** you say such a thing? 어떻게 그런 일을 말할 수 있나요? 직접 연관성이 없는 일이므로 청자에게 어떻게 그 범위를 넘어선 일, 네가 해서는 안되는 일을 목적으로 선택해 이룰 수 있는지 그 목적 의도나 이유를 묻는다. 즉 목적일은 청자가 선택한 목적일이므로 그 일을 선택하고 이룬 목적 의도는 무엇이냐는 것이다. How can you say → such a thing? 이다.

○ **How can** you expect me to believe your promises? 너는 어떻게 내가 너의 약속을 믿을 거라고 기대할 수가 있니? 주어와 직접 연관성이 없는 일이므로 청자에게 어떻게 그 잘못 선택된 일을 목적으로 삼아 이룰 수 있는지 그 목적 의도나 이유를 묻는다. 즉 화자가 주어의 약속을 믿어줄 거라 기대한 목적 의사, 즉 이유가 무엇이냐 묻는다. 혹시 화자를 순진한 사람이라 기대했느냐의 물음이다.

4. I cannot~

어떤 목적 일을 놓고, 주어는 「능력 범위 밖에 있는 일, 즉 어려운 일」이라고 한다. 즉 목적일을 할 수가 없다. 또한 can 관점에서는 목적일을 할 능력이 없다 거나 능력이 모자라다 이다. 자신의 능력으로 목적 달성을 할 수 없다, 목적 일을 이룰 수 없다고 한다. I cannot + 못하는 일.

1) cannot에 낮은 난이도의 실행 동사

이들은 주어 능력에 직접 연관성이 있는 동사들이다. 낮은 난이도를 나타내므로 능력이 없거나 부족한 경우이다.

○ I have worked to the extent that I **cannot see** very well. 나는 눈이 매우 잘 보이지 않을 정도로 일을 해왔다. - 눈이 잘 보이지 않을 정도 [눈이 매우 나빠질 정도로]; 순수 내부 능력[시력]이 망가질 정도로. I cannot see → very well. 눈이 보이기는 하지만 very well 정도까지는 미치지 못한다.

○ I **cannot understand.** 나는 이해할 수 없다. - 목적 능력을 발휘할 수 없다. 목적일에 도달할 능력이 없음을 밝힌다. 이는 화자는 이해력, 곧 순수 능력이 목적에 미치지 못한다는 표현이다. 그러므로 여기 understand의 실행difficult는 높아서 이해할 수 없다는 것이다. I cannot → understand. 그러나 'I cannot understand → it' 라고 한다면 이해 능력은 있지만 it(만)을 이해할 수 없다(이해하지 못한다)는 것이며 여기서 it이 생략되었을 가능성이 있다.

○ Your plan sounded all right to me. I **can't understand** why it fell through. 너의 계획이 내게는 모두 좋아 보이지만, 나는 왜 그것이 통과되지 못했는지(이유를) 이해할 수 없다. 이해하지 못한다. - 앞 문장의 it 대신에 'why it fell through'를 대신 사용한 것과 같다. I can't understand → why it fell through. 이해 능력은 있지만 너의 계획이 통과되지 못한 이유만은 이해할 수 없다. 능력이 이유에 미치지 못한다.

○ I **can't**/don't **understand** what she's talking about. 나는 그녀가 이야기하고 있는 내용을 이해할 수 없다. I can't **understand** → what she's talking about. 이해 능력은 있지만 목적(what~)만은 이해할 수 없다(이해하지 못한다)

○ I **can't understand** why you're so upset. 나는 네가 왜 그렇게 화가 났는지 그 이유를 이해할 수 없다. 이해하지 못하는 정도이다. 이해 능력은 있지만 목적(만)은 이해할 수 없다(이해하지 못한다). I can't understand → why you're so upset.

○ I can't remember where I put it. 나는 그것을 어디에 놓았는지 기억나지 않는다. - 여기서 remember는 낮은 difficult이므로 'I can't remember → where I put it.'이 되어 화자는 기억 능력은 있지만 'where I put it'(목적)만은 기억나지 않음을 밝힌다. 즉 기억 능력이 목적에까지 미치지 못한다.

○ I cannot swim. 나는 수영을 못한다. - 주어의 목적 능력이 없다. 즉 주어의 순수 능력, 즉 수영 능력이 없다. 수영 능력이 없으므로 '안 하겠다(목적 의사)'가 아니고 '못한다' 이다.

○ I cannot swim here. 나는 여기서는 수영할 수 없다. 여기서 swim할 주어능력이 있으므로 'I cannot swim → here.'가 된다. 결국 여기의 장소는 difficult가 높아서, 즉 바다나 큰 강 등 수영하기 어려운 곳이거나 제반 여건 즉 수영복이 없거나 수영할 환경이 아니거나 이 장소에서 주어의 수영에 대한 목적 의사(의지)가 없음을 밝힌다.

○ I cannot study in this university. 난 이 대학에서 공부할 수 없어(난 이곳 학생이 아니야). - 이 대학교에서는 학생신분이 아님을 밝힌다. I cannot study → in this university. In this university가 제반 여건이 안되어 있는 곳(학생 신분이 아님)이 된다.

○ I cannot describe it, I can't find the words. 나는 그것을 설명할 수 없고 그 말뜻들도 알아낼 수가 없다. I cannot describe → it, I cannot find → the words. 즉 나는 (설명 능력이 있지만) 그것을 설명하지 못하고 있고 그 말뜻도 알아내지 못하고 있다.

2) cannot+직접 연관성이 없는 난이도 높은 목적 일

여기서의 동사들은 difficult high 동사들이다. 그래서 이 동사들은 주어의 can't와는 불연속 연결 관계가 된다.

○ We can't answer any questions, I'm afraid. 유감이지만 우리는 어떤 질문에도 대답해 드릴 수가 없습니다. - 여기서 answer는 주어에게 직접 연관성이 없는 동사이므로 difficult high이며 'We can't → answer any question.'가 되고 그 이유는 목적 일을 우리 일로 삼을 목적 의사가 없다, 대답해줄 의사가 없다거나 대답해줄 여러 외적 제반 여건이 안 된다이다.

○ That's a hard puzzle; I can't figure it out. 저것은 어려운 퍼즐이다, 나는 그것을 해결할 수 없다. - 주어 내부 능력의 한계(목적 일에 능력이 모자람). - 여기서 figure it out은 주어의 직접 연관성이 없는 일이며 동사의 실행이 difficult high가 되어 'I can't → figure it out.'가 되어 '주어의 퍼즐 능력이 모자라다(순수 퍼즐 능력), 그래서 주어의 목적의사(의지)도 약하다이다.

○ "Maintain the same speed or level" - You are walking too fast; I can't keep up. 똑같은 속도나 수준을 유지하세요. 당신은 너무 빨리 걷고 있어서 나는 (당신을) 따라 갈 수 없어요. I can't keep up → (with you)의 생략. 여기서는 가장 중요한 주어의 순수 능력(체력)이 너보다는 떨어진다.

○ I **can't** stay; I just wanted to look in and see if you were getting along all right. 나는 머물지 못해요, 나는 그저 당신이 잘 지내고 있는지 들여다보고 싶었을 뿐이에요. I can't stay → (here)의 생략. 여기서는 주어의 목적 의사가 없거나 머물 제반 여건이 안된다.

○ I can't give you details because I don't actually have any details. 나는 실제로 어떤 세부사항들도 가지고 있지 않기 때문에 너에게 그것들을 줄 수 없다. I can't give you → details. 소유물도 하나의 소유 능력이며 실제로 'Details이 없다' 가 된다.

3) nothing와 not-anything의 의미 비교 차이

○ We **cannot** do **anything**. 우리는 아무것도 할 수 있는 게 없다. 우리는 아무 일이든(하고 싶은데) 할 수 있는 일이 없다. - 일이 있더라도 능력 범위에 들어 있는 일이 전혀 없다; not~anything: 아무 일도 없다: 무능력한 상황. We cannot do → anything (here now). Here now의 생략. - 여기서 주어는 여러 가지 능력을 가지고 있지만 '지금 여기서 (제반 여건)'라는 단서 조항을 단다면 자신들이 할 수 있는 일이 존재하지 않으므로 할 수 없다는 뜻이며 결국은 'here now'는 매우 제한된 시간과 공간(장소)이며 ★ anything은 화자가 인식하는 범위(here now) 안에서 어떤 일(것)이든 존재하지 않음을 뜻한다. 그러므로 무능력 상황이다.

○ We **can** do **nothing**. 노력하여도 아무것도 할 수 없다(일 등 아무것도 할게 없다) - 한계 (제한된 상황) 상황. 능력은 있지만 쉬운 일이든 어려운 일이든 할 일이 없다. 여기서 nothing은 일이 전혀 없다이다.

○ It's been an appallingly busy morning, I **can't** tell you. 너에게 말해줄 수 없을 정도로 끔찍하게 바쁜 아침이었다. 여기의 tell은 제반 여건이 안되어서 난이도가 높다.

○ I **can't** tell you what he said. 나는 그가 한 말을 너에게 말해줄 수가 없다. - 순수 능력이 없다가 아니고 말해줄 제반 여건이나 목적 의사가 없음을 말해준다.

○ I'm on tablets and I **can't** drive. 나는 약을 먹고 있는 중이어서 운전할 수가 없다. - 순수 운전 능력이 없다가 아니고 운전할 제반 여건이 안된다.

○ We **cannot** buy food, clothes and pay for rent and utilities on $20 a week. 우리는 일주일에 20달러로 음식, 옷을 살 수 없고, 그리고 유용한 것들과 임대료를 지불할 수가 없다. We cannot buy and pay for → (all that) food, clothes, rent and utilities on $20 a week. 목적에 미칠(이를) 능력(돈)이 없다.

○ It's a very kind offer, but I really can't accept it. 그건 매우 친절한 제안이지만 나는 그것을 정말로 받아들일 수 없다. 받아들일 제반 여건이 안되어 있다.

B. 청자 영역으로 확장 연결

여기 화자는 외적 능력자이며 화자의 파워 영향력이 청자에게까지 직접 미친다.

그래서 ① 화자가 청자(주어)의 목적일을 이루게 할 「파워 can을 주기」와 ② 주어 「내부의 can을 알려주기(정보 주기)」서술이 있다. 그래서 주어에게 그 can들을 사용할 수 있다고 알려준다.

화자가 청자에게 can을 넘겨 주기하거나 청자 내부 can을 알려주어서 사용하라고 서술을 하고 있으며 그 can들은 결국 주어인 청자가 사용할 can이어서 파워가 화자에서 청자에게로 이동할 뿐만 아니라 「서술의 중심」도 화자에서 사용자인 주어(청자)에게로 그 중심이 이동하고 있는 것이다.

1. You can~ ① 허용, 허락 ② 정보 주기(can 알려주기)

화자는 외적 능력자이며 목적일에 대한 권한, 권리 등을 가진 자이다.

파워 화자가 청자에게 목적일에 사용할 『직접 외적인 can을 넘겨주어 사용하라는 허용, 허락』이다. 그러므로 사용자인 청자 중심의 서술이 된다.

① 화자의 외적 능력은 소유재산, 공적-사적 권한, 권력, 권리, 정보, 등이며 주어의 목적일은 화자의 권한, 권리, 관리 등에 종속해 있어서 화자가 주어에게 주어가 원하는 목적일을 이루게 할 「can을 직접 주기 서술」이다. 즉 주어의 목적 의사는 있으나 can이 없는 주어에게 can 주기 서술이다.

② 정보 주기는 화자가 청자에게 알려주는 목적일을 이룰 수 있는 능력(can)이 주어의 내부에 있다고 알려 주기이며 곧 정보주기이다(즉 주어가 원하는 목적일에 사용 가능한 can이 주어의 내부에 있음을 알려주기).

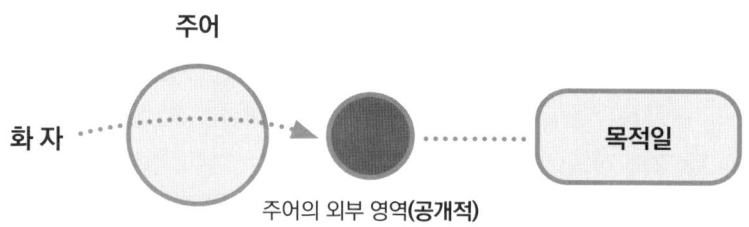

〈화자가 가진 파워 동사를 주어에 넘겨 주어서 연결-화자의 파워 동사 주기 서술〉

1) 화자가 주어에게 외적인 can을 직접 넘겨주며 이의 사용을 허락하는 언어적 서술행위이다.

파워 화자가 언어로써 can을 청자에게 직접 넘겨주어서 원하는 목적 일을 이루도록 허용해준다. 청자의 목적일은 화자의 권한이나 관리, 권리 등에 속해 있어서 화자가 can을 넘겨주기가 곧 사용 허락이 된다.

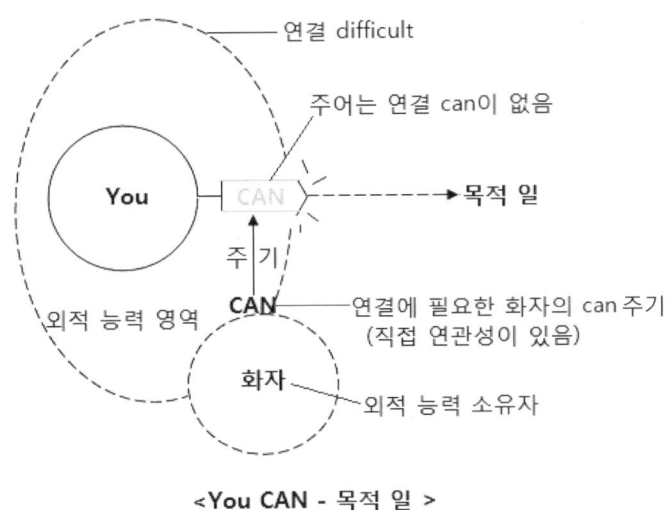

<You CAN - 목적 일>

○ You can stay here! 너는 여기 머물 수 있다, 머물러도 된다. - 주어에게 화자의 권한(능력)에 있는 장소를 허용한다. 주어가 here에 머물기를 원하자 화자는 자신의 권한(리)에 속한 장소에 머물라고 can(권리나 자격)를 넘겨준다. 화자가 자신의 권한 있는 장소에서 주어에게 can을 직접 넘겨주며 사용할 수 있다고 허락해 준다. 즉 can을 청자(주어)에게 부여해준다. 그러므로 here는 화자의 집 등 화자의 권한, 권리 등에 있는 곳이다. ★그 순서는 주어는 화자의 권한 등의 범위 내에 있다. 주어가 원하는 목적일(stay here)과 목적 의사를 밝힌다. 화자는 주어에게 can을 넘겨 주기(허용)를 하여 목적일에 사용할 수 있다고 한다.

○ You can go there alone. 너 혼자만이 거기에 갈 수 있다. 가거라. - 화자의 권한으로 go there alone이라는 목적 일을 할 수 있는 can을 직접 준다. 즉 주어는 화자의 관리나 통제를 받고 있는 상황이다. 그래서 주어에게 can을 넘겨주어 사용할 수 있다고 지시를 내리고 있다.

○ You don't have to go; you can stay here. 너는 갈 필요가 없다, 여기 머물러도 된다. - 화자의 권한으로 stay here라는 목적 일을 할 수 있는 can을 주어에게 직접 주어 사용할 수 있다고한다.

○ You can insert additional pages into that book. 너는 그 책에 부록 페이지를 끼워 넣을 수 있다. - 화자의 허락. 화자는 주어에게 부록 페이지를 끼워 넣을 수 있는 자격(can)을 주거나 허용을 한다. 화자의 권한으로 주어가 원하는 목적 일을 할 수 있는 can을 주어에게 직접 주는 사용 허락이다.

○ Customers can choose from sixty hit titles before buying. 손님 여러분들은 구매하기 전 60개의 히트 상품 전에서 고를 수 있습니다. - 주어는 청자들이다. 허가, 허락

주기 - 화자의 권한으로 주어가 원하는 목적일을 할 수 있는 can을 주어들에게 직접 주며 사용할 수 있다고 한다.

○ You can be with your baby all the time. 너는 항상 너의 아기와 함께 있을 수 있다. - 오너의 허락. - 화자의 권한으로 be with your baby이라는 목적 일을 할 수 있는 can을 직접 주며 허락한다.

○ You can really taste the garlic in the soup. 네가 실제로 수프에서 마늘 맛을 보게 해주겠다. 즉 내가 너에게 마늘 넣은 수프를 맛보게 해주겠다. 한마디로 청자가 원하는 소유물 즉 마늘 넣은 수프를 허용해 주겠다이다. 여기 can 주기는 화자의 음식의 소유권을 주어에게 넘겨 주기이지만 사실상 음식물을 제공해 주겠다이다.

○ You can stop work early today. 너는 오늘 일찍 일을 마칠 수 있다. 일찍 마쳐도 된다. - 화자의 권한으로 일찍 일 마치기(stop work early)라는 목적 일을 할 수 있는 can을 직접 주기(허락). 화자는 아마 일하는 현장 관리자 등이다.

○ You can go now if you want to. 네가 원한다면 너는 지금 가도 좋다. 갈 수 있다. - 화자의 권한으로 go의 목적 일을 할 수 있는 can을 직접 주기이다. 화자는 주어를 통제나 관리하는 권한자이다. ★여기서 화자가 조건을 내세우기는 청자가 아직 그가 원하는 목적일을 말하지 않아서 화자가 먼저 말하여 주는 꼴이다.

○ If you won't keep quiet you can get out. 네가 계속 조용하기 싫으면 너는 밖에 나가도 된다. - 화자의 허락. - 화자의 권한으로 조건에 맞춰 get out이라는 목적 일을 할 수 있는 can을 직접 주기이다. 여기 조건은 청자가 떠들기를 원하는 건지 밖에 나가고 싶은 건지 밝히지 않아서 조건부 허락을 한다.

○ When you're finished the washing up you can clean the kitchen. Then you could iron the clothes, if you like. 당신이 세탁을 마쳤을 때 부엌을 청소할 수 있다, 그리고 나서 당신이 원한다면 옷 다림질도 할수 있어요. - 일을 맡기는 허용 범위를 순서대로 하나씩 정해 주기이다. 이 경우는 집안에서 일하는 가정부 등에게 일을 하나씩 차례로 시키는 것이다. Can 주기는 청소 영역의 허용이며 could는 주어의 자발적인 조건(목적 의사, 제반 여건)하에 허용해 주기이다. 여기서 could는 현재형이다(3장 참고).

2) 화자는 주어가 원하는 목적일에 사용할 can이 주어 내부에 있음을 알려주어 주어에게 사용하라고 한다(목적일 정보 주기).

화자는「주어와 주어의 목적일을 모두 매우 잘 알고 있다」. 그래서 화자가 주어에게 주어가 원하는 일을 이룰 수 있는 can을 주어가 가지고 있음을 알려주어 원하는 일을 목적일로 이루라고 can 정보를 준다. 즉 원하는 목적일에 사용할 can이 주어의 내부에 있음을 알려주어 사용하라고 한다(can 정보를 준다). 여기 '~할 수 있다'는 네가 목적일의 어려움을 (극복이나 이겨내) 할 수 있다는 정보를 알려준다는 의미가 강하다. 그래서 '<u>네가 할 수 있으니 꼭 해봐라</u>'는 격려나 응원의 의미다. 화자가 가지고 있는 실제적 정보들도 가치 있는 재산과 같은 것으로 정보 소유자의 능력을 나타낸다. 여기 목적일은 화자의 권한, 권리, 관리 등에 속하지 않으며 이런 can 정보는 주어가 원하는 일을 가능케 할 정보이므로 「결정적 정보」에 가깝다.

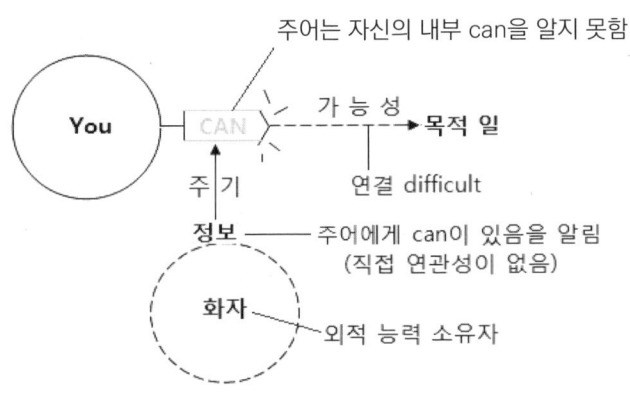

<주어 내부에 can이 있음을 알림- 정보 주기>

여기서 화자는 가능한 일을 목적으로 알려 주었지만 실제로 그 목적을 이룰 객관적 확률은 가능성이다. 그 이유는 목적일을 주어가 할 수 있다고 알려 주었지만 그 전에는 자신이 원할지라도 할 수 있는 목적일인지 몰랐고 그래서 자신감이 없었다. 주어가 실제로 그 목적을 달성할 확률은 목적의사를 얼마나 갖느냐에 따라 다를 수도 있어서 가능성이다. 이유는 주어 스스로 할 수 있다는 목적 의사를 가지지 않았기 때문이다. 그래서 화자가 목적 의사를 가지라고 목적일에 대한 용기, 즉 「목적의사를 불어넣어 주기」, 즉 '동기부여나 자신감을 주기, 부추김, 격려, 응원, 등'이 되어 나중에 청자가 목적일에 대한 강한 목적의사를 갖게 된다면 파워의 사용에 대하여 적극적인 입장으로 바뀔 수가 있게 된다.

○ You **can** solve the problem. 너는 그 문제를 풀 수 있다(그러니 해봐라) - '그 문제와 청자의 능력을 잘 알고 있는' 화자가 그 문제는 청자의 능력(가능한) 범위에 있음(주어가 할 수 있다고)을 알려준다, 즉 주어 내부에 사용할 can이 있음을 알려 주어 사용해 보라고 한다이다. 청자가 앞에 직면한 문제 풀기를 두려워하자, 주어 내부의 can을 알려주어 화자가 청자에게 목적 일을 이룰 수 있다고 알려준다(가능하니 목적 의사를 가지고 해보라고 격려해 주기, 혹은 부추김). 그래서 결국 화자는 can의 목적 정보를 주기이다.

여기서 화자가 문제를 풀도록 직접 방법을 가르쳐 준 것은 아니다.

○ You **can** fall back on it if anything happens to your new refrigerator. 만일 당신의 새 냉장고에 무슨 일이 생기면 당신은 그것(제품 보증서)에 의지할 수 있습니다. 화자가 알려주는 일에 '목적 의사를 가지고 목적 일로 정하여 이룰 수 있는' 주어 내부에 사용할 can이 있음을 알려준다.

○ You can get ahead only **with** hard work. 너는 오직 열심히 일할 때 만이 성공할 수 있다. - 성공하는 can 정보를 주기. 화자가 알려주는 일에 '목적 의사를 가지고 목적 일로 정하여 이룰 수 있는' 주어 내부에 can이 있음을 알려주어 사용해 보라는 정보 주기이다. 즉 화자는 주어가 원하는 목적일에 사용할 can이 주어 내부에 있음을 알려 주기이다.

○ Don't think you can get away with being lazy all your life. 너는 너의 모든 인생의 게으름 (책임)에서 벗어날 수 있다고 생각하지 말아라. 주어의 잘못된 목적 인식에 대하여 화자가 주어의 내부에 can이 있다는 생각을 하지 말라고 알려주는 올바른 정보 주기이다.

○ You can improve your pronunciation by taking an oral class. 너는 구술 수업을 받음으로써 너의 발음을 개선할 수 있다. - 발음을 개선할 수 있는 can 정보를 주기. 화자가 알려주는 일을 주어가 그 일에 '목적 의사를 가지고 목적 일로 정하여 이룰 수 있는 can이 주어 내부에 있음을 알려주어 사용해보라고 정보 주기이다. 화자가 알려주는 목적일에 사용할 can이 주어 내부에 있음을 알려 주기이다.

○ You can tell he's Irish from his accent. 너는 그의 악센트로부터 그가 아일랜드인이다 라고 말할 수 있다. - 화자는 주어에게 목적일에 대한 can 정보를 주기이다. 여기서 You can tell은 말할 수 있다가 아니고 너는 알릴 수 있다는 의미이다. 화자가 보니 '그의 악센트로 그가 아일랜드인이다'라고 사실상 알려 주기이다. 주어가 아일랜드인의 악센트를 잘 모르고 있을 때 화자는 주어에게 그 목적일을 알릴 수 있는 정보를 주기이다.

3) 화자가 주어에게 접근 가능한「실체적 정보를 주기」

즉 주어가 직접 연결할 수 없는 접근 가능한 실체적 정보를 화자가 주기. 그래서 주어는 그의 상상력을 펼쳐(뻗어) 그 실체적 정보를 갖을 수 있다. 즉 화자는 청자에게 가능한 목적일을 알려주면서 청자의 can을 거기에 사용해 실체에 접근해보라고 한다.

○ You can **imagine** how annoyed she was! 너는 그녀가 얼마나 괴로웠는지 상상할 수 있을 거야! 즉 상상해 보세요! - You can imagine → how annoyed she was! Imagine 는 주어 능력에 직접 연관성 있는 동사이며 청자에게 목적일을 가르쳐 주면서 그것을 상상해서 실체에 접근해 보세요. 해석은 '그녀가 얼마나 괴로웠는지 생각(상상)해 보세요' 이다.

○ You can **imagine** he was terribly upset. 당신은 그가 심하게 화가나 있었다는 것은 상상할 순 있겠지요. 즉 상상해보세요. You can imagine → he was terribly upset. 실체적 목적일을 알려주면서 can을 거기에 사용해 보라고 한다. 해석은 '그가 심하게 화가나 있었다는 것을 상상해서 실체에 접근해 보세요'의 뜻.

○ You **can't think** how glad I was to see them all go. 그들 모두가 가는 것을 본 내가 얼마나 기뻤는지를 너는 생각할 수 없을 거야. 생각지도 못할 거야. - 화자 자신이 경험한 일을 그 깊이가 얼마인지 주어가 생각해서 실체에 접근할 수 없는 수준이라고 말한다.

2. Can I ~? 청자에게 can을 가져도 되는지 묻기

여기 의문문에서 청자는 파워를 가진 파워 청자이다. 그러므로 청자는 목적일에 대한 권리자이므로 거기에 사용할 can의 소유자이며 화자의 질문에 대한 can의 결정권자이기도 하며 화자의 관심과 의문의 중심 대상이다. 화자 자신이 가지지 못했으므로 필요한 can을 달라고 하기. 화자가 청자에게 가진 관점은 『가져도 되나요?』이다.

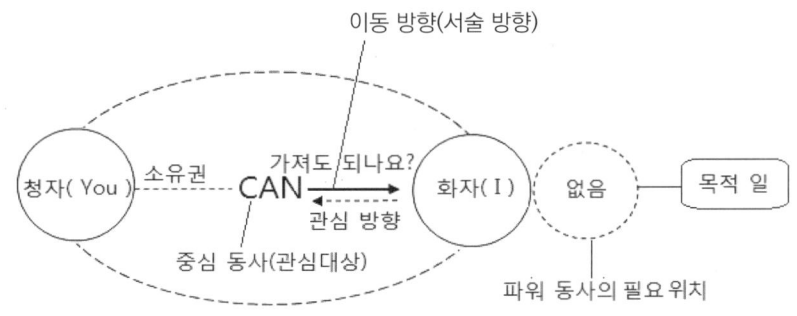

< 화자가 청자의 파워 동사에 대한 이동 관심과 질문 - Can I~? >

> 화자와 청자의 사이 중심에 있는 can에 대하여 화자가 가지는 can에 대한 관심 방향은 주어에게 "가져도 되나요?"가 된다. 이 경우 화자는 can에 대한 관심 방향과 이동 방향이 일치하지 않으며 그래서 화자가 남의 영역에 있는 can에 관심을 가지는 이유는 자신이 can을 가지지 못해서 남의 소유인 can을 달라고 청자에게 요청하는 것이 된다. 자신의 소유라면 청자에게 질문할 필요가 없겠죠?

1) 허락을 요청- 파워 청자의 『can을 붙잡고 가져도 되나요?』.

화자는 '자신이 원하는 일을 가능하게 하는' 청자가 가진 「can을 붙잡고」 『가져도 되냐?』고 한다. 'Can을 붙잡고'는 현장에서 소유나 취득 기회, 사용 기회 등을 붙잡고이다. 이 can은 청자(능력자)가 가진 외적 능력(권리, 권한 등)에 해당한다. 당신의 can을 제가 가져도 되나요? 제가 가질 수 있나요?

파워는 청자에게 있으며 질문도 청자를 중심으로 청자에게 하고 있으므로 화자가 아닌 청자 중심의 물음이다.

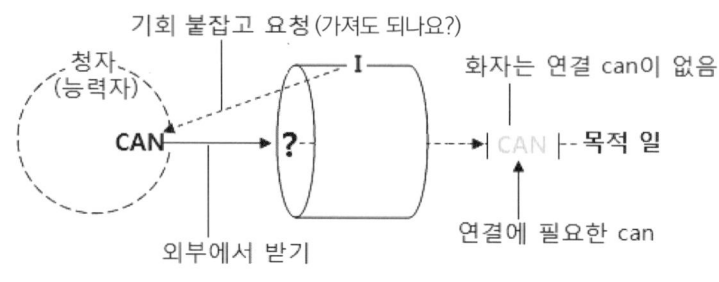

< Can I ⟶ 목적 일 ? >

① **소유나 취득 기회를 붙잡고 can I ~?**

청자의 소유권이나 권리, 자격 등에 대한 취득 기회를 붙잡고(can을 자신에게 붙이고) 허용, 허락을 묻는다. 여기의 can은 영구적인 can이다.

○ **Can I** take this? 이것을 제가 가져도 되나요? - 화자는 자신이 원하는 물건을 붙잡고(혹은 가질 기회를 붙잡고) 자신이 가질 수 있도록 can(소유권)을 허락해 달라고 한다. 즉 청자는 물건의 소유자이므로 그에게 소유권(물건)을 달라고 한다.

○ "Can I have some more cake?" "No, I'm afraid you can't." "제가 케이크를 좀더 먹을 수 있나요?" "아니요, (더 이상은) 안됩니다." 여기 can은 더 먹을 케이크(소유물)를 달라고 하자, 더 이상 허용은 안된다고 한다. 만일 케이크가 남아 있는지 보이지 않는다면 could I~? 로 물어야 한다.

○ "Can we go home now please?" "No, you can't." "실례지만 저희들이 지금 집에 가도 되나요?" "아니요, 가선 안됩니다." - 주어가 원하는 목적일에 필요한 can(go의 권리 등)을 붙잡고 can을 달라고 하자 그 상대방(나중 화자)가 can을 주기를 불허하고 있으며 목적일은 첫 청자의 권한 등에 있고 첫 청자는 목적일을 이루고 싶은 화자를 통제하는 권한 등을 가지고 있는 파워 청자이다.

② **사용 기회를 붙잡고 can I~?**

청자의 권한, 권리에 있는 목적일에 사용할 can을 붙잡고(can 사용 기회를 붙잡고) 사용 허락을 묻는다. 여기서 가져도 되나요?는 'can의 사용 자격'이다. 즉 사용해도 되나요? 이다. 그래서 여기 예문들의 대부분의 can은 목적일을 할 1회용의 자격이다.

○ **Can I** have a look at that? 제가 저것을 한번 볼 수 있나요? - 화자는 자신이 원하는 것을 볼 기회를 붙잡고 can의 사용을 허락해 달라고 한다. 청자는 화자가 보고 싶어하는 물건의 주인이며 여기 can은 시청할 수 있는 자격이다.

○ **Can I** interrupt you just for a minute? 제가 잠시만 끼어들(참견할) 수 있나요? - 화자는 청자들이 하고 있는 대화에 끼고 싶어서 그 기회를 붙잡고 자신이 원하는 대화에 잠시 끼워 달라고 허락을 요청한다. 여기 can은 대화에 참여할 자격이다.

○ Here, **can I** really have your jeans when you go? 이봐, 네가 가버리면 정말로 내가 너의 청바지를 입어도 되니? - 화자는 자신이 입고 싶은 청바지 착용 기회를 붙잡고 자신이 원하는 청바지를 입는 일을 허락해 달라고 한다. 청자는 청바지의 주인이며 여기 can은 착용할 1회의 자격이다.

○ **Can I** just ask something? 제가 단지 어떤 것을 질문할 수 있나요? - 화자는 어떤 질문할 것이 있어서 그 기회를 붙잡고 청자에게 자신이 원하는 질문을 허용해(들어)달라고 요청한다. 여기 can은 질문 자격 즉 목적일을 이룰 수 있는 can이다.

○ **Can I** give you some help with that trunk? 제가 저 트렁크를 옮기는 데 약간의 도움을 드려도 되나요? - 화자는 청자를 도울 기회를 붙잡고 자신이 도와 드리고 싶은 일(목적일)을 이루도록 허락해 달라고 한다. 여기 can은 도울 수 있는 자격이다.

○ This old lady was struggling out of the train and I said, "Oh, **can I** help you?" 이 나이든 부인이 기차 밖으로 나오려고 몸부림치고 있었다. 그리고 나는 말했다, 저런, 제가 도와드릴 수 있나요? - 화자는 부인을 도울 기회를 붙잡고 자신이 원하는 도움 주는 일을 허락해 달라고(can을 달라고) 요청한다.

○ "Can I ask you something?" "Yes, of course you can." "제가 뭐를 좀 여쭈어도 될까요?" "네, 물론 되고 말고요." - 화자는 자신이 원하는 질문이 있어서 그 기회를 붙잡고 허용해 달라고 하자, 청자는 화자에게 그 can을 주어서 목적일에 사용을 허락해준다.

○ "Can I carry your bag?" "Oh, thanks very much." "제가 당신의 가방을 날라 드릴까요?" "오 (그러세요?) 정말 감사합니다." 가방을 나르는 청자에게 가방을 대신 나를(도울) 기회를 붙잡고 can 사용을 허락해 달라고 하자 오히려 고맙다고 허락한다. 여기 can은 도울 수 있는 자격이다.

2) What can I ~? - 화자는 제시한 범위에서 가능한 목적일을 찾기 질문이다.

여기서 청자는 보통 직접 연관성이 없는 정보를 가지고 있을 가능성이 있는 사람이다.

○ **What can** I do **around here**? 이 근방에서 내가 할 수 있는 게 뭐지요? - 화자는 제한된

범위를 표시하고 그 범위에서 자신이 할 수 있는 목적일을 청자에게 물어 찾는다. What는 목적일이며 what can은 주어가 가능한 목적일, 할 수 있는 목적일, 주어의 능력 범위안에 있는 목적일이다.

○ Hello John. **What can** we do **for you**? 안녕 존, 우리가 너를 위해서 무엇을 할 수 있겠니? - 화자는 for you라는 제한된 범위를 표시하고 그 범위에서 자신이 할 수 있는 목적일을 청자에게 물어 찾는다.

○ "You're needed **here**, John" "But **what can** I do?" 존아, 여기에선 너를 필요로 해. 그렇지만 난 (여기서) 무얼 할 수 있겠어요? - 상대가 제시한 범위 here에서 가능한 목적일이 무엇이 있는지를 묻는다. 여기서는 'Can I ~?'가 아닌 what으로 질문하므로 허용을 요청한 게 아니고 제시된 범위에서 화자의 능력에 있는(맞는) 일을 찾기이다.

3) How can I ~? - 화자 자신이 받은 지나친 일에 어떻게 접근할지를 그 구체적 정보를 묻는다.

○ Oh, Stephen darling, **how can I** ever thank you for being so kind? 오 여보 Stephen, 너무 친절하게 해 주셔서 제가 어떻게 감사하죠? - 자신이 받은 지나친 친절에 대해 어떻게 접근할지 구체적 정보를 묻는다.

3. You cannot~. 너는 can이 없다. ① 외부에서 얻은 can이 없다. ② 내부에 can이 없다.

1) 청자가 목적일을 할 외적 can(자격, 권리, 권한)이 없다

청자가 원하는 목적일에 대하여 화자는 청자가 외부에서 받은 can이 없다. 즉 외부에서 받은 허용, 허락, 자격, 권리 등을 받은 게 없다. 혹은 주어는 원하는 일을 하고 있지만 화자가 보기엔 거꾸로 혹은 역행적 행위를 하고 있거나 하려는 일을 금지, 제한, 제동. 화자의 권한으로 주어의 목적 일을 할 수 없도록 can을 주지 않거나 주어의 목적 일을 이미 하고 있는 주어에게 cannot을 직접 붙여 금지시킨다.

○ You cannot ask for your money back before the agreed date. 너는 합의된 날짜 이전에 너의 돈을 돌려 달라고 요구할 수가 없다. - 목적을 요구할 외적 can이 없다, 즉 권한, 권리, 자격이 없다.

○ Nowadays you cannot readily get a maid. 오늘날에는 여러분들은 쉽사리 하녀를 둘 수 없습니다. - ★ 여기 can은 내부 can이 아니라 외부에서 받는 can이며 하녀를 두는 목적일에 대한 외부적 허가나 법률적, 제도적 can을 얻을 수 없다이다. 화자가 목적하는 일에 사용할 can이 없다. 불가능하다이다.

○ You can't play football here. 너희들은 여기서 축구 경기를 할 수 없다. - 목적 일을 하고 있는 주어에게 화자의 권한으로 주어의 목적 일을 할 수 없도록 cannot을 직접 붙여

'금지'시킨다. 즉 cannot을 주어에게 직접 붙여 주기. 혹은 외적 can이 없다, 목적일을 할 자격, 권리, 허용이 없다. 허락하지 않기(금지)이다.

2) 불가능한 일 정보를 주기(You cannot)

한마디로 주어 내부에 can이 없다이다. 화자는 주어가 원하는 목적일이 불가능하다는 부정적 정보를 주기이다. 즉 주어가 원하는 목적일을 할 can이 없다고 알려 주기이다.

○ You can't keep that secret; somebody will find it out. 너는 그 비밀을 지킬 수 없다. 누군가가 그것을 알아낼 것이다. - 청자의 내부에 비밀을 지킬 can이 없다이며 부정적 정보를 주기. 화자가 목적하는 일이 불가능하다는 부정적 정보를 주기이다.

○ You can't leave until the rain lets up. 너는 그 비가 멈출 때까지 떠날 수는 없다. - 목적일을 할 외적 제반 여건이 안되어 할 수 없다고 부정적 정보를 준다. 즉 비가 와서 안된다.

○ Go on! You can't make me believe that. 계속해! (그렇다고) 너는 내가 그 일을 믿게 할 수는 없어. - 화자는 주어에게 목적일을 이루게 할(달성할) can이 없다고 알려준다. 즉 불가능 정보를 준다.

○ You can't fit all those dishes in that barrel. 너는 저 모든 접시들을 저 통에 끼워 넣을 수 없다. - 불가능 정보를 주기. 화자가 목적하는 일이 불가능하다는 정보를 주기이다. 목적일을 할 순수 능력(can)은 있지만, 즉 여기서는 제반 여건(통 크기)이 안된다이다.

○ When Bob gets mad, you can't hold him down. 밥이 화가 났을 땐 너는 그를 진정시킬 수 없다. - 청자는 밥을 진정시킬 can(순수 능력)이 없다이며 화자가 목적하는 일이 불가능하다는 정보를 주기이다.

3) 가려진 내부를 잘 알고 있듯이 추측

상대방의 내부 속 사정을 『잘 알고 있듯이』 부정하는 추측한다.

★ 원래 화자가 I can do it라고 말할 때는 화자는 자신의 능력과 목적일 그리고 여러 여건들을 제대로 파악하고 서로 비교 검토했을 때 목적일을 할 수 있다고 말한다. 그러므로 여기서 주어의 목적일을 추측하는 일(내용)은 감춰졌거나 보이지 않는 일등은 추측하는 일인데도 ★『화자 자신은 잘 파악하고 잘 알고 있다고 자신하여』 추측하는 것이다. can't be 추측에서는 잘 알고 있다 여기고 있던 일에 누군가가 다르게 말하자 ~할 리가 없다라고 부정 추측한다.

○ You **can't be** serious, Mrs. Johnson? 존슨 부인, 당신께서는 농담이시겠지요? 존슨

부인. 진심이 아니시겠지요? 존슨 부인. - 존슨 부인이 이상한 말을 한다고 보거나 존슨 부인이 믿을 수 없는 말을 하자 존슨 부인을 잘 알고 있는 화자는 당사자인 그 부인에게 can't를 붙여 serious할리가 없지 않겠냐? 고 역설적으로 추측 질문한다. 앞에 보고 있는 주어를 잘 알고 있는 화자가 can't를 사용하여 추측하는 것은 「~할 리가 없다」고 추측한다. Serious 연결에 대한 부정 추측.

○ You **can't be** serious! 너는 심각할 리가 없다. - 청자가 심각하다고 하자, 청자를 잘 알고 있는 화자가 거기에 can't를 덧붙여 심각할 리가 없다고 당사자에게 반문한다.

C. 제3자 영역으로 확장 연결

1. 제3자에게 있는 can

1) 화자가 주어에게 붙여주는 can - 화자가 청자를 통하여 주어에게 주는 can.

○ Anybody who wants to can join the club. 원하는 사람(청중)은 누구나 클럽에 가입할 수 있습니다. 가입시켜 드리겠습니다. - 화자의 권한으로 누군가에게 원하는 일을 할 수 있는 can을 주어에게 주겠다는 말이다. 여기서 anybody라고 지칭했으므로 주어는 청중들에 있으며 아직 주어는 화자 앞에 나서지 않은 상태인 3자 주어다.

○ "Anybody can join the club." "What?" "I said anybody could join the club." 누구든지 클럽에 가입할 수 있습니다. 뭐라고요? 저는 누구든지 클럽에 가입할 수 있다고 말했어요. - 화자의 권한으로 청자들에게 원하는 목적일을 할 수 있는 can을 누군가에게 준다는 말이다. 여기서 anybody라고 주어를 지칭했으므로 아직 주어는 특정되지 않은 상태이다.

2) 화자가 청자에게 주어의 목적일 가능한 정보를 주기.

화자는 주어가 원하는 목적일에 사용 가능한 can이 주어에게 있음을 청자에게 알려준다. 청자는 정보의 전달자가 될 수 있다.

○ He **can** get marry to her because she loves him too much. 그녀가 그를 너무 사랑하기 때문에 그녀와 결혼할 수 있다. 결혼할 능력이 있다. 화자가 청자에게 그녀가 그를 너무 사랑해서, 즉 목적 의사와 제반 여건이 충분해서 그는 그녀와 결혼이 가능하다라고 알려준다. 정보 주기 서술이다. 그는 그녀가 그를 너무 사랑하는 줄 잘 모르고 있는 상황에서 결혼 가능한 정보 주기이다.

3) 주어 내부에 있는 can 알려주기 서술

주어 내부에 목적일에 사용할 순수능력이 있거나 없음을 (서술로써) 드러내 알려준다.

○ She speaks French. She **can** speak Korean. 그녀는 불어를 사용한다 (즉 프랑스인 이다) (그리고) 그녀는 한국어(외국어)도 말할 수 있다. 모국어에 덧붙여 한국어도 말할 수 있다. 모국어에 처음으로 한국어 능력도 있다고 알린다.

○ She can swim very well. 그녀는 수영을 매우 잘 할 수 있다. - she can swim → very well. 주어가 이미 습득한 능력이 very well까지 강화됐음을 밝힌다.

○ Gabriella can speak French, Russian, and Italian. 가브리엘라는 프랑스어, 러시아어, 그리고 이탈리아어까지도 말 할 수 있다. - 주어의 확장된 능력 범위를 하나씩 열거해 주고 있다. Gabriella can speak → French, Russian, and Italian.

○ He cannot read the book. ① 만일 청자가 먼저 I gave him a English novel라고 하였다면, 주어를 잘 아는 화자는 cannot을 덧붙여 역설적으로 He cannot read the book라고 주어의 순수 능력이 없다고 정보를 말해 준다. ② 주어가 순수 능력인 영어 읽기(독해) 능력이 있다면 주어를 잘 아는 화자는 책을 읽기에는 시간적으로 혹은 정신적인 외적 제반 여건이 안되어 있다고 주어의 상황 정보를 알려준다.

2. Can 주어~? 주어는 목적일이 가능한가요?

○ Can he say that he is just in this situation? 그가 단지 이런 상황에 처해 있다고 말할 수 있는 건가요? - 그가 단지 이런 상황에 처해 있다고 말할 수 있는 것인가이다.

3. 주어 cannot~

1) 내부에 있는 cannot. 주어는 목적 일을 할 능력이나 여건이 없다.

○ She **cannot** sleep and the pain is often so bad she wants to scream. 그녀는 종종 비명을 지르고 싶을 만큼 고통이 너무 아프고 잠을 잘 수가 없다. 너무 고통 스러운 여건으로 목적일을 할 수가 없다.

2) 주어 외부에 붙여주는 cannot.

주어가 원하는 일에 권리, 자격이 없다. 금지한다.

○ He cannot enter my office this afternoon. He might be unreliable. 그는 오늘 오후에 내 사무실에 들어 갈수 없다. 그는 믿을 수 없을지도 모른다. - 청자에게 전하기를 그를 사무실 출입을 금지시켜라. 출입할 자격이 없다.

4. 주어를 잘 알고 있듯이 추측 - ★ can을 사용한 추측

주어의 목적일과 여러 정황들(제반여건)을 잘 아는 화자의 추측. 원래 화자가 I can do it라고 말할 때는 화자는 자신의 능력과 목적일 그리고 여러 여건들을 제대로 파악하고 서로 비교 검토했을 때 목적일을 할 수 있다고 말한다. 그러므로 여기서 주어의 목적일을 추측하는 일(내용)은 감춰졌거나 보이지 않는 일등은 추측하는 일인데도 잘 파악하고 잘 알고 있다고 자신하여 추측하는 것이다.

> 추측은 감춰졌거나 보이지 않는 일 등 화자가 모르는 일을 주어가 하는 일이라고 주어에 임의로 연결해 추측, 추정해 보는 것을 뜻한다. 그러므로 화자는 추측할 때 주어의 모르는 일을 과거나 현재에 이미 사실로 존재하리라는 것을 전제로 하며 불확실한 미래에도 그 발생 등을 단언할 수 없으므로 발생(존재)하리라고 추측한다. 이때 추측의 시/공간차를 뛰어넘는 도구로 사용하는 것이 파워 동사이며 추측의 확률 정도를 나타낸다. 그 이전에는 모두 주어가 사용했거나 사용할 수 있는 파워 동사들이었다.

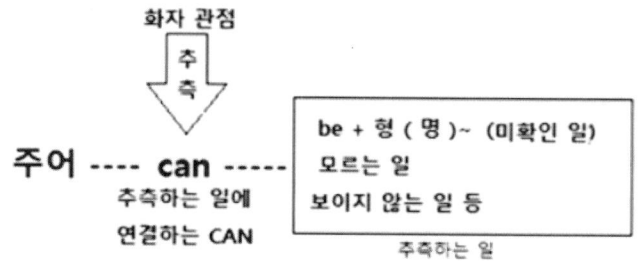

< 주어를 추측하는 일에 can으로 연결 - 가능한 확률 >

★ be는 원형 동사로서 미확인 존재를 말하며 have도 확인할 수 없는 사적 영역을 서술한다. 그래서 be와 have는 확인되지 않는 추측일에 사용한다. 그리고 추측에 사용하는 can은 대개 주어의 능력을 나타내는 것들이 아니고 화자가 임의로 사용하는 can이다. 추측이 사실이 될 확률은 can 정도의 확률이라고 화자는 주장한다, 즉 화자가 주어의 보이지 않는 일을 「자신은 잘 알고 자신 있다」고 여기는 정도(can의 정도)이다. 앞에서 주어의 능력을 서술할 때 주어의 능력과 목적일과 제반 여건을 잘 파악하고 나서 can을 서술하는 경우처럼이다.

1) 미래 추측 – 주어를 잘 알고 있다고 그의 미래 일을 보지 않고도 잘 알고 있듯이 추측한다.

보지 않고도 뻔히 잘 알고 있다는 듯이 추측하기.

○ He **can be** very rude. 그는 매우 무례 할 수 있습니다. - 주어를 잘 알고 있다는 화자는 주어가 현재 무례하다가 아닌 (나중에) 무례할 수 있다는 표현을 사용하여 그의 미래일을 보지 않고도 잘 알고 있듯이 추측하였다. 화자는 주어를 매우 잘 알고 있으니 미래에도 화자가 알려주는 목적 정보(be very rude)대로 할거라고 추측하였다.

○ It is an intolerable situation and **it can't be** allowed to go on. 관용할 수 없는 상황이어서 그 일은 계속 허용될 리가 없습니다. - 화자는 현재 관용할 수 없는 상황을 너무 잘 알고 있어서 미래에도 그 일이 계속 허용될 리가 없다고 잘 알고 있듯이 추측한다.

○ **It can't** possibly rain tomorrow. 아마도 내일 비가 올 리가 없습니다. - 화자는 날씨를 오늘 뿐만 아니라 보이지 않는 내일 날씨도 매우 잘 파악하고 있어서 누가 내일 비가 올 것 같다고 하자 여기에 can't을 붙여서 잘 알고 있듯이 그럴 리가 없을 거라고 추측한다.

2) 현재 추측 – 현재 보이지 않는 일과 잘 모르는 주어를 자신 있게 추측한다.

현재 보이지 않는 주어와 주어의 상황을 자신 있게 추측한다. 여기서 주어를 객관적으로 잘 안다고 추측하는 것이 아니고 화자 자기 자신은 잘 알고 있다고 추측하는 것이다.

○ **Things can't be** that bad. 일들 상황이 그렇게 나쁠 리가 없다. 나쁠 수가 없을 겁니다. - 누군가가 일들 상황이 매우 안 좋다고 하자, 화자가 잘 알고 있다는 일들이 그렇게 나쁠 리가 없다고 추측 정보를 준다. 여기 that는 앞에 언급한 말을 가리킨다. Things는 보이지 않는 주어이며 사용 목적 있는 물건들이고 제반 여건에 있으므로 처리해야할 일들 상황 (복수의 개체들이 처한 전체적인 상황)이라고 번역했다.

○ She can't know anything that will happen to her tonight. 그녀는 오늘 밤 그녀에게 일어날 일을 알고 있을 리가 없을 겁니다. - 주어가 가지고 있는 내부 정보 지식도 추측의 대상이며 주어의 상황이다. 주어를 잘 알고 있다는 화자가 주어의 목적일을 할리가 없다고 부정적으로 추측한다.

○ He **cannot be** rich. 글자 그대로 '그는 부자가 될 수 없다'가 아니다. 누군가가 he is rich 라고 하자 주어를 잘 알고 있는 화자는 cannot을 덧붙여 '그는 부자일 리가 없습니다' 고 추측한다. 여기는 주어의 상황을 잘 알고 있듯이 추측한다.

○ He **cannot be** hungry. 화자가 잘 알고 있는 주어의 상황 정보(He is not hungry)에 청자가 먼저 'He is hungry'라고 하자, 화자는 거기에 cannot을 덧붙여 '그는 배고플 리가 없을 거예요'라고 잘 알고 있듯이 역설적으로 반대의 추측을 한다.

○ Do you think she **can be** still working? It's very late. 그녀가 아직도 일하고 있을 수도 있다고 생각하니? 너무 늦었어요. 너무 늦은 시간이에요. 그녀가 아직도 일하고 있다고 생각(추측)하느냐?고 보이지 않는 주어의 상황을 잘 알고 있듯이 현재 진행형 추측하기 이다.

○ "Who's that at the door?" "**It can only** be the postman." 문 앞에 저 사람은 누구지? 그건 다름아닌 우편 집배원일거야. 보이지 않는 주어를 잘 알고 있듯이 추측한다.

○ **It can't be** true. 그것은 사실일 리가 없다. - 그것(일)을 매우 잘 알고 있다는 화자가 can't 을 덧붙여 사실일 리가 없다고 한다. 보이지 않는 주어의 추측이다.

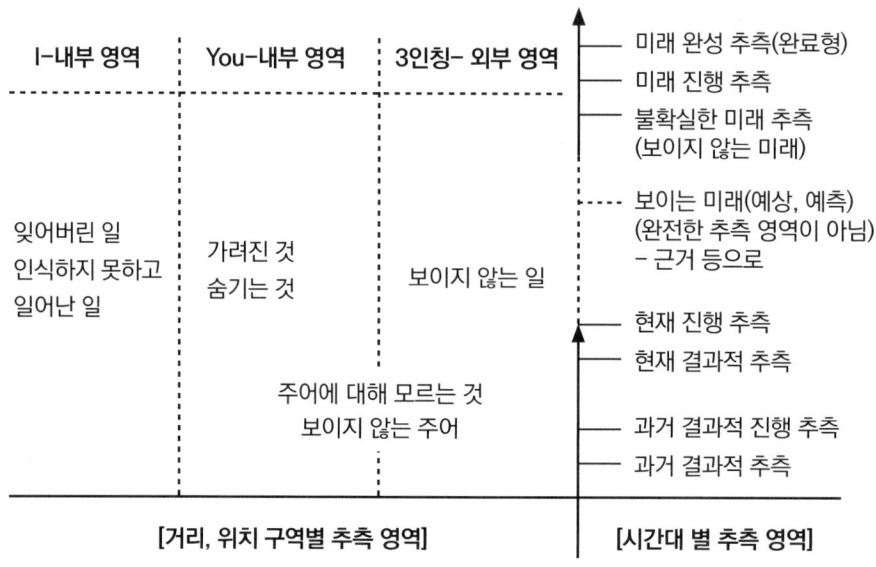

〈추측 영역 구분 – 모르는 것 추측〉

현재	주어	1인칭	2인칭	3인칭	
모르는것 추측	주어에 대해 모르는 것 (보이지 않는 주어)	잊어버린 것 자신의 인식하지 못하는 것	가려진 (숨겨진 것)	보이지 않는 일	
				진행형 추측	결과적 추측

〈추측의 모르는 것들 내용별 구분〉

★ 이 표는 화자가 추측을 서술하는 현재 시점을 중심으로 하는 추측의 내용별 구분이다. 또한 보이지 않는 일들의 추측인 결과적 추측은 아래에 표로 그려 놓았다.

3) Cannot have + 과거 분사(동결재) - 현재의 부정 결과적 존재로 추측

「주어와 여러 정황(제반 여건)을 잘 파악하여 알고 있던 화자가」 현재에 한동안 보지 못한 주어의 일을 추측하면서 누군가가 주어는 어떤 일을 했다 혹은 했을 거라 말하면 화자는 누군가의 말에 동의하지 못하고 부정적 결과 측면으로 추측한다. 즉 그 누군가가 주어가 어떤 일을 했다 혹은 했을 거라고 먼저 추측한다면 「그 저지른 일(결과)를」 부정하여 cannot have+pp형을 사용하여 「주어는 ~했을 리가 없다고 부정 결과적 존재로」 추측한다. 잘 알고 있듯이 추측한다. 그래서 have는 확인되지 않는(보이지 않는) 영역을 서술하므로 have동사를 추측에 사용하였고 객관적 서술에 사용하는 do동사나 am, are, is, was 등의 동사를 사용하지 않는다. ★ 주의 할 것은 각 시제에서 추측의 두가지 경우이다. 화자는 추측하는 시점에 하나는 보이지 않는 일 등을 마치 보고 있듯이 진행형으로 추측하거나 아니면 즉 진행형이 아니면 모든 일들은 이미 끝나버렸 으므로 결과적 존재로 추측한다이다.

★ **과거분사의 새이름**은 동사의 **동**작이 이루어져 **결**과적 형태로 존**재**함을 의미하므로 이들 머리글을 따와서 **동결재**라 이름하는 것이 어떨까 합니다. 더 좋은 이름이나 영어적 이름 이면 더욱 좋을 듯합니다. 추천 바랍니다. 다음책에 적절한 이름이 확정될 때까지는 과거 분사와 함께 두가지를 혼용해 쓸 생각입니다. (12장 참고)

★ **보이지 않는 일의 두가지 추측** - 보이지 않는 일은 과거나 현재, 미래를 사실상 두가지로 추측할 수밖에 없다. 하나는 마치 꿰뚫어보고 있듯이 진행형 추측하는 것이고 그 나머지는 진행형이 아닌 시간대에서는 모든 일이 끝났거나 이미 이루어진 상태이므로 have+pp형 추측(결과적 입장으로 말하기)이 된다. 화자가 주어를 보지 못하는 동안 일어난 일들은 진행형이 아니면 일의 결과적 입장에서 추측하여 말하게 될 수밖에 없다는 것이다. 물론 이 일들은 동사의 동작 등을 행하는 경우가 대부분이며 보이지 않는 일들이다. 예를 들어 주어가 현재 빵을 먹는다고 추측하게 되면 현재 빵을 먹고 있는 중이거나 이미 빵 먹기를 모두 마친 결과적 상태이거나 두가지 경우만 있게 된다는 것이다. 추측에서 파워의 사용자는 주어가 아니며 화자이다. 추측의 파워 사용자와 주어는 거의 대부분이 다르며, 같은 경우는 주어 I인데 이때 주어는 자신의 잊어버린 일 등을 추측할 때이다.

또한 우리가 간과하지 말아야할 것은 추측할 때 최소한 주어가 하고 있는 목적일에 대한 정보나 정황, 기타 배경 등을 알아야 주어의 목적일을 제대로 추측할 수 있다. 그래서 주어의 스케줄, 계획, 습관 등에 일치한 타이밍에서는 진행형으로 추측할 수 있겠지만 그렇지 않을 때는, 다시 말해서 진행형이 아닐 때에는 주어의 목적일이 모두 끝나버린 상황이다. 주어의 목적일이 현재 모두 끝나버렸다는 것은 이미 진행의 타이밍이 지나 버려서 추측하는 화자 입장에서는 목적일을 이미 끝나버린 그 일을 실행의 결과적 입장 으로 바라보게 된다는 의미가 된다. 그래서 보이지 않는 일의 추측은 현재의 시제에서는 위 두가지 형식으로만 추측할 수 있고, 과거시제에서는 과거 결과적 진행형 (파워 + have been + ~ing~: 과거완료진행)이나 과거 결과적 추측이, 미래의 추측에서는 위 두가지인 진행형, 미래 완성(료)이 있다.

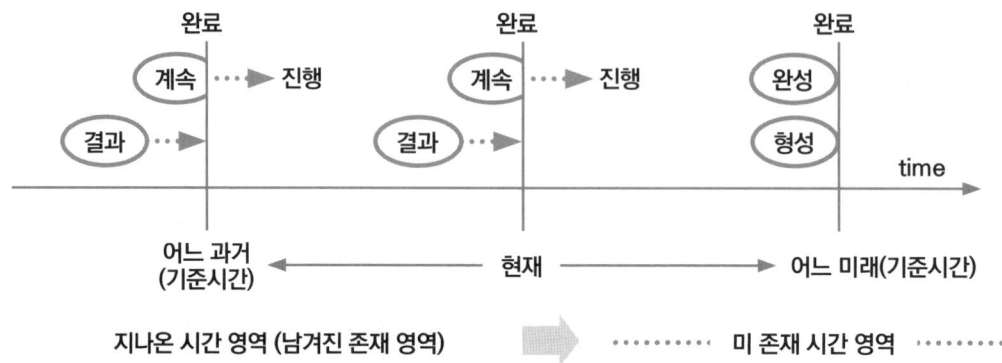

〈have+pp time 벨트〉

1. had+pp는 과거 어느때를 기준으로하는 과거 이전에 시작되어 과거에 결과적 상태로 남아있고 과거완료는 had+pp를 오직 시간적 요소만을 언급한 것으로 과거 이전에 시작되어 과거에 이미 끝나있다. 과거완료 진행은 과거 이전에 시작되어 과거에도 계속 결과를 완성을 향해 만들어가고 있는 중이다. 그리고 과거완료 계속은 동작과 동시에 만들어지는 결과가 과거 기준 시간에도 계속 확장되고 있다.

2. have+pp는 현재를 기준으로 하는 과거에 시작되어 현재에 결과적 형태로 남아 있으며 과거를 기준으로 볼때는 단순 결과이다. 또한 현재는 위 그림의 존재 영역과 시간이 함께 나아가므로 과거에 시작된 일이 현재에 이미 끝나버린 완료이거나 계속되거나 시간과 함께 진행해 나아가기도 한다. 계속을 결과의 계속 확장이며, 진행은 결과를 만들고 있는 중이다.

3. 미래 완성. 완료는 현재에서 볼때 미 존재 시간 영역이므로 미래 어느때를 기준으로 결과적 완성, 형성, 완료가 이루어지며 그 시작은 과거나 현재, 미래 중 하나이며 어디에서 시작되었는지는 문맥에서 찾아야 한다.

〈have + 과거분사의 존재 형태와 이해〉

★ 현재에서 바라보는 have+pp는 과거, 현재, 미래에서 존재하는 형태가 달라지므로 그 의미도 제각각 다르다. 과거, 현재는 지나온 시간에 남아있는 결과적 존재로 미래에는 미존재 시간 영역이므로 새로이 형성(결실, 완성)될 존재로 인식한다.

★ 결과적(완료) 입장에서 말하기

여기 화자와 주어 사이의 시/공간적으로 떨어져 벌어지고 있는 주어의 일들에 대해 화자가 그 알 수 없는 인식의 한계 범위를 극복하기 위하여 화자가 말하여 사용하는 방법으로서 『추측』을 하고 있다. 그 추측에는 인식의 한계를 극복해보는 구체적 방법으로서 두가지가 있다. 하나는 주어의 일을 마치 훤히 꿰뚫어 보듯이 말하는 ① 『진행형 추측 서술』이며 두번째는 화자가 '임의로 파워를 사용하여 결과적으로 말하기인 ② 『결과적 입장으로 말하는 추측』이다. 그 추측하는 일들의 결과적 입장은, 예를 들어 추측할 때 진행형이 아닌 시간대에는 주어가 행한 일의 존재를 나타내기 위해서는 어떤 사실을 했다, 안했다처럼 단정적인 서술을 할 수 없으며 그 일의 모든 과정이 「이미 끝나 있는 시간대」이므로 주어의 목적일을 이미 이루어 버린『최종적이고 '결론적인' 존재 의미로 보는 것』을 결과적 입장이라 하며 진행형이 아닌 시간대라면 모두 결과적 입장으로 서술하게 된다. 과거, 미래에서도 두가지이다. 화자가 주어의 동작 등을 직접 목격하거나 실제의 사실을 알지 못하지만 추측 등으로 그 최종적이고 결론적 존재 의미로서 결과적 입장이 된다는 뜻이다. 따라서 화자가 주어와 시/공간 차이를 극복하기 위하여 '임의로 파워를 사용(접근 혹은 극복 수단)하여' 주어가 행한 일에 대하여 결과적 존재 입장으로 말하게 된다. 한마디로 화자가 언급하는 추측에서 노출되(드러나)지 않는 일의 <u>결과적 존재 의미를 강조</u>하는 행위이다. 여기에서 「임의의 파워 동사 사용은」 주어가 목적일에 실제로 사용하거나 사용할 수 있는 실제 파워 동사는 아니며 화자가 언어상으로만 임의로 사용하여 주장하는 추측의 존재 정도를 하나의 파워동사를 선택하여 서술하게 된다. 다시 말하면 실제적으로 존재하는 파워는 아니고 언어상으로만 화자가 사용하는 파워이다. 그 선택 사용된 파워 동사는 그 추측의 존재 가능 확률 정도를 나타내며 화자가 추측의 존재를 주장하는 자신감의 크기 정도이기도 하다. '임의의 파워 사용'은『비실제(비 사실)적으로 사용하는 언어뿐일 지라도 여러가지로 사용하여 ①추측에서 임의의 존재적 확률 정도를 주장하거나 ② 가정법에서 현실 문제를 가상 극복하는 수단이 되거나 ③ 과거 미사용 파워를 사용한 결과적 입장으로 만들거나 할 때 사용한다. 이것들을 다시 표현하면 (12장 참고) ⓐ 그 시/공간 차이 너머에 있을 수 있는 일을 추측, ⓑ 그 현실 차이를 초월하여 문제를 가상 극복해보는 가정 실현, ⓒ 과거와 현재 시간 차이를 넘어 과거 가능했던 일 등을 현재에 목적 달성한 결과적 입장으로 말해보기이다. 즉 그 차이에 가려진 일들에 대하여 말할 때 '그 차이를 극복하는 수단과 방법'은 화자가 「언어로 임의의 파워를 사용하여」 만들어낼 수 있는 결과적 일을 결과적 입장이라 하며 주어의 입장이 아닌 화자의 관점이다. (보통은 주어가 사용하는 파워가 대부분이며 모든 일의 행위자는 대부분 화자가 아닌 주어이다. 주어가 행위자가 아닌 또다른 경우는 피동태 등 목적이 주어로 전용되어 사용될 때 등이다).

결과적 존재 입장으로 추측의 내용별 구분			
	1인칭	2인칭	3인칭
현재	자기도 모르게 일으킨 일	마주하는 청자가 이전에 일으킨 일	보지 못하는 동안 일어난 일
과거	과거자기도 모르게 일으킨 과거의 일	청자가 보이지 않을 때 일으킨 과거의 일	보지 못하는 동안 일어난 과거의 일
미래	보이지 않는 미래 일	보이지 않는 미래 일	보이지 않는 미래 일

〈결과적 추측의 내용별 구분〉

★ 이 표는 모든 결과적 추측의 내용들을 구분해 놓은 것은 아니다. 대략적으로 이렇게 구분할 수는 있어도 추측의 영역들은 더욱 복잡할지 모른다. 저자는 추측의 내용들이 포함된 모든 예문들을 구할 수 없어서 이 책의 예문들 수준에서 논한다.

○ He **cannot have taken** my cap by mistake. 그는 실수로 내 모자를 가져 갔을 리가 없다. 주어와 여러 정황을 잘 알고 있는 화자는 현재에 보지못한 일을 주어가 했을 리는 없다고 결과적 입장으로 추측한다.

○ He **cannot have been** rich. 그는 부자가 됐을 리가 없다. 화자가 아는 주어는 He is not rich이다. 그래도 청자가 먼저 "He became rich"라고 말하자, 거기에 cannot을 덧붙여 역설적으로 부정 결과적 추측하고 있다.

○ She **cannot have done** such a thing. 그녀가 그런 짓을 했을 리가 없다. - 누군가가 그녀에게 그런 짓을 했다고 주장하자, 주어를 잘 아는 화자가 주어에 cannot을 덧붙여 그녀가 그런 짓을 했을 리가 없다고 역설적 결과로 추측한다.

○ The boy **cannot have told** such a lie. 그 아이가 그런 거짓말을 했을 리가 없다. - 누군가가 그 아이가 거짓말을 했다고 하자, 주어를 잘 아는 화자가 주어에 cannot을 덧붙여 거짓말을 했을 리가 없다고 역설적 결과로 추측한다.

○ Where **can** she **have gone**? I don't know where she **can have gone**. She **can't have gone** to school- it's Saturday. And she **can hardly have gone** to church. She **could have gone** swimming, I suppose. 그녀는 어디에 갔을까요? 그녀가 어디로 가버렸는지 나는 몰라요. 토요일이어서 학교에 갔을 리가 없다. 그리고 그녀는 교회에 간 적도 거의 없다. 내가 추측하기론 그녀는 수영을 가버렸을 수도 있다. - 여기서 화자는 자신이 알고 있는 다른 가능성에 대해서도 can't을 덧붙여 그럴 리가 없다고 말한다. 부정 결과적 추측.

○ They **can't have arrived** already surely! 그들은 분명히 벌써 도착했을 리가 없다. - 주어를 잘 아는 화자는 누군가가 화자가 알고 있는 사실에 반대로 말하자 can't를 덧붙여 그럴 리가 없다고 말한다. 부정 결과적 추측.

○ He **can't have understood**. 그는 이해했을 리가 없다. - 주어를 잘 아는 화자는 누군가가 화자가 알고 있는 사실에 반대로 말하자 can't를 덧붙여 그럴 리가 없다고 말한다. 부정 결과적 추측.

4) 추측 의문, 추측성 의문(추측+의문)

화자가 잘 모르는 주어의 실체 등에 대해 알고 싶어 추측 의문 한다.

★ 화자의 추측성 질문이므로 주어를 잘 아는 자에게 직접 질문하는 것이 아니라 주어를 잘 모르는 청자에게 주어의 실체에 대해 추측으로 조심스럽게 그 답을 찾아가는 추측성 질문을 한다. 즉 화자가 추측으로 말하는 내용이 올바른 답인지 혹은 실체가 무엇인지 추측으로 묻는다. 주어를 잘 아는 자에게 물었다면 추측성이 아닌 정답, 곧 사실을 묻게 된다.

○ Can it **be** true? 그게 사실일 수 있을까요? 그게 사실일 리가 있나요? 화자가 청자에게 그 사실에 대한 추측성 의문을 던진다. - 화자가 알고 싶은 주어의 실체적 사실에 대하여 추측하며 질문한다.

○ Who can he **be**? 그는 누구일까요? - 화자가 알고 싶은 사람의 실체를 추측하며 의문 한다.

○ "There's the doorbell. Who can it be?" "Well, it can't be my mother. She's in Edinburgh.' 도어 벨이 울린다. 누구일까요? 글쎄, 우리 엄마일 리는 없고 그분께서는 에든버러에 계시다. - 화자가 알고 싶은 사람의 실체를 추측하며 질문한다.

○ What can it possibly be? 그건 무엇일까요? - 화자가 알고 싶은 것의 실체를 추측하여 질문한다.

5. 관용적 표현들

1) Cannot- too

Cannot은 too (much)가 can의 가능한 특정 범위를 뛰어넘지 (지나치지) 않음을 표현.

○ You **cannot** be **too** careful in choosing friends. 네가 친구들을 선택하는 일에 아무리 조심하여도 지나치다고 ① 말하기엔 오히려 부족하다. ② 말할 수 없다. - cannot이 too를 부정. 여기서 가능한 특정 범위는 in choosing friends임.

○ We cannot praise him **too** much. 우리가 그를 너무 많이 칭찬하여도 지나치다고 ① 말하기엔 오히려 부족하다. ② (누구도) 말할 수 없다. 누가 먼저 말하기를 we praise him too much(이 말의 전달 목적어는 too much임)라고 하자, 화자는 거기에 cannot을 덧붙여 too much는 아니라고(오히려 부족하다고; 역설적) 역설적 반대 주장을 한다. - cannot이 too much를 부정. 여기서 가능한 특정 범위는 him이다.

○ We **cannot** be **too** careful of our health. 우리가 우리의 건강을 지나치게 조심한다고 ① 말하기엔 오히려 부족하다. ② (누구도) 말할 수 없다. - 오히려 부족하다. - cannot이 too를 부정. 여기서 가능한 특정 범위는 our health이다.

2) Cannot help –ing.

★ **help는** 보통 '~돕다'의 의미는 남이 하고 있는 일에 끼어들어 참여하는 것이며 또한 누구를 돕다는 자신의 유익(혹은 자신의 일)을 포기하는 데서 출발하는 것인데 여기서는 자신의 목적하는 일에 help의 부정(not)은 그 목적하는 일에 참여하는 것을 「외면이나 회피할 수 없음」을 말하는 것이다. 왜냐하면 help는 자신의 유익(일)을 포기하는 데서 출발하는 것인데 이 경우는 그것을 포기하지 못하고 자신에게 주어진 일을 「자신의 목적일」로 삼기를(선택하기를) '거부, 외면, 회피'할 수 없다는 것이다. 즉 자신의 목적일을 '포기하다의 반대 의미'는 자신에게 주어진 목적일을 '거부, 외면, 회피할 수 없다'이다.

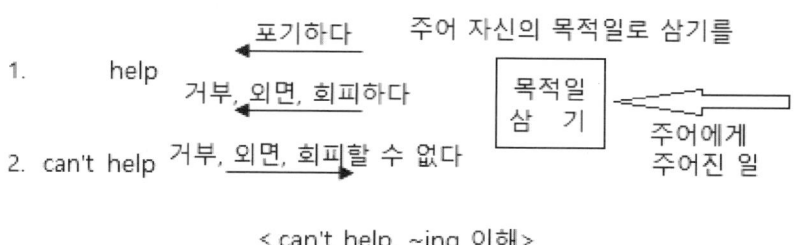

< can't help, ~ing 이해 >

○ She's a selfish woman, but somehow you **can't help** liking her. 그녀는 이기적인 여자이지만 어쨌든 너는 그녀를 좋아하지 않을 수 없다.

○ I **can't help but** wonder what I should do next. 나는 내가 다음에 무엇을 해야 할지 궁금해하지 않을 수 없다. - 미국식 영어.

D. 역외의 개별 고유 영역에서

화자의 파워 직접 영향권에서 벗어난 역외의 개별 고유 영역들이다.

각각의 주어가 가진 고유의 내부 능력의 정보를 드러내며(일반적인 정보) 화자의 영향력 밖에 있다. 주어의 각각의 개별성은 일반적이 되고 can의 고유성은 원론적 서술이 된다.

1. 주어가 내부에 가지고 있는 고유의 can

- **The goal keeper** can't handle the ball outside the penalty area. (일반적인 모든) 골키퍼는 페널티 지역 밖에서 공을 만질 수 없다. 축구의 규칙에서 골키퍼가 가진 고유의 can(자격 혹은 능력 범위) 이외의 범위를 말한다. 고유의 can은 페널티 지역 안에서만 공을 만질 수 있다.

- They have everything that **money can** buy. 그들은 돈이(으로) 살 수 있는 모든 것을 샀다. 돈이 가진 고유의 능력.

- **Coral** can be yellow, blue, **or** green. (일반) 산호는 노랗거나 파랗거나 녹색일 수 있다. Can은 산호가 가진 고유의 성질 혹은 고유의 생태적 특성이며 원론적 서술이다.

- **Scotland** can be very warm in September. 스코틀랜드는 9월에는 매우 따뜻해질 수 있다. Can은 스코틀랜드 고유의 기후 특성이며 원론적 서술이다.

- **Exercising alone** can be boring. 혼자 하는 운동은 싫증날 수 있다. Can은 운동이 가진 고유의 속성이며 원론적 서술이다.

- This airplane can convey about 500 people at a time. 이 비행기는 한번에 약500명 가량을 실어 나를 수 있다. Can은 비행기가 가진 고유의 수송 능력.

E. 사용 목적 대상으로서 주어- 제3중심 서술

사용 관찰자 입장 서술

지금까지의 서술은 can의 사용자 중심 관점에서 서술한 것이지만 그 이외의 다른 제3중심의 서술들도 있게 마련이다(2장 첫 그림 참고). 그렇지만 제3 중심의 서술은 「화자가 사용 관찰자 입장」이 되어서 말하는 것이고 '이전까지 설명하여 온 주어가 직접 사용하는 파워나 화자가 추측에서 사용하는 파워에 대해서 서술'하는 것이 아니며 사람들이 만들어 이용하거나 사용하는 물건, 도구, 시설 등이 스스로 동작이나 행위를 일으키지 않아서 주어로 서술되기 어려웠다. 그래서 그것들은 일반적 서술에서는 목적어가 되는 게 보통이었지만 물건, 도구, 시설들도 서술의 중심어(주어)로 표현하는 것이 필요하기 마련이다. 그러므로 이들 물건, 시설 등이 주어가 되어, 즉 『목적 대상이 주어가 되어』 그 주어를 서술하므로 화자가 사용 관찰자 입장」이 되어서 사용 『목적 있는 주어』인 물건, 시설 등을 사용자가 유용하게 쓰기 위한 목적이 있는 관점으로 바라보고 이용하거나 사용하는 물건, 도구, 시설 등에 대한 [can의 서술들]은 『사용 가능 정보의 서술』이 되며 『주어(시설, 도구, 물건 등)을 다루는 동작들이거나 그것들을 사용하는 「사용 가능 동작」이나 「동작 가능 여부」, 「사용 가능 범위」, 「이용 가능 행위」, 「취급 가능 행위」 등을 서술하며 또한 can과 함께 서술할 때 그 **『can은 가능함』**의 의미이다. 그 물건 등을 다루는 피동작이 이루어질 때는 다루는 피동작이 가능함을 알린다』. 그리고 이들 표현들은 순서가 한국어와 일부 비슷하기도 하다.

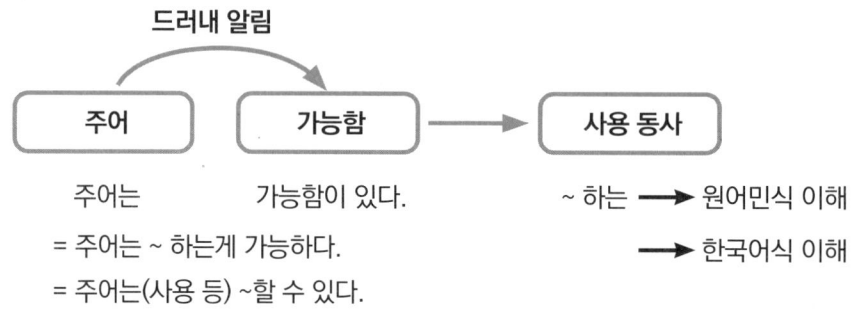

〈시설, 물건 등에 대한 [사용 가능 정보]의 서술 이해〉

1. 물건, 시설 등은 목적 있는 주어이며 can은 가능함이며 가능함의 목적 동사는 사용, 취급, 기능 등의 다양한 사용 동사이다.

○ The door opens easily. 그 문은 쉽게 열린다. Can이 없는 서술. 사용 목적이 있는 문을 이용하는 단순 작동 편의(easily) 정도를 알린다(단순 정보). 열린다는 문이 작동하는 동작이다.

○ The door can open easily. 그 문은 쉽게 열수 있다. 사용 목적이 있는 문을 이용하는 편의 작동이 가능함을 (새롭게) 알린다. 새로운 정보로 가능함을 알린다.

○ Can **gases** freeze? 가스는 얼릴 수 있나요? - 취급이나 온도에 대한 특성으로 가스는 목적 대상으로서 가스는 (사람이 다루어) 얼릴 수 있나요? 혹은 (온도에 대한 반응 특성으로) 가스는 얼리는 가능함이 있나요? ★ 피동형이 아닌 이 문장 구조는 행위의 주체가 사람이 다루거나 아니면 추위, 혹은 냉동 기계 등에 의한 온도이다.

○ How can **millions of dollars** go astray? 수 백만 달러들이 어떻게 빠져나갈 수 있습니까? 사용 목적 대상인 돈이 어떻게 동사 동작으로 다루어 질 수 있는지를 그 취급 가능 정보를 묻는다. 즉 그것은 빠져나가기 어려운 돈이 어떻게 수백만 달러의 돈을 빼 가는 일의 가능함이 있는지를 묻는다이다. 돈 취급 방법의 질문이다.

2. 가능함의 목적 동사는 피동태인 피동작(be+pp) 동사인 경우이다

즉 피동태는 취급, 다루기, 사용하기, 만들기 등의 피동작 동사들이다. 이 서술도 관찰자인 화자가 보는 「목적 있는 주어」인 물건 등에 (일반적인 사람이 힘을 가하여) 피동적 다루기, 피동적 취급하기 등의 『피동작의 가능함』을 서술(알리기)하는 것이다. 이들 피동작이 가능함은 『목적으로서 사용 가능, 취급이 가능, 다루기가 가능, 이용이 가능함 등을 알리는 서술이다』.

○ I don't think **the car can** be repaired. 나는 그 차를 고칠 수 있다고 생각치 않는다. - 이용 목적 대상으로서 주어(차)는 피동 동작(수리)이 이루어 질 수 있다고 주어는 생각치 않는다고 말한다. 피동형의 문장 구조는 그 행위의 주체가 일반적인 사람이므로 그 목적 대상에 피동작이 가하여 졌기에 피동태를 사용한다. 여기 can은 가능함이다.

○ **This game** can be played by two or more players. 이 게임은 두 명 이상의 경기자가 게임 할 수 있다. - 주어는 이용의 목적 대상으로서 두 명 이상이 이용 가능하다고 새롭게 알려준다. Can은 가능함이 있다이다. 두 명 이상 사용 가능 정보이다.

○ **This sweater** can't be washed in the machine. 이 스웨터는 세탁기에서 빨 수가 없다. - 주어는 목적 대상으로서 특정 범위나 여건(세탁기)에서는 피동 동작(이용 형태 - 세탁)이 이루어질 수 없다고 불가능함을 새롭게 알려 준다. 세탁(사용) 불가능 정보이다.

○ **Pork** is also the most versatile of meats. **It** can be roasted whole or in pieces. 돼지 고기는 가장 용도가 많은 고기이기도 하다. 그것은 통째로 혹은 조각으로 구워질 수 있다. - 주어는 이용 목적 대상으로서 주어가 특정 형태로 구워질 가능함이 있다고 새롭게 알린다. 특정 형태 사용(취급) 가능 정보.

○ **Gold** can be found in the Welsh mountains. 금은 웨일스 산중에서 발견될 수 있다. - 사용 목적 대상으로서 주어에 동사 동작이 (특정 지역에서) 다루어 질 수 있다고 말한다. 즉 금은 웨일스 산중에서 발견되는 가능함이 있다고 새롭게 알린다. 금(사용 물건) 발견 가능 정보이다.

○ Luckily, **iron** can be reworked and mistakes don't have to be thrown away. 다행히도 철은 재처리 할 수 있고 잘못된 것들은 버릴 필요가 없다. - 주어는 이용 목적 대상으로서 철은 재처리 가능함이 있다고 새롭게 알린다. 철을 다루는(이용하는) 취급 정보이다.

F. 조건 절에서 _11장을 참고할 것.

조건절은 여기 can장의 처음 그림의 바깥 영역이며 인식 현실 세계의 밖이다. 조건은 현실 인식 세계의 밖에 존재하는 조건의 미확인(미실현) 영역이기 때문이다.

그러나 여기의 can 조건절은 실제적으로 가능한 조건, 즉 곧바로 현실에 실현으로 확인할 수 있으므로(조건이 실현될 기회가 오면 곧바로 현실화되므로) 전통적인 조건법(조건절-종존절(대응절))의 형식 요건에 적용되지 못한다. 그래서 can은 정통 가정법(조건법)에 사용되지 않는다. If절은 아직 미실현 미확인 상태이므로 '주어 내부에 있는 can'의 서술이 된다.

○ But **if** I **can** interrupt, John, I don't think anybody here is personally blaming you. 존아, 그러나 만일 내가 참견할 수 있다면(만일 끼어들어 한마디 한다면), 내 생각으론 여기서 아무도 개인적으로 너를 비난하고 있지 않단다. - 현실에 실현 가능한 조건이다.

○ See **if** you **can** find John and tell him we are ready for dinner. 보아라, 네가 만일 존을 찾거든 그에게 우리는 저녁을 먹을 준비가 다 돼 있다고 말해라. - 현실에 실현 가능한 조건. If you find John가 아니므로 실현 가능성이 있는 조건.

○ No-one can set up a waste disposal company **unless** they **can** show that they've got enough money and trained staff to do the job properly. 만일 그들이 충분한 돈을 가졌고 적절하게 일을 할 스텝 훈련을 받았다는 것을 보여줄 수 없다면 어느 한 사람도 쓰레기 처리 회사 사업을 시작할 수 없다. - 첫 can은 화자가 주는 can이며, 둘째 can은 주어 내부에 있는 can이다. 둘째 can은 현실에 실현 가능한 조건임을 말해주고 있으나 전체적으로 부정적 조건이다.

- **if절에서의 can't은 주어 내부에 있는 can't 서술.**

○ Give up if you can't think of the answer. 혹시 그 대답을 생각해 낼 수 없다면 포기하세요. - If절 속의 can't은 주어 내부에 있는 can이다.

○ If you can't think of the answer to that question, leave it out. 만일 네가 그 질문에 맞는 답을 생각해 낼 수 없다면 그것(문제)을 빼버려라. - If절 속의 can't은 주어 내부에 있는 can임.

3장 COULD

조동사의 새 이름
파워 동사

Power verb with meaning in use
and link relationship

3장 COULD

조동사의 새 이름
파워 동사
Power verb with meaning in use and link relationship

3장
COULD

★ could을 학습하기 전에 can을 반드시 먼저 학습해야 합니다!

과거의 일

우리는 과거를 시간상의 과거, 현재, 미래 이렇게 3등분하여 그 중 하나로 단순 구분하거나 지나가버린 시간 정도로 인식하고 있는데, 그러나 영어에서 대개 과거를 이야기한다는 것은 과거에 일어났던 혹은 있었던 일을 말하지만 한편 현재에 계속 유지되지 않고 있음을 뜻하기도 한다. 한마디로 과거 형은 「과거에 끝난 일」을 말하는 것이다.

could의 어원

can + old[ould] = could이며 그렇다고 old의 모든 의미가 그대로 반영된 것은 아니다.

could는 과거형으로 사용된다 할지라도 기타 현재형 등으로 다양하게 확장되 거나 파생되었음을 이 책을 통해서 알 수 있습니다. 그러므로 could는 can의 과거형이라기 보다는 '실제적 can에서 「끊어진 could」'이라 이름하는 것이 올바르다는 것을 이 책을 통해 알게 될 것입니다. 또한 모든 시제는 과거이든 미래이든 항상 현재를 중심으로 서술한다는 것을 잊지 말아야 합니다. 그리고 could와 would는 비유적으로 볼 때 힘이 없는 노인을 생각하면 could와 would를 이해하는데 큰 도움이 될 것이다. could는 목적 의사와 순수 능력, 그리고 제반 여건 등 이들 중 한 개 이상이 부족하거나 갖춰지지 않았음을 뜻한다. 이는 노인이 목적 의사는 있으나 목적일을 할 수 없는 것과 같은 이치이다. Could, might, should, would에서는 과거형과 현재형을 반드시 구분하여 공부해야 합니다.

Could의 뜻 - 『실제적 can에서 '끊어진 could'』

= 실제성이 없는 could(가정), 실제성이 없어진 could(과거형).
= 실제성이 부족한 could(현재형).
= 이는 실제적으로 목적일을 이루기에는 부족한 파워 could이다.

> can은 목적일을 이루는 데에 실제적으로 가능하다고, 즉 실제 가능함을 서술하고 있다. 이는 목적일을 이루는데에 필요한 모든 요건을 다 갖추어서 실제로 할 수 있다라고 서술하는 것이어서 순수 능력, 목적 의사, 제반 여건을 모두 갖추어서 할 수 있다라고 서술하는 것이다. 그러므로 「실제적 can에서 끊어진 could」는 이들 필수 요건을 다 갖추지 못하여 목적일을 이루기엔 부족하거나 이룰 수 없는 could임을 의미하며 또한 그 끊어짐은 실제적 목적 가능함을 이루는 '연결 관계'에서 끊어졌음을 말한다.

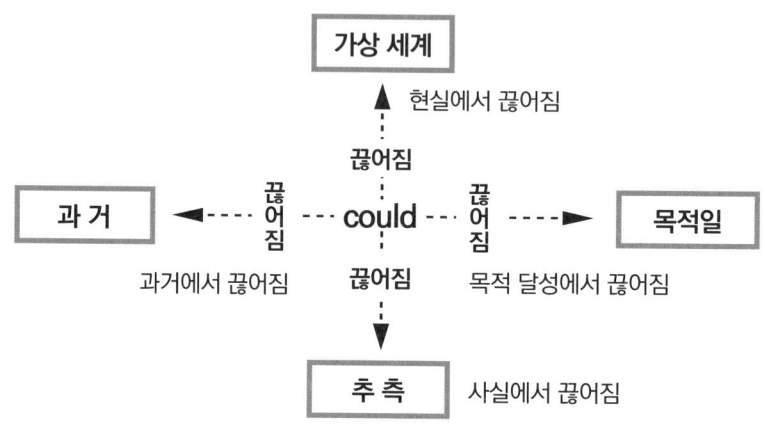

〈 실제적 can에서 끊어진 could – 과거형, 현재형 〉

★ 우선 could의 대표적인 전개 양상들은 우선 과거형 could이며 그 다음 현재형에서는 2장 첫 그림에 표시된 전개 양상과 비슷합니다.

적용과 전개

A. 과거에서 can은 현재에서 본 과거형 could

현재에는 사용 가능에서 끊어진 과거형 could. 즉 현재에는 실재하지 않는 could. 실제성이 없는 could.

과거에서 현재형 can, 지금은 놓쳐버린 목적 일과 그 제반 여건 등 현재에는 사용 가능에서 「끊어진 could」.

1. 과거에 처음 can을 갖게 되었을 때

1장 can참고. 현재 관점은 can의 습득은 과거의 일이며 현재에는 실제의 can에서 「끊어진

could」이며 과거형이다.

○ She could read when she was four. 그녀가 네 살 때 (처음) 읽을 수 있었다. 읽기를 시작했다. - 과거 읽기능력을 처음 갖게 되었을 때를 알린다. 과거에 읽기능력을 처음 가졌지만 그것은 과거의 일이다. 그리고 지금은 읽기능력을 계속 습득하고 있는 것은 아니다. 사용하지 않는 외국어도 마찬가지인 경우이다.

○ My mother could drive a car too late when she was forty-seven. 제 어머니는 47세에 너무 늦게 운전할 수 있었다. 운전을 시작할 수 있었다. 45세에 운전 면허(능력)을 취득했다. 47세에 처음 능력을 갖게 됐지만 그것은 (현재에 끊어진) 과거의 일이다.

○ When I left school at 17, I couldn't read or write. 나는 17세에 학교를 떠났을 때까지도 나는 읽거나 쓸 수가 없었다. - 목적 능력을 가지지 못했던 나이(범위). - 자신의 내적 한계로 인해 목적 능력(읽고 쓰기)을 가질 수가 없었다(17세까지 능력이 없었다).

2. 과거에 가지고 있었던 can과 그 능력 사용 범위 서술

현재 관점에서 보면 과거 사용하던 can은 과거의 can이며 현재에는 사용하지 않거나 과거와 똑같지 않은 상황이므로 현재에는 「끊어진 could」이며 과거형이다.

○ My father could speak five languages. 우리 아빠는 5 개 국어를 말 할 수 있었다. - 과거에 가지고 있게 된 습득 능력들과 그 사용 범위는 5개 국어이다.

○ He ran as fast as he could. 그는 할 수 있는 한 빨리 뛰었다. - 과거에 가지고 있던 능력을 자신의 목적한 일에 (최대) 한계 능력만큼 사용했었다.

3. 과거에서 현재형 can은 현재에서 본 과거형 could

과거에 can의 허용을 요청하였거나 can의 존재를 알렸다. 현재 관점은 과거에 있었던 can이며 현재에는 없어져서 「끊어진 could」이며 과거형이다.

○ "Can you give me a hand?" "What?" "I asked if you could give me a hand." 저를 도와주실수 있으세요?" "뭐라고요?" "저는 당신이 저를 도와줄 수 있는지를 물었어요(=I asked "Can you give me a hand?")" - 먼저 말한 can이 과거가 되어 나중에 '과거에서 현재형 can(could)'을 말한다. 즉 과거에 나를 도와줄 수 있으세요? 라고 현재형으로 물었다. ★ If는 의문문의 의문 구조 대용이다. 의문 상태는 아직 대답을 듣지 못한 미확인 상태이기 때문이다(11장 If문 참고).

○ "Can you phone me this evening?" "What did you say?" "I asked if you could phone me this evening." "오늘 저녁 전화해줄 수 있니?" "뭐라고 말했어요?" "나는 네가

오늘 저녁 전화를 해줄 수 있는지 물었어." - 과거에서 현재형 can을 말한다. 즉 과거에 오늘 저녁 전화해 줄 수 있니 라고 물었다. 지금은 현재에서 끊어진 과거형 could이다.

○ I thought I could swim across the river. 나는 그 강을 헤엄쳐 건너 갈 수 있다고 생각했었다. - 과거에서 현재형 can을 생각. Could는 thought 시제에 종속된 시제일치이다. - 과거의 생각 속에서 가졌던 can이지만 현재에는 그 생각이 지속되지 않아서 can도 없어짐 - 끊어진 could. 주어가 자신이 가진 can의 존재를 스스로 의식하고 그 can의 목적 범위를 서술했다.

4. 과거에서 현재형 can을 직접 넘겨 주기(허용)

즉 과거에서 허락, 허용. 현재에도 그 허용, 허락을 계속 주고 있지 않으므로 「끊어진 could」.

○ She said I could come as often as I liked. 그녀는 내가 오고 싶을 때 자주 올 수 있다고 말했다. - You can come~의 간접 화법이며 그녀가 화자에게 목적 의사가 생길 때 마다 올 수 있는 can을 과거에 화자에게 주었다. 즉 오는 것을 허락해주기이다. 과거에서 현재형 can 직접 주기이며 현재에는 끊어진 과거형 could이다.

○ "Anybody can join the club." "What?" "I said anybody could join the club." "누구든지 클럽에 가입할 수 있습니다." "뭐라고요?" "저는 누구든지 클럽에 가입할 수 있다고 말했어요." - 과거에서 현재형 can을 주기. 과거에 화자가 청자 혹은 누구에게나 can을 주기(허락)이다.

○ He said I could go. → He said, "You can go." 그는 내가 가도 된다고 말했다. - 시제일치; 과거에 화자가 직접화법으로 나에게 직접 주었던 can. 현재에는 끊어진 과거형 could.

○ Marcia said we could smoke, it was okay with her. Marcia는 우리는 흡연을 해도 된다고 말했다. 그것은 그녀와 함께 라면 오케이(승낙)였다. 과거에서 Marcia가 직접 주는 can. You can smoke with me의 간접화법으로 과거에서 현재형 can을 직접 주기.

B. 지나온 과거에 사용했던 could

지나온 과거에 can을 사용하여 이루어 냈던 일들을 뒤돌아본 could. '지나온'은 겪었던 경로.

과거에 가지고 있었던 can과 그 실행했던(이룰 수 있었던; 겪었던) 목적 일. 즉 『주어의 능력을 사용하여 이뤄냈던 개인적인 「과거 일」을 말한다』. 여기서 『지나온』이라는 것은 능력을 사용(실행)하여 목적 일을 이루어 지나왔다는 체험적이며 겪었던 경로 의미이며 과거에 『사용했던 과거형could』이다. 또한 파워 동사와 원형동사 사이의 불연속성을 해소하여 목적 일을 이루어 지나왔다의 의미도 된다. 그러나 현재에는 끊어진(끝난) 과거의 일이다.

1. 과거에 『외적인 제반 여건이 갖춰져 있을 때』 목적 일이 가능

현재에는 과거 제반여건과 목적달성에서 끊어진 could. 즉 현재에 사용할 수 없는 could이다.

○ She could sing like an angel when she was a girl. 그녀는 소녀였을 때 천사처럼 노래를 부를 수 있었다. - 과거에 가지고 있었던 can을 사용하여 그 이룰 수 있었던 목적일. 그녀는 어린 아이라는 신체적 시간의 요인에 의해 어린 한때에 아름다운 노래의 능력(실력)을 가지고 있었고 그 능력을 사용하여 아름다운 노래를 불렀었다는 과거에 이뤄냈던 일을 말한다. 즉 과거 소녀라는 외적 요인(필요 조건)이 갖춰졌을때 능력을 사용해서 이뤄냈던 일들을 말한다. ★ 여기서 '할 수 있었다'는 의미는 과거 목적을 이뤄낼 수 있었다는 목적 달성한 업적, 체험적 관점이다. 즉 지나온 과거의 일을 회상하는 경험적 관점이다. 나이 먹고 지나온 과거의 일들 즉 자신이 했던(이뤄냈던) 일들(지금은 할 수 없는 일들; 천사처럼 노래 부르기)을 회상하는 어른이 된 관점을 생각해보자. Can을 사용한 업적, 체험적, 경험적 등의 관점이다.

○ I ran fast and could catch the taxi. 나는 빨리 뛰었고 택시를 잡을 수 있었다. - 지나온 과거에 can을 사용하여 이룰 수 있었던 과거 일이다. 빨리 뛴 행위 때문에 택시 잡는 게 가능해서 잡았다. 지금은 빨리 뛰지도 않으며 그때 그 상황이 아니어서 택시를 잡지도 않는다.

○ Whenever I ran fast, I could catch the bus. 나는 빨리 달릴 때 마다 나는 버스를 탈 수 있었다. - 가지고 있었던 can을 사용하여 이룰 수 있었던 과거 목적일이다. 외적 조건인 신체적 달리기 행위를 제대로 갖추었을때 주어의 능력을 사용해 이룰 수 있었던 과거 일을 회상한다. 그러므로 지금은 버스를 잡으려고 뛰지 않으며 그런 상황에 있지도 않다(끊어진 could).

○ When I lived by the station I could reach the office on time. 나는 역 근처에 살 때 직장에 제시간에 도착할 수 있었다. - 시제 일치; when절에 종속된 could. 과거에 가지고 있었던 can과 제반 여건에서 이룰 수 있었던 목적 일. 과거 역 근처에 살았던 주어가 can을 사용해 실제 제시간에 도착하게 됐고 계속 가능케 하는 상황이었다. 결국 외부적 여건이 갖춰져서 가능했다(현재에는 그럴 수 없다 - 거기에 살지 않는다). 다르게 표현하면, 역 근처라는 여건이 갖춰져 부족할지라도 주어 능력을 사용해 이룰 수 있었던

과거일을 언급했다.

2. 과거에 can의 사용 범위에서 겪었던 일을 체험적 관점에서 말한다

과거라는 시간적 여건에서 『능력의 사용 범위에 있을 때 사용하여』 이룰 수 있었던 과거일이다.

○ I could hear the door slamming. 나는 문이 쾅 하고 닫히는 소리를 들을 수 있었다. - 과거에 can(청력)이 미치는 범위에서 can이 체험하게 됐던 일을 말한다. 과거라는 시간적 여건에서 능력의 사용 기회가 주어져 있을 때 가능했던 일이다. 여기서 I heard the door slamming(나는 문이 쾅 하고 닫히는 소리를 들었다)는 화자의 단순한 과거의 일(사실)을 전달(말)하고 있는 반면 ★ 여기「could의 사용」은 「외부에서 주어진 소리로 인해 주어는 그 소리를 듣기에 가능했던 거리나 상황 등에 있었고, 자신의 청력(귀)를 사용하여 외부에서 주어진 소리(the door slamming)을 체험했었다」고 과거 구체적으로 can을 사용했던 일을 묘사하고 있다. I can hear→the door slamming의 과거형이다.

○ I could see the diver's bubbles coming to the surface. 나는 잠수부가 내뿜는 공기방울들이 수면에 올라오는 것을 볼 수 있었다(목격을 체험했었다). - 과거에 사용하고 있는 can(시력)이 미치는 범위에서 can이 체험하게 됐던 것을 전한다. 과거라는 시간적 여건에서 능력의 사용 기회가 주어져 있을 때 가능했던 일이다. 주어(화자)는 자신이 겪은 일의 단순한 전달(I saw~)이 아닌, ★「could를 사용함으로써 주어는 좀더 구체적으로 말하여」 볼 수 있는 시력이 있었고, 보기에 가능한 범위[거리나 위치 등]에 목적일이 있어서, 개인적으로 그 일이 실행(체험)이 가능했었다고 강조한다.

3. 과거 can을 사용하여 『원하거나 원하지 않는 목적일을 이루었던 지나온 과거를 체험한 관점에서』 회상하며 뒤돌아본다

지나온 과거에 사용했던 could이고 체험적 관점이며 좀더 크게 보면 자신의 지나온 인생 궤적을 뒤돌아보는 것과 같다. 여기서의 목적일은 난이도 낮은(difficult low) 동사가 아니다. 즉 목적일은 과거에 쉬운 일이 아니었는데도 불구하고 할 수 있었다이다.

○ When I was a child, I could watch TV whenever I wanted to. 나는 내가 어린 아이였을 때 내가 원할 땐 언제든지 TV를 볼 수 있었다. - 과거에 주어가 목적의사 있을 때마다 TV 시청을 체험했다. 지나온 과거에서 could를 사용해서 목적했던 일을 실행(달성)할 수 있었다. 일명 지나온 과거에 사용할 수 있었던 could. 가난했던 시절에 이들 목적일이 쉬운 일이 아님에도 불구하고 할 수 있었다이다.

○ I could only get five eggs. 나는 겨우 다섯 개의 달걀을 얻을 수 있었다. - 지나온 과거에

목적했던 일을 제한적으로 실행(달성)할 수 있었던 과거 체험적 could이다. 달걀 5개도 얻기 어려운 가난한 시절이 있었다.

○ Though she had a temper and could be offensive, it never lasted. 그녀는 비록 성깔이 있어서 공격적일 수(때)도 있었으나(공격적이기도 했으나) 그것은 결코 오래가지 않았다. - 지나온 과거에서 사용된 could - 그녀가 과거 여건 갖춰졌을 때 공격적이기도 했던 일을 겪을 수 있었다. 즉 그녀의 공격적인 일을 겪는 것은 쉬운 일이 아닌 데도 그녀의 공격적인 성깔을 경험할 수 있었다. 여기 could은 과거에서 주어의 성격이나 성품, 성향이다.

○ She could be very cheerful when she wanted to. 그녀는 원할 때에는 매우 쾌활해질 수가 있었다. - 주어의 목적 의사가 있었을 때는 기분도 쾌활해질 수가 있었다. - 지나온 과거에 목적의사가 있을 때 can을 사용하여 겪었던 감정을 체험적 관점에서 서술한다. 여기 can은 과거 주어의 성격이나 성향 등이다. <u>Can을 사용해서 쾌활해질 수 있었다는 건 일상적인 모습이 아닌 경우였다.</u>

○ She was jailed in January 2011 and could be released the next years. 그녀는 2011년 1월에 투옥되었고 다음해에 풀려날 수 있었다. - 지나온 과거에서 사용된 could로 목적 달성이 이루어질 수 있었다. 주어가 목적 일을 이루어 풀려날 수 있었다는 주어는 억울하게 투옥되었다가 무죄가 되었다 라는 의미가 내포되어 있을 수 있다. 만일 형기를 마치고 나왔다면 could를 사용하지 않고 그냥 풀려났다 해야 될 텐데 말이죠. 주어가 과거 원하는 일을 이루었던 체험적 관점으로 말한다

4. 주어 능력의 범위에서 본능적으로 낯선 것을 탐지해 냈다. - 과거에 능력 사용으로 겪었던 일들

○ Suddenly she realized she could smell something burning. 갑자기 그녀는 무언가 타는 냄새가 난다고 깨달았다. - 과거에 주어 능력의 범위에서 본능적으로 경험했던 일을 말한다. 주어의 후각 능력으로 냄새를 탐지해낼 수 있었음을 깨달았다.

○ I could smell burning. 나는 타는 냄새가 났다. 타는 냄새를 맡을 수 있었다. - 과거에 주어 후각 능력의 범위에서 본능적으로 체험했던 일을 말한다. 주어의 능력으로 냄새를 탐지해 냈다.

5. 주어의 지적인 능력으로 목적했던 것을 알아냈던 체험을 말한다

즉 지나온 과거에 겪었던 일을 뒤돌아보며 말한다.

○ I could understand everything she said. 나는 그녀가 말한 모든 것을 이해할 수

있었다. - 과거 지적인 능력으로 이루었던 일을 뒤돌아보며 말한다.

○ I could guess what she wanted. 나는 그녀가 원하는 것이 무엇인지 알아낼 수 있었다. - difficult low(난이도 낮은) 동사이며 직접 연관성이 있는 동사. - 과거에 지적인 능력으로 이루어 냈던 일을 뒤돌아보며 화자의 체험을 말한다.

○ I could see that everything was changed little by little. 나는 모든 것들이 조금씩 변해감을 알 수가 있었다. - see는 인식하다 의 뜻이며 difficult low이어서 - 과거에 지적 능력으로 변화가 있는 일을 그가 알아냈던 체험을 뒤돌아보며 말한다.

○ I couldn't understand her. 나는 그녀를 이해할 수 없었다. - 과거 지적 능력으로 (아무리) 노력했지만 목적을 이루지 못했던 경험을 뒤돌아보며 말한다.

○ She could hardly believe her eyes. 그녀는 그녀의 눈을 거의 믿을 수가 없었다. (의심할 수밖에 없었다). - 과거에 있었던 can hardly. - 과거에 지적인 능력으로 노력해봤지만 기가 막힌, 놀라운 상황등 거의 믿을 수 없었던 일을 뒤돌아보며 체험적 관점에서 말한다.

6. 과거에 사용할 수 없었던 couldn't. 원했던 일에 좌절을 체험했었다

과거 원했던 목적일 달성을 추구하고 노력했으나 목적을 이루지 못했으므로, 주어는 과거에 순수능력이 부족했거나 목적의사가 없었거나 제반 여건이 안되었거나 등으로 can을 사용하여도 이루지 못했으므로 지나온 과거에 원했던 일에 도전했지만 좌절을 겪었던 '현재에서 보면 couldn't'이다. 그럼에도 불구하고 「과거를 되돌아보는 것은 그 이루지 못한 목적 일이 아쉬워서이다.」이루지 못한 목적일은 놓쳐버린, 안타까운, 아쉬운, 미련이 남는 목적일 등으로 남겨졌다.

○ I couldn't get tickets after all, they were sold out. 다 팔려 버려서 나는 결국 티켓들을 구할 수가 없었다. - 과거에 사용할 수 없었던 couldn't. 외적 요인으로 불가능했던 상황이며 주어는 노력했으나 원하는 티켓을 사지 못한 아쉬움이 남는다 과거에 단순 서술인 '티켓을 구하지 못했다'가 아니라 주어는 원했던 일을 노력했지만 이룰 수 없었고 놓쳐버린, 그리고 아쉬움이 남는 일을 과거의 체험적 관점에서 말하는 것이다.

○ James couldn't watch TV yesterday because he was naughty. 제임스는 어제 말썽을 부렸기 때문에 TV을 시청할 수 없었다. - 주어는 어제 TV를 보고 싶었으나 과거 자신의 잘못으로 원하는 목적에 이를 제반 여건이 없었고 그래서 이루지 못했다. 즉 능력이 있으나 외적 제약이 있어서 원하는 TV 시청을 체험하지 못했다. - 과거에 사용할 수 없었던 couldn't이다.

○ I managed to find the street, but I couldn't find her house. 나는 동네 길을 이리저리 찾아다녔지만 그녀의 집은 찾을 수가 없었다. - 과거에 사용할 수 없었던 couldn't이며

주어는 그녀의 집을 찾는 목적 일을 이루지 못하여 아쉬운 마음으로 이 말을 한다. 노력했지만 제반여건 즉 주소 정보 등이 없어서 원하는 일을 이루지 못했다.

○ But why couldn't he tell me straight out? 그러나 그가 왜 곧바로 내게 말할 수 없었지? Couldn't 대신에 didn't를 사용했다면 couldn't 보다 단순한 질문이나 couldn't 를 사용했으므로 원하는 목적 일을 이룰 수 없었던 구체적 이유를 묻는다. 즉 주어가 내게 말해주려 했으나 목적일을 이루지 못하게 했던 구체적 이유를 청자에게 묻는다. 결국 그가 내게 말하려는 것을 어느 누가 가로막았느냐? 무엇 때문에 말을 못했느냐? 아니면 주어가 말하지 않으려 했느냐? 등이며 화자는 주어가 이루지 못한 목적 일에 대하여 화가 나거나 아쉬운 심정이다.

7. So- that - could not~

주어는 지나친, 과도한 범위의 상황에 빠져 있어서 주어가 목적일을 달성하는 데에 방해가 됐다. So는 주어가 목적 일 이루는 데에 제약을 줬다. 즉 주절은 제반 여건이며 너무(so) 나쁜 여건이어서(It~so~; 바탕, 여건, 상황) 종속절의 목적일을 이루는 체험을 할 수 없었다.

○ It was so dark that we could see nothing. 너무 어두워서 우리는 아무것도 보지 못할 정도였다. 만일 could에 not을 덧붙여 we couldn't see anything라고 했다면 단순 보기 능력(시력)조차 없는 것이므로 we 모두가 과거에는 시력이 없었다는 뜻이 되지만 여기서는 내부 능력(could; 시력)은 있지만 보이는 게 없었음(nothing)을 뜻한다. 지나친 외적 제약으로 한정적인 주어 능력으로는 보이는게 없었다의 뜻. 즉 너무 나쁜 제반 여건에 있었다.

○ I was so irritated I could not hold my anger in. 나는 너무 짜증이 나서 내 화를 억누를 수가 없었다. - 너무 지나치게 짜증이 난 상황이 나를 목적에 이를 수 없게 하거나 제약했다.

○ Joe looked so surprised I could not keep from laughing. 조는 너무 놀라 보여서 나는 웃음이 나오는 것을 억제할 수가 없었다. - 너무 놀란 모습이 나를 목적에 이를 수 없게 했다.

○ I was so busy this morning I could only glance through the newspaper. 나는 오늘 아침 너무 바빠서 신문을 훑어 보기만 할 수 있었다. - 외적으로 너무 바빠서 제한적(한정적)으로 목적에 이를 수 있게 했다.

8. Couldn't help~, ~ing. 외면, 거부, 회피, 등 할 수 없었던 일들. 원치 않는 일하기를 피할 수 없었다

> **Help**는 보통 '~돕다'의 의미는 남이 하고 있는 일에 끼어들어 참여하는 것으로 하나의 일에 다른 이가 접근하여 참여하는 것을 말하고, 여기서는 자신의 목적하는 일에 help의 부정(not)은 그 목적하는 일에 참여하는 것을 「외면이나 회피할 수 없음」을 말하는 것이다. 왜냐하면 help는 자신의 유익(일)을 포기하는 데서 출발하는 것인데 여기서는 그것을 포기하지 못하고 자신에게 주어진 일을 「자신의 목적일」로 삼기를 (선택하기를) '거부, 외면, 회피'할 수 없다는 것이다. 즉 자신의 목적일을 '포기하다의 반대 의미'는 「자신에게 주어진 목적일」을 '거부, 외면, 회피할 수 없다'이다.

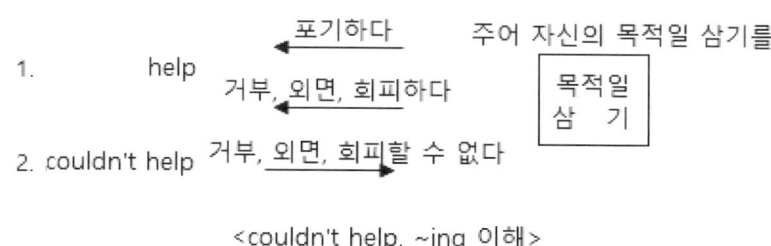

<couldn't help, ~ing 이해>

○ Excuse me- I couldn't help overhearing what you said. 죄송합니다, 나는 당신이 말하는 것을 우연히 듣지 않을 수가 없었어요. - 듣게 되었다. - 과거에 지나온 can't help 이다. 회피할 수 없었다.

○ Sorry I broke the cup- I couldn't help it. 미안해요, 컵을 깨 버려서. 나는 그 일을 모면할 수 없었어요. - 과거에 지나온 can't help이며 컵 깨지는 일을 회피할 수 없었다의 뜻이다. 컵 깨지는 일은 주어에게 주어진 목적일이다.

○ He could not resist telling her the truth. 그는 그녀에게 진실을 말하지 않을 수가 없었다. - 말 안 하려 해도 그의 한계로 주어진 목적일에 저항(회피)할 수 없었다. 여기서는 help와 비슷한 뜻인 resist는 과거에 지나온 can't help와 비슷하며 외면할 수 없었다 와 비슷하다.

○ She couldn't help shedding tears at the news. 그녀는 그 소식을 듣고 눈물을 흘리지 않을 수 없었다. Cannot but~ = cannot help+ ~ ing. ~하지 않을 수 없다.

9. How could~? 주어가 과거에 범위를 넘어 저질러버린 목적일에 대한 그 의도 등에 대해 정당성, 타당성 등을 구체적으로 묻는다

○ **How could** you allow him to drive your car? 어떻게 그가 당신의 차를 운전하도록 내버려 둘 수가 있나요? 허락해 줄 수가 있나요? - 그가 범위를 넘어 목적일을 실행해 (저질러)버리도록 허락한 일의 ★ 그 의도에 대한 주어의 구체적 이유나 설명을 묻고 그 일이

정당했는지, 타당했는지 되묻고 있다. 본래 현재형 How can you~? 라면 금방 혹은 이미 저지른 목적일에 대한 구체적 방법이나 수단, 의도 등을 물었지만 ★How could~? 는 과거에 지나온(저지른)일에 대한 정당성, 타당성과 주어의 목적의도나 동기 등에 대해 구체적으로 묻는다.

○ **How could** she do this to me? 어떻게 그녀가 내게 이런 짓을 할 수가 있었나요? - 현재 이미 벌어진 일. 주어가 과거에 범위를 넘어 저질러버린 일을 그 목적 의도가 정당했는지 타당했는지 그녀의 이유(의도, 동기)는 무엇인지 되묻고 있다.

○ **How could** I **have been** so stupid? 어떻게 제가 그렇게 어리석을 수가 있었죠? - 자신이 범위를 넘어 저질러버린 일을 자신의 목적의도(정신)가 정상적이었는지 되묻는다. 여기서 목적일은 직접 제시하고 있지 않지만 stupid가 저지른 목적일에 대해 너무 어리석었다라고 평가하고 있으므로 이미 먼저 언급되었음을 유추해서 알 수가 있다.

○ **How could** you **have lied** to us all these years? 어떻게 요 몇 년 내내 우리에게 거짓말을 (계속) 할 수가 있었나요? - 주어가 과거에 범위를 넘어 저질러버린 나쁜 일을 주어의 그 의도나 동기 등이 정당했었는지, 타당했었는지 되묻고 있다.

○ **How could you** say such an insulting thing to her! She's my best friend! 너는 어떻게 그런 모욕적인 일을 그녀에게 말할 수가 있었니? 그녀는 내 가장 친한 친구다. - 주어가 과거에 범위를 넘어 저질러버린 나쁜 일을 자신의 가장 친한 친구에게 어떻게 할 수 있었는지 그 의도나 동기 등이 정당했었는지를 되묻고 있다.

C. 과거형 could + Have + 동결재 ~

= 현재에서 과거의 시간차를 넘어 사용된 파워의 결과적 입장.

= 과거의 미사용 can과 목적일을 현재에 사용한(could) 결과적 입장으로 말한다.

과거에 주어가 사용 가능했었던(미사용) 파워동사를 시간의 장벽을 넘어 현재에 화자가 임의로 사용한 그 결과적 입장으로 말해보기이다. 그러므로 파워동사의 현재형이 과거형으로 바뀌었고 목적일은 목적 달성한 결과로 바뀌었다.

과거의 미사용 파워를 현재 입장에서 파워를 사용해서 ~ 할 수 있었다, ~할 뻔했다 등으로 결과적 입장에서 말한다. 다시 말해 과거 주어의 미 사용 파워를 '화자가 임의로 사용하여 목적일을 이룬 결과적 입장이지만, 「실제는」 주어가 과거에 파워를 사용하지 않아서 목적일을 이루지 않아서 아쉬웠고 현재에 이를 뒤돌아보며 화자가 임의로 파워를 사용하여 과거 주어의 목적일을 이룬 결과적 입장으로 말하기 때문이다.

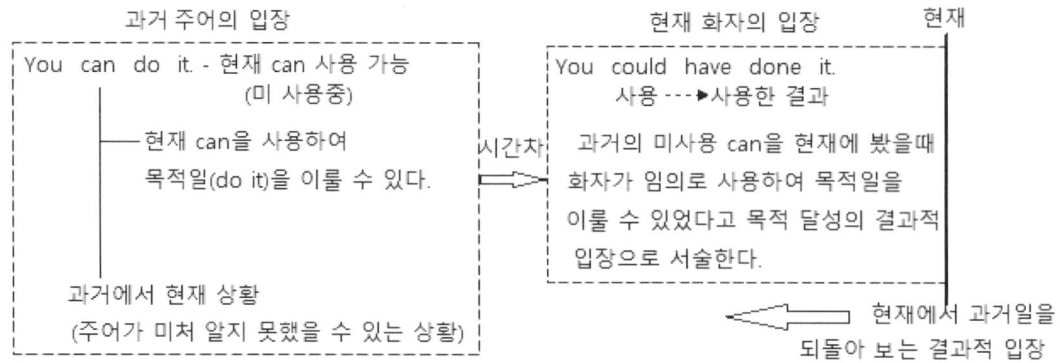

< 과거에 파워를 사용하여 목적 달성 가능했던 때를 현재에 파워 사용 결과적 입장으로 언급 >

과거 미사용 can을 현재에 사용한 could 입장으로, 과거에 미 달성 목적일(do it)을 현재에 달성한 목적일, 즉 달성한 결과(have done it)로 서술. 한마디로 임의로 can을 사용하여 임의의 목적 결과를 이루어지게 말해본다이다.

과거엔 이룰 수 있었지만 현재에는 이루지못한 목적일로 그리고 했더라면 결과로 남을 수 있었던 기회를 이루지 못하여 주어가 가능했던 과거의 일들을 현재에 되돌아보면서 (했더라면) '과거에 결과로 남을 수 있었다'고 말한다. 즉 목적달성을 이루었다면 결과로 남았을 일이었다. 그러나 결국 하지 않았기에 현실과 끊어진(비 현실적) 파워동사이다. 한마디로 정리하면 과거에 할 수 있었던 목적일을 실제 실행(달성)했더라면 이들 표현을 말할 필요가 없겠지만 하지 않았기에 현재에 뒤돌아 볼때에는 그 과거 목적일이 아쉽거나 알려주어야할 가치가 있어서 이 말을 하는 것이다. 그리고 ★현재에서 보는 과거의 일은 그 과거일에 책임이나 성과, 업적, 성공, 좋은 기회, 행운, 나쁜 일, 의무, 위험순간 등과 관련되어 있다면 그 과거일에 대한 여러 감정들이 아직도 남아 있어서 그 과거 일의 존재에 대하여 다시 평가하여 현재의 결과적 입장에서 이를 말하고 싶어 지기도 한다. 원론적으로 다시 말하면 have+pp은 동결재 즉 과거의 동사 동작이 「결과로 남겨지는 경우」이므로 과거의 일을 현재에 다시 말할 경우에는(아쉬운 마음에) 『과거 파워 사용의 가능, 기회 등의 상황 존재를 '파워 사용했더라면'라는 입장으로, 현재에 그 사용의 결과적 관점으로』 말하는 것이다

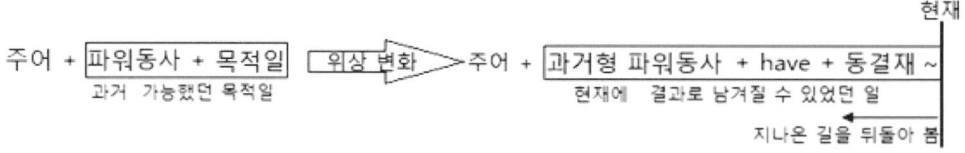

< 과거의 목적일이 현재에 결과로 남겨질 수 있엇던 일로 변화 >

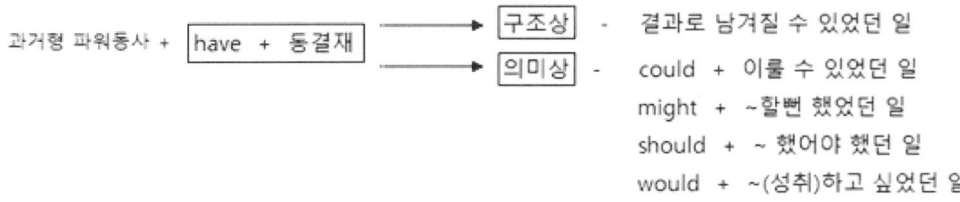

< 과거형 파워동사 + have + 동결재 이해 >

1. 과거형 COULD have+동결재

과거의 미사용 can과 그 목적일을 현재에 사용한 결과적 입장으로 말하기

과거에 can을 사용해서 목적일을 달성할 수 있었다(could+have+pp)라고 현재에 파워를 사용한 결과적 입장에서 말하므로 could는 화자가 언어로 사용한「과거형」이다. 이것은 실제 파워 사용이 아니고 화자가 『언어상 임의의 사용』하였으므로 과거형 could가 된다.

과거에 사용하지 못한 can이어서 목적일을 이루지 못했고 그 일을 뒤돌아볼 때 아쉬워서 현재에는 '결과로 남겨질 수 있었던 일'로 변하게 말한다. 결국 실제 결과를 남기지 못해 현실에서 '끊어진 could'.

이들 곧 끝내 이루어지지 않았던 일들은 과거에 할 수 있거나 저지를 수 있는 목적 위치에 있었던 일이지만 시간이 지난 현재에서 이를 보면 할 수 있었지만 끝내 하지 않은, 저지를 위치에 있었지만 끝내 이뤄지지 않은 과거일은 과거 <u>목적 위치</u>에서 현재에 뒤돌아볼 때에는 목적을 이루어 '<u>결과로 남겨질 수 있었던 일</u>'이었고 끝내 이루어지지(일어나지) 않았던 일이었다. 즉 과거에서 v+o(할 수 있는 일)이 현재에선 have+pp~(결과로 남겨질 수 있었던 일)로 변한 그 구체적 문법적 의미를 이해해야 한다.

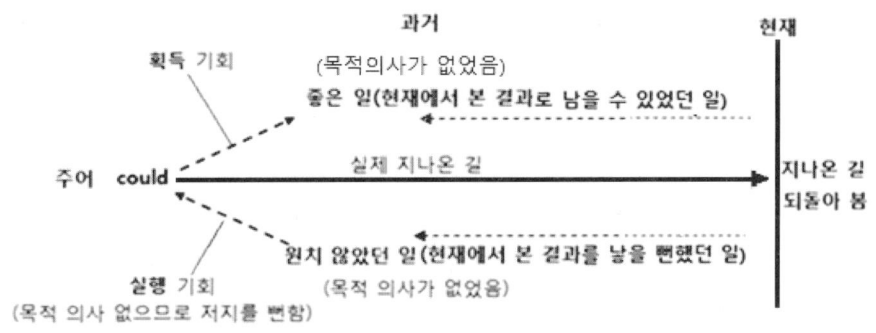

< 과거 지나온 길에 목적 기회가 있었던 일들을 되돌아 봄 >

1) 목적 의사가 없이 원치 않는 일 저지를 수 있었다

'원치 않는 일'을 저지 를 위치, 상황에 있었다. 거의 결과를 낳을 뻔하였다. 낳을 수 있었다. 다행이나 안도의 마음, 놀람, 등이 남는다. 과거의 목적일은 주어가 원치 않는 일인데도 파워동사를 사용할 기회가 있었다이다. 여기서 have + pp는 could와 함께 사용하여 현재에서 뒤돌아보면 사용할 수 있었고 결과를 남길 수가 있었다이다. 실제는 사용하지 않았고 결과를 남기지 않았다. 그래서 '주어가 결과를 거의 낳을 뻔했다 혹은 할 수 있었다'을 의미한다. 여기서는 주어가 목적의사가 없는 목적일이었으므로 '~할 뻔하였다'로 해석했다. ~할 수 있었다는 목적의사가 있는 목적일처럼 느낄 수도 있기 때문이다.

이들 일들은 과거 주어가 can을 사용하여 이룰 수 있는 위치였고 시간이 지난 현재 관점에서 보면 곧 결과적 형태로 남겨질 수 있었던 위치이어서 have+pp~형식으로 표현한다. ★이 일은 목적 의사가 없는 일이고 have+pp~에서 have가 노출되지 않는 일을 서술하여 시간이 지난 현재에도 과거의 사실로 노출되지 않아서 결과적 형태로 남겨질 뻔했던 일이 된다.

○ That was dangerous - he **could have killed** somebody. 저 일은 위험했어. 그가 어떤 사람을 죽일 **뻔**했거든요. - 목적 의사 없이 원치 않는 일을 저지를 뻔했었다. 결국 목적 의사 없이 불의의 사고를 낼 뻔했다이다.

○ Amy **could have screamed** with surprise. 에이미는 놀라서 소리를 지를 뻔했다. - 소리를 지를 수 있었는데 그러지 않았다. - 목적 의사 없이 결과를 낳을 뻔했다.

○ I **could have murdered** Ryan for telling Jason that! Jason에게 그 일을 말해버린 대가로 나는 Ryan 살해할 뻔했어! - 살해할 수 있었던 상황에서 실행하지 않음. - 목적 의사 없이 원치 않는 결과를 낳을 위치나 상황에 있었다.

○ Why did you throw the bottle out of window? Somebody could have been hurt. 너는 왜 그 병을 창문 밖으로 내 던졌니? 누군가가 다칠 수도 있었어. - 목적 의사 없이 원치 않는 결과를 낳을 위치나 상황에 있었다.

2) 좋은 일 등을 할 목적기회가 있었지만 놓쳐 버렸다

할 수 있었는데 '목적의사 등이 없어서' 하지 않고 놓쳐 버렸다. 과거에 주어가 가지고 있었던 목적 기회를 놓쳐버려서 아쉬워 뒤돌아본다. 놓쳐버린 좋은 일을 아쉬워한다, (남으로부터)비난, 잘못, 질책, 등의 감정이 실려 이 말을 들을 수 있고 자신에게는 아쉬움이 남는다. 파워+have+pp를 의미상으로는 현재에서 뒤돌아본 과거에 '할 수 있었던 일'이었고 구조적으로는 현재에서 뒤돌아봤을 때는 '결과로 남을 수 있었던 일'이고 실제로는 '하지 않은 일'이어서 현실에 '끊어진 could'이기도 하다.

○ I **could have married** anybody I wanted. 나는 내가 원하는 누구와도 결혼할 수 있었다. (실제는 그러지 못했고 지금은 그럴 수 없다.) - 좋은 일 기회가 있었지만 목적 의사가 없어서 이루지 않았고 아쉽지만 지금은 기회 없다.

○ You **could have helped** me- why did you just sit and watch? 너는 나를 도울 수도 있었는데(그런데 도와주지 않았다). 너는 왜 그저 앉아서 보고만 있었니? - 목적 기회가 있었지만 목적 의사가 없어서 이루지 않았고 지금은 기회 없다. 이 일은 화자가 바라고 원했던 일이지만 주어는 목적 의사 없이 그 상황에서 방관하고 있었던 이유를 묻는다.

○ I **could have kissed** her **if** I'**d** wanted to. 나는 내가 원하기만 했다면 그녀와 키스할 수 있었다. Had wanted- 과거 완료. - 과거 목적의사가 있었다면 할 수 있었는데 하지 않았고 지금은 기회 없다.

2. 과거형 couldn't+have+동결재

○ I **couldn't have won**, so I didn't go in for the race. 나는 이길 수가 없었다, 그래서 나는 그 경주에 참가하지 않았다. - 과거 원하는 목적 일에 순수 능력이 부족해서 이룰 수가 없었다. 그래서 포기했다. ★여기서 부정형은 목적 의사가 있었고 원하는 목적일 이었는데도 하지 않았다가 아니라 이룰 수 없었다. 결국은 과거에 할 능력(순수능력)이 모자랐다.

D. 현재형 could

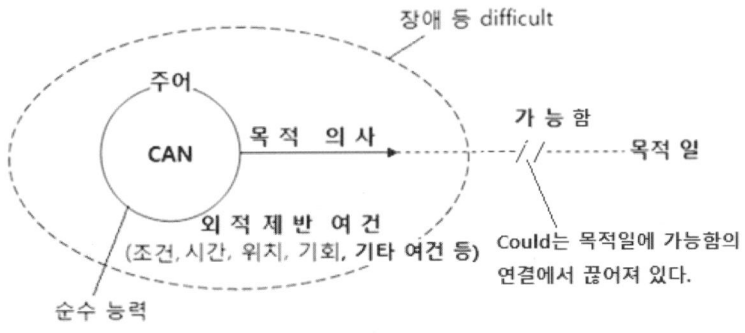

< 실제적 가능함의 성립= 순수 능력+목적 의사+제반 여건 ⟶ 목적 일 >

could는 이들 '목적 달성에 필요한 실제적 모든 요소들' 중에서 어느 하나 이상의 요소가 빠져 있는 것이다. 즉 순수 능력, 목적 의사, 외적 제반 여건(장소, 시간, 조건, 기회, 기타 여건)들

중의 하나 이상 빠져 있어서 목적 달성의 가능함을 이루는 필수 요건을 충족하지 못하고 있다. 그러므로 실제적 목적 달성을 이룰 수 없는 형편이다. 다시 말해 목적일에 대하여 실제성이 부족해서 목적 달성의 연결에서 끊어진 could가 된다. 또한 자신의 여건이나 능력 등으로 목적일을 이룰 수 있다는 그 가능함을 파악하는 데에도 실제성이나 자신감도 부족할 수 있다. 특히 현재형 could에서는 힘이 없는 노인을 연상하면 좀더 쉽게 이해할 수 있다. 목적 의사는 있으나 순수 능력이나 제반 여건이 안되어 원하는 목적일을 바라만볼 뿐 필수 요건을 충족시키는 외부적 도움이나 다른 추가 요건, 조건 등이 필요하다.

실제적 can에서 끊어진 could = 실제성이 부족한 could. 즉 can의 실제성이 부족한 could

목적일을 이루는데 필요한 요건(제반 여건, 순수 능력, 목적 의사, 조건들 중 하나이상)이 부족한 could이다. 그래서 현재에 목적 달성하기엔 부족한 could이다. I can do it에서 can은 실제로 사용하여 목적을 이룰 수 있는 can이고 I could do it에서 could는 원하는 목적일에 사용하고 싶으나 사용할 수 없거나 목적일을 이루기엔 부족하고 목적 달성에 실제적인 can은 아니라서 당장 사용할 수 없고 사용하기엔 필요한 요건 등이 부족하다.

1. 실제성(제반 여건 등)이 부족한 내부의 could. 즉 목적 달성을 실제로 이루기엔 부족한 could이다

○ I'm so glad that you could come. 나는 네가 올 수도 있다고 해서 너무 기쁘다. - 올 수도 있다고 해서 실제로 올 수 있는지는 확정적이지 않은 실제성이 조금 떨어지는 정보 (소식)이다. 그래서 안 올 확률도 조금 있다. 여기서의 could는 청자가 말한 직접 화법(I could come)을 화자의 간접화법으로 전환되면서 생긴 표현으로 곧 주어 내부에 있는 could이다.

○ I could kill you! I swear I could! 나는 너를 죽일 수도 있어! 맹세컨대 나는 그럴 수 있어! - 화자가 제반 여건이나 목적 의사가 있으면(마음만 먹으면) 할 수 있다고 한다. 그렇지만 외적인 제반 여건과 목적 의사가 필요한 could이며 당장엔 이들 요소가 부족해서 목적일을 이루기엔 실제성이 모자란 could의 서술이다. 즉 실제성이 부족한 맹세이거나 실언 등이다.

○ I could do with a cup of coffee. 나는 커피 한잔 마시면서 할 수도 있겠다. 실제적으로 커피가 없거나, 목적 의사를 아직 결정하지 않았거나, 외적인 제반 여건이 안되어 있거나 등 이들 요소가 부족해서 커피 마시는 목적일을 이루기엔 실제성이 모자란 could이다. 즉 실제 할 수 있다가 아니고 아니할 수도 있고, 할 수도 있다 둘 중에서 할 수도 있다는 조금

긍정적으로 바라보는 입장에서 할 수도 있겠다는 실제성이 부족한 언급이다. 구체적으로는 목적의사가 부족한 상황일수 있다.

○ I **could** come earl**ier**, if necessary. 필요하다면 더 일찍 올 수도 있습니다. - 외적인 조건(제반 여건)이 맞아 떨어진다면 실제 가능하다는 화자의 말이지만 아직 조건이 충족되지 않았으므로 실제성이 부족한 could이다.

○ I could mend your bicycle for you, if that would help. 도움이 된다면 제가 자전거를 대신 고쳐줄 수가 있을 텐데요. - 현재 가정법이며 기준 현실은 현재이다. 현실에 반대인 가상 조건이므로 그 실현도 가상 실현이다, 즉 현실은 청자가 도와달라고 하지 않는데도 도움이 된다면이라는 가상 조건을 말하여 그 조건으로 고쳐줄 수가 있다는 가상 실현을 말하고 있다. 다시 말하면 사실상 도와달라는 부탁을 하라는 말이다. 그러므로 could를 사용해서 현실에 실현을 할 수 없고 현재는 목적일을 이루기엔 실제성이 부족한 could를 말한다. ★ 11장 가정법을 먼저 학습하세요.

2. 과거형 could와 현재형 could 비교, 두 가지가 가능한 경우

문맥에서는 시제를 알 수 있다.

○ I could call the local doctor. 1. 나는 그 지역 의사를 부를 수 있었다. - 과거에 지나온 could. 주어의 능력으로 원하던 목적일이 달성될 수 있었다. 목적 달성의 체험 의미. 2. 나는 그 지역 의사를 부를 수도 있다. (현재 이야기 중에서) - 실제 사용할 수 있는 can이 아니어서 의사를 부를지 안 부를지 목적 의사 등이 조금 불분명하여 실제성이 부족한 목적의사를 드러내는 현재형 could이다.

○ He could pass the test. 1. 그는 시험에 합격할 수 있었다. 과거에 지나온 could. 실제로 과거에 주어의 능력으로 원하던 시험에 합격한(목적 달성한) 주어가 겪었던 일이다(과거 이야기 중에서). 2. 나는 그 시험에 합격할 수도 있지요. 현재형 could. 현재형 could는 실제 사용할 수 있는지 아닌지 실제적으로 시험에 대한 목적 의사를 아직 최종 결정하지 않았거나, 시험을 치를 수 있는 외적인 제반 여건이 안되어 있거나 등 실제성이 모자란 could이다(현재 이야기 중에서). 예를 들어 조건을 추가한 표현에서 if I have a chance, I could pass the test에서 내게 기회가 있다면 나는 그 시험에 합격할 수도 있는데…처럼 '막연히 능력은 있어서 기회만 주어진다면 시험에 합격할 수도 있다'는 실제의 가능성은 불분명하고 실제성 부족한 could의 서술이 된다.

○ I could not pass the test. 1. 나는 시험에 합격할 수가 없었다. 과거형 could. - 외적으로 노력하였지만 주어 자신이 가진 어떤 한계로 이루지 못했다. 아쉽게 놓쳐버린 목적일에 대한 좌절이다(과거 이야기 중에서). 2. 나는 그 시험에 합격할 수가 없겠지요. 현재형

could. 아직 시험도 치러보지도 않았거나, 외적 노력이 부족하거나 목적 의사도 없거나 제반여건 없이 자신의 능력 등이 모자라서 '막연히 부정적으로 시험에 합격할 수가 없겠지요'라고 조금 불분명하고 실제성이 부족한 could 서술이다. (현재 이야기 중에서)

○ I could do with a cup of coffee in that cafe. 1. 나는 저 카페에서 커피 한잔 마시면서 할 수 있었다. 과거에 지나온 could. 과거에 주어가 제반 여건 등이 갖춰져서 저 카페에 들어가서 원하던 목적을 달성할 수 있었던 체험적 이야기. 이것은 주어가 저 카페에서 목적 달성에 대한 목적의사가 이미 충분히 있었던 상황에서 이루어진 이야기이다. 2. 나는 저 카페에서 커피한잔 마시면서 할 수도 있겠는데요. 있겠지요. 현재형 could는 현재에 실제로 사용할 수 없는 could이어서 목적 의사만 가지고 있거나, 제반 여건이 부족한 상태이어서 '실제 저 카페에서 커피 마시면서 할 수 있다'가 아닌 '막연히 할 수도 있겠다'는 실제성이 모자란 could를 말한다.

○ I could swim across the river. 1. 나는 그 강을 헤엄쳐 건널 수 있었다. 과거형 could. 과거에 주어의 능력으로 원하던 목적일을 달성할 수 있었던 체험적 이야기. 2. 나는 그 강을 헤엄쳐 건널 수도 있겠죠. 현재형 could. 현재에 실제 사용할 수 있는 can이 아니어서 불분명한 목적 의사나 제반 여건 등이 안되어 있거나 등 실제성이 모자란 막연히 건널 수도 있다는 조금 불분명하고 실제성이 모자란 could를 말한다.

○ I couldn't think of that. 1. 나는 그 일은 생각해낼 수 없었다. (도저히 생각해낼 수조차도 없었다). 과거형 could. 과거에 주어의 능력으로 원하는 목적 달성이 불가능했었다는 좌절의 체험을 말한다. 즉 목적일은 자신의 한계 범위 밖의 일이었다. 2. 나는 그 일을 생각해낼 수는 없겠죠. 현재형 could. 주어는 목적 의사가 없거나 시도도 해보지 않거나 막연히 자신의 능력으로 이룰 수 없다고 조금 불분명하고 실제성이 부족한 couldn't서술이다.

3. 〈could you ~?〉 could있니?

could가 내부에 있는지를 실제성이 부족하게 묻는다. 실제성이 부족하게(즉 실제성이 부족한 could을) 묻는다는 것은 <u>주어 내부에 can이 있는지 확신할 수 없으므로</u> 현재형처럼 실제적인 can을 직접 들이대지 않고 조심스럽고 예의 바르게 불확실하더라도 could이 있는지를 묻는다. 한마디로 화자 자신이 제시하는 일을 혹시 목적 일로 삼을 수 있는 목적 의사나 제반 여건이 등이 있는지를 묻는다. ★ can you~(can이 있니)? 은 목적일 달성이 실제 가능한 순수능력, 목적의사, 제반여건을 모두 다 갖추어져있는 3요소를 들이대고 "can 있니?" 즉 "할 수 있니?"라고 당당하게 묻는 것이 되지만 could you~? 는 이들 3요소 모두 있니? 라고 묻는 것이 아니고 이들 3요소중 최소한 1개 혹은 2개라도 있니? 라는 실제성

(실제로 목적일을 이룰 수 있는 상태)이 부족하게 즉 조심스럽고 예의 바르게 묻는 것이 된다. 최소한의 요소를 묻는 것은 목적일을 이뤄줄 최소한의 could(목적 의사나 제반 여건 등)라도 있으시냐고 낮추어 물어 조심스럽고 예의 바른 질문이 된다. 또한 그 대답은 화자가 제시하는 일을 청자(주어)의 목적일로 삼겠다는 것은 실행도 같이 하겠다는 뜻이어서 can you~? 의 질문과 똑 같은 응답 효과가 된다.

> 여기서 **주의할 것**은 『could you~?: could있니?』『could I ~?』같은 모든 의문형에는 『혹시』라는 해석을 모두 넣었다. 이는 could가 실제성이 부족하고 목적일을 이룰 최소한의 요소를 묻고 예의 바르고 조심스러운 질문이므로 이를 한국어로 번역하는데 한단어로 완벽히 표현할 수 없으므로 실제성이 부족한 의미를 혹시라는 단어를 추가해서 해석하고 있다. 또한 might, would의 의문문에도 똑같이 혹시라는 단어를 추가한다.

○ Could you lend me five founds until tomorrow? 혹시 내일까지 5파운드를 내게 빌려줄 수 있으세요? - 돈이 있다면 목적 의사가 있는지, 목적 의사가 있다면 빌려줄 여건이 되는지, 돈이 있다면 빌려줄 충분한 양이 되는지들 중에 하나를 묻는다. 실제성이 부족한 could가 있는지를 조심스럽게, 그리고 예의 바르게 묻는다. 즉 순수 능력(돈)과 빌려줄 목적 의사가 있는지 없는지도 모르므로 없을 확률도 고려하여 예의 바르고 조심스러운 '만일 있다면'이라는 조건이 생략된(→혹시) 물음이다. ★ 화자 자신이 제시하는 일을 혹시 목적 일로 삼을 수 있는지를 묻는다. 즉 실제성이 부족한 could가 있는지 묻는다.

○ "Sir", "could you please come to the vice president's office?" 부장님, 실례지만 혹시 부사장님의 사무실로 오실 수 있겠습니까? - 청자가 목적 의사가 있을지 확신할 수 없으므로 화자 자신이 제시하는 일을 혹시 목적 일로 삼을 수 있는 목적 의사나 제반 여건이 되는지를 묻는다. 즉 실제성이 모자라게 묻는다. 쉬운 목적일이므로 걷기 능력(순수 능력)이 있는지 묻는 것은 아니다. ★★ 화자가 스스로 could를 주어에게 붙이고(들이대고) 그 붙인 could가 청자(주어)에게 있는지 묻는다. could을 덧붙인(들이댄) 사람은 화자이므로 화자는 실제적 can이 아닌 실제성이 부족한 could로 낮춰 붙이므로 스스로 그 작은 could라도 있는지 낮춰 물어서 최소한의 could라도 확인하려는 자신을 조심스럽게 혹은 예의 바르게 낮춰 여기고 상대적으로 청자를 높여 목적일에 대한 could (사실상의 can)있는지를 묻는 것이 된다.

○ Could you hear that all right? 당신은 혹시 저 소리를 양호하게 들을 수 있나요? 잘 들리세요? - 청자가 목적 능력이 제대로 있을지 확신할 수 없으므로 화자 자신이 제시하는 소리에까지 순수 능력이 미치는 범위가 되는지를 묻는다. 즉 순수 능력(청력)이 충분한지

확신할 수 없어서 실제성이 모자라게 묻는다.

○ Could you pay this check into the bank for me tomorrow? 당신은 혹시 내일 내 대신 이 수표를 은행에 지불해줄 수 있나요? - 청자가 목적 의사나 여건이 있을지 확신할 수 없으므로 화자 자신이 제시하는 일을 혹시 목적 일로 삼을 could가 있느냐고 묻는다. 즉 실제성이 모자란 could를 묻는다.

○ Could you come and see me tomorrow? 혹시 내일 나를 보러 와줄 수 있으세요? 실제성이 부족한 could가 있는지를 조심스럽게, 그리고 예의 바르게 묻는다. 자신이 제시하는 일에 목적 의사가 있는지도 모르므로 없을 확률도 고려하여 예의 바르고 조심스러운 '만일 있다면'이라는 조건이 생략되어 묻는다. 화자 자신이 제시하는 일을 혹시 목적 일로 삼을 수 있는 목적 의사나 제반 여건이 되는지를 묻는다. 즉 실제성이 모자라게 묻는다. 걷기와 보기 능력(순수 능력)을 묻는 것은 아니고 목적 의사나 여건이 되는지를 묻는 것이 된다.

○ Could you help me for a few minutes? 혹시 잠시 저를 도와 주실 수 있으세요? - 주어 내부에 could가 있는지 확인하려는 물음. 여기서는 could은 실제성이 부족할지라도 화자가 주어에게 자신이 제시하는 일을 목적으로 삼을 수 있는 목적 의사나 제반 여건이 되는지를 확인하려고 조심스럽고 정중한 묻는다.

○ "It's boring to walk all alone" "**Couldn't** you go for walks with your friends?" "혼자서 내내 걷는 건 지루해요." "당신은 친구들과 같이 산책하러 갈 수도 있지 않나요?" all alone 전적으로 혼자서; 혼자의 힘으로. 자신이 제시하는 일을 목적일로 삼을 뜻(최소한의 의사)이라도 있는지 묻는다. 즉 목적일을 이룰 뜻이 있는지를 묻는 것이다.

> 여기 **Couldn't**는 화자의 상대방인 주어가 부정적 입장에 있거나 그의 목적일을 잘 모르고 있더라도 목적 일에 가능한 긍정적 방향으로 접근하도록 유도하는 질문; 즉 「화자가 주어에게 couldn't를 붙여」 또 다른 목적일을 알려주면서 그에 대한 긍정적 답을 이끌어내려는(유도하려는) 질문이다. 청자가 가진 기존 일이 아닌 화자가 제시하는 또 다른 일에 목적 의사가 없을 것 같은 부정적 상황에서 화자 자신이 제시하는 또 다른 일을 할 수는 없는 거냐고, 즉 반어법적으로 혹시 목적 일로 삼을 수 있지 않냐고 긍정적으로 유도하는 물음이다.

4. I couldn't~

주어는 실제적으로 가능한 순수 능력, 목적 의사, 제반 여건 등 이들 요소 중 하나 이상이 없다는 couldn't 서술. Cannot이 아니어서 당당하고 단호한 거절이 아닌 자신감이나 단호함이 없는 부드러운 거절이다.

○ "More cookie?" "Oh no, I couldn't." 쿠키를 더 먹을래? 오 안돼요, 나는 더 먹을 수 없을 거예요. 더 먹고 싶은지(목적 의사) 혹은 아직도 배고픈지(제반 여건-배속의 여유)의 물음에 대한 대답이다. 제시된 목적일에 대해서 먹을 능력보다 먹을 여건이나 먹을 의사가 없다는 실제성이 부족한 부드러운 대답이다. ★ I cannot은 목적일의 가능함에 대한 단절, 즉 단호한 거절의 대답이었지만 I couldn't는 단호하지 않고 조심스럽고 부드러운 거절의 대답이다.

○ "Would you like another piece of pie?" "Oh, no thanks, I couldn't." "다른 파이 한 조각을 더 드시겠습니까?" "오, 아니요, 사양하겠습니다, 나는 더 이상 먹을 수가 없을 거예요. - 제시된 목적일에 대하여 먹고 싶은 음식(목적)이 아니던가 아니면 목적 의사가 없어졌던가 아니면 더 먹을 시간(제반 여건)이 없던가 등으로 실제 성이 부족한 couldn't이다. 여기서 실제성이 부족하다는 것은 먹을 능력보다 먹을 의사가 없다는 단호하지 않고 부드러운 거절의 대답이다.

○ I could **not** promise **anything**. 저는 아무런 약속도 할 수 없겠네요. - anything가 하고 싶다 해도 자신이 아무것도 할 수 없는 내적 한계에 있는 상황이며 무력한 상황이다. - 화자는 「어떠한 약속 일」도 목적으로 삼을 수 없는, 즉 could조차도 전혀 없는 무기력한 한계(could not~any~) 상황이다. 다시 말해 목적 의사조차도 가질 수 없는 무기력한 상황이다.

○ I could not find a copy of the book for love or money. 나는 사랑이나 돈을 얻게 하는 책의 사본을 찾을 수가 없어요. - 외적으로 노력해 보았고 그래서 책이 없어 외적 한계에 있든가 아니면 주어가 내적 능력이 모자랐던가 한마디로 목적일을 이루기에 실제적 능력과 여건 등이 부족한 couldn't이다.

○ I could not make head or tail of the report. 나는 그 보고서를 전부 이해할 수가 없어요. - 모두 다 읽어 보았지만 목적에 대한 한계에 있다. 보고서가 난해했던가 아니면 주어가 이해력이 부족했던가이며 목적을 이루기에 실제적 자신감과 여건 등이 부족한 could not이다.

5. You could~, 실제성이 부족한 could 주기

You could: 실제성이 부족한 허용, 허락.

1) 조건 등이 필요한 청자에게 could를 주는 허용이다

여기에서 목적일을 이루는데 실제성이 부족한 could이므로 제반 여건(조건) 등이 필요하다.

could로는 실제적인 허용, 허락을 할 수 없으므로 화자는 주어에게 실제성이 부족한 허용을 할 때 부족한 부분을 채우는 조건이나 가능한 여건 등이 필요하여 조건 등을 걸고 허락을 한다.

○ You could go now if you like. 당신은 가고 싶으면 지금 가실 수 있어요. 여기서 could는 화자가 주는 허용의 could이며 실제성이 부족하므로 부족한 부분을 채우는 조건이 필요해서 조건부 허락을 한 것이다.

could절에 if조건절 함축에 대한 이해

could는 「실제적 can에서 끊어진 could」, 「끊어진 could」, 「실제성이 부족한 could」 등으로 정의했다. 이렇게 현재형 could 파워동사는 목적일을 달성할 실질적 파워가 부족하거나 목적 의사, 제반 여건 등이 없으므로 목적일을 달성하기 위해서는 그 달성 가능하게 하는 파워의 보충이나 목적 의사, 조건, 여건 등이 필요하게 된다. 그래서 보충되거나 필요한 조건, 여건 등이 목적 달성에 절대 필수 요소로서 작용한다. 이 부족한 파워에 조건이 첨가된다는 건 파워나 가능한 여건, 기회 등이 주어진다 거나 목적일이 이뤄질 수 있게 된다거나 목적 가능한 환경이 추가 조성된다거나 등과 같은 것이다. 그래서 실질적 파워에서 끊어져 있는 이 could의 표현은 만일 어떤 친구A가 "내일 저녁 내 생일 파티에 올 수 있어?" 라고 묻는다면 어떤 목적일 달성을 제안하는 것과 같고 제안받은 그의 친구B는 "글쎄… 나도 무척 가고 싶긴 한데… 아빠가 밤늦게 밖에서 놀고 오는 것을 안 좋아하셔서…"라고 망설인다면 그 목적일인 파티에 참석하고 싶어(목적일을 이루고 싶어) 아쉬워하고 있고 친구A는 "아빠께 잘 말씀드려 어떻게든 허락을 받아봐!" 라고 재촉하자 친구B는 "그래 아빠가 허락하시면 파티에 갈께!"라고 말하여 여건 등이 조성되지 않은 목적일 달성에는 조건이 필요하다고 단정하고 있다. 이처럼 주어진 목적일이 있고 그 목적일을 주어가 달성하고 싶은데 여건 등이 안되거나 파워, 능력, 여건 등이 모자라서 결국 목적일을 달성할 수 없을 때 우리는 그 목적 달성 가능하게 하는 필요한 조건을 제시하게 된다. 결국 could의 표현은 위상황과 똑 같은 의미가 함축되어 있는 것이고 만일 if조건절의 내용이 '일반적이거나 서로 알고 있는 내용이라면' 생략 가능하여 그 could에 함축되어 있는 것으로 간주하게 된다. 예) I **could** go to your birthday party, **if** my daddy give me an allow. 조건은 제반 여건들 중에 한가지이다.

○ You could ask me **before** you borrow my car. 당신은 내 차를 빌리기 전에 내게 물어봐도 돼요. 내 차를 빌리려면 그전에 요청할 기회를 준다(요청이 곧 허용하기)이다. '빌리려면'이라는 조건부 허용이다.

○ When you're finished the washing up you can clean the kitchen. Then you **could** iron the clothes, **if** you like. 당신이 세탁을 마쳤을 때 부엌을 청소할 수도 있고요(허용), 그리고 나서 당신이 원한다면 옷도 다림질할 수도 있어요(조건부 허용). - 일을 맡기는 허용 범위를 순서대로 하나씩 정해 주고 있다. 이 경우는 집안에서 일하려는 사람에게 할 일을 하나씩 차례로 허용해주는 것이다. 첫 can은 화자가 청소 허용 범위를 말하는 것이고 두 번째 could는 주어가 '목적 의사가 있다면'라는 조건을 걸고 주는 허용(could)이다. 즉 화자가 주는 일을 주어가 원한다면 목적으로 삼고 이룰 수가 있다고 조건부 허용을 말한 것이다.

○ There are a couple of things you **could** do for me **if** you're going into town. 만일 네가 마을에 들어 간다면 (그곳에서) 내 대신 네가 할 수도 있는 두 가지 일이 있다. - 화자가 주어에게 조건부로 주는 일이 두가지 일이며 이는 이룰 수 있는 일의 범위를 허용해주기(could 주기)이며 실제성이 부족한 could에 필요한 조건을 내걸고 주는 허용이다.

2) could를 사용할 새로운 목적일 알려주기(목적일 정보 주기)

새로운 목적일을 이룰 수 있는 실제성이 부족한 could가 있음을 알려주기, 즉 실제성이 부족한 could의 사용 정보를 알려주기는 마주보고 있는 청자에게 말하고 있으므로 「불명확하게 넌지시 새로운 목적일 정보 알려 주기」이다. 다시 말하면 화자가 알려주는 새로운 목적일에 사용할 could가 주어 내부에 있음을 넌지시 알려준다(새 일 정보 주기)이다. 결국 실제성이 부족한 could를 알려준다는 것이 could를 새로운 목적일에 사용해 볼 수도 있다(사용해 봐라)는 불명확하게 넌지시 알려준다는 것이 된다.

○ You **could** always try phoning her at the office. 너는 항상 사무실에 근무하는 그녀에게 전화를 걸어 볼 수도 있을 거다. 있겠다. 사실상 그녀에게 전화를 해봐라를 은근히 혹은 넌지시 불명확하게 알려 주기이다. - 화자가 알려주는 새로운 목적일을 이룰 수도 있는 could가 주어에게 있음을 알려 준다. 실제성이 부족하게 일 정보 알려 주기이다. Could는 주어가 사용할 could이므로 화자가 주어에게 사용할 could가 있음을 알려주기는 화자가 주어에게 알려주는 새로운 목적일과 그 일에 사용할 could가 주어 내부에 있음을 알려주는 새로운 일 정보 주기이다. Always try phoning her at the office가 주어에게 알려주는 새로운 목적일 정보이다. ★ You can~에서(내부 can)는 목적일을 할 수 있으니 사실상 꼭 해보라고 강하게 격려, 권장, 장려 하기이다.

○ We've come to see you, so you **could** at least stand and greet properly. 우리는 당신을 만나러 왔으니 당신은 적어도 일어서서 적절하게 인사할 수도 있겠네요. 사실상 적절하게 인사하세요를 은근히 넌지시 불명확하게 알려주기이다. 이는 청자에게 적절한

인사 예절을 갖추라고 알려준다이다. 인사를 해야 할 때를 모르는 주어에게 could를 사용해야 할 새로운 목적일이 있음을 청자에게 알려준다(일 정보주기). 실제성이 부족한 could의 사용 여부는 화자가 제시하는 목적일을 받아들이는 청자에 달려 있으므로 불투명하다.

○ You **could** look for a career abroad where technical jobs are better paid and more steady. 당신은 기술직으로 보수가 더 좋고 더 안정적인 해외에서 경력직을 찾을 수가 있어요. - 사실상 기술직으로 보수가 더 좋고 더 안정적인 해외에서 경력직을 찾아보라를 넌지시 불명확하게 알려 주기이다. 여기에서 실제성이 부족한 일 정보를 주는 현재형 could는 은근히 넌지시 불명확하게 알려주기이다. 화자는 주어에게 새로운 목적일을 알려주어 거기에 could를 사용하여 이룰 수 있다고 알려 주기이다.

6. Could I~?

제가 could를 사용할 수 있나요? 청자에게 화자가 could를 자신이 원하는 목적일에 사용할 수 있는지 묻는다. 그러나 could는 실제성이 부족한 could이므로 목적일이 청자의 권한 등에 있는지 없는지, 그래서 그 could를 사용할 수 있는지도 잘 모르면서 묻는다.

> 화자가 스스로 could를 자신에게 『임의로 붙이고』 그 스스로 붙인 could를 청자에게 사용할 수 있나요? 라고 묻는다. Could를 임의로 자신에게 붙인다는 것은 실제성이 부족한 could이므로 그 얻고자 하는 목적일을 이룰 수 있는 could를 가질 수 있는지도 불명확하다. 이유는 목적일이 청자의 권한에 있는지, 또 목적일이 가능한지 알 수 없으므로 혹시 could를 사용할 수 있는지 불명확하게 청자에게 묻는다. could을 덧붙인 사람은 화자이므로 화자는 실제적 can이 아닌 실제성이 부족한 could로 낮춰 붙이므로 스스로 그 작은 could라도 얻으려고 자신을 조심스럽게 혹은 예의 바르게 자신을 낮추고 상대적으로 결정권자일 수도 있는 청자를 높여 묻는다(1장 can I~? 와 아래 참고). 화자는 이 실제성이 부족한 could를 붙이고 사용할 수 있는지 물었다는 것은 청자가 목적일에 대한 능력(권한, 권리, 자격 등)을 가지고 있는지 알 수 없는 경우이거나 알더라도 자신을 낮추어 조심스럽고 예의 바른 질문 자세이다. Can I~? 는 그 목적일을 할 실제적 기회를 붙잡고 순수 능력, 목적 의사, 제반여건 모두 갖춘 실제적인 can을 당당하게 달라고 하며 요청하지만 could는 can보다 낮은 것이며 실제적 요건을 모두 갖추지 못한 것이므로 목적일을 할 기회 조차도 불명확한 것이어서 could I~? 는 실제성이 부족하게 즉 자신을 낮추어 조심스럽고 예의 바르게 묻는 것이 된다. 최소한의 요소를 묻는 것은 목적일을 이뤄줄 최소한의 could(뜻이나 여건 등)라도 가질 수 있냐고 낮추어 물어서 예의 바르고 조심스러운 질문이 된다. 또한 그 응답은 화자가 목적하는 일을 청자가 허락, 허용하겠다는 뜻이어서 can I~? 의 질문과 똑 같은 응답 효과가 나올 수 있다.

> 〈Can I 목적일?〉 비교 - ① 목적일에 대한 소유권이나 취득 기회를 붙잡고 can I ~? 청자의 소유권이나 권리, 자격 등에 대한 취득할 실제적 기회를 붙잡고(can을 자신에게 붙이고) 허용, 허락을 묻는다. ② 사용 기회를 붙잡고 can I~? 청자가 알고 있는 목적일에 실제 사용할 can을 붙잡고(실제 can 사용 기회를 붙잡고) 그 사용 가능 정보를 묻는다. 여기서 can을 사용할 수 있나요? 는 can의 사용 정보 묻기이다. 그래서 여기 예문들의 대부분의 can은 목적일의 가능 정보이다.

○ Could I have some more tea? 혹시 제가 차를 좀더 마실 수 있나요? - 청자에게 목적일을 할 수 있는 실제성이 부족한 could를 붙이고 물었다는 것은 차가 더 있는지도 잘 모르며 있더라도 청자의 소유에 있는지 아니면 먹을 수 있는지, 또한 그것이 청자의 권한 등에 있는지 등도 잘 몰라서 조심스럽고 예의 바른 질문이 된다. 즉 ★ 목적(차 마실)일에 허락, 허용 요청하는 질문에 실제적 can을 사용하여 질문해야 하지만 'can I~?'는 대놓고 당당하게 요청하는 것이지만 실제적인 can대신 could를 사용하여 자신을 낮춰 물었다. 다시 말하면 can으로 할 질문을 실제성 부족한 could로 질문하는 것은 can보다 could가 낮은 것이며 목적일에 대한 could의 존재가 불명확하지만 그 작은 것이라도 있는지 좀더 예의 바르고 조심스럽게 질문하기 위함이다. '혹시'라는 해석은 실제성이 부족하다는 뜻이다.

○ Could I stay here tonight? 오늘밤 혹시 제가 여기에 머무를 수도 있나요? - 화자가 실제성이 부족한 could를 임의로 자신에게 붙이고 물었다는 것은 목적일이 청자의 권한에 있는지 없는지도 잘 모르고 혹시 청자에게 있을 수도 있으므로 청자에게 자신을 낮춰 조심스럽고 예의 바르게 질문한 자세이다. 목적 일을 할 could를 얻을 수 있는지 실제성이 부족하게 질문한다. 즉 혹시 허락해줄 뜻이 있는지 묻는다.

○ He asked if he could have a dish of soup more. 그는 혹시 수프 한 접시를 더 먹을 수 있는지 물었다. - Could I have a dish of soup more?의 간접화법. 화자가 스스로 could를 자신에게 임의로 붙이고 그 붙인 could를 청자에게 사용할 수 있는지 실제성이 부족하게 질문한다. 즉 혹시 목적일이 청자의 권한에 있는지 잘 모르고, 있다면 화자가 먹을 충분한 여유가 있는지 수프 한 접시를 줄 의사가 있는지 등을 실제성이 부족하게 묻는다.

○ Could I borrow your pen? 제가 혹시 펜을 빌릴 수 있나요? - ★★ 화자가 스스로 could를 자신에게 임의로 붙이고 그 붙인 could를 소유권자인 청자에게 가져도 되나요? 라고 허락을 요청한다. could을 덧붙인 사람은 화자이므로 화자는 실제적 can이 아닌 실제성이 부족한 could로 낮춰 붙이므로 펜이 있는지 없는지 그리고 빌릴 수 있는지 잘 몰라서 스스로 그 작은 could라도 얻으려고 자신을 조심스럽게 혹은 예의 바르게 자신을 낮춰

여기고 상대적으로 결정권자인 청자를 높여 허락을 요청한 것이다. 즉 펜을 빌려줄 여건이 되는지 빌려줄 의사가 있는지 등도 묻는다. ★ 그 작은 could는 실제성이 없으므로 불명확한 could이고 실제적인 can보다 작다는 뜻이다.

○ 비교 - Can I borrow~? 은 화자가 스스로 자신에게 덧붙인 can이므로 can의 사용 기회에 can을 직접 붙잡고는 요청한 것이며 이는 화자가 목적일에 사용할 수 있는 실제적 can을 청자에게 요청한 것이기도 하며 또한 청자도 자신의 권한에 있는 can을 잘 알고 있으므로 화자는 대놓고 can을 허용해 달라고 요구하는 적극적인 요청의 뜻이 담긴다.

○ Could I speak to you in private a moment, Johnson? 존슨씨, 혹시 내가 개인적인 시간에 당신과 얘기 좀 할 수 있을까요? - 실제성이 부족한 could를 붙잡고 물었다는 것은 목적일에 대한 청자의 권한 등에 자신을 낮추어 조심스럽고 예의 바른 질문 자세이다. 그리고 얘기할 could(자격이나 기회)을 얻을 수 있는지 잘 모르므로 실제성이 부족하게 질문한다. 즉 혹시 청자가 요청받은 목적일에 대한 제반여건(허용 여건)이 되는지 허용 의사 등이 있는지 등을 묻는다.

○ I wonder if some time I could have a word with you. 혹시 언젠가 당신과 얘기를 나눌 수 있을지 궁금해요. - if I could~는 Could I~? 의 간접 의문문이다. 실제성이 부족한 could를 붙잡고 물었다는 것은 청자의 권리 등에 있는 목적일에 대하여 자신을 낮춰 조심스럽고 예의 바르게 질문하는 자세이다. 목적 일을 할 could(기회나 자격)을 얻을 수 있는지 실제성이 부족하게 질문한다. 즉 혹시 목적일에 대한 제반 여건이 되는지 목적일 허용 의사가 있는지 등을 궁금해한다.

○ Could we go outside just for a few minutes? 혹시 우리 잠시만 밖에 같이 나갈 수 있나요? 실제성이 부족하게 질문한다. 즉 목적일에 허용 의사가 있는지, 혹시 목적일에 대한 제반 여건이 되는지 등을 청자에게 묻는다.

○ Couldn't I watch you do it? 혹시 제가 당신이 하는 일을 지켜볼 수 없나요? - ★ 'Couldn't I~?'는 목적일 허락 요청에 먼저 거절의 가능성 입장에서 긍정적 접근 요청하는 것이다. 청자의 권한에 있는 일을 허락 받을 수 없는지를 묻는다. 즉 긍정적으로 허락해 달라는 뜻이다.

○ Well, if I could just interject. 글쎄요, 혹시 제가 말에 끼어들 수 있는지요… (= Could I just interject?) 혹시 목적 기회를 가질 수 있는지를 묻는다. 청자의 권한에 있는 목적일에 허락을 받을 수 있는지 예의 바르게 묻는다. 즉 대화에 끼워줄 여건이나 허용 의사가 있는지를 묻는다.

○ Could I stop you there? 혹시 제가 저기에서 멈춰 드려도 되나요? 목적일 허락을 요청. 운전기사가 청자의 권한에 있는 일에 could를 가질 수 있는지 묻는다. 목적일에 허용

의사가 있는지를 예의 바르게 묻는다.

○ Could I ask you if there have been some problems? 혹시 제가 거기에 어떤 문제가 있었는지 물어봐도 되나요? - 혹시 목적일에 허락을 받을 수 있는지를 예의 바르게 묻는다.

○ Could I talk to you for a moment? 혹시 잠깐 얘기할 수 있나요? - 화자가 스스로 could를 자신에게 덧붙이고 그 붙인 could를 가질 수 있는지 결정권자인 청자에게 허락을 요청한다. ★「Could을 스스로 자신에게(자신의 외부에) 붙였다는 것」은 '결정권자인 청자에게 화자가 말할 기회를 임의로 붙잡고' 그리고 자신이 원하는 목적일을 향하여 허락을 요청함을 뜻한다. 그러나 can이 아닌 실제성이 부족한 could를 붙였으므로 목적일에 대한 기회가 있는지 없는지 불명확하며 그 허락의 의사가 있는지도 불명확해서 실제성 부족하게 묻는다.

7. 제3자 주어의 could 사용 정보를 청자에게 알려주기

1) 주어의 일 정보를 실제성이 부족하게 알려 주기

주어의 일 정보를 실제성이 부족하게 알려 주기. 즉 어떤 새로운 목적일에 주어의 could 사용 정보 알려 주기이므로 사실상 could 사용 정보는 실제성이 부족하게 알려 주기이다. 실제성이 부족하게 알려주기는 넌지시 불명확하게 알려 주기이다.

○ Do you think she could be lying? 너는 그녀가 혹시 거짓말할 수도 있다는 것을 생각해 보고 있니? - 실제성이 조금 부족하게 새로운 목적일의 가능성을 알려주는 정보이다. 새로운 목적일은 be lying이다. 즉 사실상 그녀가 거짓말할 수도 있다고 넌지시 불명확하게 알려 주기이다. 그러나 여기서는 do you think와 결합해서 새로운 목적일을 알려주고 그녀가 거짓말할 수도 있다는 가능성을 생각해보고 있느냐? 의 뜻이다.

○ "Where's Sarah?" "She could be at Joe's place." "사라는 어디에 있니?" "그녀는 조네 집에 있을 수도 있겠죠. 조네 집에 갔을 수도 있다. - 조네 집에 있을 거다(she can be~) 이렇게 하지 않고 새로운 목적일에 대한 실제성이 조금 부족한 could 사용 정보를 주어 조네 집에 있을 가능성을 은근히 넌지시 불명확하게 알려 주기이다.

○ It could rain later this evening. 오늘 저녁 늦게 비가 올 수도 있어요. - 새로운 목적일을 실제성이 조금 부족하게 알려주는 정보이다. 실제성이 조금 부족하게 알려 주기는 새로운 목적일의 정보를 은근히 넌지시 알려주는 정보이다.

○ It could rain this afternoon. 오늘 오후에 비가 올 수도 있을거에요. - 목적일의 가능성 정보를 실제성이 조금 부족하게 알려주는 일 정보이다. 은근히 넌지시 알려주는 일 정보이다.

○ The range could do with being extended. 그 범위는 확장된 범위와 함께 포함될 수도 있다. - 포함 여부는 확정적이지 않은, 즉 실제성이 조금 부족한 현재형 could이며 주어의 새로운 목적일의 가능성을 은근히 넌지시 알려주는 정보이다.

○ Their wish was that a free and peaceful North Korea could be born. 그들의 희망은 자유롭고 평화로운 북한으로 거듭날 수 있기를 바라는 것이었다. - 실제성이 부족한 현재형 could. 즉 주어의 새로운 목적일의 가능성을 실제성 부족하게, 즉 은근히 넌지시 알려주는 정보이다.

8. Could 3자 주어~?

주어에게 목적일을 이룰 could가 있는지 실제성 떨어지게 즉 조심스럽게 묻는다. Can이 아닌 실제성이 부족한 could가 주어에게 있는지 묻는 것이 조심스러운 이유는 목적일에 대한 조금의 가능성이라도 알고 싶어서 묻기 때문이다. ① 청자에게는 목적일이 청자의 허락이 필요하거나 ② 청자가 목적일에 대한 정보 제공자이어서 묻거나 주어를 아는 청자의 의견을 묻는 것이다.

○ What about Sam? Could he come along too? 샘에 무슨 문제 있어? 게다가 그도 같이 갈 수 있을까? 목적일은 청자의 허락이 필요한 일이다.

○ Could she love him again? 그녀는 그를 다시 사랑할 수 있을까요? 여기 목적일은 청자가 목적일에 대한 정보 제공자이어서 묻거나 주어를 아는 청자의 의견을 묻는 것이다.

9. Couldn't- 비교급= 최상급. 최저(악)급

1) couldn't~more = 주어는 이미 「최대 한계 범위에 이르렀으므로」 '이보다 더 이상' 나아갈 수 없다

Couldn't는 더 이상의 범위 확대는 불가능하다, 즉 이미 최상급이다. 실제는 아무것도 달라지는 게 없다.

○ The rest of the players are a great bunch of lads and I **couldn't** be happ**ier**. 나머지 선수들은 대단한 무리의 젊은이들이어서 나는 이보다 더 이상 행복할 수가 없다. (이미 최고로 행복하다) - 'couldn't~ 비교급'은 더 이상 증가될 수 없는 최고의 한계 범위에 이미 있으므로 최상급의 의미로 전환될 수 있다. ★ Can이 아닌 could를 사용한 이유는 이미 최상급에 있으므로 '실제로 ~할 수 없다'가 아니고 '이보다도 더 이상 ~할 수도 없는 한계에 있다'이다. 즉 can을 뒷받침해주는 제반 여건의 반대 의미인 한계에 있다.

○ Darling Richard, I couldn't be more pleased for you. 여보 리처드, 나는 당신으로 인해 이보다 더 이상 즐거울 수가 없어요. (이미 최고로 즐거워요.)

○ I **couldn't** agree **more**. There's just far too much sex and violence on TV. 나는 이보다 더 이상 동의해줄 수가 없다(이미 할 만큼 다 해주었다). TV에는 참으로 너무 지나치게 많은 섹스와 폭력이 있어서이다. - 아무리 노력해도 자신이 동의해줄 최대 한계에 있다.

○ It **couldn't have been** a **more** restful vacation. 이보다 더 이상의 평안한 휴가가 있을 수가 없었다. (최고의 휴가였다).

○ The news **couldn't have come** at a better time. 그 뉴스는 이보다 더 이상 좋을 때에 도래했을 수는 없었다. - 최고의 타이밍(적기)이었다.

2) Couldn't~less(worse) = 주어는 이미 「최저(악)의 한계에 이르렀으므로」 '조금도, 전혀' ~ 할 수 없다. ~ 하지 않는다

'couldn't~ less(worse)'은 더 이상 악화될 수 없는 최저(악)의 한계 범위에 이미 있으므로 최저급의 의미로 전환될 수 있다. 실제는 아무것도 달라지는 게 없다.

○ I said I **couldn't** care **less** if I got paid triple time, I'm not coming in on a Sunday. 나는 만일 내가 3배의 급여를 받는다 해도 조금도 신경 쓰지 않아요. (그래서) 일요일에 출근하지 않아요. - 최소한(조금)의 신경조차 쓰지 않는다고 말했다. 조금의 ~조차 할 수 없다.

○ A lot of the students just **couldn't** care **less** about learning anything. Just의 위치. 많은 학생들이 어떤 것을 배우는 것에 조금도 관심을 갖지 않았습니다. 최소한(조금)의 신경조차 쓰지 않는다.

○ Things **couldn't** be **worse**, everything seems to be going wrong at once. 일들이 더 이상 나빠질 수가 없었다(최악의 상황이다), 모든 것들이 마치 한꺼번에 잘못되어가고 있는 것처럼 보인다. - 일이 이미 최악의 한계 상황에 있다.

E. Can보다 실제성이 부족한 추측; could 추측

현재형 could 추측이며 목적일(내용)을 화자가 잘 알고 있다는 can 보다 실제성이 조금 부족한 could 추측이며 「사실에서 끊어 진 could」이다. can의 추측에서는 추측하는 내용(목적일)이 자신이 잘 알고 있다고 자신하는 추측이지만 could 추측에서는 can과 다르게 자신이 알고 있는 것인지 '확신이 조금 부족하게' 서술한다. 실제적인 can은 잘 알고 있다고 확신하는 추측이 되지만 could는 can보다 자신감이나 확신이 조금 부족한, 즉 실제성이

부족한 추측이다.

could 추측은 실제성이 부족한 추측이므로 실제적 기회나 조건, 기타 여건 등 제반여건이 부족하거나 추측의 바탕(근거)인 자신이 알고 있는 정보 등이 부족해서 실제적인 can보다 확신이 부족한 추측이다.

= 추측에 쓰이는 be는 주어 + <u>파워동사 + be(have been)</u>~에서 쓰이나 파워동사는 추측의 확률을 나타내고 be~는 미 확인, 미 확정 사실의 존재를 말한다.

★ 〈우리말〉『~할 수도 있다』에서 '수도'의 '수'는 경우의 '수'이며 '도'는 여럿 가능성 있는 목적일들 중에 하나로 덧붙인(또, 도) 목적일이므로 선택의 범위에서는 넓으나 가능성에서는 낮아지는 목적일이다. 즉 아닐 가능성의 여지도 조금 있다는 뜻이다. 아래 그림은 모든 추측의 내용별 구분을 해 놓았으므로 반드시 기억해야 합니다.

현재	주어	1인칭	2인칭	3인칭	
모르는것 추측	주어에 대해 모르는 것 (보이지 않는 주어)	잊어버린 것 자신의 인식하지 못하는 것	가려진 (숨겨진 것)	보이지 않는 일	
				진행형 추측	결과적 추측

〈추측의 모르는 것들 내용별 구분〉

1. You의 가려진(숨겨진) 일·사실(be) 추측

Can보다 실제성이 부족한 추측. 마주보는 you를 추측하여서 you에 대하여 모르는 부분인 가려진(숨기는) 일/사실 추측이 된다.

○ You **could be** rich. 너는 부자일 수도 있어. - 가려진, 숨기는 주어의 재산을 추측한다. 또한 내용별 구분으로는 잘 모르는 주어이기도 하다. 이 문장의 올바른 해석은 네가 부자가 될 수 있다가 결코 아니다. 현재에는 추측을 뒷받침할 만한 외적인 제반여건(정보) 등이 부족한, 즉 실제성이 부족한 추측이다. ★ 실제성이 부족한 추측이므로 현재 확신이 부족하지만 부족한 만큼 또다른 가능성도 열어 놓는다. 즉 아닐 수도 있다가 조금 숨어 있다.

○ This **could be** the chance you have been looking for. 이것은 네가 찾고 있었던 기회일 수도 있다. - 현재에 외적인 근거나 정보가 부족한 추측, 실제성 부족한 추측이다. ★ 화자 앞에 맞이한 this는 그 실체(내용)이 가려진 주어이며 '이것은 네가 찾고 있었던 기회가 될 수 있다(can 추측)'가 아니고 즉 확신이 부족한 경우의 수의 하나로서 네가 찾던

기회일 수도 있다고 실제성이 부족하게 추측한다. 여기 추측 내용은 '잘 모르는 주어'의 추측이다.

2. 현재의 잘 모르는 주어를 추측

여기 could 추측은 ★「잘 모르는 주어」(혹은 「보이지 않는 주어」)를 추측하는 것이며 주어에 관해서 일부의 내용은 알고 있다하여도 전체적으로는 잘 모르는 주어이며 「그 주어에 관한 모든 구체적 정보(내용)의 등이 부족한 경우」이어서 화자가 추측의 근거나 자신이 잘 알고 있는지 등의 실제성이 부족한 추측이다. 즉 could 추측은 제반여건이 부족하고 추측의 바탕(근거)인 실제적 기회나 조건, 기타 여건, 자신이 파악하고 있는 정보 등이 조금 부족해서 can 보다 확신이 부족한 추측이다.

○ It **could be** weeks before the construction is actually finished. 그 건축이 실제로 끝나기까지 몇 주의 (작업) 시간이 걸릴 수도 있겠죠. 주어는 미래의 건축 공사 기간이므로 잘 모르는 미래 건축 완성 시간(주어)을 추측하는 것이다. 여기서 '~수도 있겠죠'는 '그럴 수도 있겠지요...'는 경우의 수 하나로서 실제성이 부족한만큼 다른 가능성도 조금 있다 이다. 즉 자신이 알고 있는 정보 등에 can보다 확신이 조금 부족하게 추측한다.

○ I'm sure John **could be** more careful when he's washing up. 나는 존이 씻을 때는 좀더 주의 깊을 수도 있을 거라고 확신합니다. 실제성이 부족한 경우의 수 하나로서 「잘 모르는 John」에 대한 정보 등에 자신 알고 있는지 can보다 확신이 부족하게 추측한다. 그러나 화자는 여기서 자신의 추측하여 주장하는 확률 정도에는 sure라고 확신한다. 그것은 추측이 100%는 아닐지라도 자신이 주장하는 추측의 정도만큼은 화자 자신이 확신한다는 뜻이다.

○ "I wonder where Tom is." "He **could be** in the library." "탐이 있는 곳이 어딘지 궁금하다." "그는 도서관에 있을 수도 있겠죠. - 보이지 않는 주어인 잘 모르는 주어에 관한 추측이다. 현재에 외적인 근거(제반 여건)나 정보 등이 부족한 추측이다. 그가 도서관에 있는지 어디에 있는지 실제적 정보가 부족하여 확신도 부족하게 추측한다. ★ 화자는 'can 보다 확신이 부족한 경우의 수의 하나로서' 그는 도서관에 있을 수도 있다고 추측한다.

○ He **could be** in Korea. 그는 한국에 있을 수도 있지요. - 보이지 않는 주어에 대하여 현재에 실제성이 부족한 즉 정보 등이 부족한 추측이다. 화자는 'can보다 확신이 부족한 경우의 수의 하나로서' 그는 한국에 있을 수도 있다고 추측한다.

○ He **could be** rich. 그는 부자일 수도 있지요. - 현재 잘 모르는 주어의 재산 상황을 추측한다. 현재에는 그 추측을 뒷받침할 만한 아무런 외적인 근거나 정보 등이 부족하거나 등 실제성이 떨어지는 추측이다. 화자는 'can보다 확신이 부족한 경우의 수의 하나로서' 그는

부자일 수도 있다고 추측한다.

3. 현재의 일을 결과적 존재로 추측

반드시 12장 have+pp을 먼저 학습한 후에 결과적 추측을 공부하세요. 화자가 「보지 못한 일들」을 결과적 입장으로 추측한다. 여기서는 현재형 could이다.

○ She couldn't have been more than thirty years old. 그녀는 나이가 30세 이상 더 먹었을 리가 없겠지요. - 주어가 살아온 세월은 화자가 보지 못한 일이어서 현재까지 살아온 주어의 나이를 결과적 존재로 추측한다.

○ The attractive characters he draws look like they could have walked out of the 1970s. 그가 그리는 매력적인 인물들은 1970년대에서 밖으로(현실로) 걸어 나온 듯한 (결과) 것처럼 보인다. 현재 작가가 만든 작품에서 창작한 인물을 작업한 결과적 존재로 현실이 아닌 작품속에서 실제성이 부족하게 추측한다.

≪파워동사≫ + have + 동결재~ ⇒ 결과적 추측

추측하는 것은 보이지 않는 일, 모르는 일 등을 추측하는 것이며 화자가 직접 인식하고 있는 범위 밖의 일들을 추측하는 것이다. 그래서 그 인식 범위 밖의 실제 현장과의 차이를 극복하여 사실에 근접하는 방법으로 파워동사를 사용하여 추측하는 것이다. 다시 말하면 추측은 화자가 직접 인식하고 있는 범위 밖의 일들을 파워동사를 사용해서 그 범위밖의 사실과의 차이를 극복하여 사실에 근접하려고 그 추측의 존재적 가능 정도의 관점에서 파워의 확률만큼 주장하는 것이다. 아래 그림에서 알 수 있듯이 주어가 I일때는 주어(화자) 자신의 잊어버린 일 등, 앞에 보고 있는 상대 you는 you가 드러내지 않고 숨기는 일 등, 그리고 3인칭은 보이지 않는 일 등이 추측의 영역들이다.

여기 추측에서는 주어가 행하는 일 등 모두 화자, 청자에게는 모르는 일이거나 보이지 않는 일 등이다. 다만 각 파워동사들의 역할은 주어가 이들 일들을 『실제 똑같이 실행했을 가능성의 정도(확률의 정도)』, 즉 주어가 목적일을 행했을 가능성을 확률의 정도로 표현하는데 그 확률의 정도를 파워동사로 표현하며 각각의 파워동사 만큼의 정도(확률의 정도)로 드러내 말한다. 이들 추측하는 일의 가능성 확률 정도는 수치화 되어 결코 단정적으로 말할 수는 없지만 close라는 학자가 1977년에 추측의 가능성 확률정도의 순서를 발표하였다.

★ **보이지 않는 일의 두가지 추측** – 보이지 않는 일은 과거나 현재, 미래를 사실상 두가지로 추측할 수밖에 없다. 하나는 마치 꿰뚫어보고 있듯이 진행형 추측하는 것이고 그 나머지는 진행형이 아닌 시간대에서는 모든 일이 끝났거나 이미 이루어진 상태이므로 have+pp형 추측이 된다. 화자가 주어를 보지 못하는 동안 일어난 일들은 진행형이 아니면 일의 결과적 입장에서 추측하여 말하게 될 수밖에 없다는 것이다. 물론 이 일들은 동사의 동작 등을 행하는 경우가 대부분이며 보이지 않는 일들이다. 예를 들어 주어가 현재 빵을 먹는다고 추측하게 되면 현재 빵을 먹고 있는 중이거나 이미 빵 먹기를 모두 마친 결과적 상태이거나 두가지 경우만 있게 된다는 것이다. 추측에서 파워의 사용자는 주어가 아니며 화자이다. 추측의 파워 사용자와 주어는 거의 대부분이 다르며, 같은 경우는 주어 I인데 이때 주어는 자신의 잊어버린 일들을 추측할 때이다.

또한 우리가 간과하지 말아야할 것은 최소한 주어가 하고 있는 목적일에 대한 정보나 정황, 기타 배경 등을 알아야 주어의 목적일을 제대로 추측할 수 있다. 그래서 주어의 스케줄, 계획, 습관 등에 일치한 타이밍에서는 진행형으로 추측할 수 있겠지만 그렇지 않을 때는, 다시 말해서 진행형이 아닐 때에는 주어의 목적일이 모두 끝나버린 상황이다. 주어의 목적일이 현재 모두 끝나버렸다는 것은 이미 진행의 타이밍이 지나버려서 추측하는 화자 입장에서는 목적일을 이미 끝나버린 그 일을 실행의 최종 결과적 입장으로 바라보게 된다는 의미가 된다. 그래서 추측은 현재의 시제에서는 위 두가지 형식으로만 추측할 수 있고, 과거시제에서는 결과적 진행형(파워+have been+~ing~: 과거 완료 진행)이나 결과적 추측이, 미래의 추측에서는 위 두가지인 진행형, 미래 완성 (료)이 있다.

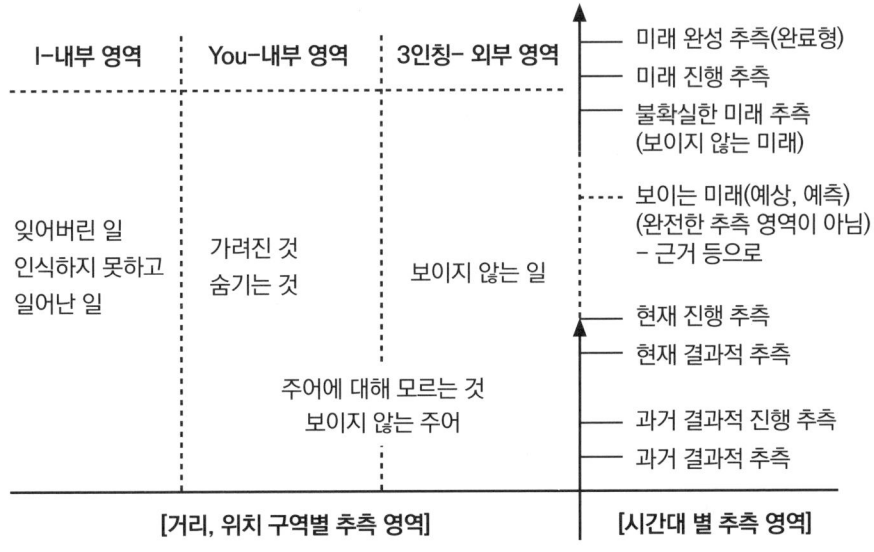

〈추측 영역 구분 – 모르는 것 추측〉

★ **결과적(완료) 입장에서 말하기** - 여기 화자와 주어 사이의 시/공간적으로 떨어져 벌어지고 있는 주어의 일들에 대해 화자가 그 알 수 없는 인식의 한계 범위를 극복하기 위하여 화자가 말하여 사용하는 방법으로서 『추측』을 하고 있다. 그 추측에는 인식의 한계를 극복해보는 구체적 방법으로서 두가지가 있다. 하나는 주어의 일을 마치 훤히 꿰뚫어 보듯이 말하는 ① 『진행형 추측 서술』이며 두번째는 화자가 '임의로 파워를 사용하여 결과적으로 말하기인 ② 『결과적 입장으로 말하는 추측』이다. 그 추측하는 일들의 결과적 입장은, 예를 들어 추측할 때 진행형이 아닌 시간대에는 주어가 행한 일의 존재를 나타내기 위해서는 어떤 사실을 했다, 안했다처럼 단정적인 서술을 할 수 없으며 그 일의 모든 과정이 「이미 끝나 있는 시간대」이므로 주어의 목적일을 이미 이루어 버린 『최종적이고 '결론적인' 존재 의미로 보는 것』을 결과적 입장이라 하며 진행형이 아닌 시간대라면 모두 결과적 입장으로 서술하게 된다. 과거, 미래에서도 두가지이다. 화자가 주어의 동작 등을 직접 목격하거나 실제의 사실을 알지 못하지만 추측 등으로 그 최종적이고 결론적 존재 의미로서 결과적 입장이 된다는 뜻이다. 따라서 화자가 주어와 시/공간 차이를 극복하기 위하여 '임의로 파워를 사용(접근 혹은 극복 수단)하여' 주어가 행한 일에 대하여 결과적 존재 입장으로 말하게 된다. 한마디로 화자가 언급하는 추측에서 노출되(드러나)지 않는 일의 결과적 존재 의미를 강조하는 행위이다. 여기에서 「임의의 파워 동사 사용은」 주어가 목적일에 실제로 사용하거나 사용할 수 있는 실제 파워 동사는 아니며 화자가 언어상으로만 임의로 사용하여 주장하는 추측의 존재 확률 정도를 하나의 파워동사를 선택하여 서술하게 된다. 다시 말하면 실제적으로 존재하는 파워는 아니고 언어상으로만 화자가 사용하는 파워이다. 그 선택 사용된 파워 동사는 그 추측의 존재 가능 확률 정도를 나타내며 화자가 추측의 존재를 주장하는 자신감 정도이기도 하다. '임의의 파워 사용'은 『비실제(비 사실)적으로 사용하는 언어뿐일지라도 여러가지로 사용하여 ① 추측에서 임의의 존재적 확률 정도를 주장하거나 ② 가정법에서 현실 문제를 가상 극복하는 수단이 되거나 ③ 과거 미사용 파워를 사용한 결과적 입장으로 만들거나 할 때 사용한다. 이것 들을 다시 표현하면(12장 참고) ⓐ 그 시/공간 차이 너머에 있을 수 있는 일을 추측, ⓑ 그 현실 차이를 초월하여 문제를 가상 극복해보는 가정 실현, ⓒ 과거와 현재 시간 차이를 넘어 과거 가능했던 일 등을 현재에 목적 달성한 결과적 입장으로 말해보기 이다. 즉 그 차이에 가려진 일들에 대하여 말할 때 '그 차이를 극복하는 수단과 방법'은 화자가 「언어로 임의의 파워를 사용하여」 만들어낼 수 있는 결과적 일을 결과적 입장이라 하며 주어의 입장이 아닌 화자의 관점이다. (보통은 주어가 사용하는 파워가 대부분이며 모든 일의 행위자는 대부분 화자가 아닌 주어이다. 주어가 행위자가 아닌 또다른 경우는 피동태 등 목적이 주어로 전용되어 사용될 때 등이다).

결과적 존재 입장으로 추측의 내용별 구분		
1인칭	2인칭	3인칭
자기도 모르게 일으킨 일	마주하는 청자가 이전에 일으킨 일	보지 못하는 동안 일어난 일
자기도 모르게 일으킨 과거의 일	청자가 보이지 않을 때 일으킨 과거의 일	보지 못하는 동안 일어난 과거의 일
보이지 않는 미래 일	보이지 않는 미래 일	보이지 않는 미래 일

〈결과적 추측의 내용별 구분〉

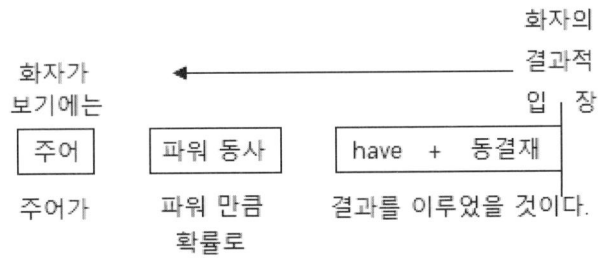

< 추측의 확률과 결과적 입장 >

★ 과거의 기준 시간과 현재와의 시간 차이가 벌어질수록 추측에서 사실에 근접하는 확률은 낮아지고 불확실성이 증가한다. 그러므로 과거에 보지 못한 일을 결과적 입장으로의 추측하는 것은 확신이 결여되게 추측할 수밖에 없다. 화자는 현재형 can 추측에서는 결과를 이룰 수 있는 현재의 모든 상황과 요소들을 파악하고 잘 알고 있다는 자신감과 확신하여 추측하여 곧 결과를 확인할 수 있다는 입장이며, 과거형 could 추측에서는 이미 사용해버린 파워이므로 과거 추측의 결과를 현재에 확인할 수 있다(can)고 장담할 수 없으므로 자신감이 결여되고 확신이 더욱 부족한 추측이 된다.

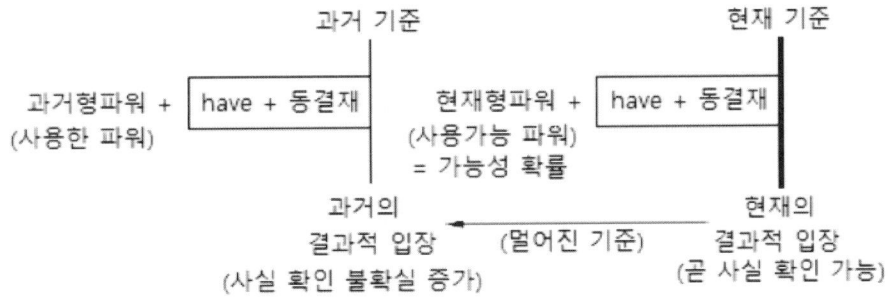

< 과거, 현재의 결과적 추측과 시간 변화에 따른 확률적 변화 >

4. 과거형 COULD have +동결재 ⇒ 과거에 보지 못한 일을 결과적 추측

〈「과거형 could」+ have + pp〉→ 과거에 보지 못한 일의 존재를 과거에 결과적 추측한다. 여기 화자가 과거에 보지 못한 일을 과거 결과적 존재로 추측하는 것은 위 그림에서 보듯이 「과거 어느 시점의」 주어의 보이지 않는 일을 결과적 입장으로 추측하는 것이다. 그러므로 추측하는 현재에서 멀어진 과거의 일을 결과적 입장으로 바라보는 화자는 현재에 그 결과를 확인할 수 없고 더욱 불확실성이 증가하여 확신하는 추측하기보다는 잘 알고 있다는 확신이 부족한 추측이 된다. 여기서 주의하고 봐야할 것은 현재의 일을 결과적 추측하는 경우는 현재형 파워동사를 사용하였지만 과거 일을 결과적 추측에서는 과거형 파워동사를 사용하는 차이이다. 현재형에서는 추측을 하였지만 아직 그 추측의 결과를 확인하지 않은 상황이지만 곧 결과를 확인할 수 있다는 입장이고 과거형에서는 그 추측의 결과를 확인 할 수 있다는 보장이 없는 것이다. 이유는 과거의 기준시간에 끝난, 즉 과거에 이미 사용해버린 과거형 could가 그 결과를 과거 기준시간에 확인하지 못하고 현재에 확인하기엔 늦었다는 것이다. 그리고 현재형은 아직 미사용이므로 나중에 그 결과를 확인 가능하다는 입장이다.

과거의 보이지 않는 일 추측에서는 과거형 could이며 추측하는 내용은 화자가 잘 알고 있었다고 주장하지만 추측하는 현재에는 그 결과를 확인할 수 없는, 즉 사실을 확인할 수 없는「사실에서 끊어 진 could」이다. can의 추측에서는 추측하는 내용(목적일)이 자신이 잘 알고 있다고 여겨 사실 일거라고 확신하는 추측이지만 과거형 could 추측에서는 can과 다르게 과거에 이미 완료되었으므로 그 결과를 현재에 확인할 수 없어서 자신감이나 확신이 can보다 조금 부족한 추측이 된다.

○ She couldn't have been more than 17 years old at that time. 그녀는 그 당시 나이가 17 세 이상 더 먹었을 리가 없었을 겁니다. 그녀는 나이가 17세 이상 먹었을 수는 없었 겠죠. 누군가가 그녀는 과거 당시에 17세가 넘었다고 하자 - 당시 나이 17세 이상이었을 리가 없었을 거라고 과거의 일을 부정적 결과로 추측한다. 지금은 그 당시의 그녀 나이를 확인할 길이 없는 상황이다.

과거 보이지 않는 일의 결과적 추측은 현재 보이지 않는 일의 결과적 추측과 형식상 큰 차이는 없고 파워동사의 시제인 현재형, 과거형만이 다르다. 그리고 이들 모두는 현재에서 보는 추측이기 때문에 현재에서 보는 과거 일의 결과적 추측이나 현재 일의 결과적 추측은 모두 과거에서 시작되었고 과거에 결과적이었거나 현재에 결과적이거나 두가지 경우이어서 이다. 다만 과거 일의 결과적 추측은 그 결과에 대한 사실 확인에 대해 현재에도 가능한지 보장이 없어서 불확실한 추측이 되며 확신도 줄어들게 된다.

○ He could have been in Korea in 1988. 그는 1988년에 한국에 있었을 수도 있겠지요... 그는 한국에 있었을 수 있다. - 여기 could는 과거에 결과를 이루는데 제반여건이나 상황

등을 잘 파악할 수 있는 과거 기준시간에서 멀어진 화자가 과거 일을 불확실하게 결과적 추측한다. 과거의 결과적 추측이므로 과거에서 이미 결과적인 것이 현재에서 보면 그것마저도 과거 일이어서 "~었을 수 있었겠다, 있었겠지요"라고 해석하는 것이 옳다고 본다.

○ She could have gone swimming that evening, I suppose. 내가 생각엔 그녀는 그날 저녁에 수영하러 갔을 수도 있겠지요 갔었을 수도 있지요. - 보지 못한 과거 일을 결과적 존재로 추측. 여기서 현재형 can을 사용했다면 '그녀는 수영하러 갔을 것이다' 등으로 해석할 수 있지만 could와 차이는 can은 잘 알고 있다고 확신하는 추측이며, could인 경우는 그 결과를 현재에 확인할 수 없으므로 can보다 확신이 부족한 추측이 된다.

○ Doctor told her the disease could have been caused by years of immoderate exercise. 의사는 그녀에게 그 질병은 수년간의 무리한 운동에 의해 야기되었을 수도 있다고 말해 주었다. 과거 주어가 피동된 결과적 입장으로 추측. 과거 피동태의 일을 과거에 이미 끝난 결과적 입장에서 추측한다.

5. 추측 의문 - 추측성 질문, 추측(could be)과 의문을 동시에 한다

의문은 청자에게 직접적인 사실(정답)을 요구하지만 추측은 답(사실)을 나름대로 근접하게 찾아가는 것이므로 의문과 추측의 결합은 청자가 정확한 답을 모르고 있다고 판단하더라도, 즉 답이 정확하지 않을지라도 화자가 제시하는 추측성 질문으로 나름 근접한 답이라도 알고 싶어 동의나 의견을 구하는 질문이다. 결국은 추측성 답일지라도 요구하는 질문이다. 주어를 잘 아는 자에게 물었다면 추측성이 아닌 정답, 곧 사실을 묻게 되는 차이다.

○ Could it be true? 그게 사실일 수 있을테지요? 사실이겠지요?

F. 역외의 개별 고유의 영역에서

- 파워 화자의 직접 영향권에서 벗어난 역외의 개별 주어의 고유한 영역들이다.
- 주어의 각각의 개별성은 일반적이 되고 could의 고유성은 원론적 서술이 된다.
- 개별(각각의) 주어가 내부에 가지고 있는 고유의 could이다. 잠재적이며 실제성이 부족한 could이다.

○ War could break out any day. (일반적) 전쟁은 언젠가 일어날 수 있다. - '기회가 되면' 이라는 조건이 필요해서 현재가 아닌 불특정한 미래를 광범위하게 언급하고 있으므로 실제성이 부족한 could이다. (일반) 전쟁의 속성이 가지는 고유의 could이며 원론적 서술이다. ★ 실제 우리 언어 표현은 했다(과거형), 한다(현재형), 할 것이다(미래형) 등으로

구체적 사실에 가깝게 표현하는 것이 원칙이지만 여기에서는 any day가 불특정한 미래를 광범위하게 표현하는 것은 미래에 기회가 되면 could가 발현하므로 미래에 잠재되었다가 발현하는 시간이 된다. 이는 실제 사실을 언급하는 표현은 아니고 원론적이거나 원칙, 이론 등에 많이 사용한다.

○ Most accidents in the home could be easily prevented. (일반) 가정에서의 대부분 사고들은 쉽게 예방될 수도 있다. 가정에서 일어나는 사고가 가지는 고유의 could이며 원론적 서술이다. 가정에서의 대부분의 사고들은 잠재적이어서 잠재적으로 일어날 could이다.

○ An improvement in living standards could be years away. 삶의 기준들의 개선은 수년 더 멀어질 수도 있다. (일반인) 삶의 기준 개선이 가진 고유의 could이며 원론적 서술이다. 삶의 기준들의 개선은 잠재적이어서 잠재적으로 일어날 could이다.

○ The Laws got a divorce when they could not make a go of their marriage. 법률은 그들이 (일반인) 그들의 결혼 생활을 이어 갈(지속할)수 없을 때 이혼을 정한다. - 이혼 법률의 내용에서 언급하는 고유의 could not이며 원론적 서술이다. 즉 결혼이 지속 불가할 때 가지는 could not이다. 모든 부부들에게 일어날 수 있는 이혼 법률의 잠재적인 적용 원칙이다.

G. 목적 대상으로서 주어

· 원래는 동사 동작의 대상인 목적어인데도 불구하고 문장 앞으로 나가 이들 목적어를 화제(표현)의 중심으로, 즉 주어로 서술하는 경우를 「목적 대상으로서 주어」이다. 이들 표현들은 한국어와 비슷하기도 하다.

· can절의 첫 그림 '화자 중심의 연결 영역 구분'에 표시된 '제3 중심'이 목적 대상으로서 주어에 해당한다.

· 이들 표현은 2장에서 자세히 언급했듯이 물건 도구, 시설 등을 사용자 입장에서 서술하는 것이어서 동사는 『작동, 사용 등의 동사』들이며 could는 실제성이 조금 부족한 『가능함』이다.

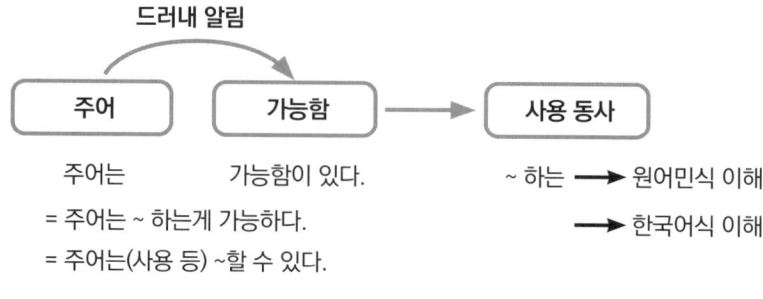

〈사용 목적 중심의 서술 이해〉

○ The batteries of future could fly even large airplanes. 미래의 배터리들은 대형 비행기조차 날릴 수도 있다. 사람들이 사용할 미래의 배터리는 아직 실현되지 않았으므로 대형 비행기를 날릴 수 있는지는 실제성이 조금 부족하다.

○ Hydrogen could be used as a fuel source in the future because it is the clean energy of the future. 수소는 미래의 청정 에너지이기 때문에 미래의 연료자원으로 쓰일 수도 있다. 사람들이 사용할 수소도 아직 연료 자원으로 완성되어 보급되지 않았으므로 미래에도 그 쓰임새는 실제성이 조금 부족하다.

○ Things could be better than we expected. 일들이 우리가 기대했던 것들보다 더 나아질 수도 있다. 일들이 실제로 나아질 수 있는 can이 아니고 나아질 수도 있다는 실제성이 조금 부족한 could이다. ★ 여기서 things는 사용 목적 있는 물건들이고 앞으로 사용해야 될 대상이므로 일들이라고 해석하는 것이 완벽한 해석이다. 이처럼 영어에서는 올바른 문법이 없이는 해석을 제대로 할 수 없는 표현들이 의외로 꽤 많이 있다는 것을 알아야 합니다. 많은 표현들이 제대로 해석조차 되지 못하고 억지로 잘못 암기되고 있는 게 현실입니다. 그래서 올바른 영어 교육을 위해서는 반드시 올바른 문법이 절대적으로 필요한 것입니다.

H. 가정 법에서

가상 조건 영역은 화자의 인식 현실 세계밖에 존재한다. 11장을 반드시 먼저 학습하세요.
모든 조건절에서의 파워 동사는 주어 내부에 있는 파워 동사가 된다.

1. 종존절(종속절)에서

종존절의 파워 동사 could, should, would 등은 끊어진 파워 동사이며, 이는 '기준 현실에서 끊어졌음'을 뜻하는 「가상의 파워 동사」이고 현재 가정법에서는 의미는 가상의 can, shall, will 등의 뜻이므로 실제로 ~할 수 있다가 아니라 (가상으로) ~할 수 있을 텐데요이다. 또한 과거 가정법에서는 사용한 파워, 즉 과거형 could의 뜻이므로 (가상으로) ~했을 텐데요이다. 다시 말하면 여기서 could는 가상의 can(could = 가상의 can)이므로 기준 현실에 끊어진 could이어서 현실에서는 아무것도 할 수가 없어서 가상으로만 ~할 수 있을 텐데요가 된다.

1) 현재 가정법에서

종존절의 could는 기준 현실 현재에서 끊어진 가상의 현재형could(가상의 can뜻)이며 가상의 극복 실현의 가능성을 말한다.

○ I knew that if I **spoke** to Jane, I **could** get her to call my father. 내가 만일 제인에게 말한다면 나는 그녀에게 내 아버지를 불러 달라고 할 수가 있다는 것을 알았을 텐데요. 기준 현실은 제인에게 말할 수 없다. 가상의 현재형 could이다.

○ If you**'re** not careful, you **could** find yourself without enough stock to fill the order. 네가 주의하지 않는다면 너는 그 주문을 충족시키기에 충분한 재고가 없게 된 네 자신을 발견할 수도 있을 텐데요. 기준 현실은 현재 주의하고 있다.

○ You **could** get a better job if you **spoke** a foreign language. 네가 외국어를 말한다면 너는 더 좋은 직업을 얻을 수도 있을 텐데요. - 현재 가정법이며 기준 현실은 현재임. Could는 기준 현실에서 끊어졌으므로 가상의 can 뜻이다. 즉 기준 현실은 현재 외국어를 말할 수 없다. 11장 참고.

○ He **could** borrow my car if he **asked**. 그는 그가 요청만 하면 내 차를 빌릴 수도 있을 텐데요. - 현재 가정법이며 기준 현실은 과거가 아닌 현재이다. 기준 현실은 현재 요청할 수가 없다. 기준 현실에서 끊어진 could이며 의미는 가상의 can 주기이다. 즉 가상의 could이다.

○ It **could** be quite frightening if you **were** alone in our big old house. 만일 네가 크고 낡은 우리 집에 혼자 있다면 무척 두려울 수 있을 텐데요. - 현재 가정법이며 기준 현실은 현재이다. 가상의 could.

○ **Could** he get another job if he **left** this one? 혹시 그가 이 일자리를 그만 둔다면 다른 일자리가 생길 수도 있을 텐데요? 가상의 could.

○ When you **were** in Spain, you **could** go and see George. 네가 스페인에 있다면 너는 조지를 만나보러 갈 수도 있을 텐데... - ★동사는 were를 사용하였음으로 if 대신 when을 사용한(흔치 않은 경우이다) **현재 가정법**이다. - 주어는 스페인이라는 장소에 있다면 이라는 가상 조건에서 알렉스를 만날 수 있을텐데라는 가상 실현을 말해본다. 여기서 could는 가상의 can뜻이다. 그러나 실제는 스페인에 있지도 않으며 알렉스를 만나러 가는 그 목적 실현은 불가능하다.

2) 과거 가정법에서

기준 현실인 과거에서 끊어진 가상의 과거형could이며 과거에 could를 사용하여 극복 실현을 이루었음을 가상해 본다.

○ He **could have been** Prime Minister now if he **hadn't decided** to leave politics. 만일 그가 정계를 떠나겠다고 결정하지 않았더라면 지금 즈음 그는 수상이 되어 있었을

텐데요. - could는 기준현실(과거)에서 끊어진 could이 과거형 could이다, 기준 현실은 과거에 정계를 떠나겠다고 결정(발표)해 버렸다. 즉 실제 성이 전혀 없는 즉 현실과 반대인 과거의 (가상) 결과 추측이다.

2. 가능한 가상 조건절에서(현재 가정법)

과거형이나 완료형을 사용한 일반적인 가상 조건이 아닌 「과거형 could를 사용한 '가상 으로 가능한 조건'」이며 현재 가정법이다. 이는 실현될 가능성이 현재에 전혀 없어서 가상의 could로 가정했다. 즉 현실과 반대로 가정했다.

○ It **would** be a good idea if you **could** do exercise twice or three times on separate days. 너는 각기 다른 날들에 두 배 세 배를 노력할 수 있다면 그것은 훌륭한 아이디어가 될 텐데요. 현실은 두세배 노력을 할 수 없다.

○ If I **could** afford it I'**d** have new car. 내가 만일 그것을 할 여유가 있다면 나는 새 자동차를 갖고 싶을 텐데요. 현실은 그것을 할 여유가 없다.

○ If only I **could** get some sleep, I **would** be able to cope. 내가 만일 충분한 잠을 잘 수만 있다면 나는 극복 가능할 수 있을 텐데요. 현실은 충분한 잠을 잘 수 없다.

○ If you **could** let us know your decision as soon as possible, it **would** be a great help. 만일 네가 너의 결정을 가능한 한 빨리 우리에게 알려줄 수 있다면 그 일은 대단한 도움이 될 텐데요.

4장 MAY

조동사의 새 이름
파워 동사
Power verb with meaning in use
and link relationship

4장 MAY

조동사의 새 이름
파워 동사
Power verb with meaning in use
and link relationship

4장
MAY

> ## MAY의 뜻
> - 모든 관리 중에 생기는 사용할 『기회』
> - 현실 관리 중에 있는 목적 일에 사용(실현)할 『기회』
> - 현실 관리 바탕에서 본 목적 일을 실현할 『기회』
> - 현실 관리 바탕 위에 있는 『기회』
>   − 기회는 사용할 수도 있고 사용치 않을 수도 있으므로 연결된 목적 일에 사용(기회 실현, 실행)은 유동적이다.

① 「관리자가 가진 내적 기회」.
② 「관리자가 남에게 주는 외적 기회」.
③ 「관리자적 입장에서 보는(혹은 알려 주는) 기회와 그 가능성」.

> ## 관리의 종류
> 1. **직접 관리** 재산이나 물건 등의 소유 관리, 권한 권리 등을 가진 직접 관리, 남으로부터 위임받은 위임 관리, 등.
> 2. **삶의 관리** 직접적인 권한이나 권리 등은 가지고 있지 않으나 자신의 주위에서 일어나는 일이나 주위 사람들과 자신이 부딪치고 겪는 모든 것들에 대하여 더 나은 삶과 원하는 길 선택과 유익을 위하여 모든 요소들을 관리한다. 지적, 경험적 판단이나 정보 등의 모든 관리.

관리자적 시각

화자 자신의 일이나, 관리자의 직책을 갖고 있거나, 자신의 소유를 지키고 관리하면서, 남의 일이나 외부 상황도 관리자적 시각으로 무관심하지 않게 계속적으로 지켜보고 '무슨 일이 생길지', 혹은 '앞으로 어떻게 되어갈지', 그리고 직접 보지 못한 일은 '어떻게 되었을지(추측)' 등을 항상 현실적인 근거나 증거 등을 바탕으로 「일어나는(발생하는) 일의 기회 가능성」을 관리자적 시각으로 바라봄을 말한다. 미래 일도 그 가능성 등을 추정하여 그 어떤 일에도 대비하는 자세를 갖는다.

관리(능)력 이란?

자신에게 주어진 모든 기회에서 현실적으로 최선의 길, 좋은 길을 선택할 줄 아는 자기 관리(능)력. 예를 들어 자신의 재산을 잘 관리해서 최고의 수익을 얻어내는 관리나 자신의 스케줄을 잘 관리해서 최적의 삶이나 효율을 이끌어내는 것도 하나의 관리능력이다.

관리상의 기회(관리와 기회의 관계)

현대시대에서 우리는 돈이 있어야 쓸 기회가 있고 도구가 있어야 사용할 기회가 있다. 예쁜 옷이 있어야 입을 기회도 있다. 오늘날은 소유자가 사용기회를 가지고 있다. 그러나 매우 가난한 예날에는 모든 게 부족하고 궁핍했다. 그래서 많은 것들을 나눠 쓰고 같이 사용했다. 그때마다 빌려 쓰거나 관리하는 자가 실제적인 사용 기회가 있는 것이다. 그래서 오늘날에도 모든 사용 기회는 사실상 소유자보다 직접 관리자가 당장의 사용기회를 가지고 있게 된다. 그러므로 관리는 기회가 생성되는 뿌리이며 기회가 존재하는 바탕이며 여기 영어 문법에서 말하는 기회의 근거가 되기도 한다. 그래서 관리 바탕의 기회, 관리상의 기회라 표현한다.

현실관리란

한마디로 모든 관리를 통틀어 현실 관리라 칭한다. 우리는 이세상을 살면서 아침에서부터 잠을 깨어나야 할 기회가 있고 더 잠을 자야 할 기회도 있다. 그리고 식사할 기회도 있고 거부할 기회도 있다. 자신의 일을 할 기회도 있고 미룰 기회도 있고 놀러갈 기회도 있으며 하루 스케줄을 선택할 기회도 있다. 친구를 만날 기회도 있고 기피할 기회도 있다. 식당에 가더라도 메뉴를 선택할 기회도 있다. 하루하루 순간 순간이 삶의 현실이고 삶의 선택이고 삶의 기회이다. 결국 우리의 선택과 그 선택의 기회, 그리고 목적을 이룰 기회는 우리의 삶을 관리하는 현실적인 바탕위에 존재한다. 인간이 이 세상에서의 삶은 모든 현실적인 관리속에 이루어지는 것이고 그것은 인간이 다른 동물들과 달리 가진 지적이며 본능적인 관리의 생활이다. 인간이 현실적인 관리 중에 선택하게 될 모든 일에는 그에 앞서 복수의 기회들이 존재했고 그 중에 하나의 기회를 선택하여 삶이라는 일을 실천하였고 그 기회는 자신의 현실 삶의 관리 중에 발생한 것이며 자신의 원하는 바를 이루는 기회이다 소유물, 부동산 등 소유재산은 소유할 뿐만 아니라 동시에 관리하는 대상이고, 실제 관리 직책, 가지고 있는 근거나 증거, 자료, 자신의 삶에서 마주하는 사실, 실제 상황, 자연, 시간, 스케줄, 사람들, 그리고 삶의 목표와 그를 위한 노력 등도 관리의 대상이며 우리 삶의 현실 요소들이다. 이들의『모든 관리가 현실적인 모든 기회를 만들어 내기도 하고 사용할 기회의 바탕이 되므로 이런 기회들을 만들어내는 모든 것들을「현실관리」라 명명한다.』이는 영어의 본질에 맞게 그 생성원리에 맞게 설명하기 위한 것이며 우리 삶에도 적용 가능한 것이다. 그리고 이 책에서 어떤 관리인지를 구체적으로 설명하기 애매할 때를 통칭하여 현실관리라 이름을 짓는 것이다. 그리고 이들 현실적인 바탕의 성격을 현실성이라 한다. 참고로 명심해야 할 것은 많은 기회란 자유가 있어야 하고 또한 능력이 있어야 한다. 또한 우리가 꿈꾸는 세상은 수많은 기회와 자유이다.

실행(사용) 기회의 확률

여기서 기회란 주어가 가진 목적 기회를 실행(사용)할 수도 있고 실행(사용)하지 않을 수도 있는 기회를 말한다. 주어 앞에 직접 맞이한 복수의 기회들 속에서 선택한 최상의 기회이거나 주어가 처한 상황에서 가지게 된 기회지만 목적일을 향한 그 단일 기회를 실행하느냐 마느냐 기로에 있어서 사용확률은 50%이다.

■ **파워동사의 연결 확신의 정도 순서(Close, 1977:273)**

→ might be, may be, could be, can be, should be, ought to be, would be, will be, must be(단정추정), 100%. .

적용과 전개

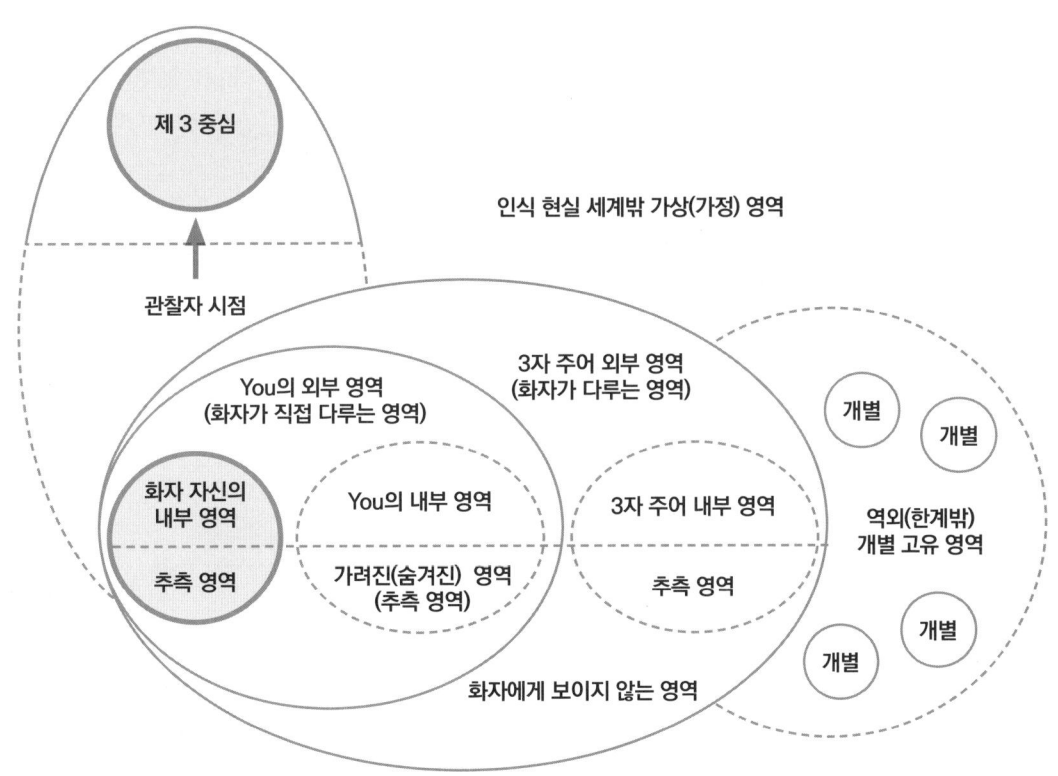

〈파워 화자 중심에서 연결 주어의 서술 영역들 구분〉

★ 이 그림은 이 책에서 설명하는 파워동사들의 대표적인 서술 패턴들을 나타내고 있다. Must와 시간의 변화에 따른 서술들을 제외하고 현재형을 기준해서 이 책의 거의 모든 서술 표현들이 이 패턴에 포함되어 절대 중요하므로 반드시 기억하고 이 패턴대로 구분하며 학습해야 합니다. 그리고 파워 화자 중심 영역에서 다른 영역으로 파워 영향이 확장

하여 서술하는 구조이다. 다시 말하면 모든 언어 표현은 화자 중심관점에서 말하게 되며, 이 책에서 언급하는 '파워를 가진 화자'가 서술하는 모든 주어에 대하여 그 주어가 파워를 가지고 있든 아니든 영향력이 미치게 되든 영향력 밖에 있게 되든 그 대표적인 주어들의 서술을 이해하기 쉽게 그림으로 구조화한 것이다. 4장을 읽고 소단원의 전체적 전개 양상을 이해하면 이 그림도 이해할 수 있어요.

A. 화자 중심에서 -여기서 화자는 자기 관리자

1. 관리자인 화자가 「자신의 may」을 드러내 서술 (내부 May를 드러내기)

May는 관리자의 현실 관리 중에 발생하는 사용 '기회'이다.

화자 자신은 자기 삶이나 돈, 시간, 소유물, 권한, 권리 등을 가진 관리자로서 그 관리 대상을 관리하는 중에 발생한 기회는 어떤 일에 사용할 기회가 된다. 그 관리 대상(예, 돈)을 무엇에 사용하는가는 그 일을 목적일이라 하며 「그 목적일에 사용할 기회가 있을 때」를 『~할(일)지 모른다』고 한다. 주어의 목적일은 확정된 일은 아니지만 관리적 차원에서 목적일을 향해 자신이 가진 「기회를 드러내」 사용의 가능성을 알려 주기」이다. 화자 자신의 일을 관리하면서 미 확정 미래에 자신에게 무슨 일이 생길지 등 자신의 스케줄과 여러 가지 자신의 모든 일들을 고려하여 어떤 일을 하여야 좋을지 고민중에 한가지 일을 선택하여, 그 목적 일에 「기회의 사용 가능성」 언급한다. 그 기회의 사용 가능성은「관리자로서 최선으로 선택한 목적 기회임 알려 주기(서술)」이다. 그러므로 may는 현실적인 가능성 있는 기회, 현실성 있는 기회이다.

may의 서술 행위를 그림으로 표현하면 아래와 같아요.

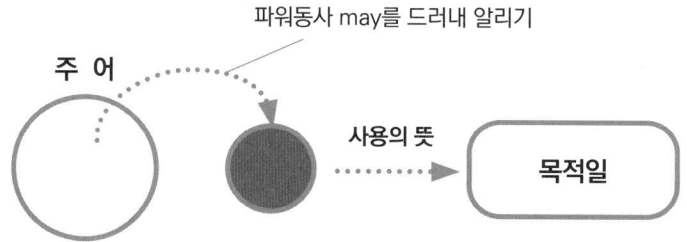

이 서술의 정의에 대하여 반드시 이해하고 기억해야 합니다.

〈주어 내부의 may를 드러내 사용의 뜻을 알리기 = 서술〉

★ 주어 내부에 있는 모든 파워동사의 서술은 위 그림과 같아요.

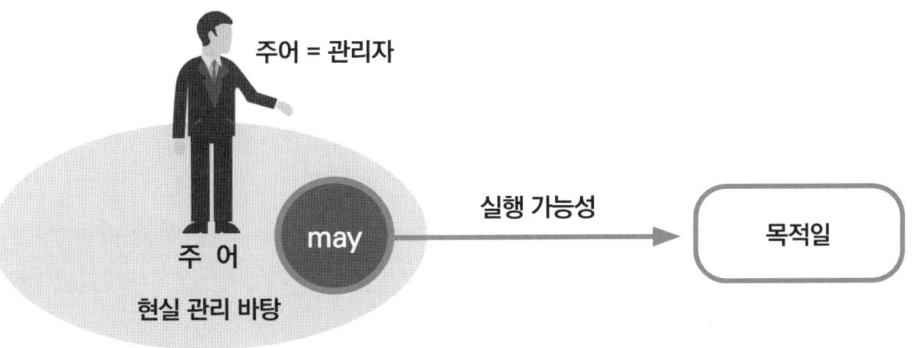

(재산, 권리, 권한, 사실, 자료, 상황, 조건등)
- 현실 관리 바탕 속에 있는 내부 잠재된 may -

〈I may + 목적일〉

기회 (사용, 실현, 실행) 가능성이란

기회가 목적일에 당장 사용할 수 있는 직접 연결된 기회가 아닌 경우, 즉 미래에 있는 경우는 '연결 가능성 있는 기회'이며, 화자는 그 '기회 사용 가능성'을 현실 관리를 바탕(근거)으로하여 알려준다. 또한 기회는 미래에 사용할 수 있는 동사에 직접 연결되어 있지 않으므로 현재 관리 속에 잠재된 기회는 미래의 동사에 사용 가능성으로 남아 있다.

나는 여기서 may+동사~를 해석할 때 ~지도 모른다, 혹은 ~수도 있다, 등 으로 해석하였다. 그것은 우리말의 '~ 수(도)'는 이곳 영어의 파워 동사들을 학습해보면 알겠지만 다양하게 사용되고 있는 것을 발견할 수 있다. 구체적으로 『우리 말 '~할(일)수(도)'의 수는 기회, 방법, 경우, 가능성, 등의 여러 가지 의미로 사용되고 있다.』 그러므로 이것들 중 어느 것으로 해석하는지는 그 문장의 의미에 가장 가깝게 사용되기도 하고 둘 이상 다 같이 사용할 수도 한다. 여기에서 언급하는 기회는 목적일에 사용할 수도 있고 사용 아니할 수도 있으므로 '주어는 기회 사용의 양자 택일의 입장에서 어느 쪽에 치우쳐 말할 수 없으므로 목적일에 (사용)할지도 모른다'고 해석하는 것이다. 결국 주어가 가진 기회는 대부분 『~할(일)지도 모른다』고 해석한다. 가령 어린 자녀에게 아빠를 더 좋아하니 아니면 엄마를 더 좋아하니라고 묻는다면 그 자녀는 잘 모르겠다고 말하는 게 최선의 대답이듯이 '~할(일)지도 모른다'는 가장 중립적인 대답이다. 그러므로 may의 사용 확률은 중립적인 50%이다.

○ I may see you tomorrow. 나는 내일 너를 만날 수 있을지 모른다. - 나는 내일 너를 만나는 「일을 (행)할 기회가 있을지 모른다」. 여기서 목적일을 할 기회는 『목적일에 사용할 기회』이다. 자신의 스케줄 등 관리를 통해서 미래 목적일에 대한 기회의 사용 가능성이 있음을 말한다. 여기서 가능성은 목적일에 대한 직접(당장) 사용 기회가 아니고 떨어져 있는 미래에 목적일이 있으므로 그 기회의 실현(행)은 가능성으로 남는다. 그러므로

화자가 ★ 목적 일을 실현할지 안 할지는 확률 상 1/2이며 50%이다. 모든 기회(may)는 관리 대상을 관리하는 중에 발생하는 사용 기회이다. 즉 관리는 바탕이고 기회는 그 관리 위에 존재한다(바탕과 존재(물)의 원리).

○ I may go to London tomorrow. 나는 내일 런던에 갈지도 모른다. - 나는 내일 런던에 가는 일을 (행)할 기회가 있을지 모른다. 주어 자신의 현실(삶) 관리를 바탕으로 본 미래 목적 기회 가능성이다. 미래에 기회 실현 가능성은 화자 자신이 갈 수도 있고 안 갈 수도 있으므로 실행할 가능성은 각각 50%이다.

> 우리말의 '~할지도 모른다'는 글자 그대로 '실제 모른다'는 뜻이 아니고 주어가 '목적 일을 할지도 아니할지도 모르는' 「기회 사용의 양쪽 갈림길에서」 화자는 어느 쪽인지 분명한 방향을 말하기보다는 중립적이고 책임감이나 부담을 덜기 위하여 그 두 가지 경우에서 어느 쪽으로 선택할지 불분명한 입장으로서 「모른다」는 표현을 사용하고 있다.

○ I may fly to Amsterdam on Tuesday. 화요일에 나는 암스테르담으로 비행기타고 갈지도 모른다. - 화자가 자신의 일이나 스케줄 등 관리에서 그 관리를 바탕으로 본 미래 목적의 실현 기회 가능성이다.

○ "What are you doing at the weekend, Olivia?" "Oh, I may go to Scotland- or I just might stay at home." 주말에 뭐 할거니, 올리비아? 아, 스코틀랜드에 갈지도 몰라. 아니면 그저 집에 머물 수도 있고. - 생활의 관리를 통해 보는 미래 여행 기회 사용 가능성이다. ★ 화자는 자기 자신의 삶의 관리자로서 현재 스코틀랜드에 갈 계획 등을 세우고 그 기회 가능성을 말해주고 있으며 집에 머물겠다는 생각은 많이 없는 상태다. 여기서 주말 계획에 대하여 미확정 계획이어서 그 계획을 미래의 여행 기회로 보고 있는 것이다. 그래서 주말이 되면 그 기회를 최선의 선택 기회로 활용하고 싶은 것이다. 그리고 만약의 경우를 생각해서 세워 놓았던 계획이 바뀐다면 집에 머물 수도 있겠다고 말한다. 그런데 보통 계획은 실천을 크게 염두에 두고 하는 것이지만 여기서는 자신의 현재 모든 일을 고려해 볼 때 스코틀랜드에 갈 가능성 확률이 상대적으로 높다고 보기 때문에 will이 아닌 may을 사용하여 자신의 미래 일을 말해주고 있다. 여기서 현실관리 바탕에 있는 may가 아닌 might는 현실관리 바탕에 있지 않은 화자 주관적인 견해로 보는 기회이다. 그러므로 주관적인 견해의 기회는 불확실한 기회이다.

○ We may have some rain today. 우리는 오늘 약간의 비를 맞을지 모른다. - 오늘 목적일에 대한 기회 가능성이 있다고 말한다. 화자가 비가 온다는 일기예보를 알고 있거나 해서 자신들의 일정 관리를 고려해 볼 때 비를 맞을 수도 있다고 한다. Have는 사적인 영역 서술에 사용한다.

○ We may go climbing in the Alps next summer. 우리는 내년 여름에 알프스 산을

올라갈지도 모른다. - 생활의 관리자인 화자가 내년 계획의 관리를 바탕으로 볼 때 내년 알프스산에 올라갈 기회 (사용) 가능성이다. - 실현 기회는 현실적인 관리 속에 있다. 여기 we는 화자가 대표로 말하고 청자는 we에 포함되지 않는다.

○ I may be back next month. 나는 다음달에 돌아올지 모른다. 돌아올 수도 있다. - 자신의 일정 관리를 바탕으로 본 미래 기회 가능성이다. 화자는 떠나면서 현재 자신의 모든 일을 고려해 볼 때 내년에 돌아올 기회 가능성이 있다고 말한다.

○ They, **I may say**, are some dependable men. 내가 말해볼 수 있는 것은 그들은 어느 정도 믿을 수 있는 사람이다. - 화자는 평소에 관리적 눈으로 두 사람을 관찰해온 견해로 말하기이다. - 자신이 그들을 관찰해온 인간 관계의 관리적 견해로 보는 기회에 그들에 대해 말하고 있으며 믿을 수 있는 사람이라고 단정적으로 말하지 않고 있으며, 오직 자신의 관리적 경험에 바탕을 둔 사실임을 말해주고 있다.

2. May you~?

「너는 may가 있니?」가 여기서 may의 의문 서술이다.

① 외부에서 허가된, 허용된 may가 있는지를 묻기. ~할 기회(자격, 권리)를 가지고 있니? ~하려고 하니? ~할 자격(외적 허가된 기회)이 있니? 화자가 제시하는 일(목적일)에 사용할 외적 기회가 주어에게 있는지를 묻는다.

② 내부에 may 있니? ~할 목적 기회를 너는 내부에 가지고 있니?

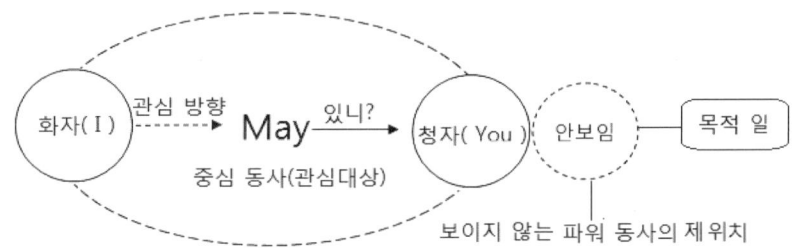

< 관리자인 청자에게 제시하는 목적의 **may**가 있는지 물음- **May you ~?** >

1) 외부에서 허가, 허락된 may가 있니?

○ May you park on both side of the road here? 너는 여기 길 양쪽 옆면에 주차해도 되나요? 주차할 수 있나요? - 청자는 차량 관리자, 즉 운전자이며 운전자의 차량 관리 목적인 주차 일을 캐묻고 있다. 남이 하려는 목적일의 기회, 즉 허가, 허락된 외적인 may 있는지를 묻는다.

2) 내부에 may 있니(~할 거니)?

즉 너는 (내부에) 목적일에 사용할 기회를 가지고 있니?

○ May you go camping this summer? 너는 이번 여름에 캠핑 가려고 하니? 캠핑 갈 계획이니? - 너는 목적일(여행)을 할 관리적 기회(계획)를 내부에 가지고 있니? 이다. 남의 개인 스케줄 관리 정보(계획 등)를 캐묻기이다.

○ Do you think you may go camping this summer? 너는 올 여름에 캠핑을 갈 수도 있다고 생각하니? 'May you go camping~?'의 간접 화법의 한 형태이다. - 주어에게 자기 자신의 목적 일에 대한 기회를 (내부에) 가지고 있다고 생각하는지를 묻는다.

3) 추측성 질문

파워 화자의 관리적 판단으로 잘 모르는 목적일이나 대상을 추측성 질문한다.

○ May you be my loving you? 당신은 내가 당신을 사랑하는 거라고 여기겠지요? 사랑한다고 여길 수도 있지요? 내가 당신을 사랑한다고 주어가 추측하므로(내부may) 화자는 관리적 판단으로 보아서 그럴 기회가 있을 거라고 추측하는 것이 된다.

3. I may not

주어가 가진 기회를 목적일에 사용하지 않을 가능성이 있음을 알린다. 즉 목적일에 기회 사용을 부정적 견해로 바라보고 있다. 또 다른 한편으로는 제시된 일이 주어의 목적일이 안될 가능성이 있다고 부정적 입장에서 말해주고 있기도 하다. 그렇다고 안 하겠다고 부정하는 것도 아니다. 할 수도 있고 안 할 수도 있는 중간적 입장이지만 부정적 전망으로 바라보고 있다.

○ I may not go fishing tomorrow. 나는 내일 낚시를 안 갈지도 모른다. 안 갈 수도 있다. - 예를 들어 친구가 같이 낚시하러 가자고 제안하고 낚시하러 갈 기회를 바라보고 있는데, 거기에 화자는 자신의 관리하는 일들을 고려하여 낚시를 안 갈지도 모른다고 그 제시된 일에 기회 사용 가능성이 없을 수도 있다고 부정적 입장에서 말해주고 있다.

4. 자신의 잊어버린 것과 자신도 모르게 일으킨 일을 추측

자신이 잊어버린 것들과 자신도 모르게 일으킨 일을 추측한다. 잊어버린 것도 모르는 것이다.
★ 여기 may 추측은 관리적 판단으로 보아 그런 기회가 있을지도 모른다, 그런 기회가 있을 수도 있다는 추측이다.

① 자신이 잊어버린 것을 추측한다.

○ I may be almost 60, but there's not a lot of things I've forgotten. 나는 나이 60이 거의 다 됐는지 모르지만 내가 잊어버린 일들은 많지가 않다. - 자신의 잊어버린 나이를 추측. - 자신의 신체를 관리적 판단으로 보며 나이를 추측한다. 자신을 추측하는 경우는 may가 유일하다.

② 자신도 모르게 일으킨 일을 추측한다. 이것은 자신이 인식하지 못하고 일어난 일이기도 하다.

○ I may have lost my wallet in the market today. 나는 오늘 내 지갑을 시장에서 잃어버렸는지도 모른다. 자신도 모르게 일으킨 현재 일을 결과적으로 추측한다.

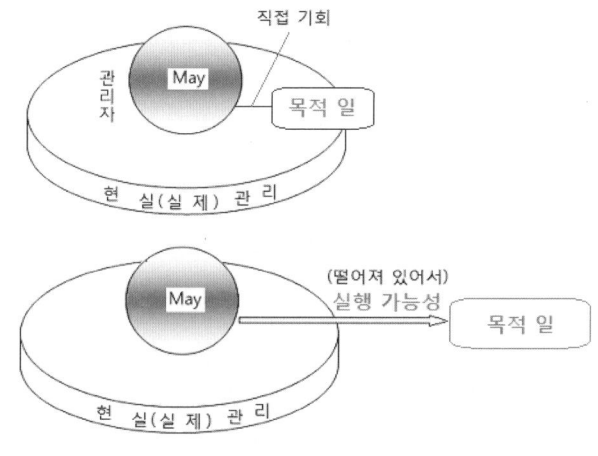

< 직접 기회와 실행 가능성 있는 기회 >

관리와 기회의 관계

관리 중에 발생하는 기회는 그림으로 보면 위와 같다. 그래서 둘의 관계는 뗄 수 없는 관계이며 관리는 기회발생의 바탕이고 기회는 그 바탕위에 존재(발생)한다. 또 다른 기회도 발생할 수는 있지만 그것은 우연이거나 외부에서 오는 간헐적 불확실 기회는 여기서 다루는 내용이 아니며 may와도 전혀 관계가 없다. 이 둘의 관계를 잘 이해해야만 이 may를 제대로 학습할 수가 있다.

B. 청자 영역으로 확장 연결

1. 화자가 주어에게 may을 「직접」 넘겨 주기

〈허락, 허용〉 화자는 **직접 관리자**이며 관리자 앞에 있는 주어에게 원하는「목적일을 (에 사용)할 수 있는 직접적인 기회를 주기, 즉 허용, 허락」이다. 화자는 여기서 소유(권리)자이거나 위임(탁)받은 직접 관리자이다. 기회를 청자에게 원하는 일에 『사용하라고 주는 것』이다.

그러므로 그 기회를 받아 사용할 자에게 초점을 맞추면 청자 중심의 서술이 된다.

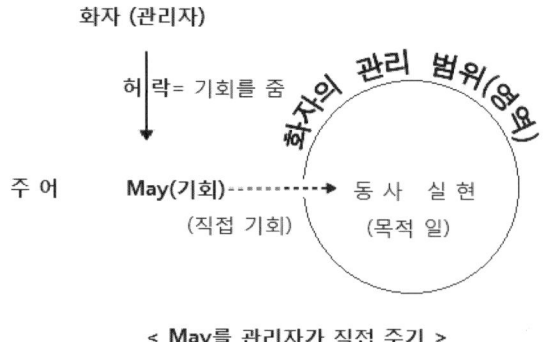

< May를 관리자가 직접 주기 >

화자의 관리 범위에 있는 목적일의 기회를 직접 허용, 즉 해도 된다(may을 주어에게 직접 넘겨 주기- 관리자로서의 기회를 허용).

〈화자가 가진 파워 동사를 주어에 넘겨 주면서 사용하라고 파워 연결 – 주어와 목적일 사이 연결〉

★ 목적일은 화자가 직접 관리하는 범위내에 있다.

○ You may go whenever you like. 너는 네가 원할 때 언제든지 갈 수 있다. - 언제든지, 즉 주어가 목적(go) 실현 의사를 가질 때 언제든지 기회를 주기(허락)이다. 주어가 가는 (go) 권한은 화자가 가지고 있다.

○ You may borrow my book so long as you promise to return it tomorrow. 너는 내 책을 내일 돌려주겠다고 약속하는 한 그것을 빌려 줄 수 있다. – 책 관리자가 내세운 조건을 만족할 때에 목적 기회를 직접 주기(허용)이다.

○ Thank you, you may go now. 고마워, 이제 너는 가도 된다. - 직접 go의 기회를 주기 (허용)이다. 청자는 화자의 관리 하에 있다. 그래서 대략 일터에서 관리자가 하는 말이거나 부모가 자식에게 하는 말일 수도 있다. 청자가 원하는 가기를 허용한다.

○ You may start writing now – the examination will finish **in** three hours. 지금 쓰기를 시작해도 됩니다, 시험은 세시간 후에(후면) 끝날 것입니다. - 시험관(관리자)의 직접 기회 주기(허용, 허락)이다. - 미래시간에서 조건이 되는 in.

○ If you are hungry, you may now have some food. 네가 배고프다면 너는 지금 식사를

해도 된다. - 화자는 음식 주인(음식 관리자)이며 청자에게 먹을 기회를 주기(허락, 허용)이다.

○ 'You may leave.' 'Yes, sir.' '너는 떠나도 된다.' '예, 선생님.' - 화자가 조직 등에서 인적 관리자로서 이동의 기회 주기(허용)이며 선생님이나 상급 군인이거나 고용주이거나 등이다.

○ Do what you may. 원하는 대로 하세요. 화자가 청자에게 자신의 가진 영역(권한 등)에서 모든 기회를 허용해 주기이다.

2. 목적일의 기회 정보를 알려준다

화자는 간접 관리자 - 화자는 간접 관리 대상인 기회 정보를 알려준다.

★ 화자는 주어에게 목적일을 할 수 있는 기회를 직접 알려준다. 기회는 주어 내부에 가진 기회이다. 여기 may는 can에서 주는 정보(결정적 정보)나 will에서 주는 정보(미래 정보-예언 등)와 달리 「관리 경험에서 나온 정보」이다.

○ Gather roses while you may! 너는 기회 있을 때 하여라. 장미를 모을 수 있을 때 모아라. - 목적 기회 있음을 알려준다. 화자는 지적, 인지적 관리자인 간접적인 관리자로서 관리 정보를 주기. 예를 들어 스승이나 부모, 선배들처럼 경험적, 관찰적. 지식적 정보를 주는 경우 등이다.

3. May I ~? - 『may를 (붙잡고) 제가 가져도 되나요?』이다

사용 기회에 허용을 요청하기(질문). - 여기서 청자가 직접 관리자이며 화자는 '자기 자신에게 직접 May를 붙여' 허락을 요청한다. 즉 화자는 ~할 목적 기회를 붙잡고' 허용, 허락을 요청한다. ★ 주의할 것은 화자가 스스로 may을 자신에게 붙이고 그 기회를(의 허락을) 요청할 때 may는 현장에 있는 목적일에 직접(당장) 사용할 수 있는 기회이어서 그 기회를 붙잡고 허락을 요청한다이다. 즉 현장에 있는 기회를 붙잡고는, 즉 may을 자신에게 붙이고 사용 허락을 요청한다이다.

< 청자의 관리 영역에서 기회를 요청- May I +목적일? >

1) 기회를 붙잡고 허용을 요청

붙잡은 기회를 달라고 허용 요청. 청자는 목적일의 관리자이다.

○ May I help you? 제가 도와 드릴까요? - 화자는 청자(일의 관리자)가 일하는 것을 보고서, 즉 청자를 도와드릴 기회(may)를 붙잡고 관리자인 청자에게 기회를 가져도 되냐고, 즉 허용해 달라고 요청한다. may을 화자가 붙잡고(기회를 잡고) 사용 허락을 요청하는 것이다(위 그림 참고).

○ "May I put the TV on?" "Yes, of course you may." 제가 TV를 켤까요? 그래, 당연히 네가 해(켜)도 된다. - 청자는 TV 주인이며 관리자이어서 직접 허락해주기(사용 기회를 주기)이다. 화자가 tv를 켤 기회를 붙잡고 허락을 요청한다.

○ "May I borrow the car?" "No, I'm afraid you may not." 제가 차를 빌릴 수 있나요? 아니, 유감이지만 당신은 안돼요. - 청자는 차 주인이며 관리자여서 차의 사용 기회를 허용 요청에 대하여 불허(기회를 주지 않기)를 한다.

○ May I be excused from the room for a moment? 잠시 그 방에서 자리를 떠나도 되겠습니까? 잠시 방에서 실례해도 될까요? - 관리자에게 방에서 벗어나는 기회(양해)를 얻는 질문이다. 화자는 방을 떠나는 일의 관리자인 청자에게 떠날 기회를 붙잡고 허락을 요청한다.

○ May I speak to you for a moment in private, please? 실례지만 개인적으로 당신에게 잠시 얘기해도 되나요? 얘기할 수 있나요? - 자기 관리자인 청자에게 직접 말할 기회 허용 요청한다. 각 개인은 자신의 시간이나 자신의 일을 관리하는 관리자이다.

○ May I come with you to Seoul? 제가 서울에 당신과 함께 갈 수 있겠습니까? - 생활의 직접 관리자인 청자가 서울로 가는 계획을 화자가 알고서, 즉 화자는 동행의 기회를 잡고 허락을 요청한다.

○ Anyway, may I just ask you one other thing? 어쨌든 제가 당신에게 단지 다른 한가지를 물어도 되나요? - 청자와 이야기하는 중에 화자가 다른 질문할 기회를 달라는 허락 요청한다. 그러므로 청자는 대화를 주도하는 관리자가 된다.

2) 허용을 완곡히 에둘러 요청

○ I'd like to close the window, if I may. 저에게 기회가 있다면(즉 괜찮으시다면) 창문을 닫고 싶은데요. - 듣고 있는 청자에게 직접 기회를 달라고 요청하지 않고 조건법을 사용하여 에둘러 말하는 것으로 '기회가 있다면'이 사실상 '기회를 주신다면'과 같은 말이다. 이것은 상대방의 직접적인 허락을 필요로 하는 일이 아니지만 자신을 낮추고 에둘러

말함으로써 더 정중하게 양해를 요청하는 것이 된다. ★ Would like는 보통 호의를 가진 상대방이나 자신에게 서비스하려는 자에게 에둘러 말하는 것이다.

○ I'd like the use of your office **if I may**. 저에게 기회를 주신다면 저는 당신의 사무실을 사용하고 싶습니다. - 듣고 있는 청자에게 직접 기회를 달라고 요청하지 않고 조건법을 사용하여 에둘러 간접적으로 말하는 것으로 '기회가 있다면'이 사실상 '기회를 주신다면'과 같은 말이다. 이것은 상대방의 직접적인 허락을 필요로 하는 일이지만 에둘러 조심스럽게 요청하는 것이 된다. May I use your office? 를 돌려 말하기이기도 하다.

3) 관리 범위를 넘나드는 행위

○ **May I just add that** Oliver was a pleasure to work with and will be missed by everyone in the team. 제가 조금 덧붙인다면요, 올리버는 함께 일하는 즐거움이었고 팀 내 모든 이들이 그리워할 사람입니다. - 의문문 형식이 if를 대신하는 조건문으로 전용이 됐다(11장 참고). 먼저 자신이 이야기할 기회를 가지고 나서 나중에 추가적인 이야기를 덧붙이기이다.

○ '**If I may interrupt** for a moment,' Thomas said. 제가 잠시 대화에 끼어들게 된다면요 라고 토마스 씨가 말했다. - 대화 관리에서 화자가 원하는 기회 있는 조건을 말한다이다. May I interrupt for a moment? 을 조건법으로 대체하기이다.

○ **If I may return to** what we were talking about earlier. 제가 이전에 우리가 이야기 나누던 것(곳)으로 되돌아가 말해본다면요. - 대화 관리에서 화자가 원하는 조건에 있는 기회이다. - 전체적인 이야기(대화 전개) 관리에서 순서에 벗어나 이전으로 돌아가는 조건을 말하기이다.

4) May we ~?

여기 we는 화자가 we의 대표로서, 혹은 일원으로서 말하는 경우이다. 제시하는 목적 일에 함께 기회를 가질 수 있는지를 관리자에게 묻기이다.

○ Ah, Nora, my love, here is my friend. May we have some drink? 오, 내 사랑 로라, 여기에 내친구가 찾아왔어요. 우리 음료수를 좀 마실 수 있나요? (로라가 we에 포함 안된 경우) - 화자가 제시한 목적일에 친구와 함께 음료를 마실 수(기회) 있는지를 주방에서 음식물을 관리하고 있는 줄리아에게 묻고 있다.

○ **May we recommend** a weekend in Incheon? 우리가 인천에서 주말을 보내는 것을 추천해도 될까요? (= 우리가 주말에 인천 여행을 추천해도 되나요?) - 청자는 화자가 제시한 목적 여행을 결정할 자기 관리를 하는 사람이며 화자는 그 추천 기회를 가질 수

있는지를 묻는다. - 관리자에게 관리적 제안으로 인천 여행을 추천한다.

○ **May we suggest** you try one of our guest houses? 우리의 게스트 하우스들 중에 한곳을 묵어보시라고 당신에게 제안해도 되나요? - 여행중인 청자이며 자신의 숙박을 선택할 수 있는 기회를 가진 관리자인 청자에게 화자는 게스트 하우스 숙박의 제안 기회를 가질 수 있는지 묻는다. - 화자는 we의 대표로서 말한다.

○ Come on in, please. And may we offer you something to drink? 들어오세요. 그리고 우리가 당신께 마실 것을 제공해 드려도 될까요? - 화자는 we의 대표로서 말하며 청자는 대접을 받는 기회 선택 관리자이며 화자는 음료 대접의 제안 기회를 가질 수 있는지 묻는다.

4. 기회 허용의 금지

화자는 주어에게 기회가 없다고 말한다. May not는 목적 기회를 주지 않기(불허) 혹은 기회의 차단(금지)이다.

○ Students **may not** use the staff car park. 학생들은 직원용 주차장을 이용해선 안 됩니다. - ★주어가 주차장 이용을 하려고 할 때 이용할 기회가 없다(불허용), 혹은 이용하고 있을 때는 이용 기회의 차단(금지)이다. 주어는 복수의 청자들이거나 혹은 이용 금지 안내문에 써 있는 글자이거나이다.

○ You **may not** come. 너는 와서는 안 된다. - 청자는 주어가 목적하는 일에 직접 관리자이며 그 목적 기회를 주지 않기이다.

○ You **may-not** come. 너는 오는 것이 허용되지 않는다. (기회 자체가 없다). - 여기서 may와 not는 묶여 있으므로 떼어 놓을 수 없는 관계이며, 주어가 목적하는 일(come)에 직접 관리자인 화자는 주어에게 목적하는 일의 기회가 본래부터 없음을 알려주고 있다(원천차단), 즉 기회에 자격이 없음을 알려준다.

○ The Manager says that we **may not** leave our coats in the downstairs toilet. 지배인이 우리는 우리 코트들을 아래층 화장실 안에 두어서는 안 된다고 말한다. - 화자의 직접 금지. 관리자가 기회의 허용 금지이다. We는 직접화법에서는 매니저의 상대방 you (여러분)이다. The manager says "you may not leave your coats~. 실제 관리자는 청자의 직장 상사인 Manager이다.

5. 숨겨진(가려진) 것의 존재를 추측

You may + 숨겨진(가려진) 사실의 존재를 추측. 눈앞에 마주보고 있는 you의 일을 추측하기이므로 you가 공개나 노출하지 않은 사실을 추측하기이다. 여기서 you가 사실상 노출하지 않은 사실이나 보이지 않는 you의 내부를 추측하기이다.

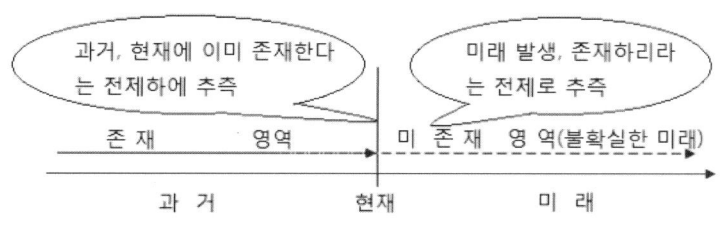

< 추측 시간 영역의 이해와 구분 >

추측은 감춰졌거나 보이지 않는 일 등 화자가 모르는 일을 주어가 하는 일이라고 주어에 임의로 연결해 추측, 짐작해 보는 것을 뜻한다. 그러므로 화자는 추측할 때 주어의 모르는 일을 과거나 현재에 이미 사실로 존재하리라는 것을 전제로 하며 불확실한 미래에도 그 발생 등을 단언할 수 없으므로 발생(존재)하리라고 추측한다. 이때 추측의 시/공간차를 뛰어넘는 도구로 화자가 사용하는 것이 파워 동사이며 추측의 확률 정도를 나타낸다. 그 이전에는 모두 주어가 사용했거나 사용할 수 있는 파워 동사들이었다.

may의 추측은 『관리적 눈으로 판단하여 추측했을 때의 그럴 기회가 있을 수도 있을 거라는 기회 가능성 있는 추측』이다. 이는 관리적 경험이나 여러가지 상황들을 종합적으로 관리하여 판단하는 추측이 된다. 여러 상황들을 관리하여 추측한다는 것은 합리적인 판단을 하여 추측한다는 뜻에 가깝기도 하다. 또한 긍정이나 부정 어느 한쪽에 치우치지 않으려는 추측이기도 하다. 합리적인 추측의 경우는 여기 may의 중립적인 기회 가능성 추측만을 말하는 것이 아니고 어느 한쪽으로 치우쳐 매우 가능성 높은 경우 등 그 추측의 가능성은 다양하고 폭넓은 추측이라 할 수 있다.

1) 현재 주어의 보이지 않는 내부를 추측

주어의 가려진 내용(사실)을 추측.

○ "I think Trump is going to win." "You **may be** right." 나는 트럼프 대통령이 승리할 거라고 생각한다. (그래,) 네 생각이 옳을지도 몰라. 옳을 수도 있어. - 화자는 주어가 하는 생각하는 일(모르는 일)에 대하여 관리적 눈으로 보아 그럴 기회, 즉 그럴 수도 있다고 추측해주고 있다. - 화자가 보기에도 네 말(생각)이 옳을 수도 있다.

○ You **may be** busy, but you should be polite at least. 너는 바쁠지는 몰라도 최소한 예의 바르게 행동해야 한다. 주어의 보이지 않는 내부 사정을 추측 평가한다.

○ You **may be** right. 너는 옳을지도 모른다. - 현재 주어의 내부 생각이나 판단을 추측

평가한다.

○ "I think Republic **are** going to win." "You **may be** right." 나는 공화당원들이 승리할 거라 생각한다. 네가 옳을 수도 있다. - 현재 보이지 않는 주어의 내부 판단을 추측 평가 한다.

○ You may think you're genius but you don't understand this kind of work at all. 너는 네가 천재라고 생각할지 모르나 이런 종류의 일을 전혀 이해하지못하고 있다. - 보이지 않는 주어의 내부 의식을 추측하기이다.

○ You **may consider** it useless, **but for** our customers it's an all-important sign of good service. 너는 쓸모 없다고 생각할지 모르지만 고객들은 훌륭한 서비스가 있다는 매우 중요한 신호인 것이다. - 보이지 않는 주어의 내부 의식을 관리적인 시각으로 추측한다.

2) 미래 일의 추측

주어의 미래일의 존재(발생)을 추측.

○ Don't fool with my papers; you **may get** them out of order. 내 서류에 바보 같은 짓을 하지 말아라. 너는 그것들을 망쳐 놓을지 모른다. - 화자는 청자의 보이지 않는 미래 일을 추측하여 청자가 서류들을 망쳐 놓을 기회가 있을 수도 있다고 추측한다. get이 be 동사처럼 작용하는 경우이며 불확실한 미래 추측이다.

3) 미래 완료 추측

화자는 보이지 않는 주어의 미래 일을 그 완성(완료)의 결과적 입장으로 추측한다.

≪「have + 과거 분사」 이해와 파워 동사 ≫. 12장을 반드시 먼저 학습하세요.

★ **결과적(완료) 입장에서 말하기** - 여기 화자와 주어 사이의 시/공간적으로 떨어져 벌어지고 있는 주어의 일들에 대해 화자가 그 알 수 없는 인식의 한계 범위를 극복하기 위하여 화자가 말할 때 사용하는 방법으로서 『추측』을 하고 있다. 추측에는 인식의 한계를 극복해보는 그 구체적 방법으로서 두가지가 있다. 하나는 주어의 일을 마치 훤히 꿰뚫어 보듯이 말하는 ① 『진행형 추측 서술』이며 두번째는 화자가 '파워를 임의로 사용하여 결과적으로 말하기인 ② 『결과적 입장으로 말하는 추측』이다. 그 추측하는 일들의 결과적 입장은, 예를 들어 추측할 때 진행형이 아닌 시간대에는 주어가 행한 일의 존재를 나타내기 위해서는 어떤 사실을 했다, 안했다처럼 단정적인 서술을 할 수 없으며 그 일의 모든 과정이 「이미 끝나 있는 시간대」이므로 주어의 목적일을 이미 이루어 버린 『최종적 이고 '결론적'인 존재 의미로 보는 것』을 결과적 입장이라 하며 진행형이 아닌 시간대라면

모두 결과적 입장으로 서술하게 된다. 과거, 미래에서도 두가지이다. 화자가 주어의 동작 등을 직접 목격하거나 실제의 사실을 알지 못하지만 추측 등으로 그 최종적이고 결론적 존재 의미로서 결과적 입장이 된다는 뜻이다. 따라서 화자가 주어와 시/공간 차이를 극복하기 위하여 '임의로 파워를 사용(접근 혹은 극복 수단)하여' 주어가 행한 일에 대하여 결과적 존재 입장으로 말하게 된다. 한마디로 화자가 언급하는 추측에서 노출되(드러나)지 않는 일의 결과적 존재 의미를 강조하는 행위이다. 여기에서「임의의 파워 동사 사용은」 주어가 목적일에 실제로 사용하거나 사용할 수 있는 실제 파워 동사는 아니며 화자가 언어상으로만 임의로 사용하여 주장할 때 추측상의 존재 정도(확률)를 파워동사로 표시하여 서술하게 된다. 다시 말하면 실제적으로 존재하는 파워는 아니고 언어상으로만 화자가 사용하는 파워이다. 그 선택 사용된 파워 동사는 그 추측하는 내용의 존재 가능 확률 정도를 나타내며 화자가 추측의 존재를 주장하는 자신감 정도이기도 하다. '임의의 파워 사용'은『비실제(비 사실)적으로 사용하는 언어일지라도 여러가지로 용도로 사용하여 ① 추측에서 임의의 존재적 확률 정도를 나타내 주장하거나 ② 가정법에서 현실 문제를 가상 극복하는 수단이 되거나 ③ 과거 미사용 파워를 사용한 결과적 입장으로 만들거나 할 때 사용한다. 이것들을 다시 표현하면(12장 참고) ⓐ 그 시/공간 차이 너머에 있을 수 있는 일을 추측, ⓑ 그 현실 차이를 초월하여 문제를 가상 극복해보는 가정 실현, ⓒ 과거와 현재 시간 차이를 넘어 과거 가능했던 일 등을 현재에 목적 달성한 결과적 입장으로 말해보기이다. 즉 그 차이에 가려진 일들에 대하여 말할 때 '그 차이를 극복하는 수단과 방법'은 화자가「언어로서 파워를 임의로 사용하여」만들어낼 수 있는 결과적 일을 결과적 입장이라 하며 주어의 입장이 아닌 화자의 관점이다. (보통은 주어가 사용하는 파워가 대부분이며 모든 일의 행위자는 대부분 화자가 아닌 주어이다. 주어가 행위자가 아닌 또다른 경우는 피동태 등 목적이 주어로 전용되어 사용될 때 등이다).

	결과적 존재 입장으로 추측의 내용별 구분		
	1인칭	2인칭	3인칭
현재	자기도 모르게 일으킨 일	마주하는 청자가 이전에 일으킨 일	보지 못하는 동안 일어난 일
과거	자기도 모르게 일으킨 과거의 일	청자가 보이지 않을 때 일으킨 과거의 일	보지 못하는 동안 일어난 과거의 일
미래	보이지 않는 미래 일	보이지 않는 미래 일	보이지 않는 미래 일

〈결과적 추측의 내용별 구분〉

★ 현재에서 바라보는 have+pp는 과거, 현재, 미래에서 존재하는 형태가 달라지므로 그 의미도 제각각 다르다. 과거, 현재는 지나온 시간에 남아있는 결과적 존재로 미래에는

미존재 시간 영역이므로 새로이 형성(결실, 완성, 완료)될 존재로 인식한다.

○ Who knows what will happen. You **may** even **have married** by then. 무슨 일이 일어날지 누가 알겠는가? 너는 그때 즈음 결혼도 해버렸을지도 모른다. - 미래 일어나는 일을 먼저 말했으므로 추측은 보이지 않는 미래 일을 미래(기준 시간)에 완성(료)의 결과적 입장으로 추측한다.

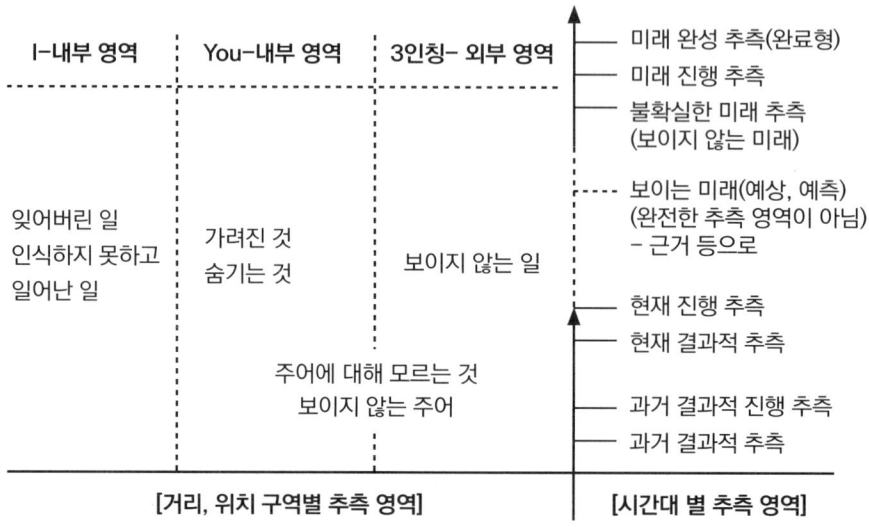

〈추측 영역 구분 – 모르는 것 추측〉

4) 추측 의문

허용되는 목적일을 잘 모를 때 추측성 질문하기.

화자의 추측성 질문이므로 관리자인 화자에게 직접적으로 원하는 목적일을 할 기회를 붙잡고 허락 요청하는 것이 아니라 추측성 의문, 즉 추측으로 조심스럽게 제시하는 목적일이 허용하는 올바른 목적일인지 몰라서 그 답을 찾아가는 추측성 의문을 한다. 즉 화자가 추측으로 말하는 목적일이 허용하는 목적일인지의 추측성으로 묻는다.

○ **May we** not be making a big mistake? 우리는 큰 잘못을 저질러서는 안 되는 거겠지요? - 추측성 의문. 자신들의 일을 하다가 잘못을 저지를 기회조차 용납 받지 못할 것인지 청자에게 추측성 질문한다. (May we not make a big mistake? - 우리는 큰 잘못을 저질러선 안되나요? - 금지에 대한 직선적인 질문이다)

○ **May I be** loving you? 제가 당신을 사랑할 수 있겠지요? - 청자를 사랑할 기회가 있는지 추측성으로 묻는다.

○ **If I may be** loving you? 혹시 제가 당신을 사랑할 수 있겠지요? (=May I be~?) - 청자를 사랑할 기회가 있는지 추측성으로 묻는다.

C. 3자 영역으로 확장 연결

화자가 제3자를 직·간접 관리함
제3자는 화자의 직접 관리권 안에 있거나 간접적인 지적, 인지적 관리권 안에 있다.

1. 주어 내부에 있는 may를 드러내 알린다

화자가 관리적 입장에서 볼 때 주어가 미래의 목적일에 기회의 실행(사용) 가능성이 있다고 알린다.

○ The rain may hold off for a while. 비가 잠시 멈출지 모른다. 멈출 수도 있다. - 날씨를 관리적 입장에서 살펴보고 비가 잠시 멈추는 기회의 가능성이 있다고 말한다.

○ She may be here tomorrow. 그녀는 내일 여기에 올지 모른다. 올 수도 있다. - 화자가 주어를 관리적 입장에서 볼 때 주어가 미래의 목적일에 기회의 실행(사용) 가능성을 알려준다.

○ There may be a strike next week. 다음주 파업이 있을지 모른다. 발생할 수도 있다. 화자가 현재 회사의 돌아가는 상황을 관리적 눈으로 봤을 때 미래 파업 발생의 기회 가능성이 있음을 알려준다.

○ I don't know if they'll publish it or not. They may. 나는 그들이 그것을 출판할 것인지 안 할 것인지 나는 (구체적으로) 모릅니다만 (제가 보기엔) 그들이 출판할 수도 있겠지요. - 화자가 주어를 관리적 입장으로 볼 때 기회 가능성이 있음을 알려 주기이다.

○ He may be alive. 그는 살아있을지도 모른다. 관리적 시각시각 볼 때 살았을 기회 가능성이 있다이다.

○ It may be rain tonight. 오늘 밤 비가 올지 모른다. 올 수도 있다. - 화자가 날씨의 징조 등을 보고서 날씨를 관리적 입장에서 볼 때 비가 올 기회의 가능성이 있음을 알린다.

○ It is feared that many employees may lose their jobs this fall. 많은 노동자들이 이 가을에 직장을 잃을지도 모른다고 두려워하고 있다. - 노동자들의 시각이나 화자의 시각이다. 노동자들이나 화자가 현실 관리적 입장에서 볼 때 직장을 잃을 미래 목적 기회 가능성이 있음을 알린다.

○ The company's share may rise, but it won't be by much and it won't be for long. 회사의 주식이 오를지 모른다. (오를 수도 있다). 그러나 그것은 크지 않을 것이고 오래 가지도 않을 것이다. - 현실관리를 바탕으로 본 미래 목적 기회 가능성.

○ Up to five inches of snow may cover the mountains. 최고 5인치까지의 눈이 산들 위에 덮일지 모른다. (덮일 수 있습니다). - 일기 예보; 기상 캐스터의 날씨 관리 정보. - 현실관리를 바탕으로 본 미래 목적일 기회 가능성을 알린다.

★ 미래 실현 가능성의 두 가지 경우를 언급

○ He may come, or he may not. 그는 올 수도 있고, 혹은 안 올 수도 있다. - 주어 내부의 may. 주어는 목적 기회를 가질 수도 안 가질 수도 있다. 하나의 주어가 두 가지 경우의 실현 가능성을 가지고 있으나 결국 하나로 실현 귀결된다. ★ May not은 목적 기회의 사용 가능성을 부정적 견해로 언급하기이다.

○ That may, or may not be true. 그것은 사실일 수도, 사실이 아닐 수도 있다. - 내부의 추측 may. 하나의 주어가 두 가지 경우의 실현 가능성을 가지고 있다. 결국 하나로 실현 귀결된다. 목적 기회 실현의 가능성을 부정적 견해로 언급한다.

2. 주어에게 넘겨주는 may

화자가 주어에게 may를 주어 사용할 수 있다고 한다. 주어는 화자의 직접 관리권 안에 있음.

○ Tell him he may come in. 그에게 그는 들어와도 된다고 말하여라. 그에게 말하여 들어올 기회를 주어라. - 화자는 자신의 관리 영역에 들어올 기회를 주어서 허용해준다.

3. May 3자 주어~?

의문형. 청자는 관리자이다.

1) 주어에게 may를 줄 수 있는지 (기회 허용, 승인을)묻는다

제3자인 화자가 직접 관리자에게 말하여 주어에게 may 주기(허용)을 해줄 것인지 묻는다.

○ May he come in your office? 그는 당신의 사무실에 들어오도록 할까요? 들어 올 수 있나요? 그에게 당신의 사무실에 들어올 기회를 줄까요?

2) 주어 내부에 may가 있는지를 묻기

주어에게 may가 있는지를 관찰 관리자에게 정보 등을 묻는다. 즉 주어 내부에 may가 있는지 정보를 묻는다.

○ May he take part in this Olympic Games? 그는 이번 올림픽 경기에 참가할 수 있을까요? 그는 이번 올림픽 경기에 참가할 기회가 있을까요? 주어가 그 내부에 가진 may

가 있는지를 묻는다.

○ Courage seems now to have deserted him. May it quickly reappear? 용기는 지금 그를 버렸을 것 같다(용기가 지금 그에게서 떠나버린 것 같다 - 전쟁 등 용기가 주도하는 상황이며 용기가 없으면 쓸모 없는 인간이 돼버림). 그게 빨리 다시 나타날 수 있을까? - 사람의 내부 정신상태를 관리적 눈으로 바라보고 있다. 기회가 있을까? 용기를 되찾을 기회 가능성에 대한 관리적 인식에 대한 질문이다. 현실관리를 바탕으로 본 미래 기회 가능성을 묻는다.

4. 3자 주어 may not~ 금지. 기회를 주지 않기

○ Anyone who come in the building may not smoke. 건물 안에 들어온 분은 누구도 담배를 피워서는 안됩니다. 기회가 없다. 기회를 주지 않는 것이 기회가 없다이다.

5. 관리적 추측

★ 관리적인 눈이나 경험으로 보아 기회가 있을 수도 있다는 추측이 된다. 즉 기회 가능성 있는 추측이며 객관적이고 합리적인 추측에 가깝다.

현실 관리를 바탕으로 모르는 일, 보이지 않는 일 등의 과거, 현재, 미래를 추측한다. 여기서는 자료나 데이터, 상황 등 여러 정보를 바탕, 근거에 둔, 즉 현실 관리에 바탕을 둔 추측이 된다.

관리자적인 눈으로 추측; 화자의 눈에는 실제 보이지 않아도 모든 현실을 관리한 사실을 바탕으로 일어나는 일들의 기회를 추측해 본다.

1) 현재 진행 추측

현실 관리를 바탕으로 본 현재 진행 기회가 있는 추측. 보이지 않는 주어의 현재 일을 마치 보고 있듯이 추측한다.

○ "Where's Joe?" "I don't know. She **may be** out shopping." 조가 어디 있니? 전 몰라요. 그는 밖에서 쇼핑하고 있는지도 모르죠. - 조의 스케줄이나 계획 등을 잘 알고 관리적 눈으로 볼 때 쇼핑하고 있을 수 있다는 추측이다. 현실 관리를 바탕으로 본 현재 진행 가능성이 있는 추측이다.

2) 현재 (사실) 가능성 추측

현재의 잘 모르는 사실을 추측. - 현실 관리를 바탕으로 본 현재 기회 가능성 있는 추측이다.

○ It **may not be** true. 그건 사실이 아닐지도 모른다. - 현실 관리를 바탕으로 하는 현재 기회 가능성 추측. 평소에 알고 있는 정보를 바탕으로 모르는 부분의 기회 가능성을 부정적 입장에서 추측하기이다.

○ James **may be** able to tell me the secret. 제임스는 나에게 그 비밀을 말해줄 수 있을지도 모른다. 잘 모르는 주어의 입장이나 의견을 관리적인 입장으로 추측하기.

○ $100 **may be** enough. 100달러면 충분할지 모른다. - 현재 내부 추측. 100달러는 아직 목적 일에 사용해 보기 전에 관리적 시각으로 주어의 사용목적에 대한 적정가치를 추측하기.

○ Civil rights officials say there **may be** hundreds of other cases of racial violence. 시민 인권국 직원들은 다른 수 많은 인종간의 폭력 사건들이 있을지도 모른다고 말한다. - 관리자들의 시각으로 현재 벌어진 사건들의 실상을 추측하며 말한다.

3) may~ but~ . May A but B

A를 잘(완전히) 알지 못하지만(추측 A), B만은 잘 안다. B는 분명한 것이다.

○ The problem **may be** solved in a number of ways, **but** there is only one correct answer. 그 문제는 많은 방법들을 사용해서 풀릴지도 모른다. 그러나 (분명한 것은) 거기엔 오로지 하나의 올바른 답만이 있다는 것이다. - 현재 잘 모르는 주어 내부를 기회 가능성으로 추측한다. 즉 주어는 잘 알지 못하지만 오직 한가지 정확한 답이 있다는 것은 잘 안다이다.

○ It **may be** a comfortable car, **but** it uses a lot of petrol. 그건 안락한 자동차일지 모르나 (분명한 것은) 많은 석유를 소비한다는 것이다. - 현실 관리를 바탕으로 본 현재 차의 상태를 기회 가능성으로 추측한다. 화자가 말하는 차는 잘(완전히) 알지 못하지만 차가 많은 석유를 소비한다는 것만은 잘 안다이다.

○ He **may be** clear, **but** he hasn't got much common sense. 그는 영리할지 모르나 (분명한 것은) 그는 많은 상식을 갖추지 못했다는 것이다. - 현실 관리를 바탕으로 본 현재 잘 모르는 주어의 실체를 기회 가능성으로 평가 추측한다. he는 잘(완전히) 알지 못하나 많은 상식을 갖추지 못했다는 것만은 잘 안다이다.

○ She **may be** idle, **but** she can work very diligently when she feels like it. 그녀는 게으를지 모르나 (분명한 것은) 그가 좋아하는 경우는 매우 성실히 일을 할 수 있다는 것이다. - 현재 주어의 평가를 기회 가능성으로 추측. - 주어는 잘(완전히) 알지 못하지만 B 만은 잘 안다이다.

4) 현재 결과적 추측

현실 관리를 바탕으로 현재 보이지 않는 일을 결과적 측면으로 추측한다. 보이지 않는 동안 벌어진 일을 결과적 측면으로 추측한다.

★ 결과적 존재로 추측 - 보지 못한 일 등을 추측할 경우 두가지 중 하나는 주어의 「보지 못한 일」을 마치 보고 있듯이 진행형으로 추측하는 것이고 나머지 한가지는 진행형이 아닌 시간대에는 모든 일이 이미 끝나버린 시간이므로 결과적 입장으로, 즉 결과적 존재로 추측한다. 그래서 have+pp형을 사용하여 결과적 입장으로 말(추측)하기를 한다. 그래서 have는 확인되지 않는(보이지 않는) 영역을 서술하므로 화자는 당장 확인할 수 없지만 주어가 그 일을 했고(일의 존재) 결과를 가지고 있어서 나중에 확인 가능하다는 입장이다.

○ She's late. I think she **may have missed** the train. 그녀는 늦다. 내가 생각하기론 그녀는 기차를 놓쳤는지 모른다. - 현실 관리를 바탕으로 보이지 않는 주어의 일을 현재의 결과적입장으로 추측한다.

○ I'll try phoning him, but he **may have gone** out **by now**. 그에게 전화를 해보겠지만 지금 즈음 그는 밖에 나가버렸을 거야.

현실 관리를 바탕으로 하는 보이지 않는 주어의 일을 현재의 결과적 입장으로 추측. (유선 전화기를 사용해서) 아마 통화가 안될 거야 라는 의미가 내포. - 화자가 주어에 대해 아는 사실을 관리적인 눈으로 보아 현재 주어의 일을 결과적 입장으로 추측한다.

○ For all we know, he **may** already **have left**. 우리가 아는 모든 것으로는 그는 이미 떠났을지도 모른다. - 보이지 않는 일을 현재의 결과적 입장으로 추측한다.

○ Investigators say that a heater **may have caused** the fire. 조사원들은 난방기가 화재를 일으켰는지도 모른다고 말한다. - 보이지 않는 동안 일어난 화재(일)을 현재의 결과적 입장으로 추측. Investigators는 조사를 맡은 관리자들이다.

○ The events **may** or **may not have been connected**. 그 사건들이 (서로) 관련됐을 수도 아닐 수도 있다. 관련됐는지 아닌지 모른다. - 보지 못한 사건들을 현재에 남겨진 결과적 입장으로 추측한다.

○ He **may have been** to Seoul. 그는 서울에 다녀왔는지 모른다. - 화자가 주어는 서울을 다녀온 적이 있을지 모른다고 보이지 않는 주어의 일을 현재의 결과적 입장으로 추측한다.

5) 과거의 일도 현재의 결과적 추측이 가능한 경우

★★ 과거의 알지 못한 일, 보지 못한 일을 추측할지라도 현재까지도 그 결과가 남았다고 보거나 현재에 사실 확인 가능하다고 보는 경우에는 현재의 결과적 입장으로 추측이

가능하다.

○ "She **didn't** say hello." "She **may not have recognized** you." "그녀가 인사를 하지 않았어요." "그녀는 너를 못 알아봤는지도 모른다." - 현실 관리를 바탕으로 본 과거의 일을 현재의 결과적 입장으로 추측. 화자가 잘 아는 사람(she)을 놓고 과거에 벌어진 일은 현재에도 사실 확인 가능하므로 현재의 결과적 입장으로 추측하기이다.

○ She **may have had** a lovely voice when she **was** younger. 그녀는 좀더 어렸을 때 사랑스러운 목소리를 가졌었는지 모른다. - 현실 관리를 바탕으로 보는 과거에 있었던 일을 현재의 결과적 입장으로 추측. - 현재의 그녀 목소리 등을 듣고서 과거의 사실을 현재의 결과적 입장으로 추측하기. 그녀와 그녀의 목소리라는 결과가 아직도 남아 있어서이다.

○ He **may not have been** so rude as they **asserted**. 그는 그들이 주장하는 대로 그렇게 버릇없지는 않았을 수도 있습니다. - 화자의 현실관리를 바탕으로 과거에 보지 못한 일을 현재의 결과적 입장으로 추측, 즉 인적 관리자인 화자가 아는 주어는 절대 그럴 사람이 아니다의 뜻이 깔려 있다.

6) 추측 의문

올바른 목적일(대상)을 몰라서 추측성 묻기.

잘 모르는 주어에 대하여 관리적 입장에서 추측성 질문을 한다. 직접 관리권 밖에서 다가온 주어를 잘 모르고 그래서 관리적 입장에서 추측성 질문을 한다.

○ I wonder **what** may be the cause. 나는 무엇이 원인일지 의문이다. I wonder, what may the cause be? 의 간접 의문문이다. 원인이 될 what는 새로운 관리 대상이어서 관리적 입장에서 무엇이 원인인지 추측 질문한다.

○ **Who** may you be? 혹시 누구이신지요? 화자의 관리권 밖에서 온 모르는 사람이 의문 대상이며 평소 보지 못하던 사람을 관리해야 하는 입장에서 질문하는 화자는 실제 관리자이다. 즉 앞의 상대가 누구인지를 추측하면서 관리적 입장에서 질문한다.

○ How old she may be? 그녀는 나이가 몇 살 즈음 되나요? - 주어의 나이를 몰라서 추측 하며 묻는다. (How old is she? 그녀는 나이가 몇 살인가요?) - 화자는 잘 모르는 주어의 나이를 관리 차원에서 추측성 질문한다. 즉 she 나이가 얼마인지(how)를 추측하면서 질문한다. 여기서 나이는 잘 모르는 주어 나이에 대한 추측성 질문이다.

○ What may the price be? 그 가격이 얼마정도 될까요? - 화자는 관리권 밖에 있는 새로운 물건을 놓고서 가격을 알고 싶어서 관리적 입장에서 가격이 얼마인지(what)를

추측하면서 질문한다.

6. May well

well이 may에 덧붙음(may를 well라고 평가); 「주어 편인 화자」가 주어가 가진 may(기회)를 well하다고 평가. 주어편에서 may를 평가. 즉 옳을 수(올바른 기회)라고 평가. 혹은 목적일 선택이 옳다, 당연하다, ~선택을 잘한다 등으로 평가한다. 주어 편에서 잘한다고 맞장구 쳐주는 well이며 응원, 격려, 편들기 등이다.

○ "I think it's going to rain." "You **may well** be right. The sky's really black." 내가 생각하기론 비가 오려고 한다. (그래) 네 말이 맞을 수도 있다(네가 옳을 수도 있다). 하늘이 실제로 어둡구나. ★ well은 주어 편에서 may(기회)를 평가. 즉 당연한 기회, 옳은 기회, 정당한 기회, 좋은 기회 등.

○ You **may well** think so. (You may think so.) 네가 그렇게 생각하는 게 옳다. 당연하다. 잘하는 일이다. - well은 주어 편에서 may를 좋게 평가하기이다.

○ You **may well** say so. 네가 그렇게 말하는 것은 잘하는 경우(수)이다(=당연하다). 정당하다. 잘하는 것일 수 있다. 잘하는 것일지도 모른다. 옳은 경우(일)이다. - well은 주어 편에서 may를 좋게 평가하기.

○ These are beautiful pictures and we **may well** be able to use them in our picture book. 아름다운 그림들이 있어서 우리는 그것들을 우리 그림책에 사용할 수 있는 좋은 (알맞은) 기회이다. 기회일수 있다.

7. May as well

as well이 may에 덧붙임 (may을 평가); 화자가 덧붙이는 as well은 may를 '객관적으로 평가하여' 나은(좋은) 기회. - as는 객관적으로 비교의 뜻이다. 잘하는 것과 같을 수(나을 수, 좋을 수). 옳을 수(경우일 수)있다. ★ May well은 주어의 편에서, 조금 편파적일지라도 좋게 평가하는 응원 같은 경우이며 may as well은 좀더 객관적으로 평가하기이다.

○ You **may as well** start at once. 너는 당장 시작하는 게 잘하는(옳은) 것일 수 있다. 당장에 시작하는 게 잘하는 것과 같을 수(나을 수, 좋을 수). 옳을 수(경우)있다. - as well은 may를 객관적으로 평가하여 나은 기회이다.

○ There's nothing to do, so I **may as well** go to bed. 할 일이 전혀 없다. 그러므로 나는 잠자러 가는 게 나을(잘하는 것일) 수 있다. - as well은 may를 객관적으로 평가하여 나은 기회이다.

○ There's nobody interesting to talk to. We **may as well** go home. 아무도 서로에게 말할 흥미가 없다. 우리는 집으로 가는 게 나을 수 있다. 옳을지도 모른다. - as well은 may를 객관적으로 평가하여 나온 기회이다.

○ We **may as well** have something to eat. 우리는 먹을 것을 갖는 것이 좋을 수 있다. - as well은 may를 객관적으로 평가하여 나온 기회이다.

○ I **may as well** go out tonight. There's nothing on television. 나는 오늘밤 밖으로 나가는 게 좋을 수도 있다. TV에는 볼만한 것이 전혀 없다. - as well은 may를 객관적으로 평가하여 나은 기회이다.

○ If you're not going to drink the juice I **may as well** throw it out. 만일 네가 저 주스를 마시지 않으려 한다면 나는 그것을 밖으로 던져버리는 게 옳을지도 모른다.

8. 밖에서(남의 일) 평가해 주기

화자가 '다른 관리자의 일'에 well may을 붙여준다 (응원, 격려, 밀어주기). 즉 관리권 밖에 일을 응원, 격려해 주기이다.

○ **Well may** you ask why! 자네가 이유를 묻는 건 잘하는 일이네! 관리자인 화자가 다른 관리자인 주어에게 - 잘하는 일이네(좋은 기회에 하는 일이네). 즉 주어와 그의 일에 외부에서 평가하여 well may로 밀어준다. Well may(평가해주기) → you ask why!

9. 개인 관리의 한계 범위 속에 갇힌 모든 발버둥을 무시, 무관

주어 개인의 관리상의 한계 범위 안에 있는(혹은 갇힌) 경우 '네가 아무리 발버둥을 쳐도'의 구조 형식.

1) V ~ / S + may. → 「모든 행위들(발버둥)/주어 기회의 한계 범위」

⇒ 개인(자신)의 기회 한계 범위 속에 갇힌 모든 발버둥들, ← 무시하기, 혹은 무관하기.

결국 개인의 기회 한계 권 안에 갇혀 있는 주어의 모든 행위를 무시, 무관. (참고 여기서 양보절은 아니며 양보는 스스로 하는 경우임).

○ Try as he may, he never succeeds. 그가 아무리 노력할지라도 그는 결코 성공하지 못한다. - (try as/he may) 자신의 관리 한계 영역에 갇힌 주어. Try는 여기서 복수의 행위를 말한다.

○ Come what may, (= come/what may). 어떤 일이 발생한다 할지라도. 무슨 일이든. 무슨 일이 있어도. What는 복수이다.

2) 「무엇이든, 어떻게 하든, 어디든」/「주어의 기회 한계 범위」 ← 무시, 무관

⇒ 주어의 모든 기회가 개인의 한계 범위에 갇혀 있어(주어에게 한계가 있어서) 목적이 무엇이든, 어떻게 하든(무엇을 하든, 어디를 가든) - 무시, 무관하기. 목적 등이 앞에 있으므로 may 다음에 목적을 향하는 동사가 온다.

○ However tired you may be, you must do it. 네가 아무리 피곤하다 할지라도(무시하고) 너는 그 일을 해야 한다. - However tired/you may be. 주어의 한계에서(갇혀) 아무리 피곤해도(어떻게 하든).

○ Wherever you may go, I'll follow you. (= no matter where you may go.) - No matter where는 어디든 문제되지 않는다 의 뜻. 네가 어디를 가든지 나는 너를 따라 가겠다. (= 네가 나에게서 벗어나려 해도 벗어날 수 없다.) wherever/you may go. 너의 한계에서 어디를 가든.

○ You know, Alex, whatever you may think, I do my best for a success. 알렉스, 너도 알다시피, 네가 무슨 생각을 하든 나는 성공하기 위해 최선을 다할 뿐이다. - 청자의 생각은 화자가 무시, 무관 하는 개인 관리 한계 범위 안에 있음. Whatever/you may think. 너의 한계에서 무엇을 생각하든.

10. 상위 관리자와 하위 관리자가 부딪친 경우

○ May I please see your passport? Here you are! -(O). Yes, you may-(X). 첫 화자는 출입국을 관리하는 공무원이며 나중 화자는 여행자 등이며 또한 여권 관리자(여권 소지자 - 하위 관리자)이다. 상위 관리자임에도 하위 관리자에게 친절하게도 허락을 받고 있는 경우이며, 하위 관리자는 상위 관리자에게 허용하는 게 아니라 요청에 순응하기이다. 그러므로 may을 쓸 수 없다.

11. So that-may

> [X - so that - Y]의 'so that 중심의 XY상관관계'에서, (현재의 관리) 바탕 행위 → (미래의) 목적의 기회; 『미래의 목적 기회를 만드는 현재의 바탕 관리 행위』. 여기서 기회 may는 화자의 현재 관리 정도에 따라 나중에 생기는 것이며 목적 가능한 기회이다.

○ He is working hard so **that** he **may** pass the examination. 그는 시험에 합격할 수 있도록 열심히 공부한다. - 주절의 노력을 바탕으로 갖게 되는 종속절의 현실성 있는 목적 기회 may.

○ Great men often give their lives **(so) that** people **may** prosper. So는 원인(바탕) 행위와 나중 생성 기회의 인과 관계를 나타내므로 생략은 바르지 않다. 위대한 사람들은 종종 사람들이 번영하도록 그들의 삶을 희생한다. 위대한 사람들이 그들의 희생을 통해서 일반인에게 주는 may.

○ The need for an increase in the numbers of surgeons **so that** patients **may** be treated as soon as possible. 환자들이 가능한 빨리 치료받을 수 있도록 외과 의사들의 수를 확대할 필요. - 외과 의사의 수 확대가 만드는 환자들이 가지게 되는 may. 일반적인 환자들에 대한 관리적 인식.

○ The window is tightly locked **so that** any thief **may not** come in. 그 창문은 어떤 도둑도 들어올 수 없도록 굳게 잠겨있다. - 문의 관리 상태 평가. 여기서 기회 may not는 화자의 관리 정도에 따라 허용되지 않는 기회이거나 기회의 금지.

D. 직접 관리권 밖에서

1. 직접 관리권 밖에 may를 붙이는 경우

(화자의 직접적인 관리력이 미치지 않는 주어에 may를 붙이고) → 기원, 희망, 바램, 소망, 등; 관리 한계 밖의 비 직접적인(간접적인) 관리에 해당한다. 화자의 직접 관리권 밖에 있는 주어가 may를 가지기를 희망, 기원, 바램, 소망한다.

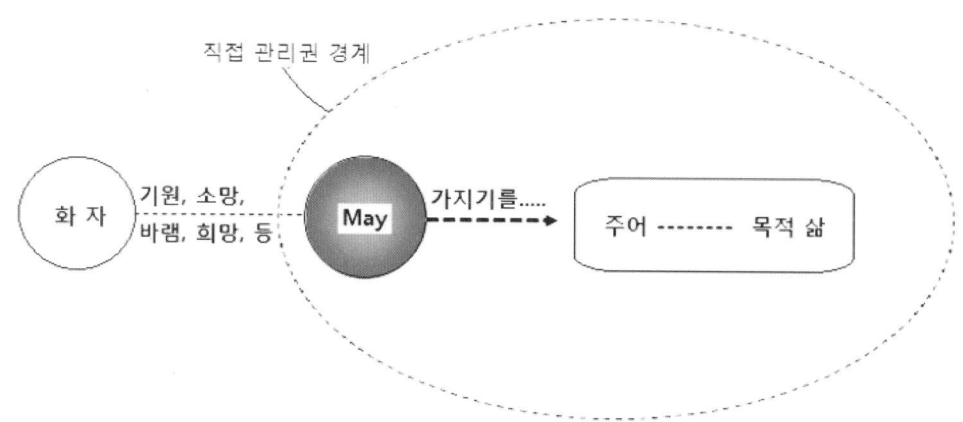

< 직접 관리권 밖에 있는 기회를 주어에게 기원, 소망, 바램 등으로 가지기를 >

○ May you succeed! 네가 성공하기를 빈다. 화자가 전혀 도와줄 수 없는 관리권 밖의 주어에게 may를 붙이고 기원함. May/you succeed.

○ Long may he live! 그분께서 장수하시기를! Long may/he live.

○ May he be long life! 그분께서 장수의 삶을 사시기를! May/he be long life. 기원.

○ May you be happy! 여러분들은 행복 하시기를 빌어요! May/you be happy.

○ May you both be very happy! 두 분다 매우 행복하기를 기원합니다. - 직접 관리권 밖에서의 바램, 희망, 기원 등.

○ May the New Year's bring you all your heart desires. 새해에는 여러분들 마음의 모든 소망들이 성취되기를 기원합니다.

○ May God be with you. 하나님께서 너와 함께하시기를 기도합니다.

○ May she rest in peace. (돌아가신) 그녀가 평안히 쉬시기를(영면하시기를)……

○ May both Charley and Charlotte have long and happy lives. 찰리와 샬롯이 오래 동안 행복한 삶을 살기를 기원합니다. 바랍니다. - 직접 관리권 밖에서 기원.

○ I hope that the young couple may enjoy many years of happiness together. 나는 그 젊은 부부가 함께 오래 동안 행복을 향유할 수 있기를 바란다. - 직접 관리권 밖에서의 바램, 희망, 즉 that절 밖에서 희망, 바램.

○ Let us pray that peace may soon return to our troubled land. 고통스런 우리땅에 곧 평화가 돌아올 수 있기를 우리 함께 기도하자. - that절의 밖에서 기도함.

2. 직접 관리권 밖에서 추측

관리권 밖의 대상을 추측, 즉 현실관리를 바탕으로 하는 관리력이 직접 미치지 않는 범위 밖에 있는 대상을 추측하므로 화자는 관리자가 아니다. 여기서는 주어 다음에 원형동사를 사용하지 않는다. 우리말의 '아마도'와 가장 흡사하다.

○ **Maybe** she is in love. 아마도 그녀는 사랑에 빠진 것 같다. - Maybe(관리 범위 밖 추측) → she is in love(추측 내용).

○ **Maybe** he sincerely wanted to help his country. 그는 아마 충심으로 그의 나라를 돕기를 원했었다. - maybe(관리 범위 밖 추측) → he sincerely wanted to help his country(추측 내용).

○ I do think about having children, **maybe** when I'm 40. 나는 아이들(자식들)을 가지는 일을 생각하고 있다. 아마 내가 40살이 되었을 때이겠지. - 나이 40살일지라도

자식 갖는 일은 주어 마음대로 되는 일은 아니다.

○ Things are **maybe** not as good as they should be. 일들이 어쩌면 그들이 이루고자 하던 만큼 썩 좋지 않을 수도 있다. (상황이 생각보다 좋지 않을지도 모릅니다). ★ 중간에 maybe 삽입하기도 한다.

○ **Maybe** it'll stop raining soon. 아마도 곧 비가 멈추겠지요. - 관리권 밖에서 추측. 비를 멈출 수 없는 화자이므로. Maybe= Perhaps가 되는 경우.

E. 역외의 개별 고유 영역에서

1. 주어가 가지는 고유의 내부 may

파워 화자의 영향력을 받지 않는 역외의 주어가 가지는 고유의 기회들이다. 주어는 일반적인 아이들이며, may는 고유성 있는 원론적인 may이다.

○ Children of divorced parents may have difficulty in forming stable relationships themselves. 부모가 이혼한 아이들은 그들 자신들의 안정적인 인간 관계 형성에 어려움을 겪을 수도 있다. 이혼한 가정의 아이들이 갖게 되는 고유의 원론적 may.

○ After having a baby, a woman may suffer from depression for several months. 아기를 갖고 나서 여자들은 몇 달 동안 우울증으로 고통받을 수도 있다. - 산모가 갖게 되는 고유의 원론적 may.

○ Kitchens may become infested with cockroaches. 부엌들은 바퀴벌레들로 들끓게 될 수도 있다. - 부엌을 일반적인 관리 인식함. 부엌에 바퀴벌레들이 생길 수 있는 기회를 일반적인 관리로 인식하거나 일반 부엌이 갖는 고유의 may.

○ The flowers may have five or six petals; colour may range from high pink to dark red. 그 꽃들은 5내지 6개의 꽃잎들을 가질 수 있다. 색깔은 짙은 핑크에서 진한 빨강으로 배열될 수 있다. - 농부들이 꽃을 재배(관리)할 때 꽃을 통해 나오는 목적 정보의 기회이며 특정 꽃들이 갖게 되는 고유의 may.

○ Missile weapons may be used in wartime. 미사일 무기는 전시에 사용될 수 있다. - 미사일이 갖게 되는 사용 목적이 있는 고유의 may.

○ Scientists know that cancer may not show up for many years. 일반 과학자들은 암이 수년 동안 나타나지 않을 수도 있다고 알고 있다. 과학자들의 관리 지식으로 보는 어느 시기 수년 동안 암이 가지는 한시적 현상의 may.

○ A vegetarian diet may not provide enough calories for a child's normal growth. 채식 다이어트는 아이의 정상 성장에 필요한 충분한 칼로리를 제공하지 못할 수도 있습니다. - 원론적 관리 인식으로 보는 채식 다이어트가 가지는 고유의 may.

○ The elderly man may not be typical, but he speaks for a significant body of opinion. 웃어른은 전형적인 (어른)이 아닐 수는 있으나 그는 뜻 깊은 의견(생각)을 가진 자신을 드러내기도 한다. (말하기도 한다.) - 일반 웃어른을 보는 화자의 판단- 일반적으로 인간에 관한 관리 인식에서 보는 웃어른이 가지는 may not 경우이다.

○ Walking exercise may be boring at times but early on a clear sunny morning there can be nothing finer. 걷기 훈련은 때때로 지겨울 수 있으나 맑고 화창한 이른 아침에는 이보다 더 좋은 운동이 있을 수 없다. - 일반적 신체 운동 관리 인식에서 보는 걷기 훈련이 가지는 may.

○ The bag has narrow straps, so it may be worn over the shoulder or carried in the hand. 그 가방은 좁고 긴 가죽 손잡이가 있어서 어깨 위에 걸치거나 손에 들고 다닐 수도 있다 - 화자가 보는 가방의 일반 관리적 사용 방법(may)을 서술.

○ Some of diseases may be prevented by regular exercise. 몇몇 병들은 규칙적인 운동으로써 예방될 수도 있다. - 질병의 일반적 관리의 인식에서 보는 몇몇의 병에 피동 관리되는 may.

○ Throwing good money after bad may not be a good idea, they say. 선한 돈을 나쁜 돈 뒤에 던지는 것은 좋은 생각이 아닐 수도 있다고 그들은 말한다. 선한 돈을 악한 돈에 쫓아 사용하는 것은 선한 생각이 아닐 수도 있다고 말한다. - 돈 사용 관리에 대한 일반적 인식에서 보는 돈 사용 기회이다.

2. 주어 외부에 붙여주는 may. - 사회가 허용하는 may

○ Any two persons may marry in Scotland provided that both persons are at least 16 years of age on the day of their marriage. 스코틀랜드에선 어느 두 사람은 그들이 결혼하는 날에 나이가 최소한 16세라면 결혼할 수 있다. - 혼인 법 관리상의 허용되는 가능한 나이. 스코틀랜드 법률이 허용하는 고유의 may.

○ Adolescents under the age of 18 may not work in jobs that require them to drive. 18세 이하의 청년들은 그들에게 운전하도록 요구하는 직장에서 일해선 안 된다. - 고용 관리법상의 허용 금지(불가). 법률이 불허하는 may not.

5장 MIGHT

조동사의 새 이름
파워 동사
Power verb with meaning in use and link relationship

5장 MIGHT

조동사의 새 이름
파워 동사
Power verb with meaning in use
and link relationship

5장
MIGHT

★ might을 학습하기 전에 먼저 may을 반드시 학습해야 합니다! 이 might는 어디에도 충분히 다뤄지지 못하고 있는 부분이다.

> might는 과거에서의 may(일명 과거형)로 사용된다 할지라도 기타 다양하게 확장되거나 파생되었음을 이 책을 통해서 알 수 있습니다. 그러므로 might는 may의 과거형이라기 보다는 「현실성 있는 관리적 may에서 끊어진 might」이라 이름하는 것이 옳겠습니다.

저자는 여기서 'might+동사'를 해석할 때 ~지도 모른다, 혹은 ~수도 있다, 등으로 해석하였다. 그것은 우리말에서 '~ 수(도)'는 다양하게 사용되고 있는 것을 발견할 수 있다. 구체적으로 『우리 말 '~할(일)수(도)의 수'는 기회, 방법, 경우, 가능성, 등의 여러 가지 의미로 사용되고 있다.』 그러므로 이곳 영어의 파워 동사들을 학습해보면 알겠지만 이들 중 어느 것으로 해석하는지는 그 문장의 의미에 가깝게 각각 사용되기도 하고 둘 이상 다 같이 사용되기도 한다. 여기에서 언급하는 기회는 목적일에 사용할 수도 있고 사용 아니할 수도 있으므로 '주어는 기회 사용의 양자 택일의 입장에서 어느 쪽에 치우쳐 말할 수 없으므로 ~할지도 모른다'고 해석하는 것이다. 결국 주어가 가진 기회는 대부분 『~할(일)지도 모른다』와 『~할 수도 있다』고 해석한다.

> ### 과거의 일
> 우리는 과거를 시간상의 과거, 현재, 미래 이렇게 3등분하여 단순 구분하거나 지나가버린 시간 정도로 인식하고 있는데, 그러나 영어에서 대개 과거를 이야기한다는 것은 과거에 일어났던 혹은 있었던 일을 말하지만 한편 현재에는 계속 유지되지 않고 있음을 뜻하기도 한다. 한마디로 과거형은 과거에 「끝난 일」을 말하는 것이다.

> ### Might의 어원
> May(기회), mighty(강한), thought(숙고, 생각)
>
> **May** + **migh**ty +thou**ght** = **Might**
> – 「현실 근거가 없이 화자의 강한 판단(숙고)에서 보는 기회」

> ## might의 뜻
> 현실 관리 바탕에 있는 may에서 끊어진 might
> = 「현실 관리적 may에서 끊어진 might」
> = 「현실성이 부족한 might」이며
> = 관리를 바탕으로 하지 않은 might
> = 「강한 주관적 판단으로 보는 might」
> – 현실 관리를 바탕으로 하지 않은, 즉 「현실성이 결여된 might」, 곧 자기 확신에 찬 주관적으로 보는 기회이므로 불명확한 기회이며 객관성은 부족하고 그 기회의 실현 가능성은 불확실한 가능성이 된다.

관리 력

자신에게 주어진 모든 기회에서 현실적으로 최선의 길, 좋은 길을 선택할 줄 아는 자기 관리(능)력이며, 예를 들어 자신의 재산을 잘 관리해서 최고의 수익을 얻어내는 관리나 자신의 스케줄을 잘 관리해서 최적의 삶이나 효율을 이끌어내는 것도 하나의 관리 력이다.

관리상의 기회(관리와 기회의 관계)

현대시대에 우리는 돈이 있어야 쓸 기회가 있고 도구가 있어야 사용할 기회가 있다. 예쁜 옷이 있어야 입을 기회도 있다. 오늘날은 소유자가 사용기회를 가지고 있다. 그러나 매우 가난한 옛날에는 모든 게 부족하고 궁핍했다. 그래서 많은 것들을 나눠 쓰거나 같이 공유하여 사용하기도 했다. 그래서 필요할 때마다 빌려 써야 해서 그것을 직접 관리하는 자가 실제적인 사용 기회를 가지게 된다. 그래서 오늘날에도 모든 사용 기회는 사실상 소유자보다 직접 관리자가 당장의 사용기회를 가지고 있게 된다. 그러므로 관리는 기회가 생성되는 뿌리이고 기회가 존재하는 바탕이며 여기 영어 문법에서 말하는 기회의 근거가 되기도 한다. 그래서 관리 바탕의 기회, 관리상의 기회라 표현한다.

현실관리란

한마디로 모든 관리를 통틀어 현실 관리라 칭한다. 우리는 이세상을 살면서 아침에서부터 잠을 깨어나야 할 기회가 있고 더 잠을 자야 할 기회도 있다. 그리고 아침 식사할 기회도 있고 거부할 기회도 있다. 자신의 일을 할 기회도 있고 놀러 다닐 기회도 있으며 하루 스케줄을 선택할 기회도 있다. 친구를 만날 기회도 있고 기피할 기회도 있다. 쇼핑 가더라도 상품을 선택할 기회도 있다. 하루 하루 순간 순간이 삶의 현실이고 삶의 선택이고 삶의 기회이다. 결국 우리의 선택과 그 선택의 기회, 그리고 목적을 이룰 기회는 우리의 삶을 관리하는 현실적인 바탕위에 존재한다. 인간이 이 세상에서의 삶은 모든 현실적인 관리속에 이루어지는 것이고 그것은 인간이 다른 동물들과 달리 가진 지적이며 본능적인 관리의 생활이다. 인간이 현실적인 관리 중에 선택하게 될 모든 일에는 그에 앞서 대부분 복수의 기회들이 존재했고 그 중에 하나의 기회를 선택하여 삶이라는 일을 실천하였고 그 기회는 자신의 현실 삶의 관리 중에 발생한 것이며 자신의 원하는 바를 이루는 기회이다. 소유물, 부동산 등 소유재산은 소유할 뿐만 아니라 동시에 관리하는 대상이고, 실제의 관리 직책, 가지고 있는 근거나 증거, 자료, 자신의 삶에서 마주하는 사실, 실제 상황, 자연, 시간, 스케줄, 사람들, 그리고 삶의 목표와 그를 위한 노력 등도 관리의 대상이며 우리 삶의 현실 요소들이다. 이들의 『모든 관리가 현실적인 모든 기회를 만들어 내기도 하고 사용할 기회의 바탕이 되므로 이런 기회들을 만들어내는 모든 것들을 「현실관리」라 명명한다.』 이는 영어의 본질에 맞게 그 생성원리에 맞게 설명하기 위한 것이며 우리 삶에도 적용 가능한 것이다. 그리고 이 책에서 어떤 관리인지를 구체적으로 설명하기 애매할 때를 통칭하여 현실관리라 이름을 짓는 것이다. 그리고 이들 현실적인 바탕의 성격을 현실성이라 한다. (★might에서는 직접적인 기회를 만들어내는 이런 현실관리라는 객관적인 바탕이 없이 화자가 주관적으로 보는 기회를 말하는 것이다.)

적용과 전개

A. 과거에서 may는 현재에서 본 과거형 might

1. 과거에서 본 현재형 may _시제 일치에서

종속절의 시제 일치에서 과거에서 본 현재형 may- 과거에 현실적인 관리를 바탕으로 하여 생기거나 보이는 그 기회(may)가 현재에는 「끊어진 기회(might)」이다.

1) 과거의 직접화법과 간접화법 비교 _미래 기회 가능성

○ I said, "It may be rain." 나는 (과거에) 비가 올지도 모른다고 말했다 - 『과거에서 본 현재형 may.』 과거에서 현실 관리를 하면서 비가 올 기회의 실현 가능성을 말했던 것이다. 화자가 청자에게 과거에 말을 할 당시는 '비가 올지도 모른다(즉 하늘을 보니 비가 올 거 같다, 올 수도 있다)'라는 화자는 오랫동안 날씨를 경험하고 관찰하고 분석한 바탕에서 「날씨를 보며(즉 현실관리를 바탕으로)」 관리자적 시각으로 말하여, 비가 올 기회(may)의 가능성이 있음'을 청자에게 말을 하였다는 직접적 표현이다. 과거에 했던 말이며 지금은 그 현실(그 기상상황 등)이 없어진 끊어진 might이다. ① 과거의 청자와 현재의 청자가 같다면 과거에 이렇게 말하지 않았냐며 과거와 똑같이 표현해 기억을 일깨워준다. ② 과거의 청자와 현재의 청자가 다르다면 내가 과거에 이렇게 말했다를 똑같이 재연해

준다이다.

○ I said that it might be rain. 나는 비가 올지도 모르겠다고 말했다. - 종속절의 시제 일치에 의한 위 문장의 간접 화법이다. 즉 might는 said에 종속되어 있어 『현재에서 본 과거형 might』이다. '과거에 있었던 현실적인 기회'(=과거에서 may)의 실현 가능성이었다 할지라도 현재에는 날씨가 변했고 그 현실 즉 비가 올 것 같은 상황이 없어졌으므로 현재 그 기회는 사라져서 현재까지도 현실적이고 객관적인 기회 서술을 할 수 없으므로 주관적인 기회 서술로 보일 수밖에 없다. ★ 다시 말하면 현재에서 본「과거형 might와 주관적인 might가 일치」할 수밖에 없다는 것이다. 또한 「말하는 시점인 현재에는」듣고 있는 청자가 과거와 동일한 청자일때는 과거에서는 객관적인 기회였지만 듣고 있는 청자가 과거때와 다를 때는 과거의 기회는 주관적인 기회로 보이므로 그 현실이 없어져 버린(끊어진) 주관적인 기회의 실현 가능성이다. 결국은 과거 한때에 비가 올 현실적 기회 가능성이 있었다는 말이지만 지금은 그 기회는 없고 현실에서 확인할 수도 없다. 한마디로 현실성이 없어진 주관적인 might가 된다. 즉 첫 예문은 현재의 청자가 과거의 청자와 같을 때 쓰면 더 좋고 두번째 예문은 현재의 청자가 과거의 청자와 다를 때 쓰면 일반적이 된다.

> **'시제 일치에 의해 may에서 변형된 might'는**
>
> 간접화법에 의하여 변형된 might는 과거가 아닌 현재에 말하는 시각으로 볼 때에, 현재의 청자는 「과거와 다른 청자」일 수 있으므로 현재의 청자에 기준하여 과거에 어떤 「날씨 상황을 근거로」 예측하여 말했던 일은 '그 예측의 기회 실현 가능성을 현재에 확인해 줄 수 없으므로 화자는 객관적 입장에서' 한 개인의 단순한 『주관적인, 즉 현실성이 결여된 관점』의 표현으로서 might을 사용함이 된다. 또 위 「과거 청자와 현재 청자가 같은 경우」는 현재에 다시 한번 과거에 현실성이 있는 예측을 말하였던 때가 있었지 않냐고 따지거나 기억을 되살려주는 말이 된다. 즉 『첫번째 예문 형식의 의미』가 될 수 있다. 그래서 현실성 있는 예측을 말할 수 있었던 날씨 상황을 다시 한번 기억 속에서 되살려 준다. 그러므로 간접화법으로 전환된 경우는 ① 번에 가까운 의미가 될 수가 있다(아래 예문과 달리 실제적 대화라면).

○ I thought, "It may be true." 나는 그게 사실일지 모른다고 생각했다. - 『과거에서 보는 현재형 may』이며 현재에는 may가 없으며 과거에는 의식속에 있었다. 과거 당시에 현실 관리 등을 바탕으로 생각하였다는 말이며 그'생각 속에서' 현실 관리(증거 등)를 바탕으로 하는 기회 가능성이 있다고 본다이다. 결국은 과거에 "그게 사실일지 모른다"고 생각했던 일이 기억난다는 의미에 가깝다.

○ I thought it might be true. 나는 그게 혹시 사실일지 모르겠다고 생각했다. - 종속절의 시제 일치에 의한 위 문장의 간접 화법이다. 즉 might는 thought에 종속되어 있어 ①

『현재에서 본 과거형 might』이다. '과거에 있었던 현실적인 기회'(=과거에서 may)의 실현 가능성이 있었다 할지라도 현재에는 상황이 변했고 그 현실 즉 사실적인 기회가 될 수 있는 상황이 없어졌고 확인되고 있지 않으므로 그 기회는 사라졌고 또한 현재에도 현실적이고 객관적인 기회 서술을 할 수 없으므로 주관적인 기회 서술이 될 수밖에 없다. 또한 「말하는 시점인 현재에는」 듣고 있는 청자는 ② 과거와 동일한 청자일때는 현재에 다시 한번 과거에 현실성이 있는 추측을 말하였던 때가 있지 않냐고 따지거나 기억을 되살려 주는 말이 된다. 즉 『앞의 예문 형식의 의미』가 될 수 있다. 그래서 현실성 있는 추측을 말할 수 있었던 기회 상황을 다시 한번 기억 속에서 되살려 준다. ① 듣고 있는 청자가 과거때와 다를 때는 과거의 기회는 주관적인 기회로 보이므로 그 현실이 없어져버린, 즉 끊어진 주관적인 기회의 실현 가능성이다. 결국은 과거 한때에 사실이 될 기회가 현실적으로 있었다는 말이지만 지금은 그 기회는 없고 현실에서 확인할 수도 없다. 한마디로 현실성이 없는 주관적인 might가 된다.

2) 현재에서 본 과거형 might _주어 내부의 과거형 might

○ Her father had not given up hope that she might be alive. 그녀의 아버지는 그녀가 살아 있을 수도 있다는 희망을 포기하지 않았었다. 살아 있을지도 모른다고. - 현재에서 본 과거형 might. 시제 일치에 의하여 might는 had에 종속되었다. 과거 당시에는 죽었다는 증거 등이 없어서 현실 관리적 경험에서 갖는 희망 있는 기회였지만 현재에는 그 기회가 사라져서 현실성이 없는 기회가 되었다.

3) 과거에서 「기회(may)를 직접 넘겨 주기」

○ I said to him, "You may go." 나는 그에게 "너는 가도 된다."고 직접 말했다. - 과거에서 본 현재형 may. 여기서 과거의 청자와 현재의 청자는 다를 수 있다. 과거에 현장 등에서 사람이나 조직의 관리자인 화자가 직접 주는 may(기회; 허락)이며 이는 화자가 직접 관리하는 권한(현실 관리 권한)으로 청자가 원하는 go의 기회를 직접 주었음을 말한다. 여기서 you는 관리 대상자였다.

○ I told him that he might go. 나는 그에게 너는 가도 된다고 말했다. -현재에서 본 과거형 might. 간접화법에 의해 might는 told에 종속된 상황이므로 과거에 화자가 he에게 직접 may를 주었음을 말하지만 화자는 실질적인 관리 권한을 가지고 직접적으로 he에게 go하라고 허락하여 he는 go의 기회가 직접 있었으며 「그 사실을 다시 말하는 시점인 현재에는」 "없어져버린(끊어진) 기회"이므로 그 현실이 없어져서 현재에는 그 기회를 확인할 수 없어 주관적인 might로 보일 수 있으며, 결국은 과거 한때에 he에게 go할 직접적인 기회를 주었다는 말이다.

○ "What are you doing here?" "Paul said that I might look around." "너는 여기서 뭐하고 있니?" "폴이 내게 여기저기 둘러봐도 된다고 말했어. - 'Paul said, You may look around here.'의 간접 화법. 현실적인 관리를 하고 있는 폴이 준 직접 기회이지만 제3자인 청자가 보기에는 주관적인 might로 보일 수도 있다.

○ She said, "Tom may come." 그녀는 '탐은 와도 된다' 라고 말했다. 과거에서 보는 현재형 may. She는 주인이거나 관리인이며, Tom은 she가 실제 관리하는 영역에 come허락을 받는 사이이다. 실제 관리자인 그녀가 Tom에게 may을 넘겨주어 올 기회를 직접 주었던 것이다.

○ She said that Tom might come. 그녀는 탐은 와도 된다라고 말했다(시제 일치-탐이 화자 앞에 있을 때: you may come). 그녀는 탐이 와도 된다고 말했다(탐이 화자 앞에 없을 때 - Tom may come). (이경우 탐은 제3자이며 청자는 이 말을 탐에게 전하는 자가 될 수도 있다). ③ 그녀는 탐이 올 수도 있다고 말했다. 이 경우도 탐은 화자 앞에 없으며 탐이 올 기회가 있다고 말한다. ① 번인지 ② 번 인지 ③ 번인지 이 한 문장만으로는 알 수 없다. ★ 여기서 ①, ②, ③중에 어느 의미인지는 이 말을 하는 현장에서 화자가 관리자인지 비 관리자인지와 탐이 화자 앞에 있는지 없는지를 알면 자동적으로 여기의 어느 의미인지를 알게 된다. 또한 과거 시제이므로 말하는 이 현장에 없었더라도 이 현장을 잘 알고 있으면 어느 의미인지를 알 수 있게 된다.

기회 (사용) 가능성이란

기회가 목적일에 당장 사용할 수 있는 직접 연결된 기회가 아닌 경우, 즉 미래에 있는 목적동사일 경우는 '연결 가능성 있는 기회'이며, 화자는 그 기회 가능성을 현실 관리를 바탕(근거)으로 하여 알려준다. 또한 현재의 기회는 당장 사용할 수 있는 (미래) 목적 동사에 직접 연결되어 있지 않으므로 현재의 관리 중에 보이는 잠재된 미래 기회는 미래에 사용할 목적 동사에 사용 가능성으로 남아 있다.

○ He assured me that I might come back whenever I like. 그는 내게 내가 원할 때 언제든지 돌아와도 좋다고 보장했다. 직접화법으로는 you may come back~이다. 과거에서 보는 현재형 may이며 현재에는 whenever I like에 의해 주어지는 그 may의 시간 확장 범위가 아직까지 이어지고 있는지는 이 짧은 문장으로는 알 수가 없으나 아마 그가 과거에 준 may을 다시 찾으려고 혹은 다시 확인 받으려고 이 말을 하고 있다고 볼 수도 있다. 시제 일치에 의하여 like가 liked가 되는 게 아니고 whenever이하는 조건 시간으로서 like는 미래 실현 시간이다. 이경우 like는 미 확정된 시간을 뜻하여 원형 동사이다.

○ He assured to me, "You may come back whenever you like." - 위 문장의 직접 화법.

4) 기회의 허락 요청에서

○ I asked, "May I come in?" 제가 들어가도 되나요 라고 (관리자에게 직접) 물었다. - 과거에서 보는 현재형 may. may을 스스로 자신에게 직접 붙이고 달라고 묻는다(기회를 스스로 붙잡고 허락을 요청함-기회를 붙잡고 내가 들어갈 기회를 가져도 되나요? 관리자인 청자에게 그의 영역에서 직접적인 허락을 받는 질문이다. ★남의 권한에 있는 may를 자신에게 직접 붙인다는 것은 그 기회를 현장에서 자신이 직접 붙잡고서 적극적으로 들이대며 목적일을 할 may을 허락해 달라고 요청한다.

○ I asked if I might come in. 나는 혹시 들어가도 되겠냐 고 물었다. - 현재에서 본 과거형 might. 간접화법에 의해 might는 asked에 종속되었으므로 과거에 화자가 직접 may을 붙잡고 청자에게 그 붙잡은 may의 사용 허락(yes)요청했던 것이며 「위의 말을 전하는 현재에는」 그 현실성이 없어져서 그 기회가 없어졌고 현재에서의 기회와는 다르고 청자가 과거와 다를 경우 주관적인 might로 보일 수도 있다. ★예를 들어 밖에 눈이나 비가 오거나 위험할 때 들어갈 기회를 달라고 했을 때와 현재 날씨가 따뜻하고 안전할 때의 기회는 전혀 다르기 때문이다. 꼭 그렇지 않더라도 필요할 때 요청하는 기회와 불필요시의 기회는 전혀 다를 수가 있다. 그러므로 똑같은 목적일을 할 수가 없으며, 결국은 과거 한때에 들어갈 기회를 달라고 요청했었다는 말이 된다.

○ He asked if he might close the window. 그는 혹시 그가 창문을 닫을 수 있는지(닫아도 되는지)를 물었다. (He said, Might I open the window? 의 간접화법).

2. ~so that - might

> **'X so that Y' 구조인 so that 중심의 XY 관계에서**
>
> '과거의 관리(바탕 행위X)' ⇒ '미래 목적의 기회(might)' 가능성Y; 미래 목적의 '기회'을 만드는 과거의 바탕 관리 행위= 미래 목적의 기회를 만들기위한 과거의 관리(바탕행위). 여기서 기회 might는 화자의 과거 관리 정도에 따라 나중에 생기는 것이며 과거 관리에서 보는 미래의 간접 기회이다.

○ Daniel left his children a letter, **so that** his family **might** understand why he had to go away. 다니엘은 그의 가족이 그가 왜 멀리 가야만 했는지를 이해할 수 있도록 그의 자녀들에게 편지를 남겨 두었다. - 직접 기회로 이어진다고 보기엔 현실성이 부족해서

간접 기회 가능성이다. 다니엘이 그의 자녀들에게 편지를 남겨둔 것이 관리하는 바탕 행위이며 이것이 이해로 직접 이어진다 고 볼 수 없으며 그 남겨둔 편지를 자녀들이 읽어야 하고 또한 이해를 해야 하는 두 가지 과정이 남아 있다. 그래서 관리하는 바탕 행위가 간접 기회 가능성을 만든다. 즉 직접적인 기회를 만든다는 보장이 없으므로 현실성이 부족하다.

○ 〈비교〉 - We work hard so that we **may** succeed. 우리는 성공할 수 있도록 열심히 일한다. - 주절의 노력을 바탕으로 갖게 되는 '직접 기회'. 노력이 곧 성공으로 이어지는 직접 기회를 만든다.

○ We worked hard **so that** we **might** succeed. (과거)우리는 성공할 수 있도록 열심히 일했다. - 과거 주절의 노력을 바탕으로 갖게 되는 현실성 있는 목적 기회(과거에서 보는 미래 기회). 종속절의 시제 일치. 과거 열심히 일할 때는 직접 기회를 만들었지만 현재에는 그 일을 하지도 않고 기회를 만들지도 않고 있다.

B. 지나온 과거에 사용했었던 might

1.「지나온 과거에 기회를 사용해서 원하는 목적일을 이루어 왔던 일들을」뒤돌아본다

'지나온'은 겪었던 경로이다.

○ **In those days** we might go for a walk in the woods. 그 당시에 우리는 숲속으로 산책하러 가곤 했다. - 지나온 과거에 있었던 might = 현재에서 본 과거형 might. → 과거에 한때에 기회를 사용하여 원하던 일들을 이루어 왔던 과거의 일을 회상해본다. ★ 여기서 원하는 목적일은 일상적이 아니고 가끔 있는 일이므로 ~하곤 했었다로 해석한다. 일상적이면 everyday를 사용하거나 sometimes를 사용하거나 등으로 빈도를 표현해야 한다. 즉 이 문장 첫 in에서부터 woods까지는 화자가 지나온 삶의 경로이며 뒤돌아본 기억속의 자국이나 흔적, 역사 같은 것이다. 다시 말하면 그 당시에 주어we가 가진 기회를 사용했고 그 기회로 go for a walk를 실천했고 woods으로까지 행해졌고 그것을 현재에 뒤돌아 회상해 본다이다.

C. 지나온 과거에 사용 기회가 있었던 목적일들

≪과거형MIGHT have + 동결재≫

지나온 과거에 사용 기회가 있었던 목적일들을 현재의 결과적 입장으로 말한다.

주어가 과거 목적일을 이룰 좋은 기회가 있었지만 놓쳐버려서 그 과거 일을 현재에는 화자가 임의로 파워 동사(기회)를 사용하여 목적일을 이룬 결과적 입장으로 말하여 본다이다.

이루지 못했으므로 과거를 뒤돌아보면서 놓쳐버린, 지나가버린 그 기회들을 아쉬워하며 파워 사용(실행)의 결과적 입장에서 말한다.

여기 might는 화자가 언어로 사용한 might이며 결과적 입장을 만드는데 사용했으므로 과거형 might이다.

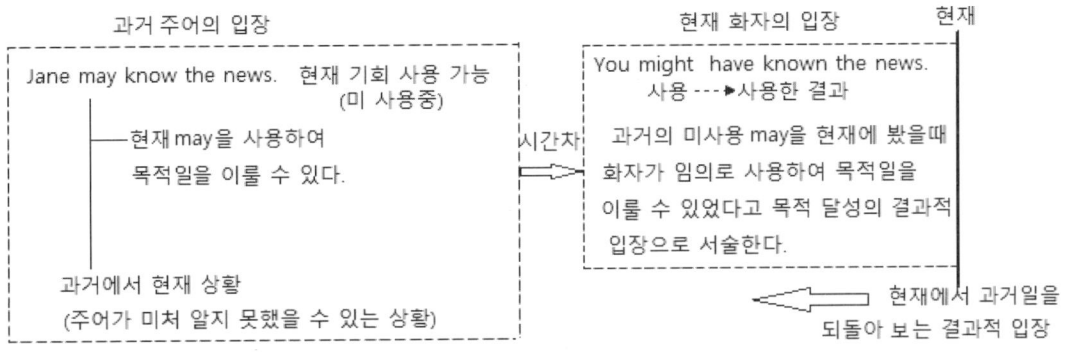

< 과거에 파워를 사용하여 목적 달성 가능했던 때를 현재에 파워 사용 결과적 입장으로 언급>

1. 과거에 그런 기회가 있는 줄 알았어야지(실제는 몰랐어)

'지나온'은 겪었던 경로이다.

○ John! I **might have known** you'd be behind all this! 존! 네가 이 모든 일 뒤에 숨어 있고 싶어 하는지를 내가 알았어야지! (실제로 네가 그렇게 하고 싶은 줄은 그땐 내가 몰랐어.) - 과거에 그런 기회가 있는 줄 몰랐어.

★지나온 과거에 목적일을 이룰 기회가 있었지만 이루지 못하고 아쉬워하여 그 기회를 현재에 사용하여 목적일을 이룬 결과적 입장에서 말해 본다이다. 이는 과거에 주어의 실제 기회였지만 사용하지 않아서 시간차의 장벽을 넘어 현재에 화자가 임의로 사용하는 기회가 된다. Might와 함께 'Have + 과거 분사'는 과거에 기회가 있던 목적일을 실제 하지 않았는데도 실행했다면(시간차이를 건너뛰어 했다면) 「현재에 이루었을 일, 즉 결과적 상태로 남았을 일」을 말하고 있다. 과거 기회가 있던 목적일(may+v+o)을 현재시각에서 보면 결과로 이룰 수(기회) 있었던 일(might +have +pp +o=결과적 일)로 변한 것이다. 다시 말하면 과거 기회가 있을 때 이룰 수 있었던 목적일을 현재에 그 목적을 이룬 결과적 입장으로 말해 본다이다. 왜냐하면 과거일을 아쉬워 뒤돌아보며 말한다는 것은 그 일이 목적가치가 있었기 때문에 미련이 남아 뒤돌아보는 것이다. 따라서 끊어진 might에 have+pp 결합은 실제 이루지 못했지만 「이룰 수 있었던 일(결과적 일)」이라고 그 기회를

놓쳐버려 아쉬워한다. 그래서 현재는 현실성 없는 과거의 목적일이 되어 버렸다. 그래서 실제는 이루지 못하여 원치 않았던 다른 길로 갔다이다. Have+pp(완료형)가 과거형 might와 함께 사용하는 것은 과거에 이룰 수 있었던 기회(may know)을 놓쳐버렸고 이를 아쉬워하여 현재에 그 기회를 사용하여 목적을 이룬 결과적 입장에서 말해 본다이다. 여기 might는 주어가 아닌 화자가 언어로(임의로) 사용한 might이며 그 사용한 might의 결과가 have +pp가 되었다. 한마디로 실제 사실의 변화는 없지만 언어상의 변화만을 만들었다. 즉 may +v +o에서 might +have +pp +o으로 변했다.

2. 과거 원치 않았던 일을 낳을 뻔한 기회가 있었다

주어의 목적 의사가 없는 일인데도 그런 결과를 저지를 뻔했다. 과거의 목적 기회가 거의 결과를 낳을 뻔했다. 거의 목적 결과에 이를 지경이었다. 실제는 저지르지 않았고 현재는 현실성이 없는 기회이다. 놀람, 화남, 경고, 문책, 자책 등의 감정을 남기게 된다. 보통 you might~이며 화자(혹은 제3자)가 보는 주어의 행위는 그 목적의사가 없었던 일인데도 원치 않았던 일(결과)을 낳을 뻔했다. 여기서 대부분 have+pp는 나쁜 일들이다.

○ Why did you do that? You **might have killed** yourself. 너는 왜 그런 짓을 했어? 너는 너 자신을 죽일 뻔 했잖아. 너는 너 자신이 어쩌면 죽을 수도 있었잖아. 죽을 뻔 했잖아. 그 일(that)은 어떤 결과를 낳는 직접적인 기회는 안되지만 거의 목적일에 근접하여 원치 않는 결과를 낳을 뻔한 과거 기회를 말하는 것이며 실제는 그런 결과를 낳지 않았으므로 현실성이 결여된 might가 되며 현재에는 단지 화자의 주관적인 판단에 근거하여 보는 기회일 수도 있다. 과거에 그런 기회를 겪을 뻔했어.

○ Did you see what happened? I **might have been killed**. 너는 무슨 일이 일어났는지 봤니? 나는 거의 죽을 뻔했어(나는 어쩌면 죽었을 수도 있었어). - 과거에 원치 않는 결과를 낳을 뻔한 그런 기회가 있었다.

○ You were stupid to try climbing up there. You **might have killed** yourself. 네가 저기에 올라가 보았다니 어리석었다. 너는 너 자신을 죽일 뻔했어. 너는 (어쩌면) 죽었을 수도 있었어. - 과거에 그런 결과를 낳을(겪을) 뻔 했다.

3. 과거에 실제적 기회가 있었는데 놓쳐버렸다

지금은 아쉽다. 과거에 미사용 기회를 현재에 기회 사용한 결과적 입장에서 말한다. 그래서 ~ 결과를 낳을 기회가 있었는데 기회를 놓쳐 버렸다. 놓쳐버린 주어의 책임이다, 등의 감정이 남는다. 여기 대부분 have+pp는 책임 있는 일이다.

○ She **might have told** me she was going to stay out all night. 그녀는 내게 밤새 내내

밖에 머물 거라고 말할 수 있었어(실제는 말하지 않았다).

○ You **might have told** me the truth before! 너는 그 사실을 전에 내게 말할 수 있었어! - 과거에 말할 수도 있었는데 그 기회를 놓쳐버려서 실제는 말하지 않았다. 그래서 아쉬워 결과적 입장에서 말해본다.

D. 현재형 might

현실 관리 바탕에 있는 may에서 끊어진 might. 「현실성이 부족한 might」이며 즉 「관리 중에 생기지 않은 might」. 결국 「 강한 주관적 판단으로 보는 might 」이므로 불확실한 기회이다.

1. I might~ - 현실성 부족한 불확실한 might

현실 관리 중에 생기는 실제적 기회가 아니고 관리가 없는, 즉 『현실성이 부족하고 화자 자신의 주관적인 관점에서 보는 불확실한 might』이다. 현실적인 관리 바탕에 근거하지 않고 화자가 주관적인 관점으로 볼 때는 「자기 확신에 차서 강한 주장을 하기도 하는 객관성이 없는 불확실한 기회」이다. 그러므로 현실성이 부족한 불확실한 기회이다.

1) 화자의 뜻이 개입되지 않은 I might

현실성이 부족하고 주관적인 판단으로 본 불확실한 기회. 즉 화자의 의도와는 관계없이 주어가 가질 수도 있는 현실성이 부족한 불확실한 기회이다. 다시 말하면 주어가 의도치 않게 갖게 될 수도 있는 불확실한 기회이다.

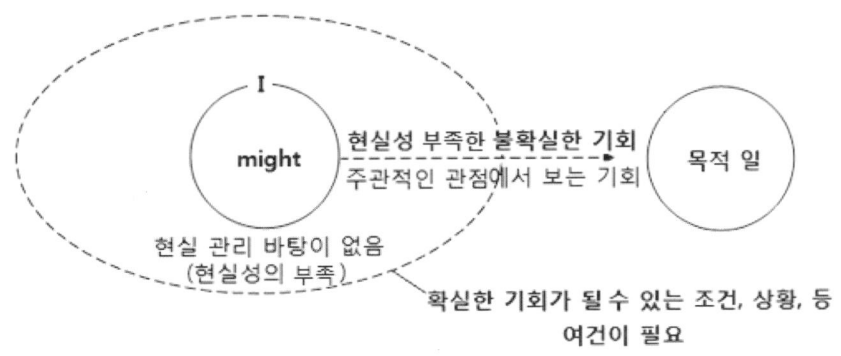

< 현실성이 부족한 주관적인 I might >

○ "What are you doing at the weekend, Tom?" "Oh, I may go to Island- or I just might stay at home." "톰, 주말에 뭐할 거니?" "음, 나는 아이슬란드에 갈 수도 있고

아니면 그저 집에 머물지도 모른다." - 현재 모든 것을 관리적으로 고려해 봐선 스코틀랜드에 갈 수도 있고(갈지도 모르고), 아니면 주관적 관점으로는 불확실하지만 집에 머물 수도 있다이다. 여기 might는 주어가 may의 목적일인 아이슬란드에 가기의 반대로 집에 머물기를 할 수도 있는 「현실성 부족하고 주어의 주관적인 관점으로 본 불확실한 기회」이다. 즉 주어가 자신의 현실 생활을 여러가지 관리를 하다 보니 아이슬란드에 가야 될 기회가 있다는 말이며 만약에 못 간다면(or), 즉 may에 반대로 현실성이 부족하고 주관적인 관점으로는 집에 머물기를 할 불확실한 기회도 있다는 말이다.

○ "Are you going to give him a present?" "I might, I might not." 그에게 선물을 주실 겁니까? (주관적으로 봐서) 줄지도 모르고 안 줄지도 모르죠이다. - 확실하지 않지만 화자가 현실성 부족하게 주관적으로 보는 긍정적 기회 가능성과 부정적 기회 가능성을 언급한다. 즉 첫번째 화자가 말하는 목적일을 선택하는데 긍정적 기회와 부정적 기회 두가지를 말하고 있다. ★ 기회 가능성은 당장 사용할 수 있는 직접 기회가 아니고 다가올 미래에 사용 가능성 있는 기회를 말하고 주관적이고 불확실한 기회도 가능성이 전혀 없는 것이 아니므로 기회 가능성이 있다.

○ "I might get a job soon." "Yes, and pigs might fly." 나는 곧 직장을 얻을지 몰라. 그~래, 그리고 돼지들도 날아다닐지도 모르지. - 현실성 없는 불확실한 기회여서, 첫 화자가 곧 직장을 얻을지도 모른다고 하자 두번째 화자가 똑 같은 기회(첫 화자의 주관적 기회) 가능성으로 보아 불확실한 그런 기회라면 돼지도 날아다닐 기회가 있는 것과 같다의 뜻이다. 현실성 부족한 주관적으로 판단한 불확실한 기회이다.

○ I wish I might tell you. 내가 너에게 말할 수(기회) 있으면 좋겠네요. 현재 현실적으로 기회는 없지만 화자의 주관적인 바램으로 목적 기회를 갖게 된다면 좋겠다이다. 가정법은 현실에서 끊어진 might이다.

2) 화자는 청자에게 새로운 목적일의 기회를 알려주며 동참을 제안하는 We might

화자의 관점에서 청자를 we에 포함시켜서 청자에게 보여주는 주관적인 기회이지만 화자가 제안하는 새로운 목적일의 might를 알려주며 함께 사용해보자는, 즉 목적일에 동참을 제안하는 we might이다. might의 실제적 사용은 동참하는 청자에게 달려있고 그 동참시에는 실제적 may가 된다.

화자가 청자에게 보여주는 주관적인 기회를 말한다; we에 포함된 청자에게 사실상의 동참의 기회를 제안한다이다. 목적일은 화자가 제안하는 목적일이다. 그래서 화자의 뜻이 개입됐다.

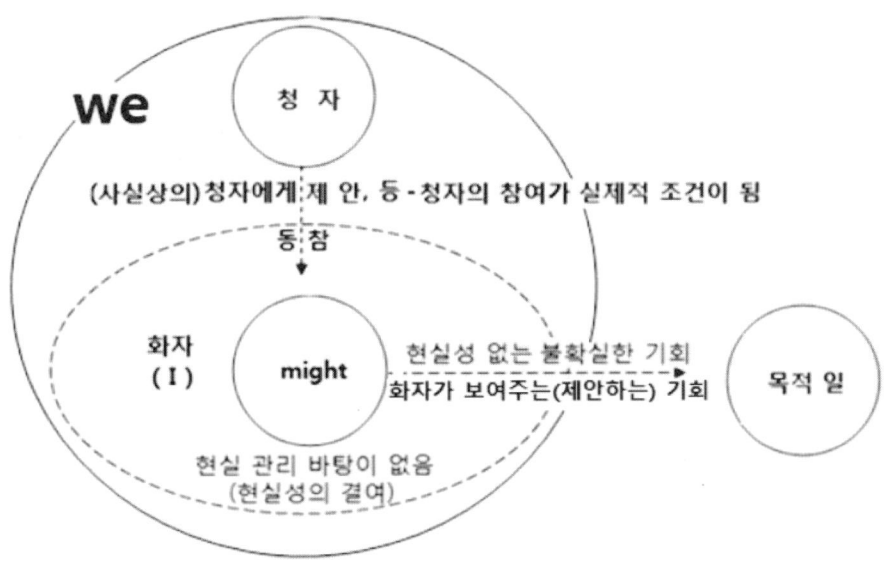

< 현실성이 결여된 주관적인 we might - 동참 기회를 제안 >

○ **We might** not be home before midnight. 우리 한밤중이 되기 전에는 혹시 집에 함께 돌아가지 않을 수도 있어. - 청자와 함께 가질 수도 있는 「새로운 목적일의 might을 제안의 뜻으로 알려준다」. 실제는 목적일을 함께 하자의 뜻이다. 청자를 we에 묶어 말하는 화자가 청자에게 제시하는 일을 목적일로 말함으로써 청자에게 자신의 주관적인 목적 계획을 내비친 것이 되며 그 기회를 함께 하자는 제안이다. 화자의 관점에서 보여주는 현실성이 부족한 주관적인 기회이지만 화자가 제시하는 새로운 목적일에 함께 사용해보자며 알려주며 그 might의 실제적 사용은 동참하는 청자에게 달려있다.

○ I thought **we might** go for a climbing on Saturday. 나는 우리가 혹시 함께 토요일에 등산하러 갈 수도 있다고(갈 지도 모른다고) 생각하고 있었어. - 화자가 청자에게 보여주는 might(즉 동참의 기회를 제안); 자신의 생각 속의 주관적인 계획을 내비쳐서 실제는 함께 가자는 제안이다. 청자와 함께 목적일에 사용할 might을 제안의 뜻으로 알려준다. 화자의 관점에서 보여주는 주관적인 기회이지만 화자가 제시하는 목적일에 함께 사용해보자며 알려주며 그 might의 실제적 사용은 동참하는 청자에게 달려있다.

3) 자신의 미래 완성적 존재를 추측

○ By the end of this year I **might have saved** some money. 나는 올해 말까지 상당한 돈을 저축해 놓을지도 모르겠어. - 미래 완성 추측. 자신의 보이지 않는 미래일을 불확실한 기회 완성 결과적 존재로 추측한다.

2. I might not~ _might를 부정적 가능성으로 말하기

○ I might not come back home tonight. 나는 오늘밤 집에 못 들어올지도 모른다(못 들어올 수도 있다). 화자는 집에 들어올 기회가 없을지도 모른다고 불확실한 서술. 불확실한 기회를 부정함으로써 역으로 올 수도 있고 해서 불확실한 기회를 부정적 가능성으로 말한다.

○ I might **not** know what you know **but** it doesn't mean you can be awful to me. 나는 네가 아는 것을 모를지도 모르나 그것은 네가 내게 대단할 수도 있다는 것을 의미하지 않는다. - 네가 아는 것을 모를 수도 있지만 역으로 나는 다른 것을 알 수도 있어서 너는 대단하지 않다는 것을 의미한다. ★ 불확실한 기회를 부정함으로써 오히려 다른 기회도 있을 수 있다. might-but~= might「주요하(크)게 보이는 것」but~「간과하지 말아야 할 사실」을 나열(might ~but~). 현재 주요하게 보이는 기회일지라도 그 뒤에 간과, 방심, 소홀히 하지 말아야 할 일. 크게 보일 수도 있는 것이지만 간과하지 말아야 할 것이 있다.

3. You might~

1) 화자의 뜻이 사실상 개입된 might 알려주기

화자가 청자에게 「새로운 목적일의 기회를 넌지시 알려주어」 "사실상 해봐라"는 의미로 불명확한 「might(기회)」을 넌지시 알려 주기이다.

화자는 「실제적 기회(may)를 직접 줄 수가 없으므로」 허락, 허용이나 실제의 정보 등을 줄 수가 없고 단지 '화자의 주관적인 뜻으로' 주어가 가질 수 있는 새로운 목적일의 기회를 권고, 충고, 부탁, 의뢰, 가벼운 명령, 바람, 등의 의미로 알려(말해)준다. 즉 화자의 주관적인 뜻으로 주어에게 새로운 목적일의 기회를 가져보라고 권고, 바람, 의뢰, 가벼운 명령, 등의 의미로 사실상 알려준다. 여기서 목적일은 화자가 알려주는 일이며 화자가 위와 같은 여러가지 의미로 주어를 목적일로 유도하여 화자의 뜻이 개입됐다는 뜻이다. 화자의 영향력이 미치는 정도에 따라 강할 경우는 가벼운 명령이며 의뢰, 부탁, 권고, 충고, 바람 등으로 약해진다. 여러 목적일들의 노동 강도나 사적, 공적, 지위 관계 등에 따라 그 의미가 나눠질 수 있다.

화자가 주관적인 관점에서 주어에게 어떤 목적 기회가 있음을 넌지시 알려주기이다. 넌지시 알려준다는 것은 불명확한 might(목적 기회)를 알려 주기이기 때문이다. 즉 암시나 힌트를 주듯이 넌지시 유도하여 목적일을 수행하도록 권고, 바람, 의뢰, 가벼운 명령 등의 뜻이 담겨있다.

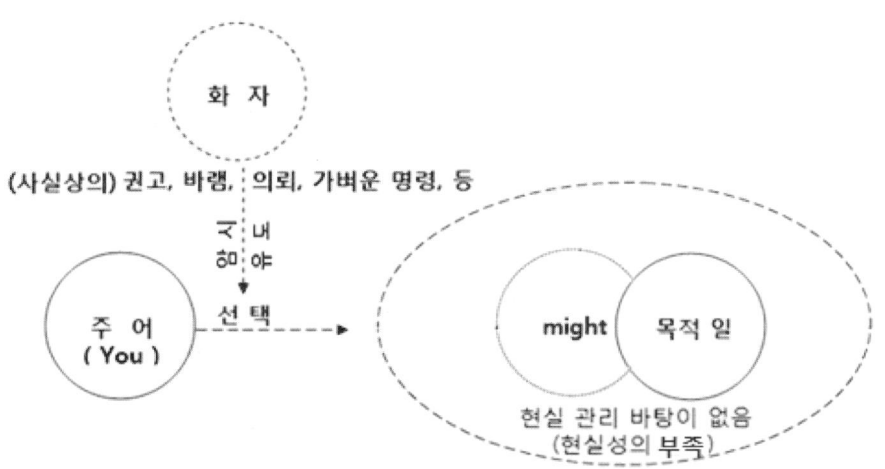

화자가 주관적인 관점에서 주어에게 어떤 불확실한 기회가 있음을 알려준다. 즉 암시나 힌트를 주듯이 넌지시 유도하여 목적일을 수행하도록 권고, 바램, 의뢰 등의 뜻이 있다.

< 현실성이 부족한 주관적인 You might >

○ **You might** be needed at the office on Saturday. 토요일에 사무실에서 너를 필요로 할지도 몰라. - 사실상 '사무실에 필요할지 모르니 가보아라'는 권고의 암시이다. 화자가 청자에게 주관적으로 보이는 might를 새롭게 알려주는 목적일에 사용해 보도록 넌지시 권고하며「실제의(현실의) 사용 기회로」이루기를 바랜다.

○ You **might** try asking your uncle for a job. 너는 너의 삼촌에게 일을 달라고 매달릴 수도 있어. 그러니 해보라는 권고의 암시이다. - 화자가 청자에게 주관적으로 보이는 might를 알려주는 새로운 목적일에 사용해 보도록 권고를 하며「실제의 사용 기회로」이루기를 바랜다.

○ You might ask before you borrow my car. 너는 내 차를 빌리기 전에 내게 요청해 볼 수도 있어. - 화자가 청자에게 주관적으로 보이는 might를 새롭게 알려주는 목적일에 사용해 보도록 충고하는 암시이며 사실상 '내게 사정을 해보아라'는 충고의 암시이며 실제의 사용 기회가 되기를 바랜다.

○ And while I'm out **you might** clean up the living room. 그리고 내가 밖에 나가 있는 동안 당신은 거실을 청소해 놓을 수도 있겠지요. 청소할 기회는 있겠네요. - 화자가 청자에게「새로운 목적일에 사용할 might를 넌지시 알려주는 것」이며 사실상의 가벼운 명령으로 '거실을 청소해 주세요'라는 화자의 가벼운 명령이다. 여기 목적일은 주어가 원하는 목적일이 아니며 화자의 권한에 있는 일이다.

○ **You might** post this for me. 이것을 저 대신 우체국에 부쳐 줄 수도 있겠네요. - 화자가 새로운 목적일에 사용할 might를 넌지시 알려주는 것이며 사실상 '우체국에 부쳐 주세요'

라는 부탁의 암시이다. 화자는 청자에게 주관적으로 보이는 might를 새로운 목적일에 사용해 보라고 알려주는 부탁(의뢰)의 암시이며 실제의 사용 기회가 되기를 바랜다.

○ **You might** call at baker's. 빵집에 들러 줄 수도 있겠네요. - 화자가 새로운 목적일에 사용할 might를 넌지시 알려주는 것이며 사실상 '빵집에 들러 빵을 사다 주세요'라는 부탁이다. 화자는 청자에게 주관적으로 보이는 might를 새로운 목적일에 사용해 보라고 알려주는 부탁의 암시이며 실제의 사용 기회가 되기를 바랜다.

○ **You might** help me. 당신이 나를 도와줄 수도 있겠네요. - 화자가 새로운 목적일에 사용할 might를 넌지시 알려주는 것이며 사실상 '나를 도와주세요'라는 바램이나 부탁으로 알려준다. 화자는 청자에게 주관적으로 보이는 might를 새로운 목적일에 사용해 보라고 알려주는 부탁의 암시이며 실제의 사용 기회가 되기를 바랜다.

○ **You might** see **if** John's free this evening. 오늘 저녁 존이 자유로운지(한가한지) 당신은 알 수 있을지 모르겠네요. - 화자가 청자에게 새로운 목적일에 사용할 might를 넌지시 알려주는 것이며 사실상 '사실을 알아봐 달라'는 부탁의 암시이다. - If문은 간접 의문문이며, 화자는 주어에게 목적 있는 might를 넌지시 알려주고 사실상 목적일을 해보라는 부탁의 암시이다.

2) 주어의 내부에 숨겨진 might를 찾아주어 원하는 목적일에 사용해보라고 사실상 권고한다

하나의 부추김이다. 여기 목적일은 청자가 원하거나 좋아하는 미끼같은 일들이다.

○ You **might** want to consider playing soccer. 너는 축구를 고려하고 싶을 수도 있겠구나. 있겠네요. - 화자가 주어에게 숨겨진 might를 알려주기; 화자는 청자의 속마음을 알아주었다는 듯이 말하면서 사실상 주어 내부에 숨겨진 기회를 원하는 목적일에 시도해보라고 넌지시 권고한다(부추긴다). 주어가 가질 수도 있는 might을 사용해 보라고 간접 부추긴다.

○ I was just wondering **if** you **might like** to go feed the cat. 저는 당신이 혹시 고양이에게 먹이 주러 가기를 좋아할 수도 있을까 조금 궁금했어요. - 화자가 주어에게 숨겨진 might를 알려 주기; 화자가 청자의 속마음을 의문 형식으로(if형 의문문으로) 떠보듯이 알려 주어 사실상 조심스럽게 주어 내부에 숨겨진 기회를 알려주어 고양이에게 먹이 주러 가기를 해보라는 권고를 간접적으로 부추긴다. 〈참고〉 I was wondering if는 5장 13절 5번째 예문 참고하세요.

3) 주어가 가지게 될 might 알려주기

목적일 정보를 알려 주기이며 곧 목적일에 사용 가능한 might를 알려 주기이다. 여기서는 화자는 확실하지 않지만 주관적인 판단으로 주어에게 might 사용 기회가 있을 수 있다고 알려준다. 여기서 「목적일은 주어가 원하는 일이거나 주어에게 곧 다가올 일」이다. 그러므로 주어의 목적일은 화자의 뜻이 개입되지 않은 것이며 불확실한 might 알려 주기이다.

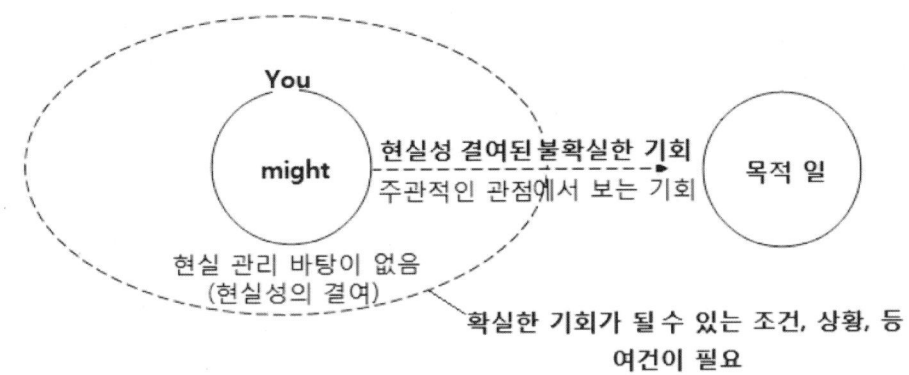

< 현실성이 결여된 불확실한 기회가 주어에게 있을 수 있다고 알려 주기 >

○ If you went to bed for an hour, you might feel better. 네가 한 시간 동안 잠을 잔다면 너는 기분이 좋아질지도 몰라. - 조건을 갖춘다면 주어가 원하는 목적일에 사용할 기회 (might)를 가질지도 모른다. 사실상 '시도해 보아라'이다. - 현실 관리가 없는, 즉 현실성이 결여된 사용 기회를 알려주기(정보 주기)이다. ★주어의 선제적 조건 행위가 기분이 좋아질 기회를 만들지도 모른다. 즉 불확실하지만 기회가 있을 수 있다고 알려 주기이다.

○ Don't play with knives. You might get hurt. 칼을 가지고 놀지 마라. (그러면; 가지고 논다면) (혹시)너는 다칠지도 몰라 - 다칠 수(기회)도 있다. 현실성이 결여된 might를 알려 주기이다. 주어의 선제적 조건 행위가 다가올 어떤 목적일에 사용할 기회가 있을지도 모른다이다. 즉 불확실하지만 다칠 기회가 있을 수 있다고 알려 주기이다.

○ **If** the police can't help, you **might** try the Citizens Advice Bureau. 만일 경찰이 도와줄 수 없다면 너는 시민 고충 사무국에 요청해볼 수 있는지도 모른다. - 현실성이 결여된 might를 알려주기. 화자는 주어에게 원하는 다른 목적 기회를 가질 수도 있다고 알려주는 불확실한 정보 주기이다.

4. Might I~?

우선 청자가 관리자인지 아닌지 잘 알지 못하거나 혹은 관리자일지라도, 목적 기회가 남아 있는지 없는지 잘 모르거나 혹은 목적 기회가 안보여서 불명확한 might를 붙잡고 혹시라도 자신이 얻을 수 있는지 묻는 것이며 불명확한 might는 존재감이 작은 might이어서 청자에게 작은 기회라도 얻을 수 있는지 묻는 것이라서 「화자는 조심스러운 입장이고 청자에게는 자신을 겸손히 낮춘 듯한 공손한 자세로 묻는 것이 된다. 즉 화자는 실제의 기회를 붙잡고 적극적으로 들이대며 달라고 하지 않으므로 조심스러운 입장이 되고, 청자에게는 그가 실제 관리자일지라도 현실성이 부족한 might, 곧 작은 기회라도 가질 수 있는지를, 스스로 자신을 낮춘 자세로 겸손하고 공손한 모습으로 보이게 된다. 그 결정은 관리자인 청자에게 달려있기 때문이며 화자는 확신할 수 없는 상황이다. 여기서 청자가 관리자라면 대답으로 'Yes, you may.' 'Yes, certainly.'이나 'No, you may not.'이 되며, 청자가 관리자가 아니라면 단순히 확신할 수 없는 정보를 알려 주는 것으로 대답은 'Yes, you might.'이나 'No, you might not.'이 된다. ★ 대답이 'Yes, certainly.'인 경우는 질문자인 화자는 청자가 관리자인지 확신하지 못하는 상황이거나 확실한 대답을 얻을 수 있을지 모르고 있을 때에 그에 대한 확신을 심어주는 대답인 것이며 불명확한 might 질문에 확신을 심어주는 대답이다. 여기서 목적일은 모두 청자의 관리에 있거나 있을지도 모른다고 여긴다.

○ Might I make a suggestion? 혹시 제가 한가지 제안을 해도 되나요? 혹시 제안할 기회를 가질 수 있나요? Might를 스스로 자신에게 붙이더라도 존재감이 없는 might를 화자 자신이 얻을 수 있는지를 묻는 것이다. 불명확한 might일지라도 즉 작고 희박한 기회라도 자신이 얻을 수 있는지 묻는 것이라서 청자에게는 자신을 겸손히 낮춘 듯한 공손한 자세로 묻는 것이 된다.

○ Might I ask what you're doing here? 혹시 제가 당신은 여기서 무엇을 하고 있는지 물어봐도 되나요? 제가 물어볼 기회를 가질 수 있나요?

○ Might I trouble you for a drop more tea? 제가 당신께 차한잔을 더 달라고 곤란하게 해(폐를 끼쳐도)도 되나요? 곤란하게 할 기회를 가져도 될까요?

○ Might I draw your children's attention to the dangers of internet? 제가 인터넷의 위험성으로 당신의 아이들의 관심을 이끌어도(유도해도) 되나요? 주목을 이끌 기회를 가져도 되나요?

〈두개의 구문 비교〉

○ May I come in? - 제가 들어 가도 되나요? 들어갈 실제의 기회를 붙잡고서 적극적으로 들이대며 - 현실성(실제 청자의 집 입구 등, 직접 관리 영역에) 있는 기회를 붙잡고(들어갈) 승인(허락)을 요청한다. 즉 청자의 영역에 들이대고 들어갈 허락을 요청한다.

○ May I come in? - 제가 들어 가도 되나요? 들어갈 실제의 기회를 붙잡고서 적극적으로 "Might I come in?" "Yes, certainly." "혹시 제가 들어갈 수 있나요?" "네, 확실이요." - 첫 화자는 나중 화자가 집 주인인지 확신할 수 없거나 아니면 집주인일지라도 혹시 보이지 않는 불확실하지만 작은 기회라도 얻을 수 있는지 묻는다. - 집주인이 아니라면 기회가 있는지도 모르므로 조심스럽게 현실성 없이, 혹시 자신이 기회를 얻을 수 있는지를

묻는다; 실제적 기회가 보이지 않아서 불확실한 기회를 붙잡고 혹시 자신이 기회를 얻을 수 있느냐고, 다른 한편으로는 혹시 당신이 기회를 주는 주인(관리자)이냐고 묻는 의미가 된다. 여기서 Might는 현실성이 부족한 불확실한 기회이다.

5. You might not~

화자는 주관적 관점으로 주어에게 목적기회가 없을 수도 있다고 부정적 입장에서 말한다. 주관적인 판단으로 보는 목적 기회가 없을지도 모른다.

○ You might not know me. 너는 나를 모를 지도 모른다. 나를 모를 수도 있다. 한편으로는 불확실하지만 알 수도 있다이다.

○ If you knew what I know about Email, you might not use it either. 너는 전자 메일에 관하여 내가 아는 것을 네가 알았다면 너도 그것을 사용하지 않을 지도 모른다.

6. might 추측

현실 관리에 바탕을 둔 추측이 아닌 「화자의 주관적 심증에 의한」 불확실한 추측일지라도 화자는 반대로 자기 확신에 차 있을 수 있다. 불명확한 추측을 남들에게 주장하기 위해서는 자기 확신에 차서 강하게 어필(appeal)해야 한다.

1) 현재 추측

잘 모르는 주어에 대해 추측한다. 주어에 대해 일부는 알지라도 전부를 알지 못하여 그 모르는 부분을 추측한다.

○ **You might** be right. 네가 옳을지도 몰라(네가 옳을 수도 있어). - 주어가 하는 일을 잘 모르지만 강한 주관적 심증에 의해 옳을지도 모른다고 평가하는 현재의 추측이다.

2) 과거 일을 결과적 추측

12장을 참고하세요.

○ You might have been wrong in that problem. 네가 그 문제에서는 틀려 버렸을지도 모른다. 과거에 보지 못한 일을 불확실한 결과적 입장으로 추측한다.

7. 추측 의문

주관적 추측(might be)과 의문을 동시에 한다. 추측성 질문이다.

○ **Who might you be?** 혹시 누구시더라? 누구신지요? - 외부 지역에서 접근해서 신상

정보가 없는(관리되지 않은) 알 수도 없는 청자가 관리 구역인 화자 앞에 있으므로 청자가 누구인지를 추측하며 화자가 질문을 한다.

○ And **who might you be**, young man? 그리고 자네는 누구더라, 젊은이? 자네는 대체 누구인가? 자네는 누구시더라? - 외부 지역에서 접근해서 신상 정보가 관리되지 않은 알 수도 없는 청자가 관리자인 화자 앞에 있으므로 청자가 누구인지를(who)를 추측하며 화자가 질문을 한다.

8. 3자 주어 might~

1) 화자의 뜻이 개입되지 않은 might

여기서 주어는 화자의 직접 상대방이 아니므로 직접 영향을 미칠 수 없어 화자가 주관적으로 보는 불확실한 주어의 기회이며 「목적일은 주어가 직접 선택한다고 보는 일」이다. 그래서 화자의 뜻이 개입되지 않았다.

○ It might rain this afternoon. 오늘 오후 비가 올지도 모른다. - 날씨예보를 보거나 객관적 근거 없이 현실성이 부족한 주관적인 판단으로 보는 비가 올 기회 가능성을 말한다.

○ Peter might phone. If he does, ask him to ring later. 피터가 전화할지도 몰라. 그가 전화를 하면 그에게 나중에 전화해 달라고 요청해봐. - 확실한 근거나 정보는 없지만 화자의 주관적인 판단으로 보는 현실성이 부족한 might이다.

○ Joe might come with me. 조가 나와 같이 올지도 모른다. - 확실한 근거나 정보는 없지만 화자의 주관적인 판단으로 보는 현실성이 결여된, 즉 불확실한 might이다.

○ There's a news today that smoking might be banned totally in all restaurants. 모든 식당들 안에서 전체적으로 흡연이 금지될지도 모른다는 오늘 뉴스가 있습니다. - ~될 수도 있다는 현실성이 결여된 미확인 뉴스이다. - 확실한 근거는 없지만 방송국이 소문 등이나 기자가 주관적으로 보는 might이다.

○ There might be a strike next week. 다음주 어쩌면 파업이 있을지도 몰라. - 확실한 근거는 없지만 화자의 주관적인 판단으로 보는 현실성이 결여된 불확실한 might이다.

○ The two countries might go to war. The two teams might go to fight. 그 두 나라는 전쟁을 벌일지도 모른다. 그 두 팀은 어쩌면 시합을 벌일지도 모른다. - 확실한 근거나 정보는 없지만 화자의 주관적인 판단으로 보는 현실성이 결여된 불확실한 might이다.

2) 화자의 뜻이 개입되지 않은 might

사실상 화자가 청자를 통하여 주어에게 알려주는 might(권고, 제안)이다. 화자가 권고나 제안의 의미로 「새로운 목적일에 사용할 might를 알려주고」 주어에게 실제적 기회가 되기를 바란다. 여기 주어는 화자가 직접 상대하는 청자가 아니므로 주어에게 직접 영향을 끼칠 수가 없으나 화자는 청자를 통해서 간접적으로 권고나 제안의 정보를 전달할 수 있다.

○ They might be wise to stop advertising on television. 그들은 tv광고를 중단할 정도로 현명할 수도 있겠지요. 실제는 tv광고를 중단해 보아라이다, 화자가 청자를 통해 주어에게 알려주는 새로운 목적일에 사용할 might(권고)이며 권고의 의미로 불분명하게 넌지시 알려주는 might이다.

○ They might be wise to change a sales strategy. 그들은 판매 전략을 바꿀 정도로 분별력은 있겠지(네)요. ~할 분별력을 가질 수 있겠네요. 실제는 판매전략을 바꾸어 보아라이다. - 화자가 청자를 통해 주어에게 알려주는 새로운 목적일에 사용할 might(권고)이며 권고의 의미로 불분명하게 넌지시 알려주는 might이다. 화자는 주어에게 목적일을 할 might는 있겠다고 '자신이 보는 might를 말하여' 사실상 주어에게 새롭게 제안하는 목적일에 사용할 might를 알려주면서 실제의 사용 기회가 되기를 바라며 권고한다. ★ 직접 might를 주는 게 아니라 청자를 통하여 주어 내부에 있는 사용 가능한 might를 알려주면서 그 기회를 붙잡아 실제로 목적일에 사용해 주길 바라는 권고나 제안이다.

○ It might be a good idea to tell your husband. It might be a good idea to tell your parents. 너의 남편, 부모님께 말씀드리는 것은 좋은 생각일 수도 있겠다. 실제는 남편, 부모님께 말씀드려 보아라. ~말씀드리는게 좋은 생각 일거야라는 제안이다. 화자가 청자에게 알려주는 might(제안); 화자는 청자에게 새로운 목적일을 할 might가 있으니 사실상 '해보라'고 제안한다이다. 화자는 자신이 보는 might를 말하여 사실상 청자에게 새롭게 제안하는 목적일에 사용할 might를 알려주어 실제의 목적 기회가 되도록 바라는 제안이다.

9. 〈Might 3자 주어~?〉 무슨 기회를 가질까?

○ What might he see or hear? 그는 무엇을 보거나 듣게 될까요?

10. 3자 주어 might not~

화자가 보는 might not은 목적 기회가 없을 수도 있다. 불확실한 기회이므로 might not은 기회가 없다가 아니라 부정적 관점에서 '기회가 없을 수도 있다'이다.

○ She might not want to come with us. 그녀는 우리와 함께 오고 싶어하지 않을 수도 있다. 않을 지도 모른다. - 화자가 주관적인 눈으로 보는 부정적 관점의 불확실한 기회 가능성이다.

○ They haven't seen each other for seven years; she might not be attracted to him anymore. 그들은 7년 동안 서로 만난 적이 없다. 그녀는 더 이상 그에게 매력을 느끼지 않을지도 모른다 (않을 수도 있다). 오랫동안 지켜본 일을 바탕으로 주어의 속마음을 들여다보는 현재의 불확실한 might not이다. 그러나 서로 7년동안 만나지 않은 것은 might not를 낳는 직접적인 근거나 원인 등은 안되고 만나지 않은 일을 화자의 주관적인 눈으로 볼 때 might가 없을 수도 있다는 부정적 관점의 불확실한 기회이다.

○ She said she might not be back until tomorrow. 그녀는 그녀 자신이 내일까지 돌아오지 않을 수도 있다고 말했다(않을 지도 모른다고 말했다). - 여기에서 그 당시에는 「과거에서 본 현재형 may」일 수 있으나 「현재에서 본 과거형 might」이기도 하다. 화자는 주어가 과거에도 목적일에 사용할 might가 없을 수도 있다고 말하여 주어 현실 관리에 바탕을 두지 않고 주관적으로 보는 부정적 기회 가능성이다. 만일 she said, "I may not be back until tonight."라면 실제적인(현실 관리의) 부정적 기회이며 오늘밤까지 돌아오지 않을 실제적인 관리상의 이유나 기회 상황 등을 알고서 말했다이다.

○ Don't you think he might at least say sorry? 그가 최소한 죄송합니다 라고 말할 수도 있다고 생각 안 하세요? 말할 수도 있다고(말할 기회가 있을 수도 있다고) 생각 안 하세요? - 화자가 보는 목적일에 사용할 불확실한 기회라도 있을 수 있다고 생각안하냐이다. 불확실한 기회이므로 한편으로 있을 수 있다이다.

11. 추측

★ Have는 노출되지 않은 사적영역을 서술한다. 주어+might+추측 내용은 모두가 불확실한 추측이다. May 추측은 관리상의 기회 있는 추측이며 합리적인 추측에 가깝기도 하다.

1) 현재 추측

○ It might not be true. 그건 사실이 아닐지도 모른다. - 잘 모르는 주어의 실체를 부정적으로 추측한다. 현실 관리에 근거하지 않고 주관적 심증으로 보는 부정적 기회 가능성으로 추측한다.

2) 현재 진행 추측

○ Why hasn't John come?" "He might be working late." 존이 (아직도) 왜 안 왔지요?

그는 늦게까지 일하고 있는지도 모르지요. - 현재 진행 추측. ★ 현재 보이지 않는 일을 마치 보고 있는 것처럼 현재 진행형으로 불확실한 추측을 한다.

3) 현재 보이지 않는 일을 결과적 존재로 추측

현재 보이지 않게 벌어진(일어난) 일을 결과적 존재로 추측한다. 기준 시각은 현재이며 현재의 불확실한 결과적 추측이 된다. 12장을 반드시 참고하세요.

○ She **might have gone** there now. 그녀는 지금 어쩌면 거기에 가버렸을지도 모른다. - 보이지 않게 이뤄진 일을 결과적 존재로 추측한다.

○ The equipment **needed to** clean up the spill **might not have arrived** yet. 엎질러진 자국을 깨끗이 씻는데 필요한 설비는 아직 도착하지 않았을 지도 모른다(않았을 수도 있다). - 보이지 않게 일어난 일을 현재 부정적 결과로 추측한다. ★ 현재완료는 이미 완료된 것이므로 그 부정형은 '이미' 대신에 역으로 '아직도'의 뜻이 포함된다. ★ '이미'와 '아직도'는 '완료되기 이전의 위치에서'라는 공통 의미를 갖는다. 그래서 긍정형에서 already를 뒤에 붙여도 좋고 안 붙여도 된다. 만일 붙이면 강조의 의미가 된다.

4) 과거에 일어난 일을 결과적 존재로 추측

여기 might는 과거형이다. 기준 시각은 과거이다.

○ "What was that noise yesterday night?" "It **might have been** a cat." "어젯밤 그 소리는 뭐였지?" "그것은 아마 고양이였을지도 모른다." - 과거 고양이를 직접 보지 않았고 그저 소리를 듣고 불확실한 결과적 추측이다. 과거에 일어난 일의 결과적 추측은 might가 과거의 기준 시간에 사용한 과거형이므로 그 결과를 현재에는 확인할 수 없다는 입장이므로 불확실성은 증가하여 might 추측은 주관적으로 보는 불확실한 기회의 추측이 되어 고양이 소리인지 지금까지도 확실하지 않다는 추측이다.

○ I heard what **might have been** a crush. 나는 충돌이었을지도 모르는 무슨 소리를 들었다. - 과거에 보지 못하고 일어난 일을 결과적 존재로 추측한다. 과거에 충돌 소리인지 정확히 잘 모르지만 그런 기회 가능성은 있을 지도 모른다는 불확실한 추측이다. 과거 일어난 일을 불확실한 결과적 존재로 추측한다. 과거에 일어난 일을 결과적 존재로 추측하는 것은 현재에 그 결과(사실)을 확인할 수 없어서 현재의 결과적 추측보다 불확실성이 더욱 증가한다.

○ The pictures **might not have been** meant for an image of Korean at all. 그 그림들은 전혀 한국인들의 이미지를 의미하는 게 아니었을 지도 모른다. 아니었을 수도 있다. - 과거에 보지 못하고 일어난 일을 불확실한 부정 결과적 존재로 추측한다.

12. 추측 의문 - 추측(might be)과 의문을 동시에 한다

의문은 청자에게 직접적인 정답을 요구하지만 추측은 답(실체)을 부정확하더라도 나름대로 찾아가는 것이므로 의문과 추측의 결합은 청자가 정확한 답을 모르고 있을지라도 추측성으로 나름 근접한 답이라도 알고 싶어 질문하는 것이다. 결국은 추측성 답일지라도 요구하는 추측성 질문이다.

○ I wonder **what** it **may** be. 나는 그게 무엇일지 궁금하다. 나는 그게 무엇일까 하고 궁금하다. - 관리자인 화자는 정체를 알 수 없는 새로 나타난 it을 화자가 관리 대상으로 여기어 it에 대해서 그것이 무엇인지를 관리적 목적에서 추측하며 궁금해한다.

○ I wondered **what** it **might** be. 나는 그게 무엇인지 궁금했었다. 과거에서 'What may it be?'의 시제일치가 아닌 ★과거에도 might를 사용했다면 과거에 외부 지역에서 접근해서 관리되지 않은 정체를 알 수도 없는 존재 it가 관리자가 아닌 화자 앞에 나타났으므로 관리적 목적없이 스스로에게 추측성 질문을 하였다가 된다.

○ She asked **what** the price **might** be. 그녀는 그 가격이 얼마일지를 물었다. - 그녀는 과거에 관리 대상인 가격을 놓고 그 가격이 얼마인지를 추측하며 질문을 했다. 추측성 질문을 했다. 과거에서 may로 말하기이다.

○ She said, "**What may** the price be?" 그녀는 그 가격이 얼마일까요라고 물었다. 구매 관리자인 she는 구매하려는 물건을 놓고 관리대상인 그 가격이 얼마나 되는지를 질문하며 청자에게 추측성 답을 묻고 있다.

○ **How** old **might** he be? 그는 (대체) 몇 살일까요? - 외부 지역에서 접근해서 정보가 없는 (신상 정보가 관리되지 않은) 알 수도 없는 he가 화자의 앞에 나타났으므로 he의 나이를 불확실하게 추측하며 청자에게 추측성 답이라도 알고 싶어서 질문을 던진 것이다. 화자는 실제 관리자가 아니다.

13. 의식이나 판단으로 보는 불확실한 기회가 실제적 기회가 될 수도 있다고 남에게 제안, 충고, 요청 등의 의미로 말한다

의식판단으로 보는 불확실한 might를 실제적인 기회가 될 수도 있다고 사실상 제안, 충고, 요청 등의 의미로 남에게 말하는 might이다.

○ **Who knows** - Korea **might** win the next World Baseball Classic! 다음 WBC에서 한국이 우승할지 누가 알겠는가! - 화자가 생각하는 불확실한 기회는 실제 기회가 될 수도 있다고 충고한다. 실제의 기회가 될지 누가 알겠는가? 그리고 화자가 한국 팀원들이나 관계자라면 우리(한국)가 이길지도 모르니까 해보자는 제안이다.

○ **Thinking it might rain**, I decided to return home. 비가 올지도 모른다고 생각하니 나는 집으로 돌아가기로 했습니다. - 화자가 생각하는 불확실한 기회가 실제 기회가 될 수도 있으니 즉 실제로 '비가 올 수 있다고 깨닫고 자신은 집에 돌아가기로 했다고 한다' 이다.

○ I thought we **might** spend the lesson studying history. 나는 우리가 수업시간에 역사를 공부하며 보낼 수도 있다고 생각했다. - 화자가 생각하는 불확실한 기회는 실제 기회가 될 수도 있으니 사실상 '역사를 공부해보자'는 친구들에게 하는 요청이다.

○ **I wonder if I might** have a little more cheese. 나는 내가 조금 더 치즈를 먹을 수 있을까요(있을지 궁금해요). - 화자가 궁금해하는 불확실한 기회가 실제 기회가 될 수도 있을지 묻는다. 사실상 치즈를 더 먹을 수 있는 기회를 가질 수 있는지 묻는 화자의 요청이다. 또한 「의문문 구조를 대용한 if」이므로 청자에게 서술형 간접 의문문인 요청이 된다.

○ **I was wondering if I might** talk to you for a moment. 나는 잠시 당신에게 이야기 나눌 수 있을까 궁금해요(궁금해하고 있었어요). - 화자가 궁금해하는 불확실한 기회가 실제 기회가 될 수도 있을지 물으며 사실상 대화를 하자는 공손한 요청이다. ★ 이 책에서 알 수 있듯이 대부분의 질문은 화자가 청자에게 직접 들이대고 사실 확인하거나 대답을 요구(강요)하는 방식의 것들이었다. 여기의 표현은 질문을 직접적으로 들이대고 하지 않는 「서술형 간접 의문문」 형식으로 우리나라 조상들도 높으신 어른께는 공손하게 '여쭈옵니다'며 서술형 간접 질문을 많이 하였다. 요즘은 이런 서술형 질문인 I wonder if~, I was wondering if~등을 '~까 해서요' 등으로 현대식으로 평등해지려고 그 높임을 줄여 해석하거나 그 서술을 무시하는 해석을 하는데 그래도 본뜻은 알아야 한다고 본다. 과거시제는 과거에 생긴 궁금증이 아직도 계속되고 있다는 뜻이며 만일 과거에 생긴 궁금증이 이전에 해소되었다면 이 말을 할 필요가 없을 것이다. 유의할 것은 공손한 표현은 직설적인 표현은 삼가 하는 것이다.

○ **Do you think I might** borrow your typewriter? 혹시 제가 당신의 타자기를 빌릴 수도 있다고 생각하시나요? 실제로 빌리려고 한다고 생각하세요? - 화자가 말하는 불확실한 기회가 (실제의) 기회가 될 수도 있다고 생각하는지 물어서 그렇다고 여긴다면 사실상 '당신의 타자기를 빌려주세요'라는 요청의 뜻이다.

○ **Do you think we might** be asked for our opinion? 당신은 우리가 우리 의견에 대한 질문 받을 수도 있다고 생각합니까? - 화자가 말하는 불확실한 기회가 (실제의) 기회가 될 수도 있다고 생각하는지 물어서 사실상 '대답할 테니 질문해 줘라'라는 화자의 요청의 뜻이다.

14. 현실성 없는 기회이므로 허상(착각을 일으키는) 기회

○ The pants that look as though it might contain cotton. 마치 면사를 함유한 것 같아 보이는 바지. - 화자의 주관적이고 비현실적 기회. 실제는 폴리에스터가 면직물 같은 섬유이다.

○ The type of person who **might** appear in a fashion magazine. 패션 잡지에 나타날지도 모르는 그런 타입의 사람. - 화자의 주관적이고 현실성 없는 기회. 실제(현실)는 잡지에 실리지 않은 사람이다.

15. might-but~

might「주요하(크)게 보일 수 있는 것」but~「간과하지 말아야 할 사실」을 나열(might~but~).「현재 주요하게 보이는 기회일지라도 그 뒤에(but) 간과, 방심, 소홀히 하지 말아야 할 일」. 크게 보일 수도 있는 것이 있지만 간과하지 말아야 할 것이 있다. Might~는 주관적으로 강하게(주요하게) 보이는 것이며 but은 반대로의 뜻이므로 but 이하는 확실한 것, 분명한 것, 명백한 것 즉 간과하지 말아야 할 것이다.

○ She **might** be cynical, **but** she was as witty as a conversationalist. 그녀는 냉소적일지도 모르지만 그녀는 말 잘하는 사람처럼 재치 있었다. 그녀는 냉소적으로 보일지 모르지만 '간과하지 말아야 할 것은' 그녀는 말 잘하는 재치 있는 사람이다의 뜻. 여기 might는 현재 추측. - might 문장 but 다음에 간과하지 말아야 할 과거 사실을 나열.

○ They **might** not have two cents to rub together, **but** at least they have a kind of lifestyle that is different. 그들은 같이 비벼 문지를 두 개의 1센트짜리 동전조차도 갖고 있지 않을지도(않아 보일지) 모르지만 (간과하지 말아야 할 것은-분명한 것은) 적어도 그들은 (우리와) 다른 생활 스타일을 가지고 있다. - 그들은 모두 아주 가난하게 보일지 모르지만 적어도(일반인과) 다른 생활 스타일을 가지고 있는 경우이다(있을 뿐이다)의 뜻. - might 문장 but 다음에 간과하지 말아야 할 사실을 나열.

○ You **might** be a strong swimmer **but** that doesn't mean you can win a triathlon. 너는 강한 수영선수일지는 몰라도 그러나 그건 네가 트라이슬론 경기에서 승리할 수 있다는 뜻은 아니야. - might 문장 but 다음에 간과하지 말아야 할 사실을 나열.

○ You **might** have plenty of money, **but** that doesn't mean you're better than me. 너는 많은 돈을 가지고 있는지는 모르지만 그것은 네가 나보다 낫다는 뜻은 아니다. - 여기 might는 주관적인 불확실한 추측이다.

○ I **said** that he **might** be clear, **but** he hadn't got much common sense. 나는 그가

명석할지는 모르지만 (간과하지 말아야 할 것은) 그는 상식이 그다지 많지 않다고 말했다.

○ You **might not have noticed but** I've put up a 'no smoking' sign in here. 너는 알지 못했을 지는 모르지만 (간과하지 말아야 할 것은, 명백한 것은) 나는 여기에 금연 간판을 달아 놓았다.

16. I might say, add

앞의 말을 더욱 강조하면서 자신이 말하는 입장을 덧붙인다.

○ Relatives ring up **constantly not always** for the best motives, **I might add**. 내가 덧붙이자면 친척들은 항상 최고의 동기들 만을 주려고 끊임없이 전화를 한 것 만은 아니다. ~한 것 만은 아니다라고 나는 덧붙여 말할 수도 있지요. 실상은 다른 목적으로 전화할 때도 있었다.

○ It didn't come as a fear to me, **I might say**. 그것은 내게 두려움으로 다가오지 않았다라고 나는 말할 수도 있지요. 내가 말해본다면 그것은 내게 두려움으로 다가오지 않았다고 할 수도 있다.

17. Might well

well은 '주어 편에서' 좀더 나은 might(기회) 선택임을 알린다. 즉 well은 might를 평가한다. 더 좋은, 나은 기회. might는 불확실한 기회이지만 well하다고 평가하여 주어에게 목적일이 좀더 나은 선택임을 알린다.

○ I **might well** regret it later. 나는 그 일을 나중에 후회하는 편(기회 선택)이 낫다. 나은 기회 선택이다. 나는 나중에 후회하는 게 나을 수도 있다. - well은 주어 편에서 좀더 나은 기회 선택임을 알린다. 즉 well은 might를 주어편에서 평가한다. 더 좋은, 나은 기회이다.

○ You **might well** find that you'll need more by the weekend. 너는 주말까지 더 많이 필요하게 될 거라는 것을 알아채는 게(깨닫는 게) 좋을 수도 있다. 좋을 것입니다. - well은 might을 주어 편에서 평가. 주어편에서 might를 well하다고 평가.

18. Might as well

as well이 might를 객관적으로 평가한다. 확신할 수 없는 기회(might)선택이지만 객관적으로 평가하여 좋을 것 같다고(as well) 말한다. ★반면 might well은 주어편에 편파적일 수 있는 '응원 같은' 평가이다.

○ "Shall we go and see Fred?" "OK, **might as well**." "우리 같이 프레드를 만나보러

갈까?" "좋아, (그게) 좋을지도 모르지(좋을 수가 있지)."

○ This holiday isn't much fun. We **might** just **as well** be back home. 이번 휴가는 너무 재미없다. 우리는 그저 집으로 돌아가는 편이 좋을지도 모른다(좋을 수도 있다).

○ You never listen. - I **might as well** talk to a brick wall. 너는 전혀 듣지 않는다. 나는 벽에다 애기하는 게 나을지도 모른다(나을 수도 있다).

○ It's no good waiting for the bus. We might as well take a taxi. 버스를 기다려봐야 소용없다. 우리는 택시를 타는 게 나을(좋을) 수도 있다. ★as well은 might를 객관적으로 평가.

19. Might as well~ as~

주어는 구체적 비교(as)와 함께 더 나은(as well)은 선택 기회(might)임을 말한다.

○ You **might as well** give the money to the poor neighbors **as** spend it in the gambling. 너는 도박에 돈을 쓰느니 차라리 가난한 이웃에게 주는 게 낫다.

20. As you might expect, imagine

주어가 상상, 예상하는 불확실한 기회 정도로.

○ 'How's Joe?' he asked. - 'Bad, as **you might expect**.' 조는 어때 라고 그는 물었다. 네가 예상할 수도 있을 만큼 나빠. 네가 예상하는 대로 나쁘다.

○ The captains, as you might imagine, didn't care much for that. 선장은 당신이 상상하는 대로 그런 일에 대해 더 이상 신경 쓰지 않는다.

E. 역외의 고유의 might _주어 내부에 있는 고유의 might

화자의 파워 영향력에서 벗어나 있는 역외의 개별 주어가 가진 고유의 might이다. 일반적인 사람은 누구나 가진 고유의 might.

○ In those days, a man **might** be hanged for stealing a sheep. 1. 그 당시에는 양을 훔친 사람은 그 댓가로 교수형에 처해질 수 있었다. 2. 그 당시에 사람이 양을 훔치면 그 댓가로 교수형에 처해질 수 있었다. - 현실성이 부족한 might. 과거 어느 시대에 실제 어느 누구에게나 교수형에 처해질 수 있는 고유의 기회가 내부에 잠재되어 있던 시대이며, 이는 그 당시 사회법상 '양을 훔친다면' 이란 조건을 전제로 교수형에 처해질 수 있는

사회법적, 관습법적 처벌 기회가 있었다. 그 당시 양을 훔치면 교수형을 당할 수 있는 기회를 일반 모든 사람들은 내부에 잠재적으로 가지고 있었다. 그래서 양을 훔치면 내부에 잠재된 그 기회가 발현(현실화)하는 것이다.

F. 가정법에서

11장을 반드시 참고하세요.

• **과거 가정법에서**

기준 현실인 과거에서 끊어진 가상의 might이며 의미는 과거형이며 가상 과거에 결과적 실현에 사용해버린 기회이다. 가상의 과거 선결 조건과 그 가상의 해결 실현이다.

○ If she hadn't been so bad-tempered, I **might have married** her. 만일 그녀가 그렇게 나쁜 성깔 있게 굴지만 않았더라면 나는 그녀와 결혼했을지도 몰랐을 텐데요. - 과거에 그녀의 나쁜 성깔 때문에 그녀와 결혼하지 못했다. 그래서 그 가상 해법으로 그 때와 반대로 가정하여 그 과거 실현을 말해본다이다. 돌아갈 수 없는 과거를 가정하는 것은 또다른 가상의 세계이기도 하다.

○ **Had** the bomb **dropped** over a populated area of the city, there **might have been** a great deal of damage. 만일 그 폭탄이 도시의 인구 밀집 지역 위로 떨어졌더라면 그 곳은 대단히 많은 사상자가 있었을 지도 모를 텐데요. - 가정법; 만일 과거에 그런 조건이 성립했더라면 그런 결과를 낳았을 것이다. ★ if를 대용하는 의문형 구조-의문문 또한 미확인, 답의 미실현 상태이기 때문이다.

> **if를 대용하는 의문형 구조**
>
> 의문형 구조는 보통 화자가 알고 싶은 것을 청자에게 질문하는 것이다. 이 알고 싶은 것은 화자가 인식하지 못하는 내용이며 청자에게 답이 있다고 믿기 때문이다. 결국 11장에서 보듯이 화자가 인식하지 못하는 내용에 if가 붙는 대상과 같기 때문이다.

○ I didn't give my name because **if** I **did** I **thought** you **might not have come**. 내 이름을 말해 주지 않았던 이유는 내가 생각하기에 만약 내가 이름을 말해 주었으면 네가 오지 않았을 수도 있기 때문이다. 우리가 가정법으로 다루는 부분만 정리하면 if I had given my name, you might not have come이다. 만일 내 이름을 말해주었다면 너는 오지 않았을지도 모를 텐데. 과거 의식속에의 과거이므로 시제 조합에 의해 과거

완료형으로 대체 가능하다. 그래서 과거 가정법이 된다.

○ If she had had to give up dancing she **might have taken** songs eagerly. 만일 그녀가 춤을 포기해야 했었다면(그 대안으로) 그녀는 열정적으로 노래 부르기를 했을지도 모를 텐데요. 과거 가정법이다.

6장 MUST

조동사의 새 이름
파워 동사
Power verb with meaning in use and link relationship

6장 MUST

조동사의 새 이름
파워 동사
Power verb with meaning in use and link relationship

6장
MUST

> ## must의 뜻
> 한계에 있는 주어에게 발생하는 driving 압박

- 한계선상에 있는 주어가 받는 압박이 유일한 목적일로 몰아가기. Driving mode. = 한계선상에 있는 주어가 받는 압박이 유일한 목적일로 몰아가기.

- 목적 일은 『부담스러운 것』, 『필요한 것』, 『맡은 것(의무)』, 『피할 수 없는 것』 등이다. 이 목적 일의 구분은 화자 입장이나 그 현장에서 구체적이다.

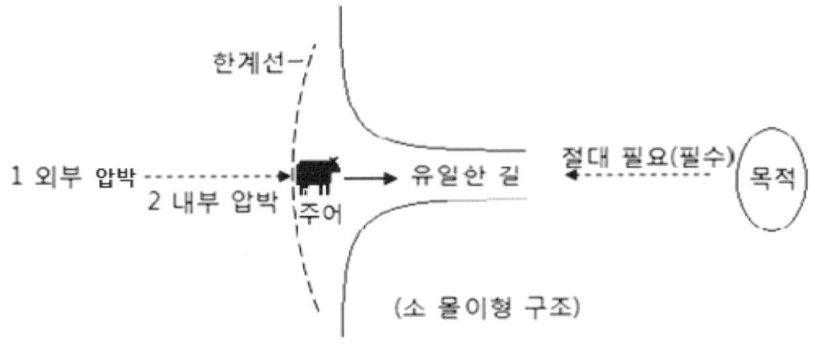

< MUST 의 이해 구조 >

절대성과 유일성의 연관 관계 이해

- 절대 필요- 다른 무엇으로 대체될 수 없는 유일한 필요.

- 절대 수요(요구)- 다른 무엇도 바라지 않고 유일하게 요구하는 행위.

- 절대로-어떠한 경우에도 반드시, 꼭, 즉 다른 무엇으로도 대체되지 아니하는 유일하게.

- 절대 가치- 다른 무엇으로 대체될 수 없는 유일성(독자성) 있는 존재로서 가치.

- 절대 권력- 다른 견줄 만한 상대나 세력 없이 유일하게 행사되는 정치적인 힘.

- 절대자-비교할 수 없이 유일하게 큰 힘이나 능력, 권력의 소유자.

- 절대 금지-어느 누구에게나 예외 없이 한번도 허용되지 않을 절대적인 행위.

적용과 전개

A. I must~

1. I must~. 주어가 받는 압박을 서술

1) 한계선 상(한계)에 다다른 주어가 내부적으로 받는 driving압박에서 남아있는 유일한 목적 길로 내몰리고 있다

① 주어는 driving압박의 한계에서 「억지로」 유일한 목적일로 내몰리고 있다. 즉 한계에서 발생하는 driving압박이 주어를 유일한 목적 길에 「억지로」 내몰고 있다.

○ I told him that I must go. 나는 그에게 나는 가야 한다고 말했다. -외부에서 이미 받았거나 혹은 내부 압박을 받고 버티다 한계에 다다른 주어는 할 수 있는 유일한 길로 go해야 한다 말한다. 즉 주어는 한계선상에서 유일한 길로 내몰리고 있다. 즉 나는(I)-압박으로 내몰리고 있다(must) - 유일하게 go해야 한다는 혹은 나는 가야하는 압박의 한계(버티기의 한계)에 있다.

○ "Must you go so soon?" "Yes, **I must**." "당신은 이렇게 빨리 가야만 합니까?" "예, 그래야만 합니다." - 외부에서 이미 받았거나 혹은 내부 압박을 받고 버티다 한계에 다다른 주어는 할 수 있는 유일한 길 go해야 한다고 말한다. "No, **I need not**." "아니요, 전 그럴 필요 없습니다(① ★저는 다른 선택 등을 할 여유가 있어서 필요 없습니다, 즉 유일한 목적이 아니다. ② 주어에게 필요한 목적일이 아닙니다, 주어의 목적으로의 가치가 없습니다)." - 아직 한계선 상에 이르지 않으므로 여유가 있어서 유일성이 없다(불필요).

○ I must speak to her at once. 나는 당장 그녀에게 꼭 말해야 한다(말하지 않을 수 없다). 외부에서 이미 받았거나 혹은 내부 압박을 받아서 버티다가 주어는 한계에 다다라서 피할 수 없는 유일한 목적일만이 남아 있음을 말한다. 즉 주어는 한계선상에서 유일한 목적 길로 내몰리고 있다.

○ I don't really want to apologize, but I suppose I must. 나는 정말로 사과를 하고 싶지 않다. 그러나 (아마도) 그래야 할 것 같아요. - 생각을 해봤을 때 밀려오는 압박에서 유일한 (선택의)목적길이다. - 외부 한계 상황에서 오는 압박.

○ I would like to talk about that some more, but **we must** get ahead with other matters. 나는 그 일에 관해 좀더 얘기 나누고 싶습니다만 우리는 다른 문제들도 처리해 나가야만 합니다. - 주어는 자신들이 가지고 있는 다른 문제들을 처리해야만 하는 한계 상황이며 거기서 밀려오는 압박을 받고 있다.

② 한계선상에서 발생하는 압박은 「유일한 목적 일이 주어에게 『절대 필요』하게」 만들고 있다. '필요'는 싫어서 억지로 하는 것이 아니며 자신에게 목적 가치가 있고 필요해서 즉 자신이 원해서 하는 것이다.

★ 〈필요〉-유일한 목적일은 주어가 원할 때가 있고 하기 싫은 때가 있다. 그렇지만 하기 싫은 일을 해야 하는 것이 must의 힘이고 주어가 하고 싶을 때는 「필요한 목적일」이 된다.

○ I must ask your name, sir. 꼭 선생님 존함을 여쭤봐야 해요. 여쭐 필요가 있어요. - 절박하게 절대 필요한 일을 요청한다. 주어는 이름을 알아야 하는 절박한 내부 한계 상황에 있다. 주어인 화자와 청자의 갑을 관계는 화자〈청자이다. 즉 청자가 갑이다.

○ **We must** come over and try out that new barbecue of yours. 우리는 꼭 건너가서 당신이 만든 새로운 바비큐를 시식해 보아야겠습니다. 화자가 원하는 목적일로서 꼭 필요한 일이다. - 내부의 절박한 필요의 한계 상황에서 오는 압박.

③ 한계선상에서 발생하는 내부 압박이 주어를 「스스로」유일한 목적 길을 가도록 내몰고 있다.

○ I must have a whiskey. 나는 위스키를 마시지 않을 수 없다(꼭 마셔야 한다). - 주어는 외부에서 이미 받았거나 혹은 내부 한계에 받는 압박에서 피할 수 없는 유일한 선택인 목적일만이 남아 있음을 말한다. 즉 주어는 술 갈증의 한계에서 스스로 술을 마시는 목적 길로 가도록 내몰리고 있다. 여기서 술 갈증은 압박이 된다.

○ I really must stop smoking. 나는 정말로 담배를 끊어야만 한다. 나는 실제로 담배를 반드시 끊을 필요가 있다. - ① 내부(건강) 등의 한계에 다다른 주어가 받는 압박에서 꼭 필요한 목적일을 말한다. - ② 주어가 스스로 깨닫는 건강의 내부 한계에서 꼭 가야 하는 목적 길 stop smoking이다. 즉 주어는 한계선상에서 스스로 목적 길로 가도록 내몰리고 있다.

④ 주어는 버티기 하다 한계상황에 있다.

○ This came as a surprise, **I must say**. 이 일은 놀라움으로 다가왔다(나타났다)는 것을 나는 말하지 않을 수 없다. - 주어가 내부 한계에 내몰려서 선택하지 않을 수 없는 유일한 일.

○ **I must admit** I like looking feminine. 내가 인정하지 않을 수 없는 점(한계점)은 나는 여성스러운 모습을 좋아한다는 것이다. - 주어가 한계에 내몰려서 선택하지 않을 수 없는 유일한 일.

- I **must admit**, I was surprised when she passed the entrance exam. 내가 인정하지 않을 수 없는 것은 그녀가 그 입학시험을 통과했을 때 나는 깜짝 놀랐다는 것이다. - 내부 한계점에서. 주어가 한계에 내몰려서 선택하지 않을 수 없는 유일한 일.

- They were very polite, **I must confess**. 내가 자인하지 않을 수 없는 점은 그들은 매우 예의 바르게 했다는 것이다. - 주어가 한계에 내몰려서 선택하지 않을 수 없는 유일한 일.

2) 외부 압박 must

여기서의 목적일들의 공통점은 주어에게 『직접 연관성이 없는 일(3장 참고)』들이다. 이런 일들에 부담감을 갖는 것은 「의무감」 때문이거나 「명령이나 지시」를 받는 등 외부 압박에서 비롯된다.

- Jane says that we must let her know where we are. 제인은 우리가 어디 있는지 그녀에게 알려 줘야만 한다고 말한다. - 제인이 we를 압박한다. You must의 간접 화법이다. 그녀의 압박(지시나 명령, 혹은 요구)에 밀려 혹은 다른 이의 압박에 밀려 목적일을 허용(let)해야 한다.

- I must write to my mother. - 나는 내 어머니께 편지를 써야만 한다. 주어의 위급한 상황. - 부모의 자식인 끊을 수 없는 관계이며 그 관계에서 편지를 써야만 하는 한계 상황에 이르렀음을 말한다. - 외부 한계 상황에서 다가오는 압박. 자식으로서 해야 할 도리 (거부할 수 없는 도리 등)를 갖고 있다.

- I must phone my parents. 나는 내 부모님께 전화를 해야 한다. - 부모의 자식인 끊을 수 없는 관계이며 그 관계에서 전화를 해야 하는 한계 상황에 이르렀음을 말한다. 자식으로서 지켜야 할 도리나 거부할 수 없는 의무를 갖고 있다.

2. 추측 ; 『사실로 드러날 마지막 한계선 상에 있는 유일한 가능성 있는』, 즉 『틀림없는』 추측이 된다

보이지 않는 자신의 미래 진행, 현재의 일, 과거의 일 등의 존재를 추측한다. Must는 과거형이 없다, 즉 시제 영향을 받지 않는다. 그래서 여러 시제와 함께 사용한다.

- I **really** must be quite mad! 내가 정말 아주 미친게 **틀림없어**! - 화자가 현재 「자신의 내부 상태」를 아주 미쳤다는 유일한 가능성으로 추측하고 있다. 즉 유일한 가능성은 아주 미친 것이다.

- I must be getting back by this time of tomorrow. 나는 내일 이맘때 틀림없이 되돌아가고 있겠지요. - 미래 진행(일의 존재를)을 유일한 가능성으로 추측한다. ★보지

못하는 미래일을 내일 이맘때 되돌아가고 있을 거라는 유일한 가능성으로 마치 보고 있듯이 진행형 추측한다.

○ I can't find my keys. I **must have left** them at home. 나는 내 키들을 찾을 수가 없다. 나는 그것들을 집에 두고 왔음이 틀림없다. - 현재 한동안 잊어버린 키의 존재를 유일한 결과적 가능성으로 추측한다. 키들을 잃어버린 한계선 상에서 추측- 틀림없이 집 외에 있을 곳이 없다(집 외에 다른 곳은 없다-유일한 가능성 있는 장소)는 추측.

○ I must have been a bore. 나는 틀림없이 지루한(별 재미없는) 사람이었을 거다. - 자신의 이전 상태를 유일한 결과적 가능성으로 추측한다. 이것은 과거 인지하지 못했던 자신의 모습을 유일한 가능성으로 추측하는 것이다.

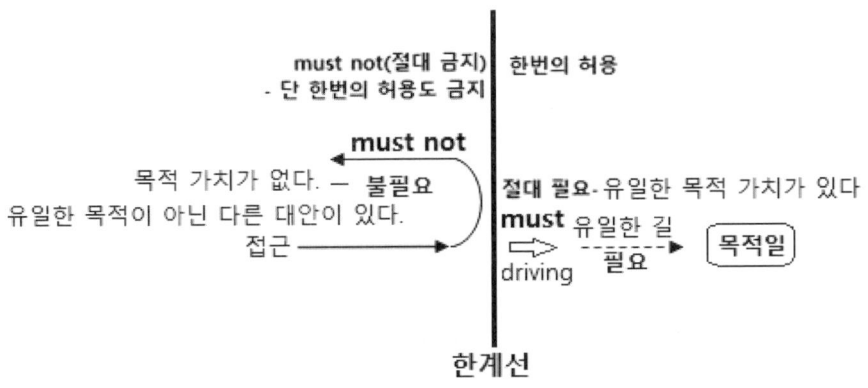

< 한계선에 다다른(이른) 주어를 압박하는 여러 길들 >

3. 부정형

○ **We must** not forget National Liberation Day. 우리는 광복절을 절대 잊어서는 안 된다. - 절대 잊어서는 안 되는 일. 즉 유일한 가능성도, 즉 단 한번도 허락해서는 안되는 절대 금지이다.

○ I **need not** phone him. He is just arriving here. 나는 그에게 전화할 필요는 없다. - ★ ① 나는 다른 선택 등을 할 여유가 있어 필요 없다, ② 내가 해야 할 목적 가치가 없어서 목적일이 필요 없다.

○ "Must you go so soon?" "No, I **need not**." "그렇게 빨리 꼭 가야 하나요?" "아니요, 전 그럴 필요 없습니다① 전 다른 선택 등을 할 여유가 있습니다, 주어에게 필요한 가치 있는 목적일이 아닙니다, ② 주어가 가야할 목적일이 아닙니다)." - ★ 주어가 한계선 상에 이르지 않으므로 다른 선택의 여유가 있고 필요의 목적 가치조차 없다(불필요).

4. 의문형 Must you ~?

1) 주어에게 목적일이 남아 있는 유일한 길인지 묻는다

그 유일한 목적일을 이루어야 하는 한계 상황에 내몰렸는지 묻는다.

○ Must you go? 당신은 꼭 가야만 하나요? - 목적일 go이 유일한 길을 가야하는 한계에 몰려 있는지 묻는다, 절대성(유일성)을 묻는다. 다시 말하면 다른 길 선택이나 여유는 없나요?

○ Must you always run when the pressure gets too much? 너는 고민(중압감)이 많을 때 항상 뛰어다녀야만 하니? - ★ 주어가 유일한 목적일을 이루어야 하는 한계 상황에 이르렀는지 그 목적 일이 주어에게 절대 필요한지 묻는다.

2) Must(압박)의 이유를 묻는 why

○ **Why must** you do everything as if you have to win? 너는 왜 네가 마치 최고여야 하는 것처럼 모든 일을 해야만 하니? - 주어를 최고여야 하는 것처럼 주어를 한계 상황으로 몰고 가는 압박의 이유를 묻는다.

B. You must~

1. 주어 내부 한계 상황에서 오는 내부 driving 압박의 must

화자는 주어에게 한계상황에서 must를 해소할 수 있는 그 유일한 길을 주어에게 알려준다. 즉 화자가 압박을 해소할「정보」를 준다.

한계 상황에 있는 주어가 가지고 있는 압박을 해소할 유일한 통로의「정보 주기」.

○ You must be patient to help him. 그를 돕기 위해선 인내심이 필요하다. 인내해야 한다. - 인내가 유일한 길이라고 알려준다. ★ 어찌해야 할지 모르는 한계 상황에 있는 주어에게 화자는 목적에 이르는 유일한 길을 가르쳐 준다. 압박이나 문제를 해소할 유일한 길 정보를 준다.

○ I wish to impress on you that you must study. 나는 너에게 너는 반드시 공부해야 한다는 것을 마음에 심어주고 싶다. 각인 시켜주고 싶다. - 화자는 청자에게 청자 자신의 한계에게 선택할 수 있는 유일한 길 혹은 절대 필요한 일은 공부라고 가르쳐 준다. 화자는 청자가 한계 상황에 이르렀고 거기서 주어는 공부를 하는 것이 가야할 길이라고 알려준다.

○ You must keep at your studies if you are serious. 네가 심각한 상황이라면 너는 너의 공부를 계속해야만 한다. - 주어가 처한 한계 상황에서 선택할 수 있는 유일한 길을 가르쳐 준다. 혹은 절대 필요한 일 정보를 알려준다.

○ You must look to your father for help. 너는 도움을 얻기 위해선 너의 아버지를 반드시 바라봐야만 한다. - 주어가 어려움에 처했을 때 선택할 수 있는 절대 필요한 길을 가르쳐 준다.

○ You really must get your hair cut. 너는 정말로 너의 머리를 잘라야 한다. - 너는 머리를 잘라야 하는 한계에 이르렀다. - 피할 수 없는 유일한 길의 정보를 준다.

○ You must obey your parents. 너는 너의 부모님께 순종해야 한다. - 자식이 가진 한계 상황에 있어서 그가 해야 할 목적일(순종)를 알려준다. 화자는 자식이 부모 앞에서 그의 한계 상황에서 해야 할 그 올바른 길 obey를 가르쳐 주고 있다.

○ You must see a doctor, Tom. Tom아, 너는 반드시 진료를 받을 필요가 있다. ① 주어가 치료를 받아야 하는 내부 한계 상황(아픈 상황)에 있다. Tom아, 너는 반드시 진료를 받아야 한다. ② 절대 필요를 알려준다.

2. 화자가 직접 driving 하기(you must)

화자(외부 한계 driver)가 직접 주는 압박 must. 일종의 통제, 지시, 지도, 요구, 요청, 부탁, 호소, 애원, 애걸 복걸 등의 의미로 직접적인 압박행위를 한다.

★ 화자가 must를 직접 주는 행위. 주어는 화자가 주는 한계 driving에 몰려 목적일로 가야하는 처지에 있다. 그러나 화자가 주는 driving 힘이 약하게 작용할 경우 가지 않을 수도 있다.

> 화자가 직접 주어에게 압박을 가하는 상황이며 곧 『주어에게 화자는 한계선의 압박자(한계 driver)』이며 주어가 유일한 목적일을 하도록 몰아넣는(driving하는) 존재이다. 그러나 화자가 주어를 목적일로 몰아넣으려고 요구하는 강압이나 압박의 크기 정도에 따라 통제나 지시, 가르침, 부탁, 호소 등 다양한 의미가 형성되며 그 다양한 의미의 이유는 요구하는 화자와 그 요구를 받게 되는 주어와의 사이에 다양한 힘의 차이와 driving 크기 정도에 따라 다양한 의미를 만들어 내기 때문이다. 또한 화자와 청자의 관계 밀착 정도에 따라 화자의 요구를 지켜야 될 때도 있고 부담없이 넘어갈 수도 있다.

1) 화자와 청자는 같은 방향 (동료 등 긍정적인 관계인 경우)

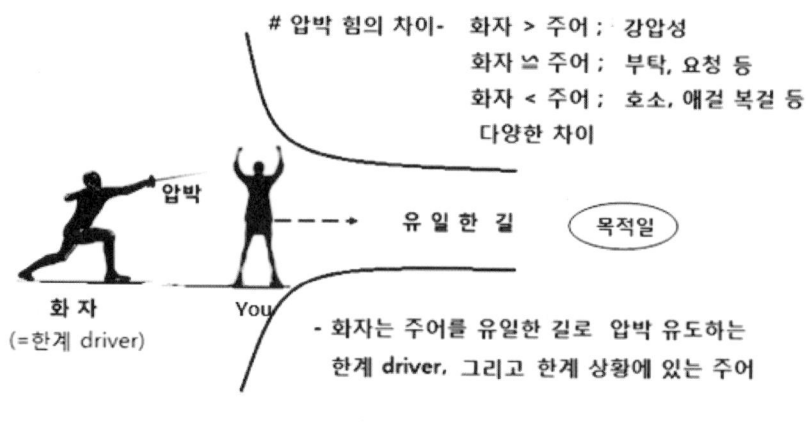

< You must 의 개념 구조 >

○ You must come and see me anytime you like. 당신은 당신이 원할 때 언제든지 저를 꼭 보러 와주세요. - 화자가 주어에게 압박(화자 ≈ 청자의 힘이 비슷할 경우 → 요청(초청). ★ 이 압박은 청자의 힘이 화자와 비슷하므로 목적일을 해달라는 '요청'의 뜻이다. 대개 이 화자의 힘은 아주 미미한 것일 수도 있고 큰 것일 수도 있으므로 화자가 현장에서 말하는 driving압박 크기 정도에 따라, 그리고 화자의 사회적 지위에 따라 청자가 느끼는 압박의 의미는 매우 다양하다. 이런 경우 화자가 주어에게 미치는 영향력(must)은 그것을 느끼는 주어가 자율적으로 수용하는 정도에 맞춘 것이다. 그리고 둘사이의 관계 밀접 정도에 따라 화자의 요구는 부담스러울 수도 부담이 전혀 안될 수도 있다.

○ You must have dinner with me someday. 언제 나랑 같이 꼭 밥 한번 먹자. (화자≈ 청자) 이 경우는 반드시 지켜야 하는 화자의 요구는 아니다. 매우 가벼운 그리고 부담 없는 친구의 즐거운 요청인 must이다.

○ You really must come and see me soon. 너는 정말로 꼭 나를 보러 빨리 와줘야 한다. - (화자≈청자) 요구, 부탁. 화자는 모든 에너지를 실어 주어에게 자신의 요구에 응해 달라고 말하고 있다. 서로 비슷한 지위일지라도 강한 driving를 하고 있다.

○ You must excuse the way I look. 당신은 내가 보여주는 방식(내 모습)을 꼭 용인해야 합니다. (즉 내 모습 꼬락서니를 용서하세요.) - 주어는 화자의 한계 driving에 있다. 화자와 함께 있는 주어는 화자의 불편한 요청에 응해 달라고 말한다. 화자를 보아주는 것이 요청이 된 셈이다. (화자<청자)

○ You must judge between those two applicants. 당신은 반드시 저 두 지원자들 사이에서 평가(판단)해 주세요. - 화자는 주어에게 반드시 해야(지켜야) 할 사항을 말해주고 있다. - 절대 엄수. (화자>청자)

○ You must go and see the Black Pink concert: the shows are wonderful. 너는 블랙핑크 콘서트를 꼭 가서 볼 필요가 있다. 그 쇼들은 기가 막히다. - 주어에게 꼭 필요, 볼 가치가 있다. (화자 ≈ 청자)

○ You must see the painting Peter has given me as a wedding present. 너는 피터가 결혼 선물로 내게 준 그림을 꼭 보아야 한다. - 화자의 강한 driving 요구. (화자〉청자)

○ You must come to lunch with us. 당신은 우리와 함께 점심 한번 먹으러 꼭 와 주세요. 일반적으로는 요청, 부탁. (화자≈청자) a. 요청; 화자와 청자는 같은 방향(동료, 잘 따르는 경우). b. 청자가 화자와 다른 방향일 경우 (잘 따르지 않는 부정적 한계에 이른 경우-점심 먹으러 오지 않으려는 경우) - 청자는 화자가 한계선에 거의 이르렀다고 보고 직접 통제하여 절대적(강압적) 요구를 한다. (화자〉청자) - 무시할 수 없는 화자와의 관계에서 주어에 절대 요구. - 화자는 청자를 목적일로 driving하는 압박을 가하는 자이다.

○ You must visit me. Come to dinner. 너는 집에 꼭 방문해줘야 한다. 와서 저녁 먹자. 즉 저녁 먹으러 꼭 와라. (화자≈청자) -화자와의 사회적인 관계에서 주어에 요청, 그러나 반드시 지켜야 하는 약속은 아니고 부담 없는 요청이나 제안이 된다.

○ All passengers must wear seat belts. 모든 승객 여러분들께서는 좌석 벨트를 꼭 매 주셔야 합니다. (화자〉청자) 요구나 지시 지도. - 화자는 비행이라는 한계선에서 압박을 가하는 자이며all passengers는 비행기 등에서 청자들이다(you에 해당). - 화자가 청자들에게 직접 주는 절대 요구. 청자가 싫더라도 선택해야 할 유일한 목적일이다.

○ You must help me to escape from the trap. (곤경에 빠진 화자〈강한 청자〉 애걸복걸. 제발 저를 함정에서 구해주세요.

2) 청자가 화자와 다른 방향일 경우 (동료가 아닌 전혀 서로 다른 목적 관계인 경우)

화자는 한계선 관리자(driver)가 된다. (화자〉청자)

○ You must pay your hotel bill in full before you leave. 당신은 떠나기 전 호텔 요금을 전액 지불해야만 합니다. - 화자는 호텔 카운터 직원이며 직접 한계선 관리자가 된다. 화자는 손님 관리의 한계선상에서 목적길로 유도, 지시(driving) 한다.

○ You must do as you are told. 너는 지시받은 대로 따라야 한다. 주어는 화자와 부딪친 한계 상황에서 유일한 길인 do가 목적에 놓여 있다. - 주어는 외적으론 화자라는 한계선 상에 부딪쳤고, 내적으론 자신의 한계선 상에 있어서 할 수 있는 유일한 길 do가 있다.

○ "I would go, sir." **If you must, you must.** "전 가고 싶습니다, 선생님." "네가 꼭 가야 한다면, 꼭 가거라." - 네가 꼭 가야하는 한계상황에 있다면 → 화자가 go을 허용해 주는

must이다. ★★ 즉 여기 두번째 화자는 첫째 화자를 관리하거나 통제하는 자이므로 조건이라는 한계 상황에서 두번째 화자가 말하는 must는 그 화자가 주는 목적일(go)로 driving하는 허용의 must이다.

○ Everybody told me I must stop worrying. 모두가 내게 내가 걱정하지 말아야 한다고 말한다. - 모두가 나는 걱정하지 말아야한다고 압박하는 한계상황이다. (모두가 화자를 목적일로 몰아가는 한계 상황이다). 즉 목적일이 유일한 길이다.

○ You must buy the credit life insurance before you can buy the disability insurance. 당신은 장애 보험에 가입하기 전에 신용 생명보험에 가입해야 합니다. - 여기서 주어를 압박하는 한계 상황은 화자이거나 혹은 보험 제도 일 수 있으나 또한 보험을 제도를 담당하여 말하는 공무원 등일 수 있다. 장애 보험에 가입전에 신용 생명 보험에 가입해야 한다는 압박(제도상의 압박이나 규칙 등).

3. 조건법에서

조건에서는 항상 주어 내부의 must이다. 즉 주어의 내부 압박이며 절대 조건이 된다.

○ "Can I borrow your car, Mum?" **"If you must."** 제가 엄마 차를 빌릴 수 있어요, 엄마? 네가 꼭 타야 한다면 (그래라). You must가 생략됐다(앞 단락 예문 참고). 조건부 허용. 조건 자체가 유일한 허용 요건이며 한계 상황이다. 자식이 꼭 차를 타야 하는 내적 한계상황에 있다면이다.

○ 'Could I have a word?' - 'Oh dear, **if you must**.' 제가 한 마디 드려도 되나요(드릴 수 있나요)? 오 여보, 당신이 꼭 해야 한다면, (하세요). - you must가 생략됐다. 조건부 허용. 조건 자체가 유일한 허용 요건. 절대 조건이다.

○ **If you must be** in the sunlight, use the strongest filter cream you can get. 만일 네가 꼭 햇빛을 쬐겠다면 네가 얻을 수 있는 가장 강한 (자외선) 차단 크림을 사용하여라. -- 청자가 그의 목적을 꼭 관철하겠다면(if~must) 알려주는 크림을 사용하라고 한다. 절대 조건이다.

○ **If you must** smoke, do it outside please. 당신이 꼭 담배를 피우겠다면 제발 밖에 나가서 하세요. - 청자가 그의 목적을 꼭 관철하겠다면 화자는 밖에서라는 허용 구역을 지정해 준다.

○ **If you must have** a cigarette, choose a seat in the first row of the smiling section. 만일 네가 담배를 꼭 피우겠다면 미소 구역에서 첫 줄에 있는 자리를 골라라. - must가 주어 내부에 있으므로 주어가 가진 절대 허용 조건이다.

○ 'Why don't you wear your jogging shorts Mum?' - 'Well, my legs are too skinny, **if you must know.**' 왜 조깅 팬츠를 입지 않으세요, 엄마? 글쎄, 네가 꼭 알아야겠다면 내 다리가 너무 말랐잖니. - must가 주어 내부에 있으므로 주어가 가진 절대 허용 조건이다.

4. 의문형

○ Say sorry? Must I? It was all his own fault. 사과하라고? 내가 꼭 (사과)해야 한다고? 그건 모두가 그 자신의 잘못이야. - 자신이 목적일을 해야 하는 한계 상황에 몰려 있느냐고 묻는다.

○ **Mustn't we** go? 우리는 갈 필요가 없나요? - must의 부정 의문, ★ 유일한 목적일의 부정은 유일한 목적 가치 부정으로 불필요가 된다. 즉 go해야 할 필요가 없나요? 유일한 목적일에 이르러야 할 가치의 필요가 없는지 묻는다.

○ ★ 역설적 질문 - 본래 화자는 '~해달라?' 혹은 '~해라' 라고 말하고 싶지만 그것은 명령, 요구, 권고 등으로 주어에게 직선적으로 실행(실천)의 부담을 주는 말이어서 여기서 화자는 자신이 제시하는 일(go)을 역설적으로 물어 ~하는 건 싫으니? 라고 하여 목적일을 알려주면서 동시에 화자가 제시하는 일을 따르도록 자연스럽게 유도하고 있다. ★ 결국 화자가 제시한 목적일을 싫어할 뜻이 있니?는 역설적으로 묻고 싶지 않으면' 하자'의 뜻이다.

5. 부정형 must not

단 한번도 안된다는 절대 금지, 목적 가치가 없다는 불필요. 목적 가치를 부정이 불필요.

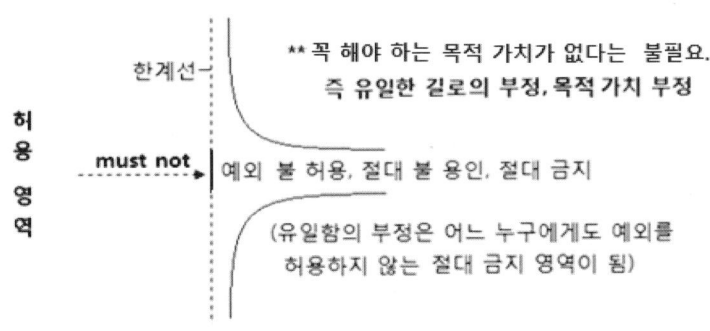

< MUST NOT 의 이해 구조 >

1) 금지 영역

단 한번도 허용할 수 없다는 유일 영역이 곧 절대 금지 영역이 된다. 불허의 한계선이 금지 제한선이다.

> 절대 금지 - 어느 누구에게나 예외 없이 허용되지 않을 절대 가치가 있는 금지 행위.

○ Passengers must not lean out of the window. 승객 여러분들은 창문 밖으로 몸을 기대서는 안됩니다. - 화자가 불허하는 한계선인 절대 금지 행위를 알려 준다.

○ You must not tell a lie. 너는 거짓말해서는 안 된다. - 화자가 주어에게 절대 불용인하는 한계선인 절대 금지 행위를 알려준다.

○ When you make a promise, you must not go back on it. 너는 약속을 할 때 너는 그것에 되돌아가서는 절대 안 된다(되 물려서는 안된다). - 화자가 주어에게 절대 불용인하는 한계선인 절대 금지 행위를 알려준다. 약속을 되물리기 금지이다. - 절대 금지 행위.

○ You mustn't laugh at unfortunate people; it's impolite. 너는 불행한 사람들을 보고 웃어서는 안 된다. - 화자가 주어에게 절대 불용인하는 한계선인 절대 금지 행위를 알려준다. 예의 없는 일이어서 금지. 불 용인.

○ You mustn't tell anyone about this - it's a secret. 너는 이 일에 관해 어느 누구에게도 말해서는 안 된다. 이건 비밀이다. - 절대 금지. 절대 불 용인. 단 한번이라도 불 허용.

○ **Under no circumstances** must **any member of staff** socialize with the patients. 어떤 상황 하에서도 어떤 직원이더라도 환자들과 교제를 해서는 안 된다. - must not에 해당됨. - 절대 금지 영역. 즉 단 한번이라도 불용인. 여기서는 한계 상황을 도치하여 먼저 언급함으로써 어떤 상황하에서도라는 불허의 한계를 더욱 강조한다.

○ You mustn't take a clamor by the sleeping baby. 너는 잠자는 아기 옆에서 시끄러운 소리를 내선 절대 안된다. 목적일을 단 한번이라도 불허용 - 절대 금지.

2) 불 필요

긍정형 must의 부정임. 이는 목적 가치가 없다를 불필요라 한다.

★ 〈필요와 불필요〉 - 유일한 목적일은 주어가 원할 때가 있고 하기 싫은 때가 있다. 그렇지만 하기 싫어도 해야 하는 것이 must의 힘이고 주어가 하고 싶을 때는 그 목적 가치로 인해 필요한 목적일이 된다. 따라서 필요한 목적일을 부정하면 불필요한 일이 된다. 이 불필요는 꼭 해야 하는 유일한 목적으로서 가치가 없다거나 다른 대안이나 다른 여러 길이 있어서 불필요한 경우도 있다.

○ You mustn't worry. 너는 걱정할 필요가 없다. - 너는 걱정할 문제의 가치가 없다, 없어졌다. 혹은 문제가 해소되었다.

○ You **don't have to** go; you can stay here. 너는 갈 필요 없다. 너는 여기 머물러도 된다. - 즉 너는 가야할 가치가 없어졌다. ★ Must ≠ have to(긍정문 일 때) - 불필요일 때만 같다.

6. 틀림없는 추측

모르는 일이지만 사실의 한계선 상에 다다른 유일한 가능성 있는 일로 추측한다. 한계선 상에 다다른 주어의 일이 사실로서 '유일한 가능성이 있다고 추측'한다. 즉 「틀림없는 추측」이다.

여기 틀림없는 추측은 화자의 일방적인 추측으로서 개관적이기보다는 주관적인 화자가 보았을 때 유일한 가능성 있는 추측이다, 즉 틀림없는 추측이다.

1) 가려진(숨겨진) 것들 추측

주어를 마주하여 보고 있으므로 주어의 내부 의식 등 숨겨진 사실들을 추측한다. 즉 주어가 숨기는 일들이나 주어 상태를 추측한다.

○ You must know where he is. 당신은 틀림없이 그가 어디 있는지 알고 있겠지요. - 주어의 숨겨진 내부 인식 상태 know를 추측한다. 유일한 가능성으로 추측한다.

○ You must know them very well, **mustn't you**? 너는 틀림없이 그들을 매우 잘 알고 있을 테지요, 그렇지 않나요(틀림없지 않나요)? - 주어의 숨겨진 내부 인식을 추측한다. ★ must 추측에서의 「틀림없는」추측이다, 즉 주어가 목적일 달성에 이르렀을 유일한 가능성 있는 「틀림없는」추측이다.

○ You must be Anna's sister - you look **just** like her. 너는 틀림없이 안나의 자매일 것이다. 너는 그녀를 꼭 빼 닮았다. - 주어의 내부 정체를 유일한 자매 가능성으로 추측한다.

○ You must be very worried by now. 너는 틀림없이 지금 즈음 매우 걱정될 것이다. 걱정하고 있을 것이다. - 주어 내부 마음을 유일한 걱정 가능성으로 추측한다.

○ Now sit down and make yourself comfortable. You must be very tired. 자, 앉으셔서 편히 쉬세요. 틀림없이 매우 피곤할 거에요. - 주어 내부 몸의 컨디션을 유일한 피곤한 가능성으로 추측한다.

○ You must be joking. 너는 틀림없이 농담일 거다. - 추측 판단에서 사실의 한계선 상에 다다른 유일한 농담 가능성으로 추측한다. 즉 주어 말의 숨은 의도를 추측한다.

○ $500 for that old laptop? You must be joking! 저 낡은 노트북 값이 500달러라고? 너는 틀림없이 농담하는 거겠지! 주어의 말을 믿을 수 없어 유일한 농담 가능성으로 추측한다.

○ 'Go! Please go.' - 'You must be joking!' 가세요! 제발 가세요. 당신은 틀림없이 농담하는 거죠? 주어의 말을 유일한 농담 가능성으로 추측한다.

2) 과거의 일 추측

과거에 보지못한 일의 존재를 결과적 입장으로 추측한다.

○ You **must have gone** out of your mind! 너는 틀림없이 정신이 나갔었나 봐! 과거에 드러나지 않은 주어 내부 정신상태를 추측. 과거의 유일한 결과적 가능성 즉 틀림없는 추측이다.

○ In order to take that job, you **must have left** another job. 저 직업을 갖기 위해서 너는 다른 직업을 그만두었음에 틀림없다. 주어가 원하는 직업을 가지려면 반드시 다른 직업을 그만 두어야 하는 과거의 한계상황에 내몰려서 그 직업을 그만두는 유일한 결과적 가능성이 있다고 추측한다.

○ In order to start reading this book **you must have had** some idea that the physical symptoms you were experiencing were due to anxiety. 이 책을 읽기 시작하려면 너는 네가 겪었던 신체적 증상들은 걱정(불안) 때문이라는 어떤 생각을 가졌음에 틀림없다. 과거에 주어가 가졌던 생각을 유일한 결과적 가능성으로 추측한다.

C. 3자 must

1. 내부에 받는 압박 must

○ He **must** always **have** his own way. 그는 항상 자기 방식대로 해야만 된다. 자기 방식대로 해야 직성이 풀린다. - 주어는 내부 한계에 이르러 자기 방식대로 하는 유일한 길 밖에 없다. 주어의 「내부 한계」 즉 주어의 성격이나 고집 등의 한계는 오직 자기 멋대로 하는 길 밖에 없다. 목적일은 주어의 유일한 내적 배출구이다.

2. 외부에서 주는 must

○ He must start coming on time. 그는 꼭 제시간에 오기 시작해야 한다. - 화자가 주어에게 주는 압박은 그는 꼭 제시간에 와야 한다고 말하는 외적 압박이다. 그 압박이 화자가 아닌 다른 외부에서 받는 압박이라면 주어가 받는 압박의 사실을 청자에게 전해주는 역할밖에 없게 된다.

○ He told his boss that he felt he must now leave. 그는 그의 상급자에게 자신은 지금 떠날 수밖에 없음을 느낀다고 말했다. - 외부의 압박에서 사임할 수밖에 없는 자신의 한계(처지)를 느낀다고 말했다. I must의 간접 화법. 어찌 보면 내적 압박 같기도 하지만 자신이 떠날 수밖에 없다는 것을 그의 보스도 알 수 있는 내용이어서 외적 압박을 받고

있다고 설명한다. 내적 압박이라면 어떤 구체적 이유를 추가로 밝혀야 한다.

○ Candidates must satisfy the general conditions for admission. 지원자들은 승인받을 일반 조건들을 만족시켜야만 합니다. - 지원자들이 받는 심사 요건 등이 주는 압박이 주어가 목적 일을 이루도록 drive하고 있다.

○ Mr. Johnson must pay Mr. Wilson's legal costs. Mr. Anderson must pay a deposit. 존슨씨는 윌슨씨의 법적 비용을 갚아야만 합니다. 앤더슨씨는 보증금을 지불해야만 합니다. - 지불 의무 관계에 있는 주어가 받는 압박이 목적 일을 이루도록 요구한다.

○ She said she **must have** a new hat for holidays. 그녀는 휴가 동안 쓸 새 모자가 있어야 한다고 말했다. - 휴가를 가야 하는 주어가 외부 환경에서 받는 압박은 목적 일이 필요하다.

3. 하필이면 그때에

과거의 마지막 남은 한계선에 이르렀을 때에, 즉 하필이면 그때에, 그때에 꼭, 화자가 호응해 주기 힘든 때에. 여기 must는 한계 상황 그 자체이며 그 한계 상황이 어려움을 주고 있음을 말하고 있다.

○ I was just going to bed, **and then** he **must** ring me up. 나는 막 잠자리에 들어가고 있었고 **하필이면 그때** 그는 내게 꼭 전화를 걸어왔다(그때 꼭 전화를 할게 뭐람!). - 마지막 한계선에 이르렀을 때 그 한계선을 구체적으로 명시한다. 즉 화자가 호응해 주기 힘든 때에.

○ The baby **must** catch a cold, **just when** we were ready to go away for the holidays! 그 아기는 **하필** 우리가 바야흐로 휴가에 맞춰 멀리 떠날 준비를 마쳤을 **때에 꼭** 감기에 걸릴 게 뭐람! -- 마지막 한계(경계)선에 이르렀을 때 - 한계선을 구체적으로 명시한다. 즉 주어는 화자가 호응해 주기 힘든 때에 하필.

4. 의문형 must

○ **Why must** she interrupt? 그녀는 왜 꼭 참견해야만 하나요? - 주어를 참견하도록 몰아가게 하는 주어에게 어떤 한계에 있는지를 구체적으로 궁금해한다. 주어의 내적 성격이나 어떤 문제에 얽혀 있는 경우 등 구체적인 이유를 묻는다.

○ **Mustn't it** have been strange to live in the Middle Ages? 중세 시대에 살았다는 것은 이상하지 않았겠지요? - 과거 결과적 추측 의문. 추측 의문은 제시하는 목적일을 몰라서 추측성 질문을 한다. 즉 한계 상황에서 사실의 유일한 가능성에 이르지 않았을 거라는 질문. ★★유일함의 부정은 그것(만)은 아니다이다.

5. 틀림없는 추측

한계선 상에 다다른 주어의 사실이 될 유일한 가능성이라고 추측한다. 즉 틀림없는 추측이다.

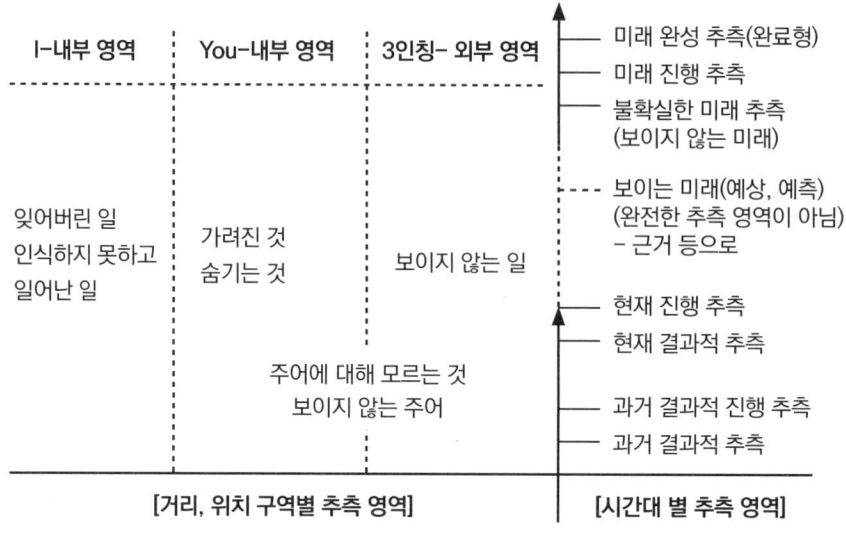

〈추측 영역 구분 – 모르는 것 추측〉

> 추측은 감춰졌거나 보이지 않는 일 등 「모르는 것」을 「사실로서」 주어에 임의로 연결해 봄을 뜻한다. 그러므로 화자는 추측이 과거나 현재에 이미 「존재한다는 사실을 전제로 하며」 불확실한 미래에도 존재(발생)을 단언할 수 없으므로 추측한다.

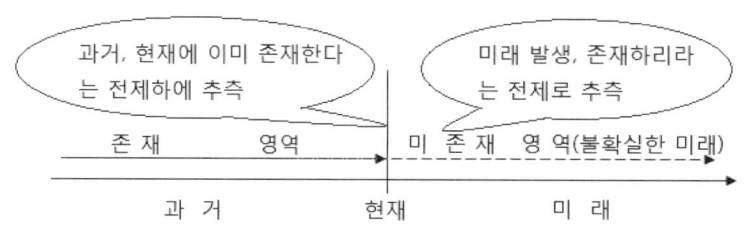

< 추측 시간 영역의 이해와 구분 >

1) 보이지 않는 주어나 그 내부 상황 등을 추측

보이지 않는 일을 주어에게 유일한 가능성 있는 것으로 추측한다. 즉 틀림없는 추측이다.

○ That coat looks expensive. **It must** cost a hundred dollars at least. 저 코트는 비싸 보인다. 그것은 (살 때)적어도 백 달러를 치렀음에 틀림없다. - 여기서는 알 수 없는 코트 가치를 백달러라고 유일한 가능성으로 추측한다. 즉 틀림없는 추측이다.

○ I'm sure he **must feel** he has lost a close family friend, because I know I do. 내가

하는 일을 내가 알기 때문에 그는 틀림없이 가까운 가족 같은 친구를 잃어버렸다고 느끼고 있을 것이라고 확신한다. 보이지 않는 주어의 내부 감정을 유일한 가능성으로 추측한다.

○ Tom must be nearly 80 years old now. 톰은 지금 거의 80세가 되었음이 틀림없다. - 보이지 않는 주어의 내부 나이를 유일한 가능성으로 추측한다. 즉 틀림없는 추측한다.

○ Buying a diamond ring? It must be love. 다이아몬드 반지를 산다고? 그건 틀림없이 사랑하는 거야. 사랑일 거야. - 행위를 통해 보이지 않는 감정의 존재를 유일한 가능성으로 추측한다.

○ Mary must have problem-she keeps crying. 메어리에게 문제가 있음에 틀림없다. 그녀는 계속 울고 있다. - 행위를 통해 보는 주어에게 드러나지 않은 문제가 있음을 유일한 가능성으로 추측한다. 틀림없는 추측이다.

○ "I'm in love." "That must be nice, dear." 제가 사랑에 빠졌어요. 그건 틀림없이 좋은 일이겠구나. 얘야. - 사랑에 빠진 일을 감정 평가적 존재(nice)의 유일한 가능성으로 추측한다. 여기 사랑에 빠진 일은 아직 잘하는 일인지 아닌지 그 결과는 확정되지 않은 일이다.

○ There's the doorbell. It must be Romeo. 도어 벨이 울린다. 틀림없이 Romeo일거야. '한계선 상에 다다른 주어(추측의 도마위에 오른 주어)의 사실로서 유일한(틀림없는) 가능성'으로 추측 판단하여 Romeo 밖에 올 사람이 없다. - 보이지 않는 사람의 존재를 유일한 가능성으로 추측한다.

○ It must be nice to be an owner of that building, **mustn't** it? 저 건물의 주인이 된다는 것은 틀림없이 멋진 일일 거야, 그렇지 않니? - 자신이 겪어보지 않은 일을 감정 평가로 추측한다. 틀림없는 추측이다. ★ Mustn't는 앞의 문장을 알려주고 청자의 동의를 역설적으로 구하는 부정 의문 형식. ★ Don't you have a lunch? 점심 식사 안할거니? 는 청자가 점심 식사를 하려지 않는 상황에서 점심 식사라는 목적일을 알려주며 그 점심 식사 안 할 거니라고 물으며 청자를 목적일로 유도하여 그의 긍정의 답을 기대하는 질문이다.

○ I haven't heard Molly moving about. She mustn't be awake yet. 나는 (아기)몰리가 주변에 돌아다니는 소리를 듣지 못했다. (그래서) 그녀는 아직도 깨어나지 않았음에 틀림없다. - 화자 자신이 경험한 이유 있는 일을 통해 현재 보이지 않는 주어 상태를 유일한 가능성으로 추측한다. 즉 틀림없는 추측이다.

○ The soil must be overwatered, especially during the first few weeks. 대지는 특히 첫 몇 주 동안 물에 덮이게 될 게 틀림없다. - 미래의 보이지 않는 주어를 피동적 존재의 유일한 가능성으로 추측한다.

○ 'Look at those tracks. That **must be** a dog.' '**It needn't be**-it could be a fox.' '저 발자국들을 보라. 저것은 틀림없이 개 발자국일 거야.' '그럴 필요가 없어, 그건 늑대 발자국일 수도 있어.' 여기 must be는 보지 못한 주어를 추측하는 것이며 needn't be는 must be의 유일한 개만이 아닌 다른 대안이 있어서 늑대일 수도 있다이다. ★ Must not의 대용 needn't. - 여기 유일한 일로서 가치 부정은 꼭 해야 할 필요는 없다가 된다. 그래서 must의 부정, 곧 유일한 목적일의 가치 부정은 다른 일도 있어서 유일한 목적 가치가 없다, 즉 '꼭 해야 할 필요가 없다'가 된다.

○ This must be a very difficult job for you. 이 일은 틀림없이 네게 매우 어려운 일이 될 것이다. - 아직 격어보지 못한 일(가려진, 드러나지 않은 일)을 유일한 가능성 있는 평가로 추측한다.

○ It must be remembered that the rumor is true. 그 소문은 사실이라고 기억하고 있음이 틀림없다. 소문은 사실이라는 기억을 유일한 가능성으로 추측한다.

2) 현재 결과적 추측

보이지 않게 저지른 일을 유일한 가능성으로 추측한다.

○ She must have been drunk to say that. 그녀는 그 일을 말하려고 술을 마셨음에 틀림없다. 그녀는 틀림없이 그 일을 말하려고 술을 마셨을 거다. - 이유 있는 목적을 위해 주어가 현재 보이지 않게 저지른 일의 존재를 유일한 가능성으로 추측한다.

3) 과거 모르는 일의 존재를 결과적으로 추측한다

즉 유일한 결과적 존재 가능성으로 추측한다. 틀림없는 추측이다. Must는 시제의 영향을 받지 않는다, 그래서 현재, 과거의 추측에 모두 사용한다.

○ "We went to Rome last month." "That must have been nice." 우리는 지난달 로마에 갔어. 그건 틀림없이 멋진 일이었을 거야. - ★ 두번째 화자는 첫째 화자의 과거 일을 유일한 결과적 존재 가능성으로 추측한다. 여기 첫째 화자의 과거일은 두번째 화자가 과거에 보지못한 일이다.

○ It must have been terrible to live during the war. 전쟁 동안 살아남는 일들이 끔찍했을 것임에 틀림없다. - 과거에 보지못한 일을 유일한 감정 평가적 결과 존재 가능성으로 추측한다. 틀림없이 끔찍했을 거라는 유일한 결과적 존재 가능성으로 추측한다.

○ Miss Olivia had a weak heart. She must have had a heart attack. 올리비아양은

약한 심장을 가졌었다. 그녀는 심장 마비를 겪었음에 틀림없다. - 보지 못한 과거 일을 유일한 결과적 존재 가능성으로 추측한다.

○ His only explanation was that he **must have brought** them home in order to continue his work. 그의 유일한 설명은 그는 그의 작업을 계속하기 위하여 그것들을 틀림없이 집에 가져갔을 거라고 말했다. - 과거 일을 유일한 결과적 존재 가능성으로 추측한다. 여기 과거 일은 자신이 인식하지 못하고(생각나지 않는) 자신이 저지른 일을 추측한다.

○ The medical reports really **must have suggested** that he was really seriously hurt. 그 의료 보고서들을 보면 그가 정말 심하게 다쳤다라고 시사하고 있음에 틀림없었다. - 보지 못한 과거 일을 유일한 결과적 존재(시사) 가능성으로 추측한다.

○ There must have been seven of them, all hiding in my garage. 내 차고에 모두 숨겨 놓은 것들 중 일곱 개는 틀림없이 남아 있었을 거야. - 과거에 보지 못한 사물을 유일한 결과적 존재 가능성으로 추측한다.

○ Sil(실), silko(씰코), siltarae(씰타래), silpae(씰패), silmary(실마리), silkworm(번데기), 실주름, 실줄눈, 실핏줄, etc. From these linguistic points of view, **the Silk Road must have been ancient Korean road**. 이들 언어적 관점에서 볼 때 실크로드는 고대 한국인들의 길이었음이 틀림없다. 수년 전 어느 외국인 학자가 실크의 어원을 찾아서 중국과 중앙 아시아를 뒤지고 다니다 실패했다는 뉴스를 듣고 한국에만 있는 실크의 어원들을 떠올려봅니다. 아마 고구려의 역사는 지워졌지만 우리 조상들도 위대했다고 느껴집니다. 또한 고선지장군은 아마 실크로드 상인들을 보호했던 장군이 아닐까 추측합니다. 한국인들의 실크로드를 언제 다시 복원시킬 수 있을까요? 한국인들이 차를 타고 유럽으로 가는 날을 상상을 해봅니다.

4) 추측의 부정

유일한 가능성 있는 존재에 대한 추측의 부정은 부존재적 유일한 가능성으로 추측이며 「~가 아님에 틀림없다」이다.

○ That mustn't be the way out we can survive. 저것은 우리가 살아나갈 수 있는 출구가 아님에 틀림없다.

○ Her alarm mustn't have gone off. 그녀의 자명종 시계가 울리지 않았음에 틀림없다. - 과거의 일을 유일한 결과적 존재 불가능성으로 추측한다.

D. 근본적인 한계에 있는 고유의 must _주어 고유의 한계에서 오는 압박

- 파워 화자의 직접 영향권에서 벗어난 역외의 개별 주어의 고유한 영역들이다.
- 주어의 각각의 개별성은 일반적이 되고 must의 고유성은 원론적 서술이 된다.

○ All men must die. 모든 사람들은 반드시 죽는다. - 주어는 must 한계 영역 안에 갇혀 있다. - 수명의 고유 한계에 있는 인간을 유일한 죽음의 길로 내몰고 있다. must는 일반인이 가진 고유의 「내부 한계(수명)」에 있으며 원론적 서술이다. 주어는 일반적인 모든 인간이다.

○ One must eat to live. 살기 위해선 (일반인은) 누구나 먹어야 한다. - 생명 유지에 절대 필요한 먹는 일 → 주어는 생존의 고유 한계 상황에 있어서 먹는 일을 이르도록 압박한다. Must는 일반 인간이 가진 고유의 한계에 있으며 원론적 서술이다.

○ The doctor must not allow the patient to take an overdose of pills. 의사는 환자가 알약을 과용하게 해서는 안 된다. - 초과 허용 금지, 의사가 가진 고유의 약 처방이며 한계 초과 범위는 금지이다. Must는 일반 의사가 가진 고유의 처방 범위의 한계에 있으며 원론적 서술이다.

○ Dogs must be kept on a lead. (일반의) 개들은 줄에 계속 매여 있어야만 한다. 매여 있지 않으면 안 된다. - 외부 손님들이 집에 방문했을 때나 외출할 때에 개가 가지는 고유의 한계 범위는 줄에 매여 있어야 한다이다. 개가 가지는 위험성에 기인한 고유한 한계상황이기도 하다. 그래서 줄에 매여야 한다는 압박을 부른다. Must는 일반 개들이 가지는 고유의 위험의 한계에 있으며 원론적 서술이다.

E. 목적대상으로서 주어 _목적 관리 대상으로서의 주어이다.

- 주어는 사용 목적이 있는 물건들, 즉 장비, 실험용 재료 등이다.

○ Equipment must be supervised if children are in the house. 만일 아이들이 집안에 있다면 장비는 반드시 관리 감독되어야 한다(꼭 잘 관리 감독하여라. 즉 화자가 장비의 사용자인 청자에게 주는 압박이며 사용 목적이 있는 장비는 위험이나 관리의 한계에 있어서 아이들이 집에 있다면 장비는 반드시 관리 감독되어야 한다는 압박이다. 즉 주어가 가진 한계가 드라이브하는 압박이다.

○ Experimental material must be supervised if students are in the laboratory. (사용

목적 있는) 실험용 재료들은 학생들이 연구실에 있다면 반드시(잘) 관리 감독되어야만 한다. - 학생들이 연구실에 있는 경우에 실험용 재료는 다루는 데에 한계가 있어 이를 반드시 관리 감독해야 한다는 압박이다. 즉 주어가 가진 한계가 드라이브하는 압박이다.

F. have to ≠ must _이들은 서로 같은 의미가 아니다.

★ 12장을 반드시 먼저 읽고 공부합시다. 「have는」 소유, 먹기 등을 서술하여 노출되지 않는 매우 사적인 영역을 서술한다. 예를 들어 황금을 가지고 있다 라고 해서 황금을 보여주며 말하는 것은 아니며 피자를 먹는다고 해서 피자가 보여지는 것은 아니다. 따라서 「have to+목적일은」 ★ 『주어가 소유하고 있는 '개인적이고 사적인 목적일'로서 다른 누가 와서 대신해주지 않는 혹은 다른 누가 하지도 않을 사적 영역의 일을 말하므로 주어입장에서는 피할 수 없는 목적일이며 그래서 「주어가 해야 하는 일」이다.』 그래서 must와 비슷하게 보일지 모르지만 결코 같지는 않다. 하지만 필요의 부정에서는 비슷하다.

○ I **have to** travel a lot because of my work. (must로 대체 사용할 수 없음, must ≠ have to) 나의 일 때문에 나는 많은 여행을 해야 한다. - 주어에겐 자신을 여행으로 몰아가는 한계 상황이나, 받고 있는 압박이 없고 단지 사적으로 감당해야 하는 일이다.

○ It's annoying to **have to** get up early on Sunday. 일요일에 일찍 일어나야 하는 것은 괴롭다. 괴로운 일이다. - 주어를 driving하는 한계에 이른 일이 아니고 개인이 피할 수 없는 일이다, 어쩔 수 없이 해야 하는 일이다.

○ She always **had to** work hard for her children. 그녀는 그녀의 자식들을 위해 항상 열심히 일해야만 한다. - 누가 강요나 driving하는 것이 아닌 어쩔 수 없이 그녀가 자식을 위해 감당해야 하는 일이다.

○ I **have to** work from nine to five. Must를 대체 사용할 수 없으며 자신이 가진 일을 남에게 미룰 수 없고 어쩔 수 없이 감당해야 하는 일이다.

○ We **had to** cut short our holiday because my mother was ill. 우리는 내 어머니께서 아프시기 때문에 우리의 휴일을 줄여야만 했다. - 어머니를 위해서 자신의 휴일을 어쩔 수 없이 어머니를 위해 줄여야 했다. 주어가 사적으로 감당해야 하는 일이다.

7장 SHALL

조동사의 새 이름
파워 동사

Power verb with meaning in use
and link relationship

7장 SHALL

조동사의 새 이름
파워 동사
Power verb with meaning in use and link relationship

7장
SHALL

> ### shall의 뜻
> 연결된 양자 관계에서 상대에게(와) 결속하려는 뜻. 즉 결속(력)의 뜻

shall은 국가, 지역, 지방, 혈연, 가족, 조직, 주/종간의 계약, 봉건 제도, 계약, 협정, 조약, 청/화자간 등 다양한 연대 관계에서 (충실하기 위한) 결속의 뜻이다. 그러므로 shall은 그런 연대들을 유지하는 결속의 힘이어서 만일 shall이 없다면 그 연대들은 깨어질 것이다.

– Shall은 기존 어디에서도 전혀 다뤄지지 않고 있는 부분이다.

적용과 전개

A. <We shall> '우리'로 결속된 뜻

1. 외부 중심의 결속 관계(편)에서, 여기 shall은 '순응적 결속의 뜻'

- 주어가 순응적 입장(외부의 힘과 결속된, 외부의 힘에 맡겨진, 즉 주도 당하는 입장).
- 「결속된 외부의 힘에 떠밀려」 미래 일(목적)에 이르게 됨을 말한다. 다른 힘에 들려, 떠밀려, 이끌려, 물에 떠있는 배가 바람에 밀려 움직이듯이 외부의 힘에 순응적으로 의탁 결합되어 있는 주어. 주어는 외부의 힘에 순응적으로 이끌려 목적일에 결속한다.
- ★ 여기 7장에서는 (누구)『편』이라는 말을 많이 사용하는데 이는 편이 누구의 편처럼 사람이 그 편의 이익이나 뜻, 세력 등을 위하여 함께 그쪽 편에 치우치게 기울여 붙는 경우를

말하고 그 편은 결속하는 중심 기준이 된다.

○ We **shall be** landing in Paris in sixteen minutes, exactly on time. 우리는 16분 후 제시간에 정확하게 파리에 착륙될(할) 것입니다. - 주어 스스로의 힘이 아닌 비행기에 의해 (결합된 외부의 힘에 의해) 도착하므로 비행기와 결합된 착륙이 주어의 착륙이 되는 관계이다. 즉 결속된 다른 힘에 의하여 순응적인 주어가 목적일을 이루게 된다. 여기서 화자는 we의 리더 격으로 대표하여 말한다. - 주어 자신들이 비행기에 순응적으로 결속하여(비행기에 실려) 목적일에 이르게 되는 뜻을 알린다.

○ When the big City law firms finally decide to put the lid on their entertainments, we **shall** know that times really are hard. 큰 도시의 법률 회사들이 마침내 그들의 접대들을 끝(장)내기로 결정했을 때, 우리는 그 시대(상황)가 정말 어렵다는 걸 알게 될 겁니다. - 사회와 결합된 관계의 순응적 결속 인식. 법률 회사들에 관한 뉴스에 의해서 알게 되는 문제들인 경우이며, 다시 말해 주어인 시민들 모두가 그들 도시의 법률 회사들의 결정에 대하여 뉴스 등을 통하여(뉴스에 결속하여) 순응적으로 알게 되는 경우이다.

○ This is our last chance and we **shall** need to take it if we are to compete and survive. 이것은 우리의 마지막 기회입니다, 그리고 우리가 경쟁하고 살아남기 위해서라면 우리가 그 기회를 붙잡을 필요가 있게 됩니다. 즉 기회를 붙잡을 필요에 (여러분이) 함께 결속하게 됩니다. - 여러 사람에게 화자 1인이 목적일에 함께~하자는 결속의 주장이지만 실상은 주도적으로 ~하자가 아니고 주어지는 기회에 순응적으로 결속하여 함께 붙잡을 필요가 있음을 알린다. - 생존 조건에 맞추기 위해서는 주어진 기회와 결합(속)되어야 해서 결국 우리는 기회를 붙잡는 것이 기회에 순응적으로 결속하게 되는 것이라고 주장한다. 또한 생존을 위하여 주어진 기회에 편승하는데(붙잡는 필요에) 함께 결속하자는 뜻이다.

○ We must all hang together, or we **shall** all perish. 우리는 모두 (적극적으로)함께 매달려야만 합니다, 그렇지 않으면 우리는 모두 죽을 운명(처지)입니다. 그렇지 않으면 우리는 모두 죽도록(결속)되어 있습니다. - 주어는 자신들이 죽을 상황에 빠져있는(죽는 길에 순응 결속된) 상태라고 말한다. - 주어가 그들의 운명을 결정할 위험에 순응적 결속된 상황이다.

2. 외부(남들)의 힘과 자발적 결속하는 뜻(다수 주도적 합의, 단합, 결의의 뜻)

1인 리더 격인 화자가 말하는 경우와 주어가 다수(we)의 화자인 경우. 즉 1인이 대표하여 '우리는 ~하기로 (결의) 했습니다.'인 경우 등과 주어 전체가 말하여 '우리는 ~하자!' 처럼 구호나 결의, 합의 등이 있습니다.

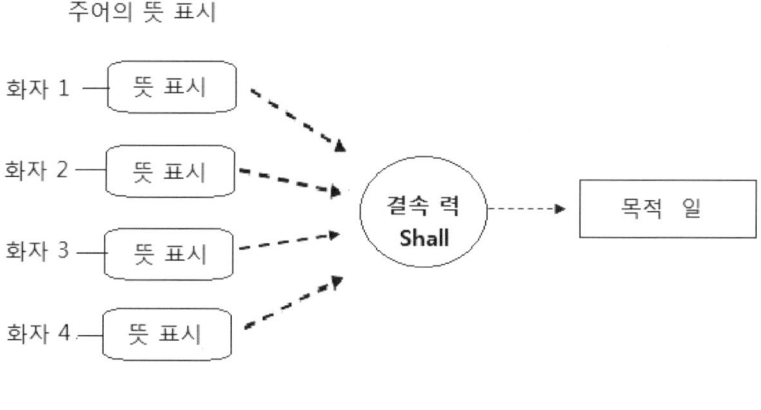

< 다수의 결속, We shall ~ >

○ **We shall** fight and we shall win. ① 우리는 싸우기로 결의했고(우리는 결의하여 싸우기로 했고) 그리고 우리는 결속되어(결의에 차서) 이길 것입니다 → 한 사람이 대표해서 말할 때. ② 우리는 싸웁시다 그리고 우리는 이깁시다. (다수의 단결된 결의로) 우리는 싸우자 그리고 이기자(단결된 외침, 다 함께 외침, 구호 등) → 모두가 외칠 때(말할 때). 모두가 주도적으로 단결된 합의의(결속된) 뜻. ③ 우리는 뭉쳐서 싸울 것이고, 우리는 뭉쳐서 이길 것이다. ④ 결의에 찬 마음(뜻), 우리는 싸울 것이고 또 이길 것입니다. 함께 뭉친 뜻. ⑤ 우리는 싸우게 되어있고(외적의 침략에 의해서) 그리고 (유리해서) 이기게 되어 있다 → 순응적 결속일 때. 국가나 지역으로 연대하여 결속(결의)의 뜻을 밝히는 경우다.

○ We **shall never** surrender. 우리는 (적에게 밀려) 결코 굴복되지 않을 것이다(아니 하겠습니다, 굴복하지 맙시다). - 우리 각자의 뜻을 모아 합친 다수의 결의(결속), 합의에 뜻.

○ We **shall not** let you know our decision. 우리는 우리의 결정을 네게 알게(알려주지) 않겠다. 알려주지 않기로 결의(합의)했다.

○ Well, we **shall** look forward to seeing him tomorrow. 자, 우리 내일 그와 만나기를 기대하기로 **합시다**(결의, 합의- 전체가 주도한 합의).

○ We **shall** refer here **to** three significant trends that arose in the previous decade. 우리는 이전 10년 동안 일어난 세가지 중요한 동향들을 ① 여기서 함께 언급하겠습니다. ② 언급하기로 합의했습니다(했습니다)- 뭉치기로 합의. ③ 우리는 여기서 이전 10년 동안 일어난 세가지 중요한 동향들을 언급해 드리겠습니다. - 화자들이 함께 결속하는 뜻.

○ We **shall** review the problem in the next chapter. 우리는 다음 장에서 그 문제를 검토해 보기로 합시다. - 강의 등에서 학생과 교수 간의 대화의 모습처럼. - 청자와 화자가

함께 주도적으로 결속하는 뜻, 합의.

○ The building, as we **shall** see, is very different in its internal planning, with a great complex of halls and rooms. 우리가 ① 보게 될(순응적 자세), ② 보기로 한 (적극적 합의, 결의에 의한) 그 빌딩은 대단히 복잡한 홀들과 방들을 갖춘 내부 설계에서 매우 다르다. - 여기서 설계의 이야기가 나와서 ① 번인 것 같다.

○ We **shall** be away next week. 우리는 다음 주에 ① 멀리 떠나 있게 됩니다(순응적 자세 - 결합된 다른 힘에 의해). ② 멀리 떠납시다(청자들과 화자의 주도적 단합된 뜻 - 서로 적극적으로 결합한 뜻). ③ 멀리 떠나기로 했습니다. - 주어들의 내부적 합의. ★ 어느 뜻인지는 문맥의 파악에서 혹은 그 상황에서 구체적으로 알 수 있다.

○ We shall need the money on the 15th. 15번째 되는 날에 그 돈이 필요할거야. 필요 할거라고 봅니다. - 각자의 의견을 모아 하나의 뜻으로 뭉친 견해다.

3. 의문형 Shall we~?

Shall we~?와 We shall~는 같은 shall의 뜻이다. 즉 화자가 주도적으로 청자(들)에게 (단결된) 결속의 뜻을 묻는다. 여기 목적일은 청자와 화자가 함께하자는 일이다.

○ Shall we say 6 o'clock, then? 그때에 우리는 6시라고 알려주어야 하나요? - 청자에게 우리의 결속 역할 등을 묻는다. 이는 화자가 일방적으로 던진 말이므로 화자가 결속의 역할을 묻는 질문이 된다.

○ Well, shall we go? 자, 우리 (같이) 갈까요? - 다수의 사람들에게 공동의 목적일에 단결된 결속을 구하는 화자의 질문이다.

○ Let's have a nice little stroll, **shall we**? 우리 즐거운 짧은 산책을 하자, 그럴래요(같이 갈래요)? - 다수의 각 사람들에게 결합된(결속된) 목적일을 묻는다.

○ What time shall we come and see you? 언제 우리는 당신을 찾아 뵐까요? - 화자가 동료들과 함께 청자를 만나러 갈 시간을 청자에게 묻는 질문이다.

○ What on earth shall we do? 도대체 우리는 (함께) 무얼 할까요? - 서로 공통된(결속된) 목적일을 묻는 질문이다.

○ Shall we go out for a meal? 우리 함께 식사하러 나갈래요? 목적일에 함께 할까요? - 목적을 정하고 공통된 합의를 구하는 화자의 질문이다.

○ Let's go and see Sophia, shall we? 소피아를 보러 가자, 우리 그럴래요? 우리 같이 갈래요? 우리 같이 갈까요? - 결속의 제안이며 이는 화자가 일방적으로 던진 말이므로 화자가 청자들에게 합의(결속)을 구하는 질문이 된다.

> **Let's와 We shall(Shall we)의 차이**
>
> Let's는 ~합시다 라고 화자가 **일방적 제안**을 말하는 것이며, 그렇다고 합의나 동의가 이루어진 것은 아니며 청자들이 동의하거나 행동으로 따를 때 합의가 이루어진 것으로 인정하며, We shall은 화자와 청자들 각자가 이미 합의가 이루어져서 단합된 결의의 뜻을 보여주는 것을 말한다.

○ Let's go to the movie, shall we? 우리 영화 보러 가자, 우리 같이 갈래요? - 결속의 제안이다.

○ "Shall we go and see John?" "OK, might as well." 우리 존을 만나러 갈까요? 좋아, 그러는 게 좋겠다. - 결속의 제안. - 목적일에 결속의 제안이며 이는 화자가 일방적으로 던진 말이므로 화자가 합의(전체 결속)을 구하는 질문이 된다.

○ What shall we drink? 우리 무얼 마실까요? - 공통된 목적이 무엇인지 합의(모두가 결속하는 뜻)를 구하는 질문이다.

○ What shall we do? 우리 무엇을 할까요? 공통된 목적일이 무엇인지 합의를 구하는 질문이다.

○ "What **shall** we do?" "We can try asking Lucy for help." "우리 무엇을 할까요?" "루시에게 도와 달라고 요청해 볼 수 있어요." 공통된 목적일을 찾는 데에 합의를 구하는 질문이다.

○ Shall we go, **or** do you want to stay longer? 우리는 함께 갈까 아니면 너희들만 더 남고 싶니? - ★ 『or조건』은 두 개의 미래 일중에서 하나를 선택하기위해 나열하는 or가 첫째 일 다음에 '두번째 일이 상반된 선택이어서 조건'으로 변하는 경우이다. 이는 먼저 제시된 일이 선택의 순위에 앞서 있어서 or 다음의 두번째 일은 상반된 선택의 불안정한 순위에 놓이게 되어 이를 '안정화하기 위해 조건'으로 변한다. - 목적일에 결속의 제안이며 이는 화자가 일방적으로 던진 말이므로 화자가 합의(모두 결속)을 구하는 질문이 된다.

○ Shall we go to the movie? Yes, let's. 우리 영화 보러 갈래? 그래, 우리 그러자. - 공동의 목적일에 합의를 구하는 질문이다.

○ Shall we dance? 우리 같이 춤출까요? - 청자에게 공통의 목적일에 합의를 구하는 질문(결속의 제안)이며 청자가 한 사람이면 결국 동의를 구하는 질문이 된다. "춤추는 일에 결속(함께) 할까요?" ★ 함께 손을 맞잡고 추는 춤인 왈츠 등을 말하며 디스코 같이 혼자 흔드는 춤은 아니다.

○ Shall we drop in on John? 우리 존(의 집)에게 잠깐 들렀다 갈까요? - 공동의 목적일에

결속의 제안이며 이는 화자가 일방적으로 던진 말이므로 화자가 합의(결속)을 구하는 질문이 된다.

○ Shall we make a contract? 우리 계약할까요? 공동의 목적일에 합의(결속)을 구하는 질문이다.

○ Shall we marry? 우리 결혼할까요? - 공동의 목적일에 합의를 구하는 질문이다.

B. <I shall> 외부 중심(편)에 결속

1. 외부 중심(편)에 결속 관계에서 shall은 「순응적 결속의 뜻」인 경우

그러므로 I shall~은 주어가 순응적인 입장(외부의 결합된 힘에 맡겨진, 주도 당하는 입장).

「결합된 외부의 힘에 떠밀려」 미래 일(목적)에 이르게 됨을 말한다. 다른 힘에 들려, 떠밀려, 이끌려, 물에 떠있는 배가 바람에 밀려 움직이듯이 외부의 힘에 순응적으로 의탁 결속되어 있는 주어.

○ If I am in fault, I shall lose my job. 내가 잘못하면 나는 직장을 잃게 될 것이다. - 잘못하면 주어는 외부의 힘, 즉 고용주 등에 의해서 미래에 해고를 겪게 된다. 고용주가 주도하는 편에서 실패를 하는 조건에서 순응적으로 결속하여 직장을 잃을 것이다이다. 주도하는 고용주와의 결속 관계에서 화자(주어)의 순응적 결속 입장이다.

○ I shall be seventeen next week. (세월의 흐름에 이끌려) 나는 다음주 17세가 된다. - 주도하는 세월과의 결속 관계에서 순응적 입장이다. 시간이 주도하는 편에 순응적 결속이다.

○ I shall be happy to take your invitation. 나는 당신의 초대를 받게 된다면 기쁘게 될 것입니다. - 초대를 받아서 거기서 얻게 되는 기쁨을 말한다. 청자의 초대 행위에 순응적으로 결속하여 따라가는 기쁨이다. - 초대하는 자와 초대받은 자의 순응적 결속 관계이다.

○ I shall sail out on the twenty-second. 나는 22일에 항해를 나가게 됩니다. 나가기로 되어 있습니다. - 결합된 외부의 힘, 즉 선주와의 계약이나 고용 혹은 해군 등의 군에 결속되어 있어서 그들의 스케줄에 순응적으로 미래에 겪게 될 일을 말한다.

○ I shall know more next month, I hope. 나는 다음달에 좀더 알게 되기를 바랍니다. - 주어 자신과 결속 관계된 다른 누군가(혹은 청자)의 도움 등에 의해서 미래에 알기를 희망한다.

○ I shall probably be home late tonight. 아마도 오늘밤 늦게 집에 가게 될 겁니다. -

직장 상사의 지시나 업무 등에 의해 주도 당하는 입장에서 목적일에 순응적으로 결속하게 되어 있다.

○ I shall be rich one day. 나는 언젠가 부자가 되겠지(될 거야). 되게 돼 있어요. 언젠가 내가 부자가 되는 날이 오겠지요. - 운명이나 행운, 아니면 숨겨진 무엇 등에 이끌려서 목적일에 순응적으로 결속된 뜻을 밝힌다.

○ I shall miss her terribly. 나는 그녀를 끔찍이 그리워하게 될 것이다. - 외부의 힘, 즉 그녀의 장점이나 매력 등에 이끌려서 혹은 그녀를 사랑했던 관계에 이끌려서 거기에 순응적으로 결속하여 그녀를 그리워하게 된다.

○ In Chapter 3, **I shall** describe some of the documentation that I gathered. 3장에서 내가 모아 놓은 서류 중 일부를 설명하게 될 것이다. - 외부의 힘, 즉 주어가 교수나 교사 등이어서 강의 시간에 강의 등을 하게 되어 있는 경우 순응적으로 결속하여 목적일을 이루게 된다.

2. 〈I shall ~〉 외부(청자) 중심(편)에 결속 관계에서, 주어가 「적극 주도하는 결속의 뜻」

- 'Shall you~?' 와 같은 shall이다. 외부 선도적 shall 등이 있을 때 「후 응수 I shall」. 당신은 ~하니 "나는 ~할 게요."의 뜻
- 청자의 뜻에 적극 부응(동조)하려는 화자 결속의 뜻.
- 청자의 뜻[명령(계약 등의), 요구, 요청, 금지 등]에 부응하는 화자의 적극적인 결속의 뜻.
- 청자의 뜻(요구 등)에 적극 부응(동조)하여 화자의 결속된 뜻을 보여주는 경우이다.

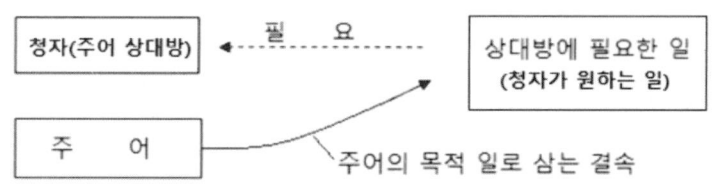

< 상대방을 위한 일방 결속의 뜻 >

○ **I shall never** betray your confidence. 나는 결코 당신의 신뢰에 배신하지 않을 게요. - 청자의 뜻(신뢰)에 벗어나지 않겠다는 화자의 적극적 호응(결속)의 뜻. - 청자의 뜻에 적극 부응(동조)하려는 화자의 결속의 뜻이다.

○ **I shall** give you a teddy bear for your birthday. - (약속에 답하여) 네 생일(선물로)에 a teddy bear을 네게 주겠어. - 서로 간의 약속 맺은 관계에서 청자가 선물로 a teddy bear

을 원하는 말을 듣고 그에 답(호응)하는 적극적인 화자의 결속 뜻. - 청자의 뜻에 적극 부응(동조)하려는 화자의 결속의 뜻.

○ **I shall** return. 제가 꼭 돌아올 게요. 청자의 돌아오길 바라는 뜻에 호응하는 화자의 적극적인 결속의 뜻. - 청자의 뜻에 적극 부응(동조)하려는 화자의 결속의 뜻.

○ **I shall** see Tom tomorrow. 나는 내일 탐을 꼭 만나볼 게요. - 청자가 원하는 뜻에 부응해서 화자가 적극적으로 응답하는(결속하겠다는) 입장. 주어 스스로의 약속 등에 의해서가 아니고 청자의 뜻에 적극 부응(동조)하려는 화자의 결속의 뜻이다.

○ **I shan't** be long. 오래 걸리지 않을 거예요. - 기다리고 있는 청자에게 목적일을 하지 않음으로 청자의 뜻에 적극 부응(동조)하려는 화자의 결속의 뜻.

○ **I shall never** forgive him. 나는 그를 결코 용서하지 않겠어요. - 청자가 피해를 입어서 피해자인 청자의 편에서, 가해자에게 그 대가(복수)를 치르게 해주겠다는 청자편에 결속의 뜻. 즉 목적일(그를 용서)에 동조 결속하지 않는 것이 청자에게 결속하는 뜻이 된다. - 청자의 뜻에 적극 부응(동조)하려는 화자의 결속의 뜻.

○ **I shall** hope to see you in my office, young lady, and we'll review your portfolio. 저도 제 사무실에서 뵙게 되기를 바랍니다, 부인. 그리고 우리는 부인의 분산 투자를 정밀 검토하겠습니다. - 화자의 사무실에 찾아오겠다는 부인의 말에 적극 호응하여 답하는 표현. - 청자의 뜻에 적극 부응(동조)하려는 화자의 결속의 뜻.

○ **I shall not** be expecting you till I see you. 당신이 보일 때까지(네가 스스로 나타나 보일 때까지) 기대하지 않겠습니다. - 주어는 기대하지 않고 보일 때까지 기다려 줄게요; 아무 때나 오세요. 기다려 달라는 청자가 나타날 때까지 기다리겠다고 하여 청자의 뜻에 적극 부응(동조)하는 화자의 결속의 뜻.

3. 의문형 〈Shall you~?〉 - 화자가 원하는 일에 청자가 함께 결속할 뜻이 있는지를 묻는다

화자의 편에, 화자의 뜻에 적극 동조, 부응하는 목적일에 화자가 청자에게 결속할 뜻이 있는지를 묻는다.

○ What shall you do? 너는 무슨 일을 할 겁니까? 네가 무엇을 해야 할지 그 역할을 아느냐? (화자가 원하는 일을) 네가 해야 할 일을 아느냐? - 모르면 내가 알려 주겠다는 화자의 말이다.

○ **Shall you** take your hat? 모자를 가지고 가 주실 건가요? - 일차적으로 청자의 모자를 챙겨 가주실래요? 라는 화자의 뜻이 있어서 그 화자의 뜻에 호응 결속할 뜻이 있는지를 묻는다.

○ **Shall you** have breakfast, my son? 아침을 먹어 줄 거니? 아침을 먹어야 되지 않니, 아들아? - 일차적으로 화자가 청자의 아침상을 차려 주고 싶어 아침 먹는 일에 청자가 화자(엄마)의 뜻에 호응 결속할 뜻이 있는지를 묻는다.

○ **Shall you** go to the meeting on Saturday? 토요일 모임에 참석해 주시렵니까? - 일차적으로 화자가 원하는 일(모임 참석)에 청자가 화자의 뜻(의향)에 호응 결속할 뜻이 있는지를 묻는다.

○ **Shall you** sell your house and move into an apartment? 당신의 집을 팔고 아파트로 이사 가 주시렵니까? - 일차적으로 화자가 원하는 일을 청자의 목적일로 제시하고 결속의 뜻 있는지를 묻는다. 결속을 원하면 매매나 이사에 부응하고 싶다는 화자의 뜻이 내포되어 있다.

○ **Shall you** stay here this evening, please? 실례지만, 오늘 저녁 여기에 머물러 주시겠습니까? - 일차적으로 화자가 원하는 일을 청자의목적일로 제시하고 결속의 뜻이 있는지를 묻는다. 결속을 하시면 화자가 적극적으로 도와주고 싶다는 등의 호응하려는 화자의 뜻(마음)이 내포되어 있다.

C. <You shall > - 화자가 청자의 결속을 직접 주도하기

- 화자가 직접 주도하여(화자의 힘으로) 주어가 목적일을 하도록 주어를 강제로 결속시킬 뜻을 밝힌다.
- shall은 『결속을 직접 주도하는 화자가』① 화자의 편에 혹은 ② 청자의 편에 맞추어 주어가 목적일을 하도록 결속시킬 뜻을 밝힌다. 청자와 관계된 화자가 「주어가 목적일을 하도록 외부적으로 혹은 강제로 직접 만드는 결속의 힘」이다.
- Shall I~? 는 You shall과 같은 shall이며 주어의 상대인 ① 『화자가 주도하여 주어를 '화자의 편에' 전적으로 결속시키려는 뜻』을 갖고 있는 경우와 ② 『화자가 주도하여 주어를 '주어의 편에' 전전으로 결속시키려는 뜻』두 가지가 있다.
- 『화자는 (청/화자)의 편에 주어가 목적일을 이루도록 하겠다는 결속의 뜻』으로 주어를 직접 주도하여 끌어가는 뜻으로 화자는 「갑」의 지위, 주어는 「을」의 지위가 되어서 화자가 주도하여 주어를 끌어가려는 뜻이다.

> You will에서는 화자가 '너는 ~ 하여라'는 뜻으로 일은 화자의 뜻으로 하지만 주도하기는 주어가 알아서 하여, 화자가 주어에게 주어가 할 일을 맡겨 주는 형식(명령 등)이지만, 여기 shall에서는 화자가 모두 주도한다

1. 화자편에서 결속을 주도하기

「화자의 편에」 화자가 주어를 어떻게든 전적으로 주도하여(강제로), 화자가 원하는 목적일을 이루도록 결속시키겠다.

(협박이나 제재 등의 뜻도 포함된다). 주어의 뜻에 반할지라도 어떻게 든 무슨 수를 써서라도 주어를 화자가 원하는 목적일에 결속시키겠다는 뜻이다.

< You shall 의 이해 구조 >

〈 화자가 주도하여 주어를 목적일에 결속시킬 뜻을 밝힌다 〉

You shall에서는 결속된 청자의 형편이 어떻든 간에(힘이 있든 없든, 능력이 있든 없든 간에, 찬성하든 반대하든 간에; 여하를 막론하고, 네가 누구이든지) 주도하는 화자의 뜻대로 청자가 목적일을 (절대적으로) 하도록(이루도록) 하겠다, 즉 '나는 네가 ~(되)하도록 하겠다(미래),' '네가 반드시(절대적으로) 하게 하겠다'의 뜻이다. 결속시키는 자(화자)의 직접적인 뜻 - 화자의 뜻으로 청자에게 목적일을 하도록 화자의 뜻을 직접 이루겠다(관철시키겠다)고 그 뜻을 밝힌다. 「화자의 뜻을 주어에게 직접 관철시키는 경우」이며 최악의 경우에는 절대 굴복시킬 뜻으로도 사용된 듯하다.

○ **You shall not** make this speech. 네가 이 연설을 하지 못 하도록 해주겠다. - 화자의 뜻을 어기려는 주어를 강제로 라도 목적일을 못 이루게 하겠다는 뜻. **부정형**이므로 여기

목적일(make this speech)은 주어가 본래 목적일로 삼고 있어서 화자는 이를 금지의 의미로 청자의 뜻과 반대로 결속시킬 뜻을 밝힌다. 화자가 전적으로 주도하여 주어를 자신이 주도하는 뜻에 일치시키려는 뜻이다. 즉각적인 힘을 발휘 못하더라도 이루겠다는 뜻이다.

○ If you want to pry into other people's business **you shall not** do it here, young man. 만일(혹시) 다른 사람의 사업을 엿보고 싶다고 해도 여기서 이러면 안되네(여기서는 이런 짓을 못하도록 하겠다는 금지의 뜻), 젊은 양반. - 여기서는 위 예문과 다르게 화자의 뜻을 어기는 일이 아니고 청자(주어)가 원하는 일이어서 청자가 원하는 일에 조건을 걸어 그 조건을 실현하려 한다면 화자가 강제로라도 자신의 뜻에 결속시켜 목적일을 못 이루도록 하겠다는 뜻이다. 화자가 전적으로 주도하여 주어를 자신이 주도하는 뜻에 일치시키려는 뜻이다.

○ Very well, if you want to go, **go you shall**... 좋아, 가고 싶으면 가봐. (그래도 청자는 화자의 뜻에서 벗어날 수 없다는 뜻이 내포된다) 주어는 역설적으로 화자의 강제 결속에 갇힌 구조(go/you shall). 화자가 전적으로 주도하여 주어를 자신이 주도하는 뜻에 일치시키려는 뜻이다.

○ **You shall** do as I say. 너는 내가 말한 그대로 하게 하겠다. (어떻게든; 강제로든)내가 말한 그대로 하게 해 줄게. 화자가 먼저 말한 일을 하지 않으려는 주어에게, 다시 말해 화자의 뜻을 따르지 않거나 못하는 주어에게 전적인 화자의 힘으로 화자의 목적하는 일을 이루겠다는 말. 협박, 강요, 등도 포함.

○ If you tell on me, **you shall** answer it. 만일 나에 대해서 험담을 말한다면(내 이야기를 하면), 네게 그 일을 대답하게 하겠다(책임을 묻겠다). - 여기 on은 공격 대상의 on이다. 전적인 화자의 힘으로 화자의 목적하는 일을 주어가 이루도록 하겠다는 말.

○ You shall regret in this problem. 너는 이문제에서 후회하게 될 거다. - 화자가 주도하여 너를 후회하게 만들어 주겠다(직접 협박)이다.

○ **You shall** have no other gods before me. 너는 다른 신들을 내 앞에 있게 말지니라 (십계명). 내 앞에서 다른 신들을 갖지 말지니라. (너는 나 외에는 다른 신들을 섬기지 말지니라.) - 십계명(합의, 결속의 조건들, 금지 사항들; ~하지 말아라, 어기면 신과 섬기는 자들 사이의 결속 관계가 깨지는 사항들). - 여기서는 shall 다음에 do가 아닌 have가 와서 화자가 강제로 do하게 하는 일이 아니라 have는 주어가 사적으로 가지는 일이므로 주어가 하지 말아야 할 일 등을 스스로 하지 말아라, 그런 일을 갖지 말아라의 뜻이며 명령을 어기면(금지를 깨면) 결속 관계도 끊겠다의 뜻이 내포되어 있다. 아니면 못하도록 강제로 막겠다, 벌 주겠다의 뜻도 내포된다. 여기 결속 관계는 신과 그의 선택받은 백성

혹은 구원받은 인간 사이의 결속이다.

○ You **shall not** make for yourself an idol in the form of anything in heaven above or on the earth beneath in the waters below. You **shall not** bow down to them or worship them; for ~생략. 너를 위하여 새긴 우상을 만들지 말고, 또 위로 하늘에 있는 것이나 아래로 땅에 있는 것이나 물 아래 있는 것의 아무 형상이던지 만들지 말며 그것들에게 절하지 말며 그것들을 섬기지 말라. - 여기서는 **부정형**이므로 여기 주어의 목적일은 주어가 본래 목적일로 삼고 있거나 원하는 일이어서 화자의 뜻과 반대되므로 화자는 이를 금지의 의미로 청자의 뜻과 반대로 결속시킬 뜻을 밝힌다. '금지된 일' 등을 스스로 하지 말아라의 뜻이며 명령을 어기면(금지를 깨면) 결속 관계도 끊겠다의 뜻이 내포되어 있다. 혹은 금지를 어기면 벌 주겠다의 뜻도 내포된다.

○ You **shall not** misuse the name of the Lord your God. 너는 주 너의 하나님의(너의 하나님 여호와의) 이름을 망령되이 일컫지 말라. (욕되게 말지니라.) - 여기서는 **부정형**이므로 여기 주어의 목적일은 주어가 본래 목적일로 삼고 있거나 원하는 일이어서 화자의 뜻과 반대되므로 화자는 이를 금지의 의미로 청자의 뜻과 반대로 결속시킬 뜻을 밝힌다. 여기서는 '금지된 일' 등을 스스로 하지 말아라의 뜻이며 명령을 어기면(금지를 깨면) 결속 관계도 끊겠다의 뜻이 내포되어 있다. 혹은 금지를 어기면 벌 주겠다의 뜻도 내포된다.

○ You **shall not** give false testimony against your neighbor. 너희는 네 이웃에 대하여 거짓 증거하지 말지니라. - 여기서는 목적일이 화자의 뜻과 반대되므로 이를 어기려는 주어를 금지의 의미로 청자와 반대로 결속시킬 뜻을 밝힌다. **부정형**이므로 여기 주어의 목적일은 주어가 본래 목적일로 삼고 있거나 원하는 일이어서 화자는 이를 금지의 의미로 청자의 뜻과 반대로 결속시킬 뜻을 밝힌다. 여기서는 '금지명령' 등을 스스로 하지 말아라의 뜻이며 명령을 어기면(금지를 깨면) 결속 관계도 끊겠다의 뜻이 내포되어 있다. 혹은 금지를 어기면 벌 주겠다의 뜻도 내포된다.

2. 주어편에서 결속을 주도하기

「주어의 뜻에 따라」 화자가 주어를 어떻게든 전적으로 주도하여, 주어의 목적일을 이루도록 결속시켜 주겠다는 뜻.

화자의 주도적인 결속의 뜻으로 『주어의 편에서』 주어의 뜻을 전적으로 이뤄주겠다는 결속의 뜻 - 여기서의 shall의 서술 뜻은 「화자가 전적으로(절대적으로) 주어를 주도하여서 주어의 편에서 주어의 목적일을 이뤄 주겠다는 결속의 뜻. 어떻게든 간에 화자가 주도하여 「"주어의 편에서' 주어의 뜻을」 이뤄 주겠다, 문제를 해결해 주겠다」이다.

어른이 자식을 데리고 가는 모습, 주어가 원하는 것을 주기위해.

화자가 전적으로 주도하여 주어의 편에서 주어의 뜻을 이뤄 주겠다의 뜻.

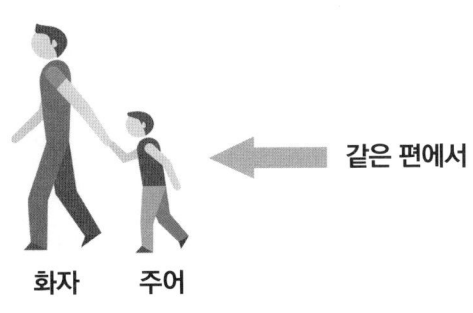

〈 You shall 의 이해 구조 〉

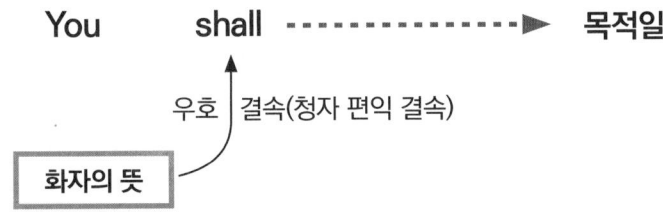

〈 화자가 주도하여 주어를 목적일에 결속시킬 뜻을 밝힌다 〉

○ Teacher said to me, "**you shall** be a prize winner." 너는 내가 상을 받게 해 줄게. - 화자가 주어의 편에서 주어를 주도하여 주어의 목적 뜻을 이뤄주겠다. 즉 화자가 주어의 공부하는 어려움 등을 도와주어서 결국 주어가 상을 받도록 뜻을 이뤄 주겠다이다. 화자가 전적으로 주도하여 주어의 편에서 주어의 뜻을 이뤄주겠다는 주어편에 결속의 뜻이다.

○ **You shall** have the money tomorrow. 당신은 내일 돈을 받게 될 겁니다. 즉, 화자가 주도하여 주어가 돈을 받도록 해 주겠다. - 화자는 주어가 원하는 목적일을 이루도록 해주겠다는 결속의 뜻이다. 계약이나 거래, 약속 등에 의해 결합된 관계일수 있다. 화자가 전적으로 주도하여 주어의 편에서 주어의 뜻을 이뤄주겠다는 뜻.

○ **You shall** stay with us as long as you like. 네가 좋아하는 만큼 우리와 오래 머무르게 해주겠다. - 여기 목적일이 주어가 원하는 일이어서 화자는 주어의 목적일을 이루도록 해주겠다는 결속의 뜻이다. 주어의 뜻(의견)에 맞춰 전적으로 밀어주겠다는(호응해 주겠다는) 화자의 적극적인 지원의 뜻. 화자가 전적으로 주도하여 주어의 편에서 주어의 뜻을 이뤄주겠다는 뜻.

○ 'I want to hear all the gossip, all the scandal.' - '**you shall**, dearly, **you shall**!'……

"나는 모든 세상 이야기, 모든 스캔들을 듣고 싶어요." "(그렇게)해줄게요! 여보, (반드시) 해줄게요!" - 사랑하는 사람의 뜻(요구)를 화자가 이뤄주겠다는 화자의 약속이다. 화자가 전적으로 주도하여 주어의 편에서 주어의 뜻을 이뤄주겠다는 뜻.

○ 'What I would like, is a membership list and some information on how **the Society** is run.' - 'Then that is what **you shall** have.' '내가 원하는 것은 회원 명부와 사교계(상류사회?)가 어떻게 운영되는가(돌아가는가)에 대한 약간의 정보이다.' '그러면 그것은 네가 얻게 되는 것이다. 네가 얻게 될 것이다(내가 어떻게든 얻어 주겠다, 제공해 주겠다)의 뜻. - 화자가 원하는 목적일이 주어의 뜻과 일치해서 주어가 원하는 목적이 이뤄지게 될 것이라는 결속의 뜻을 말한다. 화자가 전적으로 주도하여 주어의 편에서 주어의 뜻을 이뤄주겠다는 뜻.

○ **You shall** have all you wish for. 너는 네가 바라는 모든 것들을 갖게 해주겠다. (결속자의 전적인 의지- 내가 그렇게 해주겠다.) - 순응적인 주어에게 화자의 뜻(전적인 힘)으로 목적일을 이뤄 주겠다는 말. 이것은 약속 등에서 한 말이며 약속이란 못 지킬 수도 있는 것이므로 여기서처럼 전적으로(절대적으로), 반드시 해주겠다는 표현은 함부로 쉽게 사용하는 것이 아니나 예날에는 절대 충성의 의미로도 사용된 듯하다. 화자가 전적으로 주도하여 주어의 편에서 주어의 뜻을 이뤄주겠다는 뜻.

○ I said you could go, and so **you shall**. 나는 네가 갈 수 있다고(허락) 말했고 또 네가 그렇게 되도록(가도록) 꼭 해주겠다. (화자의 결속 뜻으로 이뤄 주겠다) 그리고 반드시 그렇게 가도록 하여라. 화자가 전적으로 주도하여 주어의 편에서 주어의 뜻을 이뤄주겠다는 뜻.

3. 자기편에 결속하기 「Self 결속의 뜻」

주어의 존속, 존립을 위한 일에 self 결속의 뜻. 자신의 생존을 위해 스스로를 지키고 보존하는 자기 결속 행위이다.

○ I shall have lunch now. (배고파서) 나는 지금 점심을 먹어야 해요. - 자기 자신과의 생존을 위한 결속은 존속, 존립 행위이다.

4. 의문형 - Shall I~?

You shall과 같은 shall이며 청자와 화자가 뒤바뀐다.

1) 결속을 주도하는 청자에게 무엇으로 결속해야 하는지를 묻는다(what shall I~?)

결속 주도자(청자)의 뜻에 따르려는 질문.

- **What shall I** do? 제가 무엇을 해야 할까요? 순응 결속하는 주어 입장에서 무엇을 해야 할까요? 무엇을 해 드릴까요? Shall(결속)을 주도하는 청자에게 화자가 순응 결속해야 하는 목적일(역할 일)이 무엇인지 묻는다. 화자가 제시하는 목적일이 아닌 청자가 주도하는 일에 화자가 자신의 결속 역할 일이 무엇인지 묻는다.

- **What shall I** get for dinner? 저녁으로 제가 무엇을 해드려야 하나요? - 엄마(청자) 등이 주도하여 마련하는 저녁 요리에서 자신이 해야 할 일(역할)이 무엇인지 묻는다. 엄마 등의 주도하는 요리에서 주어는 청자의 뜻에 따르겠다는 순응적인 입장이다.

- **What shall I** do for you? 제가 당신을 위해 무엇을 해드릴까요? 하면 좋을까요? Shall 관계의 상대인 청자를 위해 주어의 순응적인 역할(해야 할 일)을 묻는다. - 화자가 원하는 목적일이 아닌 청자가 주도하는 일에 화자가 자신의 결속 역할 일이 무엇인지 묻는다. 청자의 뜻에 순응적으로 부응하려는 화자의 질문. 청자는 전적인(일방적인) 결정권자이다.

2) 결속을 전적으로 주도하는 청자에게 자신의 목적일이 청자에게 올바로 결속하는 일인지를 묻는다

청자가 전적으로 주도하는 편에서 화자가 제시하는 목적일이 청자에게 올바로 결속하는 일인지를 묻는다. 청자가 전적으로 주도하는 결속의 뜻에 맞추어 자신이 제시하는 일이 그 목적에 일치하는지를 묻는다. - 결속 주도자(청자)의 뜻에 맞추어 따르려는 질문이다.

- **Shall I** get the keys? 그 열쇠들을 제가 가져도 되나요? - 화자가 제시하는 목적일이 청자가 주도하는 뜻에 일치 결속하는지를 묻는다. 주도적인 청자가 결정권자이다. - 자신이 청자의 뜻에 따라 행동해야 할 입장에서 열쇠들을 갖는 것이 청자의 뜻과 일치하는지를 묻는다.

- I bought some lovely raisin buns at the bakery. **Shall I** bring you one with some tea? 제가 빵집에서 몇 개의 예쁜 건포도 롤빵을 샀어요, 제가 차와 함께 빵을 갖다 드릴까요? -자신이 제시하는 목적일이 청자 편에서 청자가 원하는 일인지, 즉 청자의 뜻에 맞게 올바로 행동(결속)하는 일인지를 묻는다. 청자가 먹고 싶다면 화자가 청자의 전적인 뜻에 따르는 자신의 역할로 ~할까요라는 화자의 질문이다.

- **Shall I** telephone her and ask her to come here? 제가 전화해서 그녀에게 여기에 와 달라고 요청해 드릴까요? -화자 자신이 제시하는 목적일이 청자 편에서 청자가 원하는 일인지, 즉 청자의 뜻에 올바르게 결속하는 일인지를 묻는다. 자신이 하려는 일이 청자가 원하는 역할이 맞는지 묻는다.

- **Shall I** carry your bag? 제가 당신의 가방을 옮겨 드릴까요? 가방을 옮기는 일이 청자에게 적극적으로 호응(동조)하는 결속의 뜻이 맞는지를 묻는다. - 자신이 청자 편에서

하려는 역할(일)이 청자가 원하는 일인지 묻는다.

○ **Shall I** open a window? 제가 창문을 열어 드릴까요? -청자가 주도하는 결속 관계에서 화자가 제시하는 목적일이 청자의 뜻에 적극적으로 호응(동조)하여 결속하는 일이 맞는 일인지를 묻는다. 자신이 청자 편에서 하려는 목적 역할(일)이 청자가 원하는 일인지 묻는다.

○ **Shall I** open the window? 제가 그 창문을 열어 드릴까요? - 자신이 제시하는 일이 청자 편에서 청자가 원하는 일인지 묻는다. - 여기서 화자가 창문을 열어주는 일이 청자의 뜻에 부응(동조)하여 결속하는 일이 맞는지 질문을 한다. - 제시하는 목적일이 결속 주도자의 뜻에 맞는지 묻는다.

D. 3자 Shall

화자나 청자에게서 「떨어져 있는」 (3인칭) 주어일지라도 『화자가 전적인 결속의 뜻을 갖는 경우』이다.

1. 〈화자의 편에서 결속하기〉 화자 중심의 주도적인 결속의 뜻

You shall과 같은 shall이며, 단지 you가 아닌 3인칭 주어가 화자에게서 떨어져 있을 뿐이다. 그 뜻은 「화자가 주어를 어떻게든 전적으로 주도하여 주어를 「화자 자신이 주도하는 뜻에」 어떻게든(강제로든) 일치(결속)시키려는 뜻.」이다. 결속을 주도하는 자(화자, 결속 주도자)의 뜻.

○ **He shall** regret this. 그는 이 일에 후회하게 될 거다. (나는 그가 후회하게 만들어 주겠다.) - 듣고 있는 청자에게는 하나의 약속이나 다짐과 같다. 그러나 he에게는 하나의 협박이다. - 결속을 주도하는 화자(결속 주도자)의 뜻이다. 화자가 주도하여 주어를 자신이 주도하는 일에 어떻게 든 일치(결속)시키려는 뜻이다.

○ **He shall** pay for that. 그가 그 대가를 반드시 치르게 하겠다(내가 반드시 보복하겠다). - 결속을 주도하는 화자(결속 주도자)의 뜻이다. 화자가 주도하여 주어를 자신이 주도하는 일에 어떻게든 일치(결속)시키려는 뜻.

○ He says he won't go, but I say **he shall**. 그는 안 가겠다고 하지만 나는 말하지만 (단언하지만) 그를 가게 하겠다. - go의 생략. 결속을 주도하는 화자(결속 주도자)의 뜻. 화자가 주도하여 주어를 자신이 주도하는 뜻에 어떻게든 일치(결속)시키려는 뜻이다.

2. 〈주어의 편에서(같은 편으로) 결속하기〉 화자가 주도하는 결속의 뜻으로 주어 편에서 주어의 목적 일을 이루어 주겠다

여기서 shall의 서술의 뜻은 「화자가 전적으로(절대적으로) 주도하여서 「주어의 목적일을」 이뤄 주겠다. 어떻게든 간에 화자가 주도하여 '주어의 편에서' 주어가 원하는 목적일을 이뤄 주겠다, 문제를 해결해 주겠다」 이다.

○ **He shall** be rewarded if he is patient. 그가 인내하면 상을 받게 될 것이다(상을 받게 해주겠다). 화자가 전적으로(절대적으로) 주어를 주도하여서 주어의 목적을 이뤄 주겠다.

○ "Come now, let us reason together,' says the Lord. "Though **your** sins are like scarlet, **they shall** be as white as snow; though they are red as crimson, **they shall** be like wool. - (Isaiah, on 18th in chapter 1 in Bible). 주께서 말씀하시되, 오라 우리가 서로 변론하자, 너희 죄가 주홍 같을지라도 (죄들이) **눈과 같이 희어질 것이요**(눈과 같이 희게 해주겠다), (너희 죄들이) 진홍같이 붉을지라도 **양털같이 되리라**(하얀 양털같이 되게 해주겠다). - 그의 선택받은 백성과 (함께) 변론하는 조건에서 결속된 화자의 전적인 힘을 사용하여 주어의 편에서 주어의 목적 일을 이뤄주겠다, 되게 하겠다는 결속의 뜻, 문제를 해결해 주겠다 라는 화자의 결속 뜻(의지). 여기서 의지는 주어(내부)의 의지가 아니라 외부 결속자의 힘의 뜻이다. 여기 You=they이다.

3. 의문형 (shall he~? 등)

청자가 전적인 결속을 주도하는 관계에서 '화자는 여기 결속 관계에 제3자이지만' 화자가 결속 질문을 함으로써 방관자가 아닌 결속의「보조협력자이거나 대리 전달자로서 질문하는 것」으로서 주어의 목적일이 청자에게 올바르게 결속하는 일인지, 청자의 뜻에 일치하는 결속인지를 묻는다.」 즉 전달자가 알려주는 목적일이 청자가 전적으로 주도하는 편에서 주어가 할 결속의 목적일이 맞는지를 묻는다. 청자가 전적으로 주도하는 편에서 목적일은 전달자인 화자가 전하는 일이므로 청자의 뜻에 맞는 목적일인지, 즉「화자가 전하여 시키려는 일」이 올바른 목적의 결속인지를 묻는 것이 된다. 청자 편에서 청자를 대리하려는 화자가 주어에게 전하려는 목적일(시키려는 일)이 청자에 뜻에 옳게 결속하는 일인지를 묻는다.

○ **Shall the porter** carry the boxes upstairs? 운반인이 그 상자들을 위층으로 옮기라고 할까요? - 청자 편에서 청자를 대리하려는 화자가 주어에게 전하려는 목적일(시키려는 일)이 청자에게 올바르게 결속하는 뜻인지를 묻는다.

○ **What shall Tony** do next? Tony에게 다음에 무엇을 하라고 할까요(시킬까요)? - 청자 편에서 청자를 대리하려는 화자가 주어에게 무엇을 전하는 것(무엇을 시키는 일)이

청자에게 올바로 결속하는 일인지를 묻는다.

- **Shall she** wait for you at the gate till you come back? 그녀를 당신이 돌아올 때까지 대문 앞에서 기다리게 할까요? – 청자 편에서 청자를 대리하려는 화자가 주어에게 전하려는 목적일(시키려는 일)이 청자에게 올바르게 결속하는 뜻인지를 묻는다.
- **Shall he** bring you your baggage? 그에게 당신의 짐을 여기 가져오게 할까요? – 청자 편에서 청자를 대리하려는 화자가 주어에게 전하려는 목적일(시키려는 일)이 청자에게 올바로 결속하는 뜻인지를 묻는다.

E. 추측

1. 미래 완성 추측

- I **shall** have finished it by Friday. 나는 금요일까지 그것을 끝마치게 되겠죠. – (미래 일의 완성을 추측). – 청자의 뜻(요구)에 부응(동조)하여 화자 자신의 미래 일의 완성(료)을 추측한다.

F. 화자와 청자 (당사자들) 사이에 맺어진 「합의」

즉 반드시 지켜져야 할 합의 내용.

1. 동일한 목표를 위한 상호간 결속의 합의(합의 내용)

- The wedding **shall** be on the twelfth in May. (우리의) 결혼식은 5월 12일에 할 것입니다. (우리는 5월 12일에 결혼하기로 약속(합의) 했습니다). – 화자와 청자(당사자들) 사이에 맺어진「합의」, 즉 지켜져야 할 합의 내용(양 당사자 간에 결속은 합의이다).
- All payments **shall** be made by the end of the month. 모든 지불금들은 월말까지 지불되어야 합니다. – 지불되어야 할 계약 내용(합의 내용).

≪두 문장 차이 비교≫ 종속절에서의 shall인 경우

- My aunt intends that **you shall** accompany us. 내 숙모는 네가 우리를 따르게 만들겠다고 작정하고 있다. – 수단 방법을 가리지 않고(강제성을 포함해서).
- My aunt intends **you to** accompany us. 내 숙모는 네가 우리를 따르도록 꾀하고 있다. – 강제성을 사용하지 않고.

2. 의문문- 당사자에게 합의 내용을 물음

○ When **shall** the wedding march be? 결혼식은 언제 하기로 (합의, 결정)했나요?

G. 역외 개별 고유의 shall

화자와 청자 중심의 결속 관계에서 벗어나 국가, 사회 내부적으로 합의되고 규정된 법률, 협정, 조약, 등과, 그 밖의 다른 큰 개별 주체(조직체)들 사이의 맺어진(결속된) 뜻(합의)으로 약속, 계약, 약관 등의 합의에서 꼭 지켜야할 고유의 개별 조항에서 shall. 즉 조약이나 계약 등에 명시된 개별 조항들에서의 shall이며 계약, 조약 등을 유효하도록 결속시키는 내부 조항들이다. 이들 개별 shall조항들을 지키지 않으면 조약, 계약, 협정, 약관 등은 파기된다.

○ The president **shall** hold office for five years. 대통령은 5년 동안 공식적 직위를 유지한다. 유지하기로 한다. 헌법 조항으로서 (투표 등에서) 합의된 내용이며 반드시 지켜야할 shall.

○ The Security Council **shall** decide what measures **shall** be taken to restore peace and security. 국가 안전 위원회는 평화와 안전을 회복시키기 위한 방책들을 세우는 일(합의 내용)을 결정하기로 (합의)했습니다. - 합의 주체와 합의 내용이 함께 열거된 경우.

○ The bank **shall** be entitled to debit the amount of such liability and all costs incurred in connection with it to your Account. 은행은 여러분의 계좌에 그것과 관련하여 초래된 상당한 양의 그런 채무와 모든 지출들을 기입할 자격을 얻게 됩니다. 은행 약관 등에서 반드시 지켜야할 shall 조항

○ The hirer **shall** be responsible for maintenance of the vehicle. - Obligations and duties. 고용주는 운송 수단을 유지 보수하여야 할 책임을 지게 된다. 고용 계약 등에서 반드시 지켜야할 shall 조항.

○ Every member **shall** pay his annual subscription within the first fortnight of the year. 모든 회원들은 그의 연회비를 연초 첫 2주 이내에 지불해야 한다. 회원 약관 등에서 지켜야할 shall 조항.

○ I will go to **the dance**, and no one **shall** stop me. 나는 춤추러 가겠다. 그리고 어느 누구도 나를 막지 못한다. (내게 나설 자가 없다, 어느 누구도 나를 막을 자격이 없다.) - 사회 법률적으로 보장된 자유가 갖는 shall 조항.

○ They **shall** be judged only by God. 그들은 오로지 하나님의 심판을 받아야만 될

처지이다. - 피동태. - 자신의 뜻을 주도하여 주어에게 자신의 뜻을 이루려는(결속하는) 주체가 명시된 경우. 신(God)과 인간과의 운명적 결속 관계에서 신이 정한 심판법의 shall.

H. Verses in Bible

○ She **shall** be called 'Eve'. [woman], 그녀를 이브라 부르게 하겠다, 이브라 이름 짓겠다. 이브라 불려 지리라. - 주어가 아닌 다른 사람들(화자)의 뜻(의도)에 의해. 외부의 뜻(의도)에 의해 순응 결속된 주어.

○ Whoever sheds the blood of man, by man **shall** his blood **be** shed; for in the image of God has God made man. - Genesis, on 6th in chapter 9. 사람의 피를 흘리게 한 자마다 사람에 의해 그의 피를 흘리게 되리라. - 화자(결속 자)의 뜻에 의해.

○ "Look up at the heaven and count the stars- **if** indeed you can count them." Then he said to him. "So **shall** your offspring **be**." - Genesis, on 5th in chapter 15. - 여기 shall은 화자(결속 자)의 뜻에 의해.

○ The angel of the Lord also said to her; you are now with **child** and you will have a son. **You shall** name him Ishmael. - Genesis, on 11th in chapter 16. 그의 이름을 이스마엘이라 하라. 여기 shall은 화자(결속 자)의 뜻에 의해.

○ 12Then God said to Abraham, (생략) 11This is my covenant with you and your descendants after you, the covenant you are to keep; Every male among you **shall be** circumcised." - Genesis, on 11th in chapter 17. - 화자(결속 자)의 뜻에 의해.

〈 The Ten Commandments 〉 십계명

신(God)과 인간이 결속하는 계약적인 명령. 십계명을 지키지 않으면 God과 인간의 결속 관계는 깨진다.

○ You **shall** have no other gods before me. - 합의, 결속의 조건들(금지 사항들; ~하지 말아라, 어기면 깨지는 사항들).

○ You **shall not** make for yourself an idol in the form of anything in heaven above or on the earth beneath in the waters below. You **shall not** bow down to them or worship them; for ~생략.

○ You **shall not** misuse the name of the Lord your God.

○ Love the Lord your God with all your heart and with all your soul and with all your mind. This is the first and greatest commandment. And the second is like it; Love your neighbors as yourself (= **Thou shall** love neighbor as thyself.). All the Law and all the Prophets hang on these two commandments.

★ 여기 shall 예문들은 성경에서 쉽게 구할 수 있고 shall을 사용한 오래된 옛 표현들이고 큰 가치가 있어서 이 책에서 사용합니다.

8장 SHOULD

조동사의 새 이름
파워 동사

Power verb with meaning in use
and link relationship

8장 SHOULD

조동사의 새 이름
파워 동사
Power verb with meaning in use and link relationship

8장
SHOULD

이 단원을 읽기 전에 반드시 shall을 먼저 학습해야 이해할 수 있어요.

과거의 일

우리는 과거를 시간상의 과거, 현재, 미래 이렇게 3등분하여 단순 구분하거나 지나가버린 시간 정도로 인식하고 있는데, 그러나 영어에서 대개 과거를 이야기한다는 것은 과거에 일어났던 혹은 있었던 일을 말하지만 한편 현재에 계속 유지되지 않고 있음을 뜻하기도 한다. 한마디로 과거형은 과거에 끝난 (끊어진)일을 말하는 것이다.

> **Should의 뜻**
>
> 양자 간의 상호 관계의 결속력에서 끊어지고 사회에 올바르게 결속하려는 뜻
>
> 1. 과거의 shall에서 끊어짐(과거 형) – 과거 방향.
> 2. 사회적으로 올바르고 가치 있는 일(당위성 있는 일)을 함으로 결속하려는 뜻(현재형) – 미래 방향. 간략히 줄이면 사회적 결속력(결속의 뜻)이다.

과거 개별적 양자 간의 상호 결속 관계(계약의 양 당사자 등)인 shall에서 '끊어지고' 현대 사회나 조직 등의 구성원으로서 사회나 조직 등에 올바르게 '결속하려는 뜻'의 양상이며, 이는 과거 개인 등에 종속(결속)되었다가 그에 벗어나서 새로운 사회 조직 일원으로 바르게 결합(속) 연결되어 가는 모습을 담고 있다. 이는 과거 봉건(주종, 계약 등) 사회에서 현대의 자율과 책임 있는 시대로 변모해감을 담고 있다. 그러므로 이들 사회적 가치 있는 일들은 그 구성원으로서 주어(누구나) 해야 할 당위성을 갖는다. 당위성은 마땅히 해야 할 가치적 성질이다.

★ 결속력은 사회에 올바르게 결속하려는 뜻으로써 그 뜻은 사회의 가치 있는 일들을 함으로서 드러내려 한다. 그 가치 있는 일들은 결속사회에 올바른 구성원이 되려는 당위성 있는 가치를 지닌 목적일들이다. 즉 사회의 당위성 있는 가치를 유지, 지속 발전시키려는 힘을 결속력이라고도 할 수 있다. 국가나 그 사회의 조직, 단체나 마을 가정 등을 지키고 유지 발전시키게 하는 법, 규범, 도덕, 관습, 계약, 관계, 거기서 통용하는 가치 등을 목적일로 삼고 또한 그 사회의 일원으로서의 삶의 가치도 존중하여 그 개인적 가치 있는

일과 일상적인 일 등도 목적일로 삼을 수 있다. 이유는 개인적인 가치는 사회 구성원의 가치이며 곧 사회 가치의 기초가 될 수 있기 때문이다. 이렇게 당위적 가치 있는 목적일을 하려는 힘은 그 사회를 유지, 발전시키려는 뜻뿐만이 아니라 그 사회에 올바르게 결속하려는 데서부터 유래되었다. 이유는 인간은 사회적 동물이며 서로 조화와 질서를 이루며 함께 살아가야하기 때문이다.

★ 결속력을 목적일에 사용한다는 것은 주어가 사회의 당위적 가치 있는 목적일에 결속력을 사용한다는 것이며 주어가 법, 규범, 도덕 등을 지켜야 하는 사회인이나 사회적 가치 있는 일을 행하는 사회인, 또는 사회에 결속되어 있어서 올바른 일원이 되려는 사회인(개인)으로서, 혹은 계약이나 관계 등에 엮여 있는 사회 질서를 지키려는 당사자로서, 당위성 있는 목적일을 실천, 실행, 혹은 그에 책임 있거나 의무 등을 띠고 있는 자로서, 그 주어들이 사회에서 가진 목적일들은 『그 사회 구성원이라면 누구나 '당연히 해야 하는 (지켜야 하는)'』 당위성을 가지게 되고 사회의 일원으로서 그 당위성 있는 목적일에 결속하려는 힘을 사용한다는 것이다.

결속력을 목적일에 사용하는 뜻의 해석

사회에 올바르게 결속하여 사회를 유지 발전시키려는 그 결속력의 뜻은 사회의 가치 있는 일들을 함으로써 유지 발전하는 것이어서 그 가치 있는 일들은 그 사회 구성원들이라면 누구나 혹은 모두 감당해야 하는 당위성 있는 일들이다. 그래서 사회 구성원들이 가진 결속력을 목적일에 사용하는 뜻을 그 『**결속력으로 목적일을 당연히 혹은 당위적으로 해야 한다**』고 해석한다. 당위성 있는 목적일이 어렵고 사적인 일들은 자신이 감당해야 하는 일들이어서 ~해야 한다라고 해석을 하고, 쉽고 공공의 목적이나 질서 등인 일반적인 일들은 누구나 당연히 ~해야 한다, 혹은 ~하는 것은 당연하다라고 해석한다. 그리고 의무적이고 모두의 목적을 위한 일은 법, 규칙, 도덕, 사회질서나 가치 등은 ~해야 한다라고 해석한다.

1. 사회에 올바르게 결속하려는 주어
    = 즉 사회의 올바른 구성원이 되려는 주어
2. 사회의 가치 있는 일들을 하여 사회에 결속하려는 주어
    = 가치 있는 일들로서 사회를 유지 발전시키려는 힘을 가진 주어
3. 이들 가치 있는 일들은 사회 구성원은 누구나 당위성 있는 일들
    =사회에 결속하려는 힘 → 누구에게나 당위성 있는 목적일들
4. 이들 가치있는 일들은 사회 구성원들 사이에서는 누구에게나 당위성 있는 목적일들이며 해야 하는 일들이다.
5. 사회 구성원으로 + 결속하려는 힘 + 당위성 있는 목적일

= (사회 구성원으로서) 주어 + 결속력의 뜻 + 당위성 있는 목적일

= 주어 + 결속력의 뜻 + 당위성 있는 목적일

= 주어는 구성원으로서 목적일을 해야한다.

6. 주어는 (아빠로서) 돈을 벌어야 한다.

주어는 (이웃으로서) 그를 도와야 한다.

주어는 (시민으로서) 법을 지켜야 한다.

주어는 (학생으로서) 공부를 해야 한다.

주어는 (가족으로서) 청소를 해야 한다. 등 등.

결국 구성원으로서는 생략하고 주어는 ~~해야한다라고 해석한다. 그러나 이들 당위성 있는 목적일들은 어떤 구성원으로서의 입장을 자세히 드러내지 않고 있는 목적일들이 아주 많이 있어서 생략하는 것이 편하기도 하다.

또한 의무로서 법을 지켜야한다.

예절로서 인사해야 한다.

에티켓으로서 노크해야 한다.

국가의 국민 남자로서 군대 가야한다.

정직한 시민으로서 거짓말을 하지 말아야 한다.

공공 시민으로서 질서를 지켜야 한다.

국민으로서 투표를 해야 한다 등등이다.

적용과 전개

A. 과거형 should, 과거에서 현재형 shall

즉 shall의 과거형 should.

1. 종속절의 시제 일치에서(직접 화법으로 전환되는 것만), 과거에서 현재형 shall

과거에서 현재형 shall이 현재에는 과거형 should(shall→should).

○ He said that he should return before dark. = He said, "I shall return before dark."
그는 말했다, '저는 어둡기 전에 돌아올게요.' - 자기 주도적인 결속인 'I shall~.'의 간접화법에서 시제일치. 어두운 밤을 걱정하는 청자의 뜻에 적극 부응(동조)하려는 화자 주도의 결속의 뜻이다.

○ He said that he **should** get back there before long. = He said, "I shall get back there before long." '전 머지않아 거기에 돌아 갈게요' 라고 그는 말했다. - 적극 결속인 'I shall~.'의 간접화법에서. 청자의 뜻에 적극 부응(동조)하려는 화자의 주도적인 결속의 뜻. 화자가 과거 말할 당시에도 shall이며 현재에도 shall이라는 시제가 연속됨, 즉 목적일의 가치가 현재에도 계속됨을 말한다.

○ I said that I should be 20 next year. = I said "I shall be 20 next year." 저 내년에 20 살이 되요. - 시간 흐름에 순응 결속된 뜻인 'I shall~'의 간접화법에서. 흐르는 세월에 순응적 결속이다.

○ I asked him if I should open the window. = I asked him, "Shall I open the window?" 제가 그 창문을 열어드릴까요? 라고 나는 그에게 물었다. - 전적으로 청자의 편에서 주어가 해주려는 목적일이 청자의 뜻과 맞는지(청자가 원하고 필요로 하는 일인지)을 묻는다. - should는 과거결속의 뜻에 연결되어 있었지만 지금은 끊어진 일(영어에서 과거형이라는 의미 자체가 과거에 끝났다 임). If는 의문문이 아직 대답을 듣지 못한 미확인 사실이므로 if를 붙임(조건법 참조)

○ She said she should never forget it. = She said, "I shall never forget it." 그녀는 나는 그 일을 절대 잊지 않겠다고 청자의 뜻에 호응, 부응하여 잊지 않겠다고 말했다이다.

○ I promised I should be back by midnight. 나는 오늘밤 자정까지 돌아오겠다고 약속했다. I promised, "I shall be back by midnight." - (약속 관계인)청자의 편에 맞춰주어서 화자 주도의 결속 뜻으로 자정까지 돌아오겠다고 한다.

○ Teacher said to me, "you shall be a prize winner." 너는 내가 상을 받게 해줄게 (내가 너를 주도하여 상을 받도록 해줄게 혹은 주어를 경쟁에서 이기도록 이끌어 줄게). - ① 화자가 주어의 편에서 전적으로 주어를 주도하여 주어의 뜻을 이뤄주겠다. 즉 화자가 주어의 공부하는 어려움 등을 전적으로 도와주어서 결국 주어의 뜻을 꼭 이뤄 주겠다이다. 화자가 전적으로 주도하여 주어의 편에서 주어의 뜻을 이뤄주겠다는 뜻(경재에서 성적이 모자란 경우이다). ② 화자는 주어가 경쟁의 흐름속에서 순응 결속하여 상을 받게 되어 있다고 한다(경쟁에서 성적이 충분한 경우이다).

2. 두 문장 비교 - 과거형과 현재형 차이

○ 〈비교〉 Teacher said I **should be** a prize winner. (= Teacher said, "You should be a prize winner".) 선생님께서는 내가 상을 받아야 한다고 말씀하셨다. 즉 내가 상을 받아야 될 성적을 거뒀다고 말씀하셨다. 내가 입상자가 되는 게 당연하다. 내가 되는 것이 바람직한 일이라고 말한다. -- 위와 다른 과거에서도 현재형 should 문장이다.

> 당위성 있는 올바른 목적일과 should 시제 – 현재형과 과거형. – 올바른 가치 있는 일, 당위성 있는 일은 시간, 시대와 관계없이, 장소에 관계없이 항상 진실, 사실, 진리처럼 그 가치가 변하지 않는 것처럼 과거에서도 현재형 should이며 현재에는 과거형 should이 되어서 should의 변형이 없이 현재형에서 과거형으로 변했다.

○ 〈비교〉 Teacher said I **should be** a prize winner. (= Teacher said, "You should be a prize winner".) 선생님께서는 내가 상을 받아야 한다고 말씀하셨다. 즉 내가 상을 받아야 될 성적을 거뒀다고 말씀하셨다. 내가 입상자가 되는 게 당연하다. 내가 되는 것이 바람직한 일이라고 말한다. -- 위와 다른 과거에서도 현재형 should 문장이다.

○ Yesterday Tom ate all he should. – 과거에서 본 현재형 should. 어제 톰은 그가 먹어야 할 음식은 모두 다 먹었다. 상대의 편에서 주어가 해줄 수 있는 모든 것을 해준다. 상대방을 위해 억지로 먹다이다.

○ 〈비교〉 Everyday Tom eats all he should. (현재형 should) 톰은 매일 그가 당연히 먹어야 하는 모든 것(분량, 종류)을 다 먹는다. – 여기서는 주어가 먹는 것이 자신에게 좋고, 적당하며 꼭 필요한 음식이나 약 등으로 당위성 있는 먹을 것임을 알 수 있다.

> 주어의 상대방 편(shall) 중심에서 주어 중심(should)으로 전환(평서문인 경우), 즉 shall 중심에서 should 중심으로 전환인 셈이다. – 이는 종속 등의 개인 중심 속박에서 벗어나서 사회 중심의 바른 길을 말한다. 그러므로 강제, 강압 성, 종속성, 편중 성이 끝기고(없어지고) 자율성과 책임감만 남는다.

B. 과거에서 현재형 should이었지만 현재에는 과거형 should

과거의 목적일(V+O)들을 현재에 결과적 입장으로 말하기.

1. 〈과거형〉 SHOULD have + 동결재

과거에 해야 했던 목적일(V+O). 과거에 당위성 있는 목적일.

주어의 과거 미사용 should을 과거와의 시간차를 뛰어넘어 현재에 화자가 사용해서 그 사용 결과적 입장으로 서술한다. 과거의 당위성 있는 목적일을 하지 않아서 그 일을 현재에 결속력을 사용한 당위성 있는 결과적 입장에서 말한다. 여기 과거에도 현재형 should 이었으므로 현재에는 화자가 사용해버린 과거형 should로 변하고, 해야 했던 일은 했어야 했던 일(have+pp~)로 변했다. 과거 해야 하는 목적일을 하지 않아서 현재에 했어야 했던 일 즉 당위성 있는 결과로 남겨졌어야 했던 일이다고 말해본다. 과거 목적일에 연결되어 있었지만 실제는 사용하지 않아서「끊어진 should」이며 현재에 그 결과로 남겨지지 않았다. 그때에 실행하지 못한, 즉「끊어진 should」이다. 그래서 목적일을 하지 않았고 그 일을 뒤돌아볼 때 현재에는 '결과로 남겨졌어야 했던 일(have+pp)'로 변했다. 즉 주어가 과거의 당위성 있는 목적일을 이루지 못해 현재에 결속력의 사용(과거형 should) 결과적 입장 (have+pp)으로 말해본다. 그래서 질책 등의 감정이 남는다.

★ 지나온 과거에 주어가 '해야 하는 목적일'을 하지 못해 아쉬워하며 현재에는 '했어야 했던 결과적' 입장으로 화자가 말하며 질책한다. should와 함께 'have +동결재'는 주어가 과거 당연히 해야 했던 목적일이었지만 현재 관점에서 뒤돌아보면 하지 않아서(끊어져서)「했어야 했던 일, 즉 현재에 결과적 상태로 남겨졌어야 했던 일」로 변해서 have+pp 형식을 쓴다. 다시 말하면 과거 당위성이 있던 목적일(v+o)이 현재시각에서 보면 했어야 했던 일(have+pp+o)로 변한 것이다. 왜냐하면 과거일을 아쉬워 뒤돌아본다는 것은 그 일이 당위적 목적가치가 있었기 때문에 현재에 그 가치를 지키지 못해 아직 질책감 등 남아있고 아쉬워 뒤돌아보면서 말하는 것이다. 따라서 끊어진 should에 have+pp 결합은 실제 하지 못했지만「했어야 했던 일」의 기회를 놓쳐버려 아쉬워하며 이를 다시 현재의 결과적 입장에서 말해본다이다.

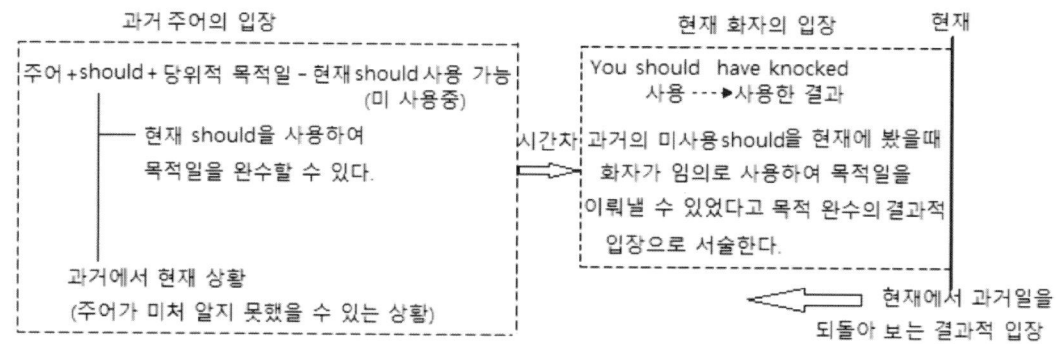

< 과거에 파워를 사용하여 목적 달성 가능했던 때를 현재에 파워 사용 결과적 입장으로 언급>

과거에 지나온 길에서 당위성 있는 일을 했다면(더 이상 그의 과거 당위성을 말할 필요가 없다) 현재 당위성 있는 위치 나 지위에 있겠지만, 못했다면 현재 당위성 있는 위치(입장)나 지위에 있지 않으므로, 결국은 당위성이 없는 위치나 지위에 있는 사람(주어)에게 그의 지나온 과거를 평가하여 "과거에 ~했어야 하지 않냐"고 그 책임을 묻거나 따진다, 아쉬워한다, 화낸다, 깨닫게 해준다, 질책한다, 등등의 감정과 함께 과거의 일을 말해본다.

1) 과거 구성원 개인의 일이 '당위성이 있었던 목적일'인 경우를 뒤돌아보고 했어야 했(당위성 있었)던 일이라고 말한다

과거에 당위성 있는 목적일을 하지 못하여 현재에 아쉬워서 뒤돌아보고 했어야 했던 일이었다고 그 당위성 있었던 결과적 입장에서 말한다. Should(현재형)가 과거에는 목적일에 연결돼 있었으나 지금은 현실에서「끊어진 should(과거형)」이다.

과거의 해야 할 일을 주어가 하지 않은 일이었고 당위성의 길(지위)에서 끊어져서 현재에서 뒤돌아볼 때에는 '했어야 했던 일'로 변하여 그것은 '과거 당위성이 있었던 일이었음'을 말해준다. 실제 주어는 이를 행하지 않고 다른 길(일)로 갔다.

여기서 과거의 주어와 현재의 화자는 같지만 현재의 화자 입장에서 하는 말이다.

○ I **should have preferred** to stop longer. 나는 좀더 멈추었어야 했는데(아쉽게도 그러지 못했다). - 과거 일에 끊어진 should. - 지나온 과거 길에 행하지 않아서(끊어짐) 그 당위성을 갖추지 못한(잘못해버린) 주어를 당위성 측면에서 평가하여「했어야 했던 일」이라고 말해본다.

○ I **should have gone** yesterday morning but I was feeling a bit ill. 나는 어제 아침 갔어야 했는데, 그러나 나는 조금 아팠다(아파서 못 갔다- 새로운 이유 있는 경우). - 과거에 해야 하는(당위성 있는) 일을 끝내 하지 못하여 아쉬운 마음으로써 과거를 뒤돌아볼 때 현재에서는 했어야 했던 일이라고 당위성 측면에서 말하고 있다.

○ I **should have been** in the shade like all the other tourists, **then** I wouldn't have got burned… 나는 다른 모든 관광객들처럼 그늘진 곳에 있어야 했는데, 그랬다면 나는 (햇빛에) 타지 않았을 텐데… - 과거 방향에 끊어진 should임. 과거 당위적 목적일에 끊어진 should. 과거 당위적 목적일을 가지고 있었던 주어에게 지나온 과거를 뒤돌아볼 때에 현재에는 마땅히 했어야 했던 일이 있었다고 말해본다. - 지나온 과거 길에 당위성이 없었던 주어를 당위성 측면에서 평가하여「실제성 없는 과거 일」을 연결하여 말해본다. 즉 이루었어야 하는 일의 존재를 말해본다.

2) 과거 주어에게 있었던 당위성 있는 목적일을 화자가 현재의 결과적 입장에서 말한다

○ You **should have knocked** before you come in. 너는 들어오기 전에 노크를 했어야 했어(당연히 했어야 하는 일을 하지 않아 아쉽다, 너는 잘못했다, 그러면 안 된다, 그러지 말아라 등 다양한 감정이 있을 수 있다). - 과거 당위적 목적일에 끊어진 should. - 과거 당위적 목적일을 가지고 있었던 주어에게 지나온 과거를 뒤돌아볼 때에 현재에는 마땅히 했어야 했던 일이 있었다고 말해본다. 지나온 과거 길에 당위성이 없었던 주어를 당위성 측면에서 평가하여「했어야 했던 일」이 있었음을 말해본다.

○ You **should have done** that yesterday, you idiot! 너는 어제 그 일을 했어야 했어, 이 바보야! - 과거 당위적 목적일에 끊어진 should. - 과거 당위적 목적일을 가지고 있었던 주어에게 지나온 과거를 뒤돌아볼 때에 마땅히 했어야 했던 일이 있었다고 현재에 말해본다. - 지나온 과거 길에 당위성이 없었던 주어를 당위성 측면에서 평가하여 「했어야 했던 일」이 있었음을 말해본다.

3) 과거 '대단한 일이었던' 경우를 겪어볼 가치 있었던 일로 나중에 당위성 가치를 부여한다

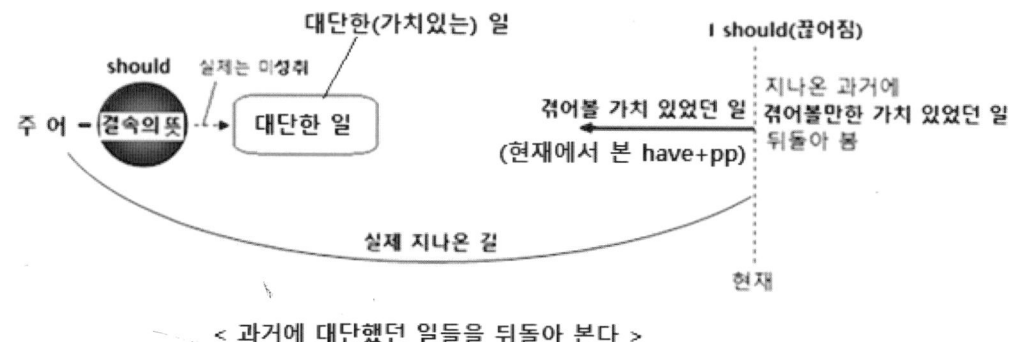

< 과거에 대단했던 일들을 뒤돌아 본다 >

여기서는 과거 주어가 가지고 있던 당위성 있는 목적일은 아니었으나 현재에 화자가 뒤돌아봤을 때에는 겪어볼 가치가 있었다고 나중에 당위적 가치를 부여하고 있다.

화자가 지나온 『과거에 겪은 놀랍고, 우습고, 충격적이고 인상적인 일』등을 『청자에게도 아쉬워하며 그 대단한 일을 겪어 봤어야 한다』고 『'함께 겪어 볼만한 가치' 측면에서 말하며』 결국 자신이 경험한 일을 강조한다. 과거에 주어에게 있었던 당위성 있는 목적일은 아니었으나 나중에 당위성 가치를 부여하여 내가 대단한 일을 겪었으니 너도 겪어봤어야 했다며 당위성 가치 있었던 일이었다고 현재에 말한다. ★ 여기 당위성은 같은 동료이거나 늘 많은 일들을 공유하며 공동 관심사를 나누는 사이에 함께 공유해야 할 가치나 공유해야 할 인식들의 가치로서 당위성이다.

○ You **should have heard** him last night! 야! 너 어젯밤 그가 하는 얘기 들었어야 했어. (그건 대단한 이야기였어!) - 한 마디로 대단한(충격적인, 놀라운) 얘기였어. 화자가 지나온 과거 일을 경험하지 못했던 주어에게 화자가 격은 경험 가치 측면에서 말하여 놀랍고, 우습고, 충격적이고, 인상적인 '대단한 일'을 주어에게 목적으로 연결하여 경험해 봤어야 했다고 현재의 결과적 입장에서 가치 있게 말해 본다. 즉 내가 대단한 일을 겪어보니 '너도 겪어봤어야 했다'. 혹은 너도 겪었어야 할 만큼 대단한 가치 있는 일이었다. 즉 자신이 겪은 대단한 일을 나중에 주어에게 겪어봤어야 했던 일로 당위성 가치를 부여한다.

○ You **should have seen** it. 너는 그것을 봤어야 했는데(**대단한 일을** 보지 못해 아쉽다). - 한 마디로 대단한(충격적인, 놀라운) 광경이었어. 지나온 과거 일을 경험하지 못했던 주어에게 화자가 겪은 경험 가치 측면에서 말하여 놀랍고, 우습고, 충격적이고, 인상적인 일을 주어도 경험해 봤어야 했다고 대단한 일을 당위성 가치 있게 말해 본다. 즉 내가 대단한 일을 겪어보니 '너도 겪어봤어야 했다' 혹은 너도 겪었어야 할 만큼 대단한 (경험해 볼만한) 가치 있는 일이었다. 즉 나중에 당위성 가치를 부여한다.

○ You should have seen him when he first came out- it was so sad. 그가 처음 나왔을 때 봤어야 했는데 너무 슬펐다. - 한 마디로 대단한(슬프고 놀라운) 광경이었어. 지나온 과거 일을 경험하지 못했던 주어에게 화자가 겪은 가치 측면에서 말하여 놀랍고, 우습고, 충격적이고, 인상적인 일을 주어도 경험해 봤어야 했다고 대단한 일을 나중에 당위성 가치 있게 말해 본다. 즉 내가 대단한 일을 겪어보니 '너도 겪어봤어야 했다'. 혹은 너도 겪었어야 할 만큼 대단한 일이었다. 즉 나중에 당위성 가치를 부여한다.

2. 〈부정형〉 shouldn't have + 동결재

★ 「끊어진 should」의 부정은 「이어짐(연결)」 그리고 목적일 자체도 부정되어 가치 없는 목적일이 된다.

'과거 일에 끊어진 should'의 부정은 실제(현재)는 끊어지지 않았음, 곧 이어졌음, 다시 말해 '과거의 목적 일을 부정하는 언급은 목적 가치 없는 일을 「이미 해버렸다, 저질러 버렸다」는 '연결 의미'가 내포하게 된다. 그러므로 현재는 '당위성 가치도 없는 길'에 서 있음을 말하고 있다. 즉 잘못 지나온 길에서 후회하는 맘으로 뒤돌아보며 『과거에 잘못된 일(길)을 하(가)지 말았어야 했던 결과』를 말한다. 여기서 길은 여러가지 일을 하며 지나온 개인적 인생길을 의미한다.

○ I shouldn't have come. 나는 오지 말았어야 했는데(그런데 실제는 와버렸다, 괜한 일(짓)을 했다). - 과거에 하지 말아야 할 가치 없는 과거일을 후회한다(잘못된 길이었다). 즉 과거 지나온 길에서 후회하는 맘으로 과거에 가지 말아야 할 길을 지나와 버렸음을 말한다. 그래서 잘못된 결과가 돼 버렸다.

○ I shouldn't have said what I did. 나는 내가 한 일을 말하지 말았어야 했는데. (말해 버렸다). - 과거 일에 끊어진 should임. 끊어짐의 반대는 연결. 다시 말해 '현재의 결과를 이루어 버렸음'을 말한다. 그러므로 '당위성도 없는 길'에 서 있음을 말하고 있다. 즉 과거 지나온 길에서 후회하는 맘으로 과거에 가지 말아야 할 길(과거일을 저질러)을 지나와 버렸음을 말한다. 그래서 잘못된 결과가 돼 버렸다.

3. 〈의문형〉 Should(당위성) 있었니? → 주어 have + 동결재

주어가 이미 저질러 버린 결과적 일에 대하여 당위성(should)이 있었는지를 묻는다.

○ Should Jane have gone to the dentist yesterday? 제인은 어제 치과에 (꼭) 갔어야 했나요? 갔어야 할 이유(당위성)가 있었습니까? - 이미 저질러 버린 일(결과)에 대하여 당위성(should)을 가지고 있었는지 묻는다. 현재 어찌할 수 없는, 되돌릴 수 없는 과거에 저질러 버린 결과적인 일에 대하여 현재에는 못마땅한 마음으로 당위성이 있었는지 묻는다.

○ Why should they have destroyed that building? 왜 그들은 저 건물을 부숴버려야 했나요? - why가 덧붙어 더욱 구체적인 이유(당위성)을 묻는다. 이미 저질러 버린 결과에 대하여 당위성(should)을 가지고 있었는지 묻는다. 되돌릴 수 없는 과거에 저질러 버린 결과적인 일에 대하여 현재에는 못마땅한 마음으로 구체적 당위성이 있었는지 묻는다.

4. 과거 결과적 추측 – 과거형 should

과거형 should을 사용해서 과거일을 이룬 결과적 입장으로 추측한다.

○ It should have been a great surprise to him, for he turned pale. 그가 얼굴이 창백하게 변한 것으로 보아 그 일은 그에게 큰 놀라움(뜻밖의 사건)이었을 겁니다. - 과거일을 결과적 존재로 추측. 얼굴이 창백한 결과로 보아 과거 일은 놀라게 한 원인이었을 거라는 결속된 추측이다. 원인과 결과의 결속. 결과로 인해 그 원인의 추측을 낳을 수 있는 결속이다. 당위성 있는 원인-결과 관계이다.

5. 과거에서도 현재형 should이었지만 현재에는 과거형 should

★ C절에서 현재형 should 참고할 것.

○ I **knew** that I **should** write to Jane, but it seemed too difficult. 나는 제인에게 편지를 써야 한다는 것을 알고 있었다. 그러나 그건 너무 어려워 보였다. - 과거에서 현재형 should이지만 시제일치에 의해 현재에는 과거형 should이다.

○ I **knew** that I **should** be home soon. 나는 내가 곧 집에 있어야 된다는 것을 알고 있었다. - 과거에서도 현재형 should이지만 시제일치에 의해 현재에는 과거형 should.

○ Teacher said I **should be** a prize winner. (= Teacher said, "You should be a prize winner".) 선생님께서는 내가 상을 받아야 한다고 말씀하셨다. 즉 내가 상을 받아야 될 성적을 거뒀다고 말씀하셨다. 내가 입상자가 되는 게 당연하다. 내가 되는 것이 바람직한 일이라고 말한다. -- 위와 다른 과거에서도 현재형 should 문장이다.

○ I told them we should probably be late. 나는 그들에게 우리는 아마 늦어야 될 것 같다고 말했다. 추측에서 과거에서도 현재형 should이지만 시제일치에 의해 현재에는 과거형 should.

6. 과거 가정법에서

가상의 과거형 should.

○ I **should have stayed** in the study if they **had let** me alone. 만일 그들이 나를 홀로 놔두었더라면 나는 당연히 서재에 머물고 있었을 텐데. - 실제의 기준현실은 과거에 그들은 내가 서재에 머물 수 없을 정도로 나를 가만히 놔두지 않았다. 그래서 만약 나를 놔두었더라면 서재에 당연히 있었을 거다 라는 지나간 과거를 아쉬워하는 가정의 뜻. ★ 여기 종존절의 should는 선 가상 조건에 당연히 뒤따라 순응 결속하여 실현하는 뜻이다.

○ If we **had known** you were coming we **should have taken** the day off. 만일 우리가 네가 온다고 알고 있었다면 우리는 당연히 그 일정을 취소했을 텐데. - 과거 가정법. 실제 기준현실은 과거에 네가 오는 줄 모르고 있어서 그 일정을 취소 못했다. Should는 가상 조건에 당연히 뒤따라 순응 결속하여 실현하는 뜻이다.

C. 현재형 should_목적 일은 미래 목적 일

현재형 should의 뜻(의미)

Should는 사회에 가치 있는 일을 함으로써 올바른 구성원이 되려는 결속의 뜻, 혹은 그 사회의 당위성 있는 구성원이 되려는 결속의 뜻이다. 그러므로 목적일은 사회적 가치있는 일이다. 사회적 가치있는 일은 법률, 규범, 도덕, 양심, 풍습, 예절, 인권, 인간의 존엄성, 국가, 가족, 사회 구성원 개인의 삶, 등등을 바탕으로 하는 가치로서 이들 수많은 사회적 가치있는 일들에 결속하려는 뜻이다. 그 사회적 가치 있는 일들은 사회 구성원이라면 누구나 해야 하는 일들이다.

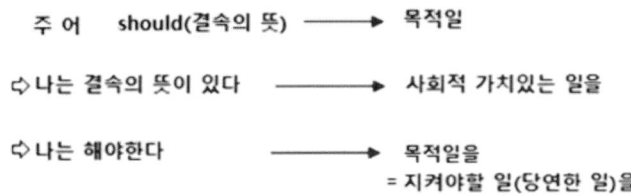

<사회적 가치있는 일은 사회 구성원에게는 누구나 해야 하는 일을 한국어 관점에서 이해>

※ 여기서 should를 would로 바꿀 수 있다고들 사람들이 함부로 말하고 있는데 어쩌다 바꿀 수도 있겠지만 완벽히 같은 뜻이 되지 않음을 알아야 한다.

1. 사회 구성원의 일원으로서 그에 걸맞게 사회에 가치 있는 일을 해야 한다

그 일들은 사회 구성원이라면 누구에게나 해야 하는 당위성 있는 일을 말한다. 즉 사회에서 지켜야 하고 해야 할 것들, 예의범절, 도덕, 양심, 질서, 준법, 개인적 관계 나 그 존중, 가정, 그 사회의 풍습이나 문화 등, 일반적으로 그 사회의 가치 있는 것들을 구성원으로서 유지하고 지켜야 하고 해야 하는 일들이며 사회 구성원으로서 개인적 삶의 가치 있는 일들도 포함된다.

> 실제 과거에 있던 현재형 shall에서 끊어졌다기 보다는 개인과 개인 사이 등의 상호 결속 (주종, 종속, 봉건 계약 등) 관계에서 끊어져서, 즉 상호 속박 관계에서 끊어지고 현대의 새로운 자율 민주 사회에 사회 구성원으로서 올바르게 결속하여 자율과 책임과 의무를 가지고 올바르게 나아 감(결속하려는 뜻)만이 존재하기 때문이다.

★ 개별적 결속 관계인 shall에서 '끊어지고' 사회나 조직에 새롭게 결속하여 '연결되는' 양상이며, 이는 과거 개인 등에 종속(결속)되었다가 그에 벗어나서 새로운 사회 조직 일원으로 바르게 결속 연결되어 가는 시대적인 변화 모습을 담고 있다.

```
                당연하게 연결
  주어  should ─────────────▶  옳고 바른 일, 좋은 일.
         ▲       (당위성)         (사회적 가치가 있는 목적 일 등)
         ┊끊
  shall에서┊어
         ┊짐

         화 자 ( 청자와 관련된 일이 없음 )

              < 주어 should~ >
```

1) I should ~. - 화자 자신이「당위성 있는 목적일을 가지고 있음」을 '알린다'

○ I should help him. 나는 그를 도와야 합니다. 됩니다. - 즉 그게 사회적으로 옳은 일입니다. (남을 도와야 합니다). 목적 일은 사회적 가치 있는 일. 즉 나는 그를 도와 주어야하는(help him) 당위성 있는 일에 결속할 뜻(should)이 있습니다다이다.

○ I should excise more... 나는 좀더 운동해야 되는데요... - ★ 개인적인 일일지라도 살이 찌거나 건강상의 이유로 운동을 해야 하는 당위성 있는 입장이다.

○ Sometimes I am not as brave as I should be. 가끔 나는 내가 용감해야 하는(용감해야 될, 용감해야 될 때의 나)만큼 용감하지 않다. - 결국은 자신은 가끔 비굴할 때도 있다는 뜻. 용감하게 되어야할 당위성에 결속할 뜻.

○ I should get that car serviced. 나는 저 차를 수리 시켜야 합니다. 주어는 차수리가

(목적일은 사회나 가정 직업 등에, 혹은 개인 자신에게)가치 있는 일이라 말한다.
○ I shouldn't worry. 나는 걱정하지 않아도 됩니다. (걱정할 필요가 없어요- 걱정할 당위성이 없다).

2) You should ~

주어에게 주어의 「당위성 있는, 가치 있는 목적일을 하도록 알려준다」. 화자가 should와 함께 사회적 가치 있는 일을 목적일로 행하도록 주어에게 연결시켜 알려 준다. ★ 그러나 마주보는 주어에게 강요하듯이 '~해야 한다'보다는 '~해 보세요'도 부드럽고 상대방 감정을 건드리지 않는 바른 뜻이며 해석이다.

○ You should try. 너는 노력해봐야 한다. 시도해 보세요. - 노력이 현재의 상황에서 주어에게 해야 하는 당위성 있는 올바른 목적일이라고 알려준다.

○ **~해야 한다** 라고 번역하면 사회적 가치 있는 일이어서 해야 한다이다. 혹은 사회적 가치는 '~지켜야 한다' 라는 의미도 있다. 그러나 화자가 청자에게 직접 대면하여 너는 ~ 해야 한다라고 한다면 강요하는 느낌을 줄 수 있으므로 화자는 당위성 있는 목적일을 상대에게 강요할 수 입장은 아니어서 권고, 알림 등의 의미로 ~해야 좋다 등의 의미로 해석해야 합니다.

○ You should love your neighbor. - 여러분은 여러분의 이웃을 사랑해야 좋습니다. 사랑해 보세요. - 주어에게 목적일이 사회적 당위성 있는 목적일이라고 알려준다.

○ You should read this. It's very good. 너는 이것을 읽어야 좋다. 그건 매우 훌륭하다. - 주어에게 목적일이 개인적 가치 있는 목적일이라고 알려준다.

○ You should see 'Son of God'- it's a great film. 너는 Son of God 영화를 보아야 한다 (좋다). 그건 위대한 영화다. 주어에게 목적일이 사회적 가치 있는, 당위성 있는 목적일 이라고 알려준다.

○ "Had we better begin now?" "Yes, you should." "우리는 지금 시작하는 것이 좋지 않을까요?" "예, 그렇게 하셔야지요." - 네, 그게 좋습니다의 뜻. 주어에게 목적일이 가치 있는 당위적 목적일이라고 알려준다.

○ "I don't care what people think." "Well, you should." "나는 사람들이 생각하는 것에 관심이 없어." "그래도 넌 해야지." "하셔야지요." - 해야 좋다의 뜻. 주어에게 목적일이 사회적 당위성 있는 목적일이라고 한다.

○ The leaflet tells you what you should do if the power fails. 나뭇잎들은 너에게 체력이 쇠약해질 경우 네가 해야 할 일이 무엇인지를 말해주고 있다.

○ I do not **see** why you should apologize. 나는 네가 사과해야 하는 (당위성 있는, 타당한) 이유가 보이지 않는다. - (시각, 지각) 인식의 see. 청자의 목적일은 사회적 당위성 있는 목적일이다.

○ You **shouldn't** speak so loud. 그렇게 큰소리로 말하지 말아야 합니다. 말해선 안되죠. - 네가 큰소리로 말해야 할 이유나 당위성이 없다이다. 큰소리로 말하는 게 예의 없거나 공공질서에 반하거나 등. ★ 현재형 should 부정- 목적일의 가치를 부정하고 should을 부정하여 큰소리로 말하는 일은 당위성 있는 목적 가치가 없어서 당위성 없는 일을 하지 말아야 한다라고 말한다.

○ You **shouldn't** say things like that to John. 당신은 존에게 그 같은 말들을 하지 말아야 합니다. - 당위성 가치 없는 일 금지.

3) 3자 주어 should ~

제3자 주어가 「올바른 당위성 있는 일」을 목적일로 해야 한다고 화자가 청자에게 알려주고 있다.

○ He's never going to be able to forget it. And I don't think he should. 그는 결코 그것을 잊을 수 없을 것입니다. 그렇다고 나도 그가 그래야 한다고 생각치 않습니다. 즉 내생각엔 그 일은 그가 해야 할 당위적 목적 가치가 없다. ★ 생각(의견)을 부정함으로써 당위적 목적 가치와 결속을 부정하는 경우이다.

○ He should learn to be more polite. 그는 더욱 예의 바른 사람이 되도록 배워야 한다. - 화자는 주어가 예의를 배우는 일을 목적일로 당연히 해야 한다고 말한다.

○ **With** her talent and experience, she should do well for herself. 그녀가 재능 있고 경험이 있다 **할지라도**(대충하지 말고) 그녀는 그녀 자신을 위해 잘(제대로) 해야 한다. - 화자는 주어가 잘 해야 하는 당위성 있다고 말한다.

○ She should be told the truth. 그녀는 그 사실을 들어야 합니다. - 화자는 주어가 당위성 있는 일을 목적일로 해야 한다고 말한다. 즉 그 사실을 듣는 일이 가치 있고 당위성 있다이다.

2. 의문형 should

1) Should I ~?

주어가 제시하는 일이 해야 할 당위성 있는 목적일일인지를 묻는다. 혹은 무엇이(what) 당위성 있는 일인지를 묻는다. 여기서 당위성 있는 일을 청자가 알려주는 입장이므로 청자는 화자의 당위성 있는 목적일이 무엇인지 잘 알고 있고 사회적 경험이나 지식 등을 더 가지고 있거나 화자보다 청자가 지위를 포함한 사회적 레벨에서 상위 레벨일 수도 있다.

○ What should I do? 제가 무엇을 해야 하나요? 무엇을 해야 좋아요? 제가 무엇을 해야 되나요? - 조직 등의 구성원인 자신의 입장에서 무엇을 해야 되는지를 묻는다. ① 충고나 상담을 구하면서, 자신의 지위나 위치에서 무엇을 해야 되나요? ② 직장이나 일터 등에서 자신이 역할이나 담당할 일을 물으면서 등. - 당위성 있는 목적일이 무엇인지나 자신이 해야 할 일을 묻는다.

○ Please could you advise me what I should? 실례지만 제가 무엇을 해야 좋을지 충고해 줄 수 있나요? - 당위성 있는 목적일이 무엇인지, 자신이 해야 할 목적일을 찾을 수 있도록 충고를 구한다.

○ Should/Shouldn't I go to university? 제가 대학교에 다녀야 하나요? / 다니지 말아야 하나요? - 당위성 측면에서 물음, 즉 목적일이 당위성이 있는지 없는지를 묻는다. - 대학교에 다니는 것이 자신이 해야 할 일인지 혹은 자신이 하지 말아야할(가치 없는) 일인지를 묻는다.

○ Should I wait for her to come back? 그녀가 돌아오기를 제가 기다려야 하나요? 기다려야 되나요? - 목적일이 자신에게 당위성 있는 일인지 주어 자신이 개인적으로 해야 할 일인지를 묻는다.

○ Should I go back to the motel and wait for you to telephone? 제가 모텔로 돌아가서 당신의 전화오기를 기다리는 것이 좋겠어요? 기다려야 하나요? - 화자가 제시하는 목적일이 청자에게 자신이 개인적으로 해야 할 일인지를 묻는다. 혹은 청자와 대화이므로 청자에서 자신이 할 당위성 있는 일이 맞는지를 묻는다.

○ Should I fetch your slippers? 제가 당신의 슬리퍼를 가져다 드려야 하나요? - 자신이 제시하는 목적일이 청자에게 당위성 있는 일인지 묻고 있으므로 청자가 당위성 여부를 알려 줘야하는 입장이므로 청자가 상위레벨이다. 화자가 제시하는 일이 청자에게 자신이 해야 할 당위성 있는 바른 목적일인지 즉 화자가 청자에게 해줘야 하는 책임 있는 일인지를 묻는다.

○ Should I turn on the TV? 제가 TV를 켜야 하나요? - (목적일이 제가 맡은 일인가요?). 제가 TV를 켜드릴까요?

○ Should I go and see her, do you think? 제가 그녀를 만나러 가야 하나요, 그렇게 생각하세요? - 자신이 제시하는 목적일이 당위성 있는 일이라고 생각하는지를 묻는다.

○ How should I know it? 내가 그것을 어떻게 알아야 하는 가요? - 그것을 알 수 있는 당위성 있는 방법이나 수단, 등을 묻는다.

○ Why should I go? 제가 왜 가야 하죠? - 가야 하는 구체적인 당위성 있는 이유를 묻는다.

○ Why shouldn't I smoke if I want to? 제가 원하는 경우에도 왜 전 담배를 피워서는 왜 안되죠? 담배를 피우는 일에 구체적인 당위성 없는 이유를 묻는다. 왜 안되나요?

> 'Shall I~?'는 화자의 입장보다는 전적으로 청자의 편에서 청자의 입장을 고려한 청자편에 서려는 화자의 질문이나 'Should I~?'는 화자의 입장에서 하려는 일이 당위성 있는 일인지, 화자가 해야 하는 (혹 책임 있는) 일인지를 묻는다.

2) should we~?

we가 제시하는 목적일이 해야 할 당위성 있는 일인지를 묻는다. 혹은 무엇이 당위성 있는 일인지를 묻는다. 여기서 화자를 포함한 we에서 should we~? 인 경우는 당위성 있는 일을 청자가 알려주는 입장이므로 청자는 we의 leader이거나 사회적 경험이나 지식 등을 더 가지고 있다. 그래서 화자보다 청자가 지위를 포함한 한단계 상위 레벨일 수도 있다.

○ Should we tell her about it? 우리가 그 문제에 대해서 그녀에게 말해야 되나요? - 제시하는 목적일이 당위성 있는 일인지 등을 묻는다. 자신들이 제시하는 일이 옳은 일인지 청자에게 묻고 있다. 그러므로 목적일은 화자와 함께 we의 다수가 하는 책임 있는 일이고 청자가 맡기는 일 일수 있다.

○ Should our children be taught to swim at school? 우리 아이들이 학교에서 수영을 배워야 하나요? - 학교에서 수영을 배우는 것이 학교 교육의 당위성, 즉 교육 과정에 포함된 것인지 등을 묻는다. 여기서 청자는 학교교육의 책임 leader이다.

○ Should we tell Judy? 우리가 쥬디에게 말해 줘야 하나요? - 쥬디에게 말하는 것이 당위성 있는 일인지, 자신들이 해야 할 역할인지, 옳은 일인지를 묻는다.

○ What should we do? 우리는 무엇을 해야 좋을까요? 해야 하나요? 되나요? - 당위성 있는 목적일이 무엇인지 묻는다. 청자는 화자보다 상위 레벨이거나 목적일을 결정해주거나 단순히 정보를 알려주는 자이다.

3) should you / they / he~?

○ Why should you stay in Seoul in this hot weather? 너는 이 더운 날씨에 왜

서울에 머물러 있어야 하는가? - why를 덧붙여 구체적인 당위성 있는 이유를 묻는다. 이유가 없으면 떠나라는 뜻.

○ They asked what they should do. 그들은 자신들이 무엇을 해야 할지를 물었다.
  = They asked, what should we do? 여기 화자는 they보다 상위 레벨이다.

○ Why should he go for you? 그가 너 대신 가야 하는 이유가 뭐지요? - why가 더하여 졌으므로 구체적인 당위성 있는 이유를 묻는다(결국, 이유 없으면 네가 가야지!).

3. 「강한 당위성」 있는 명령, 의무, 지도, 권고, 충고, 당연, 훈계, 가르침 등의 뜻

이들의 다양한 뜻은 그 내용과 구체적인 적용 상황에서 구별하여야 하며 법률, 규정, 규칙, 명령, 판결, 등들에 근거한 강한 당위성을 가지고 있다.

○ All visitors should register with the British Embassy. 모든 방문객들은 영국 대사관에 등록해야 합니다. - 주어는 청자일수 있다. 강한 당위성 있는 명령. 모든 외국인 방문객들에게 강한 당위성 있는 목적일을 하라고 명령을 한다. - 법률, 제도 등의 당위성에 바탕을 둔 명령이다.

○ The European Commission ruled that British Aerospace should pay back ten of millions of pounds. 유럽 위원회는 영국 항공우주국이 천만 파운드를 배상해야 한다고 명령했다. - 힘 있는 조직 등이 내린 판결, 결정 등으로 강한 당위성에 바탕을 둔 명령이다.

○ On hearing the alarm bell, hotel guests should leave their rooms. 경보 종소리가 들리자마자 호텔 손님들은 자신들의 방을 떠나야 합니다. - 강한 당위성 있는 명령(직접 들려주는 경우), 당위성 있는 의무(안내문으로 보여주는 경우 등). 외부 손님들에게 호텔의 비상 상황에 근거한 강한 당위성 있는 지도, 지침이다.

○ You should do as he says. 너는 그가 말하는 대로 해야 한다. 따르는 것이 좋다. - 힘있는 상위 조직이나 상사 등이 주는 강한 당위성 있는 명령이나 충고이다.

○ Eat noodles the way they should be eaten, with chopsticks. 젓가락을 가지고 바르게 먹는 방법으로 국수를 먹어라. - 식사 방식에 근거한 강한 당위성 있는 지도, 가르침이다.

○ Applications should be sent before December 30th. 신청서들은 12월30일 전에 보내져야 합니다. - 조직의 결정에 근거한 강한 당위성 있는 지도, 지시, 지침이다.

○ This form should be filled in ink. 이 양식은 잉크로 써야 됩니다. - 행정이나 업무 지침 등의 강한 당위성, 당연이다.

○ Everybody should wear car seat belts. 모든 사람들은 자동차 좌석(안전)벨트를 매야

합니다. - 제도 등의 강한 당위성 있는 의무, 지도이다.

○ People should drive more carefully. 사람들은 좀더 조심스럽게 운전을 해야 합니다. - 교통법규 등에 근거한 강한 당위성 있는 의무, 권고, 지도 등이다.

○ A government should justify all restrictions imposed on its citizens. 정부는 시민(국민)들에게 강요했던 모든 제약들에 (대한) 적법한 근거를 보여 주어야 한다. - 강한 당위성 있는 법적 의무, 규칙, 판결 등이다.

○ You should be more punctual. 너는 좀더 시간을 잘 지켜야한다. 좋다. - 지금까지는 자주 늦어서 제대로 하여라. - 당위성 있는 권고, 훈계이다.

○ You should apologize for your rudeness. 너는 너의 무례함을 사과해야 한다. - 네가 잘못했으니 사과하는 게 마땅하다. - 사회 예법상 강한 당위성 있는 가르침, 훈계이다.

○ You should never be false to a friend. 너는 결코 친구에게 거짓말 해선 안된다. - 당위성 있는 훈계 혹은 교육 지도, 가르침.

○ You should fit your speech to your audience. 너는 너의 연설을 청중들 수준에 맞추어야 한다. - 당위성 있는 충고.

○ You should fit your aim to your capacities. 너는 너의 목표를 너의 능력에 맞추어야 한다. - 당위성 있는 충고 혹은 가르침.

○ You should forbear from expressing your feelings publicly. 너는 너의 감정을 사람들 앞에서 드러내는 것을 삼가 하라. - 당위성 있는 권고 혹은 충고.

○ You should get up when an older person comes in. 너는 연세 드신 분이 들어오실 때 일어서야 한다. - 사회적 예절 등의 당위성 있는 권고 혹은 지도 교육, 훈계, 가르침.

○ You should work harder for your own good. 너는 너 자신의 이익을 위해 더 열심히 일해야 한다. - 당위성 있는 충고, 권고.

○ You should be honest in business. 너는 사업에서 정직해야 한다. - 당위성 있는 충고.

○ You should not be impatient with old people. 너는 어르신들에게 성급해(짜증을 내)서는 안 된다. - 당위성 있는 지도 혹은 훈계, 교육.

○ You should never be inconsiderate of other people's feelings. 너는 다른 사람들의 감정을 배려하지 않아서는 절대 안 된다. - 당위성 있는 교육(가르침), 훈계, 지도.

○ You should not indulge in too much candy. 너는 너무 많은 캔디를 탐해서는 안 된다. - 당위성 있는 가르침 혹은 훈계.

○ You should not judge a man by his clothes. - 너는 사람의 옷(외모)으로 판단해서는

안 된다. - 당위성 있는 훈계 혹은 가르침, 교훈.

○ You may be busy, but you should be polite at least. 너는 바쁠지도 모르나 최소한 예의는 지켜야 한다. - 당위성 있는 지도(지시).

○ When you want to rent a house, you should look around at first. 너는 집을 빌리고 싶을 땐 먼저 주변을 둘러 보아야 한다. - 합리적 당위성 있는 권고, 충고.

4. 〈추측〉 당위성 있는 추측

사실에서 끊어진 일, 즉 모르는 일을 사회적 당위성 있게 주어에게 임의로 연결하여 그 존재를 추측해본다. 끊어진 일은 주어와 목적일사이의 사실적 연결이 끊어져서 화자가 확인하지 못하고 알지 못하는 일이다. 여기에서의 추측이 사실이 될 가능성 확률은 당위성 만큼이다. ★ Should(파워동사) 다음의 be는 미확인 상태를 나타내어 추측상의 존재이다.

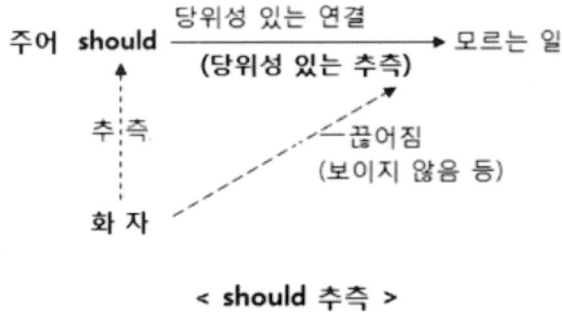

< should 추측 >

1) 미래 추측

미래에 당위성만큼 가능성으로 존재할(일어날) 목적일을 추측한다. 미래의 시간, 연속 반복 등 과 함께 쓰여서.

○ I thought that I **should** soon **be** quite well **again**. 나는 내가 다시 곧 (몸 건강이) 꽤 괜찮아 질 거라고 생각했다. - 미래 건강해지는 게 당연하다고 추측하는 생각이다. - 미래 당위성 있는 추측; 미래 모르는 일을 당위성만큼 가능성으로 추측해본다.

○ The doctor said it will take six weeks and I **should be** fine **by then**. 의사는 6주가 걸릴 것이고 나는 그때 즈음 (당연히) 좋아질 거라고 말했다. - 당위성 있는 미래일 예측. - 보이지 않지만(확실하지 않지만) 미래에 당위성만큼 있는 추측.

○ She **should be** back **tomorrow**. 그녀는 내일 (당연히) 돌아오겠지요. 올 겁니다. - 당위성만큼 있는 미래 추측.

○ The postman **should be** here **soon**. 우편 집배원은 (당연히) 곧 여기에 오겠지요. - 당위성만큼 있는 미래 추측.

○ Henry **should get** here **soon**. 헨리는 여기에 (당연히) 곧 나타나겠지요. - 당위성만큼 있는 미래 추측. ★ 여기서 be대신 get이 사용되었다.

○ It **should be** fine **tomorrow**. 내일은 날씨가 당연히 좋겠지요. - 당위성만큼 가능성 있는 미래 추측.

○ We **should have finished** by a quarter past two and the bus doesn't leave till half past. 우리는 2시 15분까지 당연히 끝마칠 것이고 2시 30분까지 버스는 떠나지 않는다. - 당위성 있는 미래 완료 추측.

현재	주어	1인칭	2인칭	3인칭	
모르는것 추측	주어에 대해 모르는 것 (보이지 않는 주어)	잊어버린 것 자신의 인식하지 못하는 것	가려진 (숨겨진 것)	보이지 않는 일	
				진행형 추측	결과적 추측

〈추측의 모르는 것들 내용별 구분〉

2) 현재 추측

현재의 시간 등과 함께 현재에 보이지 않는 주어나 가려진 일, 신분 등을 당위성만큼 존재 가능하는 것으로 추측한다.

○ I guess it **should be** Mr. Brown. 내가 짐작하기로 그분은 당연히 브라운 씨이겠지요. 일 겁니다. - 보이지 않는 사람을 당위성만큼 가능성으로 추측한다.

○ According to the map, this **should be** our way. 지도에 따르면 당연히 이게 우리가 가는 길이겠지요. - 지도에 바탕을 둔 모르는 길을 당위성만큼 가능성으로 추측한다.

○ The plane **should be** right on schedule. 그 비행기는 예정대로 제대로(당연히) (운항) 되고 있을 겁니다. - 보이지 않는 비행기를 당위성 있게 현재 추측한다.

○ I've mended it, so it **should be** all right **now**. 제가 그것을 고쳐 놨습니다. 그래서(그 결과는) 지금 당연히 괜찮을 겁니다. - 현재 고친 물건의 작동이나 사용 가능 등의 상태를 당위성만큼 가능성으로 현재 추측한다. 즉 물건의 내부 정상 상태(주어에 대해 모르는 것)를 추측.

○ What do you mean there are only ten tickets? There **should be** twelve. 티켓이 열장 밖에 없다는 게 너는 무슨 말이야? 거기에 당연히 열두장이 있어야 한다. 보이지 않는 주어를 당위성만큼 추측한다.

○ It **should be** good movie- its reviews were very good. 그것의 관람평이 매우 좋아서 그건 당연히 멋진 영화이겠지요. - 보지 못한 영화를 당위성만큼 추측한다. 뒷문장은 앞문장에 종속되어서 당위성 있는 추측이 된다.

○ They **should be** at home **now**. 그들은 지금 집에 당연히 있을 겁니다. - 보이지 않는 주어를 당위성만큼 현재 추측.

○ 'We're spending the winter in Florida.' 'That should be nice.' "우리는 플로리다에서 겨울을 보내고 있어." "그것은 당연히 좋겠지요." 가보지 못한 장소를 당위성만큼 추측한다.

○ I've bought three loaves - that **should be** enough. 나는 빵 세 덩어리를 샀다. 그걸로 당연히 충분 하겠지요. - 아직 먹지 않은 빵의 양을 당위성만큼 추측한다. = 현재 추측.

○ That **should be** Janet coming upstairs now. 지금 계단을 올라오는 저 사람은 당연히 쟈넷이겠지요. - 잘 보이지 않는 주어를 당위성만큼 추측한다.

○ Rob **should be** home by **now**. 로버트는 지금 즈음 당연히 집에 있겠지요. - 보이지 않는 주어를 당위성만큼 추측한다.

3) 현재 결과적 추측

현재에 화자에게 보이지 않는 동안 일어난 주어의 일을 화자가 결과적 입장으로 추측한다. 그 결과는 주어가 그 행한 사실을 가지고 있어서 주어에게 현재 확인할 수 없다 하더라도 결과는 나중에 확인 가능하다는 표현이다. 현재를 의미하는 시간들과 함께 사용할 때가 있다.

○ He left home ten minutes ago. He **should have arrived** at the shop **by now**. 그는 10분 전에 집을 떠났다. (그리고) 그는 지금 즈음 가게에 당연히 도착했을 거다. - 당위성 있는 현재 결과적 추측. - 보이지 않는(끊어진) 동안 일어난 일을 현재에 결과적 측면으로 당위성 있게 추측(연결)한다.

○ Ten o'clock; she **should have arrived** in the office **by now**. 열 시다. 그녀는 지금 즈음 사무실에 당연히 도착했을 거다. - 시간 경과에 따른 당위성 있는 추측.

○ Nine o'clock; they **shouldn't have left** home **yet** - I'll phone them. 아홉 시다. 그들은 아직 집을 당연히 떠나지 않았을 거다. 내가 그들에게 전화를 하겠다.

4) 과거 일의 존재를 결과적 추측

당위성 있는 결과적 존재로 추측한다. 과거에 화자에게 보이지 않는 동안 일어난 주어의 일을 화자가 과거의 결과적 입장으로 추측한다. 주어가 그 행한 사실의 결과를 과거에 가지고 있었지만 현재는 확인할 수 없으므로 현재에서 멀어진 과거에 지난 시간만큼 불확실성이 증가하여 당위성보다 조금 확신이 부족한 추측이 된다. 과거를 의미하는 기준 시간들과 함께 사용할 때가 있다.

○ It **should have been** a great surprise to him, for he turned pale. 그가 얼굴이 창백했던 것으로 보아 그 일은 당연히 그에게 큰 놀라움(뜻밖의 사건)이었을 겁니다. - 얼굴이 창백한 결과로 보아 과거 일은 놀라게 한 원인이었을 거라는 결속된 추측이다. 원인과 결과의 결속. 결과로 인해 그 원인의 추측을 낳을 수 있는 결속이다. 당위성 있는 원인- 결과 관계이다.

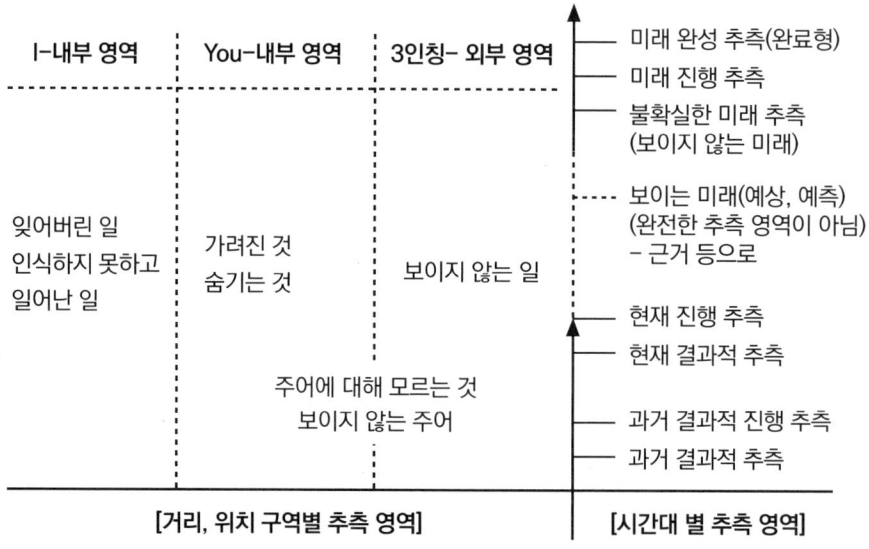

〈추측 영역 구분 – 모르는 것 추측〉

5. Who [what] should~ but~ = 존재의 당위성에서 무엇이 있어야 겠는가(미확인)? But(놀랍게도 그건 다름 아닌) ~이네(존재의 확인)

Who[what] should ~? 는 의문문이므로 답이 없는 상태이고 그 존재는 미확인이다. 그러나 그 질문은 『존재의 당위성에서 벗어난 놀라운 존재의 발견에서 비롯』되었다. 즉 당위성의 예상을 벗어난 일이어서 '당위성 있는 존재를 먼저 묻고 반전의 존재를 드라마틱하게 드러내고 있다'. 여기 A but B에서 A는 미확인 미존재이며 B는 존재의 확인이다. A와 B는 반대 관계이다.

○ I'm making these plans and **who should** I meet **but** this blonde guy and John. 내가 이들 계획들을 세우고 있는데 내가 누굴 만났겠나 **놀랍게도 그건 다름아닌** 바로 이 금발 사내와 존이었네(대단한 만남이었네). - 나타나기 어려운 곳, 당연시될 수 없는 곳에 예상 밖의 출현에 놀라움 표현. 그들은 당위성이 없는 곳에 나타났다.

○ Who **should** be there **but** Tony? 거기에 토니 말고 누가 있었겠나? [= 거기에 누가 있었겠나? 충격적이게도 다름아닌 Tony 였네.] Tony 가 있기 어려운 곳에, 당위성이 없는 곳에 다름아닌 Tony 가 있더라. - 이상한(수상한) Tony야! - but 앞에는 there를 말하므로 but 다음의 토니가 당위성이 없는 장소에 있음을 말하고 있다.

○ Who **should** they see **but** Jane! 제인 말고 누가 그들의 눈에 띄었겠는가? [= 그들이 누굴 보았겠나? 놀랍게도 다름아닌 제인 이었네.] - 놀랍게도 제인을 예상외로 만났다. - 그들이 보기 어려운 제인을 만났다. But 다음의 제인은 마주칠 이유가 없는, 당위성이 없는 제인, 즉 마주치기 어려운 제인이었다.

○ What **should** I find in my soup **but** a gold coin? 내 수프에서 금화 말고 내가 무엇을 발견했겠나? [= 내 수프에서 무엇을 발견했겠나? 놀랍게도 다름아닌 금화였네.] - 놀라운 [대단한] 발견이었네. - 금화가 있기 어려운 수프에서 금화를 발견. - 그릇 속에는 금화가 있을 당위성이 전혀 없는데도 놀랍게 금화를 발견했다.

○ Just at that moment **who should** walk in **but** old Jim himself. 바로 그 순간에 누가 걸어 들어왔겠는가, 놀랍게도 다름아닌 바로 노인네 짐 그 자신이었네!

○ **Who should** come into my room at night **but** a thief! 밤중에 내방에 누가 들어오겠나 놀랍게도 다름아닌 도둑이었네. 당위성이 없는 도둑이 들어왔네!

6. 사회에 평범하지 않은 일, 해서는 안될 일 등이 일어나서 그 당위성을 평가한다

Who[what] should ~? 는 의문문이므로 답이 없는 상태이고 그 존재는 미확인이다. 그러나 그 질문은 『**존재의 당위성에서 벗어난 놀라운 존재의 발견에서 비롯**』되었다. 즉 당위성의 예상을 벗어난 일이어서 '<u>당위성 있는 존재를 먼저 묻고 반전의 존재를 드라마틱하게 드러내고 있다</u>'. 여기 A but B에서 A는 미확인 미존재이며 B는 존재의 확인이다. A와 B는 반대 관계이다.

1) 당위성 없는 일에 감정적인 평가

사회의 당위적 입장으로 평가하기.

'『해서는 안될 일』이 일어나서 그 당위적 입장으로 감정 평가한다.' 사회에서 해서는 안될 일이 일어났으므로 다른 사회 구성원의 입장에서 사회의 당위적 입장으로 평가하여 말한다. 즉 그 일에 should를 붙이고 그 일에 대한 당위성을 평가한다. 당위성 평가는 애석, 유감, 후회, 놀람, 충격 등으로 감정적이다.

○ It is a pity that he should miss such a golden opportunity. 그가 그런 절호의 기회를 놓쳐야 하다니 유감스럽다. - ★ 개인에게 일어난 일(he should~)을 사회의 당위적 입장으로 감정 평가(a pity)한다. 개인적인 측면에서 '있어서는 안 되는 일'을 감정적 평가한다. He는 당연히 절호의 찬스를 놓치지 말았어야 했는데 놓쳐 버려서 그 빗나간 일에 사회의 당위적 입장으로 감정 평가를 한다.

○ It seems such **a pity** that a distinguished and honored name **should** be commercialized in such a manner. 고귀하고 명예로운 이름을 그런 방식으로 돈벌이에 사용해야 하다니 너무나 유감인 것 같다. 사회적인 측면에서 해서는 안될 일을 그 사회의 당위적 입장에서 감정적인 평가를 한다.

○ I'm **sorry** you **should** think I did it on purpose. 당신은 내가 일부러 그것을 했다고 생각하다니 유감입니다.

○ I **regret** that you **should** worry about it. 나는 네가 그것을 걱정한다니 유감이다. 하지 말아야 할 일에 감정적 서술한다.

○ It's **astonishing** that she **should** say that sort of thing to you. 그녀가 너에게 그런 말을 하다니 놀랍다. 하지 말아야 할 말을 해서 당위성 입장에서 감정적 서술 평가한다.

○ I **regret** that she **should have married** him. (I regret that she married him.) 미묘한 차이. 나는 그녀가 그와 결혼했다니 유감이다. 그녀가 이미 저질러버린 일의 당위성에 감정적인 평가를 한다.

○ I am **surprised** that she **should have done** such a thing. 그녀가 그런 일[짓]을 했다니 나는 놀랐다. - 이미 저질러버린 일을 당위적 입장으로 감정 평가한다. 사회적인 측면에서 해서는 안될 일을 해버려서 그 당위성을 놓고 감정적인 평가를 한다.

○ I was **shocked** that she **shouldn't have invited** Joseph. 나는 그녀가 조셉을 초대하지 않았다는 말에 충격을 받았다. 당연히 초대해야 할 사람을 초대하지 않아 당위성 평가한다.

2) 당위성 없는 일에 이성적인 평가

사회적 당위성으로 평가하기(타당성 평가).

여기서 당위성 없는 일은 『평범하지 않은 일』이며 그 일이 일어나서 그 일에 should를 붙이고 이성적인 평가를 한다. 사회에 평범하지 않은 일이 일어났다 할지라도 그 일도 사회의 당위적 입장으로 생각하고 그 일에 should를 붙이고 당위성을 이성적 평가한다. 평범하지 않은 일의 당위성에 대한 이성적 평가는 다행, 이상, 놀람, 기이, 등으로 이성적이다.

○ It is **lucky** that the weather **should** be so fine. 날씨가 그렇게 좋다니 다행이다. - 날씨가 보통 이상으로 좋아서 당위성 차원의 이성적 평가- 다행이다.

○ It is **strange [surprising]** that you **should** not know it. 네가 그것을 모르고 있다니 이상하다(놀랍다). - 개인이 하는 일의 당위성 평가. - 모두가 알고 있는 일이어서 주어도 당연히 알고 있어야 하는 상황이었음에도 모른다고 하니 그 당위성을 놓고 이상하다는 이성적인 평가를 한다. 놀랍다는 감정적인 평가도 가능하다.

○ It's odd that he should react in this way. 그가 이런 식으로 반응한다는 것은 기이하다. - 그의 행위에 대한 당위성 평가. 주어가 반응하는 태도가 정상적이지 않아서 사회적으로 보는 그 당위성에 이상하다고 한다.

3) 지나치게 하는 일(행위)에 대한 당위성을 놓고 너무하다는[지나치다는] 이성적 평가

올바른 일을 한 것인가? 해서는 안 되는 일 그런 일(짓)을 하다니! (너무한다, 그래 도 되는 거야? 등의 뜻이 숨겨진다).

○ With his riches, he **should** worry about a penny! 그가 큰 재산을 갖고서도 그가 돈 한 푼을 놓고 걱정하다니! (그래도 되는 거야?) - 주어가 일으킨 일에 대한 당위성을 놓고 너무하다는 이성적 평가.

○ With all his money, he should worry about giving the waiter a tip! 그가 그 모든 (많은) 재산을 가지고서도 그는 웨이터에게 팁 한푼 주는 걸 걱정하더라고! 너무 한다.

4) 잘못돼버린 일에 대한 당위성을 놓고 [예상외]였다는 감정 평가

○ **That** it **should** come to this! 그게 이렇게 되다니! 그 일이 이렇게 돼 버리다니! - that은 it이 가리키는 것이며, that이 this로 변했다. 이럴 리가 없는데 이렇게 변해 버렸다는 그 당위성을 놓고 예상외, 놀라움, 안타까움, 슬픔, 어처구니없는, 말로 할 수 없는 등등이었다는 평가.

7. 목적일에 대한 당위성 가치를 평가. 그 가치는 주어에게 중요, 필요, 당연 등으로 평가한다

○ It is **important** that she **should** learn to control her temper. 그녀는 자신의 성질을

억제하는 방법을 배워야 하는 일은 중요하다. - 배워야 하는 일은 당위성을 가지고 있어서 중요하다.

○ It is not **necessary** that I **should** go there. 나는 거기에 갈 필요가 없다. - 목적일 할 필요(당위성이) 없다.

○ It's **important** that she **should** talk to me **when** she gets here. 그녀가 여기에 온다면 (왔을 때) 그녀가 내게 말을 건네게 하는 일은 중요하다.

○ Is it **necessary** that my uncle **should** be informed? 제 삼촌에게 알리는 게 필요합니까?

○ Do you think it's **normal** that the child **should** be so tired? 당신은 아이가 너무 피곤하다는 것이 정상이라고 생각해요?

○ It was **natural** that they **should** want him to go to a good school. 그들은 그가 좋은 학교에 가기를 원하는 것은 당연했다.

○ It is (quite) **natural** that he **should** have refused our request. 그가 우리의 요구를 거절했던 일은 아주 당연했다. - 「과거에 이미 해버린 일」의 당위성을 이성적으로 평가.

8. 주어에게 제시하는 목적일을 「당위성 있는 목적일」로 해야 한다고 주장, 명령, 희망, 요구, 기대, 제안, 합의, 등등

○ I **suggest** that you **should** join us. 나는 너가 우리와 합류해야 한다고 제안한다. - ~해야 한다고 당위성 있는 제안을 한다. 실제 이 당위성은 문장의 앞뒤 문맥에서 찾아야 된다.

○ I **insist** that he **should** stay where he is. 나는 그가 있는 곳에 그가 머물러야 한다고 주장한다. - ~해야 한다고 당위성 있는 주장을 한다.

○ I am **anxious** that the affair **should** be settled down. 나는 그 일이 정착이 되어야 한다고 열망하고 있다. - ~해야 한다고 당위성 있는 열망, 갈망을 함.

○ He raised his glass and **indicated** that I **should** do the same. 그는 그의 잔을 들어올렸고 내가 똑같이 해야 한다고 지적했다. - ~해야 한다고 당위성 있게 지적, 요구.

○ I **insisted** that we **should** have a look at every car. 나는 우리가 모든 차들을 주목해 봐야 한다고 주장했다. - ~해야 한다고 당위성 있는 주장.

○ My father was very **keen** that I **should** fulfill my potential. 내 아버지께서는 내가 내 잠재력을 발휘해야 한다고 매우 갈망하고 계셨다. - ~해야 한다고 당위성 있게 바라셨음.

- George was sincerely **anxious** that his son **should** find happiness and security. 조지는 진심으로 그의 아들이 행복과 안위를 찾아야 한다고 열망하고 있었다. - ~해야 한다고 당위성 있게 바라셨음.
- There is a **wish** among competitors that the Federation **should** change the test every four years. 연방 정부는 매4년 마다 시험을 바꾸어야 한다고 경쟁자들 사이 바램이 있다. - ~해야 한다고 당위성 있게 바라셨음.
- The residents **demanded** that there **should** be an official inquiry. 거주민들은 공식적인 조사가 있어야 한다고 요구했다.
- I'm **anxious** that nobody **should** be hurt. 나는 어느 누구도 다치게 해서는 안 된다고 바라고 있다.
- It is **his wish** that the money **should** be given to charity. 그 돈은 자선에 기부되어야 한다는 것이 그의 소망이다.
- He **insisted** that the contract **should** be read aloud. 그는 그 계약서를 크게 읽어 주어야 한다고 주장했다.
- I **recommended** that she **should** reduce her expenditure. 나는 그녀가 그녀의 지출을 줄여야 한다고 충고했다.

9. 당위성 있는 자격을 주는 should

- Anyone who **should wish** to come will be welcome. 오고 싶어하는 사람 누구나 환영 받을 것이다. - 당위성 있는 자격을 주는 should.

10. 미래 목적일에 대한 당위성을 만드는(이루는) 합의, 제안, 바램

- It was **agreed** that we should follow the decision. 우리는 그 결정을 따라야 한다고 합의되었다. - 미래 목적일에 당위성을 만드는 합의.
- It was his **wish** that it should be kept secret. 비밀이 지켜져야 한다는 것이 그의 바램이었다. - 비밀 준수의 당위성이 있어야 한다는 바램.
- It was **proposed** that we should do it at once. 우리가 그 일을 당장 해야 한다고 제안 받았다. -미래 목적일에 당위성을 만드는 제안.
- The **proposal** that he should join us was reasonable. 그가 우리와 합류해야 한다는 제안은 합리적이었다. - 미래 일에 당위성을 만드는 제안.

11. 원치 않는 일을 하지 않도록 당위성을 주지 않기, 즉 should에 목적일 연결을 회피, 차단, 거부 등

종속절에 있는 목적일을 싫어, 두려워, 회피하는 lest. - lest ~ should.

○ He jotted the name down **lest** he **should** forget it. 그는 그가 그의 이름을 잊지 않도록 메모해 두었다. - 잊기(연결)를 회피.

○ We hid behind the tree **lest** they **should** see us. 우리는 그들이 우리를 보지 못하도록 나무 뒤에 숨었다. - 보이기(연결)를 싫어함, 차단함.

○ I was afraid **lest** she **should** be angry. 나는 그녀가 화내지 않을까 두려웠어요.

○ He walked on tiptoe **lest** he **should** wake up the sleeping children. 그는 그가 잠자는 아이들을 깨우지 않도록 발끝으로 걸었다.

○ I'll be kind to her **lest** she decides to leave me. 그녀가 나를 떠나지 않도록 친절하겠어요. ★ should없으므로 당위성이 없고 화자가 개인적으로 바라는 목표 일이다.

12. A so that B(should) 〈당위성 있게 밀어주기〉

A함으로 B하도록, 당위성 있게 B하도록 A밀어 주기.

~so that 주어 should~. [밀어주기 so that 주어→(당위성 있게~하도록) 목적일]의.

○ He rent her the book **so that** she **should** study English. 그는 그녀가 영어를 공부하도록 그녀에게 책을 빌려 주었다. - So는 주어가 ~하도록 should(연결)함, 곧 밀어주기임.

○ He turned the radio down **so that** he **shouldn't** disturb the old lady downstairs. 그는 그가 아래층 나이든 부인을 방해하지 않도록 라디오 소리를 낮췄다. 당위성이 없는 목적일을 하지 않도록 - 부정형에서는 목적일까지도 부정하여 당위성이 없다.

13. [주어 개인적인 당위적 입장으로 볼 때]라고 한정하여 말한다

should + think, imagine, hope. 개인적인 입장으로(사회 구성원 자격, 입장으로) 볼 때, 혹은 제 개인적인 생각, 느낌(상상), 바램으로 말한다면.

○ I **should think** it's going to rain soon. **제 개인적인 생각으로는** 곧 비가 올 것 같습니다. - 주어 개인적인(일반 구성원으로서 볼 때) 당위성으로 한정하여 말함.

○ 'I suppose that was the right thing to do.' '**I should imagine so.**' '그것은 해야 할 옳은 일이었다고 생각합니다.' '제 개인적인 생각(판단)으로는 그렇습니다.'

○ 'Can we be talking about the same thing?' '**I should hope so**.' '우리가 동일한 일에 대하여 토론 할 수 있을까요?' '저 개인적으로는 그러길 바랍니다.

○ **I should say** he is over fifty. 저 개인적으로 말한다면 그는 50이 넘었을 겁니다.

○ He is a fool, I **should think**. 제 개인적인 생각으로는 그는 바보입니다.

○ I **shouldn't think** there'll be a problem parking at that time of night. 저 개인적인 생각으로는 오늘밤 그 시간에 주차하는 데에 문제가 있을 거라고는 생각지 않아요. 나는 오늘밤 그 시간에 주차하는 데에 문제가 있을 거라고는 생각하지 않겠다. - 당위성을 부정.

○ "I'm not going out tonight," "I **should** think **not**, with so much work to do!" "나는 오늘밤 밖에 나가지 않을거에요." "내 개인적으로는 할 일들이 너무 많다고 생각치 않아요!" -여기 not는 상대방의 말(내용)을 부정적으로 생각.

○ **I should think so**. 저 개인적인 입장으로는 그렇게 생각합니다.

○ **I should say so**. 저 개인적으로 말한다 해도 그렇습니다(똑 같습니다).

14. 주어의 개인적인 「당위성 있는 바램을 남에게 내비침(완곡한 표현)」

남에게 자신이 원하는 어떤 일을 「직접 말하지 않고」 남이 그것을 해주기를 바라는 표현이다. 도와주세요, 허락해 주세요, 대신해 주세요, 제안 등등의 의미로 쓰인다.

> Like는 자신이 원하지만 자신이 직접 가질 수 없는 것을 목 적으로 한다(자신이 원하지만 직접 가지거나 행 할 수 없는 남의 것이다). 그리고 남에게 자신이 좋아하는 것, 원하는 것을 이야기하는 행위는 자식이 부모에게 자신이 좋아하는 것을 말하면 그것을 구해 주듯이 호의를 가지고 있는 남이 대신 이루어 주기를 바라는 마음(뜻)으로 말하는 것이다. should에 like 연결은 당위성 있는 like를 만들어 주며, 이는 직접적인 요구보다는 돌려 말하는 [완곡하고] 매우 정중한 '당위성 있는 바램'인 것이다.

○ 'I **should like** to know anything you can tell me,' said Kendal. - 나는 개인적으로 당신이 제게 말해줄 수 있는 그 무엇이라도 알려주신다면 좋겠습니다 라고 Kendal이 말했다. - 알려 달라 의 뜻. ★ should에 Like 연결은 당위성 있는 like를 만들어 주며, 이는 직접적인 목적 요구보다는 매우 정중한 당위성 있는 간접 바램인 것이다.

○ I **should like** a word with the carpenter. 나는 개인적으로 목수와 얘기를 나누고 싶습니다. - 얘기할 수 있게 해달라 의 뜻.

○ I **should like** to ask you to come with us for a quiet supper. 저는 조용한 저녁 식사를

먹으러 저와 함께 가지 않겠냐고 개인적으로 묻고 싶습니다. - 제안(목적일을 제안). - ~을 묻습니다(질문)을 완곡하게 돌려 말한다. (~해 주시겠습니까의 뜻)

○ That is very kind of you both. I **should like** to come. 그 일을 양쪽 두 분이 매우 친절하게 해주셨습니다. (그래서) 저는 개인적으로 (두 분이) 와 주셨으면 좋겠습니다. - 와 주세요의 뜻.

○ She thought, 'I **should like** her for a friend.' 그녀는 내가 그녀에게 친구가 되어 주기를 개인적으로 바란다고 생각했다. - 그녀는 내가 그녀에게 친구가 되어 주기를 바란다고 생각했다의 뜻.

○ I **should like** a glass of water. 저는 개인적으로 물 한잔을 먹고 싶습니다. - 물 갖다 주세요의 뜻.

○ I **should like** to come. 저는 개인적으로 (당신이)와 주신다면 좋겠습니다. - 와주세요 의 뜻.

○ "Will you require anything else?" "Yes, I **should like** a dry martini." "너는 그 밖의 다른 무엇을 요구할거 있니?" "예, 전 개인적으로 쌉쌀한 마티니를 마시고 싶은데요." - 마시게 해주세요의 뜻.

15. 남(청자)에게 자신이 원하는 일을 「직접 말하고」 남이 해결해 준다면, 감사, 기뻐, 행복할 당위성이 있게 됨을 알린다. 당위성 있는 일을 감정 평가

○ I **should be** happy if you would bring them this evening. 오늘 저녁 그것들을 갖다 주시면 고맙(기쁘)겠습니다. - if절의 would는 불확실한 미래 가정. - 기뻐할 당위성이 있음을 (예의상) 알림. (11장 가정법참고).

○ 'You can go and see her tomorrow afternoon if you feel like it.' - 'I **should be** delighted to do so.' '만일 네가 원한다면 내일 오후 그녀를 가서 만나도 된다.' '그렇게 해주신다면 저는 기쁘게 될 것 같습니다.' - 완곡한 표현은 아님. - 기뻐할 당위성이 있음을 정중하게 알림.

○ I **should be** grateful for an early reply. (청자에게)일찍 답변을 주시면 감사하겠습니다. - 감사할 당위성이 있음을 정중하게 알림.

D. 주어가 본래 가진 고유의 당위성

○ There is no reason why philosophers should not write novels. 철학자들이 소설을 쓰지 말아야 할 이유는 없다. 철학자들이 가진 고유의 당위성.

○ A host should try to include all his guests in the conversation. 주인은 모든 손님들을 대화에 끌어들이도록 노력해야 한다. - 손님을 대하는 태도에서 주인으로서 본래 가지고 있는 고유의 당위성.

○ The meeting shouldn't take long. 회의는 오래 걸리지 않아야 합니다. - 회의를 오래 끌 당위성이 없다. 회의가 가지고 있는 고유의 당위성.

○ The diet should be maintained unchanged for about a year. 다이어트는 대략 1년 동안 변함없이 유지되어야 합니다. - 다이어트를 할 때 지켜야 하는 고유의 당위성이 일년 동안 유자 해야 한다. 다이어트가 가진 고유의 당위성.

E. 가정법 : 가상 조건 법

「허상 조건 법」이기도 하며 일명 가정법이라고도 한다.

> 사람들은 왜 가정을 하는 것일까 생각하여 보자. 기준 현실에서 가정을 하는 주된 이유는 주어가 사는 「숨겨진 기준 현실」 세계의 문제와 위기, 한계 등에 처해있는 상황에서 가상 세계에서나마 이를 돌파, 극복 등 해법을 가정해 보는 것이다. 다시 말해서 기준 현실 세계에서는 별다른 해결 방안이 현재에 없거나 찾지 못하고 있고, 과거 당시에는 해결 방안을 미처 깨닫지 못하고 지나갔던 일이거나 아쉽게 놓쳐버렸던 일이기 때문에 아쉬워서 가정으로라도 그 해법을 말하여 극복해보는 것이다. 역으로 보면 화자 자신이 이상적이고 행복한 상황에 처해 있다면 가정이라는 다른 대안을 꿈꾸지 않을 것이다. 반대로 기준 현실에 아무런 문제가 없어도 최악의 경우를 가정한다.

★ 주의할 것은 가정법에서 기준현실 중심으로 선 조건, 후 가상 실현을 말하는 한국어와 달리 영어에서는 기준 현실 시간 보다 앞선 시간인 돌아갈수 없는 시간(과거등)으로 가서 가상 조건을 설정하고 거기에 맞추어 가상 실현도 말해보고 있다. 그 이유는 기준 현실보다 앞선 가상 조건을 설정해야 가상으로라도 현실을 바꿀수 있다고 보기 때문이다. 그러므로 항상 한국어의 기준 현실보다 앞선 시제로 말하되 의미상으로는 기준 현실 시제를 중심으로 선 가상 조건, 후 가상 실현을 해석해야 한다. 즉 『영어의 시제와 한국어의 시제는 다르지만 의미는 같다』이다.

★ 그러므로 가정법의 극복 실현절(종존절)에서의 파워동사는 예를들어 would일 경우 현재

가정법와 미래 가정법에서는 현재형이며 과거 가정법에서는 과거형이다. 이들은 모두 가상의 파워동사이다. 그래서 의미가 미래 가정법와 현재 가정법에서 현재형일때도 would(= 가상의 will뜻)이지만 과거 가정법에서 would는 이미 사용한 과거형 would(= 가상의 과거형would의 뜻)이다. I would~ 인 경우 나는~ 하겠다, 하고 싶다(현재형) 가 아니라 나는 ~ 할텐데(가상의 현재형) 라고 해석한다.

1. 현재 가정법

= 현재의 가상 조건 법, 기존 가정법 과거.

기준 현실은 「현재」(현재 기준의 가상 조건법)이다. 한계와 문제는 기준 현실 현재에 있다. 그러나 영어의 가상 조건 설정 시제와 영어가 말하는 그 의미상 기준 현실 시제는 다르다.

현재보다 앞선 되돌아갈 수 없는 「과거 시간」에 조건을 설정한다는 것은 비 현실 조건인 가상 조건을 나타내며 기준 현실을 바꿀 수 있는 시간이고 순서상의 '가상의『선결』조건'이기도 하다. (선결은 '우선, 먼저 해결'의 줄임 말) 실현도 실제의 실현이 아닌 '가상 실현'이 되고 실제 실현 행위로 이어질 수 없는 조건 법이다. 특별히 이 시제가 의미에 절대적이지 않고 (아무런 영향이 없고) 의미는 항상 기준 현실 중심임을 반드시 기억해야 한다.

현실과 다른 앞선 과거 시간으로 되돌아가기는 '한계를 느끼고 있는 현실을 반대로 바꾸어 문제를 극복하고 싶은 욕망에서 비롯되었고' 그래서 현실을 바꿀 수 있는 앞선 (가상의) 과거로 되돌아가 기준 현실에 반대로 가정을 하며, 기준 현실에 적용도 현재에 가상 극복 실현의 뜻으로 하여 극복 실현에 대한 현실적인 아쉬움이 남는다. 그러므로 선 가정과 나중 가상 종존절 사이에 있는『숨겨진 '기준 현실'은 '현재'』가 되어 '현재의 사실과 반대'의 가정이 된다(그림 참조).

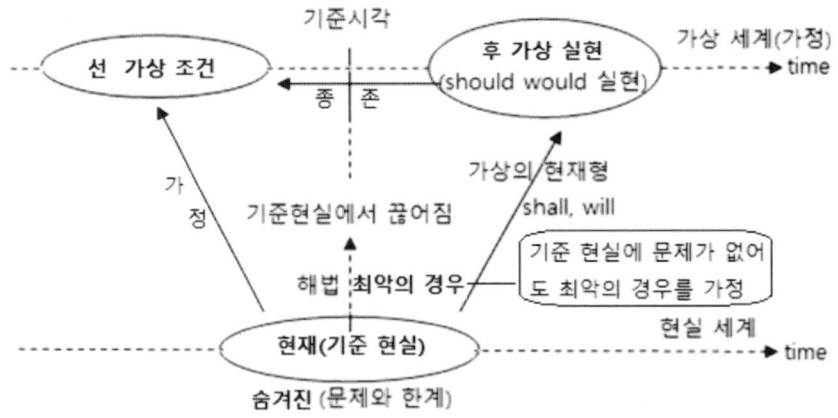

< 기준 현실에서 본 현재 가정법의 should would 사용 >

종존절의 파워 동사 should, would 등은 끊어진 파워 동사이며, 이는 '기준 현실에서 끊어졌음'을 뜻하는 「가상의 파워 동사」이고 의미는 가상의 shall, will 등의 뜻이다.

= 가상의 (문제) 극복 조건(선결 조건) + 기준 현실에 적용한 '가상 (문제) 극복 실현의 뜻'.

= 선, 가상의 극복 조건절 + 후, 가상의 극복 실현 종존절.

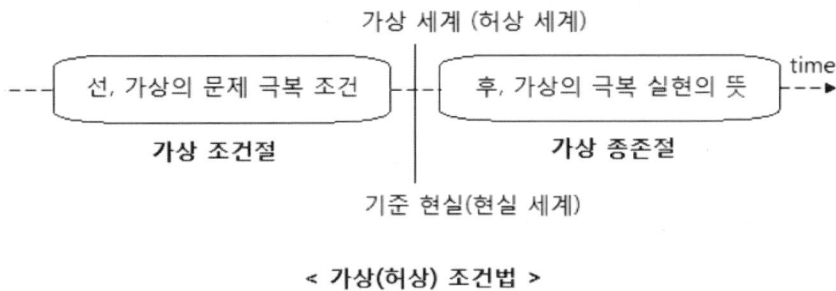

< 가상(허상) 조건법 >

★ 여기 조건절의 과거형과 극복 실현절의 가상의 현재형을 명확히 구분 이해해야 합니다. 시제는 선후 관계이며, 목적일은 순차적인 관계이다.

1) 일반적인 현재 가정법

① 현재형 should(가상의 shall)의 실현

종존절의 should는 가상의 shall의 뜻으로 가상 조건에 가상 실현으로 결속하는 뜻이 있음을 알린다. 현실 세계에서는 상호 관계에 결속해야 했지만 가정법에서는 가상 조건에 가상 실현으로 결속하는 것이다. Will과 would가 자발적으로 사용하려는 힘이지만 should(가상의 shall)는 결코 자발적인 힘은 아니고 외부 요인에 의해 사용되는 힘이다. 그래서 여기 종존절에서 should는 조건에 뒤따르는 실현을 이루려는 결속이다. ★ Shall 결속이 양쪽 상관 관계에 올바르게 결속하려는 힘이므로 주어의 외부 환경이나 여건에서 생기는 동기로 사용하려는 힘이다. 그래서 가정법에서 should(가상의 shall) 실현은 가상 조건에 따라가 순응 결속하는 가상 실현이므로 당위성 있는 목적일이 아니고 가상 조건에 따라가 당연히 이뤄지게 되어 있는 가상 실현이다. 그래서 '~할 텐데요'라고 하지 않고 '~하게 될 텐데요'라고 해석한다.

○ He **should speak** English very well if he has been learning it for five years. 그가 5년 동안 영어를 배워왔더라면 매우 잘 말하게 될 텐데요. -가상 조건이 현재 완료형이지만 현재에서 본 단순 과거형으로 적용하고 종존절은 가상의 shall이며 이는 주어의 목적일이 조건에 뒤따라가 결속되는 경우다. 기준 현실의 문제와 한계는 그 동안 영어를 배우지 못해 현재에 필요한 영어를 말할 수 없다이다. 그래서 그 해법이나 대안으로 가상의

조건과 가상의 실현을 말해본다이다.

○ If I had a thousand dollars, I should take a long holiday. 만일 내게 천 달러가 있다면 나는 긴 휴가를 가게 될 텐데요. - 현재 가정법. 기준 현실은 현재에서 화자는 돈이 없어서 휴가를 갈 수 없다이며 should은 조건에 결속하는 경우이며 실상은 돈을 조건으로 휴가를 가질 수 있다는 의미이다. 가상 조건 세계는 기준 현실에서 끊어져 있지만(실제 휴가를 갈 수가 없지만) 그 해법이나 대안으로 가상 조건에 가상 결속하는 그 실현(극복 해결)을 말해 본다. 현실에서 shall은 '나는 긴 휴가를 갈게요'라고 해석하지만 가상의 shall 뜻으로는 '나는 긴 휴가를 가게 될 텐데요'라고 가상의 의미로 해석한다.

○ I should be surprised if he came. 나는 만일 그가 돌아온다면 나는 깜짝 놀라게 될 텐데요. - 기준현실은 현재 그가 전혀 오지 못할 상황이다. 그래서 그 해법으로 현재에서 불가능한 일을 가정해 본다. 실제 그가 올 수 없지만 온다면 내가 당연히 놀라게 되어 있다고 한다. 가상의 shall이 가상 조건과 가상 실현을 결속시켜 놓았다.

○ If he said that, I **should feel** hurt. 만일 그가 그것을 말한다면 나는 당연히 상처를 받게 될 텐데요. - 기준 현실은 현재 그가 그것을 전혀 말할 수 없는 상황이다. 그래서 그 『최악의 경우』로 가상 조건에 내가 당연히 상처받게 될 일이라고 가상으로 말해본다. 가상 조건에 실제성 없는 가상의 실현이 된다. ★ 여기서 기준 현실에 아무런 문제가 없다 하더라도 『**최악의 경우를 가정**』하여 살펴볼 필요도 있게 된다. 그래서 그 가정은 문제를 만드는 가정이므로 해법이 아닌 '최악의 경우를 가정'한다.

② **입장 바꾼다면**

내가 너라면, 나 같으면(너의 입장을 내가 갖게 된다면), 나는 ~할 텐데요. 즉 어떤 가치 있는 목적일을 알고 있는 화자 입장에서 가상으로 청자와 입장을 바꿔 말하여 그 가치 있는 일을 목적일로 행할 가치가 있음을 주어에게 알려주려고 역설적(입장 바꿔)으로 예시해 권해본다. 기준현실의 '한계와 문제는' 화자가 청자에게 네가 ~을 해봐라 라고 직설적으로 말하기 어렵거나 목적일에 대한 가치를 제대로 전달하기 어려운 상황이다. 그래서 입장을 바꿔 말해본다.

○ I should look out if I were you! 내가 너라면 밖을 쳐다보겠는데. 쳐다보게 될 텐데. - 기준현실의 한계와 문제는 화자가 청자에게 밖의 상황을 직접적으로 간단히 설명하기 어려운 상황이다. 그래서 입장을 바꾼다면이라는 가정을 한다. ~하는 일이 좋다고 옳은 선택을 자신의 입장에서 예시한다.

2) 서로의 마음(뜻-will) 가정

실제 문제는 반대 상황, 즉 청자가 현재 반대의 마음(will not)을 가지고 있지만 청자의 마음을 바꾸어 보려는, 긍정적인 문제 해결을 유도하려는 상호적인 가정이다. ★ 해석상 should, would의 의미는 가상의 현재형 shall, will의 의미가 된다. ★ 여기서 조건과 실현의 두개의 목적 일은 서로 상호적인 결속(should) 관계이다. 그래서 종존절에 should를 사용한다.

○ I **should** be grateful **if** you **would** let me know your decision as soon as possible. 만일 당신의 결정을 가능한 빨리 저에게 알려줄 뜻이 있으시다면 저는 감사하게 될 텐데요. 조건절의 would는 현재형이며 주어의 뜻을 서술했을 뿐 동사는 미 동작 상태이어서 '현재에 will이 있으시다면'의 의미로 해석한다. 즉 가상 조건에서 현재형 will 의 존재를 가정한 것이다. 기준 현실에서 '실제는' 주어가 현재까지 「알려주지 않았고 알려주려 하지 않기(will not) 때문에」알려 달라고 오늘 이 가정 이야기를 말한다. 즉 청자가 will not~하기 때문에 반대로 if you would~을 가정했다. 이 would는 현재 가정법에 의한 비 현실(가상) 조건 시제이다. ★ Would you let me know~? 을 가정법으로 돌려 말하는 간접 의문문이며 현재 확인이 어려운 상대방의 속내와 그 입장을 생각해서 조심스럽고도 매우 완곡하게 돌려 말하는 간접 의문문이다. 다시 말해 ★ 청자 속내의 결정을 알려 주지 않으려는 청자에게 가정법 형식을 빌려 매우 완곡하고 정중하게 돌려 요청하는 간접 의문문이다. 즉 결정을 알려주지 않으려는 청자의 '문제를 직접 지적하지 않고' 의문문 형식(원래 would you~? 형식)으로 직접 질문하기보다는 간접 의문문 형식을 사용하며 그 간접 의문문을 정중하게 돌려 말하는 가정법 형식으로 표현하고 있다. (좀 복잡한 것 같지만 화자의 속 깊은 마음을 이해하시겠죠? 파워 동사 쓰임새의 최고 절정이기도 한 것 같네요. ^^)

○ I **should be** happy if you would bring them this evening. 오늘 저녁 그것들을 갖다 줄 뜻이 있으시다면 전 기쁘게 될 텐데요(기쁘게 될 것 같습니다). - if절의 would는 가상의 will의 현재형이며 '현재에 will이 있으시다면'의 의미로 해석하고 should는 가상의 shall이며 이는 종존절 주어의 목적 감정이 조건에 뒤따라가 결속되는 경우이며 기준 현실에서 끊어진 should이다. 그것들을 갖다 주지 않으려는 청자에게 'Would you bring them this evening?'으로 말하지 않고 가정법 형식으로 돌려 말하여 매우 완곡하고 정중하게 요청하는 간접 의문문이다. 나머지 이해는 위 예문 설명을 참고할 것.

- 가상의 현재형 -   - 가상의 현재형 -

If ~   would   미래~~,   주어   would   미래~~.
                                  should

< 가상으로 서로의 마음(뜻) 확인 조건 >

★ 여기서 다른 가정법과 비슷하게 would~, would should를 사용했지만 다른 점은 이들 목적일은「서로 상호적인 교차 관계」이며 다른 가정법에서는 순차적인 목적일이다(참고 하이브리드형 미래 상호 목적 교환 조건과 비교). 여기서 주의 할 점은 if 주어 would~, I would(should)~를 사용하여 미래 가정법처럼 보이지만 『현재에 will not을 가지고 있는 청자에게』 가상 조건에서 서로의 will이 확인될 때, 즉 현재에 상호 목적 교환의 뜻(will)에 동의할 때 그 목적일과 감정이 미래에 서로 교차하여 이루어지게 된다는 것을 전제로 가정하고 있다. 그렇지만 현재에는 실제 주어의 will not으로 그러한 목적 교환적 실현의 뜻은「현재에는 거의 없으며」미래에도 목적 교환적 실현은 장담할 수 없는 상황이다. 단지 화자가 주어의 부정적 마음을 현재에 긍정적으로 유도하려는 가정이어서 미래 가정법이 아니고 현재 가정법이 된다. 가상의 세계는 기준현실과 끊어져 있으므로 would, should를 사용하지만 현재형입니다. 이를 반드시 명확히 구분 이해해야 합니다.

2. 과거 가정법 = 과거의 가상 조건 법, 기존 가정법 과거 완료.

기준 현실은「과거」이며 말하는 현재와 시간차가 있다. 과거는 현재에 이미 지나온 시간이며 과거에 존재했던 시간이므로 과거와 반대의 일, 즉 과거에 하지 못한 (과거에 존재하지 못한) 일을 가정한다.

> 'have + 과거 분사'는 파워 동사와 결합할 경우 have는 현재형이 아닌 원형 동사에 해당한다.

> 기준 현실은「과거」이므로 현재에서 되돌아보는 과거의 '한계와 문제'는 과거에「이룰 수 없었고 놓쳐버려야 했던 상황」이며 이를 반대로 가정한다. 즉 과거에 한계와 문제에 부딪쳐 이룰 수 없었고 놓쳐버려야 했던 일을 아쉬워하며 아직도 미련이 남는 일을 기준 현실 과거에 반대로 가정을 한다. 여기서 기준 현실에 반대로 가정을 한다는 것은 과거는 지나온 존재 영역이므로 과거에 일어나지 않았던 일을 '일어났던 일'로, 즉 『기준 현실인 과거에 일어났을 존재적(결과적) 관점에서 가정』하거나 과거에 일어나지 않았을 부 존재적 관점에서 가정하므로「완료형을 사용」한다.

과거에 이루지 못한 일이나 놓쳐버려야 했던 일이 있었던 주어의 과거 한계 현실에 대하여 그것을 바꾸고 싶은 마음으로 과거 이전으로 되돌아가 가정하는 것은 지나온 기준현실인 과거를 바꿀 수 있게 가정하여(기준 현실에서 봤을 때 반대로 가정하여) 그 가상의 실현을 결과적 입장으로 이야기해본다 [과거 가정법]. 여기 실현 결과는 과거 놓쳐버린 일 등을 가상으로 결과적 실현하는 것이다.

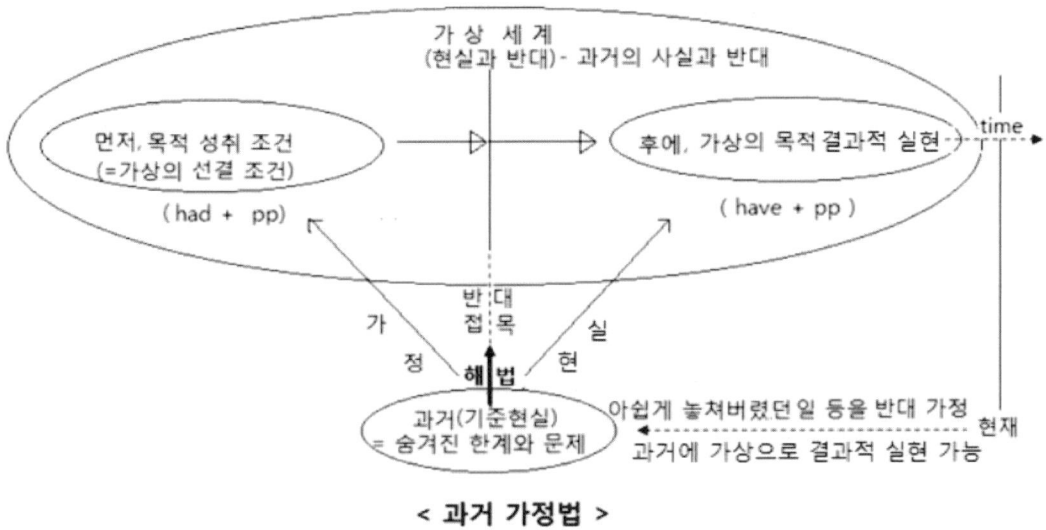

< 과거 가정법 >

과거의 기준 현실에서 선 가정과 그 나중 종존절을 가정하는 과거 가정법은 기준 현실 시간인 과거에서 가상 조건은 앞선 시간인 과거완료이며 종존절은 그 나중 시간인 과거의 결과적 실현 가능이다.

- 가상의 과거형 -

If ~ had + 과거분사 ~~,   주어 { would / should / could / might } have + 과거분사 ~~.

(과거 이전으로 되돌아 가기)
= 과거 사실에 반대로 가정   = 과거에 가상으로 실현을 이룬 결과적 입장

< 과거 가정법 동사들 >

여기 과거형 파워동사는 결과적 실현을 하는데 '사용된' 파워이다. 즉 주어가 과거에 '가상으로 파워동사를 사용해서' 목적하는 결과적 실현을 이루었다. 「과거에 결과를 이루는데 사용된 과거형 파워 동사」라는 것은 혼동하지 말아야 한다. ★ 파워동사를 사용했다는 다른 경우는 현재형 추측의 경우일때 단지 '언어상으로 사용했다'는 의미이며 여기의 파워(에너지)를 소모해서 결과를 이루는 경우와 전혀 다르다.

기준 현실인 과거에서 끊어져 있는 가상 현실(세계) 속에서 기준현실의 한계와 문제의 해법으로 가상의 반대 조건과 가상 극복실현을 말해 본다.

○ I **should have stayed** in the study **if** they **had let** me alone. 만일 그들이 나를 홀로

놔두었더라면 나는 서재에 머물고 있었을 텐데. - 실제의 기준현실은 과거에 그들은 내가 서재에 머물 수 없을 정도로 나를 가만히 놔두지 않았다. 만약 나를 놔두었더라면 서재에 당연히 있었을 거다 라는 지나간 과거를 아쉬워하는 가정의 뜻. ★ 여기 종존절의 should는 선 가상 조건에 (당연히) 뒤따라 순응 결속하는 뜻이다.

○ **If** we **had known** you were coming we **should have taken** the day off. 만일 우리가 네가 온다고 알고 있었다면 우리는 그 일정을 취소했을 텐데. - 과거 가정법. 실제 기준 현실은 과거에 네가 오는 줄 모르고 있어서 그 일정을 취소 못했다. Should는 가상 조건에 뒤따라 순응 결속하는 뜻이다.

3. 미래 가정법 _가상의 미래 존재 조건, 기존 가정법 미래

1) 미래 존재 가정법(미래 가상 존재/발생 조건법)

우리는 왜 미래를 가정하는가를 생각해 보자. 과거, 현재에서는 한계나 문제가 있는 기준 현실을 바꾸고 싶어서 가정하지만 아직 미래에는 아무 것도 존재치 않아서 현재를 기준으로 해서 바라보는 미래에는 실제 존재 가능성이 매우 많아서 '① 미래에 실제 존재 (발생)하도록 조건을 설정하는 미래 존재 조건 법이 있지만 또다른 어떤 일은 ② 미래에 일어날(발생할) 존재 가능성이 거의 없고 매우 불확실'하다면 실제와 반대로 존재하도록 '가상의 존재 조건을 설정'(=가정)할 수가 있다. 결론적으로 다시 말해서 「미래 존재 실현 가능성이 거의 없는 일」을 「2) 부정적 방향에서 반대로 가정(should)」하거나 「3) 긍정적 방향에서 반대로 가정(would)」하는 것이다. 이들 비현실적인 미래 가정은 가능성은 거의 없지만 그래도 있을지도 모를「'만약'의 경우를 대비하는 가상의 조건」인 것이다. 그리고 만약의 경우를 대비하는 가정이 아닌 '③ 실현 가능성이 전혀 없는' 「1) 진정한 미래 가정 (완전한 가상)법」인 If - were to ~ 형식이 있다.

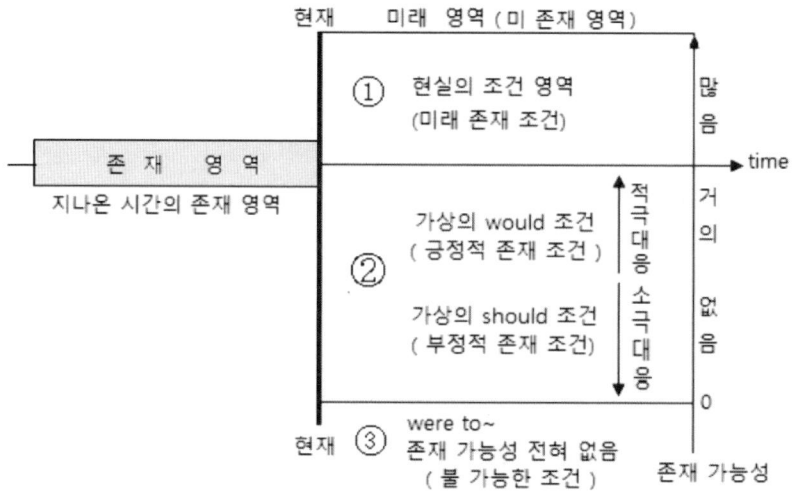

< 현실과 가상의 존재 조건들 가능성 비교 >

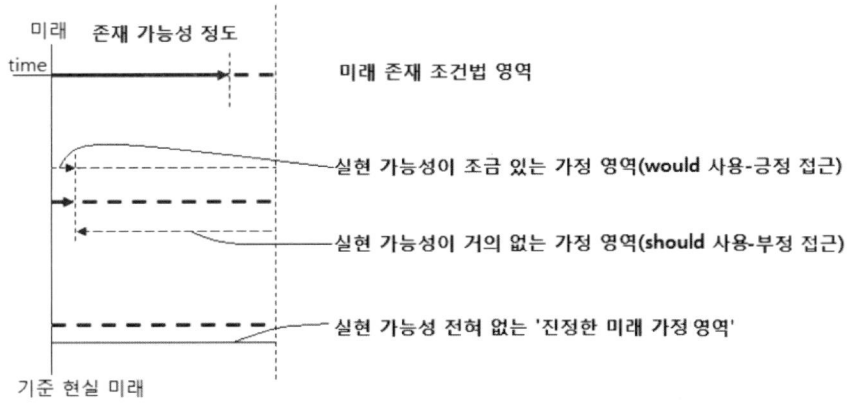

< 미래 존재 가능성 정도와 그 가정 영역들의 이해 >

① Were to ~

Were는 되돌아갈 수 없는 과거 시제가 가상 시제(가정법)임을 말해주며, 여기에 to~가 더해져서 미래의 가상 시제(미래 가정법)가 된다. were to+원형동사에서 원형 동사는 미래의 일을 나타낸다. 이 조건 법은 **진정한 미래 가상(허상) 조건 법**이다. 이는 '만약의 경우'는 고사하고 '조금의 존재 가능성 여지도 없는' 진정한 미래 가정법이며 그래서 실현 가능성은 전혀 없지만 『~있다면』라고 가정한다.

○ If I were to leave here right now, I should never forget your help. 지금 당장 여길 떠난다면(떠난다 해도) 나는 결코 너의 도움을 잊지 않게 될 텐데요. 잊혀지지 않게 될 텐데요. 기준 현실은 지금 여길 떠날 이유나 근거가 없어서(가능성이 전혀 없어서) 떠날 뜻이 전혀 없지만 그래도 떠난다고 가정하더라도, 너의 도움을 잊을 수가 없다(잊지 않게 되어 있다) 이다.

② Should를 사용하는 미래 가정

「미래에 실현 가능성이 거의 없는 일」을 부정적으로 보고 접근하는 가정인 경우이다. 끊어진 should는 기준현실에서 끊어져 있으므로 가상의 shall이며 이는 미래에 실현 가능성이 거의 없는 일에「주어가 스스로의 의지가 아닌 외부 요인으로 마지못해 받아들이는 즉 미래에 순응적으로 결속되는 경우」이다. 즉 주어가 스스로 선택해서 받아들이게 되는 경우는 아니며 그 실현은 외부적 요인 등에 달려 있다. 이는 「만약의 경우」를 대비하는 가상의 조건이므로 실제 기준현실은 『현실에 빈틈이 거의 없거나 만약의 경우를 대비한 뜻』을 갖고 있음을 알 수 있다. 그러므로 「부정적으로 접근하는 가정」이다. ★ 여기서 조건과 실현의 두개 목적일은 서로 순차적인 결속 연결 관계이다.

주어를 should에 연결은 그 목적일의 가능성이 거의 없지만 외부 요인이나 변수 등에 순응적 결속하는, 즉 마지 못해 결속하는 가상의 조건이 된다. 그래서 종존절을 낳는 빌미를 제공한다.

이런 가능성이 거의 없는 가상 조건의 (완성)실현은 그 기준현실과 반대 조건이므로 가능성이 거의 없지만 '만약에 그런 일이 생기면'처럼 실질적인 조건이 되기도 하고 그 대응 등의 종존절도 실질적 대응 등이 될 수도 있다.

○ If I should fail, I would try again. 만일(가령) 내가 실패하게 된다면 나는 다시 도전할 텐데요. - should를 사용한 가상 조건은 가능성이 거의 없는 목적일을 가상 조건하여 즉 가능성이 거의 없지만 만약의 경우를 대비한 가상의 조건으로 이는 혹여 외부의 요인 등으로 발생하는 희박한 가능성이라도 「있게 된다면」의 뜻이 된다. 그래서 실제 기준 현실의 의미는 화자는 실패 가능성이 거의 없어서 다시 도전하는 일도 아마 거의 없을 것이다 그러나 혹시 외부 변수나 요인 등이 생겨서 내가 실패하게 된다면(즉 외부 요인 등에 순응 결속하여 실패하게 된다면) 내가 다시 도전할 텐데요의 뜻이다.

○ If I should succeed it, I would buy you a Samsung AI phone. 만일 내가 그 일에 성공하게 된다면 나는 네게 삼성 인공 지능 폰을 사줄 텐데요. 기준 현실은 '미래에 성공할 일이 거의 없어서 너에게 스마트폰을 사줄 일이 없을 것 같다, 그러니 너무 기대하지 말아라' 이다. 가능성은 불확실하거나 거의 없지만 외부의 요인으로 운이 좋아서 만약의 경우에 성공하게 된다면 사주겠다이다. 성공은 주어의 손에 달려 있는 게 아니고 외부 요인에 달려 있다.

○ If he should come while I am out, ask him to wait. 만일 내가 밖에 나가 있을 때 그가 오게 된다면(되더라도) 그에게 기다려 달라고 요청하여라. - 주어에 동사를 should로 연결은 가능성이 거의 없는 가상의 조건이 된다. 그래서 만약의 경우를 대비한 부탁의 말이다. 미래 가상 조건에 현실적인 대응을 부탁하고 있다.

○ If I should ever make a fortune, I'll give you half of it. 만약에 내가 언젠가 (운 좋게) 성공하게 된다면 나는 성공의 반을 너에게 주겠다. - 주어에 동사를 should로 연결은 가능성이 거의 없는 만약의 경우를 대비한 가상의 조건이 된다. 그럴 경우 주어는 자신만만하게 성공의 반을 주겠다는 실질적인(will 사용) 큰 약속을 해버렸다. 결국 본심은 그럴 일이 없을 거라는 뜻이다. 미래 가상의 조건에 현실적인 대응 약속을 하고 있다.

★ will(would)는 자발적으로 사용하려는 힘이며 shall(should)는 외부적 요인으로 사용하게 되는 힘이다.

9장 WILL

조동사의 새 이름
파워 동사
Power verb with meaning in use
and link relationship

9장 WILL

조동사의 새 이름
파워 동사

Power verb with meaning in use
and link relationship

9장
WILL

Will의 의미

목적일에 자신 있게 분출(사용)하려는, 자발적인 힘의 뜻

「주어가 어떤 일을 목적으로 삼고 강하고 자신 있게 사용(분출)하려는 힘의 뜻」이며 이는 많은 문장에서 구체적인 '다양한 의미'로 나타난다. 그것들은 담당 의사, 의지, 명령, 미래 계획, 예언, 습관, 버릇, 성질, 성격 등이다.

- 어떤 일을 목적으로 삼아 will을 사용하려는 자 혹은 사용하게 하는 자는 자신만만하고 (자신 있는) 힘있는 자, 강한 자이며 그 자신 만만함은 자신이 아닌 남에게 대하여도 있거나 자신이 다루는 일에 대하여도 있다.
- '목적 일에 연결하여'는 목표로 삼고, 혹은 목적일을 향하여 등으로도 쓰인다.
- '힘의 뜻'을 '뜻이 있는 힘' 관점으로 보면 세상은 수많은 힘(파워)들이 있으나 무의미하고 정처 없는 힘들이 대부분이지만 그 중에 어떤 목적이 있고 사용 의미가 있는 힘들도 있기 마련이다. 그래서 그 목적이 있고 그 목적에 사용하는 유의미한 힘인 '뜻이 있는 힘'을 여기 문법에 맞게 뜻 중심의 표현 「힘의 뜻」으로 다시 표현한다. 이것은 지적인 힘, 의미 있는 힘이기도 하다.

Will의 분류

- 1회성의 will,
- 내부에 고착화되어가는 복수 반복성의 will(경향, 특성, 버릇, 습관, 습성),
- 고정 또는 고착화, 고유화 되어 있는 항시 성의 will(성격, 성질, 등).
- → 즉 힘은 1회 분출, 반복 분출, 상시 분출 가능상태의 will로 존재한다.

적용과 전개

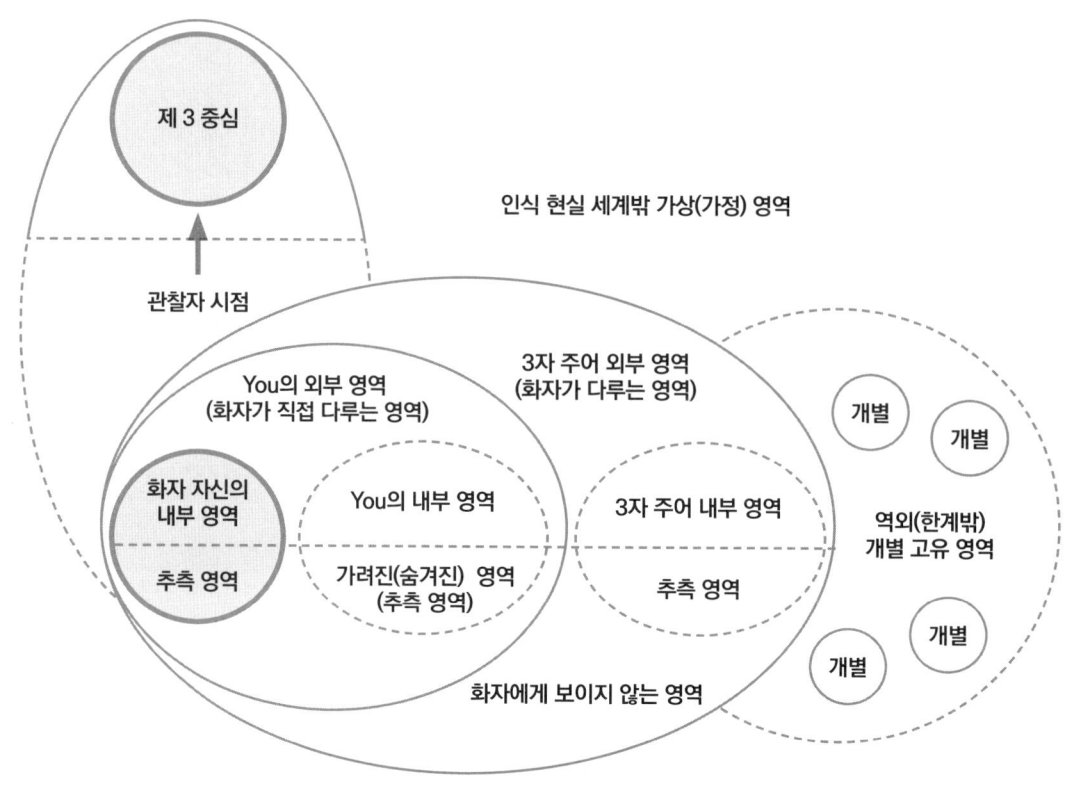

〈파워 화자 중심에서 연결 주어의 서술 영역들 구분〉

★ 이 그림은 이 책에서 설명하는 파워동사들의 대표적인 서술 패턴들을 나타내고 있다. Must와 시간의 변화에 따른 서술들을 제외하고 「현재형을 기준」해서 이 책의 거의 모든 서술 표현들이 이 패턴에 포함되어 절대 중요하므로 반드시 기억하고 이 패턴대로 구분하며 학습해야 합니다. 그리고 이것은 파워 화자 중심 영역에서 다른 영역으로 파워 영향이 확장하여 서술하는 구조이다. 다시 말하면 모든 언어 표현은 화자 중심관점에서 말하게 되며, 이 책에서 언급하는 '파워를 가진 화자'가 서술하는 모든 주어에 대하여 그 주어가 파워를 가지고 있든 아니든 영향력이 미치게 되든 영향력 밖에 있게 되든 그 대표적인 주어들의 서술을 이해하기 쉽게 그림으로 구조화한 것이다. 9장을 읽고 소단원의 전체적 전개 양상을 이해하면 이 그림도 이해할 수 있다.

A. 화자 중심에서

1. 〈 I will~ 〉 I will의 서술

I will의 서술은 화자 자신이 가진 will의 서술이므로 주어의 내부에 있는 will을 서술이라는

형식으로 목적일을 향하여(목적으로 연결하여)「will의 사용의사와 목적 달성의 뜻을 밖으로 드러내 알림」을 말한다. 본래 주어와 어떤 일이 먼저 존재하는 상태에서 그 일을 주어의 목적일로 삼고(연결하여) 주어가 내부에 가지고 있는 「will을 언어 형식(서술)에 의하여 밖으로 드러내어 사용의 뜻을 밝힌 것」이 I will서술이다.

주어 내부에 있는 will를 (목적 일을 향하여) 사용의 뜻으로 드러내 알리기. 주어는 강하고 자신 있는 힘의 뜻을 목적을 향하여 사용의 뜻으로 드러내기 → 즉 화자 자신의 내부 will을 서술.

〈의지〉: 여기서 주어는 사람이므로 사람의 내부에 있는 힘을 목적일을 향하여, 즉 목적일을 이루겠다는 사용의 뜻을 가지고 드러내는 경우를 의지라고 정의할 수가 있다. will의 뜻은 목적일에 대하여 자신 있게 분출(사용)하려는 자발적인 힘의 뜻이라고 정의하였다. 이는 will을 전체적인 공통의미로 정의하였지만 사람이 주어인 경우에는 이 will을 의식적으로 사용하기 때문에 의식이 없는 무생물 주어인 경우와 달리 will을 사용할 때「목적일을 향해 이루겠다는 주어의 강한(자신 있는) 힘의 표현」이 의지가 된다. 이경우 특별히 화자 자신이 직접 will을 서술하는 것이 강한 의지가 된다.

will의 서술 행위를 그림으로 표현하면 아래와 같아요.

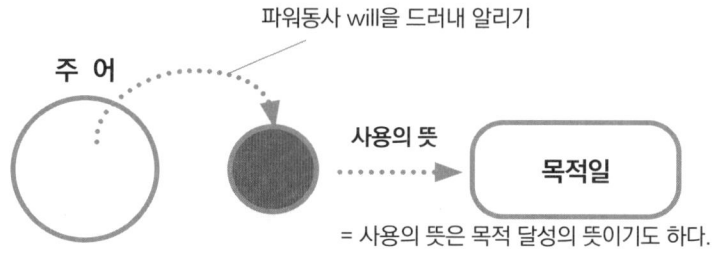

이 서술의 정의에 대하여 반드시 이해하고 기억해야 합니다.

〈주어 내부의 will을 드러내 사용의 뜻을 알리기 = 서술〉

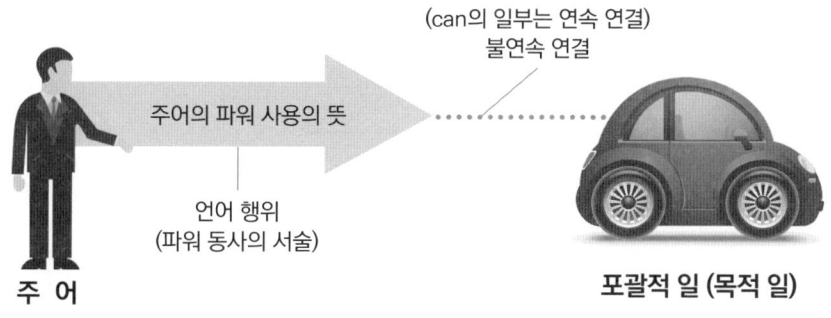

〈파워 동사 서술의 이해〉

강하고 자신 있는 힘을 가지고 목적 일을 향 하여 그 사용과 달성의 뜻을 드러낸 경우를「의지」라고 한다. 그러므로 그 의지는 곧 주어가 목적일에 연결하는 파워의 '연결 의미'이다. 즉 여기서 파워 연결 의미= 의지.

1) 직접 담당 의사(지)를 밝힌다

여러 사람들 중에서 바로 앞에 생긴 새로운 일을 - 다른 사람이 아닌「내가 하겠다」- 주어의 담당(선택) 의사, 의지(뜻)을 드러내기. 어떤 일에 대하여 자신 있는 화자가 다른 사람이 아닌 자신이 그 일을 목적으로 삼고 담당 의지를 드러내기이다. 또한 주어가 그 일을 인식하는 정도는 자신만만함(자신 있어 함)이 있다.

다른 사람들이 보는 관점은 - 여러 사람들 중에 주어가 어떤 일을 자신이 하겠다고(맡겠다고) 자신 있게 나선다. 서술의 관점에서 보면 새로운 일에 대하여 여러 사람들 보다 자신이 가진 will을 새로운 일에 먼저 드러냈다는 것이다. 즉 will을 드러냈다는 것은 어떤 일을 자신의 목적일로 삼고(연결) will의 사용의 뜻(이루겠다는 뜻)을 드러냈다는 것이다.

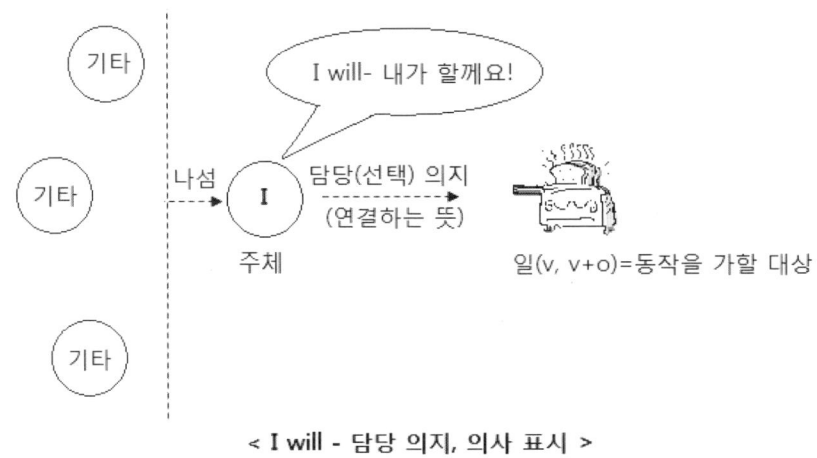

< I will - 담당 의지, 의사 표시 >

○ 'There's the doorbell.' 'I'll go.' 초인종이 울린다(누가 왔다). 제가 가겠어요(제가 맡겠어요) - 주어가 어떤 일에 대하여 다른 사람들보다 선택적으로 먼저 나서 담당의사를 밝힌다.

○ 'You can have it for $50.' 'Ok. I'll buy it.' 50달러를 내면 너는 그걸 가질 수 있다. 좋아요, 그걸 내가 살게요. - 내가 나서겠다 - 주어가 어떤 일에 대하여 다른 사람들보다 선택적으로 먼저 나서기. 구매 담당의 뜻, 의사 표시.

○ 'The phone's ringing.' 'I'll answer it.' 전화 벨이 울린다. 내가 그걸(전화) 받겠어. 주어가 어떤 일(전화 받는 일)에 대하여 다른 사람들보다 선택적으로 먼저 나서서 담당한다. 담당

의사.

○ 'Remember to phone Joe, won't you?' 'Yes, I will.' 조에게 전화하는 걸 기억해라(잊지 말아라), 안 할거니? 아니요(예), 제가 할게요. 제시한 일에 대하여 목적일로 삼을 것인지를 물음. 그러자 목적 일로 삼겠다고 담당의지(의사)를 밝힌다.

○ 'Can somebody help me?' 'I will.' 누구 도와줄 (수 있는) 사람 없나요? 제가 할게요. 다른 사람이 아닌 내가 하겠다의 뜻. 제시한 일에 주어가 나서기(담당 의사 표시).

○ Nobody will ever know what happened to her. 그녀에게 무슨 일이 일어났었는지를 그 어느 누구도 결코 알려고 하지 않는다. - 결코 나서지 않는다. 목적일을 맡겠다고 나서는 자가 없다.

2) 목적의지 - 어떤 일을 목적으로 삼고 그일을 「나는 하겠다」

① 나는 할 것이다. 주어의 목적 의지를 밝히기(알리기)

목적 의지 - 어떤 일을「목적으로 삼기(목적으로 연결)와 will을 사용하여 목적달성 의지를 밝힌다」. Will이 의지가 될 경우는 목적일들이 어려운 일들이다.

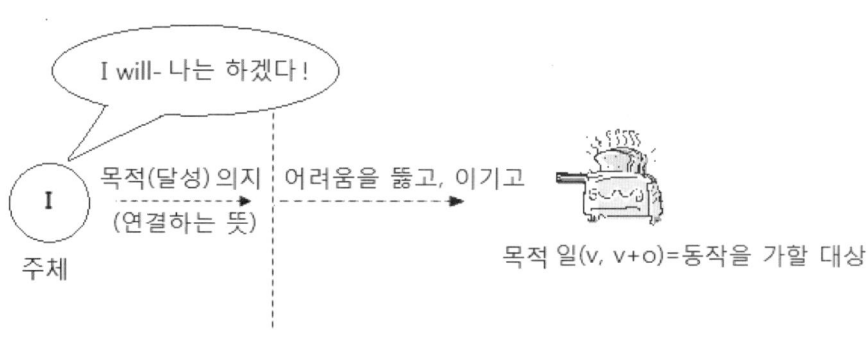

< I will - 목적 달성의 의지 표시 >

○ I'll follow him wherever he goes. 나는 그가 어디를 가든 나는 그를 따라가겠다. - 강한 Will- 높은 difficult 동사. 어디든지 가겠다. 주어의 강한 의지. ★ 어려운 일일수록 목적 일로 삼는 의지 또한 그만큼 더 크다. 반대로 쉬운 일일수록 힘이 실리기보다는 의사, 의견으로 가벼워진다.

○ I'll phone you tonight. 오늘밤 전화할게. - 주어의 자발적 의사 표시(자발적으로 드러내기).

○ I'll hit you if you do that again. 네가 그 짓(앞에 일)을 다시 한다면 나는 너를 치겠어.

칠 거야. - 강한 Will을 가지고 어려운 목적 일에 연결(목표로 삼고)하여 사용의 뜻 드러내기. 바탕형 미래 존재 조건법에서의 미래 사용의 뜻.

○ Don't leave me. I'll cry. 저를 두고 가지 마세요(떠나지 마세요), (그러면) 저 울 거예요. ★ Cry는 어려운 일이 아니므로 주어가 will의 서술은 목적 의사를 표시한 것이다.

○ What will you do next year? 내년에 뭐 할거니? - 미래에 이루고자 하는 목적일 묻기. (미래에 목적으로 삼은(설정해 놓은) 일이 무엇인지 물음). 미래 목적 의지 묻기.

○ I'll break his neck. 내가 그의 목을 부러뜨려 버리겠어. 내가 하겠어 - 주어의 목적 일에 대한 연결 강한 의지를 밝힘(드러내기).

○ OK. We'll buy the tickets if you'll buy supper after the show. 좋아, 네가 쇼를 관람 후에 저녁을 산다면 나는 그 (쇼)티켓을 사겠어. 화자는 자신이 연결한 목적 일에 대한 의지를 밝힘. 하이브리드 형 미래 상호 목적 교환의 뜻에 대한 사실 확인 조건에서 will 이다. 상호적인 의지를 드러낸다.

○ I will stop smoking! I really will. 나는 담배를 끊겠어, 정말로 할거야. - 화자는 어떤 일을 자신의 목적 일로 삼고(금연 일을 목표로 하고) 그 어려운 목적 달성의 강한 의지를 드러내 말한다.

○ I'll tell you what I find out. 내가 찾아내는 것을(내가 무엇을 찾아낸다면) 네게 말해 줄게. - 미래일 실현 조건에서 목적 달성의 뜻을 서술.

○ I really will stop smoking. 나는 정말로 담배를 끊겠다. - 화자는 금연 일을 목적으로 삼고 강한 의지를 드러내 말한다.

○ I'll definitely pay you back next week. 나는 다음주 분명히 당신에게 되 갚겠다. - 화자는 어떤 일을 자신의 목적 일로 삼고 의지를 드러내 말한다.

○ I'll marry her for this. 나는 이것 때문에(이런 이유로) 그녀와 결혼하겠다. - 화자는 어떤 일을 목적으로 삼고 의지를 드러내 말한다.

○ Who do you think will win on Saturday? 토요일에 누가 이길 거라고 생각하니? - 누가 목적일(승리)을 이룰 자가 누구인지 묻기. 의지의 승리자.

○ I'll **have been** teaching for twenty years **this summer**. 올 여름이면 나는 20년 동안 가르치게 된다. - 화자 자신의 미래 완성(완료) 의지. ★ this summer는 미래 완료형과 결합하여 「미래 목표 기준 시간」에 목적일의 완성(완료)의 뜻(의지)를 밝힌다.

○ The builders say they'll **have finished** the roof **by Tuesday**. 그 건축 업자들은 화요일까지 그 지붕을 끝마치겠다고 말한다. - 내부의 will. - 주어의 미래 완성(완료) 의지.

미래 목표 시간까지 목적일을 완성(완료)의 뜻(의지)를 밝힌다.

② 여기 목적일들은 쉬운 일들이어서 그 목적일들에 will의 사용은 의지라고 할 수 없으며 단지 목적일을 하겠다는 단순 will의 사용의 뜻 서술일 뿐이다.

○ I promise I'll phone you this evening. 오늘 저녁 네게 전화하겠다고 약속한다. - 약속 (미래~하겠다, 미래 목적일을 하겠다의 뜻).

○ I'll call you tonight. 오늘밤 네게 전화하겠다. - 미래 목적 달성의 뜻.

○ All right, I'll forgive you. 좋아요, 제가 용서해 드릴게요. - 주어가 목적일 달성 뜻을 말하기.

○ I'll answer the phone. 제가 그 전화를 받을 게요. - 목적 일에 대한 주어의 담당의 뜻을 말해준다. 목적일을 다른 사람이 아닌 내가 담당하겠다. ★담당은 여러 사람이 있는 경우라도 주어 자신이 나섬을 말한다.

○ 'Dinner's ready.' - 'Thanks, Carrie, but we will have a drink first.' 저녁이 준비됐어요, 고마워 캐리, 하지만 우리는 먼저 한잔 마셔야겠어. - 주어진 일보다 미래 다른 목적 의사를 밝힌다.

○ I think I'll go to bed. 나는 잠자리에 들어야겠다고 생각한다. - 주어가 잠자리에 드는 일을 자신의 목적 일로 선택했음을 알린다. 목적 달성의 뜻이다.

○ I'll phone you tonight. 오늘밤 전화할 게요. - 목적일을 하겠다는 의사를 밝힌다.

3) Shall을 사용하다가 will로 바뀐 경우임(shall의 왜곡된 전용)

시간의 흐름에 있는 미래 인식이며 화자의 뜻이 전혀 반영되지 않는, 즉 '본래 will의 의미와 용도가 왜곡된' 무 의지 미래 인식. 그 이유는 will을 미래라고 알고 잘못 가르치기 때문이며 shall과 거의 동일하게 잘못 여겨 왔다. ★ 그러나 will은 자발적인 힘의 사용이며 shall은 외부적 요인에 의한 결속력의 사용이다. Shall을 will로 전용하여 사용하는 것은 엉터리 학자들이 만든 엉터리 문법이다.

○ 'Come out for a drink.' 'No, I'll miss the film on TV.' 음료수 마시러 나와라. 아니요, (그러면) TV 영화를 놓치게 돼요(못 보게 돼요). - shall이 will로 바뀐 경우임. - TV 영화는 화자의 의사와 관계없이 프로그램상 일어나는 미래의 일이며 그 시간의 흐름에 종속되어 시청하느냐 아니냐는 선택일 뿐이다. - 무 의지미래(단순 미래) 인식. 시간과 프로그램에 순응 혹은 불순응 결속(shall)하는 경우다.

○ I'll be 20-year-old next month. 다음달이면 나는 20세가 된다. - 시간의 흐름 속에

일어나는 미래 인식이며 시간의 흐름에 순응 결속(shall)하는 경우다. 그래서 I shall be 20-year-old next month가 옳다. 시간에 순응 결속이다.

○ I am afraid you will catch a cold. 나는 네가 감기에 걸릴까 봐 걱정이다. 화자나 주어의 의지, 의사와 관계없이 처한 상황 속에서 미래를 인식하여 감기 바이러스와 만나게 될 일을 말한다. 감기에 걸리는 것은 화자나 주어의 뜻이 아니며 여기서는 will이 아닌 shall이며 병균에 순응 결속이 된다.

○ You will (shall) miss the train unless you hurry up. 너는 서두르지 않는다면 그 기차를 놓칠 거다. - 화자의 의사와 관계없이 일어나는 미래의 일이며 시간의 흐름에 종속되어 일어난다. 기차를 놓치는 것은 주어의 선택 의사, 의지가 아니며 여기서는 will이 아닌 shall이며 기차 운행 시간에 순응 결속이다.

4) 미래 진행형 추측

[주어will be ~ing~]에서 be는 미래에 존재/발생을 나타내며 be다음의 '~ing'는 현재분사가 된다. 즉 will+be+현재분사가 되어 미래 진행형 추측이 된다. 기존의 문법에서는 미래 진행형이라 가르치는데 보이지 않고 아직 일어나지 않은 미래일을 현재에 구체적인 모습으로 단정하여 표현할 수 없으므로 미래 진행형이 아닌 미래 진행 추측이 된다. 그러나 「~ing」형은 본래 영어에서는 현재분사와 동명사처럼 따로 구분하여 사용하지 않는 것으로 알고 있다. 이런 구분은 현대에 만들어진 것이며 아래 단원에서 다루는 미래 예정일과 계획에서는 미래 진행 추측과 구분하여 사용하여야 한다. 이는 글자 모양은 같아 보일지라도 본래부터 다른 것이다.

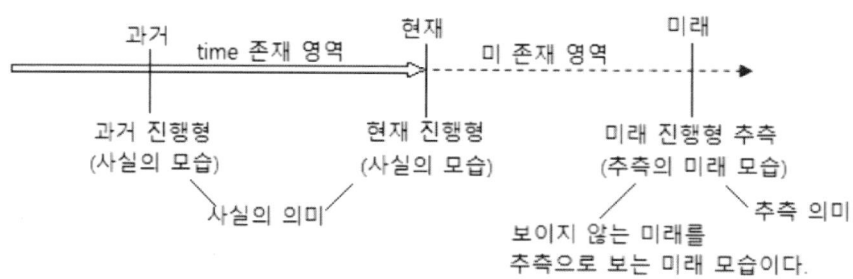

< 진행형의 각 시간대별 모습의 의미 변화 >

★ 위 그림의 진행형에서 다른 유형의 진행형 추측들도 있지만 그것들은 위 그림의 time 존재 영역을 벗어난 다른 영역에 존재하는 일들, 즉 보이지 않는 일들, 인식하지 못하는 일들, 보이지 않는 주어들 등을 진행형으로 추측하는 것들이다.

○ This time tomorrow I'll **be** lying on the beach. 내일 이맘때 나는 해변에 누워있을 거야. 누워 있겠지요. 누워 있을 거예요. - 미래 진행 추측 - 남에게 미래에 자신이 하고 있을 일의 진행의 시간 단면의 모습을 추측으로 알리기. 추측의 내용은 보이지 않는 미래일이다.

○ Good luck with the exam. We'll **be** thinking of you. 시험에 행운이 있기를(시험 잘 치르라). 우리는 너를 생각하고 있을 거다(있을 거야). 미래 진행의 모습을 추측한다.

○ I'll **be** seeing you one of these days, I expect. 내가 기대하기론 나는 요즘 어느 하루 당신을 만나고 있겠지요. 너를 만나고 있을 테지요. - 보이지 않는 자신의 미래 일의 진행을 자신 있게 추측한다.

○ This time tomorrow I'll **be** sitt**ing** in the sun. 내일 이맘때 나는 햇빛을 쬐며 앉아 있겠지요. 햇빛을 쬐고 있을 거에요. 미래 일의 진행의 모습을 추측한다.

2. I will not (= I won't)

주어에게 주어진 일을 주어 자신의 목적 일로 삼지 않으려 하기이다. 주어진 일을 목적일로 연결을(삼기를) 거부, 거절, 회피, 반발, 반작용 등이다.

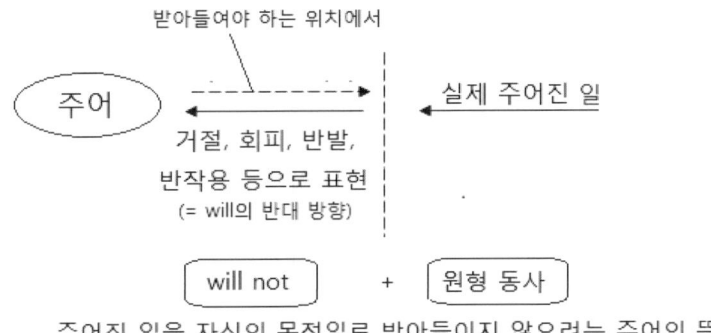

< will **not** (won't) >

○ I don't care what you say, I won't do it. 나는 네가 무슨 말을 하든 관심 없어, 나는 그것을 듣지 않겠어. - 실제 말하는 상황에서 즉 주어진 일을 자신의 목적 일로 삼지 않으려 함 = 거절.

○ I promise I won't smoke again. 나는 다시는 담배 피지 않겠다고 약속하지요. - 주어는 실제 흡연자이며 그 주어진 흡연 욕구(목적)을 거부, 회피, 삼가겠다는 의지를 말한다.

○ I'll **never** forget meeting you that afternoon. 그날 오후 너를 만나는 일을 결코 잊지

않겠다. - 주어에게 실제로 주어진 만나는 목적일(약속 등)을 잊어버리지 않겠다는 회피 의지를 말함(잊어버리는 일이 일상적이며 그 일의 회피 의지). 주어지는 망상을 회피하겠다.

○ I **will** say **no** more on these matters, important though they are. 이 문제들이 비록 그들에게 중요하다 할지라도 이에 대해서 나는 더 이상 말하지 않겠다. - 주어의 차단, 거절의 의지, 의도. Will과 no의 결합.

○ We won't stay longer than two hours. 우리는 두 시간 이상을 머물지 않겠어요. 주어진 일을 자신의 목적 일로 더 이상 삼지 않으려 한다 - 주어에게 주어진 일을 회피, 거절 의지.

3. Will you~?

여기서 you는 청자이나 질문은 화자가 하고 있으므로 대화의 운전자(주도자)는 화자이고 화자의 관점이 중심관점이다. will you~? 는 너는 will있니? 가 기본 의미이다.

여기서 ★ 중요한 두가지는 ① 화자가 '주어에게 제시하는 일을 목적일로 삼아 이뤄줄 뜻이 있는지 묻는다. 이것은 화자가 원하는 목적일이다. ② 화자가 확인하기를 원하는 일이 주어의 목적일로 이미 정해 이룰 뜻(의사)이 있는 일인지를 묻는다. 즉 여기 목적일들은 화자가 원하는 일이거나 주어가 이미 정한 목적일이거나이며 그 will은 화자를 위해 이뤄줄 뜻이거나 주어를 위해 이룰 뜻인지이다.

1) 주어 내부에 will(의사, 뜻)이 있는지를 묻는다

즉 화자가 제시하는 일을 주어가 목적일로 삼아 이뤄줄 의사(뜻)이 있는지를 묻는다. 여기 제시된 일들은 가벼운 일들이다. 그러므로 will은 의사, 의견, 뜻이 된다.

화자가 제시하는 일을 이뤄줄 뜻이 있는지 묻는다. 즉 화자가 원하는 일을 화자를 위해 이뤄줄 뜻이 있는지 묻는다.

○ Will you get here at nine tomorrow, **please**? 미안하지만(제발), 내일 9시에 여기에 와 줄 거니? 내일 9시에 여기 와 줄 뜻(의사)이 있는지를 묻는다. 화자가 제시하는 일을 목적일로 삼아 이뤄줄 뜻이 있는지 묻는다. ★ Please가 있으므로 간청하는 의미로 화자가 원하는 일인지를 곧 알 수 있다.

○ Will you stay in this evening, please? 미안하지만(제발) 당신은 오늘 저녁에 머물러 주시겠습니까? - 현재 화자가 제시하는 목적일을 주어의 목적일로 삼아 이뤄줄 뜻이 있는지 묻는다. 사실상 해 주세요의 뜻이다.

○ Will you do the shopping this afternoon, **please**? 미안하지만 오늘 오후에 쇼핑해

주시겠어요? 조심스럽게 화자가 제시하는 목적일을 이뤄줄 뜻(의사)이 있는지 묻기이다. 여기 목적일은 화자가 원하는 일이 된다.

○ Will you open the window? (an order) 창문 열어 줄래요? ★ 조심스럽지 않고 자신 있게, 혹은 당당하게 질문하는 경우, 여기서 will을 사용한 질문은 사실상 제시하는 일을 주문하는 것이 된다. 여기서 화자가 제시하는 목적 일에 대하여 청자는 약자이고 화자는 강자(혹은 손님)일 수 있다. 그렇다면 청자는 주어진 일을 자신의 목적 일로 삼아야 하는 위치나 지위에 있다. 그래서 청자는 주어진 일에 선택권이 없을 가능성이 있다. 또 한편으로 청자가 약자가 아니라면 매우 무례한 질문이 될 수 있으며 화자보다 높은 지위라면 건방진 질문이 되므로 would you~? 라고 물어야 한다. 그래도 친구 사이라면 괜찮다.

○ Will you drive me home? 나를 집에 태워다 줄거니? - 화자가 제시하는 일을 목적일로 삼아 이뤄줄 뜻(의견)이 있는지 묻는다.

○ Will you listen again, Andrew? 다시 들어줄 거니, 앤드류? - 화자가 제시하는 일을 목적일로 삼아 이뤄줄 뜻(의견)이 있는지 묻는다.

○ Wipe the jam off my mouth(제시한 일), will you? 내 입에 잼을 닦아줄 거니? - 화자가 먼저 제시한 일을 목적일로 삼아 이뤄줄 주어의 뜻(의견)이 있는지를 묻는다.

○ Will you join me for a drink? 나랑 술 한잔 할래요? - 화자가 제시하는 일을 목적일로 삼아 이룰 주어의 뜻(의견)이 있는지 묻는다.

○ Will you be quiet, please! 제발 조용히 해주시겠요? 화자가 원하는 일을 주어의 목적일로 삼아 이뤄줄 뜻이 있는지 묻는다.

○ Will you send me the bill, please? 미안하지만 그 청구서를 보내주시겠습니까? 조심스럽게 화자가 원하는 일을 목적일로 삼아줄 뜻이 있는지를 묻는다.

○ Come this way, will you? 이쪽으로 오시죠, 오시겠어요? → 이쪽으로 오시겠어요? 화자가 청자에게 '제시하는 일'을 목적 일로 삼을 의사가 있는지를 묻는다. Come this way, would you? 청자에게 '제시한 일'을 목적 일로 삼을 뜻(마음)이 있는지 묻는다.

○ Will you get me a newspaper when you're out? 밖에 나갔을 때 신문 갖다 줄래요? - 해줄래? 화자가 제시하는 일을 주어 자신의 목적일로 삼아 이뤄줄 뜻이 있는지 묻는다. ★ 다시 말해 뜻만을 물은 것이 아니고 사실상 그 일을 해줄건지를 묻는 뜻이다. 남에게 일을 대신 맡길 때 사용한다.

○ **Won't** you have some more wine? 와인을 조금 더 마시지 않을래요? - won't는 거부의 뜻이다. ★ 본래 화자는 '~해달라' 혹은 '~해라' 라고 말하고 싶지만 그것은 명령, 요구,

권고 등으로 주어에게 직선적으로 실행(실천)의 부담을 주는 말이지만 여기서 화자는 청자가 목적일을 이룰 뜻이 없을 것 같은 상황에서 화자가 원하는 바와 다르게 역설적으로 물어 추가 제시하는 목적물(와인)을 거부할 뜻이 있는지를 묻는다. 즉 ~하는 건 싫으니? 라고 하여 주어에게 선택권을 주는 동시에 화자가 제시하는 일을 따르도록 자연스럽게 유도하고 어떻게 결정하든 주어의 선택을 존중하겠다는 뜻이다. 결국 화자가 제시한 목적일을 싫어할 뜻이 있니? 역설적으로 묻고 싫지 않으면(won't가 없으면)' 해봐라'의 뜻이다.

○ **Won't** you sit down? 안 앉을래? 앉기 싫어? (앉아라! 의 뜻) - won't는 원래 거부의 뜻이다. ★ 결국 화자가 제시한 목적일을 싫어할 뜻이 있니? 역설적으로 묻고 싫지 않으면 '해봐라'의 뜻이다.

★ 여기 won't는 화자의 상대방이 부정적 입장에 있더라도 목적 일에 가능한 긍정적 방향으로 접근하여 제시하는 질문이다. 즉 「화자가 주어에게 won't를 붙여」 긍정적 답을 이끌어내기 위한 질문이다. 청자가 가진 기존 일이 아닌 화자가 제시하는 다른 일을 좋아할 것 같지 않은 부정적 상황에서 화자 자신이 제시하는 일을 할 수는 없는 거냐고, 즉 반어법적으로 혹시 목적 일로 삼지 않겠냐고 긍정적 답을 이끌어내는(유도하는) 물음이다.

2) 청자의 뜻(의사, 의향, 의지)이 내부에 이미 있는지 묻는다

여기서 화자가 제시하는 일이 아니고 단순히 주어가 이미 정한 목적일에 대한 뜻을 이미 가지고 있는지를 묻기이다. 목적일은 화자가 확인하고 싶어 질문하는 목적일이며 주어가 이미 정한 그 목적일 달성에 대한 주어의 내부 뜻 묻기이다.

주어가 가진(이미 정한) 목적일을 이룰 뜻이 있는지 묻는다.

○ Will you **be** here next week? 다음주 여기에 올 거니? - 즉 화자가 질문하는 일이 주어의 목적일로 이미 정해 이룰 뜻이 있는 일인지를 묻는다.

○ Will you go on a trip to Jeju island? 제주도 여행을 가실 건가요? - 화자가 확인하고 싶은 일이 주어가 이미 정한 제주도 여행 갈 목적을 세우고 그 뜻을 이룰 일인지를 묻는다.

○ Will you have some more potatoes? 감자를 좀더 드시겠어요? - 이미 먹고 있어서 적극적으로 묻는다. 화자가 추가로 확인하고 싶은 일이 이미 목적일로 삼아 먹을 뜻이 있는 일인지를 묻는다.

○ Will you stay for supper? 너는 저녁을 먹기 위해 남아 있을 거니? - 목적일에 대한 주어의 뜻(의견)을 이미 가지고 있는지 묻는다.

○ What will you do next? 너는 다음에 뭐할 거니? - 화자는 주어가 다음으로 이룰

목적일이 무엇인지를 묻는다.

○ Where will you stay when you get to Texas? 너는 택사스에 가면 어디에 머물거니? - 불확실한 미래 상황(조건)에서 목적 위치가 어딘지 묻기. 즉 주어가 목적으로 삼은 목적지의 구체적 위치가 어딘지 묻는다. 주어가 의도한 미래 목적 장소를 묻기이다. ★ '미래의 일'이 조건으로 자동 전환되는 경우는 11장 참고할 것.

○ What will you drink? 뭐 마시겠니? 뭐를 마시려고 하니까 What will you~? 주어가 이미 정한 목적물이 무엇인지(있는지를) 묻는다. 목적일이 무엇인지 묻는 것이 아니고 목적일(drink+음료)에서 drink의 목적 음료이므로 최종 음료수를 묻는 것이다.

3) 미래 예정일, 계획에 대해 묻는다

청자의 미래 계획, 예정에 대한 의견을 묻는다. ★ 위 미래 진행형 추측에서 보았듯이 여기에서 will과 주어의 순서가 바뀌면 구조상 추측성 의문이 되어야 할 것 같은데 will에서의 추측성 의문은 사용하지 않는다. 이는 추측성 의문이 애매한 의미의 질문인데 그래서 will이 여기서 불분명하고 애매한 의미가 많이 포함되어야 추측성 의문에 사용할 수 있는데 will이 강한 자신감과 뚜렷한 방향성 때문에 추측 의문에 사용할 수 없게 된다. 또한 화자가 마주보는 청자의 미래일에 대하여 「자신 있게」 미래 진행형의 추측성 질문을 말할 수 없다. 청자의 미래일은 청자가 결정하므로 청자에게 추측성으로 질문할 수 없다. 굳이 말한다면 청자가 무엇을 숨기거나 속이거나 할 때는 다른 방법으로 말할 수 있다. 그러므로 [주어 will be ~ing~]에서 be는 미 확인된 미래에 존재/발생을 나타내며 be다음의 '~ing'는 현재 분사가 아니다. will+be+~ing에서 「~ing」가 going to~와 마찬가지로 시간 흐름에 의탁한 방향과 함께 나아가는 미래 위치에 정해져 있는 미래 목적일을 바라보는 입장이 된다.(아래 그림 참고) 이런 정해져 있는 미래 목적일을 현재에서 바라보는 주어의 going to~, ~ing는 시간 스케줄(일정)에 짜여 있는 '미래 (예정)일'이나 '미래 목적일(계획)'을 바라보는 입장이 된다. 이를 논리적으로 설명한다면 「~ing」는 현재에서 바라보는 시간 흐름상의 미래 목적 방향에 놓여 있는 정해진 미래일이 있음을 서술한 것이다. 그래서 ~going to~, ~ing는 주어가 정해져 있는 미래 목적일을 바라보는, 즉 『미래 목적일에 맞춰져 있는 자신의 일정 입장으로』 ~할 예정이다. ~할 계획이다라는 의미가 만들어 진다. 더 구체적으로는 will의 입장에서는 미래에 ~할(예정, 계획의) 뜻이 있다이다. 또한 이를 간략히 줄여 말한다면 「~ing」, 「going to~」의 뜻은 『미래 목적일을 하기로 자신의 일정이 맞춰져 있다』이다. 그러나 여기 의문문에서는 ★ 마주보고 있는 주어에 대하여 질문하고 있으므로 화자가 추측으로 말하기가 쉽지 않아서 미래 진행 추측 의문이 아닌 청자에게 청자(주어)가 가지고 있는 미래 일정에 정해져 있는 목적일을 할 뜻이 있는지를 묻는 것이 된다. 또한 정해져 있는 미래 목적일(계획)의 구체적 시간도 물을 수 있다.

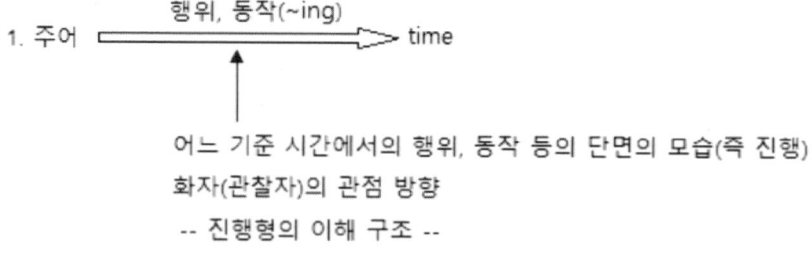

< ~ing의 진행형과 정해진 미래일로의 예정, 계획된 흐름 방향 >

○ Will you **be** stay**ing** here in this evening? 당신께서는 오늘 저녁에 여기 머물 예정(계획)인가요? - 화자가 제시하는 시간에 주어의 미래 계획, 예정일이 있는지를 묻는다.

○ Will you **be** do**ing** the shopping this afternoon, please? 오늘 오후에 쇼핑하실 예정인, 계획인가요? - 화자가 제시하는 시간에 주어의 미래 계획이 있는지를 묻는다.

○ When will you **be** seeing your sister next week? 다음주 언제 즈음 너의 누이를 만날 계획이니? - 화자가 구체적인 어느 시간에 주어의 미래 계획, 예정일이 있는지를 묻는다.

○ Will you be remaining in the city? 너는 그 도시에 남아 있을 계획이니? - 화자가 제시하는 장소에서 미래 계획을 묻는다.

B. 청자 영역으로 확장 연결

① 여기서 화자는 파워 화자이므로 화자는 강자이며 청자는 하위 약자여서 화자가 주는 일을 청자는 자신의 목적일로 받아들여야 하는 입장이 되며 그 목적일은 화자가 주는 주문이나 명령하는 목적일(mission)이 된다. 화자가 강하고 자신 있게 청자(You)에게 목적 일을 직접 연결시켜 will을 거기에 사용하라는 일을 주기이며 주문이나 조직의 명령이 된다. ② 미래일 정보를 주기.

1. You will

강한 화자가 청자의 will을 mission(임무, 목적일)에 사용하라고 직접 주문, (조직에서)명령

등이다. 즉 강한 화자가 주는 목적일을 주어는 하여라(하세요)의 뜻이다.

화자의 Power를 직접 행사하는 경우이다; 화자가 주어의 will을 공개적으로 지시하여 화자가 주는 목적일(mission)에 사용하라는 직접 주문, 명령 등이다.

어떤 목적을 가지고 조직된 군대, 회사 등에 주어지는 강한 명령, 주문 등이다. 그러므로 이들 조직은 그 목적 일을 수행하는 데에 잘 훈련되고 교육된 조직으로서 설립 목적에 특화된 성향인 will 가지고 있고 그 will을 지시하여서 화자가 주는 mission(목적일; 임무)에 사용하도록 명령한다. 여기서의 will은 완전한 자발성은 아니라 할 수 있지만 자신의 임무에서는 주어의 판단이나 자력으로 임무 완수하게 되며 군대나 조직, 회사는 will의 사용 방향만 정해줄 뿐이며 그 대가 등을 지불하게 되어 will의 자발성이 그리 침해되지 않는다.

오직 강한 화자의 뜻으로 주어(조직)의 will을 컨트롤하여 mission에 사용하도록 명령하는 mission 주문이다. 강한 화자(상관 등)가 자신보다 약한(낮은) 지위에 있는 청자의 will에 mission을 건네 주어서(직접 연결) '네가 ~을 하여라.'고 말한다, 즉 화자는 「자신의 조직 하에 있는 청자에게」 '네가 하여라, 네가 ~일에 나서라'는 화자가 일을 맡기는 뜻인 명령 등 - 화자는 자신의 강함(지위 등)을 행사해 주어의 will을 mission에 사용하라고 명령한다. 여기서 목적일은 어려운 mission(임무)일수도 있고 사소한 목적일들 일수도 있다.

화자가 낮은(약한) 지위의 청자에게 그 내부에 가진 조직에 특화된 힘(will)을 화자가 주는 어떤 일(임무)에 사용하라는 명령, 주문 등이다. 즉 강한 화자의 뜻(명령)에 의하여 청자(주어)에게 어떤 일을 강제로 맡기기, 다시 말해 어떤 일을 하라고 명령으로 말한다(일을 맡김)이다.

○ The regiment will attack at dawn. 연대는 동틀 녘에 공격할 것이다(공격한다 - 단호하게). 연대는 동틀 녘에 공격하라는 명령이 떨어졌다. - 주어에게 mission을 주어 명령하기이다, 즉 화자는 주어에게 mission을 주어서 주어의 will을 mission에 사용하라고 명령한다. 화자는 상위 지휘관 혹은 명령 전달자이며 청자(주어)는 명령을 직접 들은 부대원, 회사 직원, 하위 조직 지휘관 등이다.

○ All staff will submit weekly progress reports. 모든 스텝들은 주간 경과 보고서를 제출하세요. 주어는 청자(혹은 수신자 : 서류상)이며 화자는 청자에 대하여 강자(상관 혹은 지휘관, 대표 등)이다. 모든 스텝들은 주간 진행 보고서를 제출하세요. - 화자가 청자에게 명령으로 일을 시키기, 맡기기, 주문하기이다.

○ You will wait here till I come back. 너는 내가 돌아올 때까지 여기에서 기다려라. - 강한 화자가 청자의 will에 사소한 목적일 주기(힘있게 명령). 강한 화자가 하위 청자의 will을 공개적으로 지시하여 목적일에 사용하도록 명령한다.

○ All staff will leave the building at once. 모든 스텝들은 당장 건물을 떠나세요. - 화자가 주어에게 지시하여 will을 화자가 주는 목적일에 사용하도록 명령한다. - all staff

는 청자들이며 군대 조직, 회사원, 일반 조직원 등과 같이 상하의 수직적 관계의 명령이며 명령의 대상인 주어를 분명히 지목했다.

○ You will start work at six o'clock sharp. - 명령(주문). 여러분께서는 6시 정각에 민첩하게 일을 시작하세요. 하여라. - 강한 화자가 주어에게 지시하여 will을 화자가 주는 mission에 사용하도록 명령한다. - 명령; 강한 화자가 주어에게 목적일을 하도록 시킨다.

○ You will do as I request, if you please. 죄송하지만 제가 요구한대로 해주십시오. - 화자가 주어에게 주는 일을 해 달라고 **요구, 혹은 주문**. 조건하에 요구하는 일이므로 완전한 명령은 되지 못하나 주어는 화자의 요구 등에 따라야 하는 입장이다. 화자는 고객 혹은 주문자 혹은 주문 계약자 등이다. 진정한 명령은 조건없이 시키는 일이다.

○ You will now maintain radio silence. 너는 지금 라디오를 무음 상태로 유지하여라. 유지하여 주세요. - 화자가 주어에게 직접주는 목적일을 하라고 명령 혹은 **요구**, 혹은 **주문**.

2. 협박, 위협 등 - shall에서 전용되었다(잘못 만들어진 문법이다)

화자는 「자신을 따르지 않는」 비 자발적이며 적대 관계에 있는 청자에게 붙이는 will.

○ You'll suffer for this! 너는 이 일로 괴로울 거야. -내(화자)가 너를 「직접」 괴롭게 하겠어. - 위협, 협박(화자의 Power행사). - 괴로운 일을 만들어 주겠어. 결국 화자가 붙여주는 shall이 된다. You'll은 will이나 shall이 된다고 가르치는데 잘못된 것이며 shall만이 옳게 사용된다.

3. 주어의 미래일 정보를 알려주기

화자는 주어 내부에 있는 will이 미래에 어떤 일에 사용될지를 알고 있어서 그런 will의 정보를 주어에게 직접 알려주기, 즉 「주어에게 닥쳐올 일을 미리 알려 주기나 예언 등」이다. 화자는 청자가 하는 일을 지켜보는 객관적인(관찰) 입장이며 주어에 연결될(일어날) 일을 미리 알려 주기이다. 다시 말하면 화자는 「주어의 내부 will의 경향과 성향, 습성, 상황 등을 잘 알고 있고 주어에게 다가올 미래일을 잘 파악하고 있어서 주어의 will이 사용하게 될 미래 일을 알려준다」이다. 그러므로 화자는 주어보다 훨씬 지적이거나 경험적이거나 주어와 주어의 미래 일을 아주 잘 파악하고 있는 자이다. 그래서 「예언」인 경우는 신(God)이나 그의 대리인(선지자)가 주어를 매우 잘 파악하고 있어서 주어의 미래일을 미리 알려 주기이다. 보통 신의 대리인(선지자)들이 한다.

주어의 미래일(업무 등)과 주어의 내부 will을 잘 파악하는데 자신 있는 화자는 주어에게 닥칠 일을 미리 알려주기. 즉 주어가 모르는 주어 앞에 닥칠 일을 미리 연결하여 알려 주기이다.

○ Look out - you'll fall! 조심해, (그렇지 않으면)너는 떨어질 거야! 떨어지게 돼! - . - 화자는 주어의 will성향과 주어에게 다가올 미래 일을 잘 파악하고 있어서 주어가 원치 않는 목적일이 주어 앞에 있음을 알려준다. 청자에게 닥칠 미래 일을 미리 연결하여 알려준다 청자는 화자의 직접적인 권한(영향력) 밖에 있으나 청자를 객관적인 입장에서 바라볼 수 있는 입장이며 주어의 앞에 다가오고 있는 일, 곧 주어에게 닥칠 미래일을 자신 있게 알려준다- 화자는 주어에게 직접적으로 Power를 행사하지 않고 주어(청자)의 「앞에 다가오고 있는 일」, 곧 주어에게 미래「닥칠 일」을 잘 파악하고 「정보나 예언, 등으로」 미리 알려주고 있는 상황이다.

○ If your mother **comes**, you'll have to help with the cooking. 네 어머니께서 오시면 너는 요리를 도와야 할 것이다. - 화자가 주어에게 조건에 맞춰 갖게 될 미래 일을 미리 알려 주기이다. Will인 경우로 해석한 것이다. 만일 shall이면 요리를 도와야 될 결속 관계인 것이다(강제 결속시키기).

○ You'll **never** finish that book. ① 너는 결코 그 (쓰고 있는, 혹은 읽고 있는)책을 다 못 끝낼 것이다. - 화자는 주어가 가진will이 목적일을 (아무리 애써도) 결코 다 이루지 못한다고 알려 주기이다 - 미래 미달성 일 정보 주기. ② 너는 결코 그 책을 끝마치지 않으려 한다(주어가 자신에게 주어진 일을 그의 목적일로 삼기(사용하기)를 (완강히) 거부, 거절, 회피(will never)하기이다. Will not과 다른 '완강히'와 '아무리 애써도'의 뜻이 함축된 will never의 뜻이다. 5-2)와 비교. 이 예문은 청자와 화자는 실제 대화 속에서 어느 의미로 쓰였는지 정확히 알고 있다.

○ Jesus said, "Truly I tell you, one of you will betray me." 예수께서 말씀하시기를 진실로 너희에게 이르노니 너희 중에 한 사람이 나를 배신하(팔)리라. 예수님이 다가올 미래일을 미리 알려 주기(예언)이다.

4. 주어에게 자신 있게 미래 예정된 일/미래 계획을 알려주기

화자가 미래 예정일, 미래 계획 알려 주기이다. [주어 will be ~ing~]에서 be는 미 확인된 미래에 존재/발생을 나타내며 be다음의 '~ing'는 현재 분사도 아니고 동명사도 아니다. will+be+~ing에서 「~ing」가 「going to~」와 마찬가지로 시간 흐름에 의탁한 방향과 함께 나아가는 미래 위치에 정해져 있는 미래 목적일을 바라보는 입장이 된다. (윗 그림 참고) 이런 정해져 있는 미래 목적일을 현재에서 바라보는 주어의 going to~, ~ing는 시간 스케줄(일정)에 짜여 놓여 있는 '미래 (예정)일'이나 '미래 목적일(계획)'을 바라보는 입장이 된다. 이를 논리적으로 설명한다면 「~ing」는 현재에서 바라보는 시간 흐름상의 미래 목적 방향에 놓여 있는 정해진 미래일이 있음을 서술한 것이다. 그래서 ~going to~, ~ing는 주어가 정해져 있는 미래 목적일을 바라보는, 즉 『미래 목적일에 맞춰져 있는 자신의 일정 입장으로』

~할 예정이다. ~할 계획이다라는 의미가 만들어 진다. 더 구체적으로는 will의 입장에서는 미래에 ~할(예정, 계획의) 뜻이 있다이다. 또한 이를 간략히 줄여 말한다면 「~ing」, 「going to~」의 뜻은 『미래 목적일을 하기로 자신의 일정이 맞춰져 있다』이다. 여기서 우리는 [3인칭 주어will be ~ing]형식이 미래 진행형 추측인지 미래 예정일인지를 어떻게 결정하는지 보아야 한다. 보이지 않는 일을 2가지 패턴으로 추측한다고 보면 미래 진행 추측이며 그 일(~ing)을 어느 기준 시간의 수직적 단면의 위치에서 바라보는 모습이 되고 그렇지 않고 주어와 그의 보이지 않는 미래일을 자신 있게 알고 있는 화자라면 주어에게 미래에 정해진 목적일이 예정되어 있음을 자신 있게 알릴 수 있다. 이는 시간 흐름에 평행적으로 나아가는 위치에 미래 목적일이 놓여 있음을 서술한 것이다. 추측은 상대적으로 자신감이 조금 떨어지는 불명확한 서술이지만 예정은 미래일에 대해 조금 자신감이 있는 서술이라고 할 수 있다.

또한 마주보고 있는 주어에 대해 말하고 있으므로 you will be ~ing형의 미래 진행형 추측하기는 쉽지 않다. 이유는 화자가 마주보는 청자의 미래일에 대하여 「자신 있게」 미래 진행형 추측을 말하기가 쉽지 않기 때문이다. 청자의 미래일은 청자가 결정하므로 청자에게 추측으로 그의 미래일을 함부로 말할 수 없으며 듣고 있는 청자는 자신의 미래일을 추측한다면 꽤 불편하거나 기분 나쁠 수도 있고 적대적이거나 의심스러운 관계가 아니라면 말하기 어렵다. 그 상대를 추측하는 경우는 듣는 청자가 들키지 않으려고 숨기는 미래일이나 어떤 나쁜 의도가 있는 경우 등이다.

○ You**'ll be** hear**ing** from my solicitors tomorrow. 당신은 내일 내 변호사들로부터 (법률 자문을) 듣게 될 것입니다. 듣게 될 예정입니다. - 강한 화자가 알려주는 시간(스케줄)에 미래일의 정보(계획)를 주어에게 알린다. 즉 강한 화자가 주어에게 짜여진 미래 계획을 미리 알려준다. 즉 사실상 내일 ~하세요의 뜻.

5. You will not (= won't)

1) 강한 화자가 직접 지시하는 금지(will not)

『Will을 네가 원하는 일에 사용하지 말아라』 - will을 주어가 원하는 일에 사용하지 말아라.

화자가 주어에게 원하는 일에 사용을 직접 금지. You will의 부정 - 강한 화자가 지시하여 will not(사용금지)하라고 요구하여 목적일은 화자가 주는 mission이 아니고 주어가 원하는 일이다.

○ You will not make jokes about him. He has been very good to me. 너는 그를 놀리지 말아라. 그는 내게 매우 잘해왔다. 잘해 줬다. - 강한 화자가 주어에게 그가 원하는 일을 하지 말라고 금지 요구.

○ You will not discuss this matter with anyone. 너는 누구와도 이 문제를 의논하려 하지 말아라. - 화자가 주어에게 어느 누구와도 이 문제를 의논하지 말라고 금지 요구. 강한 화자가 주어에게 그가 원하는 일을 하지 말라고 금지한다.

2) 주어 내부에 있는 will not을 잘 알고 있어서 그 will not을 서술

주어지는 일을 자신의 목적 일로 받아들이지 않으려는 주어의 거부, 회피, 반발 등의 뜻.

○ You **will not** be ready in time. 너는 제시간에 준비하지 않으려고 한다. - 청자에게 주어진 일에 거부의 뜻이 있음을 말한다. 이 will not은 주어가 주어진 일을 목적일로 삼기를 거부, 회피 등을 하려는 주어의 뜻이다. ★ 목적일로 삼겠다는, 즉 목적일을 향한 will의 방향 →와 목적일로 삼기를 거부, 회피하는 will의 방향은 반대 방향 ←이다.

○ You won't believe this. ① 너는 이 일을 믿지 않으려 한다. - 주어의 내적인 거부, 회피. ② 너는 이것을 믿지 말아라. - 강한 화자의 공개적인 지시인 금지 요구. ★ 대화에서 수직적 관계가 아닌 수평 관계라면 ①이다.

○ If you don't see it, you will never believer it. 네가 그것을 보지 않고서는 너는 결코 그것을 믿지 않으려 한다. ★ 많은 분들이 너는 그것을 믿지 않을 것이다, 혹은 믿지 못할 것이다 등으로 해석하는데 모두 잘못된 해석입니다. Will의 부정은 will의 반대방향으로 작용하기 때문입니다. 즉 그것을 믿지 않으려 애쓴다, 믿지 않으려 노력한다의 뜻입니다. 혹은 믿을 마음이 전혀 없다이다.

6. Will I ~?

기본 의미는 ① 외적으로는 will을 가져도 되나요? ② 내적으로는 will이 있나요? 이다.

1) 화자의 상대방인 강한 상위자에게 묻는 경우

「외(공)적으로 Will을 (가져가)」 사용해도 되는지 묻는다. - 명령권자(혹은 강자)에게 제가 ~을 해도 되겠습니까? ~ 을 할까요? 말을 까요? 목적일에 Will의 사용을 청자에게 묻는다는 것은 화자 맘대로 할 수 없는 목적일이고 청자가 상위권자 허락이 필요하기 때문이다.

< 화자가 청자의 파워 동사에 대한 통제와 그 사용허락 질문 - Will I~? >

○ Will I test positive for china corona virus without symptoms? 제가 중국 코로나 바이러스를 증상 없어도 양성 테스트를 할까요? 화자가 바이러스테스트 관리의 직접 권한자에게 묻는다.

2) 화자의 상대방인 비 상위자에게 묻는 경우

청자는 주어를 잘 알고 미래일 정보도 잘 알고 있다. 그래서 「주어 내부의 will와 목적일 정보」를 묻기이다. 청자는 will에 대한 직접 권한은 없지만 주어의 내부 will과 목적일을 잘 알고 있는 정보 제공할 수 있는 자이다.

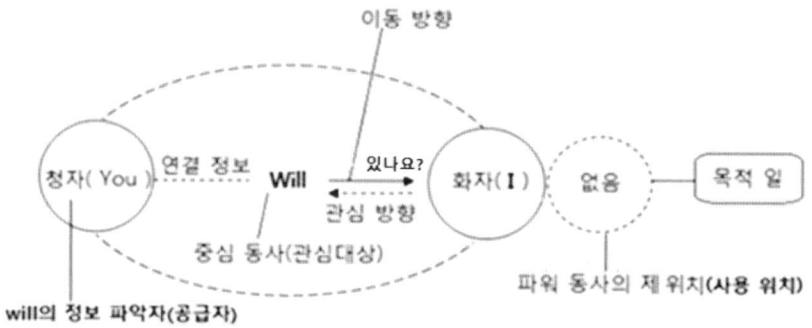

< 화자가 청자에게 목적일에 사용할 will이 자신에게 있는지를 묻는다 >

○ When will I **be** released, sir? 언제 제가 풀려나게 될까요, 나리? - 주어가 미래 풀려날 시간(날짜)를 청자에게 묻기. 나리라고 했지만 석방의 권한을 쥐고 있는 자는 아니다. 석방의 권한을 쥐고 있다면 "When will you release me?" 했을 것이다. 청자는 주어의 내부 will와 목적일을 잘 알고 있어서 주어가 풀려날 시간 정보를 제공할 수 있다.

○ How will I recognize you? 저는 어떻게 당신을 알아보지요? - 목적일은 화자의 범위를 넘어선 일이어서 화자가 어떻게 알아보아야 하는지 청자에게 구체적 방법이나 정보를 묻는다. You will의 '미래일 정보를 알려 주기와 같은 내부의 will이다'.

7. 〈추측〉 - You will + 가려진(숨기는) 내용(사실)

1) 〈마주보는 주어〉의 「가려진(숨기는) 사실」을 자신 있게 추측한다. 여기서는 「잘 모르는 주어」에 대한 추측이다

○ You will be a doctor. 당신은 의사 선생님이시겠군요. 마주보고 있는 잘 모르는 상대방을 자신 있게 추측한다. 주어와 doctor를 자신 있게 연결(will로 연결)하여 추측한다. ★ 추측에서 be는 미확인 상태이다.

○ You will be Mr. Brown, I think. 제가 생각하기론 당신은 브라운 씨이시겠군요. 잘 모르는 상대방을 자신 있게 추측한다.

○ You **will be** Miss Kim, I suppose. 내가 추측하기로는 당신은 미스 김이시겠군요. - 잘 모르는 상대방을 자신 있게 추측한다.

○ 'There's somebody at the door.' 'That'll be the postman.' 문 앞에 누군가가 있다, 그분은 우편 집배원일거에요. 집 앞의 누군가를 자신 있게 집배원이라고 추측한다. ★ 화자의 자신감이 추측에서도 자신감도 갖고 있다. 그러므로 단정적에 가까우며 자신 있는 추측이 되며 사실로 드러날 확률도 must다음으로 꽤 높다. - '현재 잘 모르는(가려진) 주어를 '우편 집배원이라는 존재로' 추측하기'이다.

○ 'There's somebody coming up the stairs.' 'That'll be Mary.' 누군가가 계단을 올라오고 있다. 그 사람은 메어리 일거에요. - 잘 보이지 않는 주어를 추측한다.

2) 현재 일을 결과적 존재로 추측

여기서 주어를 자신있게 알고 있는 화자가 현재에 주어의 보지 못한 일을 추측하면서 현재에 남겨진 결과적 입장으로 추측 연결한다. 이는 화자가 보지 못하는 동안 일어난 일을 주어가 '그 결과를 이루어 가지고 있는 것으로' 표현하며 주어가 행한 일의 경험이나 결과 등으로 현재에 남겨진다고 보는 것이다. ★ 이 경우 you는 마주보는 청자이므로 청자가 밝히고 있지 않은 현재의 일이거나 숨기고 있는 알려지지 않은 일일 수 있다. ★ 12장 결과적 입장으로 말하기 참고하세요.

○ You will have heard of it. 당신은 그 소식을 들으셨겠지요. 현재의 일 추측. 주어가 밝히고 있지 않은 현재의 일을 결과적 입장으로 추측한다. 주어가 행한 일이 현재에 경험이나 결과 등으로 남겨진다고 보는 것이다.

3) 과거의 일일지라도 현재의 결과적 존재로 추측

○ You will have heard the news last night. 너는 지난밤 그 소식을 들으셨겠지요. - 과거의 일일지라도 현재의 결과적 입장으로 추측한다. ★ 주어가 밝히고 있지 않은 과거의 일을 과거의 결과적 입장이 아닌 현재의 결과적 입장으로 추측한다. 이유는 비록 과거의 일일지라도 현재에까지 그 결과가 남겨진다고 보는 경우이다. 마주보고 있는 주어에게 당장 확인이 가능하다.

C. 3자 영역으로 확장 연결

① 「강한 화자가 직접 지시하여 주어의 will을 목적일(mission)에 사용하라고 주문, 명령」.

② 화자가 보는 「주어 내부의 will」 서술. 제3자 주어는 he, she, it, they, 등으로 화자의 직접 전달 범위에 있지 않다.

1. 제3자의 will에 mission 주기

강한 화자가 공개적으로 지시하여 주어의 will을 mission에 사용하라고 명령, 임무 주기(주문)이다.

강한 화자는 군대나 회사, 조직 등에서 직접 대면하지 않고도 청자를 통하여, 혹은 서류, 메시지 등으로 명령, 임무 주문 등을 내릴 수 있다. 화자가 주는 Mission을 하여라. 허가 등의 경우도 있다.

○ He will come in and stay here. 그가 들어와서 여기 머물라고 하세요. 머물게 하세요. 강한 화자가 청자를 통하여 he에게 목적일(mission)을 주는 명령, 주문 등.

○ If she refuses to follow rules about car safety, she **won't** be allowed to use the car. 만일 그녀가 자동차 안전에 관한 규칙을 따르기를 거부한다면 그녀는 그 차 사용 허가를 받지 못할 것입니다. 받지 못합니다(단호한 불허 명령) - 강한 화자나 법률이 주어가 원하는 일에 will 사용을 금지(거절, 불허 명령 등)하고 있음을 밝힌다.

2. 제3자의 내부에 있는 will을 서술로 알려 주기

① 주어가 가진 내부 will과 그 will이 사용할 목적일, 즉 주어에게 미래 목적일을 달성할 will(의사, 의지)이 있음을 알려주기.

② 제3자의 미래 일을 미리 알려 주기(미래 목적일, 예언, 등).

1) 주어의 내부 의지 서술

목적일에 사용할 will이 주어 내부에 있다는 서술.

○ **How** the country **will** defend itself in the future has become increasingly important. 미래에 국가가 스스로를 어떻게 방어할 것인가가 점점 더 중요해졌습니다. - 주어가 내부에 가진 will을 미래 목적일에 어떻게 사용할 것인지이다.

○ Who will lend me ten dollars? 누가 내게 10달러를 빌려 줄래요? 목적일을 할 사람 찾기는 목적일에 사용할 will을 가진 사람 찾기이다. 여기 will은 주어의 내부 의지, 의사이다.

2) 미래일 정보 알려 주기

화자는 주어에게 다가올 미래일을 잘 알고 있어서 주어가 하게 될 미래일을 미리 알려 준다. 즉 단순 주어의 미래일 정보나 예언을 알려 주기이다. Will은 주어 내부에 있는 will이다. 주어 내부에 있는 will은 다가오는 미래일에 사용할 것이라고 알려준다.

○ All the family **will be** at the wedding. 온 가족은 결혼식에 참석할 것입니다. - 주어의 미래 할 일을 미리 알린다(온가족의 계획 알림).

○ **In** another thirteen minutes the alarm **will** go off. This **will** close an electrical contact, causing the explosive to detonate. 그 다음 13분 후 경보는 꺼질 것이다. 이것이 폭발물이 폭발을 일으키게 하는 전기적 접촉을 할 것이다. 기계, 장치 물 등이 미래 일으킬 순차적인 작동(일) 정보이다. 이것도 미래일 정보들이다.

○ I wonder if she'**ll** recognize me. (no present reference) 나는 그녀가 혹시 나를 알아보는 게 아닌지 (나를 알아볼까 하고) 궁금하다. - 의문문을 대용한 If문. 주어의 미래일 정보.

○ She'll **be** here **in** a couple of minutes. 2분 후에 그녀는 여기에 올 것이다. - 주어의 미래 위치 이동 정보 알림. - ★한국인들이 이해하기 어려운 미래 시간에 있는 In의 사용이며 예를 들어 손님이 곧 십분 안에 올거야! 라고 한다면 그것은 현재의 시간도 포함되므로 현재와 미래의 구분이 없어지는 시간이며 여기 in에서는 현재와 미래 시간을 분리해서 사용하고 있다. '십분 안에'라고 한다면 within을 사용해야 한다.

○ She will give birth to a son, you are to give him the name Jesus, because he will save his people from their sins. 그녀가 아들을 낳으리니 이름을 예수라 하라 이(유)는 자기 백성을 그들의 죄에서 구원할 자이심이라. - 예언인 경우이다. 신(God)의 대리자가 주어들을 잘 파악하고 있고 다가올 미래일을 잘 알고 있어서 she(마리아)와 he(예수)의 미래일에 대해서 예언하고 있다. (마1;12)

3) 미래의 예상, 예측 정보(평가 정보)

자료, 데이터 등 어떤 근거를 바탕으로 평가하여 예측, 예상하는 경우는 완전한 추측이 안 된다. 평가는 어떤 근거 등을 바탕으로 평가하는 것이다.

○ Tomorrow **will be** warm, with some cloud in the afternoon. 내일은 따뜻하겠고 오후에 구름이 조금 끼겠습니다. - 미래 일기 예보(예측 정보이다). ★ 이것은 추측 같기도 하지만 미래를 평가 형용사(warm)를 사용하여 서술하므로 어떤 자료나 근거 등을 사용한 평가이므로 보이는 미래가 되어서 완전한 추측이 안되고 예측, 예상이 된다.

○ Next will be more difficult. 다음은 더 어려울 것입니다. 보이는 미래를 예상, 예측.

4) Will not (won't)

주어지는 목적일을 받아들이지 않아 하지 않으려는 will not.

○ He **won't** stop drinking unless he's told by a doctor that it's killing him. 만일 그가 의사에게 음주는 자신을 죽이는 일이라는 말을 듣지 않는다면 그는 음주를 멈추려 하지 않을 것이다. - 주어에게 주어지는 일을 자신의 목적 일로 받아들이기를, 즉 목적일로 삼아 이루기(연결)을 거부, 거절, 회피한다이다.

○ He has insisted that his organization will not negotiate with government. 그는 자신의 단체가 정부와 협상하지 않겠다고 주장해 왔다. ★ 자신의 일을 will not; 하지 않겠다. 남이 주는 일을 자신의 목적일로 삼아 이루기를 거부, 거절, 회피-will not; 하지 않으려 한다. 금지 - 주어의 목적일로 삼아 이루지를 말아라.

○ She won't open the door. 그녀는 그 문을 열어주지 않으려 한다. 열어 주기를 거부한다. - 말 안 들음(unwillingness); 반대방향(←)의 will. 즉 닫고 있으려고만 한다. 주어지는 일에 반대로 목적 일로 삼아 이루기(연결)을 거부, 반발.

○ The car won't start. 그 차는 움직이려 하지 않는다. - 운전자가 주는 목적일(start)에 반대로 차는 거부, 꿈쩍도 하지 않는다. - 주어에게 실제 주어진 출발하려는 목적 상황에서 (주인이 차를 출발하려 하자) 그 목적일 start를 거부, 반대로 작용한다. 여기서 차가 어느 방향이든 전혀 움직이지 않아도 출발과 반대로 작용한다고 보는 것이다.

5) 내부에 고착화되어 가는 will

1회성의 will과 내부에 고착화되어가는 「복수 반복성의 will(경향, 특성, 버릇, 습관, 습성)」, 고정 또는 고유화 되어 있는 항시 성의 will(성격, 성질, 등)등이 있으며 그 중 두 번째이다. - 이는 화자가 알고 있는 주어의 「내부 정보」이며 이 will은 많은 관찰 등을 통해서 알고 있는 will이며 『때와 목적 기회가 되면 실행(사용)이 일어나는 will』이다.

○ He **will** leave his socks lying all over the place and it drives me mad. 그는 그의 양말들을 여기저기 모든 곳에 버려 두는 버릇이 있고 그것은 나를 미치게 한다. - will은 주어가 어떤 일을 행하는 내부 습성, 버릇이며 그 행하는 습성, 버릇을 서술한 것이다.

○ He'll do anything for money. 그는 돈을 (벌기) 위해서라면 무슨 일이든 할 겁니다. 그는 돈을 위해서라면 무슨 일이든 하는 습성, 성격입니다. - will은 원하는 목적일을 행하는 주어의 습성, 성격.

○ Art thieves will often hide an important work for years after it has been stolen. 예술품 도둑들은 종종 중요한 작품을 훔친 후 수년 동안 숨겨놓는 경향(특징)이 있다. - 관측 경험이나 수사 정보에 의해서 알게 되는 특징을 알려줌.

○ She **WILL** fall in love with wrong people. 그녀는 나쁜 남자와 사랑에 빠지는 특징(경향, 나쁜 버릇)이 있다. - 여기 will은 나쁜 특징이나 나쁜 경향. 즉 주어가 어떤 특정 일을 하는 나쁜 경향, 잘못된 특징. ★ **대문자 WILL는 심한 will을 뜻한다**. 해석은 나쁜~, 지나치게~, 잘못된~, 등으로 해석한다

○ Well, if you **WILL** keep telling people what you think of them…. 자, 당신이 그분들에 대해 생각나는 것들을 사람들에게 계속 말하기를 **지나치게 고집**한다면……. 심한 will 사용(연결)을 고집.

○ She'll sit talking to herself for hours. 그녀는 몇 시간 동안 혼잣말을 하면서 앉아있는 버릇이 있다. Will은 목적일을 하는 버릇이나 습관이다.

3. 추측

추측에서 will사용은 화자에게 보이지 않는 일을 자신 있게 추측한다. 자신 있는 추측이다.

추측은 감춰졌거나 보이지 않는 일 등 화자가 모르는 일을 주어가 하는 일이라고 주어에 임의로 연결해 추측, 짐작해 보는 것을 뜻한다. 그러므로 화자는 추측할 때 주어의 모르는 일을 과거나 현재에 이미 사실로 존재하리라는 것을 전제로 하며 불확실한 미래에도 그 발생 등을 단언할 수 없으므로 발생(존재) 하리라고 추측한다. 이때 추측의 시/공간차를 뛰어넘는 도구로 사용하는 것이 파워 동사이며 그 확률이다.

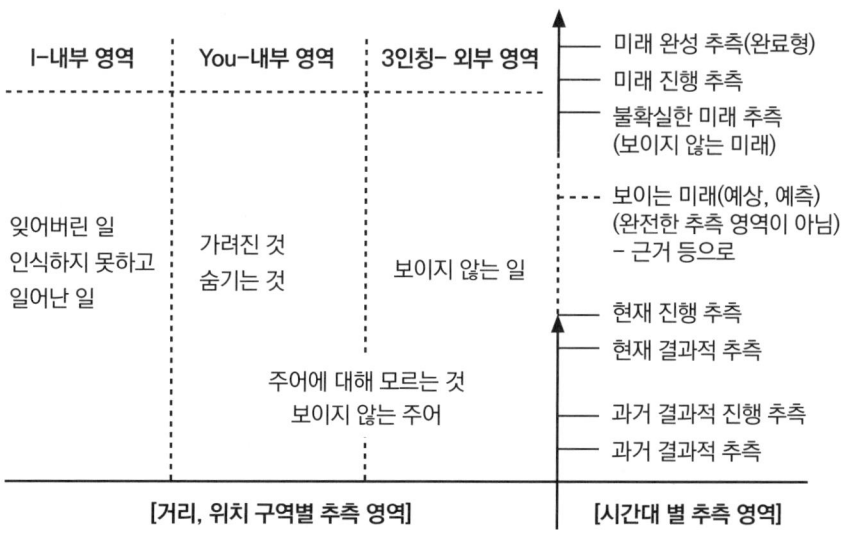

〈추측 영역 구분 - 모르는 것 추측〉

> 추측의 필요 – 화자는 주어의 현재, 과거, 미래 일에 관련하여 자세히 알지 못하는 경우에는 주어나 주어가 처한 그 당시의 상황을 알고 있어야 할 필요가 있을 때, 즉 주어의 모르는 상황(일)을 대략적인 정보라도 아는 것이 유익할 경우에「추측을 통하여」그 정보를 인식 공유할 뿐만이 아니라 거기에 추측하는 화자의 관점이나 입장이 암묵적으로 담기게 된다. 즉 화자는 파워동사들을 선택 사용하여 주관적인 추측의 확률정도를 드러낸다. 과거나 미래의 일도 마찬가지다.

≪ 주어에 대한 모르거나 보이지 않는 일, 상황, 신분 등 모든 것을 '자신 있게' 주어의 것으로 연결하여 추측하기≫ → 과거, 현재, 미래.

보이지 않는 일, 보지 못한 일, 보이지 않는 미래 일 등을 주어에게「임의로 연결(추측으로 연결)」하여 추측한다. ★ 여기 임의의 연결은 곧 will이 주어와 목적일을 연결하는 서술이다.

★ 결과적 입장에서 말하기 – 12장을 반드시 참고하세요.

1) 잘 모르는 주어에 대해 추측

「잘 모르는 주어」를 추측하므로 여기에 will의 사용은 자신 있는 추측이 된다.

○ She **will be** a spy. 그녀는 스파이 일거다. 그녀는 스파이일 것이다. ★ be는 미확인 존재(신분)의 추측이다. 그래서 be가 사용된다.

○ He **will be** a supervisor. 그는 감독 일거다.

2) 현재 진행 추측

현재 보이지 않는 일을 '마치 보고 있는 것처럼' 추측. 현재 보고 있는 광경은 현재 진행형 형식이 된다. Now와 진행형을 함께 사용한다.

○ Don't phone them now – they'll **be** hav**ing** dinner. 지금 그들에게 전화하지 말아라, 그들은 저녁을 먹고 있을 거야. – 보이지 않는 '현재 진행 추측'.

○ Don't phone now – they'll **be** hav**ing** lunch. 지금 전화하지 말아라. 그들은 점심을 먹고 있을 거다. – 현재 진행 추측.

3) 현재 결과적 추측

현재 보지 못하는 일을 '결과적 관점(have+pp)'으로 서술 추측한다. Have는 확인할 수 없는 영역을 서술하고 pp는 주어의 동작이 행한 유무형의 결과적 존재이므로 주어가 그 행한 결과적 사실을 가지고 있어서 주어에게 당장 확인할 수 없다 하더라도 결과는 나중에 확인 가능하다는 표현이다. 현재를 의미하는 시간 등과 함께 쓰여 보지 못한 일을 추측한다.

○ **As you will have noticed**, there is a new secretary in the front office. 네가 알고 있겠지만 앞 사무실에 새로운 비서가 있다. (이미 알고 있지 않느냐의 뜻이 담긴다) - 주어가 아직 밝히지 않은 일(소식)을 결과적 입장으로 추측.

○ **It's no use expecting** Barry to turn up. He'**ll have forgotten**. 베리가 나타날 거라고 기대하는 것은 소용없다. 그는 잊어버렸을 것이다. (그를 기다리지 말아라 라는 뜻이 포함) - 주어가 행한 일을 결과적 입장으로 현재 추측.

○ It's no use phoning - he'll have left **by now**. 전화해봐야 소용없다, 그는 지금 즈음 떠났을 것이다. 떠나 버렸을 거다. (그러니 전화를 받지 않을 것이다의 뜻이 포함) - 주어가 행한 일을 결과적 입장에서 현재 추측.

○ Dear Sir, you will **recently** have received a form…. - 현재 결과적 입장으로 추측. 친애하는 선생님, 선생님은 최근에 어떤 ~양식을 받았으리라 생각합니다. (자신 있게 당연히 「이미 받았을 겁니다, 받지 않았느냐」라는 뜻이 밑에 깔림.)

○ I wonder why we haven't heard from him. Do you think he **won't have got** our letter **yet**? 나는 우리가 그로부터 소식을 듣지 못한 이유가 궁금하다. 당신은 그가 우리 편지를 아직도 받지 않았을 거라고 생각하세요? - 현재 결과적 입장으로 추측.

○ We can't go and see them **now**- they'll have gone to bed. 우리는 지금 그들을 만나보러 갈수 없다. 그들은 (현재) 잠자리에 들었을 것이다. (그러니 헛수고하지 말자의 뜻이 밑에 깔림.) - 현재 결과적 입장으로 추측.

○ The game will be finished **by now**. 그 경기는 지금 즈음 끝났을 거다. 보이지 않는 일을 현재 피동 결과적 추측이다.

○ As many as ten-million children will have been infected with the virus **by the end of the decade**. 천만명에 버금가는 아이들이 10년말즈음에는 바이러스에 감염되어 있을 것이다. - 현재 결과적 입장으로 추측.

○ **If** someone has been in captivity for a long time, he will have changed as a result of his experience. 만일 누군가가 오래 동안 잡혀 있었다면 그는 그가 겪은 경험의 효과만큼 변해 버렸을 것이다. - 가정법에서 현재 결과적 입장으로 추측.

○ The holiday will have done him the world of good. 그 휴가는 그가 진정한(살맛 나는) 세상에 있도록 해 줬을 것이다. (그 휴가는 그에게 진정한(살맛 나는) 세상을 (선물)해 줬을 것이다.) - 현재의 결과적 추측. 기준 시간을 말하지 않았으므로 현재 시점의 결과적

추측이며 현재의 기준시간은 청자가 인식하고 있는 경우 생략할 때가 많다. 이 문장은 주어가 사람인 주체는 아니지만 휴가가 가져다준 영향력의 결과를 추측하여 서술한 것이다.

4) 미래 완성(완료) 추측

아직 미래일이 발생하지 않았고 미존재 영역이므로 미래의 어느 시점에 이뤄질 완성(형성)적 관점에서 추측. 즉 미래 시한 내에 완성을 추측한다. 대개 미래를 나타내는 시간들과 함께 사용한다.

○ I'll **have been** teaching for twenty years **this summer**. 올 여름이 되면 우리는 20년 동안 가르치게 될 겁니다. - 화자 자신의 미래 (기간)완성 추측. - 다가오는 여름에

○ The builders say they'll **have finished** the roof **by Tuesday**. 건축업자들은 그들이 화요일까지 지붕(공사 일)을 마쳐 놓을 거라고 말한다. - 오직 화자의 말 관점이라면 미래 (일)완성을 자신 있게 추측. 그런데 화자가 건축업자이고 주어이자 화자가 이루는 목적 의지라서 화요일까지 마쳐 놓겠다고 말한다(의지).

○ He will have finished the whole job **by this evening**. 그는 오늘 저녁까지 모든 일을 마쳐 놓을 것이다. - 미래 (일)완성 추측.

○ He will have left by **January the fifteenth**. 그는 1월 15일까지 떠나게 될 것이다. - 미래 완성(완료) 추측. 주어에게 미래 완료하는 일을 연결하며 추측한다.

5) 미래 예정, 계획 알려 주기

[주어+will+be+~ing~]는 화자가 미래 예정일, 미래 계획 알려 주기이다. 여기에서 be는 현재에 미 확인된 미래에 존재/발생을 나타내며 be다음의 「~ing」는 현재 분사도 아니고 동명사도 아니다. will+be+~ing에서 「~ing」가 「going to~」와 마찬가지로 시간 흐름에 의탁한 방향과 함께 나아가는 미래 위치에 정해져 있는 미래 목적일을 바라보는 입장이 된다. (아래 그림 참고) 이런 정해져 있는 미래 목적일을 현재에서 바라보는 주어의 going to~, ~ing는 시간의 흐름에 짜여진 스케줄(일정)에 놓여 있는 '미래 (예정)일'이나 '미래 목적일(계획)'을 바라보는 입장이 된다. 이를 논리적으로 설명한다면 「~ing」는 현재에서 주어가 바라보는 시간 흐름상의 미래 목적 방향에 놓여 있는 정해진 미래일이 있음을 서술한 것이다. 그래서 ~going to~, ~ing는 주어가 정해져 있는 미래 목적일을 바라보는, 즉 『미래 목적일에 맞춰져 있는 자신의 일정 입장으로』 ~할 예정이다. ~할 계획이다라는 의미가 만들어 진다. 더 구체적으로는 will의 입장에서는 미래에~할(예정, 계획의) 뜻이 있다이다. 또한 이를 간략히 줄여 말한다면 「~ing」, 「going to~」의 뜻은 『미래 목적일을

하기로 자신의 일정이 맞춰져 있다」이다. 여기서 우리는 [3인칭 주어will be ~ing]형식이 미래 진행형 추측인지 미래 예정일인지를 어떻게 결정하는지 보아야 한다. 보이지 않는 일을 2가지 패턴으로 추측한다고 보면 미래 진행 추측이며 그 일(~ing)을 어느 기준 시간의 수직적 단면의 위치에서 바라보는 모습이 되고 그렇지 않고 주어와 그의 보이지 않는 미래일을 자신 있게 알고 있는 화자라면 주어에게 미래에 정해진 목적일이 예정되어 있음을 자신 있게 알릴 수 있다. 이는 시간 흐름에 평행적으로 나아가는 위치에 미래 목적일이 놓여 있음을 서술한 것이다. 추측은 상대적으로 자신감이 조금 떨어지는 불명확한 서술이지만 예정은 미래일에 대해 조금 자신감이 있는 서술이라고 할 수 있다.

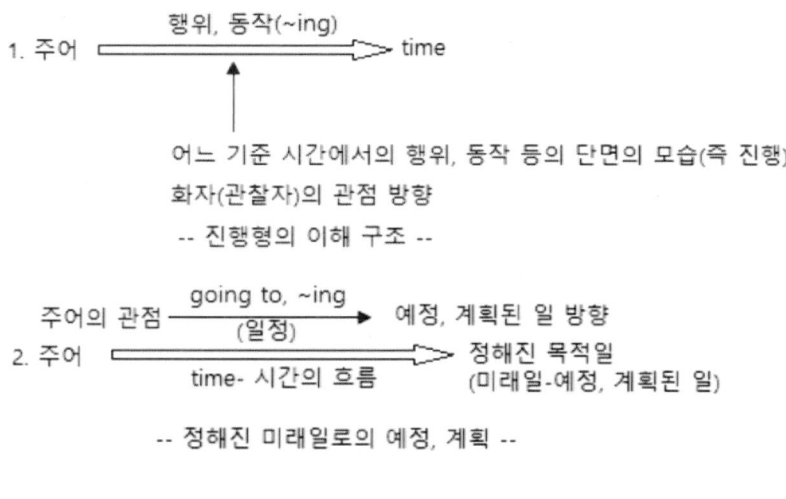

< ~ing의 진행형과 정해진 미래일로의 예정, 계획된 흐름 방향 >

○ He will **be** devot**ing** more time to writing, broadcasting and lecturing. 그는 더 많은 시간을 저술, 방송, 강연에 전념할 예정(계획)입니다. - 논리적으로 설명한다면 「~ing」는 현재에서 주어가 바라보는 시간 흐름상의 미래 목적 방향에 놓여 있는 정해진 미래일이 있음을 서술한 것이다. ★ 여기 미래 진행형 추측이 안되는 가장 큰 이유는 미래의 어느 기준 시간이 없어서 그 기준 시간의 수직적 단면의 모습으로 표현할 수 없기 때문이다.

○ Professor Miller will **be** giv**ing** another lecture on Roman glass-making at the time next week. 밀러 교수님께서는 다음주에 로마 유리 제조에 대하여 또 다른 강의를 할 예정(계획)입니다. - 「~ing」는 현재에서 주어가 바라보는 시간 흐름상의 미래 목적 방향에 놓여 있는 정해진 미래일이 있음을 서술한 것이다. ★ 여기는 미래의 어느 기준 시간이 아니고 미래의 구간 시간이다. 그래서 어느 기준 시간의 수직적 단면의 모습을 표현할 수가 없다.

6) 이치에 의한 미래에 다가올(생길) 일을 미리 알린다

화자가 보이지 않는 미래 목적일을 완벽히 잘 알지 못하더라도 「세상 이치나 경험 등에 의해서」 알게 되는 일을 미리 알려주며 이는 단순 예측 정보가 되기도 한다.

○ He'll have an accident if he goes on driving like that. 만일 그가 그(앞에, 먼저 본 일)처럼 계속 운전한다면 그는 사고를 낼 것이다. - 어떤 조건 속에 주어 내부 습관, 버릇 등이 자연스럽게 만들어 내는 주어에게 미래 닥칠 일을 미리 알린다. - 경험 등에 의한 예측 정보이기도 하다.

○ If it rains, the match will be cancelled. 비가 온다면 시합은 취소될 것이다. - 주어의 미래일 정보. 외부 날씨 환경의 조건하에 주어가 닥칠(당할) 일의 정보를 미리 알리기. - 날씨 조건에 의한 예측성 정보이기도 하다.

○ It'll be spring soon. 곧 봄이 올 거다. 자연의 이치 - 자연 이치에서 다가올 미래를 알린다.

○ Don't lend him your car. He's a terrible driver- he'll crash it. 그에게 네 차를 빌려주지 말아라. 그는 아주 무모한 운전자. 그는 차를 박살낼 것이다. - 주어의 습성에 의한 미래일을 미리 알린다.

○ The baby will certainly have blue eyes, because both parents have. 아기는 두 부모를 닮아서 확실히 파란 눈을 갖게 될 것이다. - 유전적 이치에 의한 미래일을 미리 알린다.

○ She'll pay us back when she gets a job. 그녀는 그녀가 직업을 가지면 우리에게 돈을 되 갚을 거야. - 당연한 과정(계약, 약속 등의) 이치에 의한, 혹은 주어의 성격에 의한 미래일을 미리 알린다. 한마디로 주어는 돈을 갚는 성격이다. 또한 예측에 의한 미래일 정보이다.

D. 역외의 개별 고유의 will

- 파워 화자의 직접 영향력에 벗어나 있는 개별 주어의 고유 영역이다.
- 주어가 내부에 가진 고유의 will을 드러내기- 서술.
- will은 고유의 버릇, 습성, 습관, 성격, 성질, 경향, 특성 등이다.

1. 역외의 개별 주체들 - 내부에 있는 고유의 will을 알림

○ A lion will attack a man only when hungry. 사자는 배가 고플 때만 사람을 공격하는

습성이 있다. - will은 사자 내부의 고유 습성.

○ Children will be noise. 아이들은 시끄럽기 마련이다. 시끄러운 습성이 있다. - 아이들 고유의 습성.

○ Sulphuric acid will dissolve most metals. 황산은 대부분의 금속들을 녹여버린다. 황산은 대부분의 금속들을 녹여버리는 **성질**을 갖고 있다. - 황산 고유의 성질.

○ The thicker material, **the less** susceptible the garment **will** be to wet conditions. 더 두꺼운 재료일수록 의복이 습한 조건에 덜 민감하게 될 것이다. 덜 민감하게 되는 **성질(품질)**이다. - the 비교급, the 비교급. - 목적 일에 (자연이치에 의하여) 연결하게 됨을 밝힘.

○ There's no snake known that **will** habitually attack human beings unless threatened with its life. 자신의 생명에 위협받지 않는다면 인간에게 습관적으로 공격하는 **성질**을 가진 것으로 알려진 뱀은 없다. 고유의 성질.

○ When you look at clouds they **will** often remind you of animals. 네가 구름들을 쳐다볼 때 그것들은 종종 너에게 여러 동물들이 생각나게 할거다. 생각나게 하는 특징이 있다. - 구름이 가진 고유의 특징. 미래일을 미리 알린다. 한마디로 주어.

E. 목적 대상으로서 주어-제3 중심 서술

주어는 행위의 주체가 아니지만 사용 관찰자 관점의 기능적, 용도적, 취급 등의 목적 있는 서술이다.

기존 '무생물 주어'로 표현되었던 것이나 주로 사람들에 의해 다뤄지는 물건, 도구, 시설 등이 주어이다.

지금까지의 서술은 파워 화자 중심 관점에서 서술한 것이지만 그 이외의 다른 제3 중심의 서술들도 있게 마련이다(첫 그림 참고). 그렇지만 제3 중심의 서술은 물건, 도구, 시설 등에 대해서 「화자가 사용 관찰자 입장이 되어서」 서술하는 것이고 '이전까지 설명하여 온 주어가 직접 사용하는 파워에 대해서 서술'하는 것이 아니며 사람들이 만들어 이용하거나 사용하는 물건, 도구, 시설 등이 스스로 동작이나 행위를 일으키지 않아서 주어로 서술되기 어려웠다. 그래서 그것들은 일반적 서술에서는 목적어가 되는 게 보통이었지만 물건, 도구, 시설들도 서술의 중심어(주어)로 표현할 필요가 있기 마련이다. 그러므로 이들 물건, 시설 등이 주어가 되어, 즉 『목적 대상이 주어가 되어』 그 주어를 서술하므로 『주어(시설, 도구, 물건 등)이 가진 「기능적, 용도적, 취급의 『목적 성격』」을 파워 동사(will)로 표현한다. 모든 물건이나 도구,

시설 등은 사람들의 이용 편의와 사용, 다루는 취급 등을 위하여 만들어서 편리하게 쓰기 위한 「목적이 있는 것으로」 그 만든 물건, 시설 등이 가진 「고유의 기능들과 존재 목적」들은 사용 관찰자(화자)가 사용 목적에서 보는 기능상의 『목적 있는 성격』이나 용도상의 『목적 있는 성격』인 will로 표시하고 『그 will을 만든 목적에 맞게 사용이 편리한지, 아니면 사용이 되는지 안되는지, 작동이 잘 되는지, 취급등이 쉬운지, 아니면 취급이 되는지 안되는지, 올바르게 처리되는지, 등을 「목적 동사」로 드러내 알리거나 「피동태」로 알린다』. 간략히 말하면 그 물건, 도구, 시설 등이 가진 기능적, 용도적, 취급의 목적 성격들은 사람들이 만들어서 그 만든 「목적 성격」을 will로 표시하여 목적 동사로 서술한다이다. 이는 목적 있는 주어(물건 등)가 목적 성격을 만들고 사용하려는 자들로부터 부여받은 것이 된다는 뜻이다. 그래서 ★『사용 관찰자가 바라보는 시설, 물건, 도구 등에 대한 관점은 그 물건, 시설 등을 사용자가 유용하게 쓰기위한 목적이 있는 용도적, 기능적, 취급의 '<u>목적 성격(will)</u>'들이 <u>『올바른 목적 상태에 있는지 등을 목적 동사로 드러내 알리는』</u> 서술이다.』 ★『성격』은 여러가지로 설명하지만 여기서는 「겉으로 사람들에게 보여지는 사람이나 물건 등의 경향성 및 특성을 뜻한다」고 정의한다. 예를 들어 망고를 보면 내가 제일 좋아하는 과일, 혹은 달콤한 열대 과일이라던가, 아니면 스포츠 카를 보면 성공한 부자들이 타는 차라던가 아니면 BTS를 보면 세계 최고의 댄스 가수 그룹 같은 경우로 사람들이 각각의 대상에 부여한 이런 성격의 경우는 무수히 많다. 우리가 매일 쓰는 물건에도 아빠 전용 컵, 엄마가 쓰는 모자, 동생이 좋아하는 핑크 슈즈, 휴대용 휴지, 일회용 컵 등이며 창도 단열 창, 방범 창, 조망 창 등등 이런 성격들을 사람들이 부여한 것들이 대부분이며 또한 그렇게 인식하고 사용한다. 이런 것들은 대부분 사용 목적 있는 성격의 물건들이다. The door will open easily. 그 문은 쉽게 열릴 것이다. 그 문의 용도적 목적 성격은 『사용 목적 관점에서』 쉽게 열릴 것이다이다. 여기서 방향성이 강한 will의 서술은 그 기능적, 용도적 목적 성격이 올바른 목적 상태에 있는지 사용이나 취급 등의 목적 동사로 드러내 알리기이다. 결국 화자(관찰자)가 바라보는 주어는 「목적 있는 주어」이며, will은 「목적 성격」이며 동사는 「사용 목적 동사」이다.

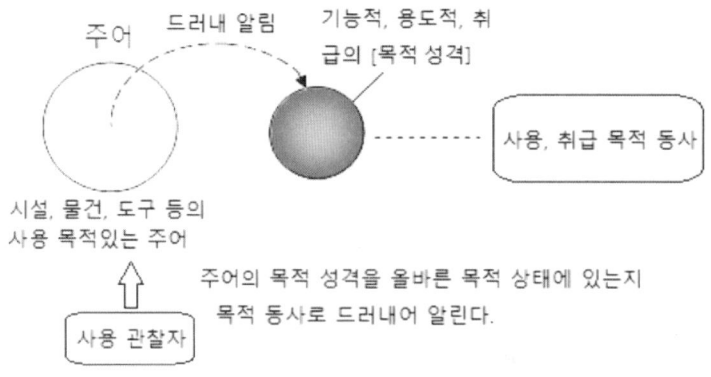

<물건, 시설, 도구 등에 대한 목적있는 성격을 목적동사로 드러내 알린다>

○ The door will open easily. 그 문은 쉽게 열릴 것이다. 사용 관찰자(화자)가 바라보는 그 문을 이용하는 목적 성격은 작동 기능이며 그 기능은 쉽게 열릴 것이다이다. 여기서 will의 서술은 작동상의 목적 있는 성격을 드러내 서술하기이다. 화자(사용자)가 보는 문이 가진 작동의 목적 성격은 문을 열기이며 그 문을 사용하기는 쉽게 열릴 것이다고 알린다.

○ Price quotes on selected product categories will be sent on request. 선택된 상품 종류에 있는 가격 시세들은 요구대로 보내질 것입니다. 즉 가격을 요구에 맞춰 보내질 것이다. - 화자가 보는 목적 성격은 취급 대상이며 그 취급은 청자가 요구하는 대로 다뤄질 것이라고(취급 목적의 성격으로) 자신 있게 알린다.

○ The ship will not be ready for a month. 이 배는 한달 동안 항해할 준비를 하지 않을 것이다. - 사용 준비를 하지 않을 것이다. 화자(사용자 혹은 관찰자)가 보는 배의 용도적 목적 성격은 운항이며 그 운항은 한달동안 사용 목적에 없다이다.

○ I reckon **it'll** cost about $3,000 **to** put in new lights. 내가 계산해보니 새로운 조명들을 설치하는데 대략 3천달러 비용이 들어갈 것이다. 소용될 것이다. - 화자(시설자)가 보는 시설 설치 목적에 맞는 시설 비용은 3천달러가 될 것이다. 목적 성격은 시설의 설치이며 그 비용은 3천달러(가치)가 될 것이다.

○ If you overcook the pancakes they **will** be difficult to roll. 만일 팬케이크들을 너무 익혀버리면 그것들은 둘둘 말기가 어려워질 것이다. - 화자(사용자)가 보는 너무 익혀버린 펜 케익의 용도적 목적 성격은 다루기(취급)이며 그 다루기는 돌돌 말기 어려워질 것이다. 혹은 돌돌 마려는 목적 취급이 어려워질 것이다.

○ The show will be open to the public at 2pm; admission will be 50p. 그 쇼는 오후 2시에 일반에 공개될 것이다. 입장료는 50파운드가 될 것입니다. - 쇼는 2시에 공개될(목적 성격에 맞게 이용될) 것이고 쇼의 목적 성격은 공연이며 그 공연의 목적 있는 입장료는 50파운드가 될 것이다. 화자(관람자)가 보는 쇼의 용도적 목적 성격은 공연이며 그 공연은 2시에 이용하도록 공개될(목적 성격에 맞게 사용될) 것이다라고 목적 동사로 서술한다. 그리고 공연의 목적 있는 입장료는 50 파운드가 될 것이다.

○ If a nuclear war breaks out, every living thing will be wiped off the face of the Earth. 만일 핵전쟁이 일어난다면 모든 살아있는 것들은 지구 표면에서 깨끗이 없어질 것이다. - Will의 잘못된 전용(원래는 shall) → 모든 생물이 스스로 사라지는 것이 아니고 모든 생물이 핵전쟁에 순응 결속하여 사라지게 된다. 모든 살아있는 생물들을 조건과 결속하여 지구상에서 사라지게 다뤄질 것이다이다.

F. 기타 비교

○ (자연의 법칙) Deciduous trees lose their leaves in autumn. 낙엽수 나무들은 가을에 그들의 잎을 떨어뜨린다. - 항상 현재형. - 성질이 아니며 자연의 법칙이다. Can, will, shall등을 사용하지 않는다.

○ I'm sure we will find a wide variety of choice available in school cafeterias. 우리는 학교 식당에서 이용할 수 있는 폭 넓고 다양한 (메뉴)들을 발견하게 되리라고 나는 확신하고 있다. - Shall에서 잘못 전용됨. 주어(화자)의 의지나 의도로 발견할 수 있는 상황은 아니다.

○ Will you ever feel at home here? 너는 여기서 집처럼 편안함을 느낄 때가 있나요? 원래 shall이었음. - 화자나 주어가 '자발적으로 만든 뜻'이 아니고 그들의 의도와는 상관없이 주어져 있는 환경과 결합(속) 상태를 말한다. 본래의 will이라면 '너는 ~할거니?' 라고 '주어의 내부 뜻'을 묻는 것이지만 주어가 편안함을 느껴지고 안 느껴지고는 주어의 의도에 달려있는 것이 아니고 주어와 결합한 주위 환경 조건에 달려 있기 때문이다.

○ It is hoped that representatives from across the horse industry will attend the meeting. 말 산업의 반대 편에서 오는 대표자들이 그 회의에 참석할 것이라고 기대되었다. 기대를 받았다. 여기 will은 대표자들의 자발적인 참석의 뜻이다.

○ **By next Christmas** we'll **have been** here for eight years. 다음 성탄절이 되면 우리는 여기서 8년 동안 사는 것이 된다. - 미래 수동적 완성. - shall의 잘못된 전용이다. - 화자 자신의 미래 시간에 순응하여 완성하게 되는 정보를 알려주기.

○ How soon will you know your holiday dates? 네 휴가 날짜를 얼마나 빨리 알 수 있나요? 여기 will은 주어의 자발적인 뜻에 의하여 목적을 이루게 된다.

○ If you didn't do much math's at school, you'll find economics difficult to understand. 만일 네가 학교에서 많은 수학공부를 하지 않는다면 너는 경제학을 이해하기 어렵다는 것을 알게 될 것이다. - 할 일이 '자연스럽게' 생길 것이다, 자연히 알게 될 것이다. Will인 경우.

○ You'll be sorry for it later. 나중에 그 일에 대해 후회하실 겁니다. will이면 미래 정보. shall이면 후회하게 만들어 주겠다.

○ He'll be glad to hear from you. 너의 소식을 듣는다면 그는 기뻐할 거다. (미래 예측). shall인 경우 - 당신의 소식을 알려주신다면 그는 기쁘게 되겠습니다. 주어가 순응적으로 소식을 받는 경우.

G. 조건법에서

조건은 인식 현실 세계의 밖에 있으며 현실에서는 아직 미확인 상태이므로 모두 주어 내부에 있는 잠재적인 will이다.

1) 조건절에서의 will

if는 미확인 영역에 붙이는 것이므로 조건 절에서의 will은 화자의 파워 영향력과 무관한 것이며 주어의 「내부에 잠재되 있는 will」이다. 그리고 모든 조건법, 가정법에서의 파워동사도 마찬가지다.

○ If you **will** smoke, please go outside. 네가 담배를 피우겠다면, 제발 밖에 나가서 해라. 조건에서 발현하는 will은 아직 미 실현 조건이므로 화자의 영향력이 미칠 수 없다. 이런 경우는 주어 내부의 will이 되며 화자의 영향력에 있는 will이 아니다.

○ If you will come this way, I'll take you to the manager's office. 이쪽으로 오시겠다면 제가 매니저의 사무실로 안내하겠습니다. 조건에서 발현하는 주어 내부에 잠재되 있는 자발적인 will 서술이다.

○ If your mother will fill in this form, I'll have her luggage taken up to her room. 만일 너의 어머니께서 이런 배치형태로 하시겠다면 나는 그분의 짐을 그분의 방으로 옮겨 놓도록 하겠다. 주어 내부의 will 서술.

○ If you will get drunk every night, it's not surprising you feel ill. 만일 네가 매일 밤 술을 마시겠다면 네가 몸이 아픈 것도 놀랄 일이 아니다.

○ I shall be glad to go, if you will accompany me. 저와 동행해 주시겠다면 저는 가는 일이 기쁘겠습니다. 조건절 주어 내부의 will 서술.

○ If you **won't** let me pay for a taxi, then at least **allow me to** lend you something. 저에게 택시요금 지불하기를 허락치 않으시려면 최소한 제가 조금 빌려드리게 해주세요. - 현실 조건 절에서의 won't은 주어 내부의 won't이다. - 목적 일 연결에 대한 주어의 불허용, 거절 조건의 뜻을 말한다.

10장 WOULD

조동사의 새 이름
파워 동사
Power verb with meaning in use and link relationship

10장 WOULD

조동사의 새 이름
파워 동사
Power verb with meaning in use and link relationship

10장
WOULD

★ would을 학습하기 전에 먼저 will을 반드시 학습해야 합니다! 그리고 여기서 과거형과 현재형을 구분하며 학습하세요.

〈과거의 일〉 우리는 과거를 시간상의 과거, 현재, 미래 이렇게 3등분하여 그 중 하나로 단순 구분하거나 지나가버린 시간 정도로 인식하고 있는데, 그러나 영어에서 대개 과거를 이야기한다는 것은 과거에 일어났던 혹은 있었던 일을 말하지만 한편 현재에 계속 유지되지 않고 있음을 뜻하기도 한다. 한마디로 과거 형은 「과거에 끝난 일」을 말하는 것이다.

> **would의 어원**
> would의 어원은 will + old[ould] = would이며 그렇다고 old의 모든 의미가 그대로 반영된 것은 아니다.

would는 '과거에서 will'(일명 과거형)으로 사용된다 할지라도 기타 현재형 등으로 다양하게 확장되거나 파생되었음을 이 책을 통해서 알 수 있습니다. 그러므로 would는 will의 과거형이라기 보다는 '실제적 will에서 「끊어진 would」'라 이름하는 것이 좋겠습니다. 이를 파워동사라는 측면에서 보면 목적일을 이루는데 사용할 파워가 그 목적을 달성 가능함의 연결에서 끊어졌음을 말한다. 즉 목적을 달성하기엔 없거나 조금 부족한 파워이다.

〈알림〉 shall에서 잘못 전용되어 will로 사용되는 경우와 마찬가지로 would로 전용되어 사용되는 과거형 would는 예문에서 아직 구분하지 아니하고 사용하고 있음을 알려드려요! 그 전용은 엉터리 학자들이 만들어낸 가짜문법으로 영어 고유의 성질, 본질과는 전혀 다름을 알려드려요.

> **would의 뜻**
> 실제적 will에서 끊어진 would → 끊어진 would,
> 실제성이 없는 would(과거형), 실제성이 조금 부족한 would(현재형).
> 그러므로 목적을 이루는데 필요한 실제적 파워가 없거나 조금 부족하다

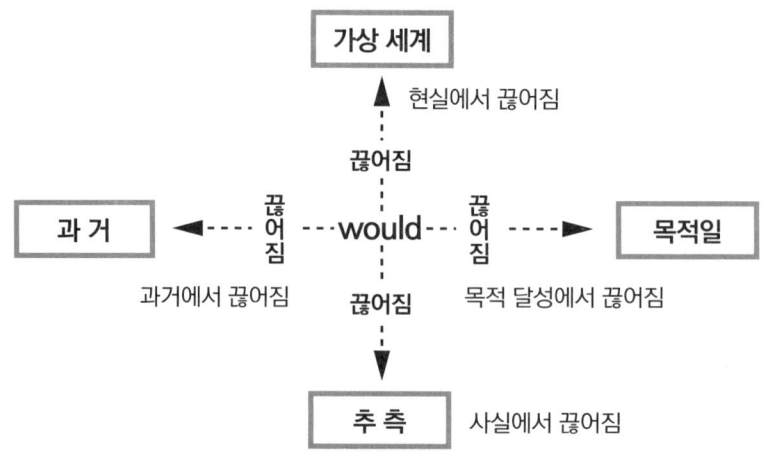

〈실제적 will에서 끊어진 would. 과거형, 현재형〉

적용과 전개

A. 과거에서 will은 현재에서 본 과거형 would

과거의 will에서 끊어진 would, 즉 현재에는 실제성이 없어진 would.

1. 과거에서 보는 현재형 will(시제 일치에서)

과거를 말하는 시각은 항상 현재이다. 그러므로 현재에서 보면 과거형이다.

「과거에서 보는 현재형 will」은 현재에는 끊어졌다. ★ Will을 목적일에 사용하겠다는 실제 상황은 과거에서이며, 현재에는 과거와의 연관성에서 끊어지고 사용하겠다는 힘의 영향이 '끊어진 would' (과거에서 미래 방향)이다. 이 경우 종속절에서는 직접 화법으로 해석한다.

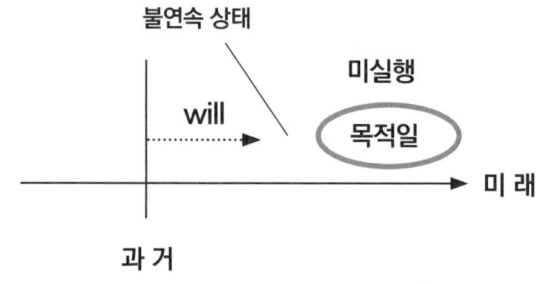

〈과거에서 현재형 will〉

○ In London, he first met the woman whom he would one day marry. 그는 런던에서 언젠가 결혼하겠다고 여겼던 여자를 처음으로 만났다. - 과거에서 본 현재형 will. 화자가 이 말을 할 때 One day는 아직 오지 않았으므로 과거에서 will과 미래 목적일 사이를 이어주는 시간이다. 곧이어 결혼하겠다가 아니고 marry 앞에 one day가 끼어 있어 one day가 되어야 연결되어 결혼 목적을 이루는 날이 된다. 현재에는 결혼하겠다는 will이 생긴 만남의 상황이 사라져 will의 실제성이 없어졌다.

○ There was a chance that my letter would arrive in time. 내 편지가 제시간에 도착할 기회는 있었다. - 과거에서 본 현재형 will. 편지의 취급 목적 성격은 제시간에 도착할 것이다. 현재에는 그 기회 있는 will이 없으며 기회 있는 상황도 없어져서 현재는 실제성이 없다. 현재에는 그 will이 존재치 않으므로 끊어졌다. 결국 편지가 제시간에 도착하지 않았으므로 문제가 되었고 그래서 이것을 현재에 언급하게 되었다.

○ I told them we would probably be late. 나는 그들에게 우리는 아마도 늦을 거라고 말했다. - 종속절의 시제 일치; would는 told에 시제가 종속되어 과거형이 되었으며 주절의 told가 전체적으로 과거의 시제임을 알게 해준다. 과거에서 보는 현재형 will이며 과거 will을 말하는 순간에서 자신들이 늦을 거라고 미래를 예측했다. 현재에는 그 will이 존재치 않으므로 끊어졌다. - 과거에서 미래 방향. 직접화법으로 하면 I said to them, we will probably be late.

○ I knew that I would be home soon. 나는 곧 집에 갈 거라는 사실을 알고 있었다. - 과거에서 보는 현재형 will이며 현재에는 그 will의 상황이 존재치 않음으로 끊어진 would 임(과거에서 미래 방향)이다.

○ They knelt in front of the child who would one day rule all England. 그들은 언젠가 온 영국을 통치할 아이 앞에서 무릎을 꿇었다. - 종속절에서 시제 일치. 의미 (해석)도 과거에서 보는 현재형 will. would이하는 과거에 주어가 가진 미래 목적일이었다. 여기 one day도 과거의 will과 목적일을 이어주는 연결 시간이다.

○ The forecast said the next day would be fine. (= The forecast said, "Tomorrow will be fine". 직접화법. 내일은 날씨가 맑겠습니다.)의 간접화법. 그 일기 예보관은 그 다음날(기상캐스터가 말하는 내일) 날씨가 맑겠다고 했습니다. - 과거에서 본 현재형 will. Might나 may을 사용하여 말하는 일기예보(50% 혹은 이하)보다 매우 높은 확률(90%)로 자신 있는 예측의 일기예보이다. Will은 목적일을 이룰 수 있는 실제적인 힘이기 때문이다.

○ I told you that you wouldn't be ready in time. 나는 네가 제시간에 준비하지 않으려고 한다고 네게 말했었다. 나는 네가 제시간에 준비하기를 거부한다고 말했다. - 종속절에서 시제 일치(과거에서 보는 현재형, 종속절에서는 직접화법으로 해석한다). - 전체적으로

간접 화법이며 직접화법은 I said, "You will not be ready in time." - 청자는 주어지는 목적일을 받아들이라는 명령이나 지시, 요구 등의 거부, 회피의 뜻이 있었음을 말한다. 이 will not은 주어가 be ready in time(요구 등)를 회피, 거부하려는 주어의 뜻이다. 주어지는 목적일(명령, 요구 등)을 맡지 않으려고 한다. ★ Will의 뜻을 ~할 것이다, ~일 것이다 로 하면 will not, will never은 정말 우스꽝스러운 해석이 될 때가 종종 있습니다.

○ Sue looked at the college where she would be studying in October. 슈는 10월에 그녀가 공부하게 될(예정) 대학을 주목해 보았다. - 시제 일치에 의한 과거에서 미래를 보는 예정이므로 과거에서 보는 현재형 will이다.

○ He bought a car that would hold five people easily. 그는 5명의 사람들이 편히 타게 될 차를 샀다. - 과거에서 본 현재형 will. 차를 살 당시에 5명의 사람들이 편히 차를 타게 될 것이라는 계획하에 미래 목적 시각으로 본다.

○ They said they would give the police their full cooperation. 그들은 경찰들에게 그들의 전폭적인 협력을 드리겠다고 말했다. - 종속절의 시제 일치에 의한 과거에서 본 현재형 will이다. 그러나 만일 will이 아닌 would를 그대로 과거에 사용하여 '전폭적인 협력을 드리고 싶다'고 말하였다면 협력의 뜻 만을 밝힌 것이며 어떤 사정이 생길지라도 실제적인 협력하겠다가 아니므로 실제 협력해야 할 상황이 발생하지 않았을 수도 있으며 '만일 협력해 드릴 수 있다면'이라는 전제(조건)를 바탕으로 '협력해드리고 싶네요'라는 실제성이 부족한 그리고 적극적이지 않은 약속이 되어버린다.

○ She indicated that she **would** help her husband. 그녀는 그녀의 남편을 돕겠다고 말했다. - 종속절의 시제 일치에 의한 과거에서 본 현재형 will이다. 그러나 만일 과거에도 will이 아닌 would를 사용하여 말하였다면 아직 도울 일이 실제 발생하지 않았을 수 있으며 '만일 도울 일이 생긴다면'이 전제로 깔려 있게 되어 실제성 부족한 의사 표시가 되어 버린다.

○ The statement added that although there were a number of differing views, these would be discussed by both sides. 그 성명은 비록 여러가지 다른 견해들이 많이 있다 할지라도 이것들은 양측에 의해 논의될 것이라고 덧붙였다. - 종속절의 시제 일치에 의한 과거에서 본 현재형 will.

2. Wouldn't, 과거에서 will not이다

과거에 실제 목적 동사의 요구 방향에 반대로 작용한다. 한동안 주어진 동사(목적 요구)를 실행하기를 완강히 거부(거절), 회피하거나 거꾸로 반작용한다. 즉 주어진 목적 요구를 이루기를 거부, 거절, 회피, 거꾸로 한다. 과거형 would이다.

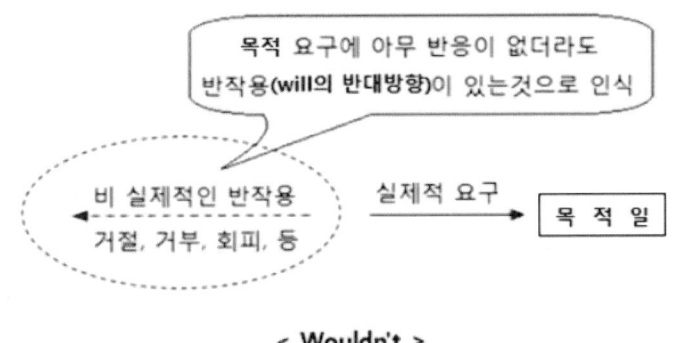

< Wouldn't >

○ I will(→) open the door. He will not(←) open the door. 목적일에 대한 실행 의지를 표방하는 will(→)과 목적 요구에 대한 실행을 거부, 거절, 회피, 반작용 등의 will not(←)이다. 화살표 방향에 주목하세요.

○ The door **would not** open. 그 문은 열리려 하지 않았다. - Will의 반대 방향으로 열리지 않으려 버팀, 즉 반작용이다. - 실제는 open하려 하고 있지만 반대로 작용한 것으로 인식한다. 과거에 한동안 목적 동사를 받아들이기를 완강히 거부하거나 거꾸로 반작용하려 한다.

○ I told you so, but you **wouldn't** believe it. 내가 너에게 그렇게 말했건만 너는 그것을 믿으려 하지 않았다. - 믿지 않으려 버티거나 거부 회피. 화자는 청자에게 실제 믿게 해주려 하고 그렇게 말했지만 청자는 아무 반응이 없더라도 믿지 않으려고 회피나 거부하고 있는 것으로 인식한다. 즉 믿지 않으려 애쓴다의 뜻이다. will, would는 목적 동사를 향하는 방향이지만 not이 붙으면 거꾸로 목적 동사 방향에 반대 방향인 버팀, 거부, 회피, 반작용 등으로 실제에 반대 방향이 된다.

○ He was angry because I **wouldn't** give him any help. 내가 그에게 아무 도움도 주려 하지 않았기 때문에 그는 화가 났다. 실제 그가 내게 도움을 달라고 했지만 실제와 반대로 거절, 거부, 회피한 것이다. 여기 목적일은 그가 요구한 것이다.

○ She **wouldn't** open the door. 그녀는 그 문을 열어 주지 않으려고 하였다. (오히려 닫으려고 하였다, 혹은 문을 잠가 닫아 있으려고 하였다). - 실제로 문을 열어 달라고 하고 있는데 문을 잠그고 열지 않았기 때문에 문을 잠가 닫아 버리려는(열어주지 않으려는) 의지로 실제와 반대의 저항으로 인식한다. 여기 목적일은 화자 혹은 누군가가 요구한 실제적 일이었다.

○ The car **wouldn't** start this morning. 그 차는 오늘 아침 꿈쩍도 하지 않으려 했다. - 실제로 주인이 차를 타고 가려고 하고 있는데 차는 움직이지 않으려고 실제 운전자의

요구에 반대로 작용했다. 차는 한마디로 고장이 났다이다.

○ I asked him very politely, but he **wouldn't** tell me. 나는 그에게 매우 정중하게 질문하였지만 그는 내게 말해 주려 하지 않았다. - 과거에서 will not이다. 실제는 말해 달라고 질문하였고 주어는 일부러 전혀 말해 주려 하지 않았던 것으로 인식한다.

○ He kicked, pushed, and hurled his shoulder at the door. It **wouldn't** open. 그는 그 문에다 발로차고 밀치고 그리고 그의 어깨를 문에 세게 부딪쳤다. (그러나) 그 문은 열리려 하지 않았다. - 과거에서 will not이다. 실제는 문이 움직이지 않았지만 주어의 요구에 반대로 작용한 것으로 인식한다.

○ He kept trying to start the car and the battery got flatter and flatter, until it **wouldn't** turn the engine at all. 그는 차를 출발시키려고 계속 노력하였고 배터리는 엔진을 전혀 돌리려 하지 않을 때까지(꺼질 때까지) 푸덕 푸덕거렸다. - 과거에서 will not 이다. Flatter and flatter - 시동 걸 때 내는 소리가 알랑거리고 아첨하는 사람 웃음소리와 비유해서. 실제는 엔진을 돌리려 하는 요구에 마지막에는 배터리가 끝내 엔진을 움직이지 않으려 한 것으로 인식한다.

○ The paint **wouldn't** stick to the wallpaper. 그림은 벽지에 달라붙으려 하지 않았다. - 과거에서 will not이다. - 과거에 실제적인 요구인 stick에 반대로 붙으려 하지 않은 것으로 인식한다, 즉 실제적 요구에 반대로 작용했음을 표현했다.

○ David **would** not accept this. 데이빗은 이것을 받아들이려 하지 않았다. - 과거에서 will not이다. 실제는 이것을 받아들이도록 요구하였지만 반대로 요구를 거절했다.

○ He **wouldn't say** where he had picked up the information. 그는 그가 어디서 그 정보를 수집했는지를 말하지 않으려 하였다. - 과거에서 will not이다. 실제는 말해 달라고 하였지만 주어는 요구를 거부, 거절, 회피했다.

3. 과거에서 실제 사용되기도 하고 있는 will.

○ No one believed the soldiers stationed at the border **would** actually open fire. 국경에 배치된 군인들이 실제로 전투를 벌이기도 한다는 것(사실)을 아무도 믿지 않았다. Actually가 실제 상황이며 will이 사용되어 open fire에까지 힘이 이어짐을 알려준다. - 과거에서 본 현재 사용되기도 하고 있는 will; will의 발생과 그 실행, 즉 현재 주어가 가지고 있는 파워 will이 넘쳐서 목적일에 분출되고(사용하고) 있는 will이다. - 종속절의 시제 일치에 의해 과거에서 본 현재형 will. ★ 여기 would는 목적일에 사용한 과거형 would이며 과거에서 간헐적으로 사용하는 will이다. 목적일이 매일 이뤄지는(실행되는) 일이라면 전쟁이며 그렇지 않고 가끔 있는 일이므로 사람들이 모르고 있어서 실제로

전투를 벌이기도 한다라고 해석한다.

B. 지나온 과거에 사용했던 would. 즉 과거형 would

1. 현재에서 뒤돌아보는 실제 지나온 과거에 사용했던 would

과거를 지나 오면서 한때, 가끔, 종종 계속 사용하던 would와 그 목적일 실행이 있었으나 지금은 하고 있지 않다(끊어져 있음). 의미는「주어의 뜻으로 원하던 목적일을 이루어 왔던 지난날의 일들을 뒤돌아본다」. 현재에서 뒤돌아보는 지나온 과거에 목적일을 이루어 왔던 would가 되며, 화자는 이제 지나온 과거일을 회상하며 주어가 과거 will을 사용하여 원하는 목적일을 이루어 왔었음을 말하고 있다. 화자가 지나온 과거일 회상 관점이다.

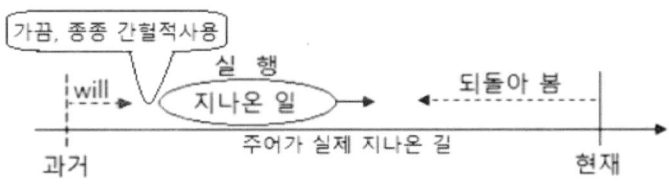

< 지나온 과거에 사용했었던 would >

★ 여기 예문에서 사용된 시간절들, often, sometimes, Sunday 등이 화자가 지나온 길을 되돌아보는 시간 관점을 말하는 것이며 이들 시간 등의 언급은 실제적 힘(will)을 사용하여 목적일을 실행해(이루어) 왔음을 의미하는 것은 일종의 주어가 지나온 과거 인생의 흔적 혹은 track과 같은 것들이며 현재에 그것을 회상하며 언급하는 것이다. 그러므로 아래 예문들처럼 이들 과거 시간에 과거의 will을 사용해 목적일을 행해 왔었다고 이해할 수가 있지만 여기 would는 현재에서 보면 결국 과거 한때에 사용했었던 would가 되겠다. 즉 현재 관점에서 과거 한때에 사용했던 would 서술이다. I would play a baseball in this playground long time ago. 나는 오래전 이 운동장에서 야구경기를 하곤 했다.

○ When we were kids we would spend hours kicking a ball about, dreaming of being soccer internationals. 우리가 아이들일 때 우리는 세계적인 축구 선수가 되기를 꿈꾸면서 주변에서(여기 저기) 공을 차며 여러 시간을 보내곤 했었다. - 이 경우 would는 과거에서 보는 현재형 will이 아니라 현재에서 뒤돌아보는 지나온 과거에 사용했었던 과거형 would가 되며, 화자는 이제 지나온 과거일을 회상하며 주어가 과거 자주 공놀이했었고 또 will을 사용하여 한때 목적일을 실행했었음을 말하고 있다. 그래서 이제는 그것을 하고 있지 않으므로 당연히 끊어진 would이다. 과거 will에서 현재 끊어진 would.

★ 여기서의 목적일은 매일 이뤄지는 일이 아니거나 항상 하던 일은 아니었으므로 ~하곤 했었다로 해석한다. ★「주어 힘의 뜻으로 원 하던 일을 이루어 왔던 지난날의 일들을 뒤돌아봄을 뜻한다」.

○ He would often go fishing in the river when he was a child. 그는 어린 시절 종종 강으로 낚시하러 가곤 했다. - 현재에서 되돌아보는 지나온 과거에 사용되었던 would 이며, 화자는 이제 지나온 과거일을 뒤돌아보며 주어가 과거 자주 낚시에 will을 종종 사용했었음을 말하고 있다. ★ Would와 목적일 사이에 often이 위치하여 파워 동사를 목적일에 종종 사용 실행되었음을 말한다.「주어의 뜻으로 원 하던 일을 이루어 왔던 지난날의 일들을 뒤돌아본다」.

○ When we were kids, my mum would take us out on bikes all around the countryside. 우리가 어린 시절에 내 엄마는 우리를 자전거에 태우고 나가 온 시골 곳곳을 돌아다니곤 했었다. - 현재에서 되돌아보는 과거에 사용했었던 would. 과거에 한때 목적일에 연결되어서 사용되고 있었으나 지금은 연결되어 있지 않은(끊어져 있음) would. 과거 실제 will에서 끊어진 would.「주어의 뜻으로 원하던 일을 이루어 왔던 지난날의 일들을 뒤돌아본다」. 화자는 이제 지나온 과거일을 회상하며 주어가 과거 will을 사용하여 목적일을 실행했었음을 말하고 있다. ★ 여기서 When we were kids가 will 사용과 목적일 실행의 연결 고리(사용 시간)이다. 여기 ~하곤 하였다는 목적일이 일상적인 일이 아니어서이다.

○ Sometimes he would bring me little presents without saying why. 가끔 그는 이유를 말하지 않고 내게 작은 선물들을 가져다주곤 하였다. - 과거 will을 사용하여 목적일 실행을 가끔 하였다.「주어의 뜻으로 원하던 일을 이루어 왔던 지난날의 일들을 뒤돌아본다」. 여기서 something가 will과 목적일 실행의 연결 고리이다. 여기 ~하곤 하였다는 목적일이 일상적인 일이 아니어서이다.

○ On Sundays when I was a child we would all get up early and go fishing. 내가 어렸을 때 일요일마다 우리는 모두 일찍 일어나서 낚시하러 가곤 했었다. 화자는 이제 지나온 과거일을 회상하며 자신이 과거 will을 사용하여 목적일을 이루어 왔었음을 말하고 있다.「주어의 뜻으로 원하던 일을 이루어 왔던 지난날의 일들을 뒤돌아본다」. 여기서 on Sundays when I was a child가 will과 목적일 실행의 연결고리이다.

○ When we were children we would go skating every winter. 우리가 어렸을 때 우리는 겨울마다 스케이트 타러 가곤 하였다.「주어의 뜻으로 원하던 일을 이루어 왔던 지난날의 일들을 뒤돌아본다」. 화자는 이제 지나온 과거일을 회상하며 주어가 과거 will을 사용하여 목적일을 실행했었음을 말하고 있다. 현재에서 본 과거에 사용했었던 would 서술이다.

○ Sunday mornings my mother would bake. I'd stand by the fridge and help. 일요일 아침마다 내 어머니는 빵을 굽곤 하셨지. 그리고 나는 냉장고 옆에 서서 도와 드렸었지. 주어의 뜻으로 원하던 일을 이루어 왔던 지난날의 일들을 뒤돌아본다. 화자는 이제 지나온 과거일을 회상하며 주어가 과거 will을 사용하여 목적일을 실행했었음을 말하고 있다. 여기서 Sunday mornings이 will과 bake실행의 연결고리이다.

○ 'Beauty is only skin deep,' my mother would say. 아름다움은 피부 깊은 곳에만 있다고 어머니께서는 말씀하시곤 하셨지.「주어의 뜻으로 원 하던 일을 이루어 왔던 지난날의 일들을 뒤돌아본다」. 여기서 say의 목적 beauty is only skin deep을 먼저 표현한 것으로서 목적일을 강조하고 있다. ★ say의 목적을 먼저 말하는 건 이 문장의 표현 중심이라는 뜻과 문장 순서에 앞질러 가 있어서 강조의 의미가 된다.

2. 과거에 will의 사용이 반복적으로 혹은 계속 고착화되어 가는 경우

지나온 과거에 주어는 will을 사용하여 목적일 실행하는 데에 '**좀더 심하게 혹은 자주**' 집착, **버릇, 고집, 습관 등**이 있었다. 즉 주어 내부적으로 **will의 사용이 반복적으로 혹은 계속 고착화**되어 가는 경우이며 주어는 자신의 뜻대로 목적일을 하고 싶은 욕구가 강하다. 위에서는 과거 한때에 사용했던 will이었다.

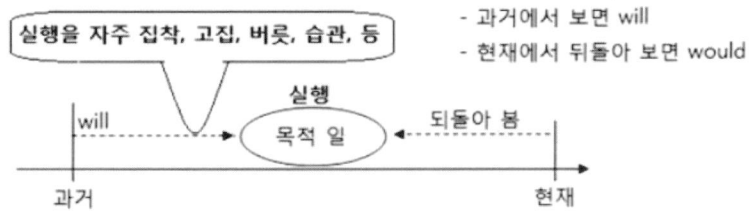

<지나온 과거에 사용이 고착화 되어가는 would(집착, 고집, 버릇, 습관, 등)>

○ We would sing for hours together. 그는 여러 시간을 노래 부르곤 했다. - 현재에서 되돌아보는 지나온 과거에 사용했었던 will이 되며, 주어 자신은 이제 관찰자의 입장이 되어 자신이 과거 노래 부르기(목적일)에 자주 반복적으로 연결되고 실행했었음을 말하고 있다. ★ 여기서 for hours가 목적일에 will의 사용을 1회성이 아닌 수 시간씩 반복적으로 사용되어 집착, 고집 등의 연결고리임을 알 수 있다.

○ When she was old, she would sit in the corner talking to herself for hours. 그녀가 늙게 되자 그녀는 몇 시간 동안 혼잣말을 하면서 코너에 앉아있곤 했다. - 현재에서 되돌아 보는 지나온 과거에 반복적으로 사용되었던 will이 되며, will을 사용하여 그 목적일 실행을 자주하는 버릇이 있었다. ★ 여기서 for hours가 목적일에 반복적으로 혹은 계속

will을 사용하는 빈도인 집착, 버릇 등이며 반복적 연결고리임을 알 수 있다.

○ He would sit for hours doing nothing. 그는 여러 시간을 아무것도 하지 않고 (계속) 앉아 있곤 했다. - 현재에서 되돌아보는 지나온 과거에 사용했었던 would가 된다. 앉기에 자주 연결되고 실행했었음을 말하고 있다. 지나온 과거에 있었던 습관이나 버릇 등이다. 여기서 for hours가 목적일에 반복적으로 혹은 계속 will을 사용하는 빈도인 습관이나 버릇 등이며 연결고리임을 알 수 있다.

○ She would talk for hours. 그녀는 몇 시간 동안 (계속) 말을 하곤 했다. - 과거에 한때에 말 하려는 욕구(will)를 사용하여 말을 하였고 또 일단 시작된 말은 끝마치지 않고 계속 will을 사용했었다(계속 실행); 욕구와 계속 실행에 집착하거나 고집 등을 하였다. 과거에 계속 분출되고 있는 will은 목적일에 실행도 계속하며 앞으로도 연속 이어갔던 집착을 말하고 있다. 여기서 for hours가 목적일 실행의 집착 등의 연결고리임을 알 수 있다.

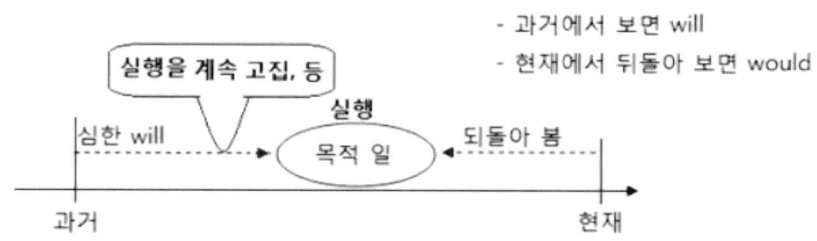

<지나온 과거에 심하게 사용되었던 would(계속, 고집, 등)>

★ 나쁘거나 심한 would를 **대문자 WOULD**를 사용하여 표현하고 있다.

○ He was a nice boy, but he **WOULD** talk about himself all the time. 그는 멋진 소년이었지만 (그러나) 그는 자신에 관한 이야기를 항상 심하게 하곤 했었다. ~하는 나쁜 고집, 버릇 등이 있었다. 주어는 will을 사용하여 목적 실행을 고집한다. ★ 과거 Will의 성향은 심한 버릇, 나쁜 고집(WOULD) 등이다.

○ You **WOULD** tell Mary about the party – I didn't want to invite her. 내가 메리를 초대하기를 원하지 않았는데도 너는 그 파티에 관해 그녀에게 말해주기(알려주기)를 고집했다. - will을 사용하여 목적 실행을 고집함. 과거 Will의 성향은 심한, 나쁜 고집(WOULD)이다.

○ I **WOULD** ask to my mother for buying new fashionable sneakers in my poor child. 나는 가난한 어린 시절에 어머니께 새롭게 유행하던 운동화를 사 달라고 떼를 쓰곤 하였다. 주어는 will을 사용하여 목적 실행을 고집한다. - 뒤돌아본 과거에 있었던 would 이며 심한, 나쁜 고집이나 집착(WOULD)이다.

C. 과거형 WOULD have+동결재

- 지나온 과거에 성취하고 싶었던 목적일들.
  = 과거의 시간차를 넘어 사용된 파워의 결과적 입장.
  = 과거의 미 사용 파워를 현재에 사용한 결과적 입장으로 말한다.

과거에 주어가 사용 가능했었던 파워동사를 시간의 장벽을 넘어 현재에 화자가 임의로 사용한 그 결과적 입장으로 말해보기이다. 그러므로 파워동사의 현재형이 과거형으로 바뀌었고 목적일은 목적 달성한 결과로 바뀌었다.

과거에 파워를 사용해서 ~이룰 수 있었다, ~할 뻔했다, ~했어야 했다, ~(성취)하고 싶었다 등으로 결과적 입장에서 말한다. 다시 말해 과거의 미사용 파워를 '현재에 화자가 임의로 사용하여 목적일을 이룬 결과적 입장이지만, 「실제는」 주어가 과거에 파워를 사용하지 않아서 목적일을 이루지 않았고 현재에 이를 뒤돌아보며 화자가 임의로 파워를 사용하여 과거 주어의 목적일을 이룬 결과적 입장으로 말하기 때문이다.

여기서 과거 목적일에 사용할 힘은 will이거나 현재형 would이다. 현재형 would는 목적일을 이룰 뜻은 있으나 뜻을 이루기엔 부족한 힘이다. 그래서 목적일을 이룰 수 없고 이루고 싶은 뜻 만을 드러내게 된다. 결국 목적일에서 '끊어진 사용할 수 없는 would'.

1. 과거에서 would일때

여기서 다시 정리하면 과거 목적일을 이루고 싶은 뜻은 있었으나 힘이 부족하였으므로 목적일을 이루지 못하여 이를 아쉬워 현재에 뒤돌아볼 때에는 과거에 결과를 이루고 싶었다고 결과적 입장으로 말하여 서술한다.

과거에 목적일을 이루고 싶은 뜻 ⇒ 현재에 결과를 이루고 싶었던 뜻.

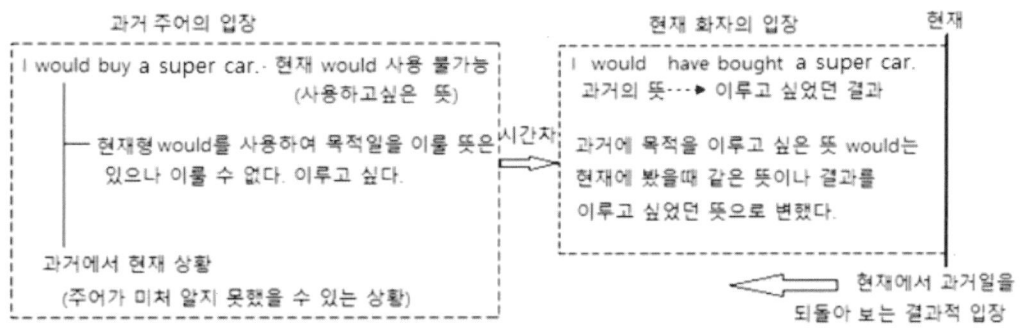

<과거 현재형 would를 사용하여 목적을 이루고 싶은 뜻을 현재에 결과를 이루고 싶었던 뜻으로 언급>

과거 원하는 목적일을 이룰 뜻이 있었지만 이룰 힘이 없어 이루지 못하고 마음과 뜻만이 남아서 현재에 뒤돌아볼 때는 아쉬워서 원하는 일을 성취하고 싶었다고 화자는 말한다. 과거에도 현재에도 결국 그렇게 이뤄지지 못했다. 과거에서 현재형 would은 목적달성의 뜻이 있었지만 이루지 못하여 현재에 뒤돌아 볼때에는 이 would가 과거형으로 바뀌어 과거의 뜻이 되었고 목적일은 이루고 싶었던 결과(have+pp~)가 되었다. 즉 성취하고 싶은 일은 과거의 목적일이었지만 현재의 결과적 입장에서 볼 때 이루고 싶었던 결과이다. 즉 최종적 결과로 남기고 싶은 목적이었다. 이루고 싶은 목표적 결과였는데 실제는 이루지 못했다이다. 지나온 과거에 이루지 못한 목적일'이 있어서 현재에 과거일을 아쉬워 뒤돌아본다는 것은 그 일이 목적가치가 있었기 때문에 미련이 남아 뒤돌아보는 것이다. 여기서의 특징은 과거에 이루고 싶은 뜻은 would like, would prefer였으나 현재에는 결과적 입장으로 결과를 이루고 싶었던 뜻 would have liked, would have preferred으로 변하였다. 이루지 못한 과거의 뜻은 현재까지도 어떤 변화도 일으키지 못했으므로 있는 그대로 (과거에) 결과를 이루고 싶었던 뜻이 있었다고 서술하는 것이 옳다. 여기서 주어와 화자는 같은 I이다.

○ I **would have liked** a life in politics. 나는 정치인의 삶을 살고 싶어 했었는데요. - 여기서 주어와 화자는 같다. 과거에는 I would like a life in politics이었다. 과거 원하는 목적일을 이루고 싶은 뜻이 있었지만 실제로 이루지 못하여 현재에 뒤돌아볼 때는 결과를 이루고 싶었던 일이었다고 말한다. 과거 원하는 목적의 뜻(would like)이 있었지만 이루지 못하여 현재에 뒤돌아 볼때에는 과거에 결과를 이루고 싶은 뜻이 있었다고 결과적 입장(have+pp~)에서 말한다. 즉 성취하고 싶은 일이었는데 실제는 이루지 못했다이다.

○ She **would have liked** to ask questions, but he had moved on to another topic. 그녀는 여러 질문들을 하고 싶었었는데, 그러나 그는 다른 주제로 옮겨가 버렸다. - 과거에는 She would like to ask questions이었다. 과거 목적일을 이루고 싶은 뜻이 있었지만 이루지 못하여 현재에 뒤돌아볼 때에 결과를 이루고 싶었던 일이었다고 말한다. 과거에 그녀가 여러 질문들을 하고 싶었던 목적 일이 있었음을 말하며 실제는 이루지 못하여 다른 길로 갔음을 말한다.

○ He also had made it a practice to dine there regularly, though he **would have preferred** being at home. 그는 비록 집에 편히 있고 싶어 했었지만 그는 또한 거기서 규칙적으로 정찬을 먹는 연습을 했었다. - 과거에는 He would prefer to be at home 이어서 이루고 싶은 뜻 현재형would like이었지만 현재에는 과거형would have liked로 변하여 과거 목적일을 결과로 이루고 싶었던 뜻이 있었음을 결과적 입장에서 언급한다. 이 시간적 경과로 현재에 뒤돌아볼때는 과거에 결과로 이루고 싶었던 일이 있었음을 말하고 실제는 그렇게 이뤄지지 못하여 다른 길로 갔음을 말한다.

2. 과거에서 will일 때

과거에 사용하지 못한 will이어서 원하던 목적일을 이루지 못했고 그 목적일을 뒤돌아볼 때 현재에는 아쉬워서 will을 사용한 '성취 결과로 남겨질 수 있었던 일'로 변하여 "원하던 일을 이루었을 거라고 결과적 입장으로 말한다이다.

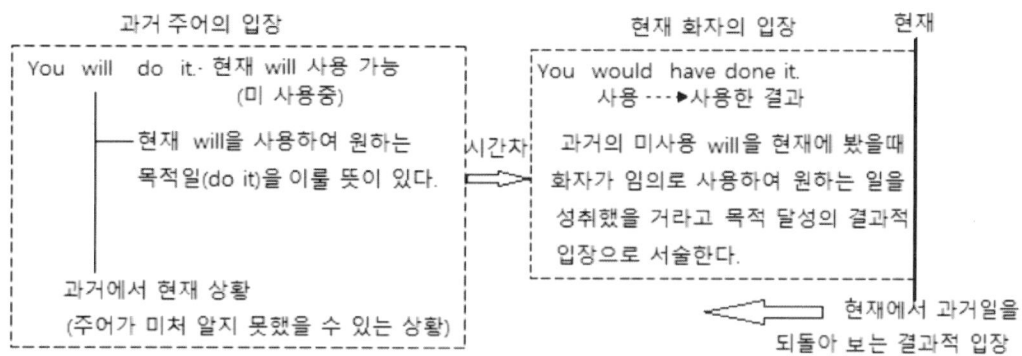

< 과거에 will를 사용하여 목적을 이룰 수 있었던 때를 현재에 파워 사용 결과적 입장으로 언급 >

○ You would have succeeded in studying new battery materials if you keep going to study it. 너는 연구를 계속했다면 배터리 신소재 연구에 성공했을 것이다. - 과거에 주어가 You will succeed in studying new battery materials이었으며 이 미사용 will을 현재에 사용한 결과적 입장에서 언급한다이다.

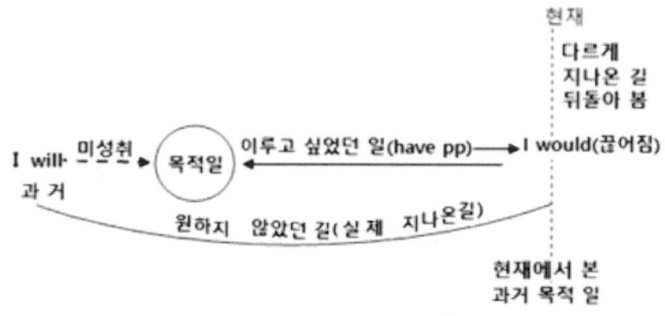

< 과거에 이루지 못했던 목적일을 뒤돌아 봄 >

3. would have+pp~의 부정형

would를 부정하고 목적일을 부정하여 끊어진 would가 아닌 실제는 연결된 would not이며 목적일은 원하는 목적일이 아닌 원치 않는 일로 바뀐다.

지나온 과거에 '원치 않았던 일'을 피하고 싶었지만 실제는 끝내 그 길로 가고 말았다의 뜻. 주어가 원치 않는 일 이루기를 피하고 싶었지만 결국 그걸 해 버렸다의 뜻이며 「would have+pp+목적」의 반대이다.

○ I **would never have done** what they did. 나는 그들이 저지른 짓을 결코 하지 않으려고 했었는데요. - 실제는 해버렸다.

D. 현재형 would

「실제적 will에서 현재 끊어진 would」, 즉「실제성이 부족한 would」, 현재형의 방향은 목적일을 향한 미래 방향이지만 would가 파워가 부족하거나(실제적 will보다 파워가 부족하거나) 목적일 연결(달성)에 실제 끊어져 있어서 그 목적일을 이룰 수 없다. 목적일 연결에 끊어져 있다는 것은 목적일이 당장 실행할 수 있도록 주어의 would 앞에 목적이 직접 연결되어 있지 않거나 목적 달성에 필요한 힘이 부족하다는 것이다.

> 실제성이 부족한 would - 현재에 목적일에 will을 사용하고 싶은데 실제적으로 그렇게 할 수 있는 힘(will)이 부족하여 목적일(달성)에 끊어져 있어서 목적일을 이루지 못하고 결국 will을 사용하고 싶은 뜻(마음, 생각, 의욕 등)만이 남아있는다.

1. 실제성이 부족한(끊어진) Would (현재에서 미래를 보는 방향)

실제적 will에서 끊어진 would.

○ I would take a rest for health. 나는 건강을 위해 쉬고 싶습니다. 실제는 쉴 수 없다. 주어는 목적일 즉 건강을 위해 쉬고 싶지만 실제적 힘이 없으므로 그렇게 할 수 없고 (목적일에 끊어져 있고) 그렇게 하고싶은 뜻, 마음(would)만 내비쳐 목적일에 대한 실제성 부족한 would의 표현이 된다. 실제 피자가 있어서 먹을 수 있는데 피자 먹고 싶다 하지 않는다. 피자를 당장 먹을 수 없기 때문에 피자 먹고 싶다 표현하는 것이다. 이럴 때 피자는 남의 소유이거나 있더라도 당장 바로 앞에 (연결되어) 있지 않기 때문이다. - 실제성이 부족한 would이므로 주어는 실제 쉴 수 없는 여건이다. Would는 쉬고 싶은 뜻(마음)이다.

○ I **would fain** do…… 나는 기꺼이 하고 싶습니다. - 화자는 실제로 할 힘이나 권한 등이 부족하기 때문에 실제 do를 실행할 수 없는 상황에서 do하고 싶은 마음만을 드러낸다. 아직 허락이나 기회가 없는데도 '준다면' 혹은 '된다면' 기꺼이 하고 싶다는 말이다.

○ I don't think that he **would** take such a decision. 나는 그가 그런 결정을 할 뜻이 있다고 생각치 않습니다. 그런 결정을 하리라고 생각치 않습니다. - 실제적 파워가 부족한 would이므로 화자는 목적일을 이루고 싶은 주어의 뜻(의사)이 있다고 생각하고 있지

않다. 자신의 생각을 부정함으로써 종속절의 would를 부정하여 would는 이루고 싶은 주어의 뜻조차 없다고 부정한다.

○ I would be grateful **for** an early reply. 빠른 답장을 주시면 저는 감사하고 싶습니다. 감사하겠습니다. - 실제는 답장이 없어 좀처럼 감사할 수 없는 (초조한) 상황이다. 답장을 아직 받지 않아서 현실은 그렇게 감사할 수 없다의 뜻. 현재에서 보는 끊어진 would. 즉 현재에 will하고 싶은데 실제는 끊어져서 will하고 싶은 마음만을 전한다.

★ would절에 if조건절 함축에 대한 이해 - would는 「실제적 will에서 끊어 진 would」, 「끊어진 would」, 「실제성이 부족한 would」, 등으로 정의했다. 이렇게 would형(could 등) 파워동사는 목적일을 실행할 실질적 파워가 부족하거나 연결에 끊어졌으므로 목적일을 실행하기 위해서는 그 실행 가능하게 하는 파워의 보충이나 조건 등이 필요하게 된다. 그래서 보충되야 할 파워나 필요한 조건 등이 목적 실행에 절대 필수 요소로서 작용한다. 이 부족한 파워에 조건이 첨가된다는 건 파워나 도움 등이 주어진다거나 목적일이 쉬워지게 된다거나 목적 가능한 환경이나 여건이 추가 조성된다거나 등과 같은 것이다. 그래서 실질적 파워에서 끊어져 있는 이 would의 표현은 만일 어떤 친구A가 "내일 저녁 내 생일 파티에 올래?" 라고 묻는다면 어떤 목적일 실행을 제안하는 것과 같고 제안받은 그의 친구B는 "글쎄… 나도 무척 가고 싶긴 한데… 아빠가 밤늦게 밖에서 놀고 오는 것을 안 좋아하셔서…"라고 망설인다면 그 목적일인 파티에 참석하고 싶어(목적일을 이루고 싶어) 아쉬워하고 있고 친구A는 "아빠께 잘 말씀드려 어떻게든 허락을 받아봐!" 라고 재촉하자 친구B는 "그래 아빠가 허락하시면 파티에 갈께!"라고 말하여 『여건 등이 조성되지 않은 목적일 실행에는 조건이 필요하다고』 단정하고 있다. 이처럼 주어진 목적일이 있고 그 목적일을 주어가 실행하고 싶은데 여건 등이 안되거나 파워, 능력 등이 모자라서 결국 목적일을 행할 수 없을 때 우리는 그 목적 달성 가능하게 하는 필요한 조건을 제시하게 된다. 결국 would의 표현은 위상황과 똑 같은 의미가 함축되어 있는 것이고 만일 if조건절의 내용이 일반적이거나 서로 잘 알고 있는 내용이라면 생략 가능하여 그 would에 함축되어 있는 것으로 간주하게 된다. 예) I **would** go to your birthday party, if my daddy give me an allow.

○ Once inside, I found that the flat **would be** perfect for my life in Paris. 한번 안에 들어가자 나는 그 아파트가 파리에서 내 생활에 딱 맞을 것 같다는 걸 알게 되었다. - 실제성 부족한 추측의 would이며 아직 아파트에 살아보지 않았고 앞으로도 살겠다고 결정이 안됐을 수도 있는데 완벽할 것 같다고 하여 실제성 부족한 would이다.

○ A report yesterday that **said** French unemployment **would** continue to rise. **1.** 어제 프랑스의 실업률이 계속 상승할 것 같다는 보도가 있었습니다. - 실제성 없는 would 이므로 그 보도 내용은 어떤 데이터나 근거를 바탕으로 한 보도가 아니었다. 과거 보도를

할 때 현재형 **would**를 직접 사용하여 방송하는 경우(과거에서도 현재형 would)이다. 2. 어제 프랑스의 실업률이 계속 상승할 거라는 보도가 있었습니다. - 종속절의 시제 일치에 의한 과거에서 본 현재형 will, 즉 실제적 **will**이며 구체적 자료나 근거를 가지고 전하는 보도이다.

○ He did not think he **would** marry Scarlett. 1. 그는 스칼렛과 결혼하고 싶다고 생각하지 않았다. - 실제성 없는 would이므로 실제적이지 않은 주어의 뜻(생각, 의견 등)이다. 과거에서 현재형 would. 2. 그는 스칼렛과 결혼하겠다고 생각하지 않았습니다. - 과거에서 본 현재형 will으로 '결혼하겠다고 생각하지 않았다는 것은 결혼하겠다는 주어의 의지를 생각 속에 가져보지 않았으므로 전체적으로 결혼을 결심하거나 마음먹지 않았다라고 할 수 있다.

2. Would you~?

예의 바르게 최소한의 의사라도 있는지를 묻는다.

Would가 주어 내부에 있는지를 실제성이 부족하게 묻는다. 실제성이 부족하게 묻는다는 것은 목적일을 향한 will이 주어 내부에 있는지 확신할 수 없으므로 will을 주어에게 직접 들이대지 않고 would가 있는지를 조심스럽고 예의 바르게, 정중하게 묻는다. 한마디로 자신이 제시하는 일을 혹시 목적 일로 삼을 최소한의 뜻(마음, 의사, 의견 등)이라도 있는지를 묻는 것이다. 답변으로 'yes'라 하여 would의 목적일로 삼겠다는 것은 실행도 같이 하겠다는 뜻이 된다. Will you~? 는 대놓고 거침없이 당당하게 묻는 것이어서 간결하게 yes, no로 대답한다. Will이 목적일을 이루겠다 것은 곧 목적일을 향한 거칠 것 없는 강하고 당당한 자세이다.

will이 아닌 실제성이 부족한 would가 있는지를 조심스럽게, 그리고 예의 바르게 묻는다. 화자는 주어에 대해 잘 모르거나 알더라도 잘 모를 수 있다고 생각하여 그리고 목적 의사가 있는지 잘 모를 수도 있다고 생각하여 예의 바르고 조심스러운 '만일 있다면'이라는 조건이 생략된 물음이다. 화자 자신이 제시하는 일을 혹시 목적 일로 삼을 최소한의 작은 뜻(would)이라도 있는지를 묻는다. ★ ~할래요(will you~?)라고 들이대고 묻는 것은 상대가 원하는 일인지 그 의사와 상관없이 거칠 것이 없고 당당한, 즉 건방진 질문이거나 예의 없거나 당당하게 아랫사람에게 묻는 것 같은 자세이다.

1) 화자가 제시하는 일을 목적 일로 삼을 작은 뜻(의사)이 있는지 묻는다

○ **Would you** be able to baby-sit tomorrow night? 혹시 내일 밤 아기 돌보기가 가능하시겠어요? - 실제적으로 대놓고 할거냐고 묻지 않고, 화자 자신이 제시하는 일을 혹시 목적 일로 삼을 작은 뜻(would)이라도 있는지를 묻는다.

○ '**Would you** like some tea?' 'I'd prefer coffee, if you don't mind.' 어떤 차를 드시고 싶으세요? 괜찮으시다면 저는 커피를 더 좋아합니다. - 실제적으로 대놓고 할거냐고 묻지 않고 청자의 최소한의 뜻(마음, 의견)과 기호(like)를 묻는다.

○ **Would you** rather stay or go home? 당신은 집에 가든지 머물든지 어느 쪽을 더 하고 싶으세요? 여기 rather는 둘 중 어느 한쪽으로 몰아 간다. - 실제적으로 대놓고 할거냐고 묻지 않고 제시하는 목적일에 대한 청자의 최소한의 뜻(마음, 의견)을 묻는다.

○ **Would you** tell me what to say? 제가 무엇을 말해야 할지를 알려주시겠어요? 알려주시렵니까? 알려주실 수 있나요? - ★ 청자에게 대답을 해줄 뜻(마음)의 존재를 확인하는 질문이다. 그러므로 그의 대답은 certainly나 I will이다. (Yes, I would는 아님-불확실한 대답이 됨). 부정은 certainly not이 너무 강하므로 부드럽게 I'm afraid I can't로 대답한다. 여기 certainly는 확신을 심어주는 대답이다.

> 'Will you ~?' 는 실제적으로 화자가 제시하는 목적일를 직접 들이대고 거침없이 묻는 말이고(이거 할거니? 혹은 목적일 할 거니?), 'would you~?' 는 실제성이 부족하게 즉 직접 들이대지 않고 목적일을 할 최소한의 여지(뜻)가 있는지를 묻는다.

○ **Would you** send me the bill, please? 혹시 제발 그 돈을 보내주시겠어요? - would의 확인을 요청하는 질문이며 ★ 여기서 would는 실제성이 부족하므로 혹시라는 의미가 포함되어 있으며 목적일을 할 뜻이 실제로 존재하는지 모르는 상황에서 '혹시라도' '만약에' '만약의 경우에' ~할 「뜻이 있으신가요?」 의 의미이다.

○ **Would you** do me a favour and get rid of this letter I've just received? 혹시 당신은 제게 호의를 베풀어서 제가 금방 수신한 이 편지를 없애 주시겠습니까? - 호의가 먼저 생겨야 남의 일을 거들어 주는 것이다. - 실제성 부족한 would이며 화자는 청자가 호의를 베풀어줄 의사가 있는지 없는지도 모르면서 '혹시 있으시다면'라고 전제를 깔고 실제성이 부족하게 묻는다.

○ **Would you** come in here a moment, please (= if you please)? 좋으시다면 여기로 잠시 들어오시겠어요? 들어오실 뜻이 있으신가요? - 화자는 청자가 들어오고 싶어하는지 아닌 지도 모르면서 '좋으시다면'이라는 전제를 함께 말하면서 실제성 부족한 would가 있는지 묻는다.

○ **Would you** excuse us for a minute, Olivia? 올리비아양, 혹시 잠시 우리를 용납해 주시겠습니까? 해 주시렵니까? 용납해줄 뜻이 있으신가요? (우리 일행이 잠시 실례해도 되겠습니까?) - 화자는 청자가 용납을 해주고 싶은 지 아닌 지도 모르면서 '해주고 싶으시다면'이라는 전제를 깔고 실제성 부족한 would가 있는지 묻는다.

○ Oh dear, there's doorbell. See who it is, **would you**, darling. 어머나, 벨이 울렸네요, 누구신지 가보실래요? 여보! - 화자는 청자가 현관 대문에 누가 왔는지 확인하러 가보고 싶은 지 아닌 지도 모르면서 '(혹시) 가보고 싶으시다면'이라는 전제를 깔고서 실제성 부족한 would를 묻는다. ★ 실제적으로 대놓고 ~할거냐고 거침없이 묻지 않고, 화자 자신이 제시하는 일을 혹시 목적 일로 삼을 작은 뜻(would)이라도 있는지를 조심스럽게 묻는다.

○ **Would you** open the window, please? 미안하지만, 혹시 창문 열어 주시겠습니까? - 실제성이 없는 would을 주어에게 있는지를 묻는다. 즉 화자는 주어가 창문을 열어줄 의사가 아직 있는지 없는지 모르는데 주어에게 '혹시 ~있으시다면'라는 전제를 깔고 실제성이 부족하게 묻는다.

○ Come this way, **would you**? 이쪽으로 오시겠어요? - 화자가 제시한 일을 목적 일로 삼을 최소한의 뜻(would)이 있는지를 묻는다. 실제는 ~해주실래요? 이다.

2) Would you mind~?

청자에게 「제시한 목적일이 화자가 원하고 바라고 있는 일」이다.

화자가 제시한 목적일을 싫어하는지, 꺼리는지, 신경 쓰이는지 물음. → 「아니라면, 허용해 주세요. 이루어 주세요.」 ★ 최소한의 거부의 뜻이라도 있는지 역설적 물음으로 청자를 최대한 배려한 실제적 요청, 허용, 양해 등의 뜻 질문이다.

○ **Would** you **mind** opening the window? 혹시 창문을 여는 게 신경 쓰이십니까? 창문 열어 두기를 싫어할 뜻(의사)이 혹시 있으십니까? - 목적일은 화자가 원하는 일이므로 싫어할 뜻이 없으면 열어 달라는 요청이다. - 실제성이 부족한 would가 주어에게 있는지를 역설적으로 묻고 실제적 요청을 한다. 즉 화자는 주어가 창문 여는 일이 싫은 지 좋은 지 그의 의사를 아직 모르는데도 주어에게 '혹시 싫지 않으시다면'라는 전제를 깔고 실제성이 부족하게 묻는다. 실제성 부족한 질문은 "당신은 창문을 열어 두는 게 싫어할 뜻이 있습니까?" 이지만 실제는 목적일이 화자가 원하는 일이므로 "창문을 열어 주시겠습니까?" 이다.

○ **Would** you **mind** my opening the window? 제가 창문을 여는 일이 혹시 신경 쓰이십니까? 싫어할 뜻이 혹시 있으십니까? (열어도 괜찮겠습니까?) - 'Would you mind if⋯?'와 별 차이가 없는 것은 실제성이 부족한 would로 인한 것이다. 실제성이 부족한 would을 주어에게 있는지를 역설적으로 묻고 실제적 요청을 한다. 즉 화자는 자신이 창문을 여는 일을 청자가 싫어할지 아닐지 그의 의사를 아직 모르는데도 주어에게 '혹시 싫지 않으시다면' 라는 전제를 깔고 실제성이 부족하게 묻는다. 실제성 부족한 질문은

"제가 창문을 여는 일이 혹시 싫어할 뜻이 있으십니까?" 이지만 실제는 목적일이 화자가 원하는 일이므로 "제가 창문을 열어도 되겠습니까?" 이다.

○ **Would** you **mind if** I open the window? 제가 창문을 연다면 싫어할 뜻(의사)이 혹시 있으십니까? (괜찮겠습니까?) - 실제성이 부족한 would가 주어에게 있는지를 역설적으로 묻고 실제적 허락이나 양해를 구한다. 즉 화자는 '자신이 창문을 연다면'이라는 조건을 내세워 그 일을 청자가 싫어할지 아닐지 그의 의사를 아직 모르는데도 주어에게 '혹시 싫지 아니하시다면'라는 전제를 깔고 실제성이 부족하게 묻는다. 실제성 부족한 질문은 "만일 제가 창문을 연다면 혹시 싫어할 뜻이 있으십니까?" 이지만 실제는 목적일이 화자가 원하는 일이므로 "제가 창문을 열어도 되겠습니까?" 이다.

○ **Would you mind** standing up for a moment? 잠시 서 계시는 것을 싫어할 뜻(의사)이 혹시 있으십니까? (아니라면 잠시 일어서 주세요) - 잠시 일어서 주시겠습니까? 의 예의 바르고 공손하게 청자를 배려한 질문이다. 실제성이 부족한 would을 주어에게 있는지를 역설적으로 묻고 실제적 요청을 한다. 즉 화자는 주어가 일어서 주는 일을 싫어하는지 아닌지 그의 의사를 아직 모르는데도 주어에게 '혹시 싫지 않으시다면(싫어할 의사가 없으시다면)'라는 최소한의 뜻 질문으로 청자를 배려한 말이며 실제 의미는 '잠시 일어서 주시겠습니까?'라는 물음이다. 실제성 부족한 질문은 "잠시 서 계시는 것을 싫어할 뜻(의사)이 혹시 있으십니까?" 이지만 실제는 목적일이 화자가 원하는 일이므로 "잠시 일어서 주시겠습니까?" 이다.

3) 청자가 가지고 있는 미래일을 실제성이 부족하게 묻는다

○ **What would you** do if you had a free year? 만일 1년을 쉰다면 혹시 뭐하고 싶으세요? - 화자는 청자에게 현실적으로 '~뭐 할래요(what will you~?)' 라고 직선적으로 대놓고 이렇게 말하기보다는 실제성이 부족한 만약이라는 제시하는 조건 범위를 정해 놓고 조심스럽고 예의 바르게 화자가 제시한 조건 범위라면 청자가 혹시 뭐 할 뜻이 있는지를 묻는다. 만일 남이 할 사적인 미래일을 제3자인 화자가 함부로 직접적(내용)으로 대놓고 뭐 할거니(what will you~)? 라고 포괄적으로 질문하면 실례가 되며 청자 입장에서도 자신의 사적인 미래의 일을 포괄적으로 뭐 할거니? 라고 질문받는다면 매우 불쾌할 수 있으며 자신의 사적인 미래일을 까발려 알려주기도 부담스럽고 거부감이 생길 것이다. 그러나 청자가 공개적으로 알려주고 싶은 미래일이라면 다를 수 있다. 사람의 미래일들은 대부분 사적인 일들이기 때문에 공개할 만한 조건 범위를 정해 놓고 질문하는 것이 좋다.

3. Would I ~?

여기서 화자인 주어가 질문할지라도 **대화의 중심은 청자**이며 판단이나 허용은 청자의 몫이기 때문이다.

1) 내게 would이 있나요?

남이 보기에 주어 내부에 목적일을 향한 would가 있다고 보는지를 묻는다. 즉 화자 내부의 목적 성향, 의향, 의도, 목적의식 등이 남에게 비쳐 보이는지를 묻는다.

○ Would I do steal the money? 혹시 제가 그 돈을 훔칠 것 같나요?

○ Would I lie to you? 혹시 제가 거짓말할 것 같나요?

2) 제가 would을 가져도 되나요?

청자의 권한 등에 있는 would을 가져도 되나요? (허락)이다. 즉 화자가 청자에게 목적일을 이루도록 허용해주는 would을 가질 수 있는지 묻는다. 청자는 화자보다 갑의 지위에 있다. 청자에게 주어가 직접 가질 수 있는 would가 있는지를 묻는다.

○ Would I love you? 제가 당신을 사랑해도 되나요? 제가 당신을 사랑할까요?

4. 과거에서도 현재형 would

○ George decided it was such a rare car that he **would** only use it for a few shows. ① 조지는 그것은 그가 오직 몇번의 전시용으로만 사용하고 싶을 만큼의 그런 희귀한 자동차라고 결론을 내렸다. ② would가 과거형이라면: 조지는 그것이 너무 희귀한 자동차라서 몇번의 전시용으로만 사용하겠다고 결심했다. - 실제 전시용으로 사용하겠다가 아니고 전시용으로 사용하고 싶은, 즉 목적일을 향한 실제성이 부족한 뜻(마음)이다. - 과거에서도 현재형 would을 사용한다.

○ She asked me what I **would like to** do and mentioned a particular job. 그녀는 내가 무엇을 하고 싶은지를 물었고 독특한 일을 언급해줬다. - 직접화법은 What would you like to do? 이므로 실제성이 부족한 would을 주어에게 있는지를 물었다. - 과거에서도 현재형 would을 사용한다.

5. You would!

화자가 주는 실제성 부족한 뜻을 말한다, 즉 마음에 없는 말을 한다.

○ "Stop teasing me or I'll tell mama." "**You would**!" "나 괴롭히지 마, 그렇지 않으면 엄마에게 이를 거야." ★ 1. "그래 어디 해봐!" if you want의 함축. 2. "그러던가!" (말던가!) 3. "어디 네 맘대로 해봐!" - 하라고는 하지만 실제로는 하지 말라거나, 혹은 실제로 하리라

고는 믿지 않거나 실제로는 못 할거라는(?) 말. 실제성 부족한 충돌질이다.

6. Say what you would~. 개인의 한계에 갇힌 발버둥

○ **Say what you would** to the contrary, I did not **feel like** taking your advice. 네가 아무리 반대를 말하려 해도 나는 너의 충고를 받아들일 기분이 아니었다. - 화자는 청자의 말을 무시한다.

> you would say what to the contrary가 원래 순리적 구조가 되겠지만 역설적으로 바뀌어 say what/ you would-to the contrary가 된 것이다. 그러므로 say what는 you would에 한정되어, 즉 청자가 말하는 모든 내용은 you would에 한정되어 어떠한 영향도 남에게 미치지 못하는 한계에 있음을 말해주고 있다. 순리적 서술 구조는 남들에게 사실, 혹은 의사를 전달하는 구조이지만, 이부류의 한정 구조는 「개인의 한계범위에 갇힌 발버둥」과 같은 표현이다. 「온갖 발버둥 / 개인의 한계」. 좀 어렵지만 이문장은 양보절이 아니다.

7. Would like (to) - 호의를 가진 자에게 자신이 원하는 일을 남에게 공손하게 제시하여 요청하기

> **like**는 자신이 원하지만 자신이 직접 가질 수 없는 것을 목적으로 한다. 즉 자신이 원하지만 직접 가지거나 직접 할 수 없는 일들이다. 그리고 남에게 자신이 좋아하는 것, 원하는 일을 이야기하는 행위는 자식이 부모에게 자신이 좋아하는 것을 말하면 그것을 구해주듯이 호의를 가지고 있는 남이 대신 이루어 주기를 바라는 마음으로 말하는 것이다. Would에 like 연결은 실제성 없는 like를 만들어 주며, 이는 주어가 들이대어 묻는 직접적인 요구보다는 주어의 「예의 바르고 공손한 요청」인 것이다. 또한 주어가 원하는 일을 공손하게 제시하여 요구하는 서술형 요청이기도 하다.

would like는 목적일을 이루고 싶은 뜻(would)에 주어가 다른 일보다 목적일을 더 선호하는 like를 추가한 뜻이며 상대방에게 호의를 바라는 뜻으로 말한다. 즉 호의를 바라는 뜻으로 말한다는 것은 자신을 낮추어 상대방에게 공손하게 요청을 하는 것이다. 또한 would love to~도 마찬가지로 would에 목적일을 심하게 좋아하거나 애착을 가진 love을 추가한 뜻이다. 여기서 호의를 가진 자는 「서비스를 하려는 자」일 수도 있다. 청자가 화자에게 당장의 호의가 없을지라도 실제성 부족한 would를 말하였으므로 if가 함축된, 즉 '호의가 있으시다면'이 함축되어 있어서 청자는 화자가 원하는 목적일을 듣고 나서 호의가 나중에 생길지라도 화자는 청자가 호의적으로 이뤄 주기를 바라며 말한다.

○ I **would like to** be able to stay here. 저는 여기에 머물 수 있기를 바랍니다. 머물고 싶습니다. - 자신이 원하는 일을 호의를 가진 남에게 예의 바르고 공손하게 제시하여 요청하는 마음을 표현한다.

○ I'**d like** some advice, please. 저는 약간의 충고를 받고 싶습니다. - 자신이 원하는 일을 호의를 가진 남에게 예의 바르고 공손하게 제시하여 요청하는 마음을 표현한다.

○ She asked if I **would like** some help. 그녀는 혹시 내게 약간의 도움을 받고 싶으시냐고 물었다. - 화자가 아직 요청을 하지 않았는데도 그녀가 화자에게 목적일을 향한 호의를 바라는 뜻(마음)이 있냐고 묻는다.

○ I'**d like to** speak to John for a moment, please. 실례지만 제가 잠시 존에게 말하고 싶습니다. - 존이 앞에 없으므로 안에 있으면 불러 달라는 이야기. 자신이 원하는 일을 호의를 가진 남에게 예의 바르고 공손하게 제시하여 요청하는 마음을 표현한다.

○ Right now, your mom **would like** a cup of coffee. 지금 당장 네 엄마가 커피 한잔을 마시고 싶어 하신 단다. - 엄마가 커피를 마시고 싶어도 실제 그녀에게 커피가 없으므로 마실 수가 없고 따라서 그 마시고 싶은 would(뜻, 마음)만 있어서 커피를 누가 갖다 주어야만 실제성 있는 목적일을 이룰 수가 있다.

○ Ideally, she **would love to** become pregnant again. 원칙적으로 그녀는 다시 임신하기를 좋아할 것입니다. 임신하고 싶어합니다. - 임신하는 일은 주어 자신의 의사나 노력 등 자기 맘대로 이루어지는 일이 아니므로 그녀는 임신하는 일에 애착을 가지고 이루려고 하고 있다. - would like보다 강하게 선호하는 would love, 실제성 부족한 would이다.

○ **Perhaps** you **would like** to pay **a visit** to London. 아마도 너는 런던을 방문하고 싶어 하는 것 같다. - 실제성 부족한 would로 주어가 런던을 방문하고 싶어한다고 호의를 바라는 추측(perhaps)을 말해본다.

8. Would you like~? 의문문. 「호의를 가진 화자가」 목적일을 제시하여 주어가 원하는 일인지를 공손하게 묻는다.

여기서 호의를 가진 자는 서비스를 하려는 자일 수도 있다.

○ **Would you like** some help? 좀 도와 드려도 될까요? 좀 도움을 받고 싶으세요? - 청자에 대하여 호의를 갖고 있는 화자, 곧 도움을 주려는 자가 "혹시 조금 도움이라도 받고 싶은 뜻이 있으세요?" 인데 화자 본인이 호의를 갖고 있으므로 실제는 "제가 조금 도와

드릴까요?" 의 뜻이 된다.

○ **Would you like** an aspirin? 아스피린(먹기)을 먹고 싶으세요? (= 제가 아스피린을 갖다 드릴까요?) - 청자에 대하여 호의를 갖고 있는 화자 곧 아스피린을 갖다 주려는 자가 "혹시 아스피린(먹기)을 먹고 싶은 뜻이 있으세요?" 인데 화자 본인이 호의를 갖고 있으므로 실제는 "제가 아스피린을 갖다 드릴까요?" 의 뜻이 된다.

○ **Would you like** tea, or would you prefer coffee? 청자에 대하여 호의를 갖고 있는 화자, 곧 차를 가져다주려는 자가 "혹시 차를 좋아하실 뜻이 있으세요 아니면 커피를 더 좋아하실 뜻이 있으세요?" 인데 화자 본인이 호의를 갖고 있으므로 실제는 "제가 차를 갖다 드릴까요 아니면 커피를 갖다 드릴까요?" 의 뜻이 된다.

○ **Would** your daughter **like to** play with my little girl? 당신의 딸이 내 어린 딸과 같이 놀고 싶어 할까요? - 실제로 청자의 딸과 화자의 딸이 같이 놀아본 적이 없거나 놀고 싶어 하는 것을 알지 못하는 상황에서 실제 성 부족한 would(~할 뜻)를 확인하려는 질문이다. 청자의 딸에 대하여 호감을 갖고 있는 화자가 "혹시 당신의 딸이 내 어린 딸과 같이 놀고 싶어 할 뜻(의향)이 있을까요?" 인데 화자 본인이 호감을 갖고 있으므로 실제는 "당신의 딸을 제 어린 딸과 같이 놀게 해주고 싶은데요. 놀게 해줄까요?" 의 뜻이 된다.

○ **Would you like** a drink? 음료수 마시고 싶으세요? - 화자는 청자가 음료를 마실 기호나 기분 등을 실제 청자에게 있는지 없는지도 모르면서 '혹시 있으시다면'이라는 전제를 깔고 실제성이 부족하게 묻는다. - 청자에 대하여 호의를 갖고 있는 화자가 "혹시 음료를 마시고 싶은 뜻(의향)이 있으세요?" 인데 화자 본인이 호의를 갖고 있으므로 실제는 "제가 마실 것 드릴까요?" 의 뜻이 된다.

○ **Would you like to** stay? 머물고 싶으십니까? - 화자는 청자가 머물고 싶은 지 아닌지 아무것도 모르면서 '혹시 원하신다면'이라는 전제를 깔고 실제성 부족한 물음을 한다. - 청자에 대하여 호의를 갖고 있는 화자가 "혹시 머물고 싶은 뜻이 있으세요?" 인데 화자 본인이 호의를 갖고 있으므로 실제는 "제가 머물게 해드릴까요?" 의 뜻이 된다.

○ What **would you like to** drink? (혹시, 만약에) 무엇을 마시고 싶으세요? - 화자는 청자가 실제 마시고 싶어하는지 또 무엇을 마실 것인지를 모르는 상태에서 실제성 부족한 질문을 한다. - 청자에 대하여 호의를 갖고 있는 화자가 "혹시 무엇을 마시고 싶은 의향이 있으세요?" 인데 화자 본인이 호의를 갖고 있으므로 실제는 "제가 마실 것으로 무엇을 갖다 드릴까요?" 의 뜻이 된다.

9. 실제성 없는 내적 상황들

노출되지 않는 주어의 내적인 욕구 등의 뜻들이다. 이런 경우 will을 사용해 표현하는 것보다

would로 표현하는 것이 더 적절하기도 하다.

○ I **would say** we'd do better to catch the earlier train. 나는 우리가 더 이른 기차를 타는 것이 더 나을 것 같다고 말하고 싶은데요. 말하고 싶은 뜻, 내적 욕구.

○ I was amazed, during a 'Women in Rock' debate, to be told, 'well, **you would say** that; you're a man.' 나는 'Rock 음악 하는 여성들'이라는 토론회에서 '과연 당신은 내가 남자다 라고 말하고 싶으신 거죠'라는 말을 듣고 깜짝 놀랐다. - 실제성 부족한 would로 화자는 청자가 그렇게 말하고 싶은지 아닌지도 잘 모르면서 '말한다면'이라는 전제를 깔고 실제성이 부족하게 말한다. 말하고 싶은 뜻, 욕구.

○ This is what I **would call** annoying. 이것이 제가 짜증(화)내고 싶은 일입니다. 짜증내고 싶은 뜻, 짜증을 발설하고 싶은 욕구.

○ I **would think** we might stop **for** lunch soon. 제 생각엔 우리가 곧 점심을 먹기 위해선 일을 멈춰야 할 것 같아요. 생각나는 욕구(뜻).

○ I think **you'd agree** he's a very respected columnist. 내가 생각하건대 너는 그가 대단히 존경받는 칼럼니스트라고 인정하고 싶은 거다.

○ I **would imagine** that you can't grow seeds actually in these big plastic bags. 나는 네가 이들 큰 플라스틱통들에서 실제로 종자들을 키울 수 없을 것 같다는 생각이 듭니다. 내적으로 떠오르는 생각.

10. 「실제성 없는 바램」을 말해 본다

가정법적 바램. 가상 세계는 허상 세계이므로 실제성이 없게 된 would이다.

'가상 조건이 곧 가상 바램이 된 실제성이 없는 바램'이며 비 현실적인 현재 가정법의 요건을 갖추게 된다. 바램 자체가 실현성이 전혀 없으므로 「비 현실적인 바램」을 담게 되어 실현 불가능한 가정이 된다. Would that +s+과거형 동사~ → that이후(가상 조건절; 주어+동사~), would that(종존절: 가상 실현)이 된다. 이 구조는 조건절이 종존절에 포함되어 가상 조건 실현이 곧 바램이 된다는 뜻이다.

이 문장들은 if가 없지만 과거시제(were, could)가 돌아갈 수 없는 시간이며 현실을 바꿀 수 있는 앞선 가상 시간이므로 가정법적 시제이고 현재 실현 불가능한 가상 조건이 되어 가상의 바램의 내용이 되고, would that(그러면 좋으련만)는 종존절로서 가상 조건 실현의 뜻이 곧 바램의 뜻이다.

○ **Would that** I **were** young again. 다시 젊어 진다면 좋겠는데(좋으련만). - 실제는 다시 젊어 질 수 없지만 가상의 상황에서 라도 젊어 지고 싶다는 마음이다. 실제 성이 없는 바램

이므로 'that이후는 비 현실적인 조건가정의 요건'을 갖추게 된다. 현재에 will하고 싶은데 실제는 끊어져서 will하고 싶은 가상 뜻만을 드러낸다. Were(과거)는 돌아 갈수 없는 앞선 시간이므로 실현 불가능한 현재 가정이다.

○ **Would that** I **could** make money so easily! 매우 쉽게 돈을 벌 수 있다면 좋으련만. ★ 가상 조건이 곧 바램이 된 실제 성이 없는 바램이므로 that이후(조건절; 주어+동사~)는 비현실적인 현재 가정법의 가상 조건을 갖추게 된다. 따라서 가상 조건은 현재보다 앞선 시간이므로 과거형이나 과거 완료형이 된다. 실제로 할 순 없지만 마음으로 바라고 원하는 일을 가상으로 말해본다. 현재에 will하고 싶은데 실제는 끊어져서 will하고 싶은 가상 뜻만을 드러낸다.

○ **Would that** he **could have listened** to his father. 그는 그의 아버지에게 말씀을 들을 수 있었다면 좋았을 텐데. - 실제는 아버지께 들을 수 없었다. 과거 완료형이 되어 기준현실이 '과거'인 과거 가정법이다. 그러므로 가상 조건은 과거보다 앞선 시제인 과거완료형이 온다.

○ Would it **were** so [true]. 그렇다면 좋으련만. 사실이라면 좋겠는데. would **that** it were so[true]에서 that이 생략된 형식으로도 볼 수 있다. 여기서 that는 조건절을 가리키는 역할이지만 조건절이 이어져 있으므로 생략 가능하다. 실제 성이 없는 가상 바램이다.

11. 의문사 + would~ 실제성 없는 의문

○ **Why would** he talk like that? 그가 왜 그 같이 말하겠어요? - 그가 그 같이 말할 실제적 이유가 없는데도 실제로 왜 그런 말을 하겠냐? 의 뜻.

○ **Who would** take on that job for $100 per week? 주당 100달러를 받고 누가 그딴 일에 뛰어들겠어(을 맡겠어)? - 실제로 그런 일할 사람이 없다의 뜻.

12. Wish – would

1) 현재 가정법적 바램이다

「실제성 없는 현재 바램」, 즉 주어가 다른 이에게 말하는 실효성 없는 바램이지만, 그 실효성 없는 가상 바램의 뜻을 상대방의 이루어 주길 바라며 이 말을 전하고 있다.

★ Wish는 바라다, 기원하다, 소원하다 등은 내적인 소망 등을 나타내는 말로 실질적으로 외부로 드러낼 수 있는 것이 아니므로 주어 내부의 미확인 사실이며 if가 가진 역할을 대신하여 가정법을 만든다. 인간의 내적 바램을 과거형(현재 가정법; 현재보다 앞선 과거형 would, didn't-) 혹은 과거완료형(과거 가정법; 과거보다 앞선 과거완료)으로

표현한 것은 돌아갈 수 없는 앞선 시간 즉 실현 불가능한 가상조건 세계를 추구한 것이 된다. 이 경우 화자나 주어는 청자 등에게 원하는 어떠한 직접적인 영향을 미치거나 강제할 수 없어서 가정법적인 바램을 통해서 호소하고 있다. Wish + 실제성 없는 현재 가정(바램) ⇒ wish → 실제적 호소의 말 실현.

○ Everybody **wishes** you **would** go home. 모든 사람들이 네가 집에 갈 바래. - 실제 성 없는 바램이므로 비 현실적인 가정법의 요건을 갖추어 이룰 수 없는 바램을 말하고 있는데 실제는 청자가 가기를 거부하고 있는 상황이다. ★ 바램을 시제상 과거로 하였다는 것은 가정법적 시제이며 현실과 반대의 실제성이 없는 현재의 바램이다.

○ I **wish** she **would** be quiet. 나는 그녀가 조용해지길 바래. 조용해졌으면 좋겠어요. - 실제로 그녀는 조용 하려고 하지 않는 상황에서 직접 강제할 수 없으므로 실제 성 없는 바램을 말하고 있다.

○ I **wish** you **wouldn't** keep making that stupid noise. 나는 네가 저런 몰상식한 소란을 계속 피우지 않길 바래. - 실제로 청자가 계속 몰상식한 소란을 피우려 하고 있거나 이미 하고 있는 상황에서 실제성 없는 바램을 이야기해 본다.

○ I **wish** the postman **would** come soon. 나는 우편 집배원이 곧 왔으면 좋겠다. - 실제로 큰 비가 오고 있거나 많은 눈이 내리고 있거나 배달 일정이 없는 일요일이거나 등 우편 집배원이 금방 오기 어려운 상황에서, 실제성 없는 바램을 말해 본다.

○ I **wish** it **would** stop raining. 나는 비가 멈추었으면 좋겠다. - 실제로 비가 계속해서 더 내리고 있는 상황에서 실제성 없는 바램을 말해 본다.

○ I **wish** you **wouldn't** drive so fast. 나는 당신이 너무 빨리 달리지 않았으면 좋겠어요. 않기를 바래요. - 실제로 청자가 과속을 고집하는 상황에서 실제 성 없는 바램을 말해 본다.

○ I **wish** you **wouldn't** work on Sundays. 나는 네가 일요일에는 (계속) 일하려 하지 않기를 바래(않았으면 좋겠어). - 실제로 일요일에도 일을 계속해야 한다는 청자에게 화자는 실제성 없는 바램을 말해 본다.

○ I **wish** you **would** forget it. 나는 네가 그 일을 잊어주었으면 싶은데요. - 화자의 실제성 없는 바램으로 상대가 잊지 못하고 있는 일인데도 비 현실적인 가정법의 요건을 갖추어 바램을 말해 본다.

○ I **wish** you **would** give up smoking. 나는 네가 담배를 끊었으면 좋겠는데. - 화자의 실제성 없는 바램. 화자는 담배를 끊지 못하는 청자에게 실제성 없는 바램을 말해 본다.

○ I **wish** you **didn't** drive so fast. 나는 네가 너무 빨리 달리지 않았으면 해요. - 화자는

과속하고 있는 청자에게 실제성없는 가정법적 바램을 말한다. 바램을 시제상 과거로 하였다는 것은 가정법적 시제이며 현재 가정법이고 실제성이 없는 현재 바램이다(가정법 참고할 것).

○ I **wish** you **didn't** work on Sunday. 나는 당신이 일요일에 일하지 않았으면 해요. You는 일요일에 일을 하고 싶어서 하는 게 아니며 현실은 일을 해야만 하는 상황이며 현실과 반대인 실제성 없는 바램이다.

○ He **wished** it **would** end. 그는 그게 끝나기를 바랬다. - (wish-would의 과거형임.) 과거에서 wish. 과거에 끝날 것 같지 않은 일을 실제성 없게 바랬다.

2) 과거 가정법적 바램이다

과거에 하지 못하고 놓쳐버린 일을 아쉬워 현실과 반대의 결과적 입장의 가정으로 바램을 말해 본다. 과거의 사실과 반대인 결과로 이루었길 가정해보며 아쉬워한다.

○ I wish I **would have married** with you. 내가 당신과 결혼했더라면 좋았을 텐데. - 화자의 실제성 없는 과거 일을 바램. 기준현실이 과거인 과거 가정법이다. 바램을 시제상 과거완료로 하였다는 것은 과거 가정법적 시제이며 실제성이 없는 과거 바램이다.

13. would rather(실제성이 없는 「다른 선택」) = would prefer to

여기 rather, sooner은 먼저 제시된 쪽보다는 「다른」 쪽을 가리킨다.

○ I **would rather** die than submit. 나는 항복하느니 차라리 죽는 게 좋겠다. - 실제 상황이 submit될지도 모르는데 할 수만 있다면 차라리 다른 die를 선택하고 싶은 마음이다. 즉 현재 현실은 항복을 해야 될지도 모르는 상황이며 이를 바라보는 화자의 입장은 실제성이 없는 다른 선택(die)을 하고 싶다고 말하고 있다.

○ I'd **sooner** be idle than do it. 나는 그 일을 하느니 우선(오히려) 빈둥거리며 놀고 싶다. - 실제는 do it해야 될지도 모르는 상황이며 이를 바라보는 화자의 입장은 그 상황에서 실제성이 없는 다른 선택을 하고 싶다고 말하고 있다.

○ 'How about a drink?' 'I'd **rather** have something to eat.' '음료수 마시겠어요?' '나는 **오히려** 식사를 하고 싶어요.' 여기 rather는 a drink가 아닌 다른 선택을 말한다. - 실제성이 없는 would이며 실제는 다른 사람이 먼저 마실 것으로 음료를 제안하자 주어의 입장은 실제성 없는(제안되지 않은) 다른 선택을 말하고 있다. 이 실제성 없는 다른 선택은 식사가 준비가 안되어 있을 수도 있다.

○ 'I'd **rather** like a cup of coffee.' (= I'd quite like⋯). 나는 오히려 커피한잔을 마시고

싶다. Rather는 남들과 다르게 커피를 선호한다. - 실제 성이 없는 would이며 실제 제안된 음료 등이 아닌 실제성 없는(제안되지 않은) 커피를 선호한다. 실제는 커피를 마실 여건이 안되어 있을 수도 있다.

○ 'Oh, would you? I'd rather have a glass of beer.' (= I'd prefer……) 오, 마실래요? 저는 도리어 맥주 한잔을 마셨으면 해요. (마시고 싶어요.) - 실제 제안된 음료(식)이 아닌 남들과 다르게 맥주 한잔을 선호한다. 실제성이 없는 would이며 제안된 음료 등이 아닌 실제성 없는(제안되지 않은) 맥주를 선호한다. 여기 would you? 는 ~하실래요? 즉 목적 뜻이 있는지를 묻는 말이다.

14. would rather + 현실과 다른 조건법(현재 가정)

기준 현실은 현재이다. 주어진 목적일이나 현실과 다른(반대의)「다른 선택」을 선호한다.

○ I'd rather you went home now. 나는 지금 차라리 당신이 집에 갔으면 해요. 좋겠어요. - 실제는 집에 가지 않고 있는 상대에게 현실과 다른 가정을 말하여 이루어 주기를 바라며 말한다.

○ Tomorrow's difficult. I'd rather you came next weekend. 내일은 어렵다. 나는 오히려 네가 다음주말에 왔으면 좋으련만. - 실제는 다음주말이 아닌 날에 오겠다는 상대에게 현실과 다른 가정을 말하여 이루어 주길 바라며 말한다. 실제성이 없는 다른 조건(가정)으로 제안하기이다.

○ My wife would rather we didn't see each other anymore. 내 아내는 차라리 우리가 서로 더 이상 보지 않았으면 한다. - 실제로 서로 볼 수밖에 없는 상황에서 아내는 현실과 다른 조건(가정)을 이야기한다이다.

○ 'Shall I open a window?' 'I'd rather you didn't.' "제가 문을 열어 드릴까요?" "(아니요) 차라리 그냥 두시면 좋겠어요." - 실제성이 없는 would이므로 실제 문 열어주려는 제안에 반대로(현실과 다른) 가정을 말하여 그대로 두기를 바라며 요구하고 있다.

15. would rather+ 실제성 없는 조건절(과거 가정법)

기준 현실이 과거인 과거 가정법이며 시제는 과거완료를 사용한다. 실제성 없는 과거의 다른 일 선택, 즉 실제 과거에 일어났던 일과 반대로 다르게 선택해 가정한다.

○ I'd rather you hadn't done that. 나는 오히려 네가 그 일을 하지 않았으면 좋았을 텐데요. - 실제는 과거에 그 일을 해버렸으며 실제성이 없는 반대의 과거 결과를 아쉬운 마음으로 가정해 본다.

E. <실제성 부족한 추측>_사실에서 끊어진 would

화자에게 보이지 않는(화자가 모르는) 일, 가려진(숨기는) 일을 사실일거라고 주어에 임의 연결하여 추측한다. 그러므로 추측은 확인되지 않는 일을 임의로 주어에 연결하는 것이며 would 만큼의 확률로 추측한다.

will보다는 자신감이 조금 부족한 추측이다. 즉 실제적인 will보다 실제성이 조금 부족한 추측이다.

곧 「실제성 부족한 임의 연결(would- be, have +pp)」.

> 추측은 감춰졌거나 보이지 않는 일 등을 '사실로서' 주어에 임의로 연결을 시도해 봄을 뜻한다. 다시 말해서 주어가 임의의 일을 사실로서 (존재, 실행)했을 거라고(과거) 혹은 하고 있을 거라고(현재) 또한 할거라고(미래) 추정해 봄을 말한다.

1. 가려진/숨기는 일(내용) 추측

마주보는 you에 대해 모르는 것을 실제성 부족하게 추측한다.

마주보는 you는 앞에 있으므로 you의 현재 가려진(숨기는) 내용 추측이며 청자가 밝히지 않아서 나중에 사실을 확인하지 못하거나 결과로 드러나지 않을 수 있으므로 'be', 'have + pp'를 사용하지 않는다. 서로 바라보고 있으나 you의 속 마음은 알 수 없으므로 know, think, guess 등을 사용하여 you의 내부를 추측한다. 그러므로 실제성 부족한 추측이 된다. 여기 would는 실제성이 부족하게 사실에 접근하는 추측 수단이다.

You would + 가려진(숨기는) 일(내용).

○ Of course, you **wouldn't** know. 당연히 당신은 모르시겠죠. - 상대방이 아는지 모르는지 아직 밝히지 않았고 확인도 하지 않더라도 조금 자신 있게 추측한다.

○ You **wouldn't know** him. 당신은 그를 모르시겠죠. - 숨겨진 청자의 기억을 실제성 부족하게 추측하고 있다.

○ Evelyn is so full of artistic temperament **you'd never think** she was a daughter of a banker. 에블린은 예술적인 기질이 너무 가득차서 네가 그녀는 은행가의 딸이었다고는 결코 생각지도 못하였을 것이다. - 화자는 실제성이 부족하게 즉 청자에게 사실확인도 거치지 않더라도 청자가 그런 생각도 전혀 못했을 거라고 추측한다. - 실제는 그런 생각을 했을지도 모른다. 실제성 없는 would. So~that~에서 that의 생략.

○ Inside, he admits, his emotions may be churning, but **you would never guess** it. 내적으로는 그는 인정하며 그의 감정은 흔들리고 있을지 모른다. 그러나 너는 결코 그것을 짐작 조차하지 못할 것이다. - 상대의 생각을 실제성 부족하게 추측한다.

2. 현재 추측

현재형 would이다. 현재 모르는 일 등을 실제성 부족하게 추측한다. 현재를 알려주는 always, already 등과 함께 사용한다. 보이지 않는 일은 be, have+pp를 사용할 수 있다.

○ His fans **would** already **be** familiar with Caroline. 그의 팬들은 이미 캐롤린과 친숙해져 있을 것 같습니다. - 팬들과의 관계를 실제성 부족한 추측이다.

○ **Would it be** enough? 그게 충분할 것 같나요? - 여유 정도를 실제성 부족한 추측성 질문이다.

○ **Would** he always **be** like this? 그는 항상 이와 같을까요? 그는 항상 이런 식인 거 같나요? - 실제성 부족한 추측성 질문으로 청자에게 주어의 방식이나 스타일이 항상 이와 같은지를 추측 질문한다.

3. 과거 추측

과거형 would이다. 과거의 주어에 대해 모르는 것(내용)을 실제성 부족하게 추측한다. 과거를 알려주는 시간, 시제, 상황 등과 함께 사용한다. 자신감이 실제적 will보다 조금 부족한, 즉 실제성이 부족한 추측이 된다.

○ It **was** half seven; her mother **would be** annoyed because he was so late. 7시 반이었다. 그녀의 어머니께서는 그가 너무 늦었기 때문에 짜증나셨겠지요. - 과거에 주어의 감정을 실제성이 부족하게 추측한다.

○ **I suppose** he **would be** about 40 when he left here. 내가 생각하기론 그가 여길 떠날 때 대략 40세 가량이었을 겁니다. - 과거에 주어의 그 당시 나이를 실제성이 부족하게 추측한다. Suppose에 종속된 would be는 더욱 실제성이 모자라게 된다.

4. 과거 결과적 추측

과거형 would have+동결재~ 추측, 즉 과거에 보지못한 일을 결과적 입장으로 추측한다. 과거일을 실제성이 부족한 결과적 입장으로 추측하는 데에 사용한 과거형 would이다. Have+pp는 would를 과거에 사용하여 이뤄낸 결과이다.

Would have+pp'는 과거에 끝난 일을 현재에서 추측하므로 현재에는 그 사실 여부를 확인할 수 없고 현재에서 멀어진 과거의 기준은 확신성에도 더욱 멀어져 자신감 부족하고 막연한 추측이 된다.

○ That **would have been** Robert's car. 저것은 로버트가 소유했던 차였을 겁니다. 현재 바라보고 있는 차를 과거의 소유 상황(일)은 어땠는지 추측하고 있다. - 로버트가 소유했던 차인지를 정확히 잘 모르면서 막연히 실제성 부족하게 추측을 한다. - 과거의 일을 시간이 지난 현재에도 사실 확인되지 않고 있으므로 과거 일을 결과적 입장으로 실제성 부족하게 추측한다.

○ He made a promise to his great-grandfather? That **would have been** a long time ago. 그는 그의 증조부에게 약속했나요? (아마도) 그것은 오래 전 일이었을 겁니다. 증조부와 약속했던 과거의 상황은 어땠는지 추측한다. 과거에 끝난 일을 결과적 입장으로 실제성이 부족하게 추측하여 현재에는 실제로 사실인지 더 이상 확인 할 수 없는 과거 일의 추측이다.

○ 'I came in and ordered some shoes from you.' 'Oh yes, sir. When **would** that **have been**, exactly?' 제가 들어와서 당신에게 몇 켤레의 신발을 주문했는데요. 아~ 예, 선생님, 정확히 언제 그렇게(그 일을) 하셨는지요? (= 혹시 정확히 언제 그런 일이 있었는지요? 정확히 그게 언제적 일이었죠?) 신발을 주문한 일이 과거 상황은 어땠는지 추측한다. - 과거에 끝난 일을 과거의 결과적 입장으로 실제성이 부족하게 추측하는 would이다. - 화자는 과거에 보았더라도 언제 그랬는지 기억이 안 나고 현재 확신이 없으므로 실제성 부족한 would를 사용한다.

과거에 기억하지못한 일을 결과를 이루지 못했던 일로 추측한다.

○ I **wouldn't have thought** he'd do a thing like that. 나는 설마 그가 그같은 일을 하리라고는 생각하지 못했나 봅니다. -과거 자기 자신이 기억하지 못했던 일을 실제성이 부족하게 부정적 결과로 추측한다. 화자는 자신이 그런 생각을 했었는지 정확히 기억에 없으므로 과거에 그렇게 생각치 못했을 거라고 막연한 추측을 한다.

5. 미래 추측

미래를 알려주는 시간, 상황, 조건 등과 함께 사용한다.

○ It **would be** a great help to me **for** you to come. 당신이 와준다면 그것은 제게 큰 도움이 될 것 같습니다. 되겠지요. - 조건이 아직 이루어지지 않은 상태에서 실제성 부족한 미래의 일을 추측한다.

6. 미래 완성 추측

보통 'would have+pp~ by+미래시간'과 함께 사용한다.

○ I thought you **would have finished** it **by now**. 나는 지금 즈음 네가 그것을 끝마쳤 놓을 거라 생각했었다. 끝마쳐 놓았으리라고 생각했었다(완성). 추측할 당시에는 과거에서 미래 방향이어서 현재가 미래이었다. 실제성이 부족한 미래 완성 추측이다.

F. 역외 개별 고유의 would

파워 화자의 직접 영향력에서 벗어난 역외의 개별 주어가 가진 실제성이 없는 원론적인 고유의 would.

○ **Anyone would** die if he did not drink water. 물을 마시지 않는다면 누구나 죽겠지요. 죽을 겁니다. - 비 실제적 상황에서 주어가 가진 원론적인 고유의 would. 실제 상황이라면. 즉 조건이 실현된다면 실제 상황이 되겠지만, 실제성이 부족하고 주어 내부에 잠재된 would이며 원론적 이야기이다.

○ A policeman **would** not live one year **if** he obeyed these regulations. 경찰이 이들 규칙들을 따라서 행동하지 않는다면 1년도 살지 못할 것입니다(규칙이 생명을 지켜준다는 말). - 실제성 부족한 would이며 주어 내부에 잠재되어 있다가 먼저 '실제로 그런 일이 발생한다면'이 실현되어야 하므로 실제성이 부족한 원칙적 이야기이다.

G. 주어가 목적 대상인 경우 - 제3 중심

물건 시설 도구 등을 사용 관찰자가 입장에서 보는 기능상의, 용도상의 「목적 있는 성격」을 올바른 목적 상태에 있는지 등을 그 사용 「목적 동사」로 서술한다. 여기서 서술은 그 목적 성격을 실제성이 조금 부족하게 서술한다.

○ The hall would seat 200 people. 그 홀은 200명의 사람들 정도는 앉힐거에요(사용 목표적 수용 정도는 200명 수용할 수 있을 거에요). - 확실한 will 서술이 아니고 실제성 조금 부족한 would 서술이다. 홀의 목적 성격, 즉 수용 목적 성격을 사용 목적(표)동사로 대략 300명을 앉힐 거에요로 서술한다. 200명 앉힐 수 있다가 아닌 대략 200명 정도는 앉힐거에요로 즉 실제성이 조금 부족하게 서술한다.

○ He expressed the hope that on Monday elementary schools **would be** reopened. 그는 월요일에 초등학교들이 다시 문을 열게 되리라는 희망을 표현했다. - 과거에서 학교는 그 사용 목적에 맞게 다시 열리리라고 실제성이 조금 부족한 희망적인 표현을 했다. 문을 다시 열 것이다 라는 실제적인 will이라면 희망이 아닌 예정이다.

H. 가정법에서 would

11장 E절 가정법을 반드시 먼저 학습해야 합니다.

> 조건은 일종의 존재 바탕이며 그 바탕 위에 종존절을 말하거나 대 응 등을 예상할 수 있고 가정법에서는 현실의 문제 등을 반대로 바꿔보는 가상의 조건이다.

기준현실에서 끊어진 가상의 would이나 의미는 현재에는 가상의 will이며 과거에서는 가상 사용한 과거형 would이다.

여기 종존절에서 would는 실제성 없는 가상의 극복 실현 등의 뜻을 말해 본다.

1. 가상 조건절에서의 would

기준현실은 현재이며 현실과 반대의 조건이다. 조건절에서 would이므로 주어가 가진 내부의 would이며 주어가 가진 가상의 뜻 확인 조건, 즉 가상으로 서로의 마음(뜻) 확인 조건이다. 즉 would는 가상의 will 뜻이다. 실제 문제는 반대 상황이며 청자가 will not을 가지고 있다.

○ I **should** be grateful **if** you **would** let me know your decision as soon as possible. 만일 당신의 결정을 가능한 빨리 제게 알려주려 하신다면(알려줄 뜻이 있으시다면) 저는 감사하게 될 텐데요. 11장 E-1, 2)절 참고할 것. 반대로 가정하므로 실제는 자신의 결정을 알려주지 않으려는 청자이다.

○ **If** you **would** come this way, madam. 이리로 와 보세요, 부인. (= 이리로 와 주시면 고맙겠습니다, 부인). - 실제 성이 없이 바라는 가상 조건이며 조건 자체가 가상의 바람 이다. 실제는 오지 않으려는 주어에게 '와 주시면'이라고 실제성 없는 가상 조건을 내세운다.

○ **If only** Anne **would not** talk like that. 앤만이라도 그 같이 말할 뜻이 없다면 좋으련만. - 실제 성이 없이 바라는 가상 조건이며 조건 자체가 가상의 바람이다. 실제는 모두가 그같이 말하고 있다.

○ I could beat him **if I would**. 만일 나는 하려고만 하면(마음만 먹으면) 그를 칠 수 있겠다.
- 실제 성이 없는 가상 조건; 실제로는 치려고 하지 않는다.

2. 가상 종존절에서의 would

「기준 현실에서 끊어진 would」이므로 가상의 뜻이다. 실제성 없는 가상의 실현 등의 뜻이다.

1) 기준 현실 「현재」에서 보는 would

〈현재 가정법〉에서 가상 실현의 뜻이다.

기준 현실에서 끊어진 would이나 기준 현실은 현재이어서 의미는 가상의 will이다. 그래서 ~하겠다가 아니고 '~할텐데'처럼 해석한다. 실제 실현은 현실에서 끊어져 있기 때문이다. would= 가상의 will.

○ **If** I had a chance, I **would** try. 기회가 있다면 나는 시도해볼 텐데. 해보겠는데. - 실제는 기회가 없어 시도해볼 수가 없다. 실제 현실과 반대인 가상의 조건에 가상의 실현의 뜻을 말해본다. 기준현실에 반대의 가상 조건과 반대의 가상 실현 뜻이어서 현실에서 끊어진 가상 세계이다. 즉 기준 현실인 현재에서 끊어진 가상의 would이다.

○ **If** it had not rained last week, the river **would** be dry. 지난주 비가 오지 않았다면 그 강은 마를 텐데. - 실제는 비가 와서 마르지 않고 젖어버렸다. - 실제 현실과 반대인 가상의 조건에 가상의 실현의 뜻을 말해본다. 기준현실 현재에 반대의 가상 조건과 반대의 가상 실현의 뜻이어서 현실에서 끊어진 가상 세계이다. 실제는 기준 현실인 현재에서 끊어져서 will하고 싶은 가상의 목적 뜻(would)만을 드러낸다. 가상의 will = would. 여기서 조건절이 과거 완료일지라도 그 비가 온 결과의 영향이 현재에까지 미치고 있으므로 현재 가정법이 되며 시제는 현재에서 보는 과거형으로 여긴다.

○ **If** I were you, I **would** simply ring your friend's bell and ask for your bike back. 내가 너라면 나는 명료하게 너의 친구의 집을 찾아가서 너의 오토바이를 돌려 달라고 요구할텐데. 실제는 나는 너가 아니라서 너의 친구의 집을 찾아가서 너의 오토바이를 돌려 달라고 요구할 수 없다. 실제 현실과 반대인 가상의 조건에 가상의 실현의 뜻을 말해본다. - 기준현실에 반대의 가상 조건과 반대의 가상 실현의 뜻이어서 현실에서 끊어진 가상 세계이다. - 실제는 기준 현실인 현재에서 끊어져서 will하고 싶은 가상의 목적 뜻(would)만을 드러낸다. 가상의 will = would.

○ **I would not, if I were you**, be inclined to discuss private business with the landlady. 내가 너라면 나는 그 여주인과 개인 사업을 의논하는 일은 하지 않고 싶을 텐데. - 실제 목적 요구는 여주인과 사업을 의논해 보자이다. 목적 요구에 대한 가상의 실제성 없는 거부 의지를 말해본다. 가상의 will not = would not.

○ **If only** I could get some sleep, I **would** be able to cope. 내가 충분한 잠을 잘 수만 있다면 잘 대처할 수 있을 텐데. - 실제는 충분한 잠을 잘 수 없다이며 가상의 조건에 가상의 실제성 없는 실현의 뜻 would이다.

○ I think **if** I went to look at more gardens, I **would** be better on planning and designing them. 나는 내가 더 많은 정원들을 보게 된다면 나는 그것들을 디자인하고 설계하는 일에 더 나아지리(질텐데)라고 생각합니다. 질 것 같습니다. - 실제는 더 많은 정원들을 볼 수가 없다이며 가상의 실제성 없는 실현의 뜻 would이다.

○ **If** they could sing in tune it **wouldn't** be so bad. 그들이 가락에 맞춰 노래할 수 있다면 그것은 그렇게 나쁘지 않을 텐데요. - 실제는 가락에 맞춰 노래할 수 없다이며 현재 가정법에서 가상의 실제성 없는 실현의 뜻 would이다.

○ The targets **would** not be achieved **unless** other departments showed equal commitment. 만일 다른 부서들이 동일한 책무를 보여주지 않는다면 그 목표들은 달성되지 않을 텐데요. - 실제는 다른 부서들이 동일한 책무를 쉽게 보여주게 돼있는 상황이며 가상으로 책무를 보여주기를 거부한다면라는 가상 조건에 가상의 실제성 없는 실현의 뜻 would이다. 가정법의 부정형은 현실에 가상의 문제를 만들어 보는 가정이다.

○ I **would** tell you **if** I knew. 만일 내가 안다면 네게 말할 텐데. - 실제는 모른다. 그러므로 말해줄 수도 없다. 실제 성 없는 would. 말하고 싶어도 실제는 말할 수 없는 would.

2) 기준 현실 「과거」에서 보는 가상의 과거형 would. 〈과거 가정법〉에서

12장 have+pp의 '결과적 입장에서' 말하기와 과거 가정법을 먼저 학습하세요.

즉 기준 현실인 과거에서 끊어진 가상의 would 이나 기준 현실은 과거이어서 의미는 가상의 과거에서 사용한 과거형 would이다. 즉 Have+pp는 would를 사용했을 때의 결과이다. 그래서 화자가 would를 사용한 결과적 입장(have+pp)으로 말한다. ~했을 것이다가 아니고 '~했을 텐데'처럼 해석한다. 실제는 과거의 현실에서 끊어져 있기 때문에 과거와 반대의 가상 조건이며 과거에 아쉽게 놓쳐버린 일 등이다.

○ **If** I could have found him, I would **have told** you. 만일 내가 그를 발견할 수 있었다면 나는 너에게 말해 줬을 텐데. - 실제 기준현실 과거에 말할 기회를 갖지 못한 일을 아쉬워하여 현실과 반대로 가상의 과거 조건에 가상의 과거 실현 결과를 말해본다. 기준현실에 반대의 가상 조건과 반대의 가상 결과적 실현의 뜻이어서 현실에서 끊어진 가상 세계이다.

○ **If** I had been in your place, I **would not have given** him any money. 내가 너의 입장이었다면 나는 그에게 어떤 돈도 주지 않았을 텐데. - 실제 기준현실 과거에 그에게

돈을 주어 버려서 현실과 반대의 가상의 과거 조건에 가상의 과거 실현 결과를 말해본다. 기준현실에 반대의 가상 조건과 반대의 가상 실현 결과이어서 과거 현실에서 끊어진 가상 세계이다. 실제의 반대는 실제성이 없음을 뜻한다.

○ If it hadn't been for him, I **would have died**. 그가 없었다면 나는 죽었을 텐데요. - 실제 기준현실 과거에 다행히 죽지 않아서 현실과 반대의 가상 과거 조건과 반대의 가상 과거 실현 결과를 말해본다. 기준현실에 반대의 가상 조건과 반대의 가상 실현 결과이어서 과거 현실에서 끊어진 가상 세계이다.

○ **If** you had given enough food to your little birds, they **would not have died**. 네가 만일 네 작은 새들에게 충분한 먹이를 주었다면 그 새들은 죽지 않았을 텐데. - 실제는 과거에 새들에게 충분한 먹이를 주지 않아서 죽어버렸다이다. 그래서 과거에 하지 못한 일을 아쉬워하며 현실과 반대인 가상 과거 조건과 가상 과거 실현 결과를 말해본다. 실제와 다른(반대) 과거 실현 결과 예상.

○ If I **had known** how he felt, I **would never have let** him adopt those children. 만일 나는 그가 어떻게 느끼는지를 알았더라면 나는 그가 저 아이들을 입양하도록 결코 허락하지는 않았을 텐데. - 실제는 그가 어떻게 느끼는지 몰라서 그가 아이들을 입양하도록 허락해버렸다. 그래서 지나간 과거의 일을 아쉬워하며 현실과 다른(반대의) 가상 과거 조건과 가상 실현결과를 말해본다.

○ If I **had not been** enjoying the work, I **would not have done** so much of it. 내가 그 일을 즐겨 하지 않았다면 나는 그 일을 너무 많이 하지는 않았을 텐데. - 실제 나는 그 일을 즐겨 했고 그래서 너무 많은 일을 해버렸다. 그래서 지나간 과거의 일을 아쉬워하며 현실과 다른(반대의) 가상 과거 조건과 가상 실현결과를 말해본다.

○ It **would have been** nice if he'd thanked you. 만일 그가 네게 고맙다고 했다면 좋았을 텐데. 실제와 반대의 가정과 결과. - 실제는 고맙다고도 안 했고 좋지도 않았다. 그래서 지나간 과거의 일을 아쉬워하며 현실과 다른(반대의) 가상 과거 조건과 가상 실현결과를 말해본다.

3. 미래 가정법 _가상의 미래 존재 조건, 기존 가정법 미래

1) 미래 가상 완성 조건법(미래 완성 가정법)

기준현실은 미래의 어느 기준 시점이며 현재에서 본「미래 완성을 가정」한다.

가상으로 미래 완성 조건 - 실제 문제는 반대 상황, 즉 청자가 미래에 will not(하지 않으려는 뜻)을 가지고 있다.

○ If you would have finished it by the day after tomorrow, I would send the money in that day. 만일 당신이 모레까지 그 것을 끝마쳐 놓을 듯이 있다면 나는 그날 돈을 보내드릴 텐데요. - 완성에 대한 거절하고 있는(will not) 청자에게 가능성은 거의 없지만 『**만약에 있다면**』 즉 미래 기준 시점까지 완성시켜 주겠다면 상응하는 교환적 목적 대가를 가상 제시한다. would는 기준 현실에서 끊어진(가상의) would이며 여기서 would대신에 will을 사용했다면 하이브리드형 조건법이 된다. 원래 'would you ~?' 을 가정법으로 돌려 말하는 간접 의문문이며 완곡어법이다. 다시 말해 ★<u>will not하려는 청자에게 가정법 형식을 빌려 매우 완곡하고 정중하게 요청하는 간접 의문문의 또다른 형식이다. 즉 청자의 '문제를 직접 지적하지 않고' 또한 그의 속내와 입장을 생각해서 조심스럽게 역설적인 의문문 형식(원래 would you~? 형식)을 사용하며 정중하게 돌려 말하는 가정법 형식으로 표현하고 있다.</u>

〈비교〉-The builders say, if you **would** pay the money they'll **have finished** the roof **by Tuesday**. 그 건축 업자들은 당신이 혹시 그 돈을 지불할 듯이 있으시다면 화요일까지 그 지붕일을 끝마칠텐데요라고 말한다. - 'Would you~?'을 가정법으로 돌려 말하는 간접 의문문이며 will not하려는 청자에 가정법 형식을 빌려 매우 완곡하고 정중하게 요청하는 간접 의문문의 또다른 형식이다. would는 기준 현실에서 끊어진(가상의) would이다. ★ 현재 가정법으로 '<u>미래의 기준 시점은 없는</u>' 현재의 would(가상의 will) 확인 조건이며 종존절의 미래 기준시점은 가정법의 기준현실과 관계가 없으며 가정법 시제를 결정짓지 못한다. 항상 조건절이 현실에 접목되는 기준이므로 기준현실의 시제를 결정짓는 시제는 조건절의 시제이다. 위 예문들에서는 조그만 차이인 것 같지만 가정법상 큰 차이가 있으므로 주의해서 구분하여 학습해야 합니다.

2) 미래 존재 가정법(미래 가상 존재(발생) 조건법)

우리는 왜 미래를 가정하는가를 생각해 보자. 과거, 현재에서는 한계나 문제가 있는 기준 현실을 바꾸고 싶어서 가정하지만 아직 미래에는 아무 것도 존재치 않아서 현재를 기준으로 해서 바라보는 미래에는 실제 존재 가능성이 매우 많아서 '① 미래에 실제 <u>존재(발생)하도록</u> 조건을 설정하는 미래 존재 조건 법이 있지만 또다른 어떤 일은 ② 미래에 일어날(발생할) 존재 가능성이 거의 없고 매우 불확실'하다면 실제와 반대로 존재하도록 '가상의 존재 조건을 설정'(=가정)할 수가 있다. 결론적으로 다시 말해서 「미래 존재 실현 가능성이 거의 없는 일」을 「2) 부정적 방향에서 반대로 가정(should)」하거나 「3) 긍정적 방향에서 반대로 가정(would)」하는 것이다. 이들 비현실적인 미래 가정은 <u>가능성은 거의 없지만 그래도 있을지도 모를「만약」의 경우를 대비하는 가상의 조건</u>」인 것이다. 그리고 만약의 경우를 대비하는 가정이 아닌 '③실현 가능성이 전혀 없는' 「1) 진정한 미래 가정

(완전한 가상)법」인 If - were to ~ 형식이 있다.

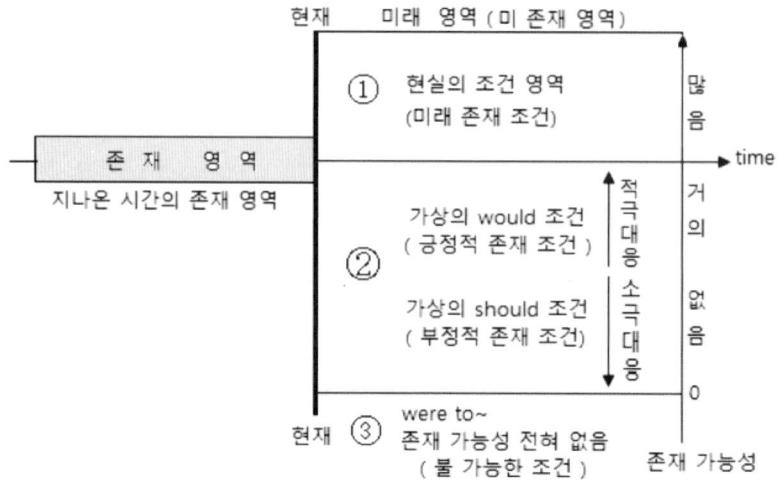

< 현실과 가상의 존재 조건들 가능성 비교 >

① **〈Would를 사용하는 미래 가정〉는** '미래에 존재 실현 가능성이 거의 없는 일'을 가정하는 경우이며 이는 「실현 가능성이 거의 없지만 긍정적으로 접근하는 가정」을 하는 것이며 이 일은 주어가 스스로 그리고 긍정적으로 받아들이는 조건이다. 즉 조건의 미래 발생 가능성은 거의 없지만 만약에 있게 된다면 적극적으로 대응하겠다. 이유는 would가 가상의 will이고 자발적인 힘의 뜻이므로 가능성이 거의 없더라도 긍정적인 가정이 된다.
★ 여기에서도 조건과 실현의 두개 목적일은 서로 순차적인 관계이다.

○ **If I would** go to Seoul, I would visit her home to deliver your gift. 만약 내가 서울에 가게 된다면 네 선물을 전해주러 그녀 집을 찾아 가겠다. 실제성 없는 would이며 실제는 주어가 서울에 갈 가능성은 거의 없지만 그래도 (긍정적으로 받아들여서) 가게 된다면 (가능성 조금이라도 있다면) 그녀 집을 방문하겠다이다. 가상 조건을 긍정적으로 받아들이고 있으므로 가정이 실현될 경우 '방문할 텐데'보다 '방문하겠다'고 해석했다.

○ **If you would** come this way, madam. 이리로 와 보세요, 부인. (= 이리로 와 주시면 고맙겠습니다, 부인). 실제는 오지 않으려는 주어에게 '이리로 와 주시면'이라고 가능성이 거의 없지만 긍정적으로 가상 조건을 내세운다. Would you come this way?을 가정법으로 돌려 말하고 있다.

○ **If only** Anne **would not** talk like that. 앤만이라도 그 같이 말할 뜻이 없다면 좋으련만. - 가능성이 거의 없지만 긍정적으로 바라는 조건. 실제는 모든 사람들이 그같이 말하고 있고 앤도 가능성이 거의 없다. 조건이 곧 바램인 가상 조건이다.

○ I could beat him **if I would**. 만일 나는 하려고만 하면(마음만 먹으면-있으면) 그를 칠 수 있겠다. - 가능성이 거의 없는 반대 조건; 실제

11장 If문과 조건법

조동사의 새 이름
파워 동사
Power verb with meaning in use
and link relationship

11장 If문과 조건법

조동사의 새 이름
파워 동사
Power verb with meaning in use and link relationship

11장
If문과 조건법에서

A. If문

우선 가정법을 완전히 이해하기까지 하나씩 접근하면서 새롭게 이해해 봅시다.

1. If문, whether문

1) If는 화자의 「미확인 사실」에 붙는다

모든 조건도 그 실현, 즉 현실화되기 전까지는 존재 불명, 미 확인 사실에 해당한다.

○ We do not know **if** the rumor be true. 우리는 그 소문이 사실인지 모른다. - 소문이 아직 사실 확인이 안되어 있으므로 if가 붙었다. 그러므로 be는 미확인 서술에 사용하였다. Is의 사용은 존재, 즉 사실 (존재의) 확인에 해당한다.

2) 의문문이 종속절에서 if문으로 바뀌는 경우

보통 be동사를 사용한 의문사 없는 단순한 의문문일 경우, 즉 '단순한 사실을 확인하기 위한 질문'일 경우에 질문자는 궁금한 미 확인 사실을 '확인하고 싶어 질문'하는 것이므로 이 의문문이 종속절에 올 때는 동사가 주어 다음에 오면서 주어 앞에 if가 붙는다. 다시 말해 의문문도 아직 답을 구하고 있는 상태이므로 미 확인 사실이다. 그러므로 앞에 if를 붙이고 미확인 사실이 뒤따른다.

○ He asked me, Are you a manager of here? = He asked me **if** I be a manager of here. 그는 내가 여기 매니저인지를 물었다. Are you ~? 의 질문은 화자가 매니저인지 '단순 확인하는 질문'이므로 이 것이 간접화법으로 바뀌면서 if가 붙었다.

○ Ask the doctor if I shall recover. 내가 회복될 것인지 의사에게 물어보세요. Shall I ~? 의문문도 아직 답을 구하고 있는 상태이므로 미 확인 사실이다. 그러므로 앞에 if를 붙이고 미확인 사실이 뒤따른다. 이 shall은 주어의 주도 결속이 아니고 순응의 결속이며 의사의 치료 등에 순응 결속하는 shall이다.

○ "Can you give me a hand?" "What?" "I asked if you could give me a hand." 저를 도와주실 수 있으세요?" "뭐라고요?" "저는 당신이 저를 도와줄 수 있는지를 물었어요."

○ He asked if he could have a cup of coffee. 그는 커피 한잔을 마실 수 있는지 물었다.
- Could I have a cup of coffee? 의 간접화법이며 미확인 사실이다.

3) whether도 미 확인 사실에 붙는다

If와 다른 점은 whether는 확인해야할 대상이 '두 개 이상 일 경우'에 그 앞에 붙는다. 아직 확인되지 않았기에 미확인 사실이다.

○ I don't know **whether** he be a teacher **or** a doctor. 나는 그가 교사인지 의사인지 모른다.

○ It is not certain **whether** she will come **(or not)**. 그녀가 올지 안 올지 확실하지 않다. or not이 없더라도 한 개의 긍정 내용만이 제시되어 있어서 미 확인 사실이 두 개 이상 이어야 하므로 or not도 당연히 포함되어 있는 것으로 간주한다.

○ I am not sure **whether** I can pass the test. 내가 그 시험에 통과할 수 있는지 없는지 나는 확신이 없다. Or not의 생략됐다.

4) 가정이나 조건에서도 마찬가지로 if절은 제시만 되었을 뿐이며 조건은 현실에서는 아직 미 실현 단계이므로 미확인 사실임이 틀림이 없다. (아래 참고)

B. ≪조건의 이해≫

1. 왜 조건이 만들어지는가?

우리 생활에서 만들어지는 조건들은 대부분 계약과 같이 '미래 존재(발생) 영역'에서 만들어지는 조건들이다. 그 조건들은 상대방이 원하는 목적일을 허용해(이뤄)주기처럼 상대방의 요구가 받아들이기 어려운 경우에 올바르게 대처하기 위하여 그 대응 등으로 먼저 (선제적으로) 상응하는 목적 조건을 제시하게 된다(미래 상호 목적 교환의 조건). 그 이외에도 현재나 과거의 일에도 받아들이기 어려운 일에 조건을 걸거나 가상의 조건을 말하거나 등 수많은 조건들이 만들어지는데 아래쪽 그림에 있는 『4개의 조건 영역들』에서 조건들이 만들어지고 있으므로 아래에서 자세히 설명했다.

★ 전제(내용)란? - 어떤 일을 말하기 전에 그 말하는 중심(본) 내용의 바탕이 되는 시간, 장소, 조건, 배경 등으로 한국어에 일반적으로 가장 많이 사용하는 선제적으로 알려주는 바탕 영역을 말한다. 이 전제는 영어에서도 종종 사용하는 논리로서 특히 조건법에서 가장 많이 사용하고 있다. 여기 영어 조건법에서는 상대방이 원하는 목적일을 허용해(이뤄)주기

전이나 어떤 일들을 현실(사실)로 쉽게 받아들이기 어려운 경우에 『그 일들에 대하여 올바르게 대처하기 위하여 선제적으로 상대방에게 먼저 제시하는』 『사전 확인 내용 혹은 선제적 수용 여건』이 조건이라 할 수 있다. 이는 상대방이 원하는 목적일을 이뤄(허용해) 주기전이나 현실에 쉽게 받아들이기 어려운 일에 선제적으로 목적 조건이나 수용 조건을 제시하는 사전 행위이다. 그러나 일부 현실에 이뤄지기를 바라는 소망이나 바람 같은 것들이 조건이 되는 경우(돈이라도 펑펑 써봤으면…)는 전제가 없을 수도 있다.

2. 조건과 그 위치

불확실한(미확인) 사실이 안정화된 현실(사실)이 되는 조건이 곧 영어에서 조건의 정의라 할 수 있다. 불확실한 사실이 현실에 안정화되어 실현되는 경우는 곧 화자가 이를 현실에서 받아들이는 조건이 된다.

모든 조건은 그 실현이 미완성(미 성립, 미 만족 등), 즉 「미 실현 상태」이므로 '아직 사실(현실)로 확인이 안된 미확인 상태'라 할 수 있다. 즉 그것들은 원래「불확실하고 불안정한 사실(내용)」이었다. 우리의 생활 가운데 많은 조건들이 만들어지고 있지만 그것들이 아직 미 실현 상태로 존재하는 한 우리에게 어떠한 변화나 영향을 끼칠 수는 없는 것이다. 이 미확인 내용이 우리 현실에 접목이 된다는, 즉 이 『미 확인 내용이 사실 확인(실현 혹은 현실화)의 대상으로 「현실에 접목하다, 현실화한다는 전제성을 갖는 것」』을 조건이라 할 수가 있다. 다시 말한다면 불확실한 사실(내용)이 현실에 안정화된 사실이 된다는 것을 전제로 말하기를 조건이라 한다. 즉 조건에 안전성이 담보되지 않으면 상호적인 대응, 반응을 할 수가 없게 된다. 왜냐하면 조건이 불안정 불확실하다면 허황된 허위 사실이 될 수도 있기 때문이다. 화자가 제시하는 미 확인된 불안정한(사실이 될지 안될지 등) 내용이 현실 세계에 접목된다는 전제성을 갖는 것은 이 불확실한 '미확인 내용이 반드시 현실화, 즉 사실이 된다는 전제이며 그 불확실한 전제가「안전성 확보를 위해」' 『조건으로 자동 전환』된다. 다시 말하면 「조건은 불확실한 미 확인 내용을 안정적으로 받아들이는 조건」이다. (영어적 논리이며 모든 언어에 적용 가능한 조건의 정의다). 미확인 내용이 사실로 전환되기에 불안정하다면 우리의 삶에 어떠한 영향도 미칠 수 없게 되어 대응, 반응 등이 뒤따를 수가 없게 되어 안전한 조건으로 전환되어야 한다(모든 존재는 안전한 바탕위에 존재하기 때문). 다시 엄밀히 말해 『미확인 내용이 현실세계에 안전한 존재 사실(즉 현실)이 될 수 있다는 전제를 가질 때 조건이 된다』 - 전제가 된다는 것은 미확인 내용이 먼저 제시되었고 그에 뒤따르는 반응, 대응 등의 『사실적 바탕이 된다』는 논리이며 그 전제에 나중의 대응, 반응, 등이 뒤따라 존재할 수 있게 하기 위하여 먼저 내세우는 형식이다. 이 조건들을 분석해보면 『말하는 화자가 경험하고 인식하고 있는 개인 세계의 밖에(개인의 입장에서는 비현실세계에) 존재하는 것』이다. 즉 개인이 사실로 인식하지 못하고 있는 것들은 개인의 현실 세계 밖에 존재하는 것이다. 물론 어떤 계약을 체결하고, 조건적인 약속을 하는 등의 일들은 많이 발생하나 그것들이 서류나 언어상으로만 존재하고 실현 존재의 사전 단계일 뿐 『조건이 말하는 세계』는 아직 「우리가 인식하는 현실 세계 밖에 존재」하는 것이다.

또한 우리가 왜 조건을 만들어 사용하는 가는 그 미 확인 사실(조건의 내용)을 받아들이는 데에 그것이 우리 자신들에게 직간접적으로 '우리에게 영향을 끼치기 때문'이다. 그래서 우리는 그것을 받아들이는데 조건을 만들어 대응 등의 방안을 강구하는 것이다. 우리의 언어상으로도 조건절과 종속절이 함께 공유하고 있다. 그렇지만 여기에서 종속절은 원래 존재의 바탕인 조건 위에 존재하게 되는 것이므로 그 이름을 『종존절』이라 이름하는 것이 옳다 할 수 있다. 종존절이라는 이름은 조건의 뒤에 따르는 절이라는 순차적 형식의 이름일 뿐, 실제로 그 뒤따르는 대응, 반응은 아주 없을 수도 있다(돈이라도 펑펑 써 봤으면…… 조건이 곧 소망인 경우). 그러나 계약 등에서 상호적 의미로 명시되어 있으면 반드시 그 대응이 뒤따라야 하는 것이다. 우리는 아래에서 종존절은 조건절에 뒤따르는 '대응의 뜻 절', '반응의 뜻 절', '가상 극복 실현의 뜻 절' 등 구체적으로 사용하고 있다. 이들을 모두 총칭하여 종존절이라 한다. 또한 주의 해야 할 것은 대응, 반응의 뜻들과 가상 극복 실현의 뜻과의 차이이다. 모든 조건들과 가상 조건의 '중심'은 말하는 「화자의 인식 현실 세계」이며, 그래서 모든 조건들이 화자의 인식 현실 세계에 접목될 때 조건들과 그의 영향에 반드시 뒤따르는 종존절의 반응, 대응 등의 뜻 관계, 즉 그 조건과 종존절의 역학 관계는 그 조건들에 상응하는 종존절은 반드시 조건에 뒤따르는 의무가 생긴다는 것이다. 그러나 가상 조건에서는 조건에 따르는 그런 의무는 없으며 문제 등을 가진 현실 세계가 접목의 중심이므로 가상의 실현은 현실 세계에 반대로 문제 등의 '가상 극복 실현의 뜻'이 있게 된다.

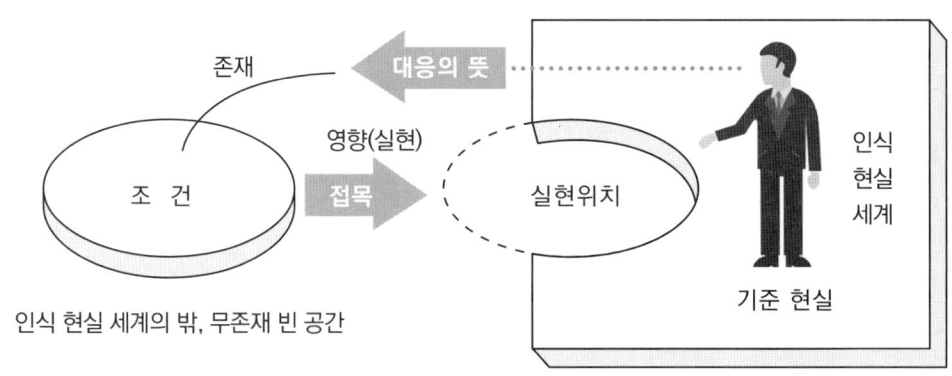

〈기준 현실에서 조건의 접목과 대응 등〉

3. 조건절과 종존절 세계에 대하여

조건은 실제 그 실현이 이루어졌을 때 즉 '우리 현실의 일부분이 되었을 때(사실이 되었을 때)' 우리 자신들에게 영향을 끼치므로 우리의 대응, 반응 등이 필요하다. 그러므로 조건은 우리의 인식 현실 세계 밖에 존재하고 그 대응(반응) 절은 조건이 실현될 수 있는 현실의 위치에서 그 대응 등의 방안을 마련하는 관계이다. 그리고 조건과 종존절의 관계는 종존절이 조건을 뒤따른다는 상호 순서 관계만이 아니고 『조건이라는 바탕 위에 종존절이 반드시 존재한다』는 사실이며 이 조건은 화자의 인식현실 세계 밖에 존재하고 있으며 그 곳은 화자가 아무것도 인식하지 못하는 무존재 빈 공간이며 미확인, 미 존재 미래 조건 등 4개의 조건 영역의 조건들이 존재하는 곳이며 그 빈 공간에서 조건들이 존재하여 그의 반응 등의 바탕이 되는 것이다. 따라서 조건이 없다면 종존절은 존재할 수 없는 것이다.

4. 존재의 바탕인 조건

사람이 보이지 않는 물건을 가지러 갈 때에는 그 물건이 어디에 있는지 이미 인식하(알)고 있고 그래서 그곳, 즉 물건이 존재하는 장소로 간다. 다시 말해 그곳은 존재의 바탕이다. 알고 보면 '스스로 존재하는 신(God)'을 제외한 「모든 존재는 그 존재의 바탕 위에 존재하는 것이다」. 이렇듯 모든 존재(물)와 그 바탕은 떼어 놓을 수 없는 불가분의 관계다. 그리고 또한 가상 세계(허상)에 속하는 가정법에서나 미래 시간에서도, 우리가 어떤 존재를 이야기할 때에도 우리는 그 이야기의 배경, 즉 '바탕이 우선 필요한 것이다'. 존재의 바탕은 시간, 장소, 위치, 이유, 원인 등이 있고, 또한 조건이 있다. 그 중에서도 특별히 「조건」은 '기존 존재 영역(인식 현실 세계)'에서 바탕으로 역할을 할 수가 없고 반드시 「무 존재 빈 공간」이며 인식 현실 세계 밖인 ① 「미 존재 미래 영역」에서, 그리고 우리가 보지 못하고 미처 인식하지 못하고 지나가고 있는 ② 「미 확인 영역」에서와, 부분적으로 잘못 알고 있던 ③ 「기존 인식 영역」와 ④ 「가정법(가상 세계)」에서만이 가능하다(아래 그림 조건의 영역들 참고). 이들 4개 영역을 「조건 영역」이라 한다. 그 이유는 우리의 인식 현실 세계 영역 밖에는 아무것도 사실로, 현실로 존재하지 않기 때문에 그 바깥 세계에서는 조건이 바탕이 되어 그 조건에 따르는 새로운 대응, 반응 등(종존절)이 존재하는 기초가 되는 것이다. 그러나 이 조건들은 현실에 바르게 '접목'되어야 하며 바르지 못한 조건은 현실에 제대로 접목될 수가 없게 된다.

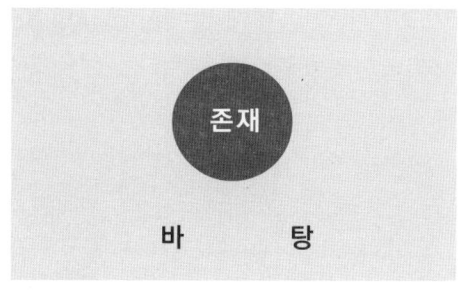

> **〈바탕과 존재〉**
>
> Ex) If you become my girlfriend, I will help you to study English. 만일 네가 내 여친이 되어 주면 나는 너의 영어 공부를 돕겠다. 조건절 끝에 「반드시 comma가 붙어서」 조건절이 전제의 의미가 되며 먼저 제시된 조건절에 종존절이 뒤따라가 조건절 위에 존재한다는 의미이다.
>
> I will help you in your business if you become my best friend. 이경우 a book on the table처럼 책이 존재물이고 테이블이 바탕이 되듯이 comma없이 조건절 위에 I will help you in your business가 존재한다.

5. 조건 접목의 이해와 4개의 조건 영역 구분

조건의 접목은 개인의 인식 현실 세계에서 그 세계밖에서 일어나거나 일어날 일들은 개인이 인식할 수 없으므로 그래서 그 인식할 수 없는 일들은 ① 다가오는 미래의 일들과 ② 미쳐 알지 못했거나 혹은 ③ 사실과 다르게 잘못 알고 있거나 혹은 ④ 가정이며 그 일들을 화자가 선제적 조건을 제시하여 대응하며 받아들이려는 것이며 『그 조건을 현실 세계로의 접목』은 우리가 경험하고 인식하는 개인 현실 세계의 밖에서부터 다가와 그 현실 세계에 결합, 접목하려는 것이며 그 조건들이 현실화되기 전에 「화자가 이들의 불확실, 불안정한 세계를 새롭게 받아들이는 데에 사전에 잘 대처를 하여 자신의 세계를 안정화하려는 심리를 담고 있다」. 가상의 조건도 상상만으로 라도 현실의 문제와 한계를 극복하여 보는 가정으로 심리적 위로와 안정을 얻고 싶은 것이다.

조건의 세계는 기준 현실(화자의 인식 현실 세계)에서 보는 미확인, 미 실현, 미 존재의 세계이므로 각각의 기준 현실에서 가지는 여러 가지 조건의 내용이 아래 그림에 있다. ① 미래에 존재(발생)하도록 접목, ② 과거 현재에 사실로 접목, ③ 잘못 알고 있던 기존 인식 세계와 반대로 충돌하도록 접목, ④ 현실 세계 문제에 반대로 가상 극복 접목, 이것들은 조건 설정(언어 행위)의 내용적 접목이며 조건 세계와 현실 세계의 연결 고리이다. 그 완성된 실현 세계(실천, 실현 행위)에서는 그 조건이 현실 세계의 일부가 되고 가상 조건의 실현은 가상 현실 세계의 일부가 된다. 그리고 조건은 현실 세계 밖에서 존재의 바탕이며 현실 세계의 일부가 된 조건 실현은 실제 대응 등의 실현의 바탕이다.

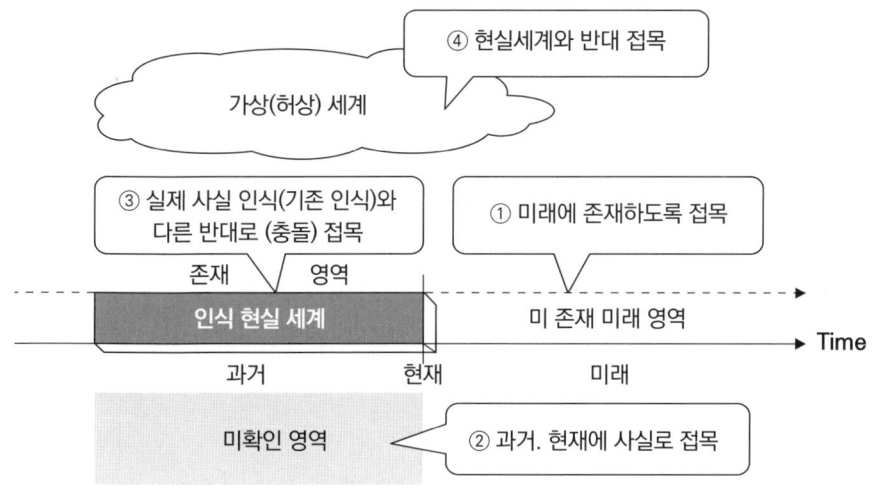

〈조건의 영역들과 현실에 접목 관계〉

★ 위 그림은 조건들을 이해하기 위해 반드시 기억해야 합니다. 지나온 과거와 현재 시간 영역에서는 ③ 우리가 놓치고 있거나 잘못 알고 있던 부분들을 받아들이는데 조건을 설정한다, 이는 기존 인식과 다른 것들 즉 기존인식과 반대(충돌인식)로 조건 설정할 수 있고 ① 미 존재 미래 시간 영역에서는 새롭게 형성(존재, 발생)하도록 조건 설정한다. ② 미 확인 영역에서는 조건이 사실이 되도록 설정한다. ④ 가상세계는 현실의 문제나 한계 등을 극복, 타파하도록 반대의 해법으로 설정한다.

6. 4개의 조건 영역들과 그 올바른 접목

위 그림에서 보듯이 조건은 우리가 제대로 인식하지 못하거나 잘못 인식했거나 등으로 우리(화자)가 인식하는 현실 세계 밖에 존재하므로 위 4개의 조건 영역들이 있고 이들 조건을 설정하면서 이것들이 인식 현실 세계에 접목할 때 그 조건들을 바라보는「화자의 기준 현실에서 입장은」어떤 내용의 세계가 조건에 담겨 기준 현실에 올바르게 연결 접목시켜야 하는가 라는 '기준 관점'이 담겨있다. 그렇게 조건 실현이 되었을 때 어떤 사실이 되는가도 담겨 있다. 이처럼 4개의 조건 영역이 다르듯이 또한 이들을 바라보는 기준 현실도 제각각 다르다. 결국 조건의 설정을 제대로 하여야 할 필요가 있게 된다. 그렇지 않으면 화자의 기준 현실에서 본 관점에 올바른 접목이 될 수 없고 그 실현 등도 조건에 맞지 않게 된다.

1) 미 존재 미래 영역

미래에 존재, 발생하도록 접목(미래 존재/발생 조건).

미래 영역은 아직 다가오지 않았고 겪어보지 못한 미래 시간위에 아직 아무 일도 일어나지 않고 존재하지 않고 비어 있으므로 존재(발생)하도록 조건 설정하는 것이다. 미래 실현 조건은 미래 존재나 발생 조건, 즉 새롭게 존재할 수 있는 현실 조건에 해당한다. 미 존재 미래 영역에서의 조건의 접목은 곧 그 조건이 실현되는 곳에서 새로운 일이 발생하도록 미래의 한 지점에서 만남(조건과 실현의 연결)이 이루어지므로 조건의 실현은 미래 존재하게 되는 미래 현실의 바탕이 되며 그 바탕 위에 새로운 대응 등의 일이 발생(존재) 하는 것이다. 이 영역에서의 조건의 설정은 '임의성'을 띠는 조건이 아니고 현실적인 조건이라고 할 수가 있다. 이 조건은 현실이 되는 실현을 목적으로 하기 때문이다. 계약 등에서의 미래 '상호 교환적 조건 실현'등이 이뤄지는 영역이다.

2) 미 확인 영역

우리가 살아가면서 놓치고 있던 영역으로 과거, 현재에 존재 사실이 되도록 접목(사실 확인 조건)한다.

우리가 살면서 세상의 모든 일을 경험하고 모든 것을 알고 인식하며 살아가는 것은 아니다. 우리가 겪는 삶의 범위는 매우 작고 협소하므로 미처 알지 못하고 확인하지 못한 사실들이 너무나도 많다. 결국 각 개인은 자신이 겪은 일 외에는 모르고 지나가는 일들이 훨씬 많다. 이 모르고 지나가는 일들이 있는 영역을 미확인 영역이라 한다. 이 미확인 영역에서 조건은 우리가 과거나 현재에 미처 인식하지 못했던 일들 중에서 그 존재를 새롭게 사실로서 인식, 접목될 수 있는 조건이 된다. 그러므로 이 조건은 사실이 되는 조건, <u>사실 확인 조건</u>이다. 그것들이 과거나 현재에 사실로 존재했었는지, 존재하는지를 확인하는 조건이다.

3) 기존 현실 인식 세계 영역

기존 인식에 잘못 알고 있던 것들이 있어서 이들에 충돌하도록 반대로 접목(기존 인식/ 사실 충돌 조건)한다.

기존 현실 인식 영역은 우리가 완벽한 인간 존재가 아니기에 우리가 살아오면서 경험하고 판단이나 지식으로 올바르게 알고 있다고 확신하는 일들 중에 잘못 알고 있거나 사실이라고 잘못 인식하고 있는 것들이 종종 있다. 그래서 거기에 과거, 현재의 새로운 사실들을 인식하게 되어 기존 인식과 충돌하게 되고 그것을 쉽게 받아들이기 힘들 경우에는 <u>기존 인식 충돌 조건</u>을 설정하여 그것을 현실로 받아들이게 된다. 우리의 인식 세계는 경험, 지식, 판단, 편견, 믿음, 등도 포함된다.

4) 가상 세계

기존 현실에 반대가 되도록 접목(현실 문제 등 극복 조건).

가상 세계는 두말할 필요 없이 허상 세계이며 이 가상의 조건은 그것이 현실 세계를 티끌만큼도 바꿀 수 없고 비집고 들어갈 틈도 없어서 새로운 사실이 될 수 없다. 만일 그렇게 된다면 과거의 사실이나 현실을 마음대로 바꿀 수 있기 때문이다. 그러나 우리의 마음은 현실과 달라서 그 바꿀 수 없는 현실적인 한계 상황에 있는 문제를 가상세계에서만이라도 바꿔서(극복해서) 살아보는 상상(가정)을 하게 되는 것이다. 이유는 우리가 사는 세상이 많은 문제와 인간적인 한계에 갇혀 있기 때문에 이를 벗어나 극복해보는 상상(가정)을 해보는 것이다. 만일 우리의 현실에 행복하고 문제가 없다면 이런 가정을 할 필요가 없을 것이다. 그러나 많은 문제와 한계에 있는 우리의 삶을 벗어나 가정하는 가상 세계는 현실과 반대의 사실이 존재하는 곳이 된다. 현실 세계와 아무 관계없어서 전혀 접목이 되지 않는다면 그것은 공상 세계인 것이고 if를 붙일 수 없다. 특히, 가상 세계의 접목은 좀 더 큰 관점에서 보면 현실 세계가 가상세계의 바탕이 되어 가상 세계를 현실 세계에 접목하는 것이 된다. 따라서 이들 조건은 실현 불가능한 조건이다. 가상 세계의 시간 흐름을 따라 『기준 현실 시각 중심에서』 보는 '선 <u>가상의 문제 극복 조건</u>'과 '후 가상의 <u>극복 실현의 뜻</u>'이 현실 시간과 평행하게 전개되는 것이다.

다시 한번 모두 정리하면 ④ 가상 세계에서 조건은 실현이 곧 허상인 「가상 극복 조건」이며 ① 미래 영역에서의 조건은 실현이 곧 실제 존재인 「미래 존재(발생) 조건」이고, ② 미확인 영역에서의 조건은 실현이 곧 사실인 「사실 확인 조건」이다. ③ 기존 인식 영역에서의 조건은 잘못 알고 있던 인식에 충돌하는 「기존 인식 충돌 조건」이다.

7. 기준 현실(화자의 시각)

조건절과 종존절을 바라보는 「중심 시각」이며 「현실 접목 시각」이다. 즉 조건절과 종존절 이 연결되는 '중심축'이며 '조건 실현의 시각(미래 존재 시각)'이거나 '사실 확인 조건을 바라보는 현재 시각', 그리고 '현실 세계에서 가상 세계를 바라보는 기준 시각'이다. 조건은 우리의 인식 현실 밖에 존재하고 그 대응 등의 방안(종존 절)을 마련하여 그 조건 위에 존재케 하는 중심 시각이다. 특별히 가상 조건 법에서 기준 현실은 문장에 뚜렷이 드러나 있지 않으며 의미상 조건 절과 종존 절 사이에 숨겨져 있다. 현실과 반대인 가상조건에 현실이 숨겨져 있기 때문이다. 이「숨겨진 기준 현실」은 현재, 과거, 등이며 그 속에 주어의 「한계 상황과 문제」도 숨겨져 있다. 주의할 것은 이때 가상 조건에서의 시제의 문제이다. 한국어와 영어가 많이 다른 이유가 여기에도 있다. 한국어는 철저히 현실의 기준시각에서 가정법을 이야기하지만 영어에서는 돌아갈 수 없는 과거 등 앞선 시각, 즉 현실을 바꿀 수 있는 가상의 앞선 시각에서 조건이 설정되고 그 기준에서 가상의 실현을 말하고 있다. 그러나 의미는 철저히 한국어와 마찬가지의 현실의 기준시각에서 인식해야 한다. 다시 말하면 영어에서 가정하는 글자로 쓰이는 시각(시제)와 그 글자가 의미하는 시각(시제)는 전혀 다르다는 것이다. 이를 반드시 명심해야 한다는 것이다.

8. 조건법에서 동사의 사용

조건은 미확인 영역에 있으므로 실현 확인이 아직 안된 조건에 시제를 확정한다는 것은 이상한 일일 것이다. 그래서 이런 조건에는 기본적으로 '원형동사 (be, do, have + pp)를 사용하는 것이 원칙' 이므로 동사에 s가 붙지 않고 has를 사용하지 않으며 가상의 현재 조건에서는 실제 되돌아 갈수 없는 '비현실 세계'를 뜻하는 과거 동사 were 등을 사용한다. (사실 확인 조건에서는 비현실이 아니기 때문에 was를 사용해야 한다.) were가 복수 주어에 사용하므로 작지만 미니 세계의 가상 서술이 된다.

또한 중요한 것은 『조건에서 파워 동사는 모두 주어 '내부에 있는 파워 동사 서술'이다』. 행위의 주체로서 주어가 사용하는 파워인 경우이며 모든 조건들에서 사용하는 주어 내부 파워이다. 그리고 가정법의 극복 실현절(종존절)에서의 파워동사는 예를들어 would일 경우 현재 가정법과 미래 가정법에서는 가상의 현재형 will이며, 과거 가정법에서는 가상의 과거형 would이다. 이들은 모두가상의 파워동사이다. 즉 현재, 미래 would = 가상의 will. 과거 would = 가상의 과거형. 이절의 설명은 이책을 여러 번 공부하면 정리되고 이해될 것이다.

9. 종존절

위에서 이미 언급한 반응의 뜻, 대응의 뜻, 가상의 해법(극복) 실현의 뜻을 종속절이 아닌 종존절이라 이름한다. 존재의 바탕인 조건 위에 존재하기 때문이다. 그리고 조건절과 종존절을 합하여 조건법이라 이름한다. 가상의 조건절과 가상의 실현절을 합하여 가정법 혹은 가상의 조건법이라 한다. 여기서 종존은 조건의 뒤를 따라가서 그 위에 존재한다는 의미로 지었다. 그래서 종존절은 반드시 조건에 뒤따라 존재해야 한다는 의무를 가진다. 여기서 좀더 이해해야 할 한가지는 가상의 해법(극복) 실현의 뜻은 기준 현실에서 보는 의미적 관점이며 현실에 가상 접목될 수 있는 의미이다. 이유는 우리가 가상 조건을 항상 기준 현실 세계를 중심 관점으로 보아야 하기 때문이다.

C. 미래 존재 조건법 _ 미래 존재(발생) 조건법

미 존재 미래 영역에서의 존재 조건이다. 미 존재는 아직 다가오지 않은 미래 시간대에 아직 아무 것도 발생하지 않은 모든 일들이다.

다가오는 미래의 변화나 그 미래를 조건적 예측하여 대응하며 받아들이려 하거나 원하는 미래 조건에 맞춰 미래에 나아가는 방향을 결정하는 조건이다.

★ 주의 - shall을 will로 바꿔 전용되어 사용하는 조건 법은 사용 배제한다. 이는 크게 잘못된 것이며 고대에서부터 전해 내려온 영어 본래의 문법 질서와 이해에 혼란을 초래하기 때문이다. 이는 엉터리 학자들이 만든 가짜문법이다.

1. 바탕형 미래 존재 조건법

발생은 존재의 한가지 형태이다, 발생이 곧 존재하게 한다.

미래에 존재하게 되는 조건의 실현이 또 다른 대응의 바탕이 된다.

현재에서 알 수 없는 미래는 어떤 일이 일어날지, 안 일어날지 불확실하지만, 어떤 기준, 어떤 조건 위에서는 일어날 수 있다는 것이며 조건은 미래 대응, 반응의 바탕, 토대이다. 미래의 어느 시점, 어떤 장소, 어떤 원인이나 이유, 어떤 조건 등이 미래 발생(존재)의 바탕이 될 수 있으며 존재, 발생의 기준점이기도 하다. 결국은 모든 존재는 그 바탕이나 어떤 기준점에 대하여 존재하며 그래야 그 존재를 제대로 인식할 수 있기 때문이다.

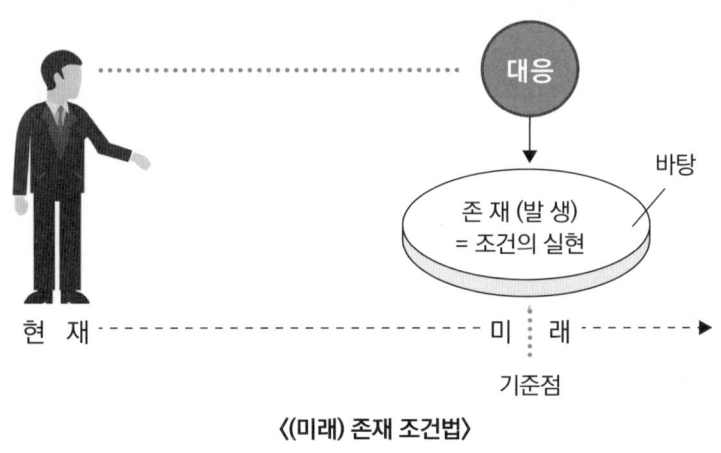

〈(미래) 존재 조건법〉

If 주어 + 원형 동사 ~,   주어 (will / shall) ~ ~.

〈 바탕형 미래 존재 조건법〉

여기 조건에서 '원형동사'의 사용은 현재에서 본 미래가 아니고 앞으로 미래에 목적일이 행해질 때에 그 시점에서는 항상 현재가 될 수밖에 없으므로 현재형이 아닌 원형을 사용한다. 문장에서 원형 동사는 아직 그 미래 실행 시간이 정해지지 않았다는 뜻이다. 미실행, 미확정 시간이다.

○ I'll hit you if you do that again. 네가 그 짓(앞에 일)을 다시 한다면 나는 너를 치겠어. 칠 거야. - 기준 현실은 미래이며 미래 미 확정 동사 do이다. ★ 네가 그 짓을 다시하는 미래 미 확정 시간에 조건이 실현된다면 그때에 너를 치는 목적일 달성하겠다는 현재 의지를 보여준다. 조건의 실현은 곧 미래의 사실(현실)이 되므로 그 사실을 바탕으로 미래 목적일에 대한 현재(현실)의 의지(will)를 보여주고 있다. 즉 미래 조건적 행위의 실현이 이뤄지면 미래 목적의 달성 행위의 상호적 발생(존재)으로 이어진다.

○ If you give me 10 thousand dollars, I will send you the machine. 네가 만달러를 준다면 그 기계를 보내주겠다. 상대방이 원하는 목적일을 이뤄 주기 전에 먼저 상응하는 조건을 제시하는 행위이며 계약, 조건적 약속 등에서 많이 사용된다. 만달러를 주는 조건은 미확정 미래 시간이며, 그 조건 실행이 이루어지는 미래 시간에 기계를 보내주는 목적 실현도 그 시간에 뒤따라 발생한다. 즉 미래 존재/발생 조건은 미래 목적 실현의 바탕이기 때문이다.

○ The company **will** take your car back if you fall behind in your payments. 만일 당신이 납입금액을 뒤로 늦춘다면 그 회사는 당신의 차를 되찾아 갈 것이다. 미 확정 미래 조건에서 발생하는 미래 목적 달성의 뜻.

2. 하이브리드 형 미래 상호 목적 교환 조건

일명 하이브리드 형으로 미래 상호 목적 교환, 교차 조건이다.

미래 상호 목적일에 대한 상대방의 will, shall(뜻) 존재는 현재에 서로 확인하지만 상호 목적일을 교차, 교환하는 조건실현은 미래에 함께 이루어지므로 미래 물물 교환적 조건이며 어느 한쪽이 상대 목적 실현을 이루어 주는 경우 그에 따라 그 상대방도 거의 동시적인 상대의 목적 교환을 이루어 주게 된다.

조건 절과 그 대응 절은 「현재에는」 서로 원하는 상호 목적일을 가진 두 주어가 서로의 목적 의사를 상호 확인하여 동의, 합의하는 시간이지만 「미래에서는」 상호 목적일을 교환하여 거의 동시적인 실현을 이루는 행동의 시간이다. 즉 현재는 상호 목적 의사의 동의, 합의하는 시간이며 미래는 목적 교환을 실현하는 시간이다. 그러므로 여기서 미래 목적 실현이 조건 실현이어서 미래 존재 조건법에 해당한다.

★ will은 목적일을 향해 자발적으로 사용하려는 힘이나 shall은 외부적 요인으로 사용하게 되는 힘이다. 다시 말하지만 will과 shall을 바꿔 쓸(전용할) 수 없다.

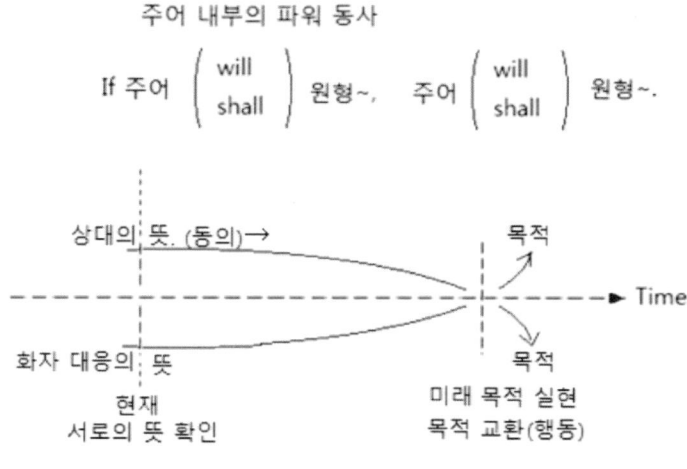

<하이브리드(상관)형 목적 교환 조건법>

○ OK. We'll buy the tickets if you'll buy supper after the show. 좋아, 네가 쇼를 관람 후에 저녁을 사겠다면 나는 그 (쇼)티켓을 사겠어. 여기서는 각자의 미래 상호 목적 교환의 조건이며 - 하이브리드 형 조건이다. ---- 미래 상호 목적일 교환하는 조건이며 현재에 서로의 목적 의사를 확인하고 나면 미래에 목적일의 교환을 이루는 실현이 되는 물물 교환적 조건법이다.

○ If you will come this way, I'll take you to the manager's office. 이쪽으로 오시겠다면 제가 매니저의 사무실로 안내하겠습니다. 두 주어가 상대방에게 원하는 목적일을 가지고 있음을 확인하여 상호 목적 의사에 합의, 혹은 암묵적 동의 후 미래에 목적일의 교환이 이루는 실현 조건. 여기서는 배려를 위한 상대의 뜻을 먼저 확인하여 상호 목적일의 교환을 이루는 미래 목적 실현 조건이다.

○ If your mother will fill in this form, I'll have her luggage taken up to her room. 만일 너의 어머니께서 이런 배치형태로 하시겠다면 나는 그분의 짐을 그분의 방으로 옮겨 놓도록 하겠다. 두 주어가 상대방에게 원하는 목적일이 있음을 확인하여 상호 목적일 교환을 이루는 미래 목적 (교환) 실현 조건이다.

D. 사실 확인 조건법

미확인 영역에서 화자가 살아가면서 정보 등에서 놓치고 살아온 것들이어서 과거나 현재에 사실이 될 조건들이다. 과거나 현재에 미쳐 사실 확인을 하지못해 새롭게 받아들이기 어려운 경우에 이들 미확인 사실들의 존재 조건이다.

과거나 현재의 「미 확인 영역에 있는 사실」이며 이것들을 사실로 받아들이는 기준 현실은 현재이다.

과거의 미 확인 내용을 뒤늦게 확인하게 되는 입장이며 그것이 현실 세계에 영향을 미치게 되므로 아쉽거나(좋은 일), 안타깝거나(남의 일), 미안하거나(자신의 일), (미쳐 몰라서) 당혹스럽거나 난처하거나 등의 여러 가지 감정이나 마음이 그 밑바탕에 깔려 접근하게 된다.

1. 현재 사실 확인 조건

이 조건은 미 확인 영역에서 현재의 미확인 사실이 존재하는지 확인하는 조건이며 이 미 확인 영역에 관심을 가지고 바라보는 시각도 현재이며 그 사실 확인 조건도 현재에서 바라보고 있으므로 그 기준 현실은 현재이다.

○ If the rumor be true, anything may happen. (= If this rumor is true, anything may happen.) 만일 그 소문이 사실이라면 무슨 일이 일어날지 모른다. - 화자와 청자가 떠도는 미 확인 내용(소문)에 대하여 **사실 확인 조건**이므로 is 는 사실의 가능성에, be는 아직도 미확인 상태이므로 거짓일 가능성도 염두에 두고 중립적 입장에서 말하고 있다. 만일 그 소문이 사실로 들어난다면(사실이 된다면 ; 확인 조건), (if the rumor → be true). 화자는 미 확인 소식에 대한 놀라는 감정을 가지고 있다.

○ If he **be** young, I will not employ him. Be는 화자가 주어를 아직 만나보지 못해서 젊은지 확인이 안 되는 사람이다. 현재의 사실 확인 조건이다.

= If he is young, I will not employ him. 만일 그가 나이 어리다면 나는 그를 고용하지 않겠다. 사실 확인 조건이므로 사실 확인을 뜻하는 is를 사용해서 사실의 가능성을 전제로 하고 있는 조건이다. 원래는 is가 아닌 be를 사용하는 것이 좋다.

○ If you will get drunk every night, it's not surprising you feel ill. 네가 매일 밤 술에 취해 살겠다면 네가 몸이 아프다 해도 놀랄 일은 아니다. 하이브리드형 조건은 아니며 현재 주어의 목적일에 대한 뜻(습성, 알코올 중독 습성 혹은 자발적 목적 의사)가 있는지 사실 확인하는 조건이다. 즉 현재의 주어의 뜻(목적 의사) 존재에 대한 조건에서는 그 평가로 병이 생기는 결과가 놀랄 일은 아니다고 말한다.

2. 과거 사실 확인 조건

이 조건은 과거의 사실을 확인하는 조건이지만 이 미확인 영역에 관심을 가지고 바라보는 시각은 현재이며, 그 사실 확인 조건도 현재에서 바라보고 있고, 무엇보다 이 미확인 영역이 현재까지 진행되어 있으므로 그 기준 현실도 현재이다. 『이 조건에서는 미처 확인하지 못한 과거의 사실과 현재의 기준 현실 사이에 많은 시간차가 있으므로 화자는 그 사실을 온전히 받아들이기까지는 큰 괴리감을 가지게 된다』. 과거의 미 확인 내용을 뒤늦게 확인하게 되는 입장으로 아쉽거나(좋은 일), 안타깝거나(남의 일), 미안하거나(자신의 일), 당혹스럽거나 난처하거나 등의 여러 가지 감정이나 마음이 그 밑바탕에 깔려 접근하게 된다.

○ If he stole the money, I will catch him and get it back soon. 그가 그 돈을 훔쳤다면 내가 곧 그를 붙잡아서 그 돈을 되찾아오겠어요. 여기서 화자의 감정은 과거에 도둑맞은 사실을 뒤늦게 알게 된 자신이 청자에 대하여 제대로 챙겨주고 싶은 마음이나, 청자에게 살펴주지 못한 미안한 마음 등을 갖게 된다. ★ 참고로 여기서 will이 아닌 would를 사용했다면 '현재 가정법'이 된다.

E. 기존 사실 충돌 조건법

인식 현실 세계는 화자가 살면서 지나오고 체험하며 인식한 과거 현재에 존재하는 세계다. 화자는 완벽하게 자신의 세계를 인식하며 체험하는 것은 아니고 사실을 잘못 알고 있거나 오해하는 일들도 있기 마련이다.

화자의 현실 인식 영역에 새로운 사실이 다가와 기존인식과 충돌하게 된다.

화자가 알고 있는(기존 인식하고 있는) 사실과 다른 사실이 충돌할 조건인 경우이다.

○ If he stole one hundred dollars, I will pay you it for him. 만일 그가 백달러를 훔쳤다면 내가 그를 대신해 그 돈을 갚겠다. 화자는 그가 돈을 훔치지 않았다고 믿고 있거나 그렇게 잘못 알고 있다. 그래서 화자의 현실 인식과 충돌하여 반대로 접목한다. '그가 돈을 훔친 것이 사실이라면'의 뜻이 된다.

F. 가정법 : 가상 조건법

「허상 조건 법」이기도 하며 일명 가정법이라고도 한다.

★ 가상 조건 법은 그 실현이 불가능하고 조건 설정 자체가 현실과 반대로 임의성을 강하게 띠고 있어 가정법이라 할 수 있다. 그리고 엄격하게 따지면 가정은 가상 조건을 설정하는 「언어 행위」이다. 또한 가상 조건법을 가정법이라 하는 것은 가상 조건과 그 가상의 종존절을 합하여 하나의 법칙을 형성하여서 가정법이라 부르기도 한다.

사람들은 왜 가정을 하는 것일까 생각하여 보자. 기준 현실에서 가정을 하는 주된 이유는 주어가 사는「숨겨진 기준 현실」세계의 문제와 위기, 한계 등에 처해있는 상황에서 가상 세계에서나마 이를 돌파, 극복 등 해법을 가정해 보는 것이다. 다시 말해서 기준 현실 세계에서는 별다른 해결 방안이 현재에 없거나 찾지 못하고 있고, 과거 당시에는 해결 방안을 미쳐 깨닫지 못하고 지나갔던 일이거나 아쉽게 놓쳐버렸던 일이기 때문에 아쉬워서 가정으로라도 그 해법을 말하여 극복해보는 것이다. 역으로 보면 화자 자신이 이상적이고 행복한 상황에 처해 있다면 가정이라는 다른 대안을 꿈꾸지 않을 것이다. 반대로 기준 현실에 아무런 문제가 없더라도 최악의 경우를 가정하기도 한다.

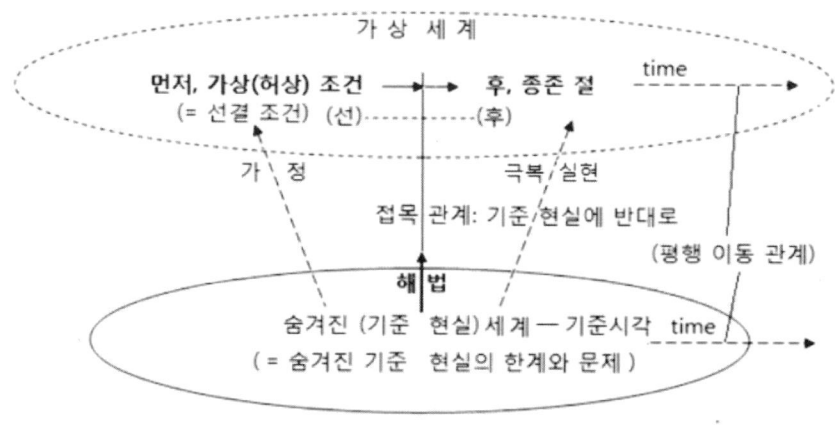

< 가상 조건법의 접목과 전개, 이해 구조 >

가상 조건의 실현은 현실에 전혀 영향을 미치지 못하므로 주어는 실제로 대응, 반응할 수 없고, 현실에서 해법의 방안으로 현실에 반대로 가정하였으므로 주어는 현실에서 할 수 없는 문제의 가상 극복 실현의 뜻을 펼쳐 보인다.

★ 주의할 것은 가정법에서 기준현실 중심으로 선 조건, 후 가상 실현을 말하는 한국어와 달리 영어에서는 기준 현실 시간 보다 앞선 시간인 돌아갈수 없는 시간(과거등)으로 가서 가상 조건을 설정하고 거기에 맞추어 가상 실현도 말해보고 있다. 그 이유는 기준 현실보다 앞선 가상 조건을 설정해야 가상으로라도 현실을 바꿀수 있다고 보기 때문이다. 그러므로 항상 한국어의 기준 현실보다 앞선 시제로 말하되 의미상으로는 기준 현실 시제를 중심으로 선 가상 조건, 후 가상 실현을 해석해야 한다. 즉『영어의 시제와 한국어의 시제는 다르지만 의미는 같다』이다.

★ 그러므로 가정법의 극복 실현절(종존절)에서의 파워동사는 예를들어 would일 경우 현재 가정법와 미래 가정법에서는 현재형이며 과거 가정법에서는 과거형이다. 이들은 모두

가상의 파워동사이다. 그래서 의미가 미래 가정법와 현재 가정법에서 현재형일때도 would(= 가상의 will뜻)이지만 과거 가정법에서 would는 이미 사용한 과거형 would (= 가상의 과거형would의 뜻)이다. 현재에 I would~ 인 경우 나는~ 하겠다, 하고 싶다 (현재형) 가 아니라 (가상으로) 나는 ~ 할텐데요(가상의 현재형) 라고 해석한다. 또한 과거 가정법에서는 사용한 파워, 즉 과거형 would의 뜻이므로 (가상으로) ~했을 텐데요이다. 다시 말하면 여기서 would는 가상의 will(would= 가상의 will)이므로 기준 현실에 끊어진 would이어서 현실에서는 아무것도 할 수가 없어서 가상으로만 ~할 텐데요가 된다.

★ 참고로 우리는 여기서 새로운 이름 미래 가정법, 현재 가정법, 과거 가정법이라고 이름 지었다. 기존의 가정법 미래, 가정법 과거, 가정법 과거완료는 영어의 가상 조건 시제에 맞추어 이름하여 시제가 뒤에 붙였다. 그러나 가정법 현재는 없다는데 주목할 필요가 있다. 이는 영어 시제가 가상의 돌아갈 수 없는 선 조건 시제이며 기준 현실에 맞지 않는 시제라서 가정법 현재가 없게 되었다. 결국 기존의 이름과 이론은 옳지가 않다는 것을 스스로 증명하고 있다.

1. 현재 가정법 (= 현재의 가상 조건 법, 기존 가정법 과거)

기준 현실은 「현재」(현재 기준의 가상 조건법)이다. 한계와 문제는 기준 현실 현재에 있다. 그러나 영어의 가상 조건 설정 시제와 영어가 말하는 그 의미상 기준 현실 시제는 다르다. 그래도 영어와 한국어 해석 의미는 항상 기준 현실 중심으로 말한다. 기존 문법에서는 가상 조건을 설정하는 영어 시제 기준으로 가정법 과거라고도 불려왔었다. 기준 현실에 앞선 시제는 현재의 현실을 바꿀 수 있는 시간일지라도 기준 현실 중심 의미까지 바뀌지 않는다.

기존 가정법 과거의 과거는 여기서 말하는 '기준 현실' 시제인 '현재'와 다르므로 올바른 기준 현실 시제를 적용해서 「기준 현실이 현재인 가상 조건 법」이 되나, 짧게 줄여「현재의 가상 조건 법」이라 해도 의미의 혼동 없어 더욱 좋을 것 같다. 아니면 「현재 가정법」이라 해도 우리에게 간결하고 더욱 친근해서 좋다고 본다. 그리고 기존의 이름 '가정법 과거'와 혼동하지 않기 위해서 '가정법 현재'라고 하지 않는 것이 좋을듯하다.

현재보다 앞선 되돌아갈 수 없는 「과거 시간」에 조건을 설정한다는 것은 비 현실 조건인 가상 조건을 나타내며 기준 현실을 바꿀 수 있는 시간이고 순서상의 '가상의 『선결』 조건'이기도 하다. (선결은 '우선, 먼저 해결'의 줄임 말) 실현도 실제의 실현이 아닌 '가상 실현'이 되고 실제 실현 행위로 이어질 수 없는 조건 법이다. 특별히 이 시제가 의미에 절대적이지 않고 (아무런 영향이 없고) 의미는 항상 기준 현실 중심임을 반드시 기억해야 한다.

현실과 다른 앞선 과거 시간으로 되돌아가기는 '한계를 느끼고 있는 현실을 반대로 바꾸어 문제를 극복하고 싶은 욕망에서 비롯되었고' 그래서 현실을 바꿀 수 있는 앞선 (가상의) 과거로 되돌아가 기준 현실에 반대로 가정을 하며, 기준 현실에 적용도 현재에 가상 극복 실현의 뜻으로 하여 극복 실현에 대한 현실적인 아쉬움이 남는다. 그러므로 선 가정과 나중 가상 종존절 사이에 있는 『숨겨진 '기준 현실'은 '현재'』가 되어 '현재의 사실과 반대'의 가정이 된다(그림 참조).

종존절의 파워 동사 should, would 등은 끊어진 파워 동사이며, 이는 '기준 현실에서 끊어졌음'을 뜻하는 「가상의 파워 동사」이고 의미는 가상의 shall, will 등의 뜻이다.

= 가상의 (문제) 극복 조건(선결 조건) + 기준 현실에 적용한 '가상 (문제) 극복 실현의 뜻'.

= 선, 가상의 극복 조건절 + 후, 가상의 극복 실현 종존절.

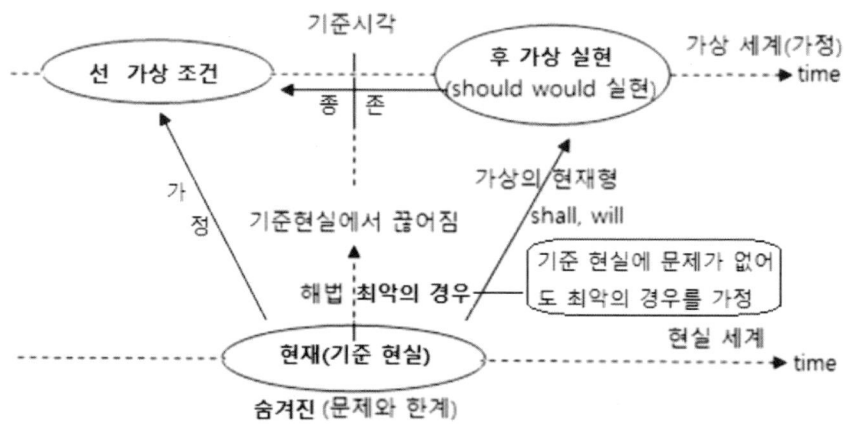

< 기준 현실에서 본 현재 가정법의 should would 사용 >

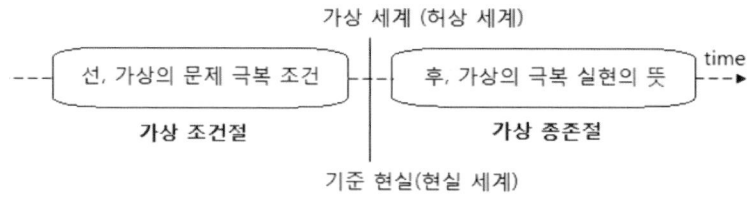

< 가상(허상) 조건법 >

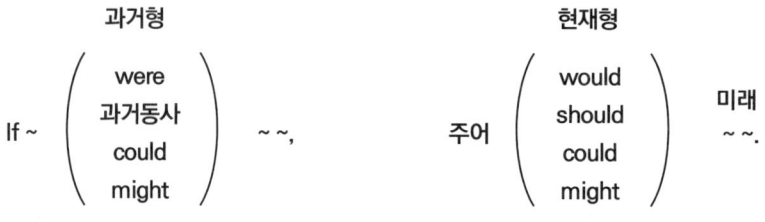

〈현재의 가정법 동사들〉

★ 여기 조건절의 **과거형**과 극복 실현절의 **가상의 현재형**을 명확히 구분 이해해야 합니다. 시제는 선후 관계이며, 목적일은 순차적인 관계이다.

1) 일반적인 현재 가정법

① 기준 현실인 현재에서 선 가상 조건(과거형), 후 가상 극복 실현(현재형)

○ If I tried, I could do it. 내가 노력한다면 그것을 할 수 있을 텐데. - 가상 조건이 앞선 과거 시제이므로 기준 현실은 현재이며 가상의 조건에 가상의 실현을 말해본다. 그러므로 숨겨진 현실에서는 반대 상황이므로 문제와 한계는 '나는 노력하지 않았고 그래서 현재 그것을 할 수 없다'이며 현재에는 노력의 기회도 없고 문제 해결 능력(can)도 없고 현실에서 끊어진(=가상의) could이다. 그래서 I could do it은 '나는 그것을 할 수 있었다' 도 아니고 '나는 그것을 할 수 있으면 좋겠다'도 아니고 '나는 그것을 할 수 있을 텐데'이다. 선 가정과 후 가상 종존 절 사이에 '숨겨진 기준 현실인 현재'가 있으며 현재의 사실과 반대의 가정이다. 기준 현실에서 실제는 '화자 자신의 목표에 대한 현실적 한계에 처해있고 문제에 직면해 있는 것이다.

★ 여기서 were는 was가 아닌 이유는 3인칭 주어에 사용하는 were는 개인 즉 1인칭관점이 아닌 「복수의 관점인 '작은 세계'」를 뜻하며, 가정도 하나의 가상 세계인 것이다.

○ If you were an engineer, I would employ you to our company. 당신이 엔지니어 라면 나는 당신을 우리 회사에 고용할 텐데요. 기준 현실 현재에서 실제 문제와 한계는 당신이 엔지니어가 아니어서 고용할 수 없다이며 채용하고 싶은 사람인데 그러지 못하는 한계 상황이다. 화자는 자신의 권한이나 능력이나 채용 여건의 현실적 한계에 부딪쳐 있다.

○ If we had enough time, things would be easy. 우리는 충분한 시간이 있다면 일들이 쉬울 텐데요. - 가정법 상의 해석은 If we had enough time은 '우리가 충분한 시간이 있었다면'이 아니고 '우리가 충분한 시간이 있다면' 으로 해석해야 하는 것은 한국어 정서상 영어의 기준 현실을 과거로 오해할 여지가 있기 때문이다. 선 과거형 가정과 나중 가상 실현 사이에 '숨겨진 기준 현실인 현재'가 있으며 현재의 사실과 반대의 가정이다. 기준 현실에서 실제는 '우리는 지금 충분한 시간이 없어서 일들을 하기가 어렵다' 이며 화자 일행은 시간이 모자라서 현실적 한계 상황이나 문제에 직면해 있는 것이다.

② 현재형 should(가상의 shall)의 실현

종존절의 should는 가상의 shall의 뜻으로 가상 조건에 가상 실현으로 결속하는 뜻이 있음을 알린다. 현실 세계에서는 상호 관계에 결속해야 했지만 가정법에서는 가상 조건에 가상 실현으로 결속하는 것이다. Will과 would가 자발적으로 사용하려는 힘이지만 should(가상의 shall)는 결코 자발적인 힘은 아니고 외부 요인에 의해 사용되는 힘이다. 그래서 여기 종존절에서 should는 조건에 뒤따르는 실현을 이루려는 결속이다. ★ Shall 결속이 양쪽 상관 관계에 올바르게 결속하려는 힘이므로 주어의 외부 환경이나 여건에서 생기는 동기로 사용하려는 힘이다. 그래서 가정법에서 should(가상의 shall) 실현은 가상 조건에 따라가 순응 결속하는 가상 실현이므로 당위성 있는 목적일이 아니고 가상 조건에 따라가 '당연히' 이뤄지게 되어 있는 가상 실현이다. 그래서 '~할 텐데'라고 하지 않고 '~하게 될 텐데'라고 해석한다.

○ He **should speak** English very well if he has been learning it for five years. 그가 5년 동안 영어를 배워왔더라면 매우 잘 말하게 될 텐데요. -가상 조건이 현재 완료형이지만 현재에서 본 단순 과거형으로 적용하고 종존절은 가상의 shall이며 이는 주어의 목적일이 조건에 뒤따라가 결속되는 경우다. 기준 현실의 문제와 한계는 그 동안 영어를 배우지 못해 현재에 필요한 영어를 말할 수 없다이다. 그래서 그 해법이나 대안으로 가상의 조건과 가상의 실현을 말해본다이다.

○ If I had a thousand dollars, I should take a long holiday. 만일 내게 천 달러가 있다면 나는 긴 휴가를 가게 될 텐데요. - 현재 가정법. 기준 현실은 현재에서 화자는 돈이 없어서 휴가를 갈 수 없다이며 should은 조건에 결속하는 경우이며 실상은 돈을 조건으로 휴가를 가질 수 있다는 의미이다. 가상 조건 세계는 기준 현실에서 끊어져 있지만(실제 휴가를 갈 수가 없지만) 그 해법이나 대안으로 가상 조건에 가상 결속하는 그 실현(극복 해결)을 말해 본다. 현실에서 shall은 '나는 긴 휴가를 갈게요'라고 해석하지만 가상의 shall 뜻으로는 '나는 긴 휴가를 가게 될 텐데요'라고 가상의 의미로 해석한다.

○ I should be surprised if he came. 나는 만일 그가 돌아온다면 나는 놀라 자빠지게 될 텐데요. - 기준현실은 현재 그가 전혀 오지 못할 상황이다. 그래서 그 해법으로 현재에서 불가능한 일을 가정해 본다. 실제 그가 올 수 없지만 온다면 내가 당연히 놀라게 되어있다고 한다. 가상의 shall이 가상 조건과 가상 실현을 결속시켜 놓았다.

○ If he said that, I **should feel** hurt. 만일 그가 그것을 말한다면 나는 당연히 상처를 받게 될 텐데요. - 기준 현실은 현재 그가 그것을 전혀 말할 수 없는 상황이다. 그래서 그

『최악의 경우』로 가상 조건에 내가 당연히 상처받게 될 일이라고 가상으로 말해본다. 가상 조건에 실제성 없는 가상의 실현이 된다. ★ 여기서 기준 현실에 아무런 문제가 없다 하더라도 『**최악의 경우를 가정**』하여 살펴볼 필요도 있게 된다. 그래서 그 가정은 문제를 만드는 가정이므로 해법이 아닌 '최악의 경우를 가정'한다.

③ 현재형 would(가상의 will)의 실현

기준 현실에서 끊어진 would이나 기준 현실은 현재이어서 의미는 자발적으로 사용하려는 힘, 즉 가상의 will이다. 그래서 ~하겠다가 아니고 가상 의미인 '~할 텐데요'처럼 해석한다. 가상의 실현은 현실과 끊어져 있기 때문이다.

○ If I had a chance, I **would** try. 기회가 있다면 나는 시도해볼 텐데요. - 기준 현실의 한계와 문제는 기회가 없어 시도해볼 수가 없다이다. 그래서 그 해법으로 실제 기준 현실과 반대인 가상의 조건에 가상의 극복 실현의 뜻을 말해본다. 기준현실에 반대의 가상 조건과 반대의 가상 극복 실현의 뜻이어서 기준 현실인 현재에서 끊어진 가상의 would이다. 그래서 기준현실의 문제와 한계의 해법으로 가상의 반대 가정을 한다. 결국은 실제성 없는 가정이 된다.

○ If it had not rained last week, the river **would be** dry. 지난주 비가 오지 않았다면 그 강은 마를 텐데요. - ★ 조건절이 과거 완료일지라도 그 결과의 영향이 현재에까지 미치고 있으므로 현재 가정법이 되며 시제는 현재에서 보는 과거형으로 여긴다. 이유는 과거에 내린 비가 현재에도 영향을 미치고 있어서이다. 실제 기준 현실에서는 아무런 문제가 없다하더라도 최악의 경우를 가정하였고 실제는 비가 와서 강바닥이 마르려고 하다가 젖어버렸다. 그래서 그「최악의 경우를 가정하여」실제 기준 현실과 반대인 가상의 조건에 가상의 실현의 뜻을 말해본 것이다. 기준현실에 반대의 가상 조건과 반대의 가상 실현의 뜻이어서 현실에서 끊어진 가상 세계이다.

○ **If only** I could get some sleep, I **would** be able to cope. 내가 충분한 잠을 잘 수만 있다면 대처할 수 있을 텐데요. - 가정법에서의 실제성 없는 가상의 would이다. 실제 기준 현실의 한계와 문제는 나는 잠을 제대로 못 자서 잘 대처하지 못했다이다. 그래서 그 대안이나 해법으로 반대의 가정을 하여 가상 극복 실현을 말해본 것이다.

○ I think **if** I went to look at more gardens, I **would** be better on planning and designing them. 나는 내가 더 많은 정원들을 돌아보게 된다면 나는 그것들을 디자인 하고 설계하는 일에 더 나아지리(질 텐데)라고 생각합니다. - 실제 기준 현실의 한계와 문제는 더 많은 정원들을 돌아볼 기회가 없어서 정원의 디자인이나 설계에 많은 문제가 있다이다. 그래서 그 대안이나 해법으로 가상의 조건에 실제성 없는 가상의 would 실현을

말해본다.

○ **If** they could sing in tune it **wouldn't** be so bad. 그들이 가락에 맞춰 노래할 수 있다면 그것은 그렇게 나쁘지 않을 텐데요. - 기준 현실의 문제와 한계에서 그 해법으로 가상의 조건에 가상의 감정적 평가 실현을 말해본다. 여기 could는 과거형이다.

○ The targets **would** not be achieved **unless** other departments showed equal commitment. 만일 다른 부서들이 동일한 책무를 보여주지 않는다면 그 목표들은 달성되지 않을 텐데요. - 가정법에서의 실제성 없는 would. ★**가정법의 부정형은 현실에 가상의 문제를 만들어 보는 가정이다.**

④ **입장 바꾼다면**

내가 너라면, 나 같으면(너의 입장을 내가 갖게 된다면), 나는 ~할 텐데요. 즉 어떤 가치 있는 목적일을 알고 있는 화자 입장에서 가상으로 청자와 입장을 바꿔 말하여 그 가치 있는 일을 목적일로 행할 가치가 있음을 주어에게 알려주려고 역설적(입장 바꿔)으로 예시해 권해본다. 기준현실의 '한계와 문제는' 화자가 청자에게 네가 ~을 해봐라 라고 직설적으로 말하기 어렵거나 목적일에 대한 가치를 제대로 전달하기 어려운 상황이다. 그래서 입장을 바꿔 말해본다.

○ I should look out if I were you! 내가 너라면 밖을 쳐다보겠는데. 쳐다보게 될 텐데. - 기준현실의 한계와 문제는 화자가 청자에게 밖의 상황을 직접적으로 간단히 설명하기 어려운 상황이다. 그래서 입장을 바꾼다면이라는 가정을 한다. ~하는 일이 좋다고 옳은 선택을 자신의 입장에서 예시한다.

○ **If** I were you, I **would** simply ring your friend's bell and ask for your bike back. 내가 너라면 나는 명료하게 너의 친구의 집을 찾아가서 너의 오토바이를 돌려 달라고 요구할 텐데. 실제는 나는 네가 아니라서 너의 친구의 집을 찾아가서 너의 오토바이를 돌려 달라고 요구할 수 없는 현실이다. 그래서 입장을 바꾼다면이라는 가정을 한다. ~하는 일이 좋다고 옳은 선택을 자신의 입장에서 예시한다. 실제 기준 현실과 반대인 가상의 조건에 가상의 실현의 뜻을 말해본다.

○ **I would not**, if **I were you**, be inclined to discuss private business with the landlady. 내가 너라면 나는 그 여주인과 개인 사업을 의논하는 일이 내키지 않을 것이다. - 가정법에서의 가상의 거부 성향을 말해본다. 선(=과거) 가정과 나중 가상 종존절 사이에 '숨겨진 기준 현실인 현재'가 있으며 현재의 사실과 반대의 가정이다. 기준 현실에서 실제는 나는 네가 아니라서 거절 의향을 표현할 수 없다이며 화자가 거절하도록 만들고 싶지만 화자와 의견을 달리하는 청자로 인해 화자 자신은 현실적 한계에 처해있고 문제에

직면해 있는 것이다. 그래서 입장을 바꾼다면이라는 가정을 한다. ~하는 일이 좋다고 옳은 선택을 자신의 입장에서 예시한다. 참고로 여기서 가상 조건절의 삽입은 화자가 가장 중요하게 여기는 중심 동사(would not)를 먼저 표현하고 가상 조건절을 삽입하고 목적 일이 길어서 마지막에 이어졌다.

○ **If** I were you I **would** simply ring your friend's bell and ask for your bike back.
내가 너라면 나는 명료하게 너의 친구의 집을 찾아가서 너의 오토바이를 돌려달라고 요구할 텐데. - 가정법에서의 실제 성 없는 (가상의) 뜻을 말해본다. Would는 기준 현실에서 끊어져 있음을 뜻한다. 그래서 해석은 '~ 요구하겠다'도 아니고 '~요구하고 싶다' 도 아닌 '~요구할 텐데'이다. 그리고 If I were you를 '내가 너라면'이 아니고 '내가 너였다면'이라고 해석한다면 한국어 정서상 기준 현실을 과거로 오해할 여지가 있기 때문에 '내가 너라면'이라고 해석한다. 선(=과거) 가정과 나중 가상 종존절 사이에 '숨겨진 기준 현실인 현재'가 있으며 현재의 사실과 반대의 가정임을 분명히 알자. 기준 현실에서 '실제는' '나는 네가 아니라서 오토바이를 돌려 달라고 말할 수 없지만 네가 돌려받는 게 가치 있는 일이다'. 화자의 현실적 한계는 자전거를 돌려 달라고 직접 말못하는 문제에 직면해 있는 것이다. 그래서 입장을 바꾼다면이라는 가정을 한다. ~하는 일이 좋다고 옳은 선택을 자신의 입장에서 예시한다.

2) 서로(상호)의 마음(뜻-will) 가정

실제 문제는 반대 상황, 즉 청자가 현재 반대의 마음(will not)을 가지고 있지만 청자의 마음을 바꾸어 보려는, 긍정적인 문제 해결을 유도하려는 상호적인 가정이다. ★ 해석상 should, would의 의미는 가상의 현재형 shall, will의 의미가 된다. ★ 여기서 조건과 실현의 두개의 목적 일은 서로 상호적인 결속(should) 관계이다. 그래서 종존절에 should 를 사용한다.

○ I **should** be grateful **if** you **would** let me know your decision as soon as possible.
만일 당신의 결정을 가능한 빨리 저에게 알려줄 뜻이 있으시다면 저는 감사하게 될 텐데요. 조건절의 would는 현재형이며 주어의 뜻을 서술했을 뿐 동사는 미 동작 상태 이어서 '현재에 will이 있으시다면'의 의미로 해석한다. 즉 가상 조건에서 현재형 will의 존재를 가정한 것이다. 기준 현실에서 '실제는' 주어가 현재까지 「알려주지 않았고 알려주려 하지 않기(will not) 때문에」알려 달라는 의미로 오늘 이 가정 이야기를 말한다. 즉 청자가 will not~하기 때문에 반대로 if you would~을 가정했다. 이 would는 현재 가정법에 의한 비 현실(가상) 조건 시제이다. ★ Would you let me know~? 을 가정법 으로 돌려 말하는 간접 의문문이며 현재 확인이 어려운 상대방의 속내와 그 입장을 생각해서 조심스럽고도 매우 완곡하게 돌려 말하는 간접 의문문이다. 다시 말해 ★청자의 결정을 알려 주지 않으려는 청자에게 가정법 형식을 빌려 매우 완곡하고 정중하게 돌려 요청하는 간접 의문문이다. 즉 결정을 알려주지 않으려는 청자의 '문제를 직접 지적하지 않고' 의문문 형식(원래 would you~? 형식)으로 직접 질문하기보다는 간접 의문문 형식을 사용하며 그 간접 의문문을 정중하게 돌려 말하는 가정법 형식으로 표현하고 있다. (좀 복잡한 것 같지만 화자의 속 깊은 마음을 이해하시겠죠? 파워 동사 쓰임새의 최고 절정이기도 한 것 같네요. ^^)

○ I **should** be happy if you would bring them this evening. 오늘 저녁 그것들을 갖다 줄 뜻이 있으시다면 전 기쁘게 될 텐데요(기쁘게 될 것 같습니다). - if절의 would는 가상의 will의 현재형이며 '현재에 will이 있으시다면'의 의미로 해석하고 should는 가상의 shall이며 이는 종존절 주어의 목적 감정이 조건에 뒤따라가 결속되는 경우이며 기준 현실에서 끊어진 should이다. 그것들을 갖다 주지 않으려는 청자에게 'Would you bring them this evening?'으로 말하지 않고 가정법 형식으로 돌려 말하여 매우 완곡하고 정중하게 요청하는 간접 의문문이다. 나머지 이해는 위 예문 설명을 참고할 것.

	가상의 현재형			가상의 현재형	
If ~	would	미래 ~~,	주어	would should	미래 ~~.

〈가상으로 서로의 마음(뜻) 확인 조건〉

★ 여기서 다른 가정법과 비슷하게 would~, would should를 사용했지만 다른 점은 이들 목적일은 서로 상호적인 교차 관계이며 다른 가정법에서는 순차적인 목적일이다(참고 하이브리드형 미래 상호 목적 교환 조건과 비교). 여기서 주의 할 점은 if 주어 would~, I would(should)~를 사용하여 미래 가정법처럼 보이지만 『현재에 will not을 가지고 있는 청자에게』 가상 조건의 will이 서로 확인될 때, 즉 현재에 상호 목적 교환의 뜻(will)에 동의할 때 그 목적일과 감정이 미래에 서로 교차하여 이루어지게 된다는 것을 전제로 가정하고 있다. 그렇지만 현재에는 실제 주어의 will not으로 그러한 목적 교환적 실현의 뜻은 「현재에는 거의 없으며」 미래에도 목적 교환적 실현은 장담할 수 없는 상황이다. 단지 화자가 주어의 부정적 마음을 현재에 긍정적으로 유도하려는 가정이어서 미래 가정법이 아니고 현재 가정법이 된다. 가상의 세계는 기준현실과 끊어져 있으므로 would, should를 사용하지만 현재형입니다. 이를 반드시 명확히 구분 이해해야 합니다.

2. 과거 가정법 (= 과거의 가상 조건 법, 기존 가정법 과거 완료)

기준 현실은 「과거」이며 말하는 현재와 시간차가 있다. 과거는 현재에 이미 지나온 시간이며 과거에 존재했던 시간이므로 과거와 반대의 일, 즉 과거에 하지 못한 (과거에 존재하지 못한) 일을 가정하거나 이미 해버린 일을 부존재적 관점에서 가정한다.

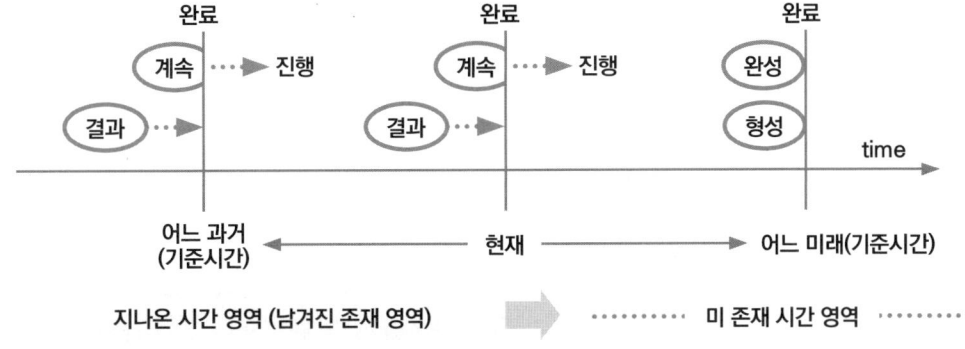

⟨have+pp time 벨트⟩

1. had+pp는 과거 어느때를 기준으로하는 과거 이전에 시작되어 과거에 결과적 상태로 남아있고 과거완료는 had+pp를 오직 시간적 요소만을 언급한 것으로 과거 이전에 시작되어 과거에 이미 끝나있다. 과거완료 진행은 과거 이전에 시작되어 과거에도 계속 결과를 완성을 향해 만들어가고 있는 중이다. 그리고 과거완료 계속은 동작과 동시에 만들어지는 결과가 과거 기준 시간에도 계속 확장되고 있다.

2. have+pp는 현재를 기준으로 하는 과거에 시작되어 현재에 결과적 형태로 남아 있으며 과거를 기준으로 볼때는 단순 결과이다. 또한 현재는 위 그림의 존재 영역과 시간이 함께 나아가므로 과거에 시작된 일이 현재에 이미 끝나버린 완료이거나 계속되거나 시간과 함께 진행해 나아가기도 한다. 계속을 결과의 계속 확장이며, 진행은 결과를 만들고 있는 중이다.

3. 미래 완성. 완료는 현재에서 볼때 미 존재 시간 영역이므로 미래 어느때를 기준으로 결과적 완성, 형성, 완료가 이루어지며 그 시작은 과거나 현재, 미래 중 하나이며 어디에서 시작되었는지는 문맥에서 찾아야 한다.

⟨have + 과거분사의 존재 형태와 이해⟩

★ have+pp의 이해

과거, 현재는 위 그림처럼 모든 일, 사물들이 존재하고 발생했던 시간들이다. 그래서 과거 분사는 이름이 잘못되었지만 동사의 한가지 형태로서 동사의 동작 등이 이루어져 어떤 결과적 형태를 남기게 되는 경우에 과거 분사를 사용한다. 이는 유형적 결과의 존재뿐만이 아니라 무형적 결과의 존재도 포함된다. 무형적 결과의 존재는 '경험'도 그중 하나이다. 거기에 have는 사적이고 노출되지 않는 영역을 서술하여서 결국 과거 분사(동결재)와 결합할 경우 have+pp는 노출되지않지만 사적(개인적)인 동사적 결과 형태를 가지고 있음

(존재)을 서술한 것이다. 그래서 완료형은 추측에, 가정법에, 과거 존재했던 목적일에, 개인적 경험 등에 사용한다. 그것들은 아직 확인(노출)되지 않은 일들이다. 미래는 아직 미존재한 시간이므로 앞으로 수 많은 일들이 존재(발생)하거나 결과적 형태로 형성(완성)될 시간이어서 완료형은 이들 시간과 분리해서 생각할 수 없는 것이다.

★ 결과적(완료) 입장에서 말하기

여기 화자와 주어 사이의 시/공간적으로 떨어져 벌어지고 있는 주어의 일들에 대해 화자가 그 알 수 없는 인식의 한계 범위를 극복하기 위하여 화자가 말하여 사용하는 방법으로서 『추측』을 하고 있다. 그 추측에는 인식의 한계를 극복해보는 구체적 방법으로서 두가지가 있다. 하나는 주어의 일을 마치 훤히 꿰뚫어 보듯이 말하는 ① 『진행형 추측 서술』이며 두번째는 화자가 '임의로 파워를 사용하여 결과적으로 말하기인 ② 『결과적 입장으로 말하는 추측』이다. 그 추측하는 일들의 결과적 입장은, 예를 들어 추측할 때 진행형이 아닌 시간대에는 주어가 행한 일의 존재를 나타내기 위해서는 어떤 사실을 했다, 안했다처럼 단정적인 서술을 할 수 없으며 그 일의 모든 과정이 「이미 끝나 있는 시간대」 이므로 주어의 목적일을 이미 이루어 버린 『최종적이고 '결론적인' 존재 의미로 보는 것』을 결과적 입장이라 하며 진행형이 아닌 시간대라면 모두 결과적 입장으로 서술하게 된다. 과거, 미래에서도 두가지이다. 화자가 주어의 동작 등을 직접 목격하거나 실제의 사실을 알지 못하지만 추측 등으로 그 최종적이고 결론적 존재 의미로서 결과적 입장이 된다는 뜻이다. 따라서 화자가 주어와 시/공간 차이를 극복하기 위하여 '임의로 파워를 사용(접근 혹은 극복 수단)하여' 주어가 행한 일에 대하여 결과적 존재 입장으로 말하게 된다. 한마디로 화자가 언급하는 추측에서 노출되(드러나)지 않는 일의 <u>결과적 존재 의미를 강조</u>하는 행위이다. 여기에서 「임의의 파워 동사 사용은」 주어가 목적일에 실제로 사용하거나 사용할 수 있는 실제 파워 동사는 아니며 화자가 언어상으로만 임의로 사용하여 주장하는 추측의 존재 정도(확률)로 하나의 파워동사를 선택하여 서술하게 된다. 다시 말하면 실제적으로 존재하는 파워는 아니고 언어상으로만 화자가 사용하는 파워이다. 그 선택 사용된 파워 동사는 그 추측의 존재 가능 확률 정도를 나타내며 화자가 추측의 존재를 주장하는 자신감 정도이기도 하다. '임의의 파워 사용'은 『비실제(비 사실)적으로 사용하는 언어뿐일지라도 여러가지로 사용하여 ① 추측에서 임의의 존재적 확률 정도를 주장하거나 ② 가정법에서 현실 문제를 가상 극복하는 수단이 되거나 ③ 과거 미사용 파워를 사용한 결과적 입장으로 만들거나 할 때 사용한다. 이것들을 다시 표현하면 ⓐ 그 시/공간 차이 너머에 있을 수 있는 일을 추측, ⓑ 그 현실 차이를 초월하여 문제를 가상 극복해보는 가정 실현, ⓒ 과거와 현재 시간 차이를 넘어 과거 가능했던 일 등을 현재에 목적 달성한 결과적 입장으로 말해보기이다. 즉 그 차이에 가려진 일들에 대하여 말할 때 '그 차이를 극복하는 수단과 방법'은 화자가 「언어로 임의의 파워를 사용하여」 만들어낼 수 있는 결과적 일을 결과적 입장이라 하며 주어의 입장이 아닌 화자의 관점이다. (보통은 주어가 사용하는 파워가 대부분이며 모든 일의 행위자는 대부분 화자가 아닌 주어이다. 주어가 행위자가 아닌 또다른 경우는 피동태 등 목적이 주어로 전용되어 사용될 때 등이다).

> 'have + 과거 분사'는 파워 동사와 결합할 경우 have는 현재형이 아닌 원형 동사에 해당한다.

A. 〈주어의 입장에서〉

--- 현장이 아닌 곳에서 이미 행한 일을 결과적 존재로 서술.

1. I have been to Mindanao in the Philippine.
   주어가 행한 일의 경험을 서술. 주어가 이미 행한 일을 결과적 서술

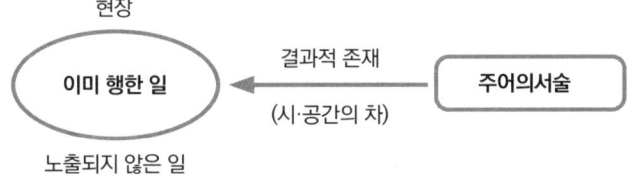

B. 〈화자의 입장에서〉

--- 현장(현실)과의 시/공간 차를 넘어 극복하려는 서술(비실제적 서술).

1. 시간차를 극복하여 과거 목적 일을 현재 결과적 서술.
   (시간차를 극복하여 과거의 미사용 파워를 사용결과적 서술)
   You could helped me at that moment.
2. 시/공간 차이를 극복하여 주어에게 벌어진 일의 존재를 결과적 추측.
   she's late. I think she may have missed the train.
3. 시/공간 차이를 초월하여 문제를 극복해보려는 가상의 실현.
   - 조건에 따르는 가상의 결과적 실현.
   If we had known you were coming, we should have taken the day off.
   만일 네가 오는 줄 알았더라면 우리는 그 일정을 취소했을텐데.

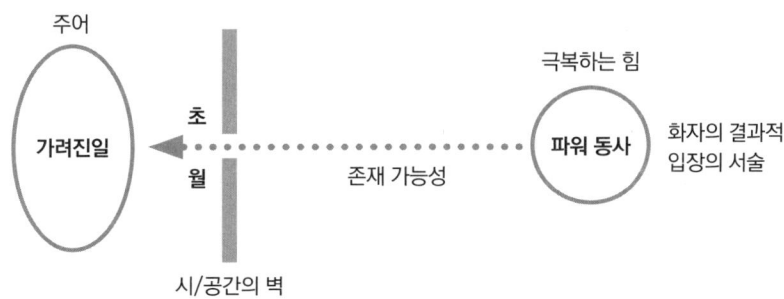

〈have + 동결재에 대한 두가지 입장의 서술 비교〉

> 기준 현실은 「과거」이므로 현재에서 되돌아보는 과거의 '한계와 문제'는 과거에「이룰 수 없었고 놓쳐버려야 했던 상황」이며 이를 반대로 가정한다. 즉 과거에 한계와 문제에 부딪쳐 이룰 수 없었고 놓쳐버려야 했던 일을 아쉬워하며 아직도 미련이 남는 일을 기준 현실 과거에 반대로 가정을 한다. 여기서 기준 현실에 반대로 가정을 한다는 것은 과거는 지나온 존재 영역이므로 과거에 일어나지 않았던 일을 '일어났던 일'로, 즉 『기준 현실인 과거에 일어났을 존재적(결과적) 관점에서 가정』하거나 과거에 일어나지 않았을 부 존재적 관점에서 가정하므로 「완료형을 사용」한다.

과거에 이루지 못한 일이나 놓쳐버려야 했던 일이 있었던 주어의 과거 한계 현실에 대하여 그것을 바꾸고 싶은 마음으로 과거 이전으로 되돌아가 가정하는 것은 지나온 기준현실인 과거를 바꿀 수 있게 가정하여(기준 현실에서 봤을 때 반대로 가정하여) 그 가상의 실현을 결과적 입장으로 이야기해본다 [과거 가정법]. 여기 실현 결과는 과거 놓쳐버린 일 등을 가상으로 결과적 실현하는 것이다.

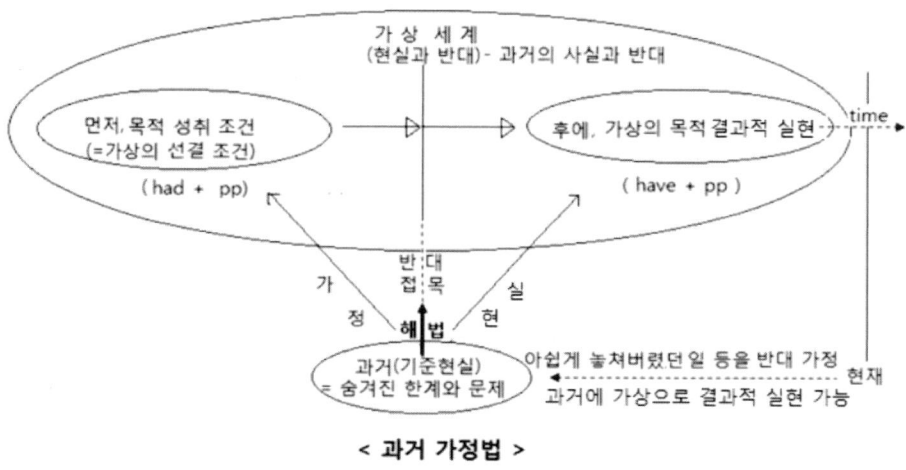

< 과거 가정법 >

과거의 기준 현실에서 선 가정과 그 나중 종존절을 가정하는 과거 가정법은 기준 현실 시간인 과거에서 가상 조건은 앞선 시간인 과거완료이며 종존절은 그 나중 시간인 과거의 결과적 실현 가능이다.

가상의 과거형

If ~ had + 과거분사 ~~, 주어 $\begin{pmatrix} would \\ should \\ could \\ might \end{pmatrix}$ have + 과거분사 ~~.

(과거 이전으로 되돌아가기)
= 과거 사실에 반대로 가정
= 과거에 가상으로 실현을 이룬 결과적 입장

〈과거 가정법 동사들〉

여기 과거형 파워동사는 결과적 실현을 하는데 '사용된' 파워이다. 즉 주어가 과거에 '가상으로 파워동사를 사용해서' 목적하는 결과적 실현을 이루었다. 「과거에 결과를 이루는데 사용된 과거형 파워 동사」라는 것은 혼동하지 말아야 한다. ★ 파워동사를 사용했다는 다른 경우는 현재형 추측의 경우일때 단지 '언어상으로 사용했다'는 의미이며 여기의 파워(에너지)를 소모해서 결과를 이루는 경우와 전혀 다르다.

기준 현실인 과거에서 끊어져 있는 가상 현실(세계) 속에서 기준현실의 한계와 문제의 해법으로 가상의 반대 조건과 가상 극복실현을 말해 본다.

○ If I had been in your place, I **would not have given** him any money. 내가 너의 입장이었다면 나는 그에게 어떤 돈도 주지 않았을 텐데. 기준 현실은 과거이며 실제는 과거에 네가 주지 말아야 할 돈을 주어버렸다이다. 한계와 문제는 네가 나와 같은 관점 입장이 아니어서 이룰 수 없었고 놓쳐버려야 했던 상황 즉 네가 그에게 돈을 줘버렸다 이다. 화자 입장에서는 과거 목적일에 will not하고 싶었는데 청자는 실제 돈을 줘버려서 will not하고 싶은 가정의 마음만을 드러낸다.

○ I **should have stayed** in the study if they **had let** me alone. 만일 그들이 나를 홀로 놔두었더라면 나는 서재에 머물고 있었을 텐데. - 실제의 기준현실은 과거에 그들은 내가 서재에 머물 수 없을 정도로 나를 가만히 놔두지 않았다. 만약 나를 놔두었더라면 서재에 당연히 있었을 거다 라는 지나간 과거를 아쉬워하는 가정의 뜻. ★ 여기 종존절의 should는 선 가상 조건에 (당연히) 뒤따라 순응 결속하는 뜻이다.

○ If we **had known** you were coming we **should have taken** the day off. 만일 우리가 네가 온다고 알고 있었다면 우리는 그 일정을 취소했을 텐데. - 과거 가정법. 실제 기준 현실은 과거에 네가 오는 줄 모르고 있어서 그 일정을 취소 못했다. Should는 가상 조건에 뒤따라 순응 결속하는 뜻이다.

○ If I could have found him, I **would have told** you. 만일 내가 그를 발견할 수 있었다면 나는 너에게 말해 줬을 텐데. - 실제 기준현실 과거에 그를 찾아다녔는데 찾지 못한 일을 아쉬워하여 현실과 반대로 가상의 과거 조건에 가상의 실현 결과을 말해본다. 기준현실에 반대의 가상 조건과 반대의 가상 실현 결과이어서 현실에서 끊어진 가상 세계이다. 여기 would는 자발적인 뜻이다.

○ If I had been in your place, I **would not have given** him any money. 내가 너의 입장이었다면 나는 그에게 어떤 돈도 주지 않았을 텐데. - 실제 기준현실 과거에서는 그에게 이미 돈을 주어 버렸다. 이것이 문제가 되어 그 해법으로 현실과 반대로 과거 가상 조건에 가상의 과거 실현 결과을 말해본다. 가정은 현실에서 끊어진 가상 세계이다. 실제의 반대는 실제성이 없음을 뜻한다.

○ **If** it had**n't** been for him, I **would have died**. 그가 없었다면 나는 죽었을 텐데. - 실제 기준현실 과거에서 화자는 죽을 처지에 있다가 그의 도움이 있어서 살아났다. 그래서 화자가 자신이 위기 탈출 상황에 있었던 과거를 기준으로 현실을 반대로 가정하여 「가상의 반대 조건」과 「가상의 반대 실현 결과」을 말하여 문제속에 빠져 있었던 일을 말해본다. ★ 가정법의 부정형은 현실에 가상의 문제를 만들어 보는 가정이다. 또한 기준 현실에 아무런 문제가 없을 때도 최악의 경우를 가정하는 의미와 비슷하다.

○ **If** I **had not been** enjoying the work, I **would not have done** so much of it. 내가 그 일을 즐겨 하지 않았다면 나는 그 일을 너무 많이 하지는 않았을 텐데. - 실제 기준 현실 과거에서 화자는 내가 그 일을 즐겨해서 너무 많이 일해버렸다이다. 너무 과로한 게 문제가 돼서 그 해법으로 현실과 반대로 가상의 과거 조건과 가상의 과거 실현 결과를 가정하여 말해본다.

○ **If** you had given enough food to your little birds, they **would not have died**. 네가 만일 네 작은 새들에게 충분한 먹이를 주었다면 그 새들은 죽지 않았을 텐데. - 실제 기준 현실에서는 네가 새들에게 먹이를 주지 않아서 새들이 죽어버렸다이다. 그래서 이 문제의 상황에서 그 해법으로 현실과 다른 반대의 가상의 과거 조건과 가상의 과거 실현 결과를 말해보는 것이다.

3. 미래 가정법 (가상의 미래 존재 조건, 기존 가정법 미래)

1) 미래 완성 가정법(미래 가상 완성 조건법)

기준현실은 미래의 어느 기준 시점이며 현재에서 본 「미래 완성을 가정」한다.

가상으로 미래 완성 조건 - 실제 문제는 반대 상황, 즉 청자가 미래에 will not(하지 않으려는 뜻)을 가지고 있다.

○ If you would have finished it by the day after tomorrow, I would send the money in that day. 만일 당신이 모레까지 그 것을 끝마쳐 놓을 듯이 있다면 나는 그날 돈을 보내 드릴 텐데요. - 완성에 대한 거절하고 있는(will not) 청자에게 가능성은 거의 없지만 『만약에 있다면』 즉 미래 기준 시점까지 완성시켜 주겠다면 상응하는 교환적 목적 대가를 가상 제시한다. would는 기준 현실에서 끊어진(가상의) would이며 여기서 would대신에 will을 사용했다면 하이브리드형 조건법이 된다. 원래 'would you ~?' 을 가정법으로 돌려 말하는 간접 의문문이며 완곡어법이다. 다시 말해 ★ will not하려는 청자에게 가정법 형식을 빌려 매우 완곡하고 정중하게 요청하는 간접 의문문의 또다른 형식이다. 즉 청자의 '문제를 직접 지적하지 않고' 또한 그의 속내와 입장을 생각해서 조심스럽게 역설적인

의문문 형식(원래 would you~? 형식)을 사용하며 정중하게 돌려 말하는 가정법 형식으로 표현하고 있다.

〈비교〉

The builders say, if you **would** pay the money they'll **have finished** the roof **by Tuesday**. 그 건축 업자들은 당신이 혹시 그 돈을 지불할 뜻이 있으시다면 화요일까지 그 지붕일을 끝마칠텐데요라고 말한다. - 실제로는 돈을 지불하지 않으려는 청자에게 원래 'Would you~?'라고 묻고 싶은 것을 그대로 물으면 충돌의 염려가 있어서 묻지 않고 가정법으로 돌려 말하는 간접 의문문이며 will not하려는 청자에 가정법 형식을 빌려 매우 완곡하고 정중하게 요청하는 간접 의문문의 또다른 형식이다. would는 기준 현실에서 끊어진(가상의) would이다. ★ 현재 가정법으로 '미래의 기준 시점은 없는' 현재의 would(가상의 will) 확인 조건이며 종존절의 미래 기준시점은 가정법의 기준현실과 관계가 없으며 가정법 시제를 결정짓지 못한다. 항상 조건절이 현실에 접목되는 기준이므로 기준현실의 시제를 결정 짓는 시제는 조건절의 시제이다. 위 예문들에서는 조그만 차이인 것 같지만 가정법상 큰 차이가 있으므로 주의해서 구분하여 학습해야 합니다.

2) 미래 존재 가정법(미래 가상 존재/발생 조건법)

기준 현실은 「미래」이며 일반 조건법에서는 미래에 존재 가능성이 높아서 미래에 존재하도록 조건을 설정하므로 미래 가정법에서는 기준 현실에서의 가정은 「비현실적인 반대의 가정」이므로 현재에서 본 기준 현실 미래는 「현실적인 존재 가능성이 거의 없는 상황」이어서 『가상만으로라도 존재하도록 가정한다』.

우리는 왜 미래를 가정하는가를 생각해 보자. 과거, 현재에서는 한계나 문제가 있는 기준 현실을 바꾸고 싶어서 가정하지만 아직 미래에는 아무 것도 존재치 않아서 현재를 기준으로 해서 바라보는 미래에는 실제 존재 가능성이 매우 많아서 '① 미래에 실제 존재(발생)하도록 조건을 설정하는 미래 존재 조건 법이 있지만 또다른 어떤 일은 ② 미래에 일어날(발생할) 존재 가능성이 거의 없고 매우 불확실'하다면 실제와 반대로 존재하도록 '가상의 존재 조건을 설정'(=가정)할 수가 있다. 결론적으로 다시 말해서 「미래 존재 실현 가능성이 거의 없는 일」을 「2) 부정적 방향에서 반대로 가정(should)」하거나 「3) 긍정적 방향에서 반대로 가정(would)」하는 것이다. 이들 비현실적인 미래 가정은 가능성은 거의 없지만 그래도 있을지도 모를 「만약」의 경우를 대비하는 가상의 조건」인 것이다. 그리고 만약의 경우를 대비하는 가정이 아닌 '③ 실현 가능성이 전혀 없는' 「1) 진정한 미래 가정(완전한 가상)법」인 If - were to ~ 형식이 있다.

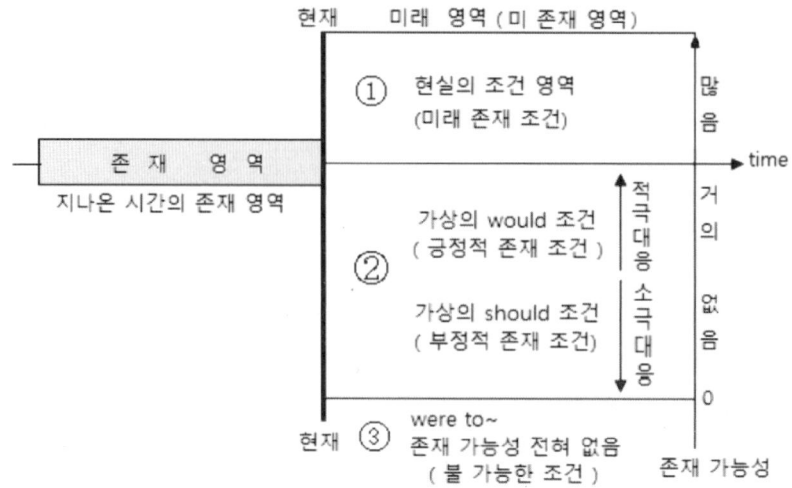

< 현실과 가상의 존재 조건들 가능성 비교 >

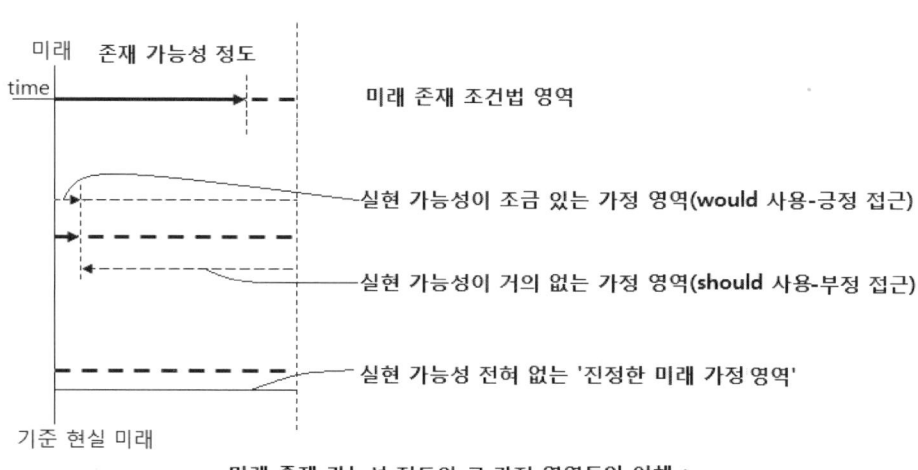

< 미래 존재 가능성 정도와 그 가정 영역들의 이해 >

① Were to ~

Were는 되돌아갈 수 없는 과거 시제가 가상 시제(가정법)임을 말해주며, 여기에 to~가 더해져서 미래의 가상 시제(미래 가정법)가 된다. were to+원형동사에서 원형 동사는 미래의 일을 나타낸다. 이 조건 법은 **진정한 미래 가상(허상) 조건 법**이다. 이는 '만약의 경우'는 고사하고 '조금의 존재 가능성 여지도 없는' 진정한 미래 가정법이며 그래서 실현 가능성은 전혀 없지만 『~있다면』라고 가정한다.

○ If I were to leave here right now, I should never forget your help. 지금 당장 여길 떠난다 해도 나는 결코 너의 도움을 잊지 않게 될 텐데요. 잊혀지지 않게 될 텐데요. 기준 현실은 지금 여길 떠날 이유나 근거가 없어서(가능성이 전혀 없어서) 떠날 뜻이 전혀 없지만 그래도 떠난다고 가정하더라도, 너의 도움을 잊을 수가 없다(잊지 않게 되어 있다) 이다.

② Should를 사용하는 미래 가정

Should를 사용하는 미래 가정은 「미래에 실현 가능성이 거의 없는 일」을 부정적으로 보고 접근하는 가정인 경우이다. 끊어진 should는 기준현실에서 끊어져 있으므로 가상의 shall 이며 이는 미래에 실현 가능성이 거의 없는 일에 「주어가 스스로의 의지가 아닌 외부 요인으로 마지못해 받아들이는 즉 미래에 순응적으로 결속되는 경우」이다. 즉 주어가 스스로 선택해서 받아들이게 되는 경우는 아니며 그 실현은 외부적 요인 등에 달려 있다. 이는 「만약의 경우」를 대비하는 가상의 조건이므로 실제 기준현실은 『현실에 빈틈이 거의 없거나 만약의 경우를 대비한 뜻』을 갖고 있음을 알 수 있다. 그러므로 그럴 일은 없겠지… 하며 「부정적으로 접근하는 가정」이다. ★ 여기서 가상 조건과 그 실현의 두개 목적일은 서로 순차적인 결속 연결 관계이다.

미래 가정에 should 사용은 그 목적일의 가능성이 거의 없지만 외부 요인이나 변수 등에 순응적 결속하는, 즉 마지 못해 결속하는 가상의 조건이 된다. 이런 가능성이 거의 없는 가상 조건의 실현은 그 기준현실과 거의 반대 조건이므로 가능성이 거의 없지만 '만약에 그런 일이 생기면'처럼 실질적인 조건으로 변할 수 있기도 하고 그 대응 등의 종존절도 마지못할지 라도 실질적 대응 등이 될 수도 있다.

○ If I should fail, I would try again. 만일(가령) 내가 실패하게 된다면(되더라도) 나는 다시 도전할 텐데요. - should를 사용한 가상 조건은 가능성이 거의 없는 목적일을 가상 조건하여 즉 가능성이 거의 없지만 만약의 경우를 대비한 가상의 조건으로 이는 혹여 외부의 요인 등으로 발생하는 희박한 가능성이라도 「있게 된다면」의 뜻이 된다. 그래서 실제 기준 현실의 의미는 화자는 실패 가능성이 거의 없어서 다시 도전하는 일도 아마 거의 없을 것이다. 그러나 혹시 외부 변수나 요인 등이 생겨서 내가 실패하게 된다면(즉 외부 요인 등에 순응 결속하여 실패하게 된다면) 내가 다시 도전할 텐데요의 뜻이다.

○ If I **should** succeed it, I would buy you a Samsung AI phone. 만일 내가 그 일에 성공하게 된다면 나는 네게 삼성 인공 지능 폰을 사줄 텐데요. 기준 현실은 '미래에 성공할 일이 거의 없어서 너에게 스마트폰을 사줄 일이 없을 것 같다, 그러니 너무 기대하지 말아라' 이다. 가능성은 거의 없지만 외부의 요인으로 운이 좋아서 만약의 경우에 성공하게 된다면 실제로 사주겠다이다. 성공은 주어의 손에 달려 있는 게 아니고 외부 요인에 달려 있다.

○ If he should come while I am out, ask him to wait. 만일 내가 밖에 나가 있을 때 그가 오게 된다면(되더라도) 그에게 기다려 달라고 요청하여라. - 주어에 동사를 should로 연결은 가능성이 거의 없는 가상의 조건이 된다. 그래서 만약의 경우를 대비한 부탁의 말이다. 미래 가상 조건에 현실적인 대응을 부탁하고 있다.

○ If I should ever make a fortune, I'll give you half of it. 만약에 내가 언젠가 (운 좋게) 성공하게 된다면 나는 성공의 반을 너에게 주겠다. - 주어에 동사를 should로 연결은 가능성이 거의 없는 만약의 경우를 대비한 가상의 조건이 된다. 그럴 경우 주어는 자신 만만하게 성공의 반을 주겠다는 실질적인(will 사용) 큰 약속을 해버렸다. 결국 본심은 부정적으로 보고 있으므로 그럴 일이 없을 거라는 뜻이다. 미래 가상의 조건에 현실적인 대응 약속을 하고 있다.

★ will(would)는 자발적으로 사용하려는 힘이며 shall(should)는 외부적 요인으로 사용하게 되는 힘이다.

③ **Would를 사용하는 미래 가정**

Would를 사용하는 미래 가정〉은 '미래에 존재 실현 가능성이 거의 없는 일'을 가정하는 경우이며 이는 「실현 가능성이 거의 없지만 긍정적으로 접근하는 가정」을 하는 것이며 이 일은 주어가 스스로 그리고 긍정적으로 그 가상 조건을 받아들이려는 자세이다. 즉 조건의 미래 발생 가능성은 거의 없지만 만약에 있게 된다면 적극적으로 받아들여 대응하겠다. 이유는 would가 가상의 will이고 자발적인 힘의 뜻이므로 가능성이 거의 없더라도 긍정적인 가정이 된다. ★ 여기에서도 조건과 실현의 두개 목적일은 서로 순차적인 관계이다.

○ If I **would** go to Seoul, I would visit her home to deliver your gift. 만약 내가 서울에 가게 된다면 네 선물을 전해주러 그녀 집을 찾아 가겠다. 실제성 없는 would이며 실제는 주어가 서울에 갈 가능성은 거의 없지만 그래도 (긍정적으로 받아들여서) 가게 된다면 (가능성 조금이라도 있다면) 그녀 집을 방문하겠다이다. 가상 조건을 긍정적으로 받아들이고 있으므로 가정이 실현될 경우 '방문할 텐데'보다 '방문하겠다'고 해석했다.

○ **If** you **would** come this way, madam. 이리로 와 보세요, 부인. (= 이리로 와 주시면 고맙겠습니다, 부인). 실제는 오지 않으려는 주어에게 '이리로 와 주시면'이라고 가능성이 거의 없지만 긍정적으로 가상 조건을 내세운다. Would you come this way? 을 가정법으로 돌려 말하고 있다.

○ **If** only Anne **would not** talk like that. 앤만이라도 그 같이 말할 뜻이 없다면 좋으련만. - 가능성이 거의 없지만 긍정적으로 바라는 조건. 실제는 모든 사람들이 그같이 말하고 있고 앤도 가능성이 거의 없다. 조건이 곧 바램인 가상 조건이다.

○ I could beat him **if** I **would**. 만일 나는 하려고만 하면(마음만 먹으면-있으면) 그를 칠 수 있겠다. - 가능성이 거의 없는 반대 조건; 실제로는 그를 칠수 있는 상황이 되지 않는다.

G. 전치사 등이 들어있는 조건법

조건절의 경우 대개 if등을 사용하지만 미래 의미를 가지는 to 부정사구, 전치사구, 미래 시간 등도 특정한 경우 미래에서 의미상「조건으로 자동 전환」된다. 이는「현재에서 보는 불확실한 미래 일의 존재(발생)에 대하여 안전성 확보를 위해서 조건으로 자동 전환되는 논리적인 관점」이다. 우리가 미래 일을 말하는데 그에 선행되거나 바탕이 되는 일은 불안정해서는 결코 미래일을 말할 수가 없다. 그래서 그에 선행되거나 바탕이 되는 일은 미래일의 안전한 바탕이 되어야 하므로 반드시 조건으로 자동 전환된다. 즉 미래 불안정하고 불확실한 일은 안정성 확보(담보)를 위해 (미래) 조건으로 자동 전환되는 것이다.

> 〈과거와 현재는〉 어떤 사실이나 사건이 이미 존재했거나(일어났거나), 지금 존재하는 바탕이 되지만, 〈미래는〉 아직 아무 일도 일어나지 않은 미 존재 영역이며 미래 일의 발생에 대하여 훨씬 자유로운 영역이다. 우리가 미래를 말할 때는 두 가지로「현재에서 보이는 미래」와「현재에서 보이지 않는 미래」가 있다. 현재에서 보이는 미래는 현재에 처한 상황에서 예측 가능한 일들을 말하는 것이며 조건이라는 전제적 바탕이 필요치 않다. 그러나 현재에서 보이지 않는 미래는 어떤 사건이나 사실이 일어날 거라고 예측할 수 없고 불확실하므로 이런 경우를 말할 때는 미래의 미 존재 영역인 빈 공간에서「미래 사건이 일어날 바탕」이 되는 '조건'이나 '시간', '장소' 등을 언급할 필요가 있게 된다. 이들 미래 불확실한 일은 미래 사건 등이 일어날 바탕이 되려면 안전성이 담보되어야 하며 안전성이 담보되는 가장 확실한 것은 조건이다. 그래서 그 조건들은 미래 존재(발생) 조건들이다.

★ 조건으로 자동 전환 -「미래에 일어나기에 불확실한 일」이 다른 일의 바탕이 되는 경우 → 조건으로 자동 전환. 그 가장 큰 이유는 '불확실한 일이 존재의 바탕이 될 수 없기 때문'에「미래 불확실한 일은」'안정성 확보(담보)'를 위해 조건으로 자동 전환'되는 논리이다. 조건은 안정성이 담보되어 있기 때문이다. 다른 미 확인 미래 일들도 마찬가지이다.

○ Ordinarily it **would be** fun **to** be taken to fabulous restaurants. 보통은 전설에 나오는 레스토랑으로 안내된다면 재미있을 겁니다. - to be taken to fabulous restaurants이 미래 일어날 일이며 이 미래 일이 미래 be fun의 바탕이 된다. 이 미래 일이 안 일어나거나 그 발생이 불안전 불확실하다면 be fun이 생길 수가 없게 된다. 그래서 be fun이 생기게 하려면 이 미래일(to be ~restaurants)이 선행되어 안전성이 확보되어야 하며 그 안전한 바탕위에 be fun이 존재할 수 있게 된다. 이 안전성을 확보(담보)하는 일은 조건으로 자동 전환되는 것뿐이다. 그래서 미래 존재 조건으로 해석하게 된다. 여기 would는 가상의 will이며 불가능한 가상의 미래 실현을 말하고 있다. 이 문장에서 would

를 뺀 it is fun to be taken to fabulous restaurants는 현재에 존재하는 일(to be taken to fabulous restaurants)에 대한 감정적 평가이다. 이「평가의 일이 미래로 이동한다면 그 존재가 불확실하게 되어 미래에『안정적으로 접목(즉 존재)』한다는 '조건으로 자동 전환' 되는 것이다」.

○ It **would be** wrong **to** suggest that police officers were not annoyed by acts of indecency. 경찰관들이 꼴사나운 행동으로 곤혹을 당하지 않았다고 암시한다면 잘못일 것입니다. - **to** suggest that police officers were not annoyed by acts of indecency이 미래 먼저 일어날 일이며 be wrong의 바탕이 된다. 이 미래 일어날 일은 불안전 불확실한 일이며 그래서 안전성 확보(담보)를 위해서 조건으로 자동 전환된다. 여기 would는 가상의 will이며 불가능한 가상의 미래 실현을 말하고 있다.

○ It **would** cost very much more **for** the four of us to go from Italy. 우리들 중 네 명만이 이탈리아를 떠난다면 훨씬 더 많은 비용이 들어갈 것 같습니다. - **for** the four of us to go from Italy이 미래 먼저 일어날 일이며 cost very much more 존재의 미래 바탕이 된다. 이 미래 일어날 일은 불안전 불확실한 일이며 그래서 안전성 확보(담보)를 위해서 조건으로 자동 전환된다. 여기 would는 가상의 will이며 불가능한 가상의 미래 실현을 말하고 있다.

○ I thought it **would be** nice **to** have a picnic. 나는 소풍을 갔다면 좋았을 거라고 생각했다. - to have a picnic이 미래 먼저 일어날 일이며 be nice의 미래 바탕이 된다. 이 미래 일어날 일은 불안전 불확실한 일이며 그래서 안전성 확보(담보)를 위해서 조건으로 자동 전환된다. 여기 would는 가상의 will이며 불가능한 가상의 미래 실현을 말하고 있다.

○ I shall be happy **to** take your invitation. - 현재형; I am happy **to** take your invitation이 미래 시제로 이동. 저는 당신의 초대를 받는다면 행복할겁니다. **to** take your invitation이 미래 먼저 일어날 일이며 be happy의 바탕이 된다. 이 미래 일어날 일은 불안전 불확실한 일이며 그래서 안전성 확보(담보)를 위해서 조건으로 자동 전환된다. 여기shall은 현실 조건에 결속하여 be happy가 미래에 발생할 거라고 말하고 있다.

○ I would be grateful **for** an early reply. 빠른 답장을 주신다면 감사하겠습니다, 감사할 텐데요(미래 가정법). - **for** an early reply이 미래 먼저 일어날 일이며 be grateful의 바탕이 된다. 이 미래 일어날 일은 불안전 불확실한 일이며 그래서 안전성 확보(담보)를 위해서 조건으로 자동 전환된다. 여기 would는 가상의 will이며 가상의 실현을 말하는 것으로써 결국은 이 조건은 가상의 조건이 된다는 것이다.

○ **By next Christmas** we'll **have been** in Seoul for eight years. 다음 성탄절이 되면 우리는 서울에 8년 동안 사는 것이 됩니다.

○ You can get ahead only **with** hard work. 너는 오직 힘든 일을 겪었을 때 만이(힘든 일을 겪는다면) 성공할 수 있다.

○ Marcia said we could smoke, it was okay **with** her. Marcia가 우리는 흡연을 해도 된다고 말했다. 그것은 그녀와 함께라면 오케이(승낙)였다. 과거에서 Marcia가 직접 주는 can. You can smoke with me의 간접화법으로 과거에서 현재형 can을 직접 주기. 즉 과거에서 미래를 말했다.

〈시간이 조건이 되는 경우〉 미래 시간이 불확실한 일이 일어나는 시간인 경우이다.

○ It's important that she should talk to me **when** she get**s** here. 그녀가 여기에 온다면(왔을 때) 그녀가 내게 말을 건네게 하는 것은 중요하다. 미래에서의 불확실한 시간(when~)이므로 조건으로 자동 전환된다.

○ **When** you **were** in Spain, you could go and see Alex. 네가 스페인에 있을 때라면(가게 된다면) 너는 알렉스를 만나보러 갈 수도 있다. - 동사는 was를 사용하지 않았다. - 화자는 스페인이라는 장소의 제반 여건(조건)에서는 화자가 가능한 목적일에 대한 정보를 알려 주기이다. 그러나 아직 스페인에 있지 않으므로 그 실행 여부는 불투명해서 실제 성 없는 정보가 된다.

○ You could ask me **before** you borrow my car. 당신은 내 차를 빌리기 전에 내게 요청하실 수는 있어요. (내 차를 빌리려면) 그전에 요청할 수도 있다(목적일 정보 주기)이다.

기타, 조건이 되는 경우. 장소도 마찬가지다.

○ I'll tell you what I find out. 내가 무엇을 찾아낸다면 네게 말해 줄게. - 미래의 불확실한 일이 조건으로 자동전환.

H. 기타 다양한 조건 법들

1. 의문문 형식이 if를 대신하는 경우

의문문도 미확인 사실이다.

○ **Were I rich**, I could buy the nice car. 현재 가정법.

○ **Should I be rich**, my wife would love me more. 미래 가정법.

2. 현실의 반대를 뜻하는 but for, without을 이용한 가정법

○ But for my accident, I would have met her yesterday. 내 사고가 없었다면 어제

그녀를 만났을 텐데. 이 조건 절은 조건 법의 형식이 아니나 위에서 정의한 '현실 접속의 전제 성을 가지고 쓰이고 있으므로' 조건 절이 된다.

○ Without my accident, I would have met her yesterday. 위와 마찬가지이다.

3. 가정 자체가 현실 바램인 경우

○ **If only** I were young. 나는 젊기만 하다면(좋을 텐데……).

4. I wish에서

○ I wish I were young. 내가 젊다면 좋을 텐데. 현재 가정법.

○ I wished I had been young at that time. 그때 내가 젊었더라면 좋았을 텐데. 내가 과거 가정법.

12장 Have + 과거완료

Have + 과거완료

Have + 과거완료

Have + 과거완료

Have + 과거완료

Have + 과거완료

Have + 과거완료

Have + 과거완료

Have + 과거완료

Have + 과거완료

Have + 과거완료

Have + 과거완료

조동사의 새 이름
파워 동사
Power verb with meaning in use and link relationship

12장 Have + 과거완료

조동사의 새 이름
파워 동사
Power verb with meaning in use
and link relationship

12장
Have + 과거완료

A. have의 이해

1. 뜻

가지다, 소유하다, 먹다, 등의 뜻은 매우 사적이고 개인적인 영역을 서술하는 것이나 소유물 등은 보여주지 않고 있어서 화자가 have를 서술할 때 청자가 '확인할 수 없는 영역' 혹은 청자에게 '노출되지 않은 영역'에 있으며 또한 소유의 관점에서 보듯이 다른 사람이 그 소유 영역에 침범하거나 공유할 수 없는 극히 '사적인 영역'을 말한다. 이 have의 서술은 예를 들어 I have a gold money라고 하면 화자는 gold money를 보여주며 나는 금화를 가지고 있다고 서술하는 것은 아니다. 그 말을 들은 청자 입장에서는 화자의 말을 신뢰하거나 불신하거나 어느 한쪽을 선택할 수밖에 없고 그 금화는 확인할 수 없는 사적 영역에 있다. 그러므로 화자는 『노출되지 않는 사적 영역을 서술』하는 것이다. 예를 들어보면 더욱 분명히 알 수 있다. Have a nice day, have a good trip라고 한다면 이 말은 동사+목적이지만 분명히 명령문이나 요구, 요청 등의 의미는 아니어서 화자가 청자에게 어떤 객관적으로 보여지는 목적일을 주문하는 일이 아님을 알 수 있고 명령, 요구, 요청, 등은 화자가 청자에게 주문하는 목적일(명령, 요구, 요청)이며 청자에게 목적일을 보이게(노출되도록) 주문하는 것이다. 그래서 have로 시작하는 문장은 화자가 청자에게 던져주는 어떤 바람이나 희망, 등으로 청자에게 주관적이고 선택적인 일이며, 화자가 청자에게 그 행위에 대한 결과의 노출을 요구하지 않는 사적 영역의 일을 말해보는 것이다.

2. have to 동사

have to 동사는 must의 뜻과 같다고 가르치기도 하지만 옳지 않다. 그리고 'have to 동사'는 ~해야 한다고 한국어로는 번역할 수 있으나 그것은 오로지 '주어가 가진 사적 영역의 일을 직접 담당해야 한다'고 서술하는 것이다. 주어의 사적 영역의 일은 '남이 대신할 수 없거나 주어가 가진 사적인 목적일들'로 예를 들어 I have to go attend my best friend's wedding ceremony라고 한다면 친한 친구의 결혼식에는 누가 대신 참석할 수 없는 일이고 친구와의 관계를 고려할 때 본인이 꼭 참석해야 하는 일이다. 또한 학생이 자신의 과제나 공부를 해야 하는 경우도 마찬가지이다. 이렇게 우리 삶에 어느 누가 아닌 주어 자신이 꼭 해야 하는 일들이 수없이 많다. 우리 영어 교육의 현실이 외국어를 번역해서 한국어적 의미와 서로 같거나 비슷하다고 하여 동의어로 취급하는 것은 영어교육의 중대한 문제이다. 이는 영어의 본질을 잘 알지 못하고 피상적인 영어의 껍데기만 이해하는 데서부터 비롯된 문제이기 때문이다. 현재 이러한 모든 원인은 진정한 영어 교육이 아닌 사실상 '영어 해석 방법'에 치우친 교육에 큰문제가 있는 것이다.

B. 과거 분사(past participle)의 새 정의 와 이해

1. 정의

과거분사는 현재 분사(present participle)와 함께 묶어 분사(participle)로 분류하고 있고 be 동사 다음이나 have 동사 다음에, 명사의 앞/뒤에 사용한다고 하지만 조동사와 마찬가지로 영어 학자들이 만들어낸 엉터리 이론에 근거하여 붙여진 매우 잘못된 이름이다. 우선 두개의 분사라는 이름이 학자들이 만들어낸 잘못된 이론 외에 어떠한 의미적, 용도적 공통점은 없다는 것이다. 모든 언어 문법은 반드시 그 의미와 쓰임새에 일치해야 올바른 문법(절대 법칙)이며 이런 문법을 **의미 문법**이라 칭하며 가장 **이상적인 문법**이라 한다(이상적인 이유는 단어와 문법만 알고 있으면 문장을 완벽히 이해하고 문장 의미를 만들어지는 이유를 완벽히 분석할 수 있기 때문이다 - 즉 의미와 일치한 문법). 이들 의미와 쓰임새와는 상관없는, 즉 오늘날 학자들이 자신의 학자적 위상을 높이려고 만들어낸 문법 이론은 그 의미와 쓰임새에 일치하지 않으므로 엉터리이며 엉터리 문법은 누구나 만들어 낼 수 있는 것이다. 오늘날 영어교육 현장에서 널리 쓰이고 있는 영어 문법 이론은 **기능 문법**으로서 영어의 본질과는 동떨어지고 의미와 상관없으며 쓰임새적 역할도 일치하지 않고 애매하다. 기능 문법은 학자들이 영어를 분석하기 위해 1차적으로 영어를 작은 단위로 잘게 쪼개어 분류하고, 이것들에 하나하나 기능적인 이름을 붙이고, 이와 같은 분류 중에서 또 좀더 세부적으로 기존 기능과 비교하여 또 다른 기능의 것이 있으면 예외사항이라 하여 따로 분류하고 거기에 또 다른 기능의 이름을 붙이고 그래도 안되는 것들은 또 땜질식인 또 다른 예외사항을 만들고 거기에 그럴듯한 이름을 붙여 영어를 심오한 4차원적 존재물로 여기게끔 만들어 놔서 아직도 계속 쪼개고 심오한 이름을 붙이고 있다. 이런 것들 중 하나가 품사이며 쪼개기의 첫 단계이다. 품사는 그리스에서 시작된 분류법으로 영어의 한단어가 명사, 동사, 부사, 형용사 등 잘못된 다수의 기능을 갖도록 얽혀 놓았다. 세계의 모든 언어들은 뿌리가 같은 언어들도 있지만 전혀 다른 언어들이 훨씬 더 많이 있다. 뿌리가 다른 언어들은 서로 다른 성질을 가지고 있어서 그리스에서 시작된 품사론과 같은 일반적 분류법으로 전세계의 모든 언어를 분석하는 것은 중대한 잘못이다(다른 분류법도 있지만 교육 현장에서는 거의 모두가 쓰이지 않고 있다). 그리고 영어는 특별히 단어 하나가 문장에서의 위치에 따라 그 역할이 달라지므로 쓰임새와 의미도 달라지게 된다. 여러분이 집에서는 자식이거나 부모이고 직장에서는 직업인이며 학교에서는 학생이거나 교사이듯이 각각의 곳에서 여러분은 각각의 신분(혹은 기능)으로 존재하나 여러분 자신은 언제 어디서나 변함없는 그대로 한 몸인 것과 같은 이치이다. 그래서 이들 신분만으로 여러분을 정의하거나 특정할 수 없다. 그러므로 현재의 영어(교육) 문법 이론은 결과적으로 영어를 오리무중인 상태로, 항상 예외 사항을 달고 다니는 존재물 정도로, 극복 불가능한 대상으로 만들어 놨다. 원래 '잘못된 잣대'로 측정하고 이를 재현할 때는 수없이 땜질하고 수없이 합리화하는 변명을 늘어놔야 하는 것이다. 오늘날 영어 교육도 마찬가지다. 영어는 반도체나 IT등 세상의 어떤 기술 분야보다도 많은 연구 인력이 도전하였고 모두 참패하였고 1950년대 이후 오늘날까지 그럴듯한 발전이 없었다. 이것이 오늘날 영어 교육 이론의 현주소인 것이다. 영어를 제대로 설명해 주기에는 불가능하고 영어를 분석하기 위해 가장 기초적으로 쪼개기와 분류 단계에 있는 것에 그 기능적 이름을 붙인 것이 기능 문법이라 할 수 있다. 그러나 이런 기능적 관점의 분류는 올바른 문법 연구를 위한 하나의 수단적 기초 작업이나 방법일 뿐 궁극적 목표가 되서는 안되는데도 불구하고 현실은 궁극적 목표가 되어 버렸다(한국어 문법도 같은 전철을 밟고 있어서 문제가 매우 많다).

다시 본론으로 돌아가면 분사는 우리말과 다른 관점에서 사용할 뿐 그 역할은 분명하고 쓰임새도 다양하고 좀더 정교할 뿐이다. 여기서 우선 언급할 것은 앞의 2장인 can장에서 과거분사에 대해서 올바르고 짧게 정의한 바 있다. 그래서 과거분사를 정의하기를 과거 분사는 이름이 잘못되었지만 '동사의 한가지 형태로서 『**동사의 동작 등이 이루어져 어떤 결과적 형태를 남기게 되는 경우**』에 과거 분사를 사용한다. 이는 **유형적 결과**의 존재뿐만이 아니라 **무형적 결과**의 존재도 포함된다. 무형적 결과의 존재는 '**경험**'도 그중 하나이다.'라고 정의하였다.

★ **과거 분사의 새이름**은 동사의 **동작**이 이루어져 **결과**적 형태로 **존재**함을 의미하므로 이들 머리글을 따와서 **동결재**(versultent= verbal +result +existent, 혹은 verbal trace)라 이름하는 것이 어떨까 합니다. 더 좋은 이름이나 영어적 이름이면 더욱 좋을 듯합니다. 추천 바랍니다. 다음책에 적절한 이름이 확정될 때까지는 과거 분사와 동결재 두가지를 혼용해 쓸 생각입니다. 그러면 다음절에서 동결재가 어떻게 쓰이고 올바로 적용해야 할지를 살펴봅시다.

2. S+be+pp = 피동태. 주어는 pp이다라고 서술. 즉 주어는 결과(물)이다

s is (v)pp.
=주어는 (v)pp이다.
=주어는 (동사)결과이다.
=주어는 ~한 결과이다(즉 주어가 아니고 목적이다).
=주어는 ~피동당했다.

<목적어를 주어로 놓고 목적어의 입장에서 당한 일을 서술하기>

★ 목적어는 동사의 동작으로 피동중일때는 피동 당하는 입장에서 이서술을 하기 어렵고 동작이 끝난 후에야 이 서술을 하게 되고 그 결과도 명확해진다. 그래서 동사는 pp가 된다.

★ **피동태 or 수동태**? - This wooden chair **is made** by my grandfather. 이 나무 의자는 내 할아버지에 의해 만들어졌다. 이 문장은 수동태 문장이 아니고 **피동태**이다. 수동태는 아무 동작도 안하고 수동적으로 있었다인데 주어는 수동적으로 있었던 것이 아니고 동사 동작에 의해 피동을 당한 입장이다. 우리 영어 교육에서 가장 바보같이 교육하는 것이 수동태 능동태 전환 교육이다. 왜냐하면 조금만 주의를 기울이면 이 교육이 엉터리라는 것을 곧 알 수 있을 텐데도 아직도 대단한 법칙인양 자신감 넘치게 교육을 하고 있으니 말이다. 그러면 이 문법을 파헤쳐 아주 우습게 만들어 줘야 부끄러움을 느끼기 시작할 것입니다. 여기 made는 동사의 동작이 이루어져 결과적 형태를 남기게 되는 경우이다 라고 정의하였다. 할아버지가 과거에 이 나무 의자를 만들었고 그래서 할아버지가 이루고 만들어낸 동작이 고스란히 의자에 남아있게 되었고 그 결과적 형태는 의자의 형상으로 존재하게 되었다. 이는 동사의 동작이 이미 이루어져 유형적 형태의 결과로 의자에 남게 (존재하게) 된 것이다. 그래서 이 유형적 결과인 의자 형상(pp)과 의자는 뗄래야 뗄 수 없는 불가분의 관계이며 이 과거분사와 의자는 하나의 동체이어서 『동사의 동작이 처음부터 의자에 가해졌기(의자 방향 동작←)에 그리고 그 피동작이 의자에 남아있기에 과거분사는 의자에 피동작이 있었다고 결론』을 내릴 수 있으며 최종적으로 형상을 이루어 의자라는 「결과물」이 되었다. 한마디로 의자에 피동작이 가해져서 피동작이 의자에 결과로 남겨지게 되었고 화자는 '그 존재를 확인(be)'하여 서술하였다. ★ 그런데 수동태 능동태 전환 규칙을 보면 이 동사의 피동작(pp)을 서술할 당시에는 동사의 동작은 이미 끝나서 결과적 형태로 남겨졌는데도 이를 능동태로 전환한다면 동사는 현재형을 사용해서 수동태와 능동태는 시제상의 동작 불일치를 만들다. 즉 능동태는 동사가 현재이고 수동태는 동사의 동작이 이미 끝나 있다. 결국 이것은 억지로 짜맞추기인 수/능동태 전환 법칙이라는 것이다.

★ be(현재나 과거형)동사는 항상 주어 그 자체를 (설명)서술하며, 여기서는 주어가 문장 표현의 중심어로서 이 중심어에 동사의 피동작 결과가 남아 있다(be)는 존재를 「확인해 주는 서술(노출 서술)」에 사용하므로 피동태가 된다.

The blue fish **is caught** in the net. 파랑 물고기가 그물에 붙잡혔다. 여기서 '붙잡혔다'는 물고기에 유형적 형태의 결과를 남기지는 않는다. 그러나 파랑 물고기는 동사의 피동작으로 포획의 결과물로 남게 된 경우이며 강제적 이동 동작의 결과이며 그 결과는 포획된 물고기에 남겨지게 되었다. 이렇게 각각의 동사가 동작하는 형태에 따라 동작의 유형적 결과를 남기거나 무형적 결과를 남기기도 하는 등 다양한 형태의 결과로 남겨지게 되어 주어들은 결국 피동작의 **결과물**이다. 이것이 피동태이다. 그러므로 s+be+pp는 '피동되다'

라는 결과적 서술이 된다.

★ by는 'by+피동작의 주체'이어서 피동작의 주체를 열거할 때가 있고 위 예문처럼 표현상 중요하지 않을 때에는 생략될 때가 있다. 이렇게 동작의 주체인 사람과 동작의 대상인 물고기와의 관계에서 '동작의 대상(목적어)'인 물고기를 중심어로(주어로) 표현한 문장을 '피동태'라 한다. 결론은 수동태, 능동태 문장 전환 이론은 이상한 학자가 자신의 학자적 위상을 높이려고 만든 엉터리 이론일 뿐이다.

C. Have +pp의 이해

1. 기본적 이해

I have **been** to Masai Mara national park in Africa. 나는 아프리카 마사이 마라 국립 공원에 다녀온 적이 있다. 화자는 자신이 마사이 마라 공원에 다녀온 경험이 있음을 강조하고 있다. 여기서 주어가 가장 표현하고 싶은 단어는 been인 것이다. 그래서 이를 정리하면 주어가 아프리카 마사이 마라로 이동하여 동작의 결과적 형태(경험)을 이루어(만들어) 가지고 있다(존재한다)고 서술하고 있다. 그 동작의 방향은 목적을 향한 우측 방향(→)과 결과(경험)을 가지다의 좌측 방향(←)의 이동이다. 마치 손을 뻗어 물건을 당겨 가짐과 같다. Have는 대개 주어의 소유 상태를 서술하는 동사이다. 소유 상태를 서술한다는 것은 그 『존재』가 청자에게 보이지 않기 때문인 것이다. 먹다의 음식도 이미 주어의 배속에 들어 있는 것이다. 여기에 과거 분사를 결합한 완료형(have+pp)은 동사의 동작이 끝나서 주어에게 (유·무 형의) 결과적 상태로 남아있음을 서술한 것이다. 경험도 마찬가지이다. 그리고 그 주어의 경험이나 결과도 여전히 청자에게 보이지 않는 상황이다. 거리나 위치상의 문제로 안보이기도 하지만 현재가 아닌 다른 시간대에 일어난 일이기 때문이기도 하다. 이는 시·공간의 차이 너머에서 겪은 일을 경험이나 결과로 서술한 것이다. 우리가 알아야 할 것은 단순 서술형인 did, do, was, is, 일반동사들은 일어난 일을 현장에서의 목격하거나 남에게서 들은 내용 등을 바탕으로 '그 주제에 대한 『노출된 사실』등을 주어를 중심으로 서술'하는 것이다. 여기서 have와 함께 동사적 행위의 결과(동결재)의 서술(have+pp)은 동사 동작의 그 결과적 존재 의미를 강조 한다. 이는 『노출되기 쉽지 않은 일의 결과에 대한 그 '존재적 의미를 강조'』 하기 위한 것이다.

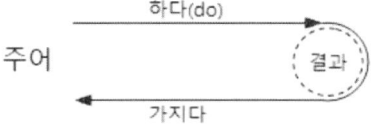

<'have+과거완료'의 동작과 이해>

```
I + have + pp ~ ~
= 나는 ~(V)한 결과를 가지고 있다.
= 나는 ~(V)한 적이 있다.
```

< have + pp 의 기본적인 의미 >

★ 〈have+pp〉는 원래 사람이 농사 등에 노력해서 그 결실을 수확해 거둬들이거나 사냥에 도전해서 그 결과를 획득하는 데서 유래하였다. 그래서 have와 harvest가 어원이 같은 데서 유래한다. 피동태와 크게 다른 점은 피동태는 동사의 목적을 중심으로(주어로) 서술한 것이고 여기 have+pp는 동사의 주체인 행위자(주어)를 중심으로 그 경험, 경력, 소소한 업적(?) 등을 서술하는 것이다.

2. 시간 전개에 따른 의미 변화

다음으로 고려해야 할 중요한 문제는 **시간의 변화 등에 따른 의미 변화**이다. 왜냐하면 결과라는 것은 동사의 동작이 끝나고 나서의 최종 상태를 말하는 것이기 때문이다. 그래서 현재는 그 결과를 생성 중(계속)이거나 완료했거나 성취중이거나 진행중이거나 할 수 있다. 과거는 동사동작이 모두 끝나 있어서 완료와 결과만이 존재한다. 미래는 우리가 아직 경험하지 못한 시간 영역이므로 경험, 결과 등 아무것도 존재하지 않는 시간 영역이다. 그래서 아직 아무것도 존재하지 않으므로 미래에 결과를 만들어(형성해) 가야할 영역이다. 현재에서 본 미래는 어떤 기준시간에 (결과를) 완성, 완료, 형성의 뜻을 피력할 수 있게 된다.

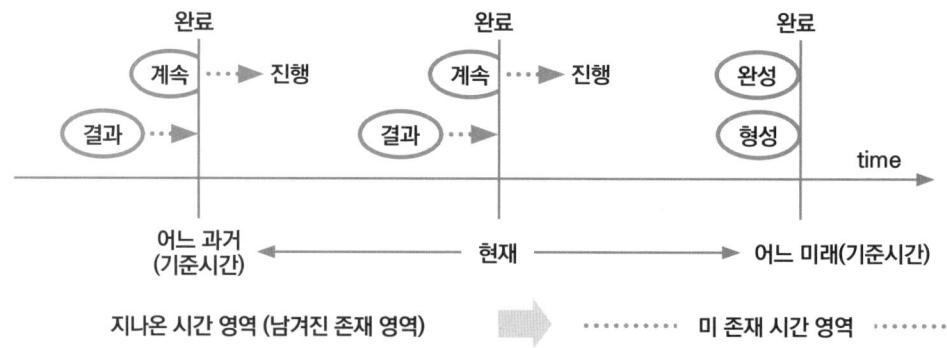

〈have+pp time 벨트〉

1. had+pp는 과거 어느때를 기준으로하는 과거 이전에 시작되어 과거에 결과적 상태로 남아있고 과거완료는 had+pp를 오직 시간적 요소만을 언급한 것으로 과거 이전에 시작되어 과거에 이미 끝나있다. 과거완료 진행은 과거 이전에 시작되어 과거에도 계속 결과를 완성을 향해 만들어가고 있는 중이다. 그리고 과거완료 계속은 동작과 동시에 만들어지는 결과가 과거 기준 시간에도 계속 확장되고 있다.

2. have+pp는 현재를 기준으로 하는 과거에 시작되어 현재에 결과적 형태로 남아 있으며 과거를 기준으로 볼때는 단순 결과이다. 또한 현재는 위 그림의 존재 영역과 시간이 함께 나아가므로 과거에 시작된 일이 현재에 이미 끝나버린 완료이거나 계속되거나 시간과 함께 진행해 나아가기도 한다. 계속을 결과의 계속 확장이며, 진행은 결과를 만들고 있는 중이다.

3. 미래 완성. 완료는 현재에서 볼때 미 존재 시간 영역이므로 미래 어느때를 기준으로 결과적 완성, 형성, 완료가 이루어지며 그 시작은 과거나 현재, 미래 중 하나이며 어디에서 시작되었는지는 문맥에서 찾아야 한다.

〈have + 과거분사의 존재 형태와 이해〉

★ 〈have+pp의 시간들〉 위 그림에서 보듯이 현재에서 바라보는 have+pp는 과거, 현재, 미래에서 존재하는 형태가 달라지므로 그 의미도 제각각 다르게 된다. 과거, 현재는 지나온 시간에 남아있는 결과적 존재로, 미래에는 아직 존재치 않는 시간 영역이므로 새로이 형성(결실, 완성, 완료)될 존재로 인식한다. 과거, 현재는 위 그림처럼 모든 일, 사물들이 존재하고 발생했던 시간들이다. 그리고 현재는 시간과 함께 나아가므로 현재 존재하고 발생하는 일들이 끝나 있기(결과, 완료)도 하고 계속되거나 진행되기도 한다. 그래서 과거 분사는 이름이 잘못되었지만 동사의 한가지 형태로서 『동사의 동작 등이 이루어져 어떤 결과적 형태를 남기게 되는 경우』에 과거 분사를 사용한다. 이는 유형적 결과의 존재뿐만이 아니라 무형적 결과의 존재도 포함된다. 거기에 have는 사적이고 노출되지 않는 영역을 서술하여서 결국 과거 분사형과 결합할 경우, have+pp는 노출되지 않지만 사적이고 동사적 결과 형태를 가지고 있음(존재)을 서술한 것이다. 또한 have+pp는 '오로지 시간적 측면에서만' 언급할 때가 있는데 그때는 현재가 기준이 아닌 과거, 미래일 경우 반드시 그 기준시간과 함께 사용하여 완료(끝남)의 의미로 사용된다. 즉 현재 일때는 기준시간을 화자, 청자가 공동인식하고 있으므로 특별히 필요치 않을 경우는 생략한다. 그리고 동사 동작이 최종적인 결과가 되기 전에 결과를 계속 만들어가는 상태들인 계속 의미(혹은 계속되는 결과)이나 결과의 미완성에서 완성 중인 진행, 그리고 무에서 유를 만들어가는 형성이나 완성 등의 의미로 미래에 서술하기도 한다.

★ 여기서 다시한번 강조하지만 (과거, 현재의) 완료, 결과, 경험, 완료 계속, 완료 진행 등은 「노출되기 쉽지 않은 일의 그 결과에 대한 그 존재적 의미를 강조」하는 하는 것입니다.

① 과거 결과 - 과거 이전에 시작되어 어느 과거(화자가 언급하는 시간-기준시간)에 이미 결과로 남아있다.

○ Deer had jumped into the pool not to be captured from the wolfs.

○ They had already studied the corona virus at Pfizer for 5 years before the corona virus were known in the world. 그들은 전세계에 코로나 바이러스가 알려지기 전 5년동안 화이자제약회사에서 코로나 바이러스를 이미 연구했었다. 과거 경험.

② 과거 완료 - 과거 이전에 시작되어 과거의 어느 기준시간에 이미 완료, 즉 끝났음을 의미한다. 동작의 완료 - 완료는 동사가 동작하기 시작하여 끝나 결과로 남겨진 일을 오직 시간적 관점 (결과를 시간적 관점에서)에서만 언급하는 것을 완료라고 한다. 이런 경우 반드시 그 끝나는 기준 시간을 언급해야 한다.

○ I had finished my reports when boss came back yesterday. 내직장상사가 어제 돌아왔을 때 내 보고서를 끝마쳤다. 기준시간에 끝마쳤다. 완료했다.

③ 과거 완료 진행 - 과거 이전에 시작되어 과거에도 결과를 만들어 가고 있는 중이다.

○ I had been studying English when you called me yesterday.

④ 과거 완료 계속 - 동작과 동시에 만들어지는 결과가 기준시간 과거에도 결과가 계속 확장되고 있다.

○ I had been in hospital for a month when she came to meet me there. 그녀가 병원에 나를 만나러 왔을 때 거기서 한달동안 입원하고 있었다.

⑤ 현재 결과 - 과거에 시작되어 현재에 이미 결과로 남아있다. 결과는 경험, 경력, 이력 등 다양한 형태이다.

○ I have lived in Manila. 나는 마닐라에서 살았었다. 주어는 마닐라에서 살았던 경험이 있다의 뜻이다. 경험-

○ I have been to Masai Mara national park in Africa. 나는 ~다녀온 경험자이다 라고 강조한 것이다.

○ I have dreamed of you so much. 나는 당신(모델)을 너무 많이 꿈꿔왔습니다. - 나는 당신의 모델(성취, 성공)을 꿈꿔왔습니다. 당신은 내 꿈의 모델(성공)입니다.

○ I have worked at Samsung Electronics 5 years. 나는 삼성에서 5년 동안 일했습니다. 경력, 이력.

⑥ 현재 완료 - 과거에 시작되어 현재(어떤 기준 시점)에 일이 이미 완료됐다. 기준 시점(현재)에 이미 끝나 있다이다. 그러나 청자 화자간 당연히 공동인식하고 있어서 기준 시간을 언급 안하고 생략할 때가 많다.

○ My work has just done. 나의 일은 방금 끝났다.

○ He has just gone to anywhere. 그는 방금 어디론가 가버렸다.

○ Is it done? Done? 끝났어요? 다했어요?

○ Have you finished your work by now?

⑦ 현재 완료 진행 - 과거에 시작되어 현재에 최종 결과에 아직 이르지 못하였지만 그 완성 단계에 이르기 위한 과정으로 결과를 만들어가고 있는 중이다. Have+pp와 be+~ing의 결합이다. 완성, 완료 진행(완료중이다)-체험중, 경험중, 성과중, 성취중, 달성중, 완성중, 완료중 등의 의미가 될 수 있다. 그러나 그들 대부분은 경험과 완료의 의미들이 많다. Have+pp는 우리말에는 사용하지 않는 표현이므로 영어적인 본래 의미를 완벽히 해석하지 못하는 부분들이 조금씩 있게 마련이다. 그래서 해석상 어색한 부분들이 있을 수 있다.

○ I have been trying not to call her. 나는 그녀에게 전화하지 않으려 노력해 가고 있는 중이다. 절제의 노력을 성취해 가고 있는 중이다.

○ I have been working as a researcher at Samsung Electronics for twenty years. 나는 20년 동안 삼성에서 연구원으로 일하고 있는 중이다. 나는 ~하고 있는 경력, 업적을 쌓고 있는 중이다임을 강조한 것이다.

○ My daughter has been taking online classes with Zoom since last year. 지난해부터 내 딸이 줌으로 온라인 교육을 받아오고 있는 중이다.

○ I have been trying to fix this tool. 나는 이 도구를 고치려고 노력해 오고 있는 중이다.

⑧ 현재 완료 계속 - 과거에 시작되어 과거에도 결과가 만들어지고 있었고 현재에 아직도 결과가 계속 만들어지고 있음을 뜻한다. 결과의 지속 의미. Here, since등과 함께 사용한다.

○ I have lived here in Texas for 3 years. 나는 여기 텍사스에서 3년 동안 살아왔다. 주어가 3년 동안 텍사스에서 살아온 경력(힘)이 있다고 한다. 여기 완료형은 계속의 의미가 있다 가르치는데 계속의 의미는 텍사스에서 3년 전부터 살았고(경험의 시작) here 라는 표현에서 그 경험이 다른 곳으로 이동없이 3년전부터 삶의 연속이 이곳에(here) 이어져서 그 경험이 현재 아직도 계속 이어지고 있음을 알려주고 있다. 결국은 have+pp 에 계속의 의미가 있다 가르치는 것은 잘못된 것이며 here for 3 years가 have+pp와 결합하여 계속의 의미를 만들어 주고 있다. Here가 없으면 계속의 의미가 만들어질 수 없다. 주어는 경험자.

⑨ 미래 형성 - 과거나 현재, 혹은 이른 미래에 시작되어 미래의 어느 시점에 일이 만들어져 유·무형적 형태를 갖추게 된다.

○ I will have built these buildings before long. 나는 머지않아 이 건물들을 지어 나갈 것이다.

⑩ 미래 완성 - 과거나 현재, 혹은 이른 미래에 시작되어 미래의 어느 시점까지 일이 완성된다.

○ I will have built this house by next month.

⑪ 미래 완료 - 과거나 현재, 혹은 이른 미래에 시작되어 미래 어느 시점에 일이 완료된다 (일을 끝마친다). 영어의 모든 완료는 오로지 시간적 측면만을 언급한 의미이다. 즉, have+pp의 시간적 의미이다. 이경우도 반드시 미래의 기준시간을 언급해야 한다.

○ I will have finished the building design by the time the owner visits our office again next month. 다음달에 건축주가 저희 사무실에 다시 방문할 때 즈음에 건물 설계가 끝날 것입니다.

3. 주어 입장에서, 목적어 입장에서 혹은 화자 입장에서, 결과적 입장에서 동결재를 서술

★ 동결재를 「주어 입장에서,」 「목적어 입장에서」 혹은 「화자 입장에서」, 「결과적 입장에서」 서술.

1) 주어+be동사+동결재+by 행위자(목적어 입장에서)

목적어를 중심 주어로 서술 - 이 서술은 목적이 주어 되는 피동태 서술 등이 있다. 이들은 모두 목적이 주어 자리로 이동하여 그 입장이 바뀌므로 형식상으로는 주어가 되지만 피동태는 의미상으로는 목적어 입장이다. 그냥 목적어 입장이라고 해도 된다. Example, This hat is made by mother.

2) 주어+have+동결재(행위자인 주어 입장에서)

주어+have+동결재의 서술형이다. 영어에서 대부분을 차지하는 표현은 주어가 행위자인 경우이다. 여기서 주어가 이루어 놓은 결과적 행위들은 노출되지 않아서 이를 언어 서술 행위를 사용하여 남들에게 드러내는 것이다. 그래서 주어+have+동결재는 노출되지 않는 일의 결과적 존재를 강조한다. Example, I have been to Msai Mara national park.

3) 화자의 결과적 입장에서(화자의 입장 + 결과적 입장)

추측, 가정법, 시간차의 결과적 입장 - 주어와 시/공간 등의 차이를 극복할 때 동작의 주체인 주어가 아닌 화자 입장에서는 『화자가 언어로써 파워 동사를 임의로 사용해서 만들어낼 수 있는 그 결과를 서술』하고 있으므로 화자가 언어로 만들어낼 수 있는 언어 작업의 결과적 입장이 된다. 주어와 시/공간 차이를 극복하기 위하여 '임의로 파워를 사용하여(극복 수단으로)' 주어의 목적일에 대하여 '그 파워 사용 결과적 의미를 가지는 결과적 입장'으로 말하게 된다. 한마디로 임의로 파워를 사용한 결과적 입장으로 말하게 된다. 즉 주어와 화자 사이의 시간적, 공간적 차이 등을 극복하는 방식이 『① 임의로 파워동사를 사용하여-화자가 잘 모르는 주어의 목적일의 존재를 추측(공간극복-결과적 존재 추측), ② 임의로 파워 동사를 사용하여- 주어가 이루고 싶은 가상 실현의 가정법(현실세계극복 - 결과적 존재의 실현), ③ 파워 동사를 임의로 사용하여 과거에 가능한 목적일을 「현재에 결과적 존재 입장으로 서술하여」』 그 시/공간 차이를 극복한다는 것이다. 여기서 사용한 파워는 과거형이 되며 실제 파워가 아니고 화자가 언어로서 사용하는 임의의 파워이다(사용했으므로 과거형이 된다). 추측 등에서 have+pp를 사용하지 않는 경우는 그 시/공간적 차이를 극복하나 결과적 존재 입장은 아니다. 이제 파워 동사와 have+pp를 같이 사용하는 이유를 조금이나마 이해하시겠죠?

1. **주어 + be동사 + 동결재 ~**
   (목적어 입장에서 서술) ········ 목적어를 주어로 서술, 즉 동사의 동작을 당한(받은, 입은) 목적어 입장에서 서술하여(표현의 중심이 바뀜) 목적이 주어로 이동하고 원래 주어는 'by + 주어'로 쓰이기도 하고 생략되기도 한다.

2. **주어 + have + 동결재 ~~**
   (주어 입장에서 서술) ········ 주어가 이루어 놓은 목적 결과들을 그 행위자의 경험, 경력, 이력,업적 등의 중심 관점에서 그 노출되지 않은 결과들의 존재를 하나씩 열거하여 서술한 것이다.

3. **주어 + 파워 동사 + have + 동결재**
   (화자의 결과적 입장에서 서술) 주어와 시간적 차이, 공간적 차이(추측), 시/공간을 초월한 차이(가정법) 등에도 불구하고 그 차이들을 극복해보려는 화자의 입장, 관점에서 주어의 가능한 목적일들을 결과적 입장에서 서술해보기이다. 시간적 차이는 과거 가능했던 목적일을 현재에 결과적 입장으로 말하기(~뻔 했~)이다.

〈 동결재를 다양한 서술들에 사용 〉

★ have +목적어 +pp~ = 사역동사 +목적어 + pp ~

= have + 목적어 + (be +pp) = have + 피동태의 결합이다.

ⓐ I had my car washed last night.

ⓑ I had my cellular phone stolen yesterday.

ⓒ I will have these builds completed by next year.

4) 결과적(완료) 입장에서 말하기

여기 화자와 주어 사이의 시/공간적으로 떨어져 벌어지고 있는 주어의 일들에 대해 화자가 그 알 수 없는 인식의 한계 범위를 극복하기 위하여 화자가 말하여 사용하는 방법으로서 『추측』을 하고 있다. 그 추측에는 인식의 한계를 극복해보는 구체적 방법으로서 두가지가 있다. 하나는 주어의 일을 마치 훤히 꿰뚫어 보듯이 말하는 ①『진행형 추측 서술』이며 두번째는 화자가 '임의로 파워를 사용하여 결과적으로 말하기인 ②『결과적 입장으로 말하는 추측』이다. 그 추측하는 일들의 결과적 입장은, 예를 들어 추측할 때 진행형이 아닌 시간대에는 주어가 행한 일의 존재를 나타내기 위해서는 어떤 사실을 했다, 안했다처럼 단정적인 서술을 할 수 없으며 그 일의 모든 과정이 「이미 끝나 있는 시간대」이므로 주어의 목적일을 이미 이루어 버린 『최종적이고 '결론적인' 존재 의미로 보는 것』을 결과적 입장이라 하며 진행형이 아닌 시간대라면 모두 결과적 입장으로 서술하게 된다. 과거, 미래에서도 두가지이다. 화자가 주어의 동작 등을 직접 목격하거나 실제의 사실을 알지 못하지만 추측 등으로 그 최종적이고 결론적 존재 의미로서 결과적 입장이 된다는 뜻이다. 따라서 화자가 주어와 시/공간 차이를 극복하기 위하여 '임의로 파워를 사용(접근 혹은 극복 수단)하여' 주어가 행한 일에 대하여 결과적 존재 입장으로 말하게 된다. 한마디로 화자가 언급하는 추측에서 노출되(드러나)지 않는 일의 <u>결과적 존재 의미를 강조</u>하는 행위이다. 여기에서 「임의의 파워 동사 사용은」 주어가 목적일에 실제로 사용하거나 사용할 수 있는 실제 파워 동사는 아니며 화자가 언어상으로만 임의로 사용하여 주장하는 추측의 존재 정도(확률)로 하나의 파워동사를 선택하여 서술하게 된다. 다시 말하면 실제적으로 존재하는 파워는 아니고 언어상으로만 화자가 사용하는 파워이다. 그 선택 사용된 파워 동사는 그 추측의 존재 가능 확률 정도를 나타내며 화자가 추측의 존재를 주장하는 자신감 정도이기도 하다. '임의의 파워 사용'은 『비실제(비 사실) 적으로 사용하는 언어뿐일지라도 여러가지로 사용하여 ① 추측에서 임의의 존재적 확률 정도를 주장하거나 ② 가정법에서 현실 문제를 가상 극복하는 수단이 되거나 ③ 과거 미사용 파워를 사용한 결과적 입장으로 만들거나 할 때 사용한다. 이것들을 다시 표현하면 ⓐ 그 시/공간 차이 너머에 있을 수 있는 일을 추측, ⓑ 그 현실 차이를 초월하여 문제를 가상 극복해보는 가정 실현, ⓒ 과거와 현재 시간 차이를 넘어 과거 가능했던 일 등을 현재에 목적 달성한 결과적 입장으로 말해보기이다. 즉 그 차이에 가려진 일들에 대하여 말할 때 '그 차이를 극복하는 수단과 방법'은 화자가 「언어로 임의의 파워를 사용하여」 만들어낼 수 있는 결과적 일을 결과적 입장이라 하며 주어의 입장이 아닌 화자의 관점이다. (보통은 주어가 사용하는 파워가 대부분이며 모든 일의 행위자는 대부분 화자가 아닌 주어이다. 주어가 행위자가 아닌 또다른 경우는 피동태 등 목적이 주어로 전용되어 사용될 때 등이다).

〈시간대별 보이지 않는 일들 추측〉

4. 임의의 파워가 가지는 확률

화자가 사용하는 임의의 파워는 주어가 행한 일의 결과적 존재 가능성을 확률의 정도로 나타낼 수 있다. 즉 어떤 파워동사를 사용하느냐에 따라 화자가 주장하는 그 존재적 확률정도가 다르다고 할 수 있다. 사람이 말하는 파워동사의 각 확률의 정도는 수치화 할 수 없으나 앞의 각장에서 대략적으로 알 수가 있다. 그래서 이들 임의의 파워사용과 결과들은 사실적이 아닌 비실제적 서술이고 비실제적 극복의 결과들이다.

D. 파워 동사 + have +동결재

시/공간차를 극복하여 결과적 서술 ⇒ ① 파워 사용의 결과, ② 추측, ③ 가상 실현.

⇒ 시·공간 차이 너머에 있는 주어에게 존재할 수 있는 일들에 대하여 화자가 언어로써 임의의 파워를 사용하여(차이를 극복하는 임의의 수단이다) 그 차이 너머 가려진 일에 대한 존재 가능한(있을 법한) 결과적 입장으로 서술한다. 즉 그 차이 너머에 있을 수 있는 일을 추측, 그 현실 차이를 초월하는 가정 실현, 과거 가능했던 목적일을 시간차 너머

현재의 목적 달성한 결과적 입장으로 말해보기, 등으로 시·공간 차이에 가려진 일을 임의의 파워 동사를 사용해서 존재 가능한 결과적인 일로 말해 본다이다. 그러므로 결국은 임의의 파워 동사 사용은 시·공간 차이 너머에 있는 일을 현실에, 사실에 혹은 가상 현실에 가깝게 임의로 연결해보는 수단이다.

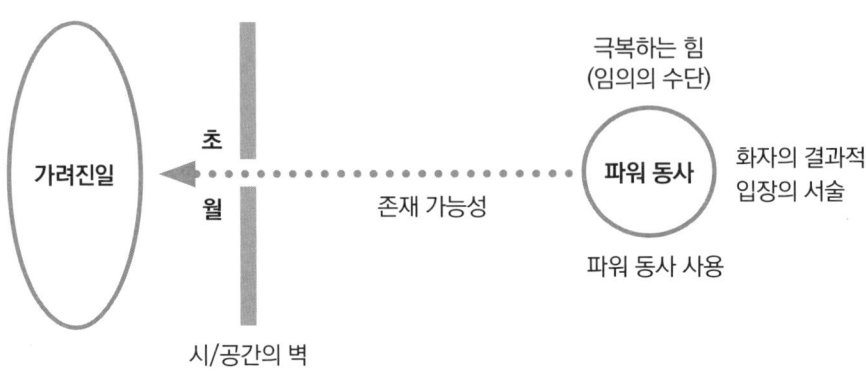

⟨시/공간을 너머 있는 가려진 일을 파워동사를 사용하여 결과적 입장 서술⟩

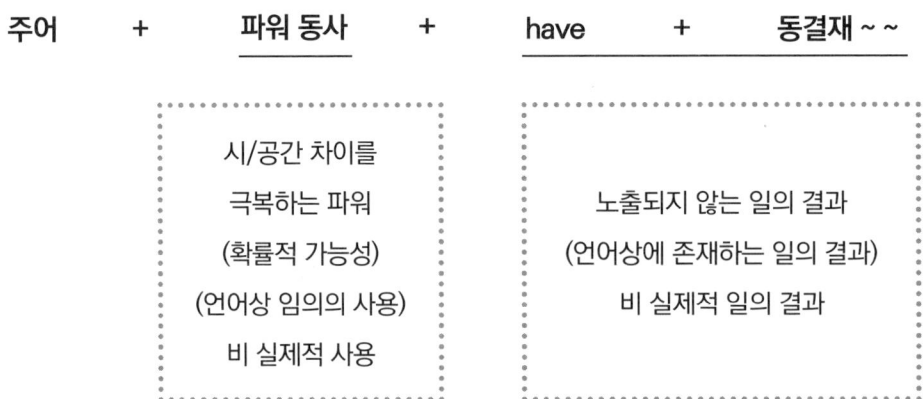

⟨언어상에 현실과 비현실의 차이⟩

A. 〈주어의 입장에서〉

--- 현장이 아닌 곳에서 과거 행한 일을 결과적 존재로 서술.

1. I have been to Mindanao in the Philippine.

   주어가 행한 일의 경험을 서술. 주어가 과거 행한 일을 결과적 서술

B. 〈화자의 입장에서〉

--- 현장(현실)과의 시/공간 차를 넘어 극복하려는 서술(비실제적 서술).

1. 시간차를 극복하여 과거 목적 일을 현재 결과적 서술.
   (시간차를 극복하여 과거의 미사용 파워를 사용결과적 서술)
   You could helped me at that moment.
2. 시/공간 차이를 극복하여 주어에게 벌어진 일의 존재를 결과적 추측.
   she's late. I think she may have missed the train.
3. 시/공간 차이를 초월하여 문제를 극복해보려는 가상의 실현.
   If we had known you were coming, we should have taken the day off.
   만일 네가 오는 줄 알았더라면 우리는 그 일정을 취소했을텐데.

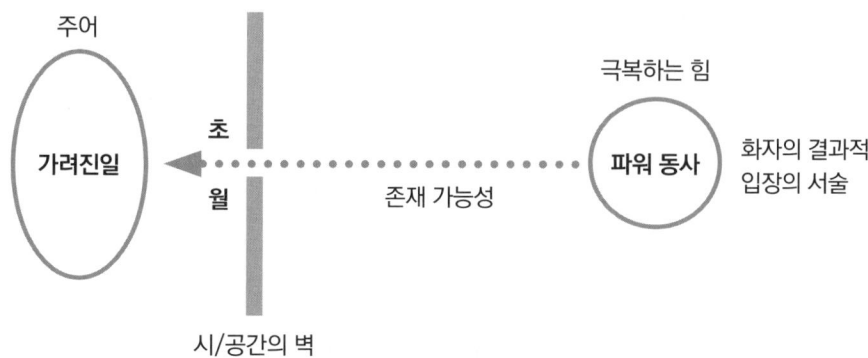

〈두개의 have + 동결재 서술 비교〉

A. 현실(현장등)에서의 사실적 서술

1. 현장에서 생생한 사실 서술
   Bees are attacking human being. 벌들이 사람을 공격하고 있다.
   many horses run fast out of our farm.
2. 현장 등에서 목적일에 맞추어 파워동사를 서술 - 사실적 서술.
   I can do it.
   Iwill do it.
   I may go to shoping in the afternoon,
3. 현장에서 사실을 목격후 시간이 지나 과거일을 서술.
   I saw him catch a bird.
   she made a big mistake on her driving test yesterday.
4. 현장에서 시·공간 이동하여 과거 사실을 서술.
   He was falling in love with her in his college days.
5. 현장이 아닌 곳에서 사실의 서술.
   I have been to Mindanao in the Philippine.
   - 현장을 벗어난 곳에서 주어가 과거 행한 일을 결과적 존재로 서술.
   I have many gold coin.
   She had a bath in her yard while it was raining.

B. 시/공간적 차이를 극복하려는 비실제적 임의의 서술

1. 시간 차이를 극복하여 과거 목적일을 현재 결과적 서술.
   You could helped me at that moment.
2. 시·공간 차이를 극복하여 주어에게 벌어진 일의 존재를 결과적 추측.
   she's late.1 think she may have missed the train
3. 시·공간 차이를 초월하여 문제를 극복해보려는 가상의 실현.
   If we had known you were coming we should have taken the day off.
   만일 우리가 네가 오는줄 알았더라면 우리는 그 일정을 취소했을텐데.

〈 현실(현장)에서의 사실적 서술과 시·공간적 차이를 극복하려는 비실제적 임의의 서술〉

★ 파워동사는 여기에서 화자가 언어를 서술할 때 사용(언어상 임의의 사용)하는 것으로 실제로 파워를 사용하는 것은 아니다. 다시 말하면 사실을 서술할 때 사용하는 것이 아니다. 이들은 모두 비실제적 서술이며 비실제적 서술들은 아직 사실로 확인(노출)되지 않은 일들이거나 가상의 서술이다. 그러므로 화자가 여기서 서술하는 추측이나 가정법, 과거 가능했던 일을 현재에 결과적으로 서술하는 것은 모두 비실제적 서술에 해당한다.

위에서 보았듯이 have는 노출되지 않는 사적 영역을 서술하므로 현장이 아닌 곳에서 서술할 때 실제 존재하는 곳과는 거리나 시간상의 차이가 있게 되어서 결국 『파워 동사에 완료형

(have+pp)의 연결」은 「시·공간의 차이를 넘어서 존재할 수 있는 일들을 임의로 서술」하게 되는 것이다. 즉 화자가 시·공간의 차이를 넘어 주어에게 존재할 수 있는 일들에 대해 파워동사를 임의로 사용하여 결과적 입장으로 서술한다. 여기서 have+pp의 사용은 일반 서술형 동사(did, do, is등)를 사용하여 현장 목격을 바탕으로 주어 입장에서 사실적이며 단정적으로 말하는 서술과 달리, 제3자적인 화자의 입장에서 서술하여 시·공간 차이를 넘어 존재할 수 있는 주어의 일들에 대하여 언어상 임의로 사용하여 그 결과적 존재 측면으로 그 가능성을 말하는 것이다.

1. 과거형 파워동사 + Have + 동결재~

= 현재에서 과거의 시간차를 넘어 사용된 파워의 결과적 입장.

= 과거의 미 사용 파워(can등)을 현재에 사용한(could등) 결과적 입장으로 말한다.

과거에 주어가 사용 가능했었던(미사용) 파워동사를 시간의 장벽을 넘어 현재에 화자가 임의로 사용한 그 결과적 입장으로 말해보기이다. 그러므로 파워동사의 현재형이 과거형으로 바뀌었고 목적일은 목적 달성한 결과로 바뀌었다.

과거의 미사용 파워를 현재 입장에서 파워를 사용해서 ~ 이룰 수 있었다, ~할 뻔했다, ~했어야 했다, ~(성취)하고 싶었다 등으로 결과적 입장에서 말한다. 다시 말해 과거 주어의 미사용 파워를 '현재에 화자가 임의로 사용하여 목적일을 이룬 결과적 입장이지만, 「실제는」 주어가 과거에 파워를 사용하지 않아서 목적일을 이루지 않았고 현재에 이를 뒤돌아보며 화자가 임의로 파워를 사용하여 과거 주어의 목적일을 이룬 결과적 입장으로 말하기 때문이다.

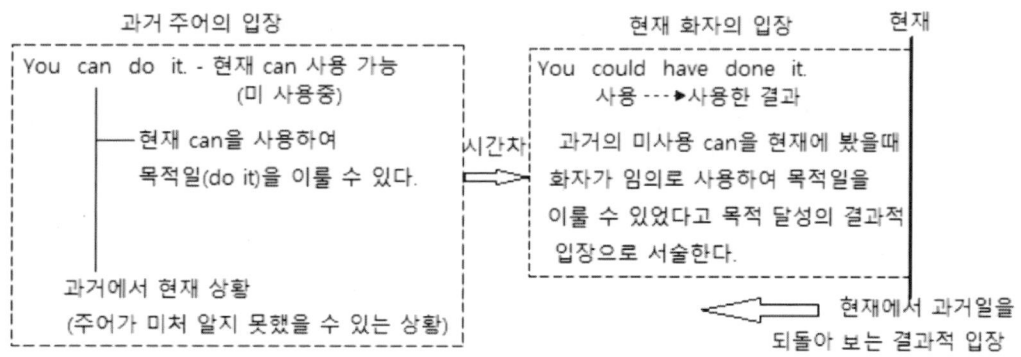

< 과거에 파워를 사용하여 목적 달성 가능했던 때를 현재에 파워 사용 결과적 입장으로 언급 >

과거 미 사용 can을 현재에 사용한 could 입장으로, 과거에 미 달성 목적일(do it)을 현재에 달성한 목적일, 즉 달성한 결과(have done it)로 서술. 한마디로 임의로 can을 사용하여

임의의 목적 결과를 이루어지게 말해본다이다.

과거엔 이룰 수 있었지만 현재에는 이루지못한 목적일로 그리고 했더라면 결과로 남을 수 있었던 기회에서 주어가 가능했던 과거의 일들을 현재에 되돌아보면서 (했더라면) '과거에 결과로 남을 수 있었다'고 말한다. 즉 목적달성을 이루었다면 결과로 남았을 일이었다. 그러나 결국 하지 않았기에 현실과 끊어진(동떨어진) 파워동사이다. 한마디로 정리하면 과거에 할 수 있었던 목적일을 실제 실행(달성)했더라면 이들 표현을 말할 필요가 없겠지만 하지 않았기에 현재에 뒤돌아 볼때에는 그 과거 목적일이 아쉽거나 알려 주어야할 가치가 있어서 이 말을 하는 것이다. 그리고 ★ 현재에서 보는 과거의 일은 그 과거 일에 책임이나 성과, 업적, 성공, 좋은 기회, 행운, 나쁜 일, 의무, 위험순간 등과 관련되어 있다면 그 과거일에 대한 여러 감정들이 아직도 남아 있어서 그 과거 일의 존재에 대하여 다시 평가하여 현재의 결과적 입장에서 이를 말하고 싶어 지기도 한다. 원론적으로 다시 말하면 have+pp은 동결재, 즉 동사 동작이「결과로 남겨지는 경우」이므로 과거에 하지못한 일을 현재에 다시 말할 경우에는 (아쉬운 마음에)『과거 주어의 파워 사용의 가능, 기회 등의 존재 상황을 '파워를 사용했더라면'라는 화자의 입장으로, 즉 현재에 화자가 그 파워를 사용한 결과적 존재 관점으로』말하는 것이다.

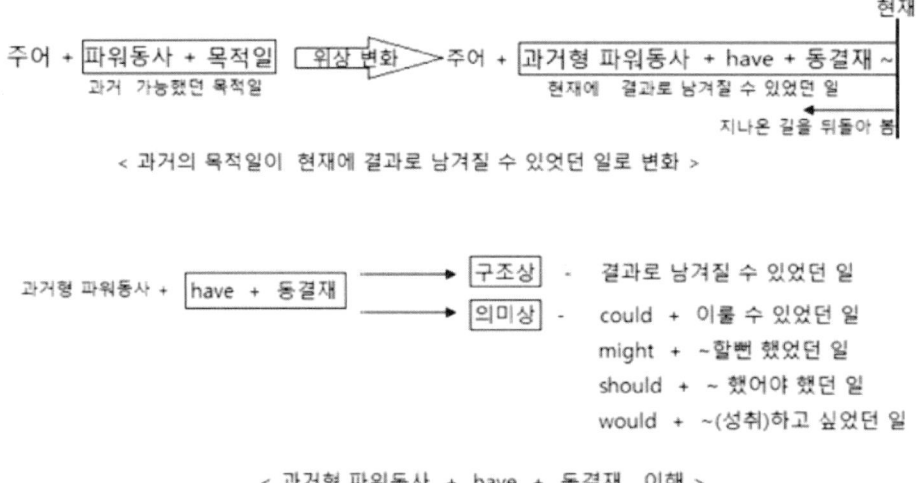

1) 과거형 COULD have + 동결재

과거의 미사용 can과 그 목적일을 현재에 사용 결과적 입장으로 말하기.

과거에 주어가 사용 가능했었던 (미사용) 파워동사를 시간의 장벽을 넘어 현재에 화자가 임의로 사용한 그 결과적 입장으로 말해보기이다. 그러므로 파워동사의 현재형이 과거형 으로 바뀌었고 목적일은 목적 달성한 결과로 바뀌었다.

과거에 can을 사용해서 목적일을 달성할 수 있었다(could have+pp)라고 현재에 파워를 사용한 결과적 입장에서 말하므로 could는 화자가 사용한 「과거형」이다. 이것은 실제 파워 사용이 아니고 화자가 『언어상 임의의 사용』하였으므로 과거형 could가 된다.

과거에 사용하지 못한 can이어서 목적일을 이루지 못했고 그 일을 뒤돌아볼 때 아쉬워서 현재에는 '결과로 남겨질 수 있었던 일'로 변하게 말한다. 결국 실제 결과를 남기지 못해 현실에서 '끊어진 could'이다.

이들 곧 끝내 이루어지지 않았던 일들은 과거에 할 수 있거나 저지를 수 있는 목적 위치에 있었던 일이지만 시간이 지난 현재에서 이를 보면 할 수 있었지만 끝내 하지 않은, 저지를 위치에 있었지만 끝내 이뤄지지 않은 과거일은 과거 '목적 위치'에서 현재에 뒤돌아볼 때에는 목적을 이루어 '결과로 남겨질 수 있었던 일'이었고 끝내 이루어지지(일어나지) 않았던 일이었다. 즉 과거에서 can+v+o(할 수 있는 일)이 현재에선 could+have+pp~ (결과로 남겨질 수 있었던 일)로 변한 그 구체적 문법적 의미를 반드시 이해해야 한다.

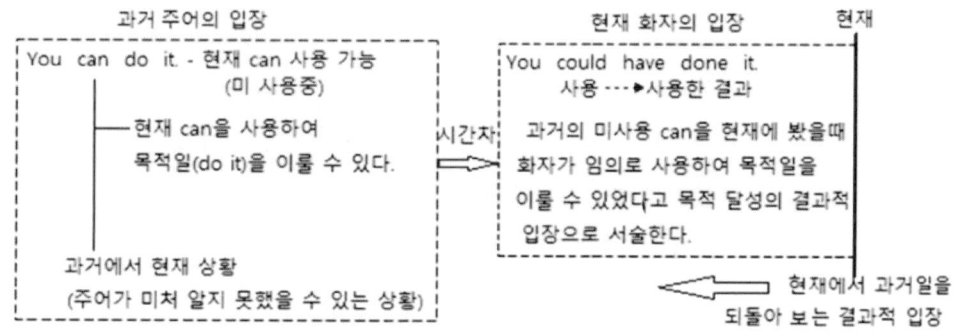

< 과거에 파워를 사용하여 목적 달성 가능했던 때를 현재에 파워 사용 결과적 입장으로 언급 >

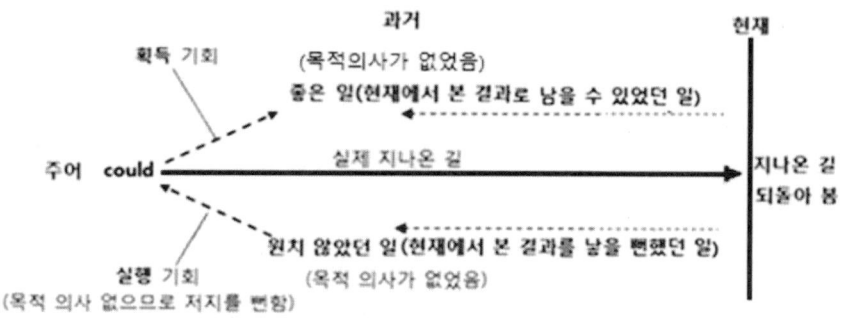

< 과거 지나온 길에 목적 기회가 있었던 일들을 되돌아 봄 >

① 목적 의사가 없이 원치 않는 일 저지를 뻔했다

'원치 않는 일'을 저지를 위치, 상황에 있었다. 거의 결과를 낳을 뻔하였다. 다행이나 안도의 마음, 놀람, 등이 남는다. 과거의 목적일은 주어가 원치 않는 일인데도 파워동사를 사용할 기회가 있었다이다. 여기서 have + pp는 could와 함께 사용하여 현재에서 뒤돌아 보면 사용할 수 있었고 결과를 남길 수가 있었다이다. 실제는 사용하지 않았고 결과를 남기지 않았다. 그래서 '주어가 결과를 거의 낳을 뻔했다 혹은 할 수 있었다'을 의미한다. 여기서는 주어가 목적의사가 없는 목적일이었으므로 '~할 뻔하였다'로 해석했다. ~할 수 있었다는 목적의사가 있는 목적일처럼 느낄 수도 있기 때문이다.

이들 일들을 과거 주어가 can을 사용하여 이룰 수 있는 위치였지만 시간이 지난 현재 관점에서 보면 곧 결과적 형태로 남겨질 수 있었던 위치이어서 have+pp~형식으로 표현한다. ★ 이 일은 목적 의사가 없는 일이고 have+pp~에서 have가 노출되지 않는 일 서술이 시간이 지난 현재에도 노출되지 않아서 결과적 형태로 남겨질 뻔했던 일이 된다.

○ That was dangerous – he **could have killed** somebody. 저 일은 위험했어요. 그가 어떤 사람을 죽일 뻔했거든요. – 목적 의사 없이 원치 않는 일을 저지를 **뻔**했었다. 결국 목적 의사 없이 불의의 사고를 낼 뻔했다이다.

○ Amy **could have screamed** with surprise. 에이미는 놀라서 소리를 지를 뻔했다. – 소리를 지를 수 있었는데 그러지 않았다. – 목적 의사 없이 결과를 낳을 뻔했다.

○ I **could have murdered** Ryan for telling Jason that! Jason에게 그 일을 말해버린 대가로 나는 Ryan 살해할 뻔했어! – 살해할 수 있었던 상황에서 실행하지 않음. – 목적 의사 없이 원치 않는 결과를 낳을 위치나 상황에 있었다.

○ Why did you throw the bottle out of window? Somebody could have been hurt. 너는 왜 그 병을 창문 밖으로 내 던졌니? 누군가가 다칠 수도 있었어. – 목적 의사 없이 원치 않는 결과를 낳을 위치나 상황에 있었다.

② 좋은 일 등을 할 목적기회가 있었지만 놓쳐 버렸다

할 수 있었는데 '목적의사 등이 없어서' 하지 않고 놓쳐 버렸다. 과거에 주어가 가지고 있었던 목적 기회를 놓쳐버려서 아쉬워 뒤돌아본다. 놓쳐버린 좋은 일을 아쉬워한다, (남으로부터)비난, 잘못, 질책, 등의 감정이 실려 이 말을 들을 수 있고 자신에게는 아쉬움이 남는다. 파워+have+pp를 의미상으로는 현재에서 뒤돌아본 과거에 '할 수 있었던 일'이었고 구조적으로는 현재에서 뒤돌아봤을 때는 '결과로 남을 수 있었던 일'이고 실제로는 '하지 않은 일'이어서 현실에 '끊어진 could'이기도 하다.

○ I **could have married** anybody I wanted. 나는 내가 원하는 누구와도 결혼할 수 있었다. (실제는 그러지 못했고 지금은 그럴 수 없다.) – 좋은 일 기회가 있었지만 목적 의사가

없어서 이루지 않았고 아쉽지만 지금은 기회 없다.

○ You **could have helped** me- why did you just sit and watch? 너는 나를 도울 수도 있었는데, 너는 왜 그저 앉아서 보고만 있었니? - 목적 기회가 있었지만 목적 의사가 없어서 이루지 않았고 지금은 기회 없다. 이 일은 화자가 바라고 원했던 일이지만 주어는 목적 의사 없이 그 상황에서 방관하고 있었던 이유를 묻는다.

○ I **could have kissed** her **if** I'd wanted to. 나는 내가 원하기만 했다면 그녀와 키스할 수 있었다. Had wanted- 과거 완료. - 과거 목적의사가 있었다면 할 수 있었는데 하지 않았고 지금은 기회 없다.

③ 과거형 couldn't have+동결재

○ I **couldn't have won**, so I didn't go in for the race. 나는 이길 수가 없었다, 그래서 나는 그 경주에 참가하지 않았다. - 과거 원하는 목적 일을 이루고 싶었지만 순수 능력이 부족해서 이룰 수가 없었다. 그래서 포기했다. ★여기서 **부정형**은 목적 의사가 없는 게 아니라 목적 의사가 있었고 원하는 목적일이었는데도 하지 않았다가 아니라 이룰 수 없었다 결국은 과거에 할 능력(순수능력)이 모자랐다.

2) 과거형 MIGHT have + 동결재

지나온 과거에 기회가 있었던 목적일들을 그 기회 사용한 결과적 입장으로 말한다.

주어가 과거 목적을 이룰 좋은 기회가 있었지만 놓쳐버려서 그 과거 일을 현재에 화자가 파워 동사를 사용한 결과적 입장으로 말하여 본다.

이루지 못했으므로 과거를 뒤돌아보면서 놓쳐버린, 지나가버린 그 기회들을 아쉬워하며 현재에 파워 사용(실행)의 결과적 입장에서 말한다.

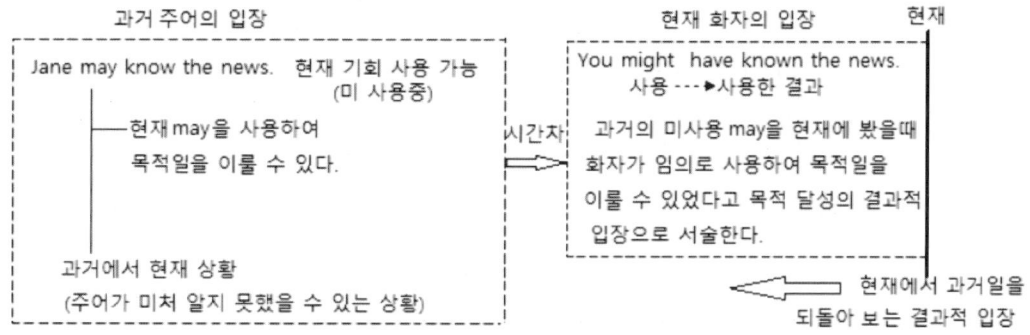

< 과거에 파워를 사용하여 목적 달성 가능했던 때를 현재에 파워 사용 결과적 입장으로 언급 >

① 과거에 그런 기회가 있는 줄 알았어야지(실제는 몰랐어)

○ David Kim! I **might have known** you'd be behind all this! 데이빗 김! 네가 이 모든 일 뒤에 숨어 있고 싶어 하는지를 내가 알았어야지! (실제는 네가 그렇게 하고 싶은 줄은 그땐 내가 몰랐어.) - 과거에 그런 기회가 있는 줄 몰랐어.

★ 지나온 과거에 목적일을 이룰 기회가 있었지만 이루지 못하고 아쉬워하여 그 기회를 현재에 사용하여 목적일을 이룬 결과적 입장에서 말해 본다이다. 이는 과거에 주어의 실제 기회였지만 사용하지 않아서 시간차의 장벽을 넘어 현재에 화자가 임의로 사용하는 기회가 된다. Might와 함께 'Have + 과거 분사'는 과거에 기회가 있던 목적일을 실제 하지 않았는데도 실행했다면(시간차이를 건너뛰어 했다면)「현재에 이루었을 일, 즉 결과적 상태로 남았을 일」이라고 말하고 있다. 과거 기회가 있던 목적일(may+v+o)을 현재시각에서 보면 결과로 이룰 수(기회) 있었던 일(might +have +pp +o=결과적 일)로 변한 것이다. 다시 말하면 과거 기회가 있을 때 이룰 수 있었던 목적일을 현재에 그 목적을 이룬 결과적 입장으로 말해 본다이다. 왜냐하면 과거일을 아쉬워 뒤돌아보며 말한다는 것은 그 일이 목적가치가 있었기 때문에 미련이 남아 뒤돌아보는 것이다. 따라서 끊어진 might에 have+pp 결합은 실제 이루지 못했지만「이룰 수 있었던 일(결과적 일)」이라고 그 기회를 놓쳐버려 아쉬워한다. 그래서 현재는 현실성 없는 과거의 목적일이 되어 버렸다. 그래서 실제는 이루지 못하여 원치 않았던 다른 길로 갔다이다. Have+pp(완료형)가 과거형 might와 함께 사용하는 것은 과거에 이룰 수 있었던 기회(may know)을 놓쳐버렸고 이를 아쉬워하여 현재에 그 기회를 사용하여 목적을 이룬 결과적 입장에서 말해 본다이다. 여기 might는 주어가 아닌 화자가 언어로(임의로) 사용한 might이며 그 사용한 might의 결과가 have+pp가 되었다. 한마디로 실제 사실의 변화는 없지만 언어상의 변화만을 만들었다. 즉 may+v+o에서 might+have+pp +o으로 변했다.

② 과거 원치 않았던 일을 낳을 뻔한 기회가 있었다

주어의 목적 의사가 없는 일인데도 그런 결과를 저지를 뻔했다. 과거의 목적 기회가 거의 결과를 낳을 뻔했다. 거의 목적 결과에 이를 지경이었다. 실제는 저지르지 않았고 현재는 현실성이 없는 기회이다. 놀람, 화남, 경고, 문책, 자책 등의 감정을 남기게 된다. 보통 you might~이며 화자(혹은 제3자)가 보는 주어의 행위는 그 목적의사가 없었던 일인데도 원치 않았던 일(결과)을 낳을 뻔했다. 여기서 대부분 have+pp는 나쁜 일들이다.

○ Why did you do that? You **might have killed** yourself. 너는 왜 그런 짓을 했어? 너는 너 자신을 죽일 뻔 했잖아. 너는 너 자신이 어쩌면 죽을 수도 있었잖아. 죽을 뻔한 거 알았어야지. 그 일(that)은 어떤 결과를 낳는 직접적인 기회는 안되지만 거의 목적일에 근접하여 원치 않는 결과를 낳을 뻔한 과거 기회를 말하는 것이며 실제는 그런 결과를

낳지 않았으므로 현실성이 결여된 might가 되며 단지 화자의 주관적인 판단에 근거하여 보는 기회일 수도 있다. 과거에 그런 기회를 겪을 뻔했어.

○ Did you see what happened? I **might have been killed**. 너는 무슨 일이 일어났는지 봤니? 나는 거의 죽을 뻔했어(나는 어쩌면 죽었을 수도 있었어). - 과거에 원치 않는 결과를 낳을 뻔한 그런 기회가 있었다.

○ You were stupid to try climbing up there. You **might have killed** yourself. 네가 저기에 올라가 보았다니 어리석었다. 너는 너 자신을 죽일 뻔했어. 너는 (어쩌면) 죽었을 수도 있었어. - 과거에 그런 결과를 낳을(겪을) 뻔 했다.

③ 과거에 그런 기회가 있었는데 놓쳐버렸다

지금은 아쉽다, 과거에 미사용기회를 현재에 기회 사용한 결과적 입장에서 말한다. 그래서 ~결과를 낳을 기회가 있었는데 기회를 놓쳐 버렸다. 놓쳐버린 주어의 책임이다, 등의 감정이 남는다. 여기 대부분 have+pp는 책임 있는 일이다.

○ She **might have told** me she was going to stay out all night. 그녀는 내게 밤새 내내 밖에 머물 거라고 말할 수 있었어(실제는 말하지 않았다).

○ You **might have told** me the truth before! 너는 그 사실을 전에 내게 말할 수 있었어! - 과거 말해야 했는데 그 기회를 놓쳐버렸어(말할 수도 있었는데 실제는 말하지 않았다). 아쉬워 결과적 입장에서 말해본다.

3) 과거형SHOULD have + 동결재

과거에 해야 하는 목적일(V+O). 과거에 당위성 있는 목적일.

주어의 과거 미사용 should을 과거와의 시간차를 뛰어넘어 현재에 화자가 사용해서 그 사용 결과적 입장으로 서술한다. 과거의 당위성 있는 목적일을 하지 않아서 그 일을 현재에 결속력을 사용한 당위성 있는 결과적 입장에서 말한다. 여기 과거에도 현재형 should이었으므로 현재에는 화자가 사용해버린 과거형 should로 변하고, 해야 했던 일은 했어야 했던 일(have+pp~)로 변했다. 과거 해야 하는 목적일을 하지 않아서 현재에 했어야 했던 일 즉 당위성 있는 결과로 남겨졌어야 했던 일이다고 말해본다. 과거에 목적일에 연결되어 있었지만 실제는 사용하지 않아서「끊어진 should」이며 현재에 그 결과로 남겨지지 않았다. 그때에 실행하지 못한 즉 「끊어진 should」이다. 그래서 목적일을 하지 않았고 그 일을 뒤돌아볼 때 현재에는 '결과로 남겨졌어야 했던 일(have+pp)'로 변했다. 즉 주어가 과거의 당위성 있는 목적일을 이루지 못해 현재에 결속력의 사용(과거형 should) 결과적 입장(have+pp)으로 말해본다. 그래서 질책 등의 감정이 남는다.

★ 지나온 과거에 '해야 하는 목적일'을 하지 못해 아쉬워하며 현재에는 했어야 했던 결과적 입장으로 말하며 질책한다. should와 함께 'have+동.결재'는 주어가 과거 당연히 해야 했던 목적일이었지만 현재 관점에서 뒤돌아보면 하지 않아서(끊어져서)「했어야 했던 일, 즉 현재에 결과적 상태로 남겨졌어야 했던 일」로 변해서 have+pp 형식을 쓴다. 다시 말하면 과거 당위성이 있던 목적일(v+o)이 현재시각에서 보면 했어야 했던 일(have+pp+o)로 변한 것이다. 왜냐하면 과거일을 아쉬워 뒤돌아본다는 것은 그 일이 당위적 목적가치가 있었기 때문에 현재에 그 가치를 지키지 못해 아직 질책감 등 남아있고 아쉬워 뒤돌아보면서 말하는 것이다. 따라서 끊어진 should에 have+pp 결합은 실제 하지 못했지만「했어야 했던 일」의 기회를 놓쳐버려 아쉬워하며 이를 다시 현재의 결과적 입장에서 말해본다이다.

당위성 있는 올바른 목적일과 should 시제

올바른 가치 있는 일, 당위성 있는 일은 시간, 시대와 관계없이, 장소에 관계없이 항상 진실, 사실, 진리처럼 그 가치가 변하지 않는 것처럼 과거에서도 현재형 should이며 현재에는 과거형 should이 되어서 should의 변형이 없이 현재형에서 과거형으로 변했다.

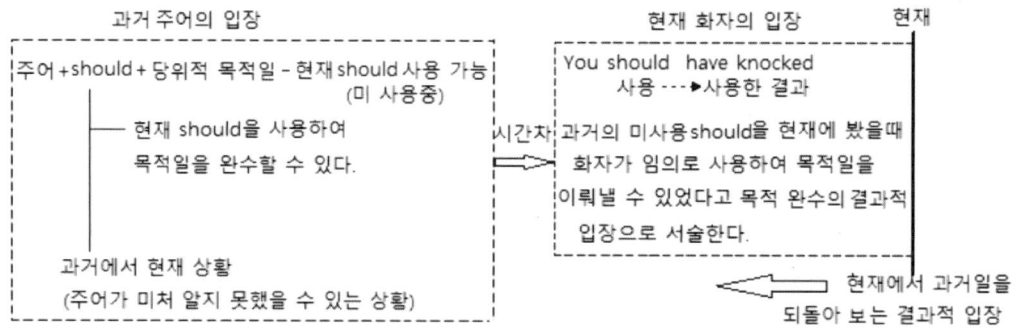

< 과거에 파워를 사용하여 목적 달성 가능했던 때를 현재에 파워 사용 결과적 입장으로 언급>

과거에 지나온 길에서 당위성 있는 일을 했다면(즉 더 이상 그의 과거 당위성을 말할 필요가 없음) 현재 당위성 있는 위치나 지위에 있겠지만, 못했다면 현재 당위성 있는 위치(입장)나 지위에 있지 않으므로, 결국은 당위성이 없는 위치나 지위에 있는 사람(주어)에게 그의 지나온 과거를 평가하여 "과거에 ~했어야 하지 않냐"고 그 책임을 묻거나 따진다, 아쉬워한다, 화낸다, 깨닫게 해준다, 질책한다, 등등의 감정과 함께 과거의 일을 말해본다.

① 과거 개인적 가치 있는 일이 '당위성이 있었던 목적일'인 경우를 뒤돌아보고 했어야 했던 일이 있었다고 말한다

과거 당위적 가치 있는 목적일을 하지 못해서 현재에 뒤돌아보고 아쉬워서 했어야 했던 일이었다고 결과적 입장에서 말한다.

과거 should을 당위적 가치 있는 일에 사용하지 못하여 현재에 아쉬워서 그 사용 결과적 입장에서 말한다. Should가 과거에는 목적일에 연결돼 있었으나 지금은 현실에서 「끊어진 should(과거형)」이다.

과거의 해야 할 일을 주어가 하지 않은 일이었고 당위성의 길(지위)에서 끊어져서 현재에서 뒤돌아볼 때에는 '했어야 했던 일'로 변하여 그것은 '과거 당위성이 있었던 일이었음'을 말해준다. 실제 주어는 이를 행하지 않은 다른 길(일)을 갔다.

여기서 과거의 주어와 현재의 화자는 같지만 현재의 화자 입장에서 하는 말이다.

○ I **should have preferred** to stop longer. 나는 좀더 멈추었어야 했는데(아쉽게도 그러지 못했다). - 과거 일에 끊어진 should. - 지나온 과거 길에 행하지 않아서 그 당위성을 갖추지 못한(잘못해버린) 주어를 당위성 측면에서 평가하여 「했어야 했던 일」이 있었다고 말해본다.

○ I **should have gone** yesterday morning but I was feeling a bit ill. 나는 어제 아침 갔어야 했는데, 그러나 나는 조금 아팠다(아파서 못 갔다- 새로운 이유 있는 경우). - 과거에 해야 하는(당위성 있는) 일을 끝내 하지 못하여서 아쉬운 마음으로써 과거를 뒤돌아볼 때 현재에서는 했어야 했던 일이 있었다고 당위성 측면에서 말하고 있다.

○ I **should have been** in the shade like all the other tourists, **then** I wouldn't have got burned... 나는 다른 모든 관광객들처럼 그늘진 곳에 있어야 했는데, 그랬다면 나는 (햇빛에) 타지 않았을 텐데... - 과거 방향에 끊어진 should임. - 과거 당위적 목적일에 끊어진 should. - 과거 당위적 목적일을 가지고 있었던 주어에게 지나온 과거를 뒤돌아볼 때에 현재에는 마땅히 했어야 했던 일이 있었다고 말해본다. - 지나온 과거 길에 당위성이 없었던 주어를 당위성 측면에서 평가하여 「실제성 없는 과거 일」을 연결하여 말해본다. 즉 이루었어야 하는 일의 존재를 말해본다.

② 과거 주어에게 있었던 당위성 있는 목적일을 현재의 결과적 입장에서 말한다

○ You **should have knocked** before you come in. 너는 들어오기 전에 노크를 했어야 했어(당연히 했어야 하는 일을 하지 않아 아쉽다, 너는 잘못했다, 그러면 안 된다, 그러지 말아라 등 다양한 반응이 있을 수 있다). - 과거 당위적 목적일에 끊어진 should. - 과거 당위적 목적일을 가지고 있었던 주어에게 지나온 과거를 뒤돌아볼 때에 현재에는 마땅히

했어야 했던 일이 있었다고 말해본다. 지나온 과거 길에 당위성이 없었던 주어를 당위성 측면에서 평가하여 「했어야 했던 일」이 있었음을 말해본다.

○ You **should have done** that yesterday you idiot! 너는 어제 그 일을 했어야 했어, 이 바보야! - 과거 당위적 목적일에 끊어진 should. - 과거 당위적 목적일을 가지고 있었던 주어에게 지나온 과거를 뒤돌아볼 때에 현재에는 마땅히 했어야 했던 일이 있었다고 현재에 말해본다. - 지나온 과거 길에 당위성이 없었던 주어를 당위성 측면에서 평가하여 「했어야 했던 일」이 있었음을 말해본다.

③ 과거 '대단한 일이었던' 경우를 겪어볼 가치 있었던 일로 나중에 당위성 가치를 부여한다

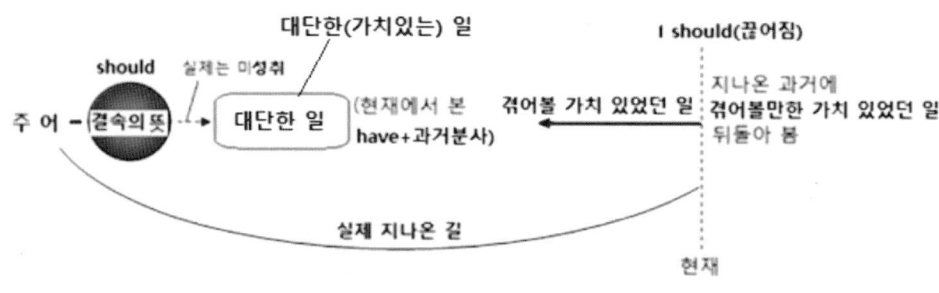

<과거에 했어야 했던 일들을 뒤돌아 본다>

여기서는 과거 주어가 가지고 있던 당위성 있는 목적일은 아니었으나 현재에 화자가 뒤돌아봤을 때에는 겪어볼 가치가 있었다고 나중에 당위적 가치를 부여하고 있다.

화자가 지나온 『과거에 겪은 놀랍고, 우습고, 충격적이고 인상적인 일』등을 『청자에게도 아쉬워하며 그 대단한 일을 겪어 봤어야 한다』고 『'함께 겪어 볼만한 가치' 측면에서 말하며』 결국 자신이 경험한 일을 강조한다. 과거에 주어에게 있었던 당위성 있는 목적일은 아니었으나 나중에 당위성 가치를 부여하여 내가 대단한 일을 겪었으니 너도 겪어봤어야 했다며 당위성 가치 있었던 일이었다고 현재에 말한다. 여기 당위성은 같은 동료이거나 늘 많은 일들을 공유하며 공동 관심사를 나누는 사이에 함께 공유해야 할 가치와 인식들의 가치로서 당위성이다.

○ You **should have heard** him last night! 야! 너 어젯밤 그가 하는 얘기 들었어야 했어. (그건 대단한 이야기였어!) - 한 마디로 대단한(충격적인, 놀라운) 얘기였어. 화자가 지나온 과거 일을 경험하지 못했던 주어에게 화자가 격은 경험 가치 측면에서 말하여 놀랍고, 우습고, 충격적이고, 인상적인 '대단한 일'을 주어에게 목적으로 연결하여 경험해 봤어야 했다고 현재의 결과적 입장에서 가치 있게 말해 본다. 즉 내가 대단한 일을 겪어보니 '너도 겪어봤어야 했다'. 혹은 너도 겪었어야 할 만큼 대단한 가치 있는 일이었다. 즉 자신이 겪은

일에 나중에 주어에게 겪어봤어야 했던 일로 당위성 가치를 부여한다.

○ You **should have seen** it. 너는 그것을 봤어야 했는데(**대단한 일을** 보지 못해 아쉽다). - 한 마디로 대단한(충격적인, 놀라운) 광경이었어. 지나온 과거 일을 경험하지 못했던 주어에게 화자가 격은 경험 가치 측면에서 말하여 놀랍고, 우습고, 충격적이고, 인상적인 일을 주어도 경험해 봤어야 했다고 대단한 일을 당위성 가치 있게 말해 본다. 즉 내가 대단한 일을 겪어보니 '너도 겪어봤어야 했다' 혹은 너도 겪었어야 할 만큼 대단한 (경험해 볼만한) 가치 있는 일이었다. 즉 나중에 당위성 가치를 부여한다.

○ You should have seen him when he first came out- it was so sad. 그가 처음 나왔을 때 봤어야 했는데 너무 슬펐다. - 한 마디로 대단한(슬프고 놀라운) 광경이었어. 지나온 과거 일을 경험하지 못했던 주어에게 화자가 격은 가치 측면에서 말하여 놀랍고, 우습고, 충격적이고, 인상적인 일을 주어도 경험해 봤어야 했다고 대단한 일을 나중에 당위성 가치 있게 말해 본다. 즉 내가 대단한 일을 겪어보니 '너도 겪어봤어야 했다'. 혹은 너도 겪었어야 할 만큼 대단한 일이었다. 즉 나중에 당위성 가치를 부여한다.

4) 과거형WOULD have + 동결재 _ 지나온 과거에 성취하고 싶었던 목적일들

여기서 과거 목적일에 사용할 힘은 will이거나 현재형 would이다. 현재형 would는 목적일을 이룰 뜻은 있으나 뜻을 이루기엔 부족한 힘이다. 그래서 목적일을 이룰 수 없고 이루고 싶은 뜻 만을 드러내게 된다. 결국 사용할 수 없는 목적일에서 '끊어진 would'.

① 과거에 이루고 싶은 목적일을 목적 결과를 이루고 싶었다고 현재의 그 결과적 입장으로 말한다

과거 목적일을 이루고 싶은 뜻은 있었으나 목적일을 이루지 못하여 이를 아쉬워 현재에 뒤돌아볼 때에는 과거에 결과를 이루고 싶었다고 결과적 입장으로 말하여 서술한다.

과거에 목적일을 이루고 싶은 뜻 ⇒ 현재에 결과를 이루고 싶었던 뜻.

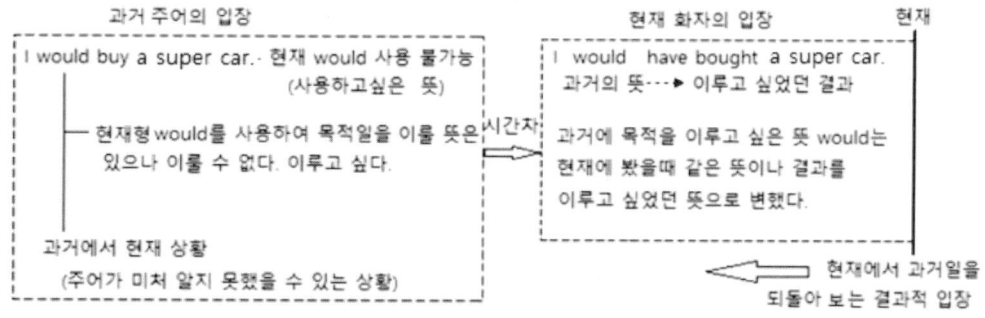

<과거 현재형 would를 사용하여 목적을 이루고 싶은 뜻을 현재에 결과를 이루고 싶었던 뜻으로 언급>

과거 원하는 목적일을 이룰 뜻이 있었지만 실제적으로 이룰 will(힘)이 없어 이루지 못하고 마음과 뜻만이 남아서 현재에 뒤돌아볼 때는 아쉬워서 원하는 일을 성취하고 싶었다고 화자는 말한다. 과거에도 현재에도 그렇게 이뤄지지 못했다. 과거에 현재형 would은 목적달성의 뜻이 있었지만 이루지 못하여 현재에 뒤돌아 볼때에는 이 would가 과거형으로 바뀌어 과거의 뜻이 되었고 목적일은 이루고 싶었던 결과(have+pp~)가 되었다. 즉 성취하고 싶은 일은 과거의 목적일이었지만 현재의 결과적 입장에서 볼 때 이루고 싶었던 결과이다. 즉 최종적 결과로 남기고 싶은 목적이었다. 이루고 싶은 목표적 결과였는데 실제는 이루지 못했다이다. 지나온 과거에 이루지 못한 목적일'이 있어서 현재에 그 과거일을 아쉬워 뒤돌아본다는 것은 그 일이 목적가치가 있었기 때문에 미련이 남아 뒤돌아보는 것이다. 여기서의 특징은 과거에 이루고 싶은 뜻은 would like, would prefer 였으나 현재에는 결과적 입장으로 결과를 이루고 싶었던 뜻 would have liked, would have preferred으로 변하였다. 이루지 못한 과거의 뜻은 현재까지도 어떤 변화도 일으키지 못했으므로 있는 그대로 (과거에) 결과를 이루고 싶었던 뜻이 있었다고 서술하는 것이 옳다. 여기서 주어와 화자는 같다.

○ I **would have liked** a life in politics. 나는 정치인의 삶을 살고 싶어 했었는데. - 여기서 주어와 화자는 같다. 과거에는 I would like a life in politics이었다. 과거 원하는 목적일을 이루고 싶은 뜻이 있었지만 실제로 이루지 못하여 현재에 뒤돌아볼 때는 결과를 이루고 싶었던 일이었다고 말한다. 과거 원하는 목적의 뜻(would like)이 있었지만 이루지 못하여 현재에 뒤돌아 볼때에는 과거에 결과를 이루고 싶은 뜻이 있었다고 결과적 입장 (have+pp~)에서 말한다. 즉 성취하고 싶은 일이었는데 실제는 이루지 못했다이다.

○ She **would have liked** to ask questions, but he had moved on to another topic. 그녀는 여러 질문들을 하고 싶었었는데, 그러나 그는 다른 주제로 옮겨가 버렸다. - 과거에는 She would like to ask questions이었다. 과거 목적일을 이루고 싶은 뜻이 있었지만 이루지 못하여 현재에 뒤돌아볼 때에 결과를 이루고 싶었던 일이었다고 말한다. 과거에 그녀가 여러 질문들을 하고 싶었던 목적 일이 있었음을 말하며 실제는 이루지 못하여 다른 길로 갔음을 말한다.

○ He also had made it a practice to dine there regularly, though he **would have preferred** being at home 그는 비록 집에 편히 있고 싶었지만 그는 또한 거기서 규칙적으로 정찬을 먹는 연습을 했었다. - 과거에는 He would prefer to be at home이어서 이루고 싶은 뜻 현재형would like이었지만 현재에는 과거형would have liked로 변하여 과거 목적일을 이루고 싶었던 뜻이 있었음을 결과적 입장에서 현재에 언급한다. 과거 목적일은 시간적 경과로 현재에 뒤돌아볼 때는 과거에 결과로 이루고 싶었던 일이 있었음을 말하고 실제는 그렇게 이뤄지지 못하여 다른 길로 갔음을 말한다.

② 과거에 이룰 수 있는 목적일을 그 목적 결과를 이루었을거라고 현재의 결과적 입장으로 말한다

과거에 사용하지 못한 will이어서 원하던 목적일을 이루지 못했고 아쉬워서 그 목적일을 현재에 뒤돌아볼 때는 will을 사용한 '성취 결과로 남겨질 수 있었던 일'로 변하여 "원하던 일을 이루었을 거라고 결과적 입장으로 말한다"이다.

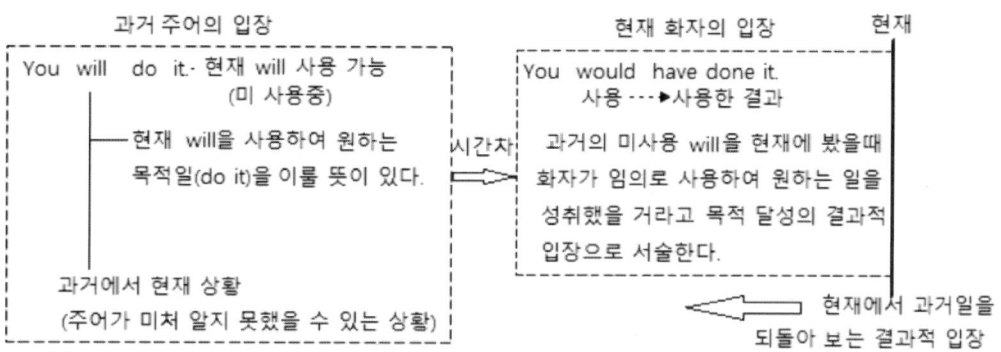

< 과거에 will를 사용하여 목적을 이룰 수 있었던 때를 현재에 파워 사용 결과적 입장으로 언급>

○ You would have succeeded in studying new materials of battery if you didn't give up. 당신이 포기하지 않았다면 당신은 베터리 신소재 연구에서 성공했을 겁니다. - 과거에 주어가 You will succeed in studying new battery materials이었으며 이 미사용 will을 현재에 사용한 결과적 입장에서 언급한다이다.

③ would have+pp~의 부정형

★ would를 부정하고 목적일을 부정하여 끊어진 would가 아닌 실제는 연결된(사용된) would not이며 목적일은 원하는 목적일이 아닌 원치 않는 일로 바뀐다.

지나온 과거에 '원치 않았던 일'을 피하고 싶었지만 실제는 끝내 그 길로 가고 말았다의 뜻. 주어의 목적일이 되길 피하고 싶었지만 결국 그걸 해 버렸다의 뜻이며 「would have+pp+목적」의 반대이다.

○ I **would never have done** what they did. 나는 그들이 저지른 짓을 결코 하지 않으려고 했었는데요. - 실제는 해버렸다.

1. 주어 + be동사 + 동결재 ~ (목적어 입장에서 서술)	······	목적어를 주어로 서술, 즉 동사의 동작을 당한(받은, 입은) 목적어 입장에서 서술하여(표현의 중심이 바뀜) 목적이 주어로 이동하고 원래 주어는 'by + 주어'로 쓰이기도 하고 생략되기도 한다.
2. 주어 + have + 동결재 ~~ (주어 입장에서 서술)	······	주어가 이루어 놓은 목적 결과들을 그 행위자의 경험, 경력, 이력,업적 등의 중심 관점에서 그 노출되지 않은 결과들의 존재를 하나씩 열거하여 서술한 것이다.
3. 주어 + 파워동사 + have + 동결재 (화자의 결과적 입장에서 서술)		주어와 시간적 차이, 공간적 차이(추측), 시/공간을 초월한 차이(가정법) 등에도 불구하고 그 차이들을 극복해보려는 화자의 입장, 관점에서 주어의 가능한 목적일들을 결과적 입장에서 서술해보기이다. 시간적 차이는 과거 가능했던 목적일을 현재에 결과적 입장으로 말하기(~뻔 했~)이다.

〈동결재를 다양한 서술들에 사용 〉

★ have+동결재를 「주어 입장에서」 혹은 「화자 입장에서」 서술하는 관점 변화에 따라 그 의미도 다르게 변화하고 있다. 여기 주어가 아닌 화자 입장에서는 주어의 목적일에 대한 파워의 실제 사용자(주어)가 아닌 경우이므로 제3자적 입장이 되어 그 언어 서술로서 임의의 파워 사용에 대한 결과적 입장으로 말하기 쉽다. 즉 주어와 화자 사이의 시간적, 공간적 차이를 극복하는 방식이 『① 임의로 파워동사를 화자가 사용하여 주어가 하는 일(모르는 일)의 존재를 추측, ② 임의로 파워동사를 화자가 사용하여 이루고 싶은 가상 실현의 가정법, ③ 화자가 파워동사를 과거일에 임의로 사용해보는 경우 등으로 「결과적 입장으로 서술하여」』 그 차이를 극복한다는 것이다. 추측 등에서 have+pp를 사용하지 않는 경우도 그 차이를 극복하나 결과적 입장은 아니다. 이제 파워동사와 have+pp를 같이 사용하는 이유를 이해하시겠죠?

2. 파워동사 + have + 동결재~ ⇒ 결과적 추측

추측하는 것은 모르는 일, 보이지 않는 일 등을 추측하는 것이며 화자가 직접 인식하고 있는 범위 밖의 일들을 추측하는 것이다. 그래서 그 인식 범위 밖의 실제 현장과의 차이를 극복하여 사실에 근접하게 말하는 방법으로 파워동사를 사용하여 추측하는 것이다. 다시 말하면 추측은 화자가 직접 인식하고 있는 범위 밖의 일들을 파워동사를 사용해서 그 범위밖의 사실과의 차이를 **극복하여 사실에 근접하려고** 그 추측의 존재적 관점에서 파워의 확률만큼 (추측을 파워 확률만큼 존재하는 것으로) 주장하는 것이다. 아래 그림에서 알 수 있듯이 주어가 I일때는 주어(화자) 자신의 잊어버린 일, 앞에 보고 있는 상대 you는 you가 드러내지 않고 숨기는 일, 가려진 일 등, 그리고 3인칭은 보이지 않는 일 등이 추측의 영역이다. 즉 추측은 화자가 인식하고 있는 범위 밖의 일들을 파워동사를 사용해서 그 범위밖의 사실과의 차이를 극복하려고 그 존재적 관점에서 확률적으로 주장하는 것이다.

여기 추측에서는 주어가 실행하는 일 모두 화자, 청자에게는 모르는 일이거나 보이지 않는 일 등이다. 다만 각 파워동사들의 역할은 주어가 이들 일들을 『실제 똑같이 실행했을 가능성의 정도(확률의 정도)』, 즉 주어가 목적일을 실행했을 가능성을 확률의 정도로 표현하는데 그 확률의 정도를 파워동사로 표현하며 각각의 파워동사 만큼의 정도(확률의 정도)로 드러내 말한다. 이들 추측하는 일의 가능성 확률 정도는 수치화 되어 결코 단정적으로 말할 수는 없지만 close라는 학자가 1977년에 추측의 가능성 확률정도의 순서를 발표하였다.

파워동사가 가지는 추측의 가능성 확률(확신 정도)의 순서(Close, 1977)

might be, may be(50%), could be, can be, should be, ought to be, would be, will be, must be(단정추정). 여기서 **be**는 추측의 미 확인, 미 노출, 미 확정 상태임을 나타낸다. May be는 기회의 확률이므로 기회를 사용하던가 안 하던가 50%이며 must be는 유일한 가능성이므로 거의 100%에 가깝다고 할 수 있다. 그리고 여기 2장에서 결과적 입장인 might have been에서 must have been까지도 위와 같은 확률을 가진다.

추측의 파워동사의 시제에서 현재형은 현재의 결과적 추측이며 과거형은 과거의 결과적 추측이다. 그리고 과거형과 현재형의 확률 차이는 현재에서 멀어진 기준 시간만큼의 확률 차이이다.

현재	주어	1인칭	2인칭	3인칭	
모르는것 추측	주어에 대해 모르는 것 (보이지 않는 주어)	잊어버린 것 자신의 인식하지 못하는 것	가려진 (숨겨진 것)	보이지 않는 일	
				진행형 추측	결과적 추측

〈추측의 모르는 것들 내용별 구분〉

★ 보이지 않는 일의 두가지 추측

보이지 않는 일은 과거나 현재, 미래를 사실상 두가지로 밖에 추측할 수 없다. 하나는 마치 꿰뚫어보고 있듯이 진행형 추측하는 것이고 그 나머지는 진행형이 아닌 시간대에서는 모든 일이 끝났거나 이미 이루어진 상태이므로 have+pp형 추측(결과적 입장으로 말하기)이 된다. 화자가 주어를 보지 못하는 동안 일어난 일들은 진행형이 아니면 일의 결과적 입장에서 추측하여 말하게 될 수밖에 없다는 것이다. 물론 이 일들은 동사의 동작 등을 행하는 경우가 대부분이며 보이지 않는 일들 이다. 예를 들어 주어가 현재 빵을 먹는다고 추측하게 되면 현재 빵을 먹고 있는 중이거나 이미 빵 먹기를 모두 마친 결과적 상태이거나 두가지 경우만 있게 된다는 것이다. 추측에서 파워의 사용자는 주어가 아니며 화자이다. 추측의 파워 사용자와 주어는 거의 대부분이 다르며, 같은 경우는 주어 I인데 이때 주어는 자신의 잊어버린 일들을 추측할 때이다. 자신의 잊어버린 일들을 추측할 때는 진행형이나 결과적 입장이 될 수 없다.

또한 우리가 간과하지 말아야할 것은 추측할 때 최소한 주어가 하고 있는 목적일에 대한 정보나 정황, 기타 배경 등을 알아야 주어의 목적일을 제대로 추측할 수 있다. 그래서 주어의 스케줄, 계획, 습관 등에 일치한 타이밍에서는 진행형으로 추측할 수 있겠지만 그렇지 않을 때는, 다시 말해서 진행형이 아닐 때에는 주어의 목적일이 모두 끝나버린 상황이다. 주어의 목적일이 현재 모두 끝나버렸다는 것은 이미 진행의 타이밍이 지나버려서 추측하는 화자 입장에서는 목적일을 이미 끝나버린 그 일을 실행의 결과적 입장으로 바라보게 된다는 의미가 된다. 그래서 추측은 현재의 시제에서는 위 두가지 형식으로만 추측할 수 있고, 과거시제에서는 과거 결과적 진행형(파워+have been+~ing~: 과거완료진행)이나 과거 결과적 추측이, 미래의 추측에서는 위 두가지인 진행형, 미래 완성(료)이 있다.

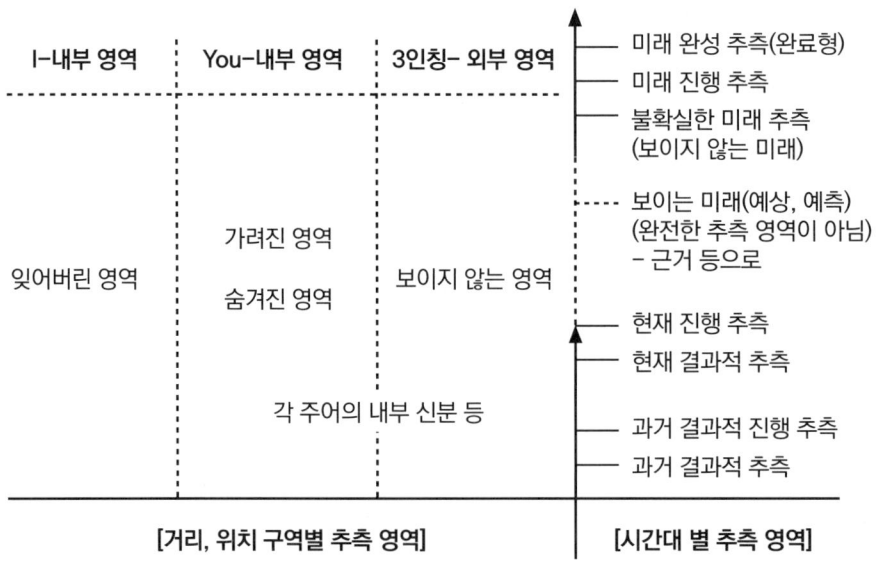

〈추측 영역 구분 – 모르는 것 추측〉

★ 결과적(완료) 입장에서 말하기

여기 화자와 주어 사이의 시/공간적으로 떨어져 벌어지고 있는 주어의 일들에 대해 화자가 그 알 수 없는 인식의 한계 범위를 극복하기 위하여 화자가 말하여 사용하는 방법으로서 『추측』을 하고 있다. 그 추측에는 인식의 한계를 극복해보는 구체적 방법으로서 두가지가 있다. 하나는 주어의 일을 마치 훤히 꿰뚫어 보듯이 말하는 ① 『진행형 추측 서술』이며 두번째는 화자가 '임의로 파워를 사용하여 결과적으로 말하기인 ② 『결과적 입장으로 말하는 추측』이다. 그 추측하는 일들의 결과적 입장은, 예를 들어 추측할 때 진행형이 아닌 시간대에는 주어가 행한 일의 존재를 나타내기 위해서는 어떤 사실을 했다, 안했다처럼 단정적인 서술을 할 수 없으며 그 일의 모든 과정이 「이미 끝나 있는 시간대」이므로 주어의 목적일을 이미 이루어 버린 『최종적 이고 '결론적인' 존재 의미로 보는 것』을 결과적 입장이라 하며 진행형이 아닌 시간대라면 모두 결과적 입장으로 서술하게 된다. 과거, 미래에서도 두가지이다. 화자가 주어의 동작 등을 직접 목격하거나 실제의 사실을 알지 못하지만 추측 등으로 그 최종적이고 결론적 존재 의미로서 결과적 입장이 된다는 뜻이다. 따라서 화자가 주어와 시/공간 차이를 극복하기 위하여 '임의로 파워를 사용(접근 혹은 극복 수단)하여' 주어가 행한 일에 대하여 결과적 존재 입장으로 말하게 된다. 한마디로 화자가 언급하는 추측에서 노출되(드러나)지 않는 일의 <u>결과적 존재 의미를 강조</u>하는 행위이다. 여기에서 「임의의 파워 동사 사용은」 주어가 목적일에 실제로 사용하거나 사용할 수 있는 실제 파워 동사는 아니며 화자가 언어상으로만 임의로 사용하여 주장하는 추측의 존재 정도(확률)로 하나의 파워동사를 선택하여 서술하게 된다. 다시 말하면 실제적으로 존재하는 파워는 아니고 언어상으로만 화자가 사용하는 파워이다. 그 선택 사용된 파워 동사는 그 추측의 존재 가능 확률 정도를 나타내며 화자가 추측의 존재를 주장하는 자신감 정도이기도 하다. '임의의 파워 사용'은 『비실제(비 사실)적으로 사용하는 언어뿐일지라도 여러가지로 사용하여 ① 추측에서 임의의 존재적 확률 정도를 주장하거나 ② 가정법에서 현실 문제를 가상 극복하는 수단이 되거나 ③ 과거 미사용 파워를 사용한 결과적 입장으로 만들거나 할 때 사용한다. 이것들을 다시 표현하면 ⓐ 그 시/공간 차이 너머에 있을 수 있는 일을 추측, ⓑ 그 현실 차이를 초월하여 문제를 가상 극복해보는 가정 실현, ⓒ 과거와 현재 시간 차이를 넘어 과거 가능했던 일 등을 현재에 목적 달성한 결과적 입장으로 말해보기이다. 즉 그 차이에 가려진 일들에 대하여 말할 때 '그 차이를 극복하는 수단과 방법'은 화자가 「언어로 임의의 파워를 사용하여」 만들어낼 수 있는 결과적 일을 결과적 입장이라 하며 주어의 입장이 아닌 화자의 관점이다. (보통은 주어가 사용하는 파워가 대부분이며 모든 일의 행위자는 대부분 화자가 아닌 주어이다. 주어가 행위자가 아닌 또다른 경우는 피동태 등 목적이 주어로 전용되어 사용될 때 등이다).

A. 〈주어의 입장에서〉

--- 현장이 아닌 곳에서 과거 행한 일을 결과적 존재로 서술.

1. I have been to Mindanao in the Philippine.

   주어가 행한 일의 경험을 서술. 주어가 과거 행한 일을 결과적 서술

B. 〈화자의 입장에서〉

--- 현장(현실)과의 시/공간 차를 넘어 극복하려는 서술(비실제적 서술).

1. 시간차를 극복하여 과거 목적 일을 현재 결과적 서술.

   You could helped me at that moment.

2. 시/공간 차이를 극복하여 주어에게 벌어진 일의 존재를 결과적 추측.

   she's late. I think she may have missed the train.

3. 시/공간 차이를 초월하여 문제를 극복해보려는 가상의 실현.

   If we had known you were coming, we should have taken the day off.

   만일 네가 오는 줄 알았더라면 우리는 그 일정을 취소했을텐데.

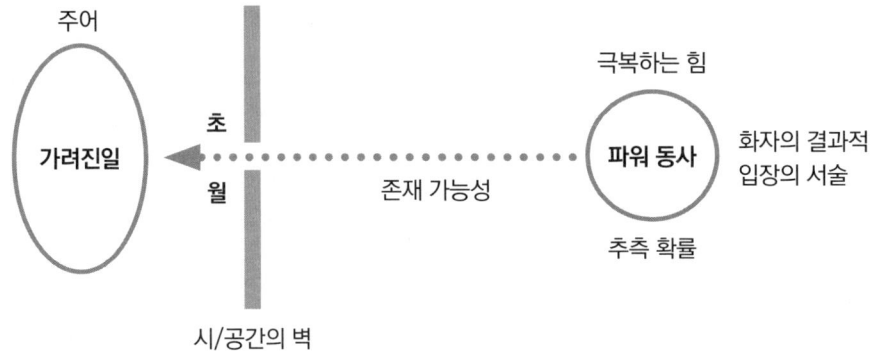

〈두개의 have + 동결재 서술 비교〉

A. 현실(현장등)에서의 사실적 서술

1. 현장에서 생생한 사실 서술

    Bees are attacking human being. 벌들이 사람을 공격하고 있다.

    many horses run fast out of our farm.

2. 현장 등에서 목적일에 맞추어 파워동사를 서술 – 사실적 서술.

    I can do it.

    Iwill do it.

    I may go to shoping in the afternoon,

3. 현장에서 사실을 목격후 시간이 지나 과거일을 서술.

    I saw him catch a bird.

    she made a big mistake on her driving test yesterday.

4. 현장에서 시·공간 이동하여 과거 사실을 서술.

    He was falling in love with her in his college days.

5. 현장이 아닌 곳에서 사실의 서술.

    I have been to Mindanao in the Philippine.

    – 현장을 벗어난 곳에서 주어가 과거 행한 일을 결과적 존재로 서술.

    I have many gold coin.

    She had a bath in her yard while it was raining.

B. 시/공간적 차이를 극복하려는 비실제적 임의의 서술

1. 시간 차이를 극복하여 과거 목적일을 현재 결과적 서술.

    You could helped me at that moment.

2. 시·공간 차이를 극복하여 주어에게 벌어진 일의 존재를 결과적 추측.

    she's late.1 think she may have missed the train

3. 시·공간 차이를 초월하여 문제를 극복해보려는 가상의 실현.

    If we had known you were coming we should have taken the day off.

    만일 우리가 네가 오는줄 알았더라면 우리는 그 일정을 취소했을텐데.

〈 현실(현장)에서의 사실적 서술과 시·공간적 차이를 극복하려는 비실제적 임의의 서술〉

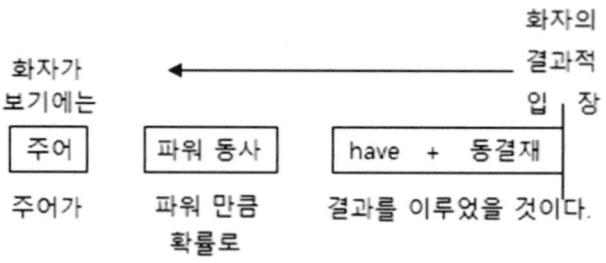

< 추측의 확률과 결과적 입장 >

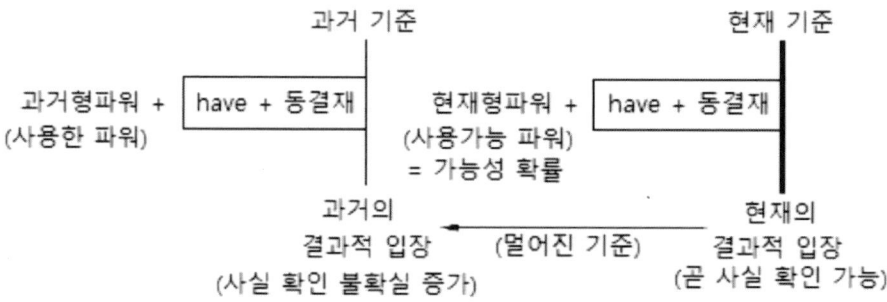

< 과거, 현재의 결과적 추측과 시간 변화에 따른 확률적 변화 >

★ 과거의 기준 시간과 현재의 기준 시간 차이가 벌어질수록 추측이 사실에 접근하는 확률은 불확실성이 증가한다. 그러므로 과거에서 결과적 입장으로의 추측은 자신감이 결여되게 추측한다. 화자는 현재형 파워에서는 결과를 이룰 수 있는 현재의 모든 상황과 요소들을 파악하고 있다고 생각하는 것이며, 과거형 파워에서는 이미 사용해버린 파워이므로 결과를 이룰 수 있는 모든 상황과 요소들은 과거 당시에 파악하지 못했지만 현재에서는 그렇게 볼 수도 있다는 뜻이기도 하다.

★ 주어의 일을 결과적 존재로 추측 - 현재에 한동안 보지 못한 일 등을 추측할 경우 주어의 보지못한 일을 결과를 이루었을(해 버렸을, 저질러 버렸을 - 일의 결과적 존재로) 거라고 현재에 결과적 입장으로 화자가 추측하여 말하면서 have+pp형을 사용한다. 그래서 have 는 확인되지 않는(보이지 않는) 영역을 서술하므로 화자는 당장 확인할 수 없지만 주어가 그 일을 해버렸고(일의 존재) 결과가 되어 버렸다는 입장이다.

1) CAN have + 동결재, or Cannot have + 동결재

⇒ 현재 주어의 일을 결과적 존재로 추측.

can이 화자가 주어의 능력과 목적일을 잘 파악 하여(잘 알고) 목적일을 이룰 수 있다고 보듯이 추측에서도 화자는 주어의 일을 잘 알고 있어서 주어가 결과를 이루었을 거라고 보는 것이다. 그러나 주어의 목적 성향과 제반 상황(정황) 등을 「잘 알고 있다고 생각 하는 화자(can의 특징)」가 현재에 한동안 보지 못한 일을 추측하면서 현재에 일어난 일을 긍정 혹은 부정적 결과 가능성 측면으로 추측한다. 혹은 긍정적 결과 가능성 측면으로 추측한다. 즉 결과적 존재로 추측한다이다.

○ He **cannot have taken** my cap by mistake. 그는 현재에 실수로 내 모자를 가져 갔을 리가 없다. 주어와 그의 여러 정황을 잘 알고 있는 화자는 현재에 한동안 보지못한 일을 주어가 했을 리(정황 등)가 없다고 추측한다.

○ She **cannot have done** such a thing. 그녀가 그런 짓을 했을 리가 없다. - 예를 들어 누군가가 그녀에게 그런 짓을 했다고 주장한다면, 주어와 주어의 행위를 잘 아는 화자가 주어에 cannot을 덧붙여 그녀가 그런 짓을 했을 리가 없다고 역설적으로 추측한다.

2) 과거형COULD have + 동결재

⇒ 과거 일을 결과적 추측.

〈「과거형 could」+ have + pp〉→ 과거 일을 과거에 결과적 존재로 추측. 여기 과거 일을 과거 결과적 존재로 추측하는 것은 위 그림에서 보듯이 과거 어느 시점의 주어의 일을 결과적 입장으로 추측하는 것이다. 그러므로 추측하는 현재에서 멀어진 과거의 결과적 입장을 바라보는 화자는 더욱 불확실성이 증가하여 자신감 있게 추측하기보다는 자신감이 조금 결여되고 확신이 부족하게 추측한다. ★ 여기서 주의하고 봐야할 것은 현재의 일을 결과적 추측하는 경우는 현재형 파워동사를 사용하였지만 과거 일을 결과적 추측에서는 과거형 파워동사를 사용하는 차이이다. 현재형에서는 추측을 하였지만 아직 그 추측의 결과를 확인하지 않은 상황이지만 과거형에서는 그 추측의 결과를 확인 할 수 없다고 보는 것이다. 즉 현재형은 아직 미사용 파워이므로 나중에 확인 가능하다는 입장이며 과거형은 과거에 이미 사용해버린 파워이므로 그 추측의 결과를 현재에 확인할 수 없을 거라는 것이다.

○ She couldn't have been more than thirty years old. 그녀는 나이가 30 세 이상 더 먹었을 리가 없었을 겁니다. 그녀는 나이가 30세 이상 먹었을 수는 없었겠죠. 누군가가 그녀는 과거 (당시에) 30세가 넘었다고 하자 - (당시) 나이 30세 이상이었을 리가 없었을 거라고 과거의 일을 결과적 부존재로 추측한다,

과거 일의 결과적 추측은 현재 일의 결과적 추측과 형식상 큰 차이는 없고 파워동사의 시제인 현재형, 과거형만이 다르다. 그리고 이들 모두는 현재에서 보는 추측이기 때문에

현재에서 보는 과거 일의 결과적 추측이나 현재 일의 결과적 추측은 모두 과거에서 시작되었고 과거에 결과적이었거나 현재에 결과적이거나 두가지 경우이어서이다. 다만 과거 일의 결과적 추측은 그 결과에 대한 사실 확인에 대해 현재에도 가능한지 보장이 없어서 불확실한 추측이 되며 자신감도 줄어들게 된다.

○ He could have been in Korea. 그는 한국에 있었을 수도 있겠지요… 그는 한국에 있었을 수 있었다. - 여기 could는 과거에 결과적 일을 이루는데 당시의 제반여건이나 상황 등을 잘 파악할 수 있는 과거 기준시간에서 멀어진 화자가 과거 일을 자신감이 줄어든 결과적 존재로 추측한다. 과거의 결과적 추측이므로 과거에서 이미 결과적인 것이 현재에서 보면 그것 마저도 과거 일이어서 "~었을 수 있겠다, 있겠지요"라고 해석하는 것이 옳다고 본다.

○ She could have gone swimming, I suppose. 내가 추론해보기론 그녀는 수영하러 갔었을 수 있겠지…. 갔었을 수도 있겠지요. - 과거 일을 자신감이 줄어든 결과적 존재로 추측한다. 여기서 현재형 can을 사용했다면 '그녀는 수영하러 갔을 것이다' 등으로 해석할 수 있지만 could와 차이는 can은 거의 자신 있게 확신하는 추측이며, could인 경우는 그 결과를 현재에 확인할 수 없으므로 can보다 확신이 부족한 추측이 된다.

○ Doctor told her the disease could have been caused by years of immoderate exercise. 의사는 그녀에게 그 질병은 수년간의 무리한 운동에 의해 야기되었을 수도 있다고 말해 주었다. 과거 주어가 피동된 결과적 입장으로 추측. 과거 피동태의 일을 과거에 이미 끝난 결과적 입장에서 추측한다.

3) MAY have + 동결재 ⇒ 추측

「have + 동결재」이해와 파워 동사 may

보이지 않는 일을 현재나 미래에 결과적으로 추측하나 현실 관리 바탕에서 추측하는 may는 기회 가능성 확률이다. May 추측의 특징은 화자가 언급한 보지 못한 일을 주어가 실제 이루었을 결과적 입장은 현실 관리 중에 발생한 기회 사용 가능성 정도(50% 확률)로 추측한다. 이미 저지른 일, 해버린 일, 일어난 일의 존재적 입장, 즉 결과를 이루었을 기회 정도로 추측한다. 기회는 사용하든지 안 하든지 그 확률은 50%이다.

① 미래 완료 추측

○ Who knows what will happen. You **may** even **have married** by then. 무슨 일이 일어날지 누가 알겠는가? 너는 그때 즈음 결혼을 해버렸을지도 모른다. - 미래 일어나는 일을 먼저 말했으므로 추측은 미래 어느 시점에서 완료된다. 주어의 미래 일이 기준시간에

이미 끝난 완료된 입장에서 추측한다.

② 현재 결과적 추측

화자가 현실 관리에 근거해서 추측하는 주어의 모르는 일, 보이지 않는 일의 존재를 결과적 기회 가능성 정도(확률)로 추측한다. 즉 보이지 않는 동안 벌어진 일을 결과적 입장으로 추측한다.

○ She's late. I think she **may have missed** the train. 그녀가 늦는다. 내가 생각하기론 그녀는 기차를 놓쳤는지도 모른다. - 현실 관리를 바탕으로 보이지 않는 주어의 현재 일이 이미 끝나버린 결과적 입장으로 추측한다. 그 가능성 확률은 기회 사용 가능성인 50%이다. 기회를 놓쳤을 확률 50%, 안 놓쳤을 확률 50%이다.

○ I'll try phoning him, but he **may have gone** out **by now**. 그에게 전화를 해보겠지만 지금 즈음 그는 밖에 나가 버렸을 거야. - 현실 관리를 바탕으로 하는 보이지 않는 주어의 일을 현재 결과적 입장으로 추측한다. (유선 전화라서) 아마 통화가 안될 거야 라는 의미가 내포된다. - 화자가 아는 주어에 대해 현실 관리를 바탕으로 현재 주어의 일이 이미 끝난 결과적 입장으로 추측한다.

○ For all we know, he **may** already **have left**. 우리가 아는 바로는 그는 이미 떠나 버렸을 거다. - 현재 주어의 일이 이미 끝난 결과적 입장으로 추측한다.

○ "She didn't say hello." "She **may not have recognized** you." "그녀가 인사를 하지 않았어요." "그녀는 너를 못 알아봤는지도 모른다." - 현실 관리에 근거한 주어의 일을 결과적으로 추측한다. 그녀가 인사하지 않았다는 과거 사실에 화자의 경험적 관리를 바탕에 근거해서 주어의 과거 일을 현재에 이미 끝난 결과적 입장으로 추측한다. ★ 여기서 중요한 점은 과거의 일을 현재에 결과적 입장으로 추측했다는 것이다. 아무리 과거에 일어난 일일지라도 현재에까지 결과가 남아 있어서 현재에 확인 가능하다면 현재의 결과적 입장에서 추측할 수가 있게 된다.

○ She **may have had** a lovely voice when she was younger. 그녀는 좀더 어렸을 때 사랑스러운 목소리를 가졌는지 모른다. - 현실 관리를 바탕으로 보는 ★ 비록 과거의 일이지만 현재에 결과적 추측. 현재의 그녀 목소리 등을 듣고 판단하여 과거의 주어 상태를 현재의 결과적 입장으로 추측한다. 과거의 일을 현재에 결과적으로 추측하는 것은 현재에도 그 결과를 사실 확인 가능하다는 입장이다.

4) MIGHT have + 동결재 - 추측

① 현재 결과적 추측

여기 **might는 현재형**이다. 현재 보이지 않게 벌어진(일어난) 일을 현재의 결과적 존재로 추측한다. might는 화자의 현실 관리나 증거 등에 근거한 추측이 아니고 화자가 주관적으로 보는 사용 가능한 기회이다. 즉 주어가 주관적으로 확신하는 사용 가능한 기회이므로 추측도 화자의 주관적 견해 수준의 확률이지만 화자 자신은 강한 확신을 가지고 주장하는 추측이 된다. ★ 추측에서의 이런 주관적인 견해는 어떠한 현실적인 근거나 증거없이 말할 수 있을지라도 화자는 자신만의 강한 확신을 가지고 청자에게 강하게 어필하게 된다.

○ She **might have gone** there now. 그녀는 지금 어쩌면 거기에 가버렸을지도 모른다. - 보이지 않게 이뤄진 일을 화자의 주관적인 확신에 의한 결과적 입장으로 추측한다. Now가 기준시간을 알려주고 있다.

○ The equipment **needed to** clean up the spill **might not have arrived** yet. 엎질러진 자국을 깨끗이 씻는데 필요한 설비는 아직 도착하지 않았을 지도 모른다(혹은 않았을 수도 있다). - 보이지 않게 일어난 일을 현재 주관적인 확신에 의한 부정 결과적 입장으로 추측한다. Yet도 기준시간을 알려주고 있다.

② **과거 결과적 추측**_과거 일어난 일의 존재를 결과적으로 추측

여기 might는 과거형이다 즉 may에서 might로 바뀌었다. 그러므로 화자의 주관적인 추측은 아니다. 여기 예문의 문맥에서 과거 시제를 찾을 수 있다.

○ "What was that noise yesterday night?" "It **might have been** a cat." "어젯밤 그 소리는 뭐였지?" "그것은 아마 고양이였을지도 모르지." - 과거 고양이를 직접 보지 않고도 소리를 듣고 결과적 입장으로 추측한다. 화자는 고양이 소리를 들었던 과거의 경험 즉 현실 삶에서의 경험적 관리를 통해 고양이 소리인지 아닌지 구별하고 있다. 기준시점은 과거 고양이 소리를 들었을 때이다. 현재에 결과적 사실 확인은 불가능하다.

○ I heard what **might have been** a crush. 나는 충돌이었을지도 모르는 무슨 소리를 들었다. - 시제 일치에 의한 과거형might이다. 과거 당시에는 It may have been a crush 라고 생각했다가 현재까지 사실확인이 안됐으므로 what might have been a crash라고 말하고 있다. 과거 일어난 일을 결과적 입장으로 추측한다. 화자는 과거 여러 소리를 들었던 경험적 관리를 통해서 과거의 소리 정체를 추측으로 구별해냈다.

5) MUST have + 동결재 – 추측

must가 유일한 경로에 있는 유일한 결과적 존재로 추측한다.

과거, 현재에 보지못한 일을 유일한 현재의 결과적 존재로 추측한다. 오래된 과거의 일일지라도 현재까지 증거가 남아 있거나 사실 확인이 가능하다는 현재의 결과적 입장으로

추측한다.

○ I can't find my keys. I **must have left** them at home. 나는 내 키들을 찾을 수가 없다. 나는 틀림없이 그것들을 집에 두고 왔을 것이다. - 찾는 키가 보이지 않는 한계선 상에 있는 주어의 유일한 결과적 존재로 추측 - 틀림없이 집 외에 있을 곳이 없다(집 외에 다른 곳은 없을 것이다 - 유일하게 남은 단서인 장소).

○ You **must have gone** out of your mind! 너는 정신이 나가버린게 틀림없어!

마주보는 주어는 한계선상에 있는 현재의 내부상태를 추측했다면 현재의 주어는 자신의 상태를 바로 깨닫고 yes/no라고 즉각 반응이 나와 화자의 추측이 헛될 수도 있겠지만 청자는 자신의 상태를 깨닫지 못하고 있어서 화자가 추측하도록 허용했으니 현재보다는 과거의 일이며 그 일을 추측하여 주어가 겪은 과거 일의 공감대를 만들어 주고 있다. ★ 한계선상에 있는 주어를 추측으로 보는 유일한 결과적 길은 과거일 수도 있고 현재일 수도 있다. 과거의 일은 현재까지도 그 결과의 사실 확인이 가능하거나 주어에게 확인 가능한 경우들이다.

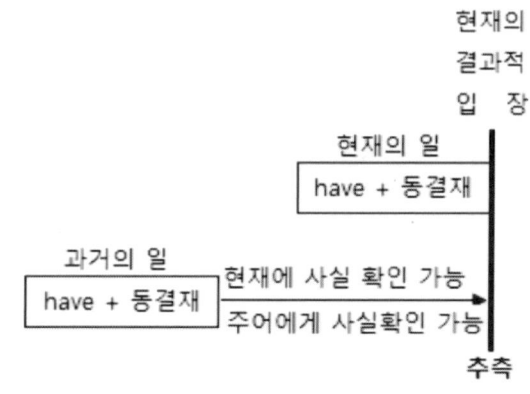

< 과거일, 현재일을 현재의 결과적 입장으로 추측 >

○ In order to take that job, you **must** have left another job. 저 직업을 갖기 위해서 너는 다른 직업을 그만두었을 것임에 틀림없다. 주어가 이미 직업을 갖고 있는 줄 알고 있었던 화자는 새일자리를 얻으려는 주어가 이전의 직장을 그만 두어야하는 한계에 직면해 있고 그래서 과거직장을 먼저 그만 두었어야만 하는 유일한 결과적 일을 이루었어야 한다. 과거 일을 유일한 결과적 입장으로 추측한다. 즉 과거일을 현재의 결과적 입장으로 추측하는 것은 현재까지도 앞에 있는 주어를 통해 사실 확인이 가능한 상황이다. 이런 단일 문장에서 추측하는 일이 현재 일인지 과거 일인지 쉽게 알 수 있으면 좋겠지만 현실적으로는 대화 현장에서 말의 문맥에 의한 파악이 가장 쉽고 정확할 수 있다.

○ It **must have been** terrible to live during the war. 전쟁 동안 살아남는 일들이

끔찍했을 것임에 틀림없다. - 과거 일을 현재의 감정 평가적인 결과로 추측한다. 감정 평가라는 것은 어떤 일이 먼저 일어나고 나서 이를 두고 감정적인 평가를 하는 것이어서 결국은 먼저 일어난 일은 과거의 일이다. 전쟁 중에 사는 것이 생존의 한계에 직면해 있는 것이고 그 생존은 끔찍했을 과거의 유일한 감정평가적 결과를 낳는다. 과거 오래전 전쟁의 일이었지만 그 참상은 현재까지도 추측이 가능하다이다.

○ Her alarm **mustn't have gone** off. 그녀의 자명종 시계가 울리지 않았음에 틀림없다. - 과거에 자명종이 역할 없음을 추측한다. 자명종이 울리면 깨어날 수밖에 없는 유일한 효과를 갖는데도 불구하고 그 결과가 없으므로 즉 깨어나지 않았으므로 결과적 역할이 없었다고 추측하고 있다.

6) SHALL have + 동결재 – 추측

① 미래 완성 추측

○ I shall **have finished** it by Friday. 나는 금요일까지 그것을 끝마치게 될겁니다. - (**미래 일의 완성을 추측**). - 청자의 뜻(요구)에 부응(동조)하여 화자 자신의 미래 일을 완성하는 결속을 추측한다.

7) SHOULD have + 동결재 – 추측. 현재형과 과거형

① 현재 결과적 추측- 현재형 should

현재에 보이지 않는 동안 일어난 일은 당위성 있는 결과가 되었어야 한다고 추측한다. - 사회에 올바른 결속, 즉 사회에서의 목적일에 당위성을 갖고 결속하는 것처럼 추측에도 당위성을 갖는다고 보는 것이 맞다.

○ He left home ten minutes ago. He **should have arrived** at the shop **by now**. 그는 10분 전에 집을 떠났다. (그리고) 그는 지금 즈음 가게에 도착했어야 합니다. 도착했어야 할 겁니다. 여기 해석에서 '도착했어야 합니다'도 좋지만 '도착했어야 했을 겁니다'도 더 추측스러운 표현이라고 생각한다. 보이지 않는 동안 일어난 일은 시간의 경과로 볼때 현재에 결과를 이루는 것이 당위성 있다고 당위적 결과 입장으로 추측한다.

○ Ten o'clock; she **should have arrived** in the office **by now**. 열 시다. 그녀는 지금 즈음 사무실에 도착했어야 할 겁니다(했어야 합니다). - 시간상의 당위성 있는 추측. 시간의 경과로 볼 때 현재 결과를 이루는 것이 당위성 있다고 당위적 결과 입장으로 추측한다.

○ Nine o'clock; they **shouldn't have left** home **yet** - I'll phone them. 아홉 시다. 그들은 아직 집을 떠나지 말았어야 했을 겁니다. 내가 그들에게 전화를 하겠다. - 결과를 이루지

않는 것이 당위성 있다고 추측한다. 결과를 이루는 것은 당위성이 없다고.

② 과거 결과적 추측- shall의 과거형 should

과거 shall을 사용해서 목적일을 이룬 결과적 입장으로 추측한다.

○ It **should have been** a great surprise to him, for he turned pale. - 과거 일의 존재를 추측. 그가 얼굴이 창백했던 것으로 보아 그 일은 당연히 그에게 큰 놀라움(뜻밖의 사건)이었었을 것이다. 얼굴이 창백한 결과로 보아 과거 일은 놀라게 한 원인이었을 거라는 결속된 추측이다. 원인과 결과의 결속. 결과로 인해 그 원인의 추측을 낳을 수 있는 결속이다. 당위성 있는 원인 - 결과 관계이다.

8) WILL have + 동결재 – 추측
① 현재 결과적 추측

현재 보지 못하는 일을 '이루었을 결과적 관점(have+pp)으로 추측한다. 대체로 현재를 의미하는 시간 등과 함께 쓰여 보지 못한 일을 추측한다.

○ **As you will have noticed**, there is a new secretary in the front office. 네가 알고 있겠지만 앞 사무실에 새로운 비서가 있다. (이미 알고 있지 않느냐는 추측의 뜻이 담긴다) - 주어가 아직 밝히지 않은 일(소식) 추측.

○ It's no use expecting Barry to turn up. He'**ll have forgotten**. 베리가 나타날 거라고 기대하는 것은 소용없다. 그는 잊어버렸을 것이다. (그를 기다리지 말아라 라는 뜻이 포함) - 나타나지 않은 주어가 행한 일을 결과적 관점으로 현재 추측.

○ It's no use phoning - he'll have left by now. 전화해봐야 소용없다, 그는 지금 즈음 떠났을 것이다. 떠나 버렸을 거다. (그러니 전화는 소용이 없다의 뜻이 포함) - 주어가 행한 일을 결과적 관점에서 현재 추측.

○ Dear Sir, you will **recently** have received a form…. - 현재 결과 추측. 친애하는 선생님, 선생님은 최근에 어떤 ~양식을 받았으리라 생각합니다. (자신 있게 당연히 「이미 받았을 겁니다, 받지 않았느냐」라는 뜻이 밑에 깔림.)

② 과거 일을 현재 결과적 추측

화자가 과거에 보지 못한 일일지라도 현재까지도 결과로 존재할 거라고 보거나 사실 확인 가능하다면 현재의 결과적 입장에서 추측한다.

○ You will **have heard** the news last night. 당신은 지난밤 그 소식을 들으셨겠지요. -

주어의 과거의 일일지라도 현재의 결과적 입장으로 추측한다. 주어가 겪은 과거의 일을 현재의 결과적 입장으로 추측한다. 주어가 앞에 있으므로 현재에 사실확인이 가능한 상황이다. 주어가 과거에 행한 일이 현재까지 경험이나 결과 등으로 남겨진다고 보는 것이다. 여기 last night가 과거일임을 알려준다.

○ You will have heard of it. 당신은 그 소식을 들으셨겠지요. 주어가 밝히고 있지 않은 과거의 일을 현재의 결과적 입장으로 추측한다. 주어가 앞에 있으므로 주어가 현재에 들은 소식이거나 아니며 과거에 들은 소식으로 현재에 사실확인이 가능한 상황이다. 그러나 여기 정황상 과거 주어가 행한 일이 현재까지 경험이나 결과 등으로 남겨진다고 보는 것이다. 현재의 결과적 입장의 추측은 주어가 보이지 않거나 등이다.

③ 미래 완성 추측

아직 미래일이 발생하지 않았고 미래는 미존재 영역이므로 미래의 어느 시점에 이뤄질 완성(형성)적 관점에서 추측한다. 즉 미래 기준시간 내에 완성을 추측한다. 대개 미래를 나타내는 시간들과 함께 사용한다.

○ I'll have been teaching for twenty years **this summer**. 올 여름이 되면 저는 20년 동안 가르치게 됩니다. - 화자 자신의 미래 (기간)완성 예상인식. - 다가오는 여름에

○ The builders say they'll have finished the roof **by Tuesday**. 건축업자들은 그들이 화요일까지 지붕(공사 일)을 마쳐 놓을 거라고 말한다. - 미래 (일)완성을 자신 있게 추측하여 마쳐 놓겠다고 말한다. (의지)

○ The holiday will have done him the world of good. 그 휴가는 그에게 진정한(참 살맛나는) 세상을 만들어 줄 것이다. - 미래 완성 추측. 이 문장은 주어가 사람인 주체는 아니다. 한 문장만으로 미래 완성 추측과 명확히 구분하는데 어렵다.

9) 과거형WOULD have + 동결재 - 추측

① 과거 결과적 추측

Will의 **과거형 would**. Will을 사용하여 결과를 이루었을 추측에서 과거 사용한 would 이다. 현재보다 더 먼 과거의 일을 추측하였으므로 현재의 일을 추측하기보다 더욱 자신감이 부족하게 된다. 즉 과거에 사용한 would로 이룬 결과는 과거 기준에 의한 결과적 입장이었으므로 현재 기준에서는 그 결과를 확인할 수 없는 일이므로 자신감이 부족하고 좀더 막연한 추측이 된다.

○ That would have been Della's car. 저것은 델라가 소유했던 차였을 겁니다. 과거 will을

사용한 결과적 입장으로 추측한다. 사용해버린 would로 이룬 그 결과에 대해서 현재 입장에서도 결과를 확인할 수 없으므로 자신감이 없고 확신이 부족한 추측이 된다. 과거의 일을 시간이 지난 현재에도 사실 확인되지 않고 있으므로 확신이 부족한 과거 일 추측이 된다.

○ He made a promise to his great-grandfather? That would have been a long time ago. 그는 그의 증조부에게 약속했나요? (아마도) 그 것은 오래 전 일이었을 겁니다. 과거 사용한 would로 이룬 결과는 과거 기준에 의한 결과적 입장이었으므로 현재에는 그 결과를 확인할 수 없어서 확신할 수 없고 자신감이 부족한 추측이 된다. - 실제 정확히는 모르겠다.

○ 'I came in and ordered some shoes from you.' 'Oh yes, sir. When would that have been, exactly?' 제가 들어와서 당신에게 몇 켤레의 신발을 주문했는데요. 아~ 예, 선생님, 정확히 언제 그렇게(그 일을) 하셨는지요? (= 혹시 정확히 언제 그런 일이 있었는지요? 정확히 그게 언제 적 일이었죠?) 과거 신발을 주문한 일이 언제였는지 화자에게도 기억이 없으므로 추측성 질문을 한다. 여기서는 의문문이므로 의문문 자체가 사실의 여부를 알지못해 질문하는 것이므로 과거에 사용한 would가 조심스러운 질문이 된다. 과거에 사용한 would로 이룬 결과는 과거 기준에 의한 결과적 입장이었으므로 현재에는 그 결과를 확인할 수 없다고 여겨서 확신할 수 없고 자신감이 부족한 추측이 된다. 이럴 땐 청자가 증거를 보여주거나 기억나게 해줘야 할 것이다.

○ You would have done the same thing like me. 당신은 나처럼 똑같이 해버렸겠죠. 과거일을 결과적 입장으로 서술한다. ★ 앞에 있는 주어일지라도 만일 주어가 사실을 밝히려 하지 않는다면 과거일을 과거의 결과적 입장으로 추측할 수 있다. 현재에 사실 확인하기가 어렵기 때문이다.

○ I would have done the same thing. 나도 똑같이 하였겠지. 했을 거야. 화자가 청자가 저지른 과거의 일을 보지 못한 상황에서 자신도 같은 상황이라면(즉 자신이 겪어보지 않고도) 같았을 거라고 청자와 빗대어 과거일을 추측한다.

○ I **wouldn't have thought** he'd do a thing like that. 나는 설마 그가 그 같은 일을 하리라고는 생각하지 못했을 것입니다. - 과거에 결과를 이루었을 과거 결과적 입장으로 추측이며 또한 과거를 기준으로 하였으므로 현재 결과적 입장 추측보다 더욱 불확실한 추측이 된다.

② **과거에서 미래 완료(완성) 추측**

여기 would는 시제 일치에 의해 과거형이며 기준시간에 완료를 추측했고 지금은 과거에서 본 미래(현재)이다. 현재에서 미래 완료를 추측했다면 당연히 현재형 will을 사용했겠지만 과거에서 미래 완료를 추측했기에 would를 사용했다.

○ I thought you **would have finished** it **by now**. 나는 지금 즈음 네가 그것을 끝마쳤을 거라 생각했다. 끝마쳐 놓았으리라고 생각했다(완료) – 과거에는 will이었지만 시제 일치에 의해서 주절이 과거이므로 will이 would(과거형)로 바뀌었다. 추측할 당시에는 과거에서 미래 방향이어서 현재가 미래였다. 과거에서 현재 완성(료)을 추측했다.

1. 주어 + be동사 + 동결재 ~ (목적어 입장에서 서술)	목적어를 주어로 서술, 즉 동사의 동작을 당한(받은, 입은) 목적어 입장에서 서술하여(표현의 중심이 바뀜) 목적이 주어로 이동하고 원래 주어는 'by + 주어'로 쓰이기도 하고 생략되기도 한다.
2. 주어 + have + 동결재 ~~ (주어 입장에서 서술)	주어가 이루어 놓은 목적 결과들을 그 행위자의 경험, 경력, 이력,업적 등의 중심 관점에서 그 노출되지 않은 결과들의 존재를 하나씩 열거하여 서술한 것이다.
3. 주어 + 파워동사 + have + 동결재 (화자의 결과적 입장에서 서술)	주어와 시간적 차이, 공간적 차이(추측), 시/공간을 초월한 차이(가정법) 등에도 불구하고 그 차이들을 극복해보려는 화자의 입장, 관점에서 주어의 가능한 목적일들을 결과적 입장에서 서술해보기이다. 시간적 차이는 과거 가능했던 목적일을 현재에 결과적 입장으로 말하기(~뻔 했~)이다.

〈동결재를 다양한 서술들에 사용〉

E. 가상의 파워동사 + have + 동결재 _ 11장을 반드시 먼저 참고하세요.

여기 가정법에서의 have+동결재는 가상 조건에 따르는 가상 실현인 결과적 실현이다. 즉 조건이 현실에 접목될 때에 따르는 가상의 결과적 실현이다.

1. 과거 가정법 (= 과거의 가상 조건 법, 기존 가정법 과거 완료)

기준현실은 「과거」이며 말하는 현재와 시간차가 있다. 과거는 현재에 이미 지나온 시간이며 과거에 존재했던 시간이므로 과거에 반대의 일을 가정한다.

★ **결과적(완료) 입장에서 말하기** – 여기 화자와 주어 사이의 시/공간적으로 떨어져 벌어지고 있는 주어의 일들에 대해 화자가 그 알 수 없는 인식의 한계 범위를 극복하기 위하여 화자가 말하여 사용하는 방법 으로서 『추측』을 하고 있다. 그 추측에는 인식의 한계를

극복해보는 구체적 방법으로서 두가지가 있다. 하나는 주어의 일을 마치 훤히 꿰뚫어 보듯이 말하는 ①『진행형 추측 서술』이며 두번째는 화자가 '임의로 파워를 사용하여 결과적으로 말하기인 ②『결과적 입장으로 말하는 추측』이다. 그 추측하는 일들의 결과적 입장은, 예를 들어 추측할 때 진행형이 아닌 시간대에는 주어가 행한 일의 존재를 나타내기 위해서는 어떤 사실을 했다, 안했다처럼 단정적인 서술을 할 수 없으며 그 일의 모든 과정이 「이미 끝나 있는 시간대」이므로 주어의 목적일을 이미 이루어 버린 『최종적이고 '결론적인' 존재 의미로 보는 것』을 결과적 입장이라 하며 진행형이 아닌 시간대라면 모두 결과적 입장으로 서술하게 된다. 과거, 미래에서도 두가지이다. 화자가 주어의 동작 등을 직접 목격하거나 실제의 사실을 알지 못하지만 추측 등으로 그 최종적이고 결론적 존재 의미로서 결과적 입장이 된다는 뜻이다. 따라서 화자가 주어와 시/공간 차이를 극복하기 위하여 '임의로 파워를 사용(접근 혹은 극복 수단)하여' 주어가 행한 일에 대하여 결과적 존재 입장으로 말하게 된다. 한마디로 화자가 언급하는 추측에서 노출되(드러나)지 않는 일의 결과적 존재 의미를 강조하는 행위이다. 여기에서 「임의의 파워 동사 사용은」 주어가 목적일에 실제로 사용 하거나 사용할 수 있는 실제 파워 동사는 아니며 화자가 언어상으로만 임의로 사용하여 주장하는 추측의 존재 정도(확률)로 하나의 파워동사를 선택하여 서술하게 된다. 다시 말하면 실제적으로 존재하는 파워는 아니고 언어상으로만 화자가 사용하는 파워이다. 그 선택 사용된 파워 동사는 그 추측의 존재 가능 확률 정도를 나타내며 화자가 추측의 존재를 주장하는 자신감 정도이기도 하다. '임의의 파워 사용'은 『비실제(비 사실)적으로 사용하는 언어뿐일지라도 여러가지로 사용하여 ① 추측에서 임의의 존재적 확률 정도를 주장하거나 ② 가정법에서 현실 문제를 가상 극복하는 수단이 되거나 ③ 과거 미사용 파워를 사용한 결과적 입장으로 만들거나 할 때 사용한다. 이것들을 다시 표현하면 ⓐ 그 시/공간 차이 너머에 있을 수 있는 일을 추측, ⓑ 그 현실 차이를 초월하여 문제를 가상 극복해보는 가정 실현, ⓒ 과거와 현재 시간 차이를 넘어 과거 가능했던 일 등을 현재에 목적 달성한 결과적 입장으로 말해보기이다. 즉 그 차이에 가려진 일들에 대하여 말할 때 '그 차이를 극복하는 수단과 방법'은 화자가 「언어로 임의의 파워를 사용하여」 만들어낼 수 있는 결과적 일을 결과적 입장이라 하며 주어의 입장이 아닌 화자의 관점이다. (보통은 주어가 사용하는 파워가 대부분이며 모든 일의 행위자는 대부분 화자가 아닌 주어이다. 주어가 행위자가 아닌 또다른 경우는 피동태 등 목적이 주어로 전용되어 사용될 때 등이다).

> 'have + 과거 분사'는 파워 동사와 결합할 경우 have는 현재형이 아닌 원형 동사에 해당한다.

기준 현실은 「과거」이므로 현재에서 되돌아보는 과거의 '한계와 문제'는 과거에 「이룰 수 없었고 놓쳐버려야 했던 상황」이며 이를 반대로 가정한다. 즉 과거에 한계와 문제에 부딪쳐 이룰 수 없었고 놓쳐버려야 했던 일을 아쉬워하며 아직도 미련이 남는 일을 기준 현실 과거에 반대로 가정을 한다. 여기서 기준 현실에 반대로 가정을 한다는 것은 과거는 지나온 존재 영역이므로 과거에 일어나지 않았던 일을 '일어났던 일'로, 즉 『기준 현실인 과거에 일어났을 존재적(결과적) 관점에서 가정』하거나 과거에 일어나지 않았을 부 존재적 관점에서 가정하므로 「완료형을 사용」한다.

과거에 이루지 못한 일이나 놓쳐버려야 했던 일이 있었던 주어의 과거 한계 현실에 대하여 그것을 바꾸고 싶은 마음으로 과거 이전으로 되돌아가 가정하는 것은 지나온 기준현실인 과거를 바꿀 수 있게 가정하여(기준 현실에서 봤을 때 반대로 가정하여) 그 가상의 실현을 결과적 입장으로 이야기해본다 [과거 가정법]. 여기 실현 결과는 과거 놓쳐버린 일 등을 가상으로 결과적 실현하는 것이다.

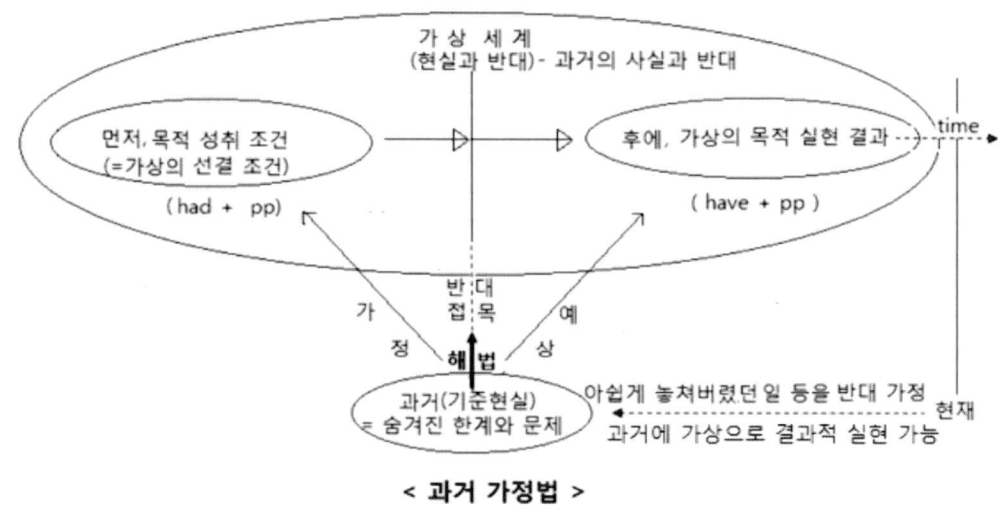

< 과거 가정법 >

과거의 기준 현실에서 선 가정과 그 나중 종존절을 가정하는 과거 가정법은 기준 현실 시간인 과거에서 가상 조건은 앞선 시간인 과거완료이며 종존절은 그 나중 시간인 과거의 결과적 실현 가능이다.

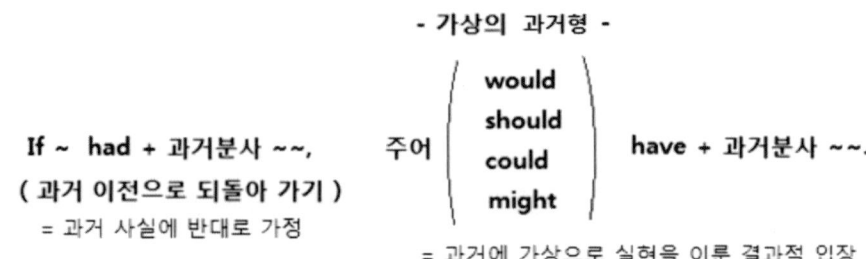

< 과거 가정법 동사들 >

여기 과거형 파워동사는 결과적 실현을 하는데 사용된 파워이다. 즉 주어가 과거에 가상으로 파워동사를 사용해서 목적하는 결과적 실현을 이루었다. 즉 과거에 사용된(과거형) 파워이다.

기준 현실인 과거에서 끊어져 있는 가상 현실(세계) 속에서 기준현실의 한계와 문제의 해법이나 대안으로 가상의 반대 조건속에서 가상 극복실현을 말해 본다.

○ If I had been in your place, I **would not have given** him any money. 내가 너의 입장이었다면 나는 그에게 어떤 돈도 주지 않았을 텐데. 기준 현실은 과거이며 실제는 과거에 네가 주지 말아야 할 돈을 주어버렸다이다. 한계와 문제는 네가 나와 같은 관점 입장이 아니어서 이룰 수 없었고 놓쳐버려야 했던 상황이다. 화자 입장에서는 과거 목적일에 will not하고 싶었는데 청자는 실제 줘버려서 will not하고 싶은 가정의 마음만을 드러낸다.

○ If it **hadn't been for** him, I **would have died**. 그가 없었다면 나는 죽었을 텐데. 그가 있어서 도와주었고 그래서 나는 실제 죽지 않았다(실제 상황과 반대로 가정 → 실제의 반대 결과 실현). 과거 가정법의 기준 현실 과거에 선 가정에서 과거완료를 사용하고 나중 종존절에서 파워동사를 사용한 결과적 실현의 뜻을 말한다. It had been for~ 는 저자의 다음 책 '새영문법'에서 설명해요.

○ If I had not been busy, I would have gone there yesterday. 내가 바쁘지 않았다면 어제 거기에 갔을 텐데. 실제 나는 어제 바빴고 거기에 가지 못했다. 과거 가정법의 기준 현실 과거에 선 가정에서 과거완료를 사용하고 나중 실현에서 파워동사를 사용한 결과적 실현의 뜻을 말한다.

○ I **should have stayed** in the study **if** they **had let** me alone. 만일 그들이 나를 홀로 놔두었더라면 나는 서재에 머물고 있었을 텐데. - 실제의 기준현실은 과거에 그들은 내가 서재에 머물 수 없을 정도로 나를 가만히 놔두지 않았다. 만약 나를 놔두었더라면 서재에 당연히 있었을 거다 라는 지나간 과거를 아쉬워하는 가정의 뜻.

○ If we **had known** you were coming we **should have taken** the day off. 만일 우리가 네가 온다고 알고 있었다면 우리는 그 일정을 취소했을 텐데. - 과거 가정법. 실제 기준 현실은 과거에 네가 오는 줄 모르고 있어서 그 일정을 취소 못했다.

○ If I could have found him, I **would have told** you. 만일 내가 그를 발견할 수 있었다면 나는 너에게 말해 줬을 텐데. - 실제 기준현실 과거에 그를 찾아다녔는데 찾지 못한 일을 아쉬워하여 현실과 반대로 가상의 과거 조건에 가상의 실현 결과를 말해본다. 기준현실에 반대의 가상 조건과 반대의 가상 실현 결과이어서 현실에서 끊어진 가상 세계이다.

○ If I had been in your place, I **would not have given** him any money. 내가 너의 입장이었다면 나는 그에게 어떤 돈도 주지 않았을 텐데. - 실제 기준현실 과거에서는

그에게 이미 돈을 주어 버렸다. 이것이 문제가 되어 그 해법으로 현실과 반대로 과거 가상 조건에 가상의 과거 실현 결과를 말해본다. 가정은 현실에서 끊어진 가상 세계이다. 실제의 반대는 실제 성이 없음을 뜻한다.

- **If** it **hadn't** been for him, I **would have died**. 그가 없었다면 나는 죽었을 텐데. - 실제 기준현실 과거에서 화자는 죽을 처지에 있다가 그의 도움이 있어서 살아났다. 그래서 화자가 자신이 위기 탈출 상황에 있었던 과거를 기준으로 현실을 반대로 가정하여 「가상의 반대 조건」과 「가상의 반대 실현 결과」를 말하여 문제속에 빠져 있었던 일을 말해본다.

- **If** I **had not been** enjoying the work, I **would not have done** so much of it. 내가 그 일을 즐겨 하지 않았다면 나는 그 일을 너무 많이 하지는 않았을 텐데. - 실제 기준 현실 과거에서 화자는 내가 그 일을 즐겨서 너무 많이 일해버렸다이다. 너무 과로한 게 문제가 돼서 그 해법으로 현실과 반대로 가상의 과거 조건과 가상의 과거 실현 결과를 가정하여 말해본다.

- **If** you had given enough food to your little birds, they **would not have died**. 네가 만일 네 작은 새들에게 충분한 먹이를 주었다면 그 새들은 죽지 않았을 텐데. - 실제 기준 현실에서는 네가 새들에게 먹이를 주지 않아서 새들이 죽어버렸다이다. 그래서 이 문제의 상황에서 그 해법으로 현실과 다른 반대의 가상의 과거 조건과 가상의 과거 실현 결과를 말해보는 것이다.

- My daughter **would have been** 17 this week **if** she had lived. 내 딸이 살아있었다면 이번 주 17세가 되었을 텐데. - 과거에 살아 있었다면 현재에 17세가 (완료) 되었을 텐데. - 실제와 다른 반대로 가정하여 현재 완료(결과) 예상. - 실제는 죽어버려서 17세가 되지 못했다. 원래 영어에서는 조건절이 comma없이 뒤에 오는 것이 정상이었다. 그렇게 되면 위와 같은 종존절을 말할 때는 청자나 독자가 이 말이 추측인지 아니면 다른 의미인지 처음부터 파악하기가 쉽지 않을 것이어서 조건절에 이르러서야 가정법인줄 알 수가 있게 된다.

- It **would have been** nice **if** he'd thanked you. 만일 그가 네게 고맙다고 했다면 좋았을 텐데. 실제 과거와 반대의 가정과 결과. - 실제는 고맙다고도 안 했고 그래서 기분이 나빴다. 즉 비 현실적인 가정과 그 실제성 없는 실현 결과 예상.

2. 미래 가정법 (가상의 미래 존재 조건, 기존 가정법 미래)

1) 미래 가상 완성 조건법(미래 완성 가정법)

기준현실은 미래의 어느 기준 시점이며 현재에서 본 「미래 완성을 가정」한다.

가상으로 미래 완성의 마음(뜻) 상호 확인 조건- 실제 문제는 반대 상황, 즉 청자가 will

not(하지 않으려는 뜻)을 가지고 있음.

○ If you would have finished it by the day after tomorrow, I would send the money in that day. 만일 당신이 모레까지 그 것을 끝마쳐 놓으려 한다면(놓을 뜻이 있다면) 나는 그날 돈을 보내 드리려고 합니다(보내 드리고 싶습니다). 완성에 대한 거절하고 있는 청자에게 가상으로 서로의 완성 의사를 교환 확인 조건. - Would you ~?의 완곡어법. would는 기준 현실에서 끊어진(가상의) would이며 여기서 would대신에 will을 사용했다면 하이브리드형 사실 확인 조건법이 된다. 청자가 will not~하기 때문에 반대로 if you would~을 가정했다. 이 would는 미래 가정법에 의한 비 현실 완성 조건 시제이다. Would you have finished it by the day ~?을 가정법으로 돌려 말하는 간접 의문문이며 you will not~하려는 주어의 의도(속내)와 그 미래 입장을 생각해서 조심스럽고도 매우 완곡하게 돌려 말하는 간접 의문문이다. 다시 말해 ★ will not하려는 청자에게 가정법 형식을 빌려 매우 완곡하고 정중하게 요청하는 간접 의문문이다. 즉 청자의 '문제를 직접 지적하지 않고' 역설적인 의문문 형식(원래 would you~? 형식)을 사용하며 정중하게 돌려 말하는 가정법 형식으로 표현하고 있다.

○ The builders say, if you would pay the money they'll **have finished** the roof **by Tuesday**. 그 건축 업자들은 당신이 혹시 그 돈을 지불하려 하신다면(지불할 뜻이 있으시다면) 화요일까지 그 지붕일을 끝마치겠다고 말한다. - 'Would you~?'을 가정법으로 돌려 말하는 간접 의문문이며 will not하려는 청자에게 가정법 형식을 빌려 매우 완곡하고 정중하게 요청하는 간접 의문문이다. 즉 청자의 '문제를 직접 지적하지 않고' 역설적인 의문문 형식(원래 would you~? 형식)을 사용하며 정중하게 돌려 말하는 가정법 형식으로 표현하고 있다. 나중절(종존절)은 미래 가상 실현이 아니고 미래 목적 달성의 실제의 뜻으로 미래 조건법의 대응절이다. 이는 가정법 형식에서 벗어나고 있다. would는 기준 현실에서 끊어진(가상의) would이다. 나머지 이해는 위쪽 예문 설명을 참고할 것.

참고 서적

1. 민중 에센스 영한 사전- 민중 서림. 제 5판(1993년).

2. Collins Cobuild English Dictionary for advanced Learners. Sixth edition. Collins Cobuild. 2001.

3. Longman Dictionary of Contemporary English. Third edition. Longman. 1995.

4. Michael Swan`s Practical English Usage. Second edition. Oxford University Press. 1995.

5. Collins Cobuild Dictionary of Phrasal Verbs. New-second edition. 2002.

6. Phrases and idioms. Richard A Spears. MacGrowHill Company. 1999.

7. A referential grammar for students of English. Close, R. A. Longman. 1975.

8. A Glossary of Phrases with Prepositions. Thomas Lee Crowell Jr. PRENTICE-HALL, INC. 1960.

9. New International Version Bible.

한글 창제 원리

(부록, 무료 제공)

한글은 처음 훈민정음 창제 발표 당시에 지금보다 많은 수의 글자들이 만들어지고 사용되었다. 그것은 조상들이 한자를 사용하던 중에 만들어져서 중국어의 발음 영향을 받았던데 이유가 있었고 또한 각 지방 사투리마다 발음을 조금씩 달리하여 통일된 발음들이 없이 각각의 소리마다 모두 글자에 담으려 했던 데서 그 이유가 있었다고 추정해 본다. 이 지구상의 모든 언어는 각 시대마다 조금씩 소리가 변화해 가고 있다(언어의 속성이다). 그러나 그 언어의 본질(성질)은 변하지 않고 체계적으로 조금씩 발전해 가는 것이 언어의 특성이자 가장 큰 이치이다. 그래서 우리는 시대적 변화에 따른 과거의 소리들, 그리고 그 소리들을 담고 있는 글자들 하나하나 모두다 이해할 필요는 없으나 오늘날 쓰이고 있는 한글에 대해서는 구체적으로 이해할 필요가 있다고 본다. 특히 한글의 우수성에 대하여 많은 사람들이 강조하고 매우 과학적이라고 말하고 있지만 무엇이 우수하고 과학적인지 그 구체적인 내용들은 한글을 사용하는 우리들 자신도 잘 모르고 있었다. 그래서 우리는 그 구체적이고 올바른 내용들을 배우고 가르칠 수 있도록 해야 한다. 여기서 우리가 특히 주목해야할 것은 지금까지 많은 학자들이 자기들 나름대로의 관점에서 한글을 연구하여 발표해왔다. 그러나 이 책에서는 그들의 관점보다는 『오로지 한글 창제 당시의 관점과 이유를 목적으로 한글 형상에 담긴 의미만을 최대한 설명하는 것이 옳다』고 본다.

1. 조음자(자음)

자음은 모음과 함께 매우 잘못된 이름으로 어미와 아들 관계는 아니다. 한글은 트럼펫과 사람이 불어넣는 공기의 역할 관계와 비슷할 뿐만 아니라 사람의 발성 구조와도 비슷하다. 트럼펫이 소리를 스스로 만들지 못하고 사람이 그 악기에 공기를 불어넣어야 하는 것과 같이 이들 조음자(자음)는 그 트럼펫 악기와 같아서 조음자 자신이 단독적인 소리의 의미를 담고 있지 않다. 그래서 자음, 조음이 아니다. 또한 사람이 그 트럼펫 금관에 공기를 불어넣어 악기에 소리를 낼 때 그 불어넣어 만드는 소리를 사람의 '목구멍 소리(모음)'와 같이 비교할 수 있다. 사람이 트럼펫을 불 때에 트럼펫의 키를 다양한 조합으로 눌러서 다양한 소리를 만들어 낸다. 이들 키들은 트럼펫 내부의 공기통로를 다양하게 변형함으로써 다양한 소리를 만들어 낼 수 있는 것이다. 이 트럼펫의 내부 공기 통로를 다양하게 변형하는 행위는 우리가 우리의 구강 구조를 다양하게 만들어 다양한 소리를 만들기 위한 『구조적 변형 행위』와 같다 하겠다. 우리 한글에서는 인간이 소리를 낼 때에 구강을 구조적으로 변형하는 다양한 모양을 조음자(자음)로, 즉 한글 'ㄱ'에서부터'ㅎ'까지14자와 'ㄲ', 'ㄸ', 'ㅆ', 'ㅃ', 'ㅉ' 경음자 5개를 포함해서 총19자로 표현하고 있다. 이 조음자들은 목·금관 악기의 공기통로를 여러가지 형태로 변형하는 역할과 같은 것이다. 인간이 트럼펫을 불지 않고 그 키만을 조작한다면 아무런 소리도 나지 않는다. 결국은 조음자는 하나의 '목구멍 소리(모음)' 낼 때에 여기에 더욱 다양한 소리를 만들어 내기 위한 다양한 모양의 구강 변형 구조들일 뿐, 단독으로 소리를 만들지 못하고 목구멍 소리 낼 때와 결합해야만 사용되는 구강 변형 구조들이다. 즉 여러 목구멍 소리(모음)들 중의 하나인 'ㅏ'와 결합한 조음자의 소리는 가, 나, 다, 라, 마, 바, 사, 아, 자, 차, 카, 타, 파, 하 등과 같다. 즉 이는 하나의 목구멍 소리를 낼 때에 구강 구조들만을 위(ㄱ~ㅎ)와 같이 여러 번 변형해서 함께 사용한 것이다. 여기서 하나의 목구멍 소리는 목·금관 악기들 중에 어느 하나와 같은 역할이고 다양한 목구멍 소리는 각각의 다양한 목·금관 악기 하나 하나에 해당하는 개별 역할과 같다. 즉 5개의 ㅏ, ㅓ, ㅣ, ㅗ, ㅜ 는 5종류의 목·금관 악기 각각의 역할과 같다는 것이다. 이들 목금관 악기가 달라지면 전혀 다른 음색이 만들어지듯이 각각의 목구멍 소리는 전혀 다른 소리를 만들어낸다. 그러므로 조음자(자음)은 다양한 소리를 만들어낼 때 발음기관을 움직여 구조적으로 돕는 역할인 '조음 구조'이며 이것을 글자에 담고 있기 때문에 〈조음자〉라 이름하는 것이 올바르고 적합하다 하겠다. 그리고 더 정확히는 '조음 구조형 글자'라고 해야 하지만 간단히 줄여 〈조음자〉라 했다.

1) 'ㄱ'에서 'ㅎ'까지 14자

① 'ㄱ' 기역 - 목구멍 아래에서부터 입 밖으로 이어진 구강의 기역자구조로, 별다른 변형을 하지 않은 구조로, 목구멍 아래를 닫았다가 열린 기도를 통해 조금 많은 공기를 뱉을 (뱉으며 소리 낼) 때 사용하는 자연스런 기역자구조이다. 전형적인 인간의 입과 목구멍이 연결된 발성의 기본 구조이며 특별히 따로 입모양을 만들지 않고도 소리 낼 수 있는 편한 기본 구조이다. 그래서 한글 첫 순서에 나왔다.

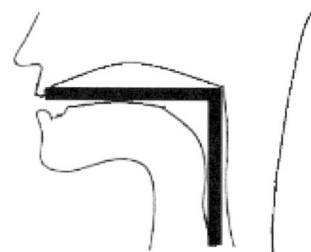

② 'ㄴ' 니은 - 혀끝을 윗니 뒤쪽에 댔다가 때면서 목구멍 소리와 결합할 때 만들어 내는 구조이다. 이때 혀가 움직일 때 혀의 여유 길이를 확보하기 위해 아래턱도 같이 내밀며 따라갔다 소리 낼 때 내려온다. 한마디로 혀를 니은자로 구부린 모양이며 아래턱 모양 이기도 하다.

③ 'ㄷ' 디귿 - 입천장 'ㅡ'와 'ㄴ'이 합쳐진 모양으로 'ㄴ'보다 혀끝을 입천장에 좀더 밀착했다가 혀끝을 살짝 터트리듯이 열면서 목구멍 소리와 결합할 때 만들어 내는 구조이다. 'ㅡ'는 입천장 이다.

④ 'ㄹ' 리을 - 입을 살짝 벌리고 혀끝을 입천장에 가까이 대고 혀끝을 조금 떨 듯하면서 목구멍 소리와 결합할 때 만들어 내는 구조이다. 피리의 떨림 소리 낼 때 그 떨림과 같은 이치이다. 트럼펫의 마우스 피스의 떨림과도 같은 이치이다. 혀의 떨림을 파형 등의 구조로 하지 않고 직각 구조로 그 떨림 파형을 정형화한 것이다.

⑤ 'ㅁ' 미음 - 입술을 닫은 상태에서 아래턱을 살짝 벌리고 있다가 목구멍 소리와 결합할 때 열면서 만들어 내는 구조이다. 다시 말해서 입술을 닫고 아래턱을 벌리면 입이 네모 모양이 된다는 뜻이다. 입천장과 아래턱 바닥(혓바닥 아래)은 가로 모양, 입술과 입 뒤쪽은 세로모양이라는 뜻이다. 예를 들면 작은 비닐 봉지에 두 손바닥을 펴고 봉지 안에 넣어서 두 손바닥을 벌리면 봉지 단면이 사각형이 되는 이치이다.

⑥ 'ㅂ' 비읍 - '미음'의 입 구조 상태에서 입술만을 살짝 터뜨리듯 열면서 목구멍 소리와 결합할 때 만들어 내는 구조이다. 즉 네모 미음에 두 입술을 덧붙인 모양이며 옆으로 누운 'ㅂ'을 세운 모양이다.

⑦ 'ㅅ' 시옷 - 초가지붕의 단면과 같은 입 천정과 혀 사이의 구부러진 단면 모양이며 혓바닥 끝 부분을 입 천정 가까이 대고 공기를 세게 뱉으면서 그리고 입천장에 공기가 스쳐 지나가듯이 하여 목구멍 소리와 결합할 때 만들어 내는 구조이다. 시옷도 글자를 한 개의 선이 아닌 입천장의 구부러진 단면을 두개의 직선으로 표현하여 정형화했다.

⑧ 'ㅇ' 이응 - 열린 목구멍 모양이며 모든 목구멍 소리를 낼 때 함께 사용한다, 그러므로 이응이 있거나 없거나 목구멍 소리는 항상 같은 소리이다. 그러나 완성된 소리글자로 사용할 때는 'ㅇ'을 항상 목구멍 소리와 함께 사용한다.

⑨ 'ㅈ' 지읒 - 'ㅅ'시옷보다 혓바닥을 입 천장에 좀더 세게 밀착시키고 그사이에 공기를 세게 스치듯이 하여 목구멍 소리와 결합할 때 만들어 내는 구조이다. 이때 혓바닥은 시옷보다 더 넓은 혀의 대부분을 사용하며 혀끝은 밀착하지 않는다. 여기 'ㅡ'는 입 천장을 뜻하며 'ㅅ'이 입천장에 혀가 밀착되었음을 의미한다.

⑩ 'ㅊ' 치읓 - 지읒과 점(•)이 결합한 모양으로 'ㅈ'지읒모양에서 혓바닥을 입 천장에 완전히 밀착 시켰다가 공기를 좀더 강하게 터뜨리듯 하며 목구멍 소리와 결합할 때 만들어 내는 모양이다. 여기 점(•)은 '입 공기를 닫았다가 강하게 터뜨린다'는 뜻이다.

⑪ 'ㅋ' 키읔 - 기역에 점(•)이 결합한 모양으로 기역모양에서 목구멍 아래가 아닌 목구멍 꺾인 곳 아래를 닫았다가 좀더 강하게 목구멍 소리를 터뜨릴 때 사용하는 구조이다.

⑫ 'ㅌ' 티읕 – '디귿'와 그 가운데 점(•)이 결합한 모양으로 디귿 모양에서 혀끝을 입천장에 완전히 밀착했다가 디귿보다 좀더 강하게 목구멍 소리를 터뜨릴 때 사용하는 구조이다.

⑬ 'ㅍ' 피읖 – 누운 'ㅂ'을 서로 반대방향으로 겹치게 만든 모양으로 'ㅂ'의 두배 이상의 강한 소리를 터뜨리는 힘을 뜻한다. 즉 입술을 강하게 닫았다가 'ㅂ'의 두배 이상 세게 터뜨리며 목구멍 소리와 결합할 때 만들어 내는 모양이다. 즉 미음(네모)에 네 개의 입술이 옆으로 붙어있는 꼴이다.

⑭ 'ㅎ' 히읗 – 'ㅎ'소리는 목구멍 성대를 살짝 닫았다가 허파 쪽에서 입천장 쪽으로 공기를 조금 세게 뱉으면서 소리 낼 때 사용하는 구조이다. 'ㅡ'는 입천장이다. 여기서도 점(•)은 목구멍을 닫았다가 세게 터뜨린다는 뜻이다.

2) 떨면서 겹치는 소리

① 'ㄲ' 쌍기역 – 'ㄱ'에서 목구멍 아래를 닫았다가 목구멍 소리와 결합할 때 'ㄱ' 보다 목구멍 아래를 두배로 떨면서 열어 울리는 모양을 의미한다. 이는 곧 'ㄱ'을 두 번의 겹치는 떨림을 뜻하여 겹쳐 사용한다.

② 'ㄸ' 쌍디귿 – 'ㄷ'에서 혀끝을 입천장에 붙였다가 목구멍 소리와 결합할 때 'ㄷ' 보다 두배로 떨면서 혀끝을 떼어내 울리는 모양을 의미한다. 이는 곧 'ㄷ'을 두 번의 겹치는 떨림을 뜻하여 겹쳐 사용한다.

③ 'ㅃ' 쌍비읍 – 'ㅂ'에서 입술을 붙였다가 목구멍 소리와 결합할 때 'ㅂ'보다 두배로 강하게 떨면서 입술을 터뜨리어 울리는 모양을 의미한다. 이는 곧 'ㅂ'을 두 번의 겹치는 떨림을 뜻하여 겹쳐 사용한다.

④ 'ㅆ' 쌍시옷 – 'ㅅ'에서 혓바닥 끝을 입천장 가까이 대고 목구멍 소리와 결합할 때 공기를 'ㅅ'보다 두배로 강하게 떨면서 뱉어내 울리는 모양을 의미한다. 이는 곧 'ㅅ'을 두 번의 겹치는 떨림을 뜻하여 겹쳐 사용한다.

⑤ 'ㅉ' 쌍지읒 – 'ㅈ'에서 혀바닥을 입천장에 좀더 세게 밀착시키고 목구멍 소리와 결합할 때 그사이에 공기를 세게 스치듯이 내뱉어 터뜨릴 때 두배로 강하게 떨면서 울리는 모양을 의미한다. 이는 곧 'ㅈ'을 두 번의 겹치는 떨림을 뜻하여 겹쳐 사용한다.

★ 'ㄱ'에서 'ㅎ'까지 14자 중에서 'ㄹ' 'ㅅ' 'ㅇ' 'ㅈ'는 완전히 닫지 않고 사용하는 구조이며 나머지는 닫았다가 열면서 사용하는 구조라 할 수 있다. 그러나 이들 4글자를 사용할 때 완전히 닫지 않음으로 인해서 각각의 소리의 길이는 차이가 있어서 'ㅇ' > 'ㄹ' > 'ㅅ' > 'ㅈ' 차례로 소리의 길이가 짧아진다. 'ㅅ' 'ㅈ'은 삼킴 소리에서는 더욱 짧아져서 다른 닫았다가 여는 나머지 글자들과 거의 비슷하다.

2. 목구멍 소리(모음)

위 1장에서 언급했듯이 인간이 트럼펫을 불어 내는 소리를 사람의 '목구멍 소리'와 비교했다. 이는 목·금관 악기가 사람의 목구멍과 비슷한 구조적 역할과 소리를 만드는 그 역할도 비슷하기 때문이다. 이 목구멍 소리를 과거에 모음이라고 잘못 불려왔다. 이 모음을 그대로 목구멍 소리라고 하거나 혹은 목구멍 소리가 길어서 간단히 한자를 빌려 후음자라고 할 수 있지만 목구멍 소리를 줄여 새로이 구음자, 혹은 구음이라 이름하는 것도 좋고 그냥 목구멍 소리라 해도 더욱 좋다고 본다. 조음자는 소리를 뜻하지 않기 때문에 조음이 아닌 조음자라 했다. 목구멍 소리는 모두 목구멍과 입안 뒤쪽의 연구개와 목젖, 성대 등을 사용하여 공기를 뱉으면서 만드는 소리이다. 한마디로 줄여 전체 목구멍만을 사용하여 만드는 소리이다. 'ㅏ' 'ㅓ' 'ㅗ' 'ㅜ' 'ㅣ' 'ㅡ'는 모두 목구멍을 닫지 않고 열려진 채로 만들어내는 소리이다. 그러므로 모두 길게 소리 낼 수 있는 '열린 소리'이다. 'ㅑ' 'ㅕ' 'ㅛ' 'ㅠ'는 훈민정음 원본에서 원래 'ㅏ' 'ㅓ' 'ㅗ' 'ㅜ'에 점(•)이 하나 더 붙어있는 형상이다. 'ㅐ' 'ㅔ' 'ㅒ' 'ㅖ'는 'ㅏ' 'ㅓ' 'ㅑ' 'ㅕ'에 'ㅣ'(연구개와 목젖)이 하나 더 붙어있는 형상이다. (여기서는 연구개와 목젖을 하나로 묶어 단순히 연구개라 하기로 한다).

① 'ㅏ' - '아'는 목젖과 그 위의 입 뒤쪽부분(연구개)을 안쪽(목 뒤쪽)으로 당기면서 내는 목구멍 소리이다. 'ㅏ'는 'ㅣ'(연구개)와 '-'의 결합이며 '-'는 당기는 방향에 따라 화살표 →로 표시하면 이해가 더욱 쉬워진다. 즉 목젖과 연구개를 안쪽으로 당기는 ㅣ→ 의 모양이다.

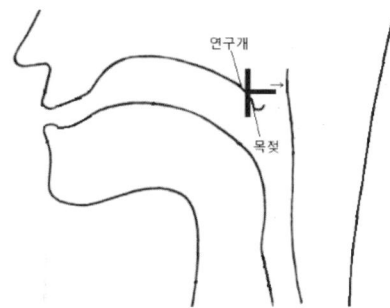

② 'ㅓ' - '어'는 목젖과 그 위의 입 뒤쪽부분(연구개)을 바깥(입 앞)쪽으로 당기어 내밀듯이 하면서 내는 소리이다. 'ㅓ'는 '-'와 'ㅣ'(연구개)의 결합이며 '-'는 당기는 방향에 따라 화살표 ←로 표시하면 이해가 더욱 쉬워진다. 즉 ←ㅣ 의 결합 모양이다.

③ 'ㅗ' - '오'는 목구멍 성대와 그 위쪽을 함께 울리면서 내는 소리이다. 'ㅗ'는 'ㅣ'와 'ㅡ'의 결합이며 'ㅡ'는 성대를 나타내며 'ㅣ'는 성대 위쪽을 나타낸다. 즉 ↑ㅡ의 결합 모양이다.

④ 'ㅜ' - '우'는 목구멍 성대와 그 아래쪽을 함께 울리면서 내는 소리이다. 'ㅜ'는 'ㅡ'와 'ㅣ'의 결합이며 'ㅡ'는 성대를 표시하고 'ㅣ'는 성대 아래쪽을 나타낸다.

⑤ 'ㅡ' - '으'는 성대를 옆으로 두껍게 오므리고 성대를 두껍게 울리면서 내는 목구멍 소리이다.

⑥ 'ㅣ' - '이'는 성대를 가늘게 좁히고 성대를 가늘게 울리면서 내는 목구멍 소리이다. 이때 성대를 울리어 빠져나오는 소리는 강해서 성대 위를 때려 울리기도 한다. 왜냐하면 성대를 가늘게 만들어 소리 낼 때 성대 위쪽도 함께 가늘어져 울리게 된다. 예를 들어 트럼펫의 마우스 피스가 울리면 트럼펫의 몸통인 금관이 함께 울리는 이치와 같다 하겠다. 그러나 한글 창제당시에는 목구멍(입) 앞쪽에서 만들어진다고 보았다. 그래서 'ㅇ'이 'ㅣ' 앞에 사용되고 있다. 더 자세한 내용은 3-②절 참조하세요.

★ 아어오우으이는 목구멍을 닫지 않고 내는 소리이지만 야여요유는 'ㅏ' 'ㅓ' 'ㅗ' 'ㅜ'소리를 낼 때 그 모양에 더하여 목구멍을 살짝 닫았다가 좀더 세게 터뜨리며 내는 소리이다. 결국 'ㅏ' 'ㅓ' 'ㅗ' 'ㅜ'에 점(•)이 하나씩 첨가된 형태이다.

⑦ 'ㅑ' - '야'는 아 소리에 점(•)을 더하였으므로 아 소리를 낼 때 그 모양에 더하여 목을 살짝 닫았다가 좀더 세게 터뜨리며 내는 소리이다.

⑧ 'ㅕ' - '여'는 어 소리에 점(•)을 더하였으므로 어 소리를 낼 때 그 모양에 더하여 목을 살짝 닫았다가 좀더 세게 터뜨리며 내는 소리이다.

⑨ 'ㅛ' - '요'는 오 소리에 점(•)을 더하였으므로 오 소리를 낼 때 그 모양에 더하여 목을 살짝 닫았다가 좀더 세게 터뜨리며 내는 소리이다.

⑩ 'ㅠ' - '유'는 우 소리에 점(•)을 더하였으므로 우 소리를 낼 때 그 모양에 더하여 목을 살짝 닫았다가 좀더 세게 터뜨리며 내는 소리이다.

⑪ 'ㅐ' - '애'는 아 소리에 'ㅣ'(연구개)을 더하였으므로 아 소리를 낼 때 그 모양에 더하여 목을 닫았다가 목 뒤쪽 연구개에 아 보다 두배 이상 힘을 가하여 내는 소리이다. 결국 아 보다 'ㅣ'가 한 개 더 있는 것이다.

⑫ 'ㅔ' - '에'는 어 소리에 'ㅣ'(연구개)을 더하였으므로 어 소리를 낼 때 그 모양에 더하여 목을 닫았다가 목 뒤쪽 연구개에 어 보다 두배 이상 힘을 가하여 내는 소리이다. 결국 어 보다 'ㅣ'가 한 개 더 있는 것이다. 'ㅐ'는 'ㅔ'보다는 더 뒤쪽에서 연구개에 힘을 가하여 내는 소리이다.

⑬ 'ㅒ' - '얘'는 야 소리에 'ㅣ'(연구개)을 더하였으므로 야 소리를 낼 때 그 모양에 더하여 목을 닫았다가 목 뒤쪽 연구개에 야 보다 두배 이상 힘을 가하여 내는 소리이다. 결국 야 보다 'ㅣ'가 한 개 더 있는 것이다.

⑭ 'ㅖ' - '예'는 여 소리에 'ㅣ'(연구개)을 더하였으므로 여 소리를 낼 때 그 모양에 더하여 목을 닫았다가 목 뒤쪽 연구개에 여 보다 두배 이상 힘을 가하여 내는 소리이다. 결국 여 보다 'ㅣ'가 한 개 더 있는 것이다. 'ㅒ'는 'ㅖ'보다는 더 뒤쪽에서 연구개에 힘을 가하여 내는 소리이다.

★ 'ㅐ'와 'ㅔ' 비교 - 'ㅐ'와 'ㅔ'는 'ㅣ'(연구개)가 하나씩 더 붙으면서 'ㅣ'(연구개)의 앞뒤로 당기는 효과가 감소하고 연구개에 힘을 주는 효과만 커졌으나 'ㅐ'는 'ㅔ'보다 소리가 짧다. 그 이유는 'ㅏ'에 'ㅣ'가 앞쪽이 아닌 뒤쪽에 붙으면서 뒤로 당기는 'ㅡ'길이가 제한되면서 짧아졌다. 'ㅔ'는 'ㅣ'가 뒤쪽에 붙으면서 'ㅡ'길이가 제한되지 않아 'ㅐ'보다 길어졌다. 즉 'ㅐ'는 짧게 발음하고 'ㅔ'는 'ㅐ'보다 길게 발음한다.

★ 'ㅒ'와 'ㅖ' 비교- 위 15번과 같이 'ㅣ'(연구개)가 'ㅒ'와 'ㅖ'의 뒤쪽에 붙으면서 'ㅒ'는 '='의 길이가 제한되어 'ㅖ'보다 짧아졌고 'ㅖ'는 길이가 제한되지 않아 길어졌다. 즉 'ㅒ'는 짧게 발음하고 'ㅖ'는 'ㅒ' 보다 길게 발음한다.

★ 나머지 'ㅘ', 'ㅙ', 'ㅚ', 'ㅝ', 'ㅞ', 'ㅟ', 'ㅢ'는 위 목구멍소리들의 이중 결합이다. 이들 이중결합은 두개의 목구멍 소리를 연이어서 연속으로 빨리 소리내면 하나의 소리로 합성된다. 주의할 것은 여기 'ㅣ'는 모두 '이'소리가 아니라 'ㅣ'(연구개)소리이나 'ㅟ'는 'ㅜ'와 '이' 소리 결합이고 'ㅢ'는 '으'와 '이' 소리 결합이다.

3. 위치와 호흡 등의 의한 소리 구분

① 위치상으로 **'아**'는 초성이 아닌 **목구멍 앞 소리**이며 **'아래 소리 '앙**'은 종성이 아닌 **목구멍 아래 소리**이다. 다시 말하면 초성, 중성, 종성, 받침은 잘못된 이름이다. 또한 호흡을 기준으로 하여 보면 목구멍 앞 소리 '아는 **뱉는 소리**이며 **여는 소리**이고, 목구멍 '아래 소리 '앙'은 **삼키는 소리**이며 **닫는 소리**이다. 결국 '앙'은 뱉는 소리를 냄과 거의 동시에 삼키는 소리의 결합이 된다. 즉 뱉음이 있어야 삼킬 수 있다는 뜻이다. 또한 여는 소리와 닫는 소리의 결합이기도 하다. 이 뱉음과 삼킴이 거의 동시에 이루어짐으로써 앙 소리는 아 보다 강해진 소리가 되나 짧아진 소리가 된다. 이는 짧은 시간에 뱉음과 삼킴이 빨리 이루어지다 보니 강해진 것이다. 그러므로 연구개를 중심에 두고 직각으로 꺾여 **기역자형 배열 혹은 입(구강) 단면형 배열**되어 쓰인다. 이 종류들은 'ㅏ' 'ㅑ' 'ㅐ' 'ㅒ' 'ㅓ' 'ㅕ' 'ㅔ' 'ㅖ'이며 모두 연구개를 중심 축으로『목구멍 앞소리와 목구멍 아래 소리의 결합』이 된다.

② 그리고 'ㅗ' 'ㅛ' '으'는 **성대 위 소리**이며 'ㅜ' 'ㅠ' 아래 '응'은 **성대 아래 소리**이다. 이들은 두꺼운 성대소리 'ㅡ'를 중심으로 위 아래에서 소리를 내며 뱉는 소리와 삼키는 소리를 만들기도 한다. 그래서 성대를 중심으로 **수직형 배열**되어 쓰여진다. 위 소리 '으'는 목구멍 성대 위 소리이며 뱉는 소리이고 아랫 소리 '응'은 목구멍 성대 아래 소리이며 삼키는

소리이다. '옹', '용'은 목구멍 성대 윗부분에서 시작되어 성대 아랫부분에서 끝나므로 호흡이 위에서 아래로 내려가 뱉는 소리와 삼키는 소리가 거의 동시에 이뤄지는 것이며 이는 성대 위 소리와 성대 아래 소리의 결합이다. 웅, 융은 위치가 더욱 내려가 위아래가 거의 비슷한 것 같으나 그래도 위 아래와 뱉음과 삼킴이 있어 보인다. 그래서 이들 모든 소리는 수직 배열로 쓰이며 기역자형 소리보다 작고 짧다. 이유는 목 아래쪽에서 소리가 만들어져 점점 뱉음과 삼킴의 공기가 적어져서이다.

③ 'ㅣ' - '이'는 성대를 가늘게 좁히고 성대와 그 윗부분을 가늘게 울리면서 내는 목구멍 소리이다. 이때 성대를 울리어 빠져나오는 소리는 성대 위를 때려 울리기도 한다. 왜냐하면 성대를 가늘게 만들어 소리 낼 때 성대 위쪽도 함께 가늘어져 울리게 된다. 예를 들어 트럼펫의 마우스 피스가 울리면 트럼펫의 몸통 자체인 가느다란 금관이 함께 울리는 이치와 같다 하겠다. 그러므로 'ㅣ'는 연구개와 모양이 같을지라도 연구개를 뜻하지는 않으며 성대와 성대 위 좁고 길쭉한 목구멍을 뜻한다. 그래서 'ㅣ'을 발음할 때 위치상으로 정확히 표현한다면 원래 'φ'와 같이 표현하는 것이 옳다고 판단하나, 우리는 언뜻 '이'는 입술을 살짝 옆으로 길게 열고 이빨을 거의 맞 닫은 듯이 열어서 소리내는 것이라고 할 수 있으나 입술과 이빨은 소리에 거의 관여를 하고 있지 않다는 것을 알 수가 있다. 성대를 가늘게 함으로서 그 근육이 목구멍이나 입모양까지도 가늘게 하여 일관되게 가느다란 공기통로를 만들어 내기 위한 동작이다. 트럼펫의 가느다란 금관과 같은 역할이다. 그러나 한글을 만든 학자들은 그 당시 목구멍 내부를 들여다볼 수 없었으므로 'ㅣ'는 목구멍 앞쪽에서 만들어진다고 보았던 것으로 여겨진다. 그래서 'ㅣ'는 '$\emptyset$'와 같이 쓰지 않고 '이'라고 하여 'ㅣ' 앞에 'ㅇ'을 쓰기 시작한 것으로 여겨진다. 그래서 뱉는 소리 '이'는 성대와 그 위에서 이루어지나 목구멍 앞쪽에서 만들어진다고 여겼고 삼킴 소리 '잉'은 성대 아래에서 이루어 지고 있음을 알 수 있다. 결국 한글은 발성의 형태를 그대로 문자에 재현해 냈다고 할 수 있으나 이들 'ㄹ'ㅅ'과 'ㅣ'만이 그 모양을 조금 달리하고 있다고 할 수 있다.

그러므로 결국 모든 뱉는 소리와 삼키는 소리가 합쳐진 소리는 뱉는 소리가 있으므로 삼키는 소리를 만들 수 있게 되고 또한 두소리가 하나로 단음을 형성하여 소리의 끝이 깔끔히 잘려 없는듯 간략히 된다. 음악의 '스타카치오' 효과와 비슷하게 된다.

참고로 '아'소리와 '오'소리를 연속해서 반복해보면 '아'소리와 '오'소리는 소리내는 위치가 전혀 다르다는 것을 곧 알 수 있다.

④ 'ㅏ' 'ㅓ' 'ㅗ' 'ㅜ' 'ㅣ' 'ㅡ'는 모두 목구멍을 닫지 않고 열려진 채로 만들어내는 소리이다. 그러므로 모두 길게 소리 낼 수 있는 '열린 소리'이다. 그러나 'ㅏ'가 'ㄱ'과 결합하면 '가'가 되어 닫았다가 '여는 소리' 혹은 '뱉는 소리'가 된다. 이는 'ㄱ'이 목구멍 아래를 닫았다가 열 때 사용하기 때문이다.

4. 점에서 터뜨리는 소리들

ㅋ ㅌ ㅊ ㅎ ㅑ ㅕ ㅛ ㅠ

'ㅋ', 'ㅌ', 'ㅊ', 'ㅎ', 'ㅑ', 'ㅕ', 'ㅛ', 'ㅠ'들은 'ㄱ', 'ㄷ', 'ㅈ', 'ㅇ', 'ㅏ', 'ㅓ', 'ㅗ', 'ㅜ'에 점(•)이 첨가된 것이다. 이는 훈민정음 원본에 점모양으로 그려져 있으며 나중에 직선인 막대모양으로 변하게 된 것이다. 그러나 막대 모양으로 변했다 할지라도 점(•)에 담긴 의미는 변함이 없는 것이다. 그래서 점(•)은 구강의 어느 한부분을 닫았다가 좀더 세게 터뜨리는 동작 모양을 의미하는 것이다. 한마디로 점은 닫았다가 터뜨린다는 뜻이다. 'ㅎ'는 처음에 발표되었으나 지금은 쓰이지 않는 글자이다.

'아래 아 •'는 '오'보다 아래턱을 좀더 아래로 벌리고 성대를 많이 울리면서 '오'소리를 내는 소리이다. 이는 제주 방언에서 아직도 쓰이고 있어 알 수 있다. 일부 몰지각한 학원강사들이 그냥 '아'소리로 발음하고 있어 책임감이 전혀 없는 짓들이다.

5. 떨리며 겹치는 소리(울리는 소리)

○ 이들 떨리는 소리들은 처음 훈민정음 발표 당시에 28자에 포함되지 않았으나 오늘날 많이 쓰이고 있다. 이들 떨림 소리는 그 떨림이 2번 이상이어서 두번의 겹쳐 쓰기로 표시하고 있다. 앞에서 이미 언급했지만 다른 글자들과 구분할 필요에 의해서 따로 쓴다.

① **'ㄲ' 쌍기역** - 'ㄱ'에서 목구멍 아래를 닫았다가 목구멍 소리와 결합할 때 'ㄱ' 보다 목구멍 아래를 두배로 떨면서 열어 울리는 모양을 의미한다. 이는 곧 'ㄱ'을 두 번 이상의 겹치는 떨림을 뜻하여 겹쳐 사용한다.

② **'ㄸ' 쌍디귿** - 'ㄷ'에서 혀끝을 입천장에 붙였다가 목구멍 소리와 결합할 때 'ㄷ'보다 두배로 떨면서 혀끝을 떼어내 울리는 모양을 의미한다. 이는 곧 'ㄷ'을 두 번 이상의 겹치는 떨림을 뜻하여 겹쳐 사용한다.

③ **'ㅃ' 쌍비읍** - 'ㅂ'에서 입술을 붙였다가 목구멍 소리와 결합할 때 'ㅂ'보다 두배로 강하게 떨면서 입술을 터뜨리어 울리는 모양을 의미한다. 이는 곧 'ㅂ'을 두 번 이상의 겹치는 떨림을 뜻하여 겹쳐 사용한다.

④ **'ㅆ' 쌍시옷** - 'ㅅ'에서 혓바닥 끝부분을 입천장 가까이 대고 목구멍 소리와 결합할 때 공기를 'ㅅ'보다 두배로 강하게 떨면서 뱉어내어 울리는 모양을 의미한다. 이는 곧 'ㅅ'을 두 번 이상의 겹치는 떨림을 뜻하여 겹쳐 사용한다.

⑤ 'ㅉ' 쌍지읒 - 'ㅈ'에서 혀바닥을 입천장에 좀더 세게 밀착시키고 목구멍 소리와 결합할 때 그사이에 공기를 세게 스치듯이 내뱉을 때 두배로 강하게 떨면서 울리는 모양을 의미한다. 이는 곧 'ㅈ'을 두 번 이상의 겹치는 떨림을 뜻하여 겹쳐 사용한다.

★ 유성음이니 무성음이니 치음이니 비음이니 하는 여러가지 것들은 모두 영어 발음 구분에 필요한 것들이나 한글에서는 이런 것들이 딱히 필요치가 않다. 그리고 일부 학자들이 만든 된○○니 순○○니 예○○○니 파○○이니 마○○이니하는 등등 이상한 기준에 의한 수많은 여러가지 소리음들도 모두 필요 없다고 본다. 이들은 한국어에 꼭 필요 없다면 모두 헛된 소리들이 된다. 그래도 꼭 필요하다면 외국인들에게 한국어 발음을 이해시킬 때에 일부 쓰일 수도 있거나 한국어와 영어의 발음을 비교할 때 쓰일 수도 있을지 모르겠다. 그러나 우리는 오직 한글의 창제 원리에서 필요한, 한국어 교육에 필요한 소리음만을 다루어야 한다.

저자의 한마디

한글 창제 원리도 바쁜 와중에 집필해서 나도 모르는 실수가 있으리라 생각한다. 이해 바란다. 해례본에서 한글이 천, 지, 인, 우주의 원리와 이치를 따라 만들었다고 주장하는 것은 자신이 잘 모르기에 설명을 해줄 수가 없어서 이해할 수 없는 말들로서 듣는 사람들의 판단을 어지럽히고 어렵게 하며 듣는 사람에게도 더 이상 알려고 하지 말라는 논리이며 오직 자신의 주장과 권위와 명예(?)만을 세우려 하는 것이다. 그들의 주장이 사실이라면 옛날 학자들이 이미 하늘과 땅, 사람, 우주의 원리와 이치를 잘 알고 있었다고 주장하는 것과 같다. 허무맹랑한 이야기이다. 요즘도 어려운 말로써, 애매한 말로써, 모호한 말로써 세상을 어지럽게 하고 속이는 사람들이 아주 아주 많아지고 있음을 경계해야 합니다. 그리고 누가 주장하기를 임금이 한글을 직접 만들었다고 하는데 이렇게 거의 완벽한 글자를 나라의 수많은 정사를 돌보면서 함께 만들 수는 있겠는가 하는 것이다. 이는 결코 불가능한 일이며 천재도 하기 힘든 일이다. 임금의 지시하에 신하들이 만든 것이라고 본다. 그리고 본인도 <u>국가에서 재정적 지원만 해준다면 거의 완벽한 한국어 문법을 만들 수 있음을 밝힙니다</u>. 요즘 사용하는 한국어 문법은 대부분 엉터리이며 영어문법을 흉내 내고 있어서 올바르게 만들어야 합니다. 영어와 한국어는 뿌리가 다르고 만들어진 원리도 다릅니다. 한국어 문법 기본 연구는 이미 다 만들어 놨음을 밝힙니다. 그러니 꼭 재정을 지원해주세요.

조동사의 새 이름 파워 동사
Power verb with meaning in use and link relationship

평가 판	2014년 1월 15일. 첫 인쇄
최종 평가 판	2014년 12월 19일. 두 번째 인쇄
초 판	2015년 1월 일. 세 번째 인쇄
개정판	2024년 9월 일. 네번째 인쇄
지은이	Michael Bean Lee
펴낸 곳	도서출판 *Englicom*
전화	070-4107- 0777
URL	www.englicom.com (not opened yet, 개설 준비 중)
ISBN	979-11-954374-1-2
가격	38,000원

    본 저자는 이 책의 아주 작은 부분, 혹은 새로운 용어, 단어일지라도 복사, 인용, 인쇄, 사진, 동영상, 전자기기 등을 사용하여 일부, 혹은 전체의 저작권을 침해하는 어떠한 형태로든 저장, 사용 등을 허락하지 않습니다. 특별히 이 책은 영어의 함축된 성질을 드러낸 문법이므로 그 성질을 담고 있는 하나의 단어나 그림, 몇 개의 단어 혹은 구문조차도, 그리고 문장, 단순하게 보이는 내용조차도 그것이 이 책에서 처음 발표되고 있거나 이전보다도 진보된 이론이라면 저작권 보호의 대상입니다. (All rights reserved)

    그리고 특별히 당부하건대, 이 책은 기존의 책들과 비교하면 최소 100배 이상의 가치가 있습니다. 그런데도 불구하고 여러분을 사랑하는 마음으로 누구나 사서 볼 수 있도록 가격을 대폭, 엄청, 아니 눈물 나게 낮추었으니 여러분들은 불법 복제를 하지 말기를 부탁드리며 양심적인 학습자가 돼 주시길 부탁합니다. 만일 이 책의 저작권을 침해하는 분명한 증거물 등을 저희에게 보내준다면 그 벌금의 충분한 일정 금액 부분을 제보자님께 드리겠습니다.